编委会名单

主　编　杨临宏
副主编　黄晓群　杨得志
参　编（以编写章节先后为序）

杨临宏	于　强	李宾华	陈晓宁	华袁媛
马冬莲	张志兵	高崇慧	纳　瑛	韩　震
黄晓群	何　芳	邓　博	吴燕怡	卿　娜
周梁云	穆美琼	刘　华	孙秀华	樊　帅
陈　颖	姜　昕	张树兴	朱素明	周　云
杨得志	刘红春	向　勇	李　扬	段庆华

主　编　杨临宏
副主编　黄晓群
　　　　杨得志

行政法与行政诉讼法

XINGZHENGFA YU XINGZHENGSUSONGFA

云南大学出版社
YUNNAN UNIVERSITY PRESS

图书在版编目（CIP）数据

行政法与行政诉讼法/杨临宏主编.—昆明：云南大学出版社，2012（2013 重印）

ISBN 978 - 7 - 5482 - 1178 - 5

Ⅰ.①行… Ⅱ.①杨… Ⅲ.①行政法—研究—中国②行政诉讼法—研究—中国 Ⅳ.①D922.104②D925.304

中国版本图书馆 CIP 数据核字（2012）第 188226 号

行政法与行政诉讼法

主　编　杨临宏
副主编　黄晓群　杨得志

责任编辑	李　平　蔡红华
封面设计	刘　雨
出版发行	云南大学出版社
印　　装	昆明研汇印刷有限责任公司
开　　本	787mm×1092mm　1/16
印　　张	30.75
字　　数	784 千
版　　次	2012 年 8 月第 1 版
印　　次	2013 年 8 月第 2 次印刷
书　　号	ISBN 978 - 7 - 5482 - 1178 - 5
定　　价	50.00 元

地　　址：云南省昆明市翠湖北路 2 号云南大学英华园
邮　　编：650091
网　　址：http://www.ynup.com
E - mail：market@ynup.com

目 录

第一编 绪 论

第一章 行政法概述 ………………………………………………………………（3）
  第一节 行政 ………………………………………………………………………（3）
  第二节 行政权 ……………………………………………………………………（7）
  第三节 行政法 ……………………………………………………………………（9）
  第四节 行政法学 …………………………………………………………………（23）

第二章 行政法的历史发展 ………………………………………………………（25）
  第一节 外国行政法的历史发展 …………………………………………………（25）
  第二节 我国行政法的历史发展 …………………………………………………（28）

第三章 行政法的基本原则 ………………………………………………………（35）
  第一节 行政法基本原则概述 ……………………………………………………（35）
  第二节 行政合法性原则 …………………………………………………………（37）
  第三节 行政合理性原则 …………………………………………………………（40）
  第四节 公民权利保护原则 ………………………………………………………（43）

第四章 行政法律关系 ……………………………………………………………（47）
  第一节 行政法律关系基本原理 …………………………………………………（47）
  第二节 一般行政法律关系 ………………………………………………………（51）
  第三节 特别权力法律关系 ………………………………………………………（55）
  第四节 监督行政法律关系 ………………………………………………………（58）

第五章 行政公产 …………………………………………………………………（61）
  第一节 行政公产概述 ……………………………………………………………（61）
  第二节 行政公产的管理和使用 …………………………………………………（68）

第二编 行政法主体论

第六章 行政法主体基本原理 ……………………………………………………（75）

    第一节 行政主体概述 …………………………………… (75)
    第二节 行政组织法 ……………………………………… (82)

第七章 行政机关主体 ……………………………………… (87)
    第一节 行政机关概述 …………………………………… (87)
    第二节 中央行政机关 …………………………………… (92)
    第三节 地方行政机关 …………………………………… (95)

第八章 非行政机关主体 …………………………………… (99)
    第一节 非行政机关主体概述 …………………………… (99)
    第二节 非行政机关主体范围 …………………………… (100)

第九章 公务员 ……………………………………………… (107)
    第一节 公务员的范围和分类 …………………………… (107)
    第二节 公务员的更新机制 ……………………………… (110)
    第三节 公务员的激励机制 ……………………………… (113)
    第四节 公务员的监查机制 ……………………………… (114)

第十章 监督主体与行政相对人 …………………………… (116)
    第一节 监督主体 ………………………………………… (116)
    第二节 行政相对人 ……………………………………… (120)

第三编 行为论

第十一章 行政行为基本原理 ……………………………… (127)
    第一节 行政行为的概念和分类 ………………………… (127)
    第二节 行政行为的成立与效力 ………………………… (135)

第十二章 抽象行政行为：行政立法 ……………………… (142)
    第一节 行政立法概述 …………………………………… (142)
    第二节 我国的行政立法制度 …………………………… (149)

第十三章 抽象行政行为：行政规则、行政规划 ………… (154)
    第一节 行政规则 ………………………………………… (154)
    第二节 行政规划 ………………………………………… (159)

第十四章 具体行政行为：行政许可 ……………………… (162)
    第一节 行政许可概述 …………………………………… (162)
    第二节 行政许可的具体制度 …………………………… (165)

第十五章 具体行政行为：行政处罚 ··· (175)
　第一节 行政处罚概述 ··· (175)
　第二节 行政处罚的具体制度 ··· (178)
　第三节 行政处罚的程序 ·· (189)

第十六章 具体行政行为：行政强制 ··· (194)
　第一节 行政强制概述 ··· (194)
　第二节 我国行政强制制度 ·· (198)

第十七章 具体行政行为：行政命令与行政确认 ································ (211)
　第一节 行政命令 ·· (211)
　第二节 行政确认 ·· (213)

第十八章 具体行政行为：行政监督检查与行政征收 ··························· (217)
　第一节 行政监督检查 ··· (217)
　第二节 行政征收 ·· (219)

第十九章 具体行政行为：行政奖励与行政给付 ································ (226)
　第一节 行政奖励 ·· (226)
　第二节 行政给付 ·· (231)

第二十章 行政裁决与仲裁 ·· (235)
　第一节 行政裁决 ·· (235)
　第二节 行政仲裁 ·· (239)

第二十一章 双方行政行为：行政合同与行政协定 ······························ (242)
　第一节 行政合同 ·· (242)
　第二节 行政协定 ·· (250)

第二十二章 行政相关行为：国家行为、行政事实行为、行政指导
　··· (253)
　第一节 国家行为 ·· (253)
　第二节 行政事实行为 ··· (256)
　第三节 行政指导 ·· (259)

第四编 行政程序论

第二十三章 行政程序基本原理 ··· (267)
　第一节 行政程序概述 ··· (267)

第二节　行政程序的分类 ································ (270)

第二十四章　行政程序基本原则 ································ (272)
　　第一节　行政程序基本原则概述 ································ (272)
　　第二节　程序正当原则 ································ (273)
　　第三节　程序公开、公正、公平原则 ································ (275)
　　第四节　效率原则 ································ (275)
　　第五节　相对人参与原则 ································ (276)

第二十五章　行政程序的一般制度 ································ (278)
　　第一节　行政回避制度 ································ (278)
　　第二节　行政听证制度 ································ (280)
　　第三节　信息公开制度 ································ (283)
　　第四节　说明理由制度 ································ (285)
　　第五节　其他行政程序制度 ································ (288)

第五编　监督论

第二十六章　行政监督基本原理 ································ (293)
　　第一节　行政监督概述 ································ (293)
　　第二节　行政内部监督 ································ (295)
　　第三节　行政外部监督 ································ (301)

第二十七章　行政违法与行政法律责任 ································ (304)
　　第一节　行政违法 ································ (304)
　　第二节　行政法律责任 ································ (310)

第六编　救济论

第二十八章　行政救济基本原理 ································ (317)
　　第一节　行政争议 ································ (317)
　　第二节　行政救济概述 ································ (320)

第二十九章　行政调解 ································ (325)
　　第一节　行政调解概述 ································ (325)
　　第二节　我国的行政调解制度 ································ (327)

第三十章　行政复议基本原理 ································ (331)
　　第一节　行政复议概述 ································ (331)

第二节　行政复议的基本原则 ·· (333)

第三十一章　行政复议的受案范围与管辖 ··· (336)
　　第一节　行政复议的受案范围 ·· (336)
　　第二节　行政复议的管辖 ·· (341)

第三十二章　行政复议机关与行政复议参加人 ····································· (344)
　　第一节　行政复议机关 ·· (344)
　　第二节　行政复议参加人 ·· (345)

第三十三章　行政复议的程序与裁决 ··· (349)
　　第一节　申请与受理 ·· (349)
　　第二节　审理与裁决 ·· (352)
　　第三节　行政复议决定与执行 ·· (357)

第三十四章　行政诉讼基本原理 ··· (360)
　　第一节　行政诉讼概述 ·· (360)
　　第二节　行政诉讼法 ·· (365)
　　第三节　行政诉讼法律关系 ·· (371)

第三十五章　行政诉讼受案范围 ··· (376)
　　第一节　行政诉讼受案范围概述 ·· (376)
　　第二节　我国行政诉讼受案范围 ·· (379)

第三十六章　行政诉讼管辖 ··· (386)
　　第一节　行政诉讼管辖概述 ·· (386)
　　第二节　我国行政诉讼管辖 ·· (389)

第三十七章　行政诉讼参加人 ··· (396)
　　第一节　行政诉讼参加人概述 ·· (396)
　　第二节　行政诉讼原告 ·· (398)
　　第三节　行政诉讼被告 ·· (400)
　　第四节　行政诉讼第三人 ·· (402)
　　第五节　行政诉讼共同诉讼人 ·· (403)
　　第六节　行政诉讼代理人 ·· (405)

第三十八章　行政诉讼证据 ··· (407)
　　第一节　行政诉讼证据概述 ·· (407)
　　第二节　我国行政诉讼证据制度 ·· (408)

第三十九章　行政诉讼程序 ·· (414)
  第一节　行政诉讼程序概述 ·· (414)
  第二节　第一审程序 ·· (416)
  第三节　第二审程序 ·· (420)
  第四节　审判监督程序 ··· (421)

第四十章　行政诉讼审查标准 ·· (423)
  第一节　行政诉讼审查标准概述 ··· (423)
  第二节　我国行政诉讼审查标准 ··· (425)
  第三节　行政诉讼审查标准的完善 ·· (427)

第四十一章　行政诉讼裁判 ··· (429)
  第一节　行政诉讼判决 ·· (429)
  第二节　行政诉讼裁定 ·· (434)
  第三节　行政诉讼决定 ·· (435)

第四十二章　行政诉讼裁判执行 ·· (437)
  第一节　行政诉讼裁判执行概述 ··· (437)
  第二节　我国行政诉讼裁判执行制度 ······································· (439)

第四十三章　涉外行政诉讼 ··· (446)
  第一节　涉外行政诉讼概述 ·· (446)
  第二节　涉外行政诉讼的原则 ··· (449)
  第三节　涉外行政诉讼的特殊规定 ·· (450)

第四十四章　行政补偿 ·· (452)
  第一节　行政补偿概述 ·· (452)
  第二节　行政补偿制度 ·· (454)

第四十五章　行政赔偿 ·· (459)
  第一节　行政赔偿概述 ·· (459)
  第二节　行政赔偿制度 ·· (462)
  第三节　行政赔偿程序 ·· (466)

第四十六章　信访制度 ·· (470)
  第一节　信访制度概述 ·· (470)
  第二节　我国的信访制度 ·· (472)

后　记 ··· (478)

第一编 绪 论

第一章 行政法概述

第一节 行　政

一、行政的基本含义

（一）行政的词义

在日常生活中，人们习惯于从两个方面来理解行政，即在用作动词时，将行政解释为"行使国家权力"；在用作名词时，将行政解释为"指机关、企业、团体等内部的管理工作"[①]。这种理解同行政法所规范的行政的含义也并不完全一致。

在西方，"行政"的英文对应词是 Administration，源自拉丁文 Adminitrate，其基本含义包括治理、管理、执行等几个方面。西方国家通用的《社会科学大辞典》对 Administration 的解释是："国家事务的管理"[②]。这样的解释的目的是要把国家的行政管理与私人团体的行政管理区别开来。

（二）行政法学界关于行政的基本观点

行政法上所研究的行政是指国家与公共社会事务的行政，是相对于社会组织和企业的"私行政"而言的，所以又称为"国家行政"、"公共行政"或"公行政"。我们之所以要在行政法研究的"行政"前加入"公共"一词，一是为了表明行政法上的行政与私人行政的区别；二是为了表明行政法上的行政是以国家利益和社会公共利益为目的的；三是为了表明行政法上的行政是在社会公众参与下公开进行的、民主的；四是行政法上的行政必须运用公共权力才能有效地进行管理。

对行政法学界关于行政的论述，大致上是从三个方面进行研究的：

1. 从形式意义上研究行政

这种方法以进行行政管理的主体为标准，认为只要是行政机关的活动全部都属于行政，即从行政主体的角度来区别行政活动、立法活动和司法活动。这种观点虽然易于区分行政同立法、司法之间的关系，但它从根本上否定了行政机关从事非行政活动（如行政

[①] 《现代汉语词典》（第5版），商务印书馆2005年版，第1524页。《辞海》中解释的行政包括两种含义：一是"泛指各种管理工作。如国家管理工作、社团管理工作、企业管理工作、事业单位管理工作等。国家管理工作是国家行政工作，是国家权力的一个组成部分。"二是"专指行政机关的组织管理活动。这种活动须以宪法和法律为根据。范围很广，包括国防行政、外交行政、民政行政、公安行政、司法行政、教育行政、科技行政、文化行政、卫生行政、体育行政以及国民经济大量的组织管理活动。"［见《辞海》（缩印本），上海辞书出版社2002年版，第1905页］

[②] 转引自黄达强、刘怡昌主编《行政学》，中国人民大学出版社1988年版，第3页。

机关从事民事活动）的可能性，实践中必然会将本来不属于行政活动的事项也归入到行政的范畴。如按此标准，行政机关签订建筑工程承包合同、出售废旧报纸都属于行政活动。

2. 从实质内容上研究行政

这种方法以行政的实质内容为标准，认为不管实施行为的主体是谁，凡是对国家事务和社会公共事务的组织和管理活动，都是行政。这种方法虽然注意到了行政的实质内容，但却遇到两个无法回避的问题：

第一，行政不只是行政机关的活动，还包括立法机关、司法机关和其他社会组织的活动，因为这些部门也有一定的管理职能。

第二，行政还是行政机关制定普遍性规则的活动。如行政立法和依法裁决有关纠纷的活动——行政司法均被排除在行政之外。

由于形式意义的研究方法和实质意义的研究方法都存在着一定的缺陷，无法准确地界定行政的内涵和外延，所以，目前比较多的学者努力将实质意义的研究方法和形式意义的研究方法结合起来研究行政问题。

3. 实质意义和形式意义相结合研究行政

这种研究方法将实质意义的行政与形式意义的行政有机地结合起来，认为行政是国家行政主体依法对国家和社会事务进行组织和管理的活动。从而避免了形式意义和实质意义上研究行政的缺点，吸收了形式意义和实质意义上研究行政的优点，简明扼要地揭示了行政的内涵和外延。

多数学者主张将形式意义和实质意义结合起来研究行政，认为行政是国家行政主体依法运用国家行政权力，对国家事务和社会公共事务进行组织和管理的活动。根据这一定义，行政包含如下几个方面的意义：

第一，行政是行政主体的活动。行政主体是指依法代表国家，并能够以自己的名义实施行政管理活动的行政机关和社会组织。行政主体不仅是指行政机关，还包括其他法律、法规授权行使行政职权的社会组织。如卫生防疫站、行政性公司在法律授权的范围内从事的管理活动也属于行政的范畴。

第二，行政所管辖的事务只能是行政主体对国家事务和社会公共事务进行组织和管理的活动，而非行政主体的全部活动。这就将行政主体从事的民事活动排除在行政活动之外，将行政机关从事的民事活动纳入了民事法律规范的调整范围。

第三，行政是行政主体依照行政法律、法规的规定行使行政职权的活动。这就要求行政必须严格依照法律规定进行，不得超越于法律之外，必须做到行政合法。

只有将这三个方面的意义有机地结合起来，才能准确、全面地把握行政的基本含义。

这里需要特别指出的是，既然行政是"对国家事务和社会公共事务"的组织和管理，那么"国家事务"和"社会公共事务"的关系如何？"国家事务"和"社会公共事务"的内涵和外延又如何？对这些问题，理论界没有统一的认识。我们认为，就一般情况而言，国家事务都属于社会公共事务，但并不是所有的社会公共事务都属于国家事务。在社会公共事务中，除包含国家事务外，还包含地方性事务、地区性事务等。

二、行政的基本特点

行政是相对于立法、司法而言的一种国家职能，其与立法、司法之间既有联系，又有区别。其联系表现为国家统治权的共同性，其区别表现为三种国家职能的特殊性。

（一）行政与立法、司法的共同性

1. 国家意志性

行政和立法、司法一样都是以国家机关的名义，以实现统治阶级对国家的统治和管理而进行的。立法通过制定调整社会关系的法律、法规来体现国家的意志；司法通过运用法律裁判社会纠纷，将国家意志体现在具体的发生了纠纷的社会关系之中；行政则是通过管理国家事务和社会公共事务来体现国家的意志。

2. 法律性

现代国家，法治观念日益深入人心，遵守法律、依法办事已经不再是单纯对人民群众的要求，而且也是对立法机关、司法机关、行政机关的要求。它们的组成、职权、任期、行为方式、行为程序、法律后果等都必须由法律加以规定，如果违反法律，就属于违法行为，不能发生预期的法律效力，同时要负相应的法律责任。

3. 强制性

强制性是国家意志性和法律性的必然后果。立法、行政和司法都是国家的活动，都是依照法律的规定体现国家意志的行为，所以，必然要以国家强制力为后盾保障实施。这种强制性表现为：一方面，以国家强制力排除一切有碍于立法、行政、司法顺利进行的阻力和因素，保证体现国家意志和利益的立法、行政、司法的顺利进行；另一方面，要求当事人和社会公众必须遵守立法机关所制定的法律、法规，服从行政机关依法进行的行政管理和作出的行政决定，执行司法机关依法对社会纠纷所作的裁决，否则，就属于违法行为，就要受到国家强制力的强制和制裁。

（二）行政与立法、司法的区别

司法是指国家司法机关及司法组织在办理诉讼案件和非诉讼案件过程中的执法活动。

1. 执行性

行政是国家行政机关实施行政权的活动。依照我国宪法的规定，行政机关是权力机关的执行机关，人民政府由权力机关产生，向权力机关负责并报告工作。虽然行政机关在行政管理活动中可以指挥、命令行政相对人，但就其根本属性而言，仍然是执行权力机关意志的活动。

2. 广泛性

行政权力已经涉及人们政治生活、经济生活、文化生活和社会生活的方方面面，如涉及人们的衣食住行、生老病死。任何机关、组织和个人都要受行政权力的管理。行政管理可谓"上管天，下管地，中间管空气"，从"天下第一难事"——计划生育（对人的出生）开始管理，到"天下第二难事"——殡葬管理（对人死亡后的安葬）的全过程，可以说，一个人从未出生（尚未具有法律关系主体资格时）就已经受到行政机关的管理，在其死亡后，虽然作为法律关系主体的资格已经消失，但行政机关仍然要对其躯体进行管理。这种广泛性是立法和司法所不及的。

3. 直接性

直接性是相对于立法而言的。立法通过制定法律、法规，为人们确定行为准则来实现对社会的管理。这种管理不直接针对某一具体的社会关系和某一个具体的人，是一种普遍性管理，它不会自发地在社会关系中发挥作用，只有将这些规则运用于具体的社会关系和人，才能发挥作用。因此，立法体现的是一种对社会的间接管理功能。而行政则是直接将法律、法规运用于具体的社会关系，运用于特定的人和事件，要求特定的人必须遵照执行、应当如何执行等等。因此，行政是对社会直接发挥作用的一种国家职能。例如，为了搞好防震减灾工作，全国人大常务委员会制定了《防震减灾法》，确定了进行防震减灾的规则，但这些规则不会自己实施，具体的防震减灾工作由各级行政机关依照本法的规定进行组织才能得到实现。在这一过程中，全国人大常务委员会对防震减灾工作的管理是间接的，而各级行政机关对防震减灾工作的管理则是直接的。

4. 主动性

主动性是相对于司法而言的。司法（以审判为中心）实行的是"不告不理"的原则，即如果没有原告方的控告，法院不得主动地对案件进行审判。可以说，司法是一种依照申请进行的行为，具有被动性。而行政机关对于其职权范围内的一切事务，都应当积极主动地处理，否则，即为失职。

从上述分析可知，行政法所研究的行政是国家行政或公共行政，而不是一般社会组织所从事的内部管理。国家行政具有明显的公共性，即国家行政以追求公共利益为目标，不得以营利为目的，当出现违反或妨碍公共利益的情况发生时，为了实现公共目标可以采取强制手段；私行政具有明显的集团利益性，以追求本集团的共同利益为目标，当出现妨碍集团利益实现的事件时，只能通过平等协商或请求有关国家机关解决等方式来解决，不得直接对对方当事人采取强制手段。

三、行政法所规范的行政

显而易见，行政法以国家行政作为自己的调整对象，但并非所有的国家行政都已经纳入了行政法的调整范围。其主要原因：一是行政处于不断的发展过程之中，而面对行政的发展变化，行政法无力即刻作出调整，因此，总会出现行政法滞后于行政发展的情况；二是法律所规范的只能是国家管理过程中的大事，不可能事无巨细地进行规范，因此总是有些细小的事项未纳入，也没有必要纳入行政法的调整范围。

在大陆法系国家，行政法所调整的行政有不同的分类：如根据行政组织的层次不同，将行政分为中央行政和地方（自治）行政；根据行政机关在进行行政管理时所行使权力的强弱不同，将行政区分为高权行政、非权力行政和国库行政；① 根据行政是否由国家行政机关直接作出，将行政区分为直接国家行政和间接国家行政；根据行政所关涉的内容，

---

① 高权行政，又称为公权力行政，是指行政主体基于统治者地位而运用权力管理国家事务的行为。最常见者为国防行政、外交行政。国库行政，又称为私经济行政，是指行政主体基于民事法律关系主体之地位，根据私法的规定所作出的行为。国库行政一般包括以私法方法实施的辅助性行政行为、营利性行政行为（国家垄断经营的烟草公司、盐业公司）和以私法方式实现行政任务的行为（亦即行政私法，如电力公司、自来水公司）。

将行政区分为外部行政和内部行政。① 值得注意的是，上述各种分类方法虽然被学者提出来，但行政法学的研究一般都没有沿着上述分类方法展开。多数行政法学者对行政的分类主要根据行政的功能及内涵为标准进行区分。根据行政的功能及内涵，行政通常被分为秩序行政、给付行政、计划行政。

第二节 行政权

在法治社会，特别是在奉行"三权分立"的资本主义国家，行政权是与立法权、司法权相互独立、相互制衡的一种国家权力，是国家权力中的核心部分。在我国，国家的一切权力属于人民，人民通过各级国家权力机关来行使当家做主的权力，国家实行"议行合一"的原则，行政权主要由各级权力机关的执行机关——各级人民政府行使，行政权与立法权、司法权之间不是分权与制衡的关系。

一、行政权界说

关于行政权，理论界有四种不同的提法，即"行政权"、"行政权力"、"行政管理权"和"行政管理权力"。

我们认为，行政权是指法律确定给行政主体拥有的依法执行法律、对国家事务和社会公共事务进行组织和管理的一种国家权力。行政权应当包含如下几个方面的含义：

第一，行政权是国家权力的一个重要组成部分，是国家权力的核心内容。

第二，行政权的主体是国家行政主体，包括国家行政机关和法律、法规特别授权的社会组织。

第三，行政权由国家的宪法、法律、法规所确定，具有法定性的特点。法律规定行政权的行使主体，行政权的内容、范围、行使条件，防止非行政主体行使行政权和行政主体违反法律规定的内容、范围、条件行使行政权。

第四，行政权的行使必须严格依照法律的规定进行。行政主体行使行政权的方式、程序、目的都必须依照法律的规定进行。因此，法律没有确定给行政主体的权力，不属于行政权力，行政主体不得行使；违反法律规定行使行政权力的行为，属于行政违法行为。

第五，行政权的具体内容是执行法律，对国家事务和社会公共事务进行组织和管理。

二、行政权与相关概念之间的关系

要准确地把握行政权，必须准确地区分行政权与政权、行政职权、行政权限和公民权利之间的关系。

（一）行政权与政权

政权是国家进行阶级统治的工具，是国家在政治上的统治权。政权内容十分广泛，凡

---

① 内部行政是指只在行政主体内部发生作用，对行政相对人不直接发生作用的行政。例如，行政机构的内部设置、人员配置和职能划分等。外部行政是指行政主体执行法律、法规，作出行政行为对行政相对人的权利或义务产生一定损益的行政。

与国家实行统治有关的权力,都可以划入政权的范畴,大致可以分为立法权、行政权、司法权和军事权等几项内容。可见,行政权只是国家政权的一个组成部分,是政权的一种表现形式,二者之间不能画等号。

行政权与政权的区别主要表现为:

第一,权力主体不同。行政权的主体是国家行政主体,而政权的主体则是国家。

第二,权力的内容不同。行政权的内容是对国家事务和社会公共事务的组织和管理,而政权的内容是对内实行统治,对外独立。

(二)行政权与行政职权

行政职权一般是指行政主体对国家事务和社会公共事务进行组织和管理的资格与权能。行政职权是从行政权转化而来的。当一项行政权被定位或配置给某一个具体的行政主体行使时,就成为这一行政主体的职权。如关于驾驶员资格培训的管理权,是国家行政权力的一部分,当我们将其配置给公安机关行使时,就成为公安机关的职权;当我们将其配置给交通部门行使时,就成为交通部门的职权。又如,关于农业税征收的权力,属于国家行政权的一部分,原来由财政部门负责行使,属于财政部门的职权之一;后来将其划归税务部门行使,便成为税务部门的职权之一;现在国家取消了农业税,则不再行使该项职权。① 由此可见,在实践中,行政职权是可以转变的,而且也不论其如何变化,但其作为行政权的一部分,始终没有任何改变。"行政职权是被具体定位到职位上的行政权,是行政权的具体化。行政权与行政职权是抽象与具体、一般与个别的关系。"②

(三)行政权与行政权限

行政权与行政权限是整体与局部的关系。一般认为,行政权由三个基本要素构成,即行政权的主体、行政权的内容和行政权的范围或限度。因此,行政权限只是构成行政权的三个要素之一。行政权限作为行政权的构成要素之一,从地域上、时间上、管辖上和级别上对行政权的行使作出限制,要求行政主体必须严格在法定的范围内从事行政管理,否则就构成行政越权,越权行政属于无效行为。

(四)行政权与公民权利

公民权利是公民依法所享有的作为或不作为,要求他人作为或不作为的资格。从根本上讲,行政权来源于公民权利,是公民权利的特殊转化形式。在公民权利转化为行政权的过程中,首先是公民通过选举,组成国家权力机关(即公民权利集中起来转化为国家权力),然后再由国家权力机关组织政府,通过立法将行政权分解给行政主体(即国家权力机关将由公民权利转化而来的国家权力授予行政主体)。由于行政权是从公民权利转化而来的,所以决定了行政权必须对公民权利进行有效的保护,必须接受公民权利的监督,这样才能保证行政权始终忠实于公民的合法权利,防止行政权对公民权利的损害。

另外,由于行政权是一种国家权力,具有强制性,所以行政权的存在和行使,都是以国家强制力为后盾的,具有强制公民服从的性质。这是行政权同公民权利的主要区别。公

---

① 2005年12月29日下午,十届全国人大常务委员会第十九次会议经表决决定,一届全国人大常务委员会第九十六次会议于1958年6月3日通过的《农业税条例》自2006年1月1日起废止。

② 胡建淼著:《行政法学》,法律出版社1998年版,第8页。

民的权利不具有直接强制对方当事人服从的性质,所以当公民的合法权利受到侵害时,只能请求有关国家机关行使国家权力加以保护,而不得自己采取措施强迫对方服从。由于行政权是一种国家权力,所以不可任意放弃或转让给他人,因行使行政权而产生的法律后果,最终都归属于国家;而公民的某些权利是可以放弃或转让给他人的,因享受权利而产生的法律后果,归属于公民个人。

三、行政权的内容

由于行政事务所涉及的范围十分广泛,所以,行政权的内容也十分广泛。根据我国宪法、法律的规定,我国行政权的内容主要包括如下几个方面:

第一,行政立法权,亦称制规权,是指依据宪法、法律的规定,一定级别的国家行政主体所享有的制定和发布行政法规、行政规章的权力。如《宪法》第89条规定,国务院享有制定行政法规的权力;第90条规定,国务院各部、各委员会享有制定行政规章的权力。《地方各级人民代表大会和地方各级人民政府组织法》第60条规定,省、自治区、直辖市,省、自治区人民政府所在地的市以及经国务院批准的较大的市的人民政府,有权制定行政规章。

第二,行政命令权,是指行政机关依法有权命令下级行政机关、行政相对人必须为一定行为或不得为一定行为的权力。如《宪法》第89条、第90条分别规定了国务院,国务院各部、各委员会有权在自己的职权范围内发布行政命令。《地方各级人民代表大会和地方各级人民政府组织法》第59条规定,县级以上地方各级人民政府有权在自己的辖区范围内发布行政命令。

第三,形成权,是指行政主体可以依法同行政相对人之间产生、变更或者消灭一定的行政法律关系的权力。如税务机关有权要求纳税义务人缴纳税款,根据纳税义务人的申请依法减免税款等。

第四,行政执法权,是指行政主体依法所享有的依照法律规定处理具体行政事务的权力。行政执法权的内容包括采取行政措施、作出行政许可、作出行政决定、实施行政处罚、采取行政强制措施、确认一定的法律事实或法律关系、进行行政监督检察,等等。

第五,行政司法权,亦即行政裁决权或争议调处权,是指行政主体有权依照法律的规定,在自己的职责范围内对行政争议或有关的民事争议进行处理,并作出裁决的权力。具体包括行政调解权、行政仲裁权、行政裁决权和行政复议权四项内容。

第三节 行政法

一、行政法界说

在我国出版的第一本行政法教科书中,将行政法定义为:"行政法是规定国家行政机关的组织、职责权限、活动原则、管理制度和工作程序的,用于调整各种国家行政机关之间,以及国家行政机关同其他国家机关、企业事业单位、社会团体和公民之间行政法律关系的各种法律规范的总和。"① 在此之后，关于行政法的定义各不相同。目前行政法理论界对行政法定义也尚未取得一致的认识。这种情况的存在，一方面表现为学者之间对行政法的认识不一致，另一方面表现为同一学者的认识也是发展变化的。

我们认为，行政法是调整因行政权的取得、运行及对行政权的运行进行有效监督和救济而形成的各种社会关系的法律规范的总称。根据这一定义，行政法包含着如下几个方面的含义：

第一，行政法是关于因行政权力的取得而发生的社会关系进行调整的法。

第二，行政法是关于因行政权力的运行而发生的社会关系进行调整的法。

第三，行政法是关于对行政权力监督而发生的社会关系进行调整的法。

第四，行政法是关于对行政权力救济而发生的社会关系进行调整的法。

在法学界，有一种观点与本书的观点十分相似，认为"行政法是关于行政权力的授予、行使以及对行政权力进行监督和对其后果予以补救的法律规范的总称"②。但我们认为，这一观点与本书的观点有两个基本的区别，一是本书主张行政法对行政权的取得进行调整，是站在行政主体的立场而言的，行政主体在取得行政权的时候处于被动地位，而这一观点主张行政法调整行政权的授予则是基于立法者的立场；二是本书关于行政法的定义仍然是基于行政权力而引起的各种社会关系，即立论的基础是行政法调整的社会关系，而这一观点的立论基础则是行政法对行政权力的调整。

二、行政法的调整对象

法律是社会关系的调整器。行政法同其他部门法一样也具有自己独立于其他部门法的调整对象。在行政法学界关于行政法的调整对象有不同的观点。有学者认为行政法只调整单一的社会关系——行政关系；③ 有学者认为行政法调整两种社会关系，即行政关系和监督行政关系；④ 有学者认为行政法调整三种社会关系，即创设行政权力过程中立法机关与行政机关的关系，行政权力行使、运用过程中行政机关与相对人之间的关系，以及行政机关之间、行政机关与公务员之间的关系和行政权力实施监督过程中发生的社会关系；⑤ 有学者认为行政法以行政权为调整对象。⑥ 我们认为，对行政关系可以作广义和狭义两种解释。在广义上，只要是行政法调整的社会关系都属于行政关系；在狭义上，行政关系仅指行政主体在行使行政职权过程中与行政相对人、公务员、其他行政主体之间发生的社会

---

① 王珉灿主编：《行政法概要》，法律出版社1983年版，第1页。

② 马怀德主编：《中国行政法》，中国政法大学出版社1997年版，第1页。又见应松年主编《行政法学新论》，中国方正出版社1998年版，第11页。

③ 如罗豪才主编《行政法论》（光明日报出版社1988年版），罗豪才主编《行政法学》（中国政法大学出版社1989年版），张尚鷟主编《行政法学》（北京大学出版社1991年版），应松年主编《行政法学教程》（中国政法大学出版社1988年版），张焕光、胡建淼著《行政学原理》（劳动人事出版社1989年版）等都认为行政法的调整对象是行政关系。

④ 罗豪才主编《行政法学》（中国政法大学出版社1996年版）、罗豪才主编《行政法学》（北京大学出版社1996年版）都认为行政法调整对象是行政关系和监督行政关系。

⑤ 如王连昌主编《行政法学（修订版）》（中国政法大学出版社1997年版）、应松年主编《行政法学新论》（中国方正出版社1998年版）、马怀德主编《中国行政法》（中国政法大学出版社1997年版）所持的就是这种观点。

⑥ 如张树义主编《行政法学新论》（时事出版社1991年版）、张树义主编《行政法学》（中国政法大学出版社1995年版）、王连昌主编《行政法法学》（中国政法大学出版社1994年版）等所持的就是这种观点。

关系。

行政法的调整对象分为四类，即行政主体与国家权力之间的社会关系——行政权取得关系；行政主体与行政相对人、公务员、其他行政主体之间的社会关系——行政关系；行政主体与监督行政主体主要是司法机关与行政主体之间的关系——监督行政关系；行政救济主体与受害相对人之间的关系——行政救济关系。

（一）行政权取得关系

行政权取得关系是指行政主体通过法定的途径获得行政权力的过程中所发生的社会关系的总称。《宪法》第 2 条规定："中华人民共和国的一切权力属于人民。""人民行使国家权力的机关是全国人民代表大会和地方各级人民代表大会。""人民依照法律规定通过各种途径和形式，管理国家事务，管理经济和文化事业，管理社会事务。"根据这些规定，从根源上来说，国家行政机关所行使的行政权力并不是行政机关的天然性权力，而是一种授予性权力。在这一权力授予过程中，首先是人民通过选举将国家权力赋予国家权力机关，然后再由国家权力机关通过立法将管理国家行政事务的权力授予国家行政机关。因此，从总体上而言，行政权力是人民通过自己的代表机关——权力机关以立法的方式授予行政机关的，行政权力并不是行政主体的自然性权力。行政权取得关系所包含的范畴主要是指权力机关将行政权力授予行政机关，这一关系在实践中主要属于宪法调整，属于宪法学研究的范畴；其次是指上级行政机关将已经归属于自己的行政权力授予下级行政机关或分解给下属机构，以及行政主体将权力委托给其他社会组织，这一权力取得关系则属于行政法调整，属于行政法学研究的范畴。

（二）行政关系

行政关系是国家行政主体在履行其职能过程中对内、对外发生的各种社会关系的总称。在这类行政关系中，行政主体是国家行政权力的承担者，其代表国家与其他主体发生社会关系，并且在这些社会关系中行使行政权力、管理国家事务和社会公共事务。行政关系是行政法调整的各种社会关系的核心，其他各类社会关系都是由此而发生的。

在行政关系中包含着三种关系，即行政主体与行政相对人之间的行政关系、行政主体与公务员之间的行政关系和行政主体与行政主体之间的行政关系。

其中，行政主体与行政相对人之间的行政关系属于外部行政关系，其特点是行政主体处于主导地位，行政主体与行政相对人之间在意思表达上不对等，行政主体可以不经行政相对人同意就单方决定产生、变更或消灭一定的行政关系。

行政主体与公务员之间的行政关系，又称行政职务关系，是指普通公民经过法定的程序成为国家公务员，承担一定的行政职务而与国家之间构成的行政关系。在这种行政关系中，公务员是行政主体的代表，代表行政主体行使行政职权，同时公务员行使行政职权所产生的一切法律后果也自然归属于行政主体。

行政主体与行政主体之间的行政关系，如果处于上下及隶属地位，则属于层级节制的范畴，即上级有权指挥、命令下级，下级必须服从上级的命令和指挥；如果处于同级或不同级别的非隶属地位，则是一种协作关系，一方不得直接指挥或命令对方。

这里必须特别指出，行政主体与公务员之间的关系、行政主体与行政主体之间的关系都属于内部行政关系。

（三）监督行政关系

监督行政关系是指各有权主体在对行政权力的运行进行监督的过程中与行政主体之间形成的监督与被监督关系。在监督行政关系中，行政主体处于被监督地位，必须接受监督主体的监督。

监督行政关系除包括权力机关对行政主体及其公务员实施的监督关系，人民法院对行政主体实施的监督关系，人民检察院对行政主体及其公务员实施的监督关系，相对人、社会团体、人民群众、舆论界实施的监督关系等来自行政主体外部的监督关系外，还包括行政系统内部上下级之间的监督关系，专司监督职责的审计、监察等部门实施监督而发生的监督与被监督关系。

（四）行政救济关系

行政关系发生争议时，法律以解决争议，纠正违法行政行为，保护行政相对人合法权益而提供补救时形成的社会关系。

三、行政法律规范

（一）行政法律规范的含义

行政法律规范是指由国家制定或认可，并由国家强制力保障实施的用以调整因行政权的取得、行使、控制和救济而发生的各种社会关系的行为规则。行政法律规范是构成行政法的细胞，没有这一个个的细胞就没有行政法的整体。

（二）行政法律规范结构

对于行政法律规范的分解，理论界存在着很大的分歧，有人认为行政法律规范由假定、处理和制裁三个要素组成，有人认为行政法律规范由法定事实、行为模式和法律后果三个要素组成，有人认为行政法律规范由假定、处理和法律后果三个要素组成，还有人认为行政法律规范由行为模式和法律后果两个要素构成。我们认为，根据我国现行行政立法和执法的实际状况，行政法律规范在逻辑结构上分为行为模式和法律后果两个部分较为合理。

行为模式是指规定人们在某种情况下的行为准则。在行政法律规范中，行为模式主要有：①授权性行政法律规范。如《行政处罚法》第15条规定："行政处罚由具有行政处罚权的行政机关在法定职权范围内实施。"第16条规定："国务院或者经国务院授权的省、自治区、直辖市人民政府可以决定一个行政机关行使有关行政机关的行政处罚权，但限制人身自由的行政处罚权只能由公安机关行使。"②命令性规范。如《建筑法》第7条规定："建筑工程开工前，建设单位应当按照国家有关规定向工程所在地以上人民政府建设行政主管部门申请领取施工许可证；但是，国务院建设行政主管部门确定的限额以下的小型工程除外。"第9条规定："建设单位应当自领取施工许可证之日起3个月内开工。因故不能按期开工的，应当向发证机关申请延期；延期以两次为限，每次不超过3个月。既不开工又不申请延期或者超过延期时限的，施工许可证自行废止。"《行政处罚法》第44条规定："行政处罚决定依法作出后，当事人应当在行政处罚决定的期限内，予以履行。"《粮食收购条例》第11条规定："国有粮食收储企业收购粮食，应当即时向售粮者本人支付售粮款，不得拖欠。"③禁止性规范。如《行政处罚法》第14条规定："除本法

第九条、第十条、第十一条、第十二条以及第十三条的规定外,其他规范性文件不得设定行政处罚。"《粮食收购条例》第 12 条规定:"国有粮食收储企业销售粮食,必须顺价销售,不得低价亏本销售。"可见,授权性规范规定当事人可以这样行为,命令性规范规定当事人应该这样行为,禁止性规范规定当事人不得这样行为。

法律后果,是指规定人们在做出符合或违反该规范的行为时在法律上产生的结果。法律后果包括两类:一类是肯定的法律后果,另一类则是否定的法律后果。前者是指明做出符合法律规范的行为时,法律承认该行为的合法性、有效性予以保护或奖励。如《破坏性地震应急条例》第 36 条规定:"在破坏性地震应急活动中有下列事迹之一的,由其所在单位、上级机关或者防震减灾工作主管部门给予表彰或者奖励:(一)出色完成破坏性地震应急任务的;(二)保护国家、集体和公民的财产或者抢救人员有功的;(三)及时排除险情,防止灾害扩大,成绩显著的;(四)对地震应急工作提出重大建议,实施效果显著的;(五)因震情、灾情测报准确和信息传递及时而减轻灾害损失的;(六)及时供应用于应急救灾的物资和工具或者节约经费开支,成绩显著的;(七)其他特殊贡献的。"后者是指明法律不承认某种行为的有效性、合法性,必须加以撤销或对实施违法行为者给予制裁。如《教育法》第 73 条规定:"明知校舍或者教育教学设施有危险,而不采取措施,造成人员伤亡或者重大财产损失的,对直接负责的主管人员和其他责任人员,依法追究刑事责任。"第 74 条规定:"违反国家有关规定,向学校或其他教育机构收取费用的,由政府责令退还所收费用;对直接负责的主管人员和其他直接责任人员,依法给予行政处分。"

行为模式和法律后果是每一个行政法律规范都不可缺少的组成部分,但可以出现在同一法律条文或同一法律文件中,也可以分别出现在不同法律条文或不同法律文件之中。

四、行政法的渊源

行政法的渊源,亦即行政法的法源或行政法的形式,是指行政法律规范存在和表现的各种具体形式的总称。根据我国现行立法体制的基本情况,行政法的渊源十分广泛,包含着各种不同效力层次和不同效力的规范性法律文件。行政法的渊源可以分为一般性渊源和特殊性渊源两大类。行政法的一般性渊源,是指由拥有立法权的国家权力机关和行政机关依照法律的权限和程序所制定的规范性法律文件,包括宪法、法律、行政法规、部门规章、地方性法规、地方政府规章、民族区域自治地方的自治条例、单行条例等;行政法的特殊性渊源,是指有关国家机关对行政法规范进行的解释,以及国家权力机关、行政机关与其他国家机关或社会组织共同制定的规范性法律文件,包括法律解释、其他规范性法律文件和国际条约、国际惯例等。具体来说,我国行政法的渊源有如下几类。

(一)宪　法

宪法是国家的根本大法,是治国安邦的总章程,规定的是国家的基本制度,具有最高的法律地位和法律效力,是其他一切立法的依据,是我国行政法最重要的渊源。宪法中关于国家行政机关的组织和活动原则的规范、关于国家行政机关职权的规范、关于国家行政区划和设立特别行政区的规范、关于公民基本权利义务的规范等,都是行政法的渊源。宪法中有关这些基础性、纲领性和指导性的规范,是国家权力机关制定行政法律,国家行政机关制定行政法规、规章,采取行政措施,发布行政决定或命令,进行行政管理的基本法律依据，一切行政行为都不得与其相抵触。

(二) 法　律

作为行政法重要渊源之一的法律，是指国家最高权力机关制定的规范性法律文件，包括由全国人民代表大会制定的基本性法律和全国人民代表大会常务委员会制定的非基本性法律。基本性法律的效力仅次于宪法，又称为宪法性法律，是指关于国家的根本政治制度、政府组织制度、公民权利义务法律。如《国务院组织法》、《地方各级人民代表大会和地方各级人民政府组织法》、《行政诉讼法》、《兵役法》，等等。非基本性法律，又称单行法律，是对某一方面的社会关系进行调整的法律，其效力次于基本性法律。如《行政处罚法》、《治安管理处罚法》、《海关法》、《土地管理法》、《防洪法》、《建筑法》、《草原法》、《价格法》，等等。当然，在这些法律文件中，并非所有的规定都属于行政法规范、全部条款都是行政法的渊源，只有其中具有行政法性质的法律规范，即具有调整行政关系功能的法律规范才是行政法的渊源。

(三) 行政法规

行政法规是国务院根据宪法和法律制定和发布的关于行政管理的规范性法律文件的总称。如《气象灾害防御条例》、《行政学院工作条例》、《政府参事工作条例》、《森林防火条例》、《粮食收购条例》、《保安服务管理条例》、《抗旱条例》、《核两用品及相关技术出口管制条例》，等等。国务院制定的行政法规内容十分广泛，涉及国家行政管理的各个领域。行政法规在法律效力上仅次于法律，对行政管理活动具有约束力，也是行政法的常见渊源之一。

(四) 部门规章

部门规章是由国务院各部委根据法律和国务院的行政法规、决定、命令，在本部门的权限范围内制定和发布的规范性法律文件的总称。其法律效力低于行政法规，也是行政法的重要渊源之一。如农业部发布的《渔业行政处罚规定》、《种畜管理条例实施细则》，文化部发布的《文化部文化行政处罚程序规定》、《营业性歌舞娱乐场所管理办法》、《文化市场稽查暂行办法》，财政部发布的《行政单位财务规则》，建设部发布的《城市建设档案管理规定》、《城市燃气管理办法》，等等。

(五) 地方性法规

地方性法规是指省、自治区、直辖市的人民代表大会及其常务委员会，省、自治区人民政府所在地的市和国务院批准的较大的市的人民代表大会及其常务委员会，在不与宪法、法律、行政法规相抵触的前提下，就本地区范围内的事务制定和发布的规范性法律文件的总称。按规定，省、自治区、直辖市的地方性法规应当报全国人民代表大会常务委员会备案，其他地方性法规应报省、自治区人民代表大会常务委员会批准后施行，报全国人民代表大会常务委员会备案。地方性法规是调整区域性行政关系的重要法律规范，是行政法的重要渊源之一。这类规范在实践中十分广泛，如云南省发布的《云南省民办科技企业条例》、《云南省农村医疗卫生条例》、《云南省社会治安综合治理条例》、《云南省统计管理条例》，等等。

(六) 自治条例和单行条例

《宪法》第116条的规定："民族自治地方人民代表大会有权依照当地民族的政治、

经济和文化的特点，制定自治条例和单行条例。自治区的自治条例和单行条例，报全国人民代表大会常务委员会批准后生效。自治州、自治县的自治条例和单行条例，报省或自治区的人民代表大会常务委员会批准后生效，并报全国人民代表大会常务委员会备案。"因此，自治条例是指民族自治地方的人民代表大会依法制定的调整该地方内的民族关系、政治关系、经济关系、文化关系和各种权益关系，反映和体现自治民族的自治的地方性法规。如《云南省大理白族自治州自治条例》①，等等。民族自治地方的单行条例是指其人民代表大会依法制定的、专为调整某种社会关系的地方性法规。如《云南省楚雄彝族自治州民族教育条例》、《云南省西双版纳傣族自治州自然保护区管理条例》，等等。因此，民族自治地方制定的自治条例和单行条例同地方性法规在制定机关、规定内容、报批程序和备案程序等方面都存在着差别。自治条例和单行条例是民族区域自治地方进行行政管理的重要依据，也是我国行政法的重要渊源之一。按照民族区域自治法规定，自治区的自治条例和单行条例，报全国人民代表大会常务委员会批准后生效；自治州、自治县的自治条例和单行条例，报省或者自治区的人民代表大会常务委员会批准后生效，并报全国人民代表大会常务委员会备案。

（七）地方政府规章

地方政府规章是指省、自治区、直辖市人民政府，省、自治区人民政府所在地的市人民政府，以及经国务院批准的较大的市的人民政府，根据法律和行政法规所制定的规范性法律文件的总称。地方政府规章的效力低于地方性法规和部门规章，也是行政法的渊源之一，且数量十分多。如云南省人民政府于1997年制定的《云南省林地管理办法》、《云南省公墓管理规定》、《云南省按比例安排残疾人就业规定》、《云南省农村社会养老保险暂行办法》、《云南省边境口岸收费管理办法》等。

（八）国际条约

国际条约是指两个或两个以上的国家就相互间的政治、经济、文化等的权利义务关系所达成的各种协议的总称。国际条约虽然不属于国内法的范畴，但我国缔结和加入的国际条约对我国的国家机关、公民都具有约束力，行政机关在行使行政职权时也必须遵守。所以，国际条约也是行政法的渊源之一。如我国加入的《消除对妇女一切形式的歧视公约》。

（九）法律解释

这里的法律解释是指有权机关的解释，指特定的国家机关对法律规范的含义以及有关的法律概念、术语等所作的具体说明。1981年6月10日，第五届全国人民代表大会第十九次会议通过了《关于加强法律解释工作的决议》，将我国正式有效的法律解释分为立法解释、司法解释、行政解释和地方解释四种。这些法律解释对行政权的行使同样具有约束

---

① 1986年11月19日，云南省大理白族自治州第七届人民代表大会第五次会议通过；1986年12月30日，云南省第六届人民代表大会常务委员会第二十五次会议批准；2005年1月15日，云南省大理白族自治州第十一届人民代表大会第三次会议修订；2005年3月25日，云南省第十届人民代表大会常务委员会第十五次会议批准。

力,所以也是我国行政法的重要渊源之一。《立法法》对法律解释问题也作了专门规定。①

(十) 其他渊源

其他渊源是指行政机关与政党、群众团体等联合发布的规范性文件。如中共中央与国务院联合发布的规范性文件、中共中央的有关部门与国务院有关部委联合发布的规范性文件、国务院有关部门与有关的社会组织发布的规范性文件,等等。这是我国行政法特有的渊源。

这里必须指出的问题有二:一是我国是实行成文法的国家,只承认成文法作为法律的渊源,判例和法学理论不属于我国行政法的渊源;二是判例和法学理论虽然不属于行政法的渊源,不能用作执法和司法的根据,但对行政法学的研究具有十分重要的意义。

五、行政法的特点

同其他部门法相比较,行政法具有许多特点。这些特点可以从形式上和实质内容上进行描述。

(一) 行政法在形式上的特点

第一,行政法分散于宪法、法律、法规、规章等众多表现形式的法律文件之中,不像刑法、民法那样具有一部系统、完整、统一的实体性成文法典。这是由于行政权的作用范围广泛,行政法调整着社会生活中方方面面的社会关系,内容十分复杂,每一个方面都有其自身的规律,不能用统一的规范进行调整;加之行政管理活动变动快,涉及许多不同的技术知识和需要采用不同的管理手段进行管理的专业知识,无法将其统一的法典规定在一起。当然,行政法不具有系统、完整、统一的成文法典,是针对整个行政法而言的。事实上制定局部的行政法典也是可能的,如制定行政诉讼法典、行政程序法典等局部的法典不仅是可能的,而且已经在不少国家成为现实。从现代各国行政法制的发展趋势来看,行政法将出现实体法上的分散化和程序法上的法典化特点。

第二,行政法的规律形式、法律文件和法律规范的数量特别多,居于各部门法之首。这是因为:一方面,行政活动的范围十分广泛,需要很多的行政法律规范来进行调整;另一方面,行政立法是多部门、多层级的立法(既有中央立法,又有地方立法;既有权力机关立法,也有行政机关立法;既有一般行政区域的立法,又有民族自治地方的立法、特别行政区的立法)。这种多部门、多层级的立法,虽然名目繁多、效力不一,但都是为了适应行政法内容的广泛性、技术性和易变性的特点,为了满足依法行政的需要。

---

① 《立法法》第42条规定:"法律解释权属于全国人民代表大会常务委员会。""法律有以下情况之一的,由全国人民代表大会常务委员会解释:(一)法律的规定需要进一步明确具体含义的;(二)法律制定后出现新的情况,需要明确适用法律依据的。"第43条规定:"国务院、中央军事委员会、最高人民法院、最高人民检察院和全国人民代表大会各专门委员会以及省、自治区、直辖市的人民代表大会常务委员会可以向全国人民代表大会常务委员会提出法律解释要求。"第44条规定:"常务委员会工作机构研究拟订法律解释草案,由委员长会议决定列入常务委员会会议议程。"第45条规定:"法律解释草案经常务委员会会议审议,由法律委员会根据常务委员会组成人员的审议意见进行审议、修改,提出法律解释草案表决稿。"第46条规定:"法律解释草案表决稿由常务委员会全体组成人员的过半数通过,由常务委员会发布公告予以公布。"第47条规定:"全国人民代表大会常务委员会的法律解释同法律具有同等效力。"

(二) 行政法在内容上的特点

1. 行政法的内容具有广泛性

行政法的内容涉及外交、军事、公安、司法行政、财政金融、人力资源和社会保障、交通运输、民政、教科文卫、税务、海关等行政管理的各个领域，涉及行政权的取得、行政、控制、救济等各个环节，可以说包罗万象，其内容自然也就十分广泛。

2. 以行政法规、地方性法规、行政规章等法律文件表现出来的行政法律规范稳定性差、变动性强

这是相对于宪法、刑法、民法而言的，在法制史上有的成文法典曾经施行上百年的历史，如美国宪法典、法国民法典等都是稳定性十分强的法律文件。但行政法，特别是以非法典方式体现出来的行政法律规范，其稳定性十分差。这是因为，当今社会在飞速发展，新生事物、新的社会关系层出不穷，各种社会关系不断变化，与之相适应，行政法律规范也必须随着客观形势和条件的变化而变化，以适应客观现实的需要，特别在我国改革开放的今天，这种变动更为明显、更为突出，所以，行政法的立、改、废比其他部门法要快、要频繁得多。当然，我们说行政法律规范具有易变性，只是相对的，绝不是说行政法律规范变幻莫测，可以朝令夕改。

3. 行政法的效力具有多层次性

在论述行政法的渊源时，我们已经论及行政法是由具有不同法律效力层次的宪法、法律、行政法规、地方性法规、自治条例和单行条例、行政规章、国际条约、法律解释等组成的，所以，行政法的效力必然具有多层次性的特点。

六、行政法的分类

对内容十分广泛的行政法进行分类研究，目的在于进一步揭示不同类别的行政法所具有的自身特色，便于从理论上全面掌握行政法的实质内容和在实践中准确地加以应用。目前，理论界对于行政法的分类十分繁杂，分类方法已达十数种之多。在本书中，我们只介绍几种对理论研究和法治实践具有较大影响的分类方法。

(一) 以行政法的作用为标准，将行政法分为四类，即行政组织法、行政行为法、行政监督法和行政救济法

行政组织法是关于行政权存在的法律规范的总称。行政组织法包括行政机关组织法和公务员法两部分。前者是关于行政机关的设置、任务、职责、编制、地位、组成和活动原则等各组织事项的法律规范。后者则是关于公务员与国家的关系、公务员的录用、权利义务、培训、考核、晋升、奖励、轮换、任职保障等的法律规范。目前，我国关于行政组织的立法主要有《国务院组织法》、《地方各级人民代表大会和地方各级人民政府组织法》、《公务员法》等。

行政行为法是关于行政权行使的法律规范的总称。其主要内容是规定行政主体与行政相对人之间的关系，行政权行使的范围、手段、方式、程序及效力，等等。行政行为法涉及行政机关的立法、司法、执法活动，涉及各个行政部门，其内容十分丰富，数量也最多，在行政法律规范中，绝大多数是关于行政行为的法律规范。

行政监督法是保证行政权合法有效地行使，防止和纠正违法行政的法律规范的总称。

其主要内容是对监督机关、监督原则、监督形式、监督范围、监督程序、监督效力等作出规定。行政监督法的数量虽然较少，但对保证行政权的合法有效行使，防止行政主体滥用行政权力具有十分重要的作用。因此，行政监督法一直为行政法学者所重视。

行政救济法是指国家机关通过解决行政争议，制止和纠正违法或不当的行政行为，进而对行政相对人的合法权益进行补救的法律制度。行政救济包括广义和狭义两个方面的内容，广义的行政救济是指对行政权力行使所提供的救济，包括行政系统提供的各种救济和司法救济两大部分。可见，广义的行政救济是指国家法律确定的，对因违法或不当行政行为造成行政相对人合法权益损害以及因合法行政行为造成损失时进行救济的法律制度的总称。狭义的行政救济则仅包括行政系统中已经形成法律制度的救济，即行政复议、行政赔偿、行政补偿、信访。根据上面的定义我们可以看出，行政救济制度是针对行政权力行使过程中可能产生的消极作用而设计的一种法律制度。由于行政主体的行政职权既具有积极维护相对人合法权益、满足公共利益需要的一面，同时如果这种权力不能严格依法行使，则又会具有消极损害行政相对人合法权益的一面。因此，如何充分发挥其积极作用，避免其发生消极作用，是当代行政法的重要内容之一。行政救济制度正是为避免行政法发生消极作用的重要法律制度。

（二）以行政法的性质和作用为标准，将行政法分为两类，即行政实体法和行政程序法

行政实体法是规定行政法主体的权利义务的法律规范的总称。行政程序法是规定行政法主体实现行政实体法所规定的权利义务的法律规范的总称。因此，行政程序法是行政实体法的保障，没有行政程序法，行政实体法的规定就无法实现；行政实体法是目的，行政程序法是手段，二者的关系十分密切，常常交织在一起，体现在一个法律文件中。

（三）以行政法的实际内容和调整范围为标准，将行政法分为两类，即一般行政法和特别行政法

一般行政法是普遍适用于一般行政关系的法律规范的总称。这类行政法所调整的是行政管理的共同性问题，同时也适用于特别行政法的领域。诸如行政组织法、公务员法、行政程序法、行政处罚法，等等。

特别行政法是只适用于某一特定行政领域的法律规范的总称。特别行政法的规定比一般行政法的规定具体、细密，某一特定行政领域的特别行政法可以成为一个独立的行政法子系统。如经济行政法、外交行政法、军事行政法、公安行政法、文化行政法、教育行政法、卫生行政法、民政行政法、司法行政法、海关行政法、农业行政法、水利行政法，等等。

七、行政法的地位

（一）行政法的地位

行政法的地位，也就是行政法在法律体系中的地位，是指在整个法律体系中，行政法是不是一个独立的法律部门，其在法律体系中的重要程度如何。

关于行政法在法律体系中的地位可以概括为：行政法是一个独立的法律部门；行政法是仅次于宪法的法律部门；行政法是宪法的最重要的实施法。

法律体系是指由一个国家现行的全部法律规范按照不同的法律部门分类组合而形成的形式上呈体系化的有机联系的统一整体。① 行政法是一个独立的法律部门，是指根据一定的标准和原则，按照法律调整社会关系的不同领域和不同方法等所划分的独立于其他部门法的法律规范的总和。衡量一类法律规范是不是一个独立的法律部门，首要的标准是看其是否有区别于其他部门法的独立的调整对象。如前所述，行政法以特定的社会关系行政权取得关系、行政关系、监督关系、行政救济关系为自己的调整对象，而这一特定的调整对象是其他部门法所不具有的。民法的调整对象是平等主体之间的人身关系和财产关系；刑法调整的是国家在追究和惩罚具有社会危害性的犯罪行为时形成的社会关系；经济法则是调整国家在协调经济运行过程中发生的经济关系的法律规范的总称，其调整对象主要是企业组织管理关系、市场管理关系、宏观经济调控关系和社会经济保障关系。其次，衡量行政法是不是一个独立的法律部门，还要看行政法有无独立的调整方法。从行政法的调整方法来看，行政法通常采用奖励与惩罚相结合的方法来调整社会关系，这种调整方法与民法、刑法对社会关系的调整具有很大的区别。根据上述分析，我们认为行政法是不同于其他法律部门的独立的法律部门。

行政法是仅次于宪法的法律部门，是宪法最重要的实施法，这是根据宪法与行政法的关系而言的。宪法与行政法是关系最为密切的法律部门。宪法是规定国家根本制度和根本任务、集中表现各种政治力量对比关系、保障公民权利的国家根本法。② 宪法是国家的根本大法，它以宪法关系为自己的调整对象，它在法律体系中处于最高地位，具有最高法律效力。行政法是根据宪法制定的，不能同宪法相抵触，否则无效，所以行政法是从属于宪法的部门法。此为宪法与行政法的关系之一。

宪法与行政法的关系之二，宪法是行政法的重要渊源之一。如前所述，在宪法中有关行政权力、行政机关、行政管理和公民权利义务的规定本身就是行政法律规范的存在和表现形式。

宪法与行政法的关系之三，宪法是行政法的立法基础，是行政法合法的前提和依据，即行政法的制定必须有宪法上的根据；没有宪法上的根据，行政法就成为无源之水、无本之木，是非法的。

宪法与行政法的关系之四，行政法是宪法最重要的实施法，是宪法的具体化。由于宪法规范具有原则性、抽象性和无具体惩罚性的特点，所以宪法不是法律全书，决定了其只有通过其他法律将其规定具体化才能得到实现。虽然刑法、民法、经济法都同为实施宪法的法律，但它们只是在某一方面实现宪法所确定的原则和内容。而行政法所规定的行政权是国家权力的最重要的组织部分，宪法的许多原则必须通过行政法才能实现。如果没有行政法，那么宪法的众多原则和规定难以实施。正因为如此，不少学者将行政法称为"小宪法"。西方学者霍兰德把宪法典称做"静态的宪法"，而把行政法称做"动态的宪法"。③

总之，行政法与宪法的关系是十分密切的。这正如龚祥瑞教授指出的："宪法是行政

---

① 张文显主编：《法理学》，法律出版社1997年版，第96页。
② 许崇德主编：《中国宪法（修订本）》，中国人民大学出版社1996年版，第27页。
③ 罗豪才主编：《行政法学》，北京大学出版社1996年版，第37页。

法的基础，而行政法则是宪法的实施。行政法是宪法的一部分，并且是宪法的动态部分，没有行政法，宪法每每是一些空洞、僵死的纲领和一般原则，而至少不能全部地见诸实践。反之，没有宪法作为基础，则行政法无从产生，或至少不过是一大堆乱的细则，而缺乏指导思想。"①

在宪法与行政法的关系上，德国学者的观点应当提及，一是奥托·麦耶关于宪法消逝、行政法长存的观点；另一个是弗立兹·韦纳的当做具体化宪法的行政法的观点。②

(二) 行政法与刑法、民法、经济法的关系

1. 行政法与刑法的关系

行政法与刑法都是国家的基本法，各自从不同的角度和方面调整社会关系，共同维护国家的政治、经济和文化秩序。行政法与刑法的区别是十分明显的，行政法调整行政权取得关系、行政关系、监督行政关系和行政救济关系；而刑法则调整因追究和惩罚刑事犯罪而发生的各种社会关系。

行政法与刑法之间的联系主要表现为：首先，一个违法行为有时会同时触犯刑法和行政法。如公务员受贿，既触犯行政法，同时也触犯刑法。其次，二者有时可以互为补充，在刑法调整不到的领域，由行政法进行调整；在行政法无法调整的领域，由刑法进行调整。再次，二者有时相互衔接，具体表现为刑罚与行政处罚的关系上，即一个违法行为超过行政处罚制裁的范围和幅度，就应当由刑罚给予制裁。

2. 行政法与民法的关系

行政法与民法的区别十分明显。具体表现为：首先，二者的性质不同。行政法是规范行政权的法律，调整行政权取得关系、行政关系、监督行政关系和行政救济关系，属于公法的范畴；而民法则调整平等主体之间的人身关系和财产关系，属于私法的范畴。其次，在调整对象上，行政法调整的社会关系具有不对等性质，而民法所调整的人身关系和财产关系的当事人具有平等地位。再次，处理实体争议的程序不同。因民法调整的社会关系发生纠纷，按民事诉讼法规定的程序处理，其解决方式有协商、调解、仲裁和民事诉讼四种；因行政法调整的社会关系发生纠纷，可以先经过行政复议，对行政复议不服再通过行政诉讼程序处理。

行政法与民法之间的联系表现为：二者同为国家的基本法，有时在行政法未涉及的领域可以用民法调整。如在行政诉讼法公布前适用民事诉讼法解决行政争议；"人民法院审理行政案件，除依照行政诉讼法和本解释外，可以参照民事诉讼的有关规定"③。在行政侵权赔偿责任无行政法上的规定时，按民法规定赔偿，等等。

在行政法与民法的关系上，有学者认为："行政法是社会的法律，在将来社会主义的福利国家中，如我们所料，民法可能会完全融合在行政法之中。"④

3. 行政法与经济法的关系

经济法是一门新兴的法律学科，对其应否独立存在，其调整对象如何，理论界纷争不

---

① 龚祥瑞著：《比较宪法与行政法》，法律出版社1985年版，第5页。
② 参阅陈新民著《公法学札记》第一篇"宪法与行政之关系"，第3—23页。
③ 参见最高人民法院《关于贯彻执行〈行政诉讼法〉若干问题的解释》第97条。
④ [德] 拉德布鲁赫著：《法学导论》，米健、朱林译，中国大百科全书出版社1997年版，第163页。

止。最近一段时期，否定经济法的观点更为高涨。按通说："经济法是调整在国家协调经济运行过程中发生的经济关系的法律规范的总称。"① 将经济法的定义与行政法的定义相比较，就不难发现，经济法同行政法的关系十分密切，乃至于有部分重合。行政法调整的范围十分广泛，包括因行政权力的产生、存在、运行而产生的社会关系（含经济领域内的行政关系），经济法的调整范围只限于在国家协调经济运行过程中发生的经济关系，可见经济法的调整范围没有行政法广泛。但是，国家协调经济运行过程中的经济关系和经济领域内的行政关系则又具有重合的一面，二者的重合部分被人们称为经济行政法。② 这一部分是应当归于经济法，还是应当归于行政法，行政法学界和经济法学界各持一端。孰是孰非，尚待理论研究的深入和法律实践的丰富，目前还不可妄下结论。在此，我们将经济法学者眼中的行政法与行政法学者眼中的经济法的观念作简要介绍。

在经济法学者看来，经济法与行政法的联系主要有四项，即：

第一，二者都体现了国家对社会生活的干预或者管理。

第二，二者所调整的社会关系都具有隶属性。

第三，二者都要采用命令与服从的办法调整社会关系。

第四，行政法所调整的社会关系和经济法所调整的社会关系能够相互作用。

经济法与行政法的区别有五个方面，即：

第一，二者的主体不同。行政法主体的一方是政府及其非经济主管部门，另一方则是下属的行政机关、企业事业单位、社会团体和公民。经济法主体包括国家权力机关——行政机关和司法机关，行政法主体则只限于国家行政机关，同时经济法的主体一方是国家经济管理部门，另一方则是社会经济组织。此外，企业的内部管理机构和生产组织不能成为行政法的主体，但却能够成为经济法的主体。

第二，调整对象不同。行政法调整的社会关系，所体现的是一种权力从属关系，同时这种关系在大多数情况下不直接具有经济内容的行政关系。

第三，调整方法不同。行政法采取单纯的强制性的办法调整社会关系，而经济法则采取强制性、指导性和监督性相结合的方法调整社会关系，甚至在条件成熟时还将指导性的方法作为主要的调整方法。

第四，作用不同。行政法着重巩固和发展政治体制改革的成果，直接为政治体制改革服务；经济法主要巩固和发展经济体制改革的成果，为经济体制改革服务。

第五，法律适用程序不同。属于行政法调整范围内的经济纠纷和行政纠纷，单纯由行政诉讼程序解决，而属于经济法调整范围内的经济纠纷和行政纠纷，则视问题的不同，分

---

① 杨紫、徐杰主编：《行政法学（新编本）》，北京大学出版社1994年版，第41页。潘静成、刘文华主编的《中国经济法教程（修订本）》一书认为："中国经济法是有关确立国家机关、社会组织和其他经济实体的经济法律地位，以及调整它们在经济管理过程中和经营协调活动所发生的经济关系的法律规范的统一体（总称）。"（中国人民大学出版社1995年版，第38页）李昌麒主编的《经济法学》一书认为："经济法是国家为了克服市场调节的盲目性和局限性而制定的调整全局性的、社会公共性的、需要由国家干预的经济关系的法律规范的总称，或者简之，经济法是调整需要由国家干预的经济关系的法律规范的总称。"（中国政法大学出版社1994年版，第32页）

② 有学者认为："经济行政法是调整国家行政机关在经济行政管理中所发生的各种社会关系的法律规范的总称，内容包括经济行政机关的组织及活动原则、经济行政权、经济行政管理方式及对经济行政管理权力和经济行政管理活动的法律监督和救济等。"（参见王克稳著《经济行政法论》，苏州大学出版社1995年版，第2页）

别由民事诉讼和行政诉讼程序解决，将来可能由单独的经济诉讼程序解决。①

另外，还有的经济法学者认为，经济法与行政法之间的区别主要表现为调整对象的区别、调整方式的区别和利益本位的区别。他们认为"在高度集中的计划经济体制下与国家对经济活动实行单一性的直接行政管理相适应，所谓'经济法'实质上是经济行政法。在那种环境下，依靠民法和行政法这两个法律部门就足以调整几乎全部的经济关系了，所以既不可能又无必要产生真正意义上的经济法。只有建立了市场经济体制，以针对市场自身的消极方面而对其进行干预为使命的经济法才会产生"②。

八、行政法的作用

行政法的作用是指行政法在实施后对国家和社会生活所产生的影响。在我国，行政法的作用主要表现为以下方面：

（一）规范行政权的作用

行政法规范行政权是指行政法为行政权的有效行使提供统一的法律依据。一方面，行政法为行政权的行使指明范围、方向、程序，防止行政权违背国家意志行使；另一方面，行政法为各级各地区的行政管理提供统一的尺度，保证上下级之间、不同地区之间、不同部门之间的行政权的统一行使，防止各自为政。

（二）控制行政权滥用的作用

行政权是具有强制性的国家政权之一，如果被滥用，将给国家、社会、相对人带来严重的损害。而要防止其被滥用，只有通过明确、稳定的法律行政法才能实现。行政法对行政权的控制，是通过规定行政权的范围、幅度、程度、形式，规定违反行政法的法律责任和建立有效的监督机制来实现的。

（三）维护行政权有效行使的作用

行政权承担着对国家事务和社会公共事务进行组织和管理的重任，没有行政权的有效行使，社会关系就会发生紊乱，公共利益就无法实现，个人利益也无法保障。因此，行政法控制行政权滥用的同时，也为行政权的有效行使提供了法律保障，排除一切非法的不利于行政权有效行使的因素，使行政管理的渠道畅通无阻，保证国家行政管理的有效性。

（四）保障行政相对人合法权益不受非法侵害的作用

这一作用表现为：首先，行政法明确规定行政相对人在行政管理中的合法权益不受非法侵害；其次，明确规定对不法侵害行政相对人合法权益的行为要受行政法的追究；再次，规定行政相对人在自己合法权益受到不法侵害时，有权向有关国家机关申诉、控告，由有关国家机关依法加以保护，排除侵害行为。

这里有必要指出，行政法对国家和社会的作用，可能是消极的，也可能是积极的。首先，决定于行政法反映行政管理客观规律的程度。如果行政法违背了行政管理的客观规律，其作用必然是消极的；反之，如果行政法能够准确全面地反映行政管理的客观规律，其作用则是积极的。其次，还取决于行政法的实施情况，一般而言，反映行政管理客观规

---

① 李昌麒主编：《经济法学》，中国政法大学出版社1994年版，第51-52页。
② 徐中起、王玄玮：《论经济法与行政法之区别》，载《云南学术探索》1997年第5期。

律的行政法，实施越全面，其积极作用越大；反之，就不能或不可能全面发挥行政法的作用。

第四节 行政法学

一、行政法学的概念

行政法与行政法学是两个既相联系又相区别的概念，有时人们等同使用。如有关行政法的教科书，有的称为行政法，有的称为行政法学。行政法是一个法律部门，行政法学则是一门法律科学；行政法是一种法律体系，而行政法学则是一种关于行政法的理论体系。但二者之间存在着联系，一方面，行政法是行政法学的主要研究对象，没有行政法，行政法学也就无从产生和存在，可见，行政法学离不开行政法；另一方面，行政法也离不开行政法学，因为，如果没有行政法学的指导，行政法就成了一盘散沙，不能形成一个严密的、科学的、合理的法律体系，而且如果没有行政法学的理论指导，行政立法、行政执法和行政司法活动都会陷入盲目状态之中，处于无序状态。正是如此，我们在介绍了什么是行政法之后，就必须对什么是行政法学作一个简单的介绍。

行政法学是法律科学的一个分支学科，是研究行政法的法律科学，是关于行政法的一门学问。有时学术界也有人将行政法学称为"行政法"，但是其理论的性质并没有发生变化。作为一门独立的法律科学，它虽然有独立的研究对象和范围，但因起步晚，基础相对较差，所以在许多方面都还没有形成相对成熟的理论，人们对其在许多方面还存在着较大的分歧，乃至于还存在着一些截然相反的观念。这一状况的存在，一方面说明行政法学还不成熟，还需要进一步深入研究；另一方面说明行政法学研究大有用武之地。可喜的是，近年来行政法学的研究日益繁荣，从事行政教学和研究的人员越来越多，行政法学的地位也在逐渐上升，已经呈现出后来居上的势头。

二、行政法学研究的对象和范围

行政法学的研究对象主要是现行的行政法规范，与此相关，也要对行政法产生、发展的历史，行政法的制定、实施，关于行政法的理论和人们的行政法律意识等进行全面系统的研究。

行政法学的研究目的是要揭示行政法的基本原理，揭示其产生、发展和消亡的基本规律，揭示行政立法、行政执法和行政司法的特有规律和相互关系。从根本上讲，行政法学的研究目的就是要指导人们的行政法实践。

目前我国行政法学的研究范围大致包括如下几个方面的内容：

第一，现行的行政法律、法规、规章。即通过对现行行政法律规范的研究，搞清楚现行的行政法有哪些规定？是怎样规定的？其原理如何？

第二，依照现行法律所建立起来的行政体制。如行政组织体制、公务员制度、工商管理体制、行政立法制度、司法行政体制、行政法制监督体制，等等。

第三，现行行政法的实施状况和实施方法。如研究行政立法、行政执法、行政司法、行政诉讼的现状、规律,以及实践中取得的成就、存在的问题和基本对策,等等。

第四,行政法个案研究。

第五,行政法律意识的培养。

第六,国外的行政法律制度。

第七,当代行政法的理论著作和行政法的历史文献。

第八,现行行政法的不足及改进方法。

由于学者的兴趣不同,所以对上述研究范围的研究各有自己的重点,而且对不同的研究对象实际上也采用不同的研究方法。

三、行政法学的体系

行政法学的体系在大陆法系国家通常由行政组织法、行政行为法和行政救济法三大部分组成;台湾的行政法学体系主要由行政组织法、行政作用法、行政争讼法和行政救济法等几部分组成;英美法系国家的行政法学重点研究行政立法、行政程序、行政责任和对行政的司法审查等方面,整个理论体系以行政程序为中心,具体包括委任立法程序、规章制定程序、调查程序、听证程序、裁决程序和司法复审程序,等等。

我国行政法学的体系大致可分为行政法基础理论的研究和部门行政法的研究两大部分。前一部分通常称为总论,后一部分通常称为分论。值得注意的是,各大学法律系的教学中,一般只限于总论部分,因此,教科书一般也只涉及总论部分的内容。

第二章 行政法的历史发展

第一节 外国行政法的历史发展

各国在历史背景、民族文法、法律习惯和对以上行政法产生和发展的客观基础的理解上存在差异，决定了各国行政法都具有符合本国实际的不同情况。我国行政法的产生和发展晚于世界上多数国家，因此对外国行政法的历史发展进行比较研究和考察是必要的。

一、大陆法系国家行政法的历史发展

大陆法系又称为罗马法系、民法法系，是在罗马法的基础上，以法、德两国法律体系以及仿照这两国法律而建立的其他各国法律体系的总称。大陆法系国家包括法国、德国、奥地利、比利时、瑞士、荷兰、意大利、西班牙、日本等等。大陆法系国家行政法具有两个基本特点：一是行政法属于公法的范围，而且是一个独立的法律部门，行政活动中所适用的法律不同于私人活动所适用的法律；二是具有不隶属于普通法院的独立的行政法院或行政法庭系统，专门受理行政诉讼案件。

（一）法国行政法的历史发展

法国是现代行政法的发祥地，素有"行政法母国"之称。法国行政法的产生和发展与行政法院有着紧密的联系，行政法院的历史实际代表着行政法的历史。法国行政法的产生始于1789年的大革命。大革命前，代表封建势力的高等法院运用手中的权力维护贵族的封建特权，干预行政权力的行使，阻碍了资产阶级的改革，阻碍了资本主义经济的发展。对此，资产阶级激烈反对，早在君主立宪时期的1789年，国民议会便通过一项决议，决定停止巴黎最高法院的活动。1789年大革命颠覆了封建专制政权后，1790年的法院组织法明确规定："司法职能和行政职能现在和将来永远分离，法官不能以任何方式干扰行政机关的活动，也不能因其职务上的原因将行政官吏传唤到庭，违者以渎职罪论。"这项规定的价值在于排除了普通法院对行政诉讼的管辖权，为行政法院的设立奠定了基础。1799年，拿破仑一世建立了国家参事院和省参院，这就是行政法院的前身，为法国行政法的发展奠定了基础。早期的国家参事院承担受理行政纠纷和为政府提供法律咨询两项职能，但国家参事院在解决行政纠纷时，只能提出解决纠纷的参考意见，无权独立作出判决，判决要由国家元首作出。这就是所谓的保留审判权时期。1872年，法国重建在普法战争中消失的最高行政法院，并授予其委托审判权。但这一段时期行政部长的行政审判权仍然保留，他们对行政案件具有一般管辖权，所有争议必须首先向有关部长提起，当事人不服部长的裁决方可向最高行政法院上诉。这一阶段就是有限审判权阶段。直至1889年

最高行政法院对卡多案件的判决,最终确立了行政法院对行政诉讼的直接管辖权。之后,所有行政纠纷可以直接向最高行政法院提起,最高行政法院的判决为终审判决,不得上诉。至此,法国现代的行政法院完全定型。这一阶段就是所谓的一般管辖权阶段。国家行政法院与省行政法庭在初审案件一般管辖权上的变化始于1953年。1953年以前,国家行政法院行使初审案件一般管辖权,省行政法庭行使例外管辖权。1953年以后,除非另有规定,省行政法庭可行使初审案件一般管辖权。除例外由国家行政法院初审级管辖的以外,其余一审案件均由地方行政法庭管辖。同时国家行政法院对地方行政法庭仍有上诉管辖权。1987年法国通过《行政诉讼改革法》,1989年起开始设立上诉行政法院,法国行政法院体制已告完备。法国行政法院分为两级,在中央是行政法院,在各行省和海外领地是行政法庭,此外还有一些专门行政法院。需要特别强调的是,法国行政法院并非司法机关的组成部分,属于行政机关,因此法国总理为最高行政法院名义上的院长,司法部长代表总理出席行政法院的特别会议。此外,法国行政法的一个不寻常特色是:"它是判例法,是由行政法院从其所作判决中归纳得出的原理原则,反映着当前行政司法的实践。"①

(二) 德国行政法的历史发展

由于历史上德国的分裂,决定了德国行政法从地方性向全国性发展,可以说德国行政法是在地方行政法的基础上产生和发展起来的。在普鲁士,自18世纪以来,官方司法官曾被赋予管辖行政纠纷的权力,但该制度在18世纪末被废除,行政争议的裁判权并入普通法院。"在1872年至1875年期间,普鲁士创立了一种独立的行政法院体系。初等法院为县委员会,中等法院为区委员会,高等法院为普鲁士最高行政法院。"② 在中南德意志,受法国影响,19世纪初试图建立独立于司法系统的内部行政司法制度,但遭到信奉司法至上制度的自由主义者反对,"法兰克福草案182条规定,废止行政裁判,一切权利侵害均有法院裁决"③。在巴登邦,1863年建立了德国第一个独立的高等行政法院。第二次世界大战后,德国按照法国的模式建立了独立的行政法院系统。在中央设立联邦最高行政法院,州设立高等行政法院,州以下设立行政法庭或专门的行政法院。需要指出的是,德国的行政法院体系虽然受法国的影响深刻,但两国存在着严格的区别,即德国的行政法院属于司法系统,而法国的行政法院则属于行政系统。

二、英美法系国家行政法的历史发展

英美法系又称普通法系、海洋法系、英吉利法系,是以英国中世纪以来的法律特别是普通法为基础建立的各国法律体系的总称。英美法系国家包括英国、美国、澳大利亚、加拿大、新西兰、印度、巴基斯坦、新加坡等等,尤其以英国和美国为代表。英美法系国家行政法具有两个基本特点:一是由于英美法系无公法与私法的划分,所以行政法也不构成一个独立的体系,适用普通法进行调整;二是虽然在法院系统以外也建立了无终审权的行政裁判机构等从事行政司法工作,但仍无独立的行政法院系统,行政案件与其他案件均由统一的司法机关管辖。这两个特点正是英美法系国家行政法与大陆法系国家行政法的显著

---

① 龚祥瑞著:《比较宪法与行政法》(第二版),法律出版社2003年版,第321页。
② 杨临宏、张开流主编:《行政法学》,云南大学出版社1994年版,第37页。
③ 应松年主编:《行政法学新论》(第二版),中国方正出版社1999年版,第27-28页。

区别。

(一) 英国行政法的历史发展

英国是普通法的发源地,英国人毫无例外地受普通法和普通法院管辖的观念,严重阻碍着英国行政法的发展。尤其是在英国著名的宪法学家戴雪的思想和态度影响下,长时间以来,英国都认为行政法为大陆法系所独有,英国没有也不需要行政法。17世纪下半叶,资产阶级革命取得胜利后,英国近现代意义上的行政法开始产生和发展起来。17世纪,法官、律师和议会结盟将代表专制特权的星宫法院从议会中废除,从而建立起确定法院地位的普通法制度,使其对行政的司法控制的职能由法院承担起来。18世纪,随着法治在英国的全面兴起,奠定了以普通法院为核心的行政法治体制的基础。19世纪,"越权无效"和"司法控制"的原则逐步为高等法院所确立。19世纪末,随着社会生产力的发展,行政管理范围的扩大和行政权力的扩张,英国行政法迅速发展,呈现出明显的变化,并形成了英国行政法的显著特点。一是委任立法。由于行政管理范围的日益扩大和专门化程度的日趋提高,议会立法远不能适应现代行政的需要。因此,英国在坚持议会至上原则的前提下创造了委任立法,即议会委托行政制定法律。二是行政裁判所迅速发展。涉及养老金、税务、专利、交通等方面的行政裁判所种类和数量繁多。三是司法审查制度的确立。一切政府部门的行为是否合法,毫不例外要由普通法院进行司法审查,包括对行政裁判所作出的裁判的审查。英国行政法曾在20世纪初叶停滞不前,原因在于"法院对宪法职能缺乏自信,没有勇气对待新的形势、新的问题(如行政立法)"[①]。第二次世界大战前后,英国行政法几乎到了没落的边缘。直到1963年,"自然公正"原则的复兴和"越权无效"理论的创立,使英国行政法走上了复兴之路。正如大法官迪普洛克在判决书中写道:"一个合理的全面的行政法体制的迅速发展是建立在越权无效这个概念上面的。"到了1981年,这位法官又说:"行政法走向全面的发展是英国法院在我从事司法实践的生涯以来的最大成就。"[②]

(二) 美国行政法的历史发展

美国行政法深受英国行政法的影响。美国行政法的产生起源于政府对经济的积极干预。一般认为,行政法在美国的开端是1887年依照《州际贸易法》所成立的"州际贸易委员会"。该委员会享有管理铁路建设、规章制定、争议裁决和执行权等,是美国第一个独立管制机构。之后,美国政府相继设立了一些委员会,尤其是罗斯福新政时期,联邦能源委员会、联邦商业委员会、联邦电讯委员会、国家劳工关系局等独立管理机构大量出现。"美国行政法就是在这些独立管理机构的活动基础上发展起来的。"[③] 这些委员会的一个共同特征是享有部分的立法、司法和行政权力,而加强对这些独立管理机构权力的有效控制却推动了美国行政法的发展。1948年,美国国会通过了《联邦行政程序法》,这部法律被看做是美国行政法制体系中的最重要法典,不仅在美国行政法发展历史上具有里程碑意义,而且对世界各国的行政法发展影响深远。《联邦行政程序法》详细规定了行政公开原则,制定行政规章原则、行政裁判规则、司法审查规则等制约行政机关,防止行政权力

---

① 龚祥瑞著:《比较宪法与行政法》(第二版),法律出版社2003年版,第318页。
② 龚祥瑞著:《比较宪法与行政法》(第二版),法律出版社2003年版,第320页。
③ 应松年主编:《行政法学新论》(第二版),中国方正出版社1999年版,第29页。

侵害公民合法权益的内容。20世纪70年代以后,"美国开始对行政法进行改革,其主要内容是扩大各种社会福利的受益人,扩大行政程序制约的对象和范围以及扩大司法审查的范围"①。《联邦侵权行为赔偿法》、《情报自由法》、《私生活秘密法》、《阳光下的政府法》等行政法律的制定,不断丰富和发展了美国行政法的内容。

三、苏联和东欧法系国家行政法的历史发展

十月革命的胜利和苏维埃社会主义共和国的建立,为开创新型的社会主义行政法制奠定了基础。1918—1924年的革命法制时期,苏联行政法制的保障机构主要是设在人民委员会下的"工农检察院",其职能不仅是主动监督国家机关和国家机关工作人员的违法失职行为,同时还受理工人、农民对国家机关工作人员违法失职行为的控告和检举。1923年,根据列宁的建议,工农检察院和联共(布)中央监察委员会结合,使其处理案件更具权威。在肃反委员会占统治地位的肃反扩大化时期,苏联行政法制遭到破坏。1977年新宪法作出"苏联公民有权对公职人员、国家机关和社会团体的行为提出控告的权利,控告应该按照法律规定的程序和期限予以审理。对公职人员违反法律、擅越权限、损害公民权利的行为,可根据法律规定的程序向法院提出控告。苏联公民对于国家机关和社会团体以及公职人员在他们执行公务时用非法行为造成的损失,有要求赔偿的权利"的规定,苏联行政法制得到了恢复和发展。1980年,苏联制定了《苏维埃和各加盟共和国行政违法行为立法纲要》,使普通法院获得了行政案件的上诉审判权。除普通法院以外,国家仲裁处、行政委员会、未成年人事务委员会以及各主管部门设置的监察处、检查处等也有权处理行政案件。"东欧国家的行政法,基本上都仿效苏联的模式。"② 苏联和东欧国家处理行政案件的一个共同特征在于采取社会团体、行政机关和司法机关相结合的多元化裁判模式。

第二节 我国行政法的历史发展

我国历史源远流长,积淀了深厚的法律文化传统,形成了完备的典章制度。在中央集权的君主政治制度下,不乏丰富的行政法律规范的内容,"在我国历史上御史制和考试制曾放过异彩"③。民主主义革命时期,受西方影响,我国也有过行政法制建设的实践。新中国成立以后,我国行政法经历了曲折而漫长的发展过程,并不断走向了一个新的繁荣时期。

一、我国古代的行政法规范

我国古代有无行政法的争论,理论界有肯定和否定两种观点。我们所讲的行政法是现代意义上的行政法,因此,从严格意义上划分,资本主义社会以前是不存在现代意义上的

---

① 杨临宏、张开流主编:《行政法学》,云南大学出版社1994年版,第41页。
② 龚祥瑞著:《比较宪法与行政法》(第二版),法律出版社2003年版,第327页。
③ 龚祥瑞著:《比较宪法与行政法》(第二版),法律出版社2003年版,第330页。

行政法的。但我们认为,按照历史唯物主义的观点和以史鉴今的态度考察,并不能否认我国古代有行政法律规范。

我国古代奴隶制国家建立以后,就存在有关行政管理的法律规范。如夏朝把我国划分为九州,并"铸九鼎,象九州",确立职官制度,"夏后官百",建立监狱,为发展农业生产,制定历法,等等。《周礼》中有《六官》、《六典》之篇,规定国家机构设置及其活动,邦典、邦法和邦城的内容大多属行政法律规范。这些都标志着我国古代行政法规范的萌芽。秦朝是我国历史上第一个中央集权的统一的封建制国家,也是我国古代行政法规范的奠基时期。秦朝用法律确定帝制、郡县制、职官制,统一文字、度量衡和货币。在职官管理上,有置吏律、除吏律、除弟子律;在官吏调任和监察上,有效律;在公文规范上,有行书律;还制定了有关户赋、兵政、刑狱方面的行政法规范;等等。汉承秦制,汉律六十篇中有《朝律》等行政法规范,我国古代的文官制度在汉代已基本形成。唐朝是我国封建社会的鼎盛时期,也是我国古代行政法规范的重要发展时期。《唐六典》上承周礼,下启《元典章》、明清会典,是我国古代最早的一部比较完整的行政法典,分篇介绍机构设置、官员编制与品级、职责权限、官吏选拔、任用、考核、奖惩、俸禄等制度。明清是封建中央集权制度发展和完善到极致的时期,也是我国古代行政法规范的完备时期。明清两代都效仿《唐六典》制定了各自的会典。明代修三典为《正德会典》、《嘉靖续纂会典》、《万历重修会典》,清代修五典为《康熙会典》、《雍正会典》、《乾隆会典》、《嘉庆会典》和《光绪会典》。明清会典的性质与内容与《唐六典》一脉相承,大致无异。

我国古代的行政法规范具有几个基本特点:一是诸法合体,民、刑、行政无严格划分;二是产生时间早,内容详细严密;三是在立法技术上以职官为纲目的格例;四是引礼入法,礼法结合;五是体现专制主义色彩,为专制统治服务;六是行政和司法权力无分立,"地方行政机构省以下都不设专门的司法机构,而由府、州、县行政长官兼理,并只对皇帝负责"①。

二、我国民主主义革命时期的行政法

1911年,辛亥革命推翻了我国的封建帝制,我国进入了民主主义革命时期。1912年,孙中山领导的南京临时政府制定了《中华民国临时约法》,根据孙中山"五权宪法"的思想确立的资本主义政治制度,规定了内阁制的行政机关,临时大总统行使行政权,制定了一些行政法律文件。1914年3月,北洋军阀政府公布《平政院编制令》,平政院具有行政法院的性质,行政审判权不属于普通法院,而属于平政院。1914年5月,北洋军阀政府公布《行政诉讼条例》,正式建立了以平政院为审判机关的行政诉讼制度。同年7月15日公布的《行政诉讼法》,是我国历史上第一部行政诉讼法。南京国民政府成立后,1932年11月,国民政府颁布了《行政诉讼法》。1945年4月,国民政府又颁布了《行政法院组织法》。根据这两部法律规定,在司法院下设立了行政法院,行政法院与普通法院分立,专门处理行政诉讼案件。行政诉讼只有一个审级,但有三个程序,当事人必须先向行政机关提出诉愿和再诉愿,不服的才能向行政法院提起诉讼。

新民主主义革命时期,在中国共产党领导下,1928年,井冈山根据地建立了人民政

---

① 王珉灿主编、张尚鹜副主编:《行政法概要》,法律出版社1983年版,第17页。

权。通过不断巩固和发展，1931年，江西瑞金中央苏维埃政权成立，中央和各革命根据地陆续制定和颁布了不少行政法律性文件和规范。目前，革命文献中标明日期的最早行政法规范是1930年3月25日颁布的《闽西苏维埃政权组织法》。这些文件和规范涉及政权组织、国家工作人员的任免、奖励以及军事、外交、民政、公安、司法、土地、财政、文教等方面。如1934年1月颁布的《中华苏维埃共和国宪法大纲》和同年2月颁布的《中华苏维埃共和国中央苏维埃组织法》，对当时苏维埃政权的产生、监督作出明确规定。1931年11月颁布的《地方苏维埃政府的暂行组织条例》，按照精简的原则规定了各级苏维埃的机构设置、编制和职权范围。1939年2月颁布的《陕甘宁边区各级参议会组织条例》，规定参议会选任、监察、弹劾边区各级政府之"政务人员"，决定政治、经济、文教等行政管理的方针大计。①

三、我国行政法的历史发展

1949年新中国成立以后，我国行政法的历史发展大致经历了四个阶段。

（一）初创阶段（1949—1957年）

新中国成立以后，百废待兴，国家对行政法制建设比较重视。为了尽快建立起与新人民政府组织、管理国家相适应的法律，提高政府效率，保证行政机关及其工作人员正确行使职权，保障公民合法权益，以《共同纲领》和1954年颁布的《宪法》为基础，国家制定和颁布了大量的行政法律规范。"1949年10月至1956年12月，国家共颁布行政管理方面的法律、法规829项"②，其中有关机构、人事编制管理方面的52项；有关财政、金融、税收管理方面的98项；有关公安、民政、司法管理方面的97项；有关经济建设管理方面的261项；有关科学、教育、文化、卫生管理方面的149项等。这一阶段，行政法发展的特点表现在三个方面：一是重视制定行政组织方面的行政法律、法规，确定国家行政机关的组织、职权、工作方式和责任，以及行政机关工作人员的任免等，相关的法律、法规如《中央人民政府组织法》，《大行政区人民政府委员会组织通则》（已废止），省、市、县、乡（行政村）《人民政府组织通则》（已废止），《县级以上人民委员会任免国家机关工作人员条例》（已废止），《国家机关工作人员退休处理暂行办法》（已废止）等。二是重视制定行政管理方面的行政法律、法规，保证行政机关对各方面社会事务的有效管理，相关的法律、法规如《预算决算暂行条例》（已废止）、《治安保卫委员会暂行组织条例》（已废止）、《社会团体登记暂行办法》（已废止）、《商标注册暂行条例》（已废止）、《高等学校暂行规程》（已废止）、《管理书刊出版业印刷业发行业暂行条例》（已废止）、《医院诊所管理暂行条例》（已废止）等。三是重视行政法制监督，保障行政权力正确行使，保障公民的合法权益，如根据《共同纲领》第19条、1954年颁布的《宪法》第97条，以及《中央人民政府组织法》等有关规定，建立了公民控告国家机关及其工作人员违法失职行为制度和行政监察制度。全国人民代表大会常务委员会1957年10月批准了《国务院关于国家行政机关工作人员的奖惩暂行规定》（已废止）。总体而言，这一阶段的行政法制建设，对于我国建立行政管理机构和体制，巩固社会主义新政权，搞好当时的行

---

① 参考王珉灿主编、张尚鷟副主编《行政法概要》，法律出版社1983年版，第27－33页。
② 姜明安主编：《行政法与行政诉讼法》，北京大学出版社、高等教育出版社1999年版，第56页。

政管理工作，促进经济社会发展，起到了十分积极的作用。

（二）停滞和破坏阶段（1957—1978年）

1957年"反右"运动发动和1958年"大跃进"全面展开，对"法律至上"进行批判，行政法制在各领域受到严重打击，不仅行政立法工作速度缓慢，而且大量已有的行政法律、法规因不适应"需要"实际上已经废止，导致行政领域同时存在无法可依和有法不依的局面，行政法制建设严重停滞和破坏。这一时期，1957—1960年所制定的行政法律、法规总数不及前一阶段的一半；作为国家行政监察机关的监察部和司法行政机关的司法部先后被撤销；1963年开始编辑出版的《中华人民共和国法规汇编》被停止出版；《中华人民共和国国务院公报》也于1966年6月起停刊。"文化大革命"开始后，民主和法制遭到蹂躏和践踏，"行政法，在'文革'中事实上它已失去了调整对象而无存在余地。因为，行政法主要是调整政府和公民之间的关系的，而当时由人民代表机关产生的人民政府已被取消……'革委会'不是民主的产物，是与行政法制不能相容的，这一点决定了行政法制在'文革'中的厄运"①。"文化大革命"对行政法制的摧残和破坏达到极端，行政法制建设一片萧条。

（三）恢复和发展阶段（1978—1989年）

党的十一届三中全会纠正了"文化大革命"的错误，把民主和法制提到了重要地位。会议指出，为了保障人民民主，必须加强社会主义法制，使民主制度化，使这种制度和法律具有稳定性、连续性和极大的权威，做到有法可依，有法必依，执法必严，违法必究。要保证人民在法律面前人人平等，不允许任何人有超于法律之上的特权。从此以后，我国的行政法制建设得到恢复并走上了健康的发展道路。国家对过去的法律、法规进行了清理，确认凡不与现行宪法、法律、法令抵触的继续有效，恢复了原有的行政法制。1980年，国务院作出《关于恢复出版中华人民共和国国务院公报的决定》。1982年颁布的《宪法》，确认和发展了人民主权原则、行政法治原则、职权划分与制约原则，确定了国家机关的工作责任制和效率原则，确定了中央和地方各级人民政府的性质、地位和基本职权等。《宪法》和《地方各级人民代表大会和地方各级人民政府组织法》确认了行政机关的行政法规、行政规章制定权。80年代以后，《商标法》、《专利法》、《国营企业劳动争议处理暂行规定》中有关行政裁判机构和行政仲裁机构的规定，是建立行政司法制度的有益尝试；1982年颁布的《民事诉讼法（试行）》（已废止），第一次规定人民法院可以按照民事诉讼程序审理法律规定的行政案件；1989年《行政诉讼法》的颁布，标志着我国行政法制建设进入全面发展阶段。

（四）全面发展阶段（1989年至今）

1989年《行政诉讼法》颁布以后，我国行政法得到了前所未有的发展。"行政法由原来主要适应计划经济的模式向现在适应市场经济的模式转化，由过去主要执行管理职能的模式向现在既具有管理职能，又具控权职能的模式转化。"② 我国行政法的全面发展和模式转变体现在以下五个方面：

---

① 姜明安主编：《行政法与行政诉讼法》，北京大学出版社、高等教育出版社1999年版，第59页。
② 姜明安主编：《行政法与行政诉讼法》，北京大学出版社、高等教育出版社1999年版，第63页。

1. 组织行政方面的行政法制不断发展和完善

改革开放以来，国家通过决议或制订方案，于 1982 年、1988 年、1993 年、1998 年、2003 年和 2008 年，对政府机构进行了六次改革。改革的内容主要是调整政府职能、优化组织结构和改进管理方式，涉及政府职能转变、机构改革、权力下放、中央与地方关系调整、法制建设以及运行机制、管理方式、干部人事制度改革等。在改革过程中，还在政府权力下放、行政审批制度改革、政务公开、廉政建设、扩大民主参与等方面采取了一系列改革措施，推进政府管理方式转变，加强政府自身建设。为了适应计划经济向市场经济的转变，改变原"干部制度"中的弊端，建立新的人事管理制度，1993 年 8 月，国家制定并颁布了《国家公务员暂行条例》（已废止），确定了考试录用制度、考核制度、奖惩制度、轮换制度、回避制度等人事管理制度。在《国家公务员暂行条例》实施的基础上，为了规范公务员的管理，保障公务员的合法权益，加强对公务员的监督，建设高素质的公务员队伍，促进勤政廉政，提高工作效能，2005 年 4 月 27 日，第十届全国人民代表大会常务委员会第十五次会议通过了《公务员法》，自 2006 年 1 月 1 日起施行。《公务员法》对公务员的条件、义务与权利、职务与级别、录用、考核、职务任免、职务升降、奖励、惩戒、培训、交流与回避、工资福利保险、辞职辞退、退休、申诉告诉、职位聘任等作出了规定。

2. 行政管理方面的行政法制不断发展和完善

行政处罚法、行政许可法和行政强制法并称为"行政法典三部曲"，是行政管理方面最基本、最重要的法律规范，是一国行政法发展水平的重要标志。为了规范行政处罚的设定和实施，保障和监督行政机关有效实施行政管理，维护公共利益和社会秩序，保护公民、法人或者其他组织的合法权益，1996 年 3 月 17 日，第八届全国人民代表大会第四次会议通过了《行政处罚法》，自 1996 年 10 月 1 日起施行。《行政处罚法》对行政处罚的种类和设定、行政处罚的实施机关、行政处罚的管辖和适用、行政处罚的决定、行政处罚的执行、相关法律责任等作出了规定。2005 年 8 月 28 日，第十届全国人民代表大会常务委员会第十七次会议通过了《治安管理处罚法》，自 2006 年 3 月 1 日起施行。《治安管理处罚法》是对行政处罚制度的有益补充。为了规范行政许可的设定和实施，保护公民、法人和其他组织的合法权益，维护公共利益和社会秩序，保障和监督行政机关有效实施行政管理，2003 年 8 月 27 日，第十届全国人民代表大会常务委员会第四次会议通过了《行政许可法》，自 2004 年 7 月 1 日起施行。《行政许可法》规定了行政许可的设定、行政许可的实施机关、行政许可的实施程序、申请与受理、审查与决定、期限、听证、变更与延续、行政许可的费用、监督检查、相关法律责任等。继《行政处罚法》和《行政许可法》出台之后，行政强制法作为我国行政法制建设、规范行政行为"立法三步曲"中的第三大步，早在 1999 年前后便进入了立法者的视野，经过反复征求意见和修改，2011 年 6 月 30 日，第十一届全国人民代表大会常务委员会第二十一次会议通过了《行政强制法》，自 2012 年 1 月 1 日起施行。《行政强制法》规定了行政强制的种类和设定、行政强制措施实施程序、行政机关强制执行程序、申请人民法院强制执行、法律责任等，旨在规范行政强制的设定和实施，保障和监督行政机关依法履行职责，维护公共利益和社会秩序，保护公民、法人和其他组织的合法权益。

3. 行政救济方面的行政法制不断发展和完善

完善的行政救济法制包括行政诉讼、行政复议、行政赔偿和行政补偿。经过多年的行政法制建设，我国已经制定并完善了行政救济方面的相关法律，形成了具有我国特色的行政救济制度。行政诉讼是权力分立和权力制衡的重要制度设计，继1982年《民事诉讼法（试行）》（已废止）第一次规定人民法院可以按照民事诉讼程序，审理法律规定的行政案件之后，1989年4月4日，第七届全国人民代表大会第二次会议通过了《行政诉讼法》，自1990年10月1日起施行，正式确定了我国的行政诉讼制度。《行政诉讼法》规定了行政诉讼的受案范围、行政诉讼的管辖、行政诉讼参加人、行政诉讼证据、行政诉讼程序、行政诉讼的法律适用、行政诉讼的判决、裁定与决定等。行政诉讼制度不仅促进了行政机关依法行政，而且增强了公民的权利意识和民主法制观念。行政复议是行政机关自我纠错的一种重要制度。在总结1990年国务院制定的《行政复议条例》（已废止）施行以来实践经验的基础上，1999年4月29日，第九届全国人民代表大会常务委员会第九次会议通过了《行政复议法》，自1999年10月1日起施行。《行政复议法》规定了行政复议的基本原则、行政复议的范围、行政复议机关与管辖、行政复议参加人、行政复议程序等，对督促行政机关依法行使职权，防止和纠正违法或不当的行政行为，保护公民、法人和其他组织的合法权益具有重要意义。在行政诉讼制度的推动下，通过立法来规范国家行政机关的侵权责任，建立行政赔偿制度的呼声越来越高。顺应民众的需要，1994年5月12日，第八届全国人大常务委员会第七次会议通过了《国家赔偿法》，自1995年1月1日起施行。《国家赔偿法》的通过和实施，标志着我国国家赔偿制度的建立，是行政救济和人权保障方面的一大进步。《国家赔偿法》规定了行政赔偿和刑事赔偿两种国家赔偿，对行政赔偿的范围、行政赔偿请求人和赔偿义务机关、行政赔偿的方式和计算标准、行政赔偿的程序等作出了规定。《行政许可法》规定了行政机关因依法撤回生效许可应予补偿的制度；2004年修正的《宪法》作出国家为了公共利益的需要，可以依照法律规定对公民的私有财产实行征收或者征用并给予补偿的规定；《全面推进依法行政实施纲要》指出，要完善并严格执行行政赔偿和补偿制度，需要建立健全行政补偿制度。这些规定标志着我国行政补偿制度的建立和健全已经纳入法治政府建设的框架内，行政补偿法的制定已经具备了时机和条件。

4. 监督行政方面的行政法制不断发展和完善

行政诉讼、行政复议和行政赔偿等制度，同时具有监督行政的性质。行政监察制度和行政审计制度是监督行政的重要内容和形式。在1990年国务院颁布的《行政监察条例》（已废止）实施的基础上，1997年5月9日，第八届全国人民代表大会常务委员会第二十五次会议通过了《行政监察法》，自公布之日起施行。根据《公务员法》和《行政监察法》，2007年4月4日，国务院颁布了《行政机关公务员处分条例》，自2007年6月1日起施行。《行政机关公务员处分条例》丰富和发展了行政监察的内容，有利于严肃行政机关纪律，规范行政机关公务员的行为，保证行政机关及其公务员依法履行职责。1994年8月31日，第八届全国人民代表大会常务委员会第九次会议通过了《审计法》，自1995年1月1日起施行，建立了我国的审计制度。行政监察制度和行政审计制度虽然是行政内部监督，但与权力机关的监督、司法机关的监督和国家机关外部的个人、组织监督一并构成了我国完善的监督行政体系，对行政权力的制约和监督发挥了重要作用，推动了我国监督行政法制的发展和完善。

5. 行政程序方面的行政法制不断发展和完善

程序控制是保障行政权合法、正确行使，防止其滥用和侵犯公民权利所必不可少的。20世纪80年代开始，学术界开始对我国的行政程序进行理论探讨。90年代开始，有关行政法律、法规中规定了相应的行政程序。1992年全国人民代表大会常务委员会通过的《税收征收管理法》、1994年全国人民代表大会常务委员会通过的《治安管理处罚条例》（已废止）等法律、法规，均就有关行政行为的程序作了较明确、具体的规定。1996年第八届全国人民代表大会第四次会议通过的《行政处罚法》，是涉及我国行政程序最重要、最典型的立法。2005年第十届全国人民代表大会常务委员会第十七次会议通过的《治安管理处罚法》，在行政处罚程序方面有了新的发展。2007年国务院通过的《政府信息公开条例》，是我国行政公开程序立法的巨大进步。《政府信息公开条例》规定了政府信息公开的范围、方式和程序、监督和保障等，旨在保障公民、法人和其他组织依法获取政府信息，提高政府工作的透明度，促进依法行政，充分发挥政府信息对人民群众生产、生活和经济社会活动的服务作用。2000年第九届全国人民代表大会第三次会议通过的《立法法》，对行政法规、规章的起草、审查、决定、签署、公布、刊登、备案、审查等程序作出详细规定，为行政立法提供了程序性规范。在既往行政程序立法经验积累和行政行为程序有关单行法律、法规实施的实践基础上，统一的行政程序法的制定已经具备了基本条件，目前，理论界对制定我国统一的行政程序法典已经进行了积极有益的探索。

第三章 行政法的基本原则

第一节 行政法基本原则概述

行政法的基本原则是行政法最基本的理论问题。行政法的基本原则具有其区别于其他部门法的含义和特征。行政法的基本原则不仅对行政法学理论研究具有重要价值，而且对行政法律制度完善和行政法律规范适用具有重要的指导意义。本节将首先介绍行政法基本原则的定义标准、含义、特征和功能。

一、行政法基本原则的定义标准和含义

（一）行政法基本原则的定义标准

"原则"一词的语义是"开始、起源、基础"。在法学中，法律原则是指"可以作为规则的基础或本源的综合性、稳定性原理和准则"[1]。法的基本原则是指整个法律体系或某一法律部门所适用的，体现法的基本价值的原则。对行政法的基本原则进行准确严密的定义，首先必须明确行政法基本原则的定义标准。

我们认为，行政法的定义标准包括以下几点：一是行政法的基本原则确立在行政法的理论基础之上，行政公权力和公民私权利的调适是行政法的理论基础，因此，行政法的基本原则必然涉及行政公权力和公民私权利，并涉及行政法律关系的各个方面。二是行政法的基本原则的调整主体包括行政法律关系的所有主体，既包括行政主体、行政相对人，又包括行政救济主体和行政监督主体。"由于历史的原因和现实的需要，我们谈及行政法治原则时，经常更突出地强调其对行政主体的要求。事实上，'公民必须守法'、'依法监督行政行为'等也是行政法治原则的内在要求。"[2] 三是行政法的基本原则贯穿行政法始终，也就是贯穿行政立法、行政执法、行政司法和行政法遵守等行政权作用方式的始终。四是行政法的基本原则贯穿行政法始终，还意味着行政法基本原则在行政法的理论研究、制度构建和规范实施等方面发挥指导作用。五是行政法的基本原则既要体现宪政价值、一般法律原则和宪法原则，又要区别于宪法原则和其他部门法原则，更要区别于行政管理的基本原则。

（二）行政法基本原则的含义

我们认为，行政法的基本原则是指贯穿于调适行政公权力和公民私权利的各种行政法

---

[1] 张文显著：《法哲学范畴研究》，中国政法大学出版社2001年版，第53-54页。
[2] 罗豪才主编：《行政法学》，北京大学出版社1996年版，第31页。

律关系始终，指导行政法理论研究、制度构建和行政立法、行政执法、行政司法、行政法遵守等过程的最基本的原则或准则。

二、行政法基本原则的特征

行政法基本原则的特征包括以下几个方面。

（一）基本性

不同的部门法都包含着基本原则和一般原则（具体原则），部门法中的每一部具体的法律规范也包含不同的具体原则，行政法也不例外。例如，同为调整行政管理法律关系的《行政许可法》、《行政处罚法》等，就规定了不同的原则，而且它们与调整行政救济关系的《行政诉讼法》、《行政复议法》、《国家赔偿法》等具有不同的原则。行政法的基本原则必须是这些原则中最基本的原则，是这些原则的基础、核心、来源或升华。基本性是行政法基本原则与一般原则（具体原则）的区分标志。

（二）普遍性

行政法的基本原则是贯穿行政法始终的基本准则，具有普遍性的指导意义和普适性的价值。行政法的基本原则必然涉及行政公权力和公民私权利两个方面，体现在组织行政关系、行政管理关系、行政救济关系和行政监督关系等各种行政法律关系中，指导行政法理论研究、行政法制度构建和行政法律关系发生的整个过程、所有领域和每个环节。不仅行政法的实体法中贯穿和体现着行政法的基本原则，行政法的程序法中也贯穿和体现着行政法的基本原则；不仅仅是某一部分行政法律规范中体现行政法的基本原则，而是凡归属于行政法法律部门的所有行政法律规范都体现着行政法的基本原则。这些就是行政法基本原则的普遍性特征所在。

（三）特殊性

行政法的基本原则为行政法所特有，而并非任何或其他部门法所共有的原则。例如，法律面前人人平等，以事实为依据、以法律为准绳等法律基本原则，是所有法律都必须遵守的基本原则，适用于不同的部门法，而这些原则，行政法也必须遵守，但并非行政法的基本原则。当然，同属于公法范畴，行政法与宪法有着更加紧密的联系，但法治原则、基本人权原则等宪法原则不同于直接作为行政法的基本原则，行政法的基本原则必须将宪法原则具体化。又如，行政法的基本原则必须体现行政法的特殊性，因此平等自愿、等价有偿等民法的基本原则也不能构成行政法的基本原则。

（四）法律性

法的基本原则必须具有权威性、强制性、权力责任性、权利义务性等法律特征，行政法的基本原则也不例外。法律性特征是行政法的基本原则和行政管理的基本原则与民主政治的基本原则的根本区别所在。不具有法律意义的原则，例如，效率原则、科学性原则是行政管理的基本原则，但其不能体现法律性特征，因此不能成为行政法的基本原则。又如，国务院制定的《全面推进依法行政实施纲要》是一种政策性文件或施政纲领，不具有完全的法律规范性质，其中规定的"坚持党的领导"、"坚持以人为本和全面、协调、可持续的发展观"、"开拓创新与循序渐进"等依法行政的基本原则不能作为行政法的基本原则。

三、行政法基本原则的功能

行政法基本原则的功能包括以下几个方面。

（一）引导行政法发展

行政法的基本原则是最基本的行政法理论，其在行政法的发展方面发挥着桥梁和纽带作用。一方面，其上承行政法的理论基础、精神和价值，是行政法基本原理和目的的归纳、总结；另一方面，其下启各项行政法律制度的建构和具体行政法规范体系的形成，是这些行政法律制度和规范的灵魂和正当性的依据。行政法的基本原则发挥着引导行政法发展的重要作用，是行政法治走向的理性选择和行动指南。

（二）指导行政法实践

在行政法律规范制定的过程中，无论是国家权力机关制定行政法律，还是国家行政机关制定行政法规和规章，都要以行政法的基本原则为指导，每一项具体的行政法规规范的内容都要体现行政法的基本原则。在行政法律规范的实施中，无论是行政主体、行政相对人，抑或是行政救济主体、行政监督主体，都必须以行政法的基本原则为指导，必须将基本原则的精神与具体规范所确立的具体行为结合起来，"通过这种法意与法则的适用结合使法的整体功能和目标得以实现"①。

（三）补缺行政法缺陷

法律自身的稳定性、滞后性和行政领域的广泛性、复杂性特征，共同决定了行政法即使是一个庞大而繁复的体系，也难以穷尽所有的领域。现实中经常出现某些相应问题或相关现象缺少行政法具体规则调整或解释的情况，这就需要依据行政法的基本原则进行调整或解释。同时，在相关法律、法规为行政主体或行政争议处理机关留下较广泛的自由裁量余地的时候，自由裁量权的行使也必须根据行政法的基本原则进行。尤其是在判例法占重要地位的英美法系国家，即便没有完整严密的行政法律规范体系，但依据行政法的基本原则也能对行政法律关系进行有效调整。

第二节　行政合法性原则

行政合法性原则是世界各国公认的行政法的基本原则，也是我国行政法的首要原则。本节将对行政合法性原则的内容和要求进行介绍。

一、行政合法性原则的内容

合法是法治行政的核心和实质性要求，行政合法性原则是法治原则在行政法上体现的结果，是行政权运行必须遵循的最基本原则。只有如此，才能保证行政权的运行不至于偏离公共利益和公民合法权益的轨道。"行政机关只有在法律范围里活动，才能被认为是公

---

① 姜明安主编：《行政法与行政诉讼法》（第三版），北京大学出版社、高等教育出版社2007年版，第63页。

正和代表公共利益的。衡量行政活动社会公共性的准则应当和只能是法律。"[1] 行政合法性原则也是公众追求权利救济的学理根据和法律依据。行政合法性原则有广义和狭义之分。广义的合法性原则是指所有行政法律关系主体，必须按照行政法律规范参加行政法律关系，不得享有行政法律规范以外的特权，凡违反行政法律规范的行为都要受到追究并承担相应的法律责任。狭义的合法性原则主要针对行政主体和行政权而言，是指行政主体和行政人必须根据宪法和行政法律规范获得行政职权，并按照行政法律规范确定的内容和程序行使行政职权，一切违反行政法律规范的行为都必须受到追究并承担相应的行政法律责任。《全面推进依法行政实施纲要》规定，行政机关实施行政管理，应当依照法律、法规、规章的规定进行；没有法律、法规、规章的规定，行政机关不得作出影响公民、法人和其他组织的合法权益或者增加公民、法人和其他组织义务的决定。

合法性原则在资本主义国家经历了半个多世纪之后，已经成为英国、美国、德国、法国和日本等法治国家的行政法基本原则，也是我国行政法的首要原则。英国"法治"原理下形成的行政法上的两项原则，即越权无效原则和自然公正原则。越权无效即越权的行政行为不具有法律效力。自然公正原则的核心内容是听取对方意见和自己不能作为自己案件的法官。行政法上的合法性原则在美国主要表现为基本权利原则和正当程序原则。在法国，行政法治原则包含了三项基本内容：行政行为必须有法律依据；行政行为必须符合法律；行政机关必须以自己的行为来保证法律的实施。德国行政法中的合法性原则包括两项基本内容：一是法律至上；二是法律要件。法律至上的中心思想是一切行政行为都必须服从法律，否则无效。法律要件的中心含义是一切行政权的实施（即行政行为）都必须符合法律的授权，越权无效。日本行政法的合法性原则，亦称行政法治原则，其基本内容有三项，即法律保留原则、法律优先原则和司法救济原则。[2]

我们认为，我国行政合法性原则的内容包含五个方面：一是行政主体的行政职权由法律设定或依法授予，不得享有法律以外的特权；二是行政主体实施行政行为必须依照和遵守法律规范，包括实体性法律规范和程序性法律规范；三是行政主体的行政行为违反行政法律规范即构成违法和无效，行政主体必须对违法的行政行为承担相应的法律责任；四是行政主体的一切行政行为（法律另有规定的除外）必须接受人大监督、行政监督和司法监督；五是行政相对人的合法权益受到行政主体违法行为侵犯时，行政相对人可以寻求相应救济。

二、行政合法性原则的要求

行政合法性原则包含以下要求。

（一）职权法定

私权利运行的规则是凡法律不禁止的即为自由。与之不同，公权力运行的规则是凡法律没有授权的就不得为之，法律禁止的更不得为之。任何权力，尤其是行政权力，在形式

---

[1] 于安编著：《德国行政法》，清华大学出版社1999年版，第48-50页。
[2] 详见王名扬著《英国行政法》，中国政法大学出版社1987年版；王名扬著《美国行政法》，中国法制出版社1995年版；王名扬著《法国行政法》，中国政法大学出版社1988年版；胡建淼著《比较行政法——20国行政法评述》，法律出版社1998年版。

上必须来源于法律的设定。按照职权法定的要求，行政权的合法性来源于法律的设定，只有经过法律设定的权力才具有合法性。行政权力是有限的，只有得到法律授予才能行使，无法定依据而行使行政权力，就是超越职权。法律对行政权力进行设定涉及的内容包括：规定权力的内容并进行合理的权力配置，设定权力运行的程序，规定权力违反时承担何种责任并如何监督和救济。具体而言有两种形式：一是由行政组织法对纵向和横向的行政职权进行设定和配置；二是由具体的行政实体法规定某一具体事项由哪一行政主体管辖。例如，《行政处罚法》规定实施行政处罚的行政机关，必须是有行政处罚权并在其职权范围以内的行政机关。这就是对职权法定最明确的规定。

（二）法律优位

"以法律形式出现的国家意志依法优先于其他所有形式表达的国家意志；法律只能以法律的行使才能废止，而法律却能废止所有与之相冲突的意志表达，或使之根本不起作用。这就是我们所说的法律优先。"① 法律规范在效力上有位阶层次区别，为了实现法制统一，法律处于最高的效力位阶，法律的效力高于任何其他法律；上一位阶层次法律规范的效力，也高于下一位阶层次法律规范的效力，这就是法律优位的一般要求。法律优先作为行政合法性原则的内容，还要求行政无条件地从属于法律，行政主体的任何行政活动和行政行为必须受到法律的约束，行政主体不能采取与法律相抵触的任何措施。例如，《立法法》规定，行政法规、规章不得与宪法、法律相抵触；规章不得与行政法规相抵触，地方规章不得与地方性法规相抵触。这就是法律优位在立法上的体现。

（三）法律保留

职权法定是法律对行政的积极控制，表明法律为行政权力设定"规则"，但是法律的预先设定往往会带有片面性和滞后性，特别是行政事务的广泛性、复杂性和突发性特征往往使法律的设定处于被动地位。有效地处理这一矛盾，作为职权法定的补充，法律保留显得极为重要，法律保留可以理解为是为行政权力划定一条最基本的"底线"。传统的法律保留原则主要是针对行政机关的授权立法而言的，系指凡属于宪法、法律规定只能由法律规定的事项，则或者由法律规定，或者必须经过法律明确设定权力的情况下，行政机关才有权在其所制定的行政规范中加以规定。随着行政权的扩张和现代行政的发展，法律保留对行政控制的范围和程度应有扩大。我们认为，法律保留不应仅限于授权立法，行政机关行使权力过程中的任何行为或活动都应当严格遵守法律保留，这是法治行政的本质要求。《立法法》第9条和《行政处罚法》第9条根据法律保留作了相应规定。

（四）权责统一

私权利和公权力的另一个区别在于，私权利可以放弃，而公权力不但不得放弃而且必须行使。法律授予行政主体职权的同时意味着，依法行使职权是行政主体的义务和责任，职权与职责是统一的，行政主体不依法行使职权，就是渎职，必须追究法律责任。权责统一是指行政主体和行政人必须依法行使职权，积极履行职责，而且要对其违法行使职权的行为和活动承担法律责任。按照权责统一的要求，法律在进行行政权力设定和配置时，必须同时明确其相应的法律责任。行政主体和行政人都是法律责任主体，对违法行使职权，

---

① [德] 奥托·迈耶：《德国行政法》，刘飞译，商务印书馆2002年版，第70页。

不履行职责的行为都应承担相应责任。尤其是在外部行政法律关系中，如行政赔偿中，行政主体代表行政人对行政相对人承担先行责任，不得以内部行政关系对抗行政相对人。行政主体或行政人对违法、不当行为及其他造成公民合法权益实际损害的行为，必须受到法律的责难并承担惩罚责任或补偿责任。《行政处罚法》、《行政许可法》中有关法律责任的规范内容，体现了权责统一的要求。《全面推进依法行政实施纲要》也规定，行政机关依法履行经济、社会和文化事务管理职责，要由法律、法规赋予其相应的执法手段。行政机关违法或者不当行使职权，应当依法承担法律责任，实现权力和责任的统一；应依法做到执法有保障、有权必有责、用权受监督、违法受追究、侵权须赔偿。

第三节 行政合理性原则

行政合理性原则是实质性行政法治必须遵循的重要原则。行政合理性原则包含比例原则，比例原则较为具体，便于操作，本节将一并进行介绍，同时还将讨论应急行政行为的合理性问题。

一、行政合理性原则的内容

行政合理性原则是指行政行为的内容要客观、适度、符合公平正义等法律理性。《全面推进依法行政实施纲要》规定，行政机关实施行政管理，应当遵循公平、公正的原则。要平等对待行政管理相对人，不偏私、不歧视。行使自由裁量权应当符合法律目的，排除不相关因素的干扰；所采取的措施和手段应当必要、适当；行政机关实施行政管理可以采用多种方式实现行政目的的，应当避免采用损害当事人权益的方式。

行政合理性原则的产生基于两方面的原因：其一，由于行政自由裁量权的存在。法律是有限度的和具有滞后性的，法律不可能规范全部行政活动；即使有法律规定，其规范也不可能面面俱到，毫无遗漏；法律更不可能对突发的行政事务进行准确的预见和详细的规范，这就是行政自由裁量权存在的客观原因。行政自由裁量权的行使有几种情况："一是在法律没有规定限制条件的情况下，行政机关在不违反宪法和法律的前提下，采取必要的措施；二是法律只规定了模糊的标准，而没有规定明确的范围和方式，行政机关根据实际情况和对法律的合理解释，采取具体措施；三是法律规定了具体明确的范围和方式，由行政机关根据具体情况选择采用"[1]。从这个角度上讲，行政合理性原则基于行政自由裁量权的实际存在而产生，更是规制现代社会日趋扩张的行政自由裁量权所必须的。其二，它是顺应现代行政法发展和转变的必然要求，即"从原来的形式主义行政法治发展为实质主义的'行政法治'。这一转变，要求行政权力运作不仅要在形式上符合实在法要求——即行政之合法性；同时，还要求行政权力的行使必须合乎公共正当的目的，即行政之'合理性'"[2]。合理性原则是合法性原则的上位原则，"合理性原则所涉及的是更深层次

---

[1] 罗豪才主编：《行政法学》，北京大学出版社1996年版，第33页。
[2] 张明新、谢丽琴：《论自由裁量权膨胀条件下的"行政合理性"原则——兼论行政合理性原则在现代行政法中之地位》，《南京社会科学》2000年第7期。

的合法与否的问题,是对行政法治提出的更高的要求"[①]。因为"合理"之理实指权利、利益、人权、自由、平等、公平、正义等法的目的、精神、原则和本意。如果形式法律是恶法而非良法,则依此作出的行政行为形式(表面)合法,但其实质上违反了法律的目的、精神、原则和本意,因而是"不合理"的,其实质上是"违法"的。而有时候表面上违反形式法律的行为就其本质而言却是合乎法的精神和深层次内涵的,故不属违法。

传统的观点认为,行政合法性原则适用于行政法的所有领域,而行政合理性原则基于对行政自由裁量权的控制而产生,其适用范围仅仅局限于行政自由裁量领域,羁束行政领域只适用行政合法性原则,而不适用行政合理性原则。事实上,行政合法性原则与行政合理性原则并不矛盾,行政合法性原则是基础,行政合理性原则是延伸;行政合法性原则体现形式性法治行政的要求,行政合理性原则体现实质性法治行政的要求,它们共同存在和服务于法治行政的最高目标。因此,我们认为,无论是现代行政的发展所需,还是实质性行政法治的最高要求,任何行政行为和活动都必须符合法律的最高理性。因此,即使在存在法律明确规定的羁束行政领域,行政合理性原则也必须适用,行政主体除严格遵守相关的行政法律规范外,还必须遵守行政合理性原则,行政行为和行政活动不仅应当合法,而且应当合理。合理性原则是引导行政权运行符合其目的的向导,它不仅要求行政主体应当遵循合法性原则,依据法律进行行为和活动,而且要求行政主体的行为和活动必须符合公平正义等客观理性,必须合理。

二、行政合理性原则的要求

行政合理性原则的具体要求包括以下方面。

(一)正当的目的、动机和考虑

任何法律都是基于一定的社会需要,为了达到某种社会目的而存在,行政法也不例外。法律授予行政主体行政职权,正是为了有效实现法律的目的。因此,行政主体行使职权所作出的任何行为和活动,首先要考虑法律的目的何在,必须符合法律的宗旨和立法的目的。凡是违背法律目的的行为和活动,都是不合理的。行政主体和行政人的行政行为和活动,既要符合事物发展的客观规律,又要符合常理、惯例、传统和公众意志,更要符合法律理性的要求和宪政基本精神,不能恣意、任性、毫无标准地专断,也不能随个人好恶去决定。行政主体不能以执行法律的名义,将其主观意志,甚至包括个人的恩怨、偏见、歧视等强加于行政相对人。行政主体还应当遵循公平、公正的原则,对同样情况同样对待,对不同情况不同对待,不畸轻畸重,显失公平。要平等对待行政相对人,不偏袒任何一方,不带任何偏见。行政主体和行政人与所作的行政行为也不能有个人利益上的联系。同时,行政主体在行使职权时,应建立在正当考虑的基础上,对相关的因素应该考虑,这样才能使其行为和活动有充分、合理的依据。另一方面,对不相关的因素应排除在外,因为对无关因素的考虑会使行政主体忽视法律的要求,作出不合理的行为。

(二)符合比例原则

比例原则为德国首创,现已被葡萄牙、荷兰、法国等很多国家所接受。比例原则在我

[①] 毛光烈:《试论行政合理性原则对行政自由裁量权的控制》,《汕头大学学报》(人文科学版)1999年第1期。

国行政法律规范制定和实施中也得到了体现和应用。比例原则又称为平衡原则。① 一般认为，比例原则包括妥当性（又称适当性）、必要性（又称不可替代性）和均衡性（又称比例性、相对性）三项要求或原则，有学者将其称为"三阶理论"。妥当性原则主要是判断行政主体和行政人所采取的行政行为或者措施是否足以实际达到目的或者是否非达到目的所必须。"妥当性原则是从'目的取向'上来规范行政权力及其行使主体所采取措施之间的比例关系。"② 必要性原则用于判断如果行政主体和行政人达到行政目的有多种措施可供选择时，是否选择给人民造成最小侵害的措施。换言之，已经没有任何其他的能给人们造成更小侵害的措施来取代该项措施了。必要性原则是从"行为取向"上来规范行政权力及其行使主体所采取措施之间的比例关系。均衡性原则也称为狭义的比例原则，是指行政主体在作出行为或者措施的时候，必须考虑采取该行为和措施所要保护和维护的利益，与该行为和措施的运用可能损害的利益之间的比例，对其进行利益上的斟酌和平衡后才能采取。如果该行为或者措施损害的利益超过了其保护和维护的利益，则违反了比例原则。均衡性原则是从"价值取向"上来规范行政权力及其行使主体所采取措施之间的比例关系。

比例原则的三项具体原则是并列适用还是递进适用呢？有人认为，比例原则的"三阶理论"是有顺序的，即要求在具体运用比例原则时，先考察行政行为手段与目的之间的妥当性，再选择对公民利益损害最小的手段来实现行政目标，最后还必须对各方的利益进行总体上的考虑，考察行政行为所能实现的目标价值是否高于其行政行为对公民的合法权益损害的价值。但也有人认为，"三阶理论"仅仅作为一种一般原则性的思维方式而已。③ 我们认为，理论运用于实践才具有价值，个案的复杂性和差异性决定了比例原则在具体个案的适用上不必按部就班，判断和审查的次序是可以颠倒的。我国行政法规范中尚无明文规定"比例原则"的法律条文，但有条文对比例原则的要求作了体现和规定。如《行政处罚法》第4条规定，设定和实施行政处罚必须以事实为依据，与违法行为的事实、性质、情节以及社会危害程度相当。

（三）应急行为合乎理性

某些行政事务具有突发性和不可预见性，以至于立法不可能全面地、完整地对其作出超前的规定，从而为行政权"依法、合法"行使提供依据。另外，为了保护和维护公众的权利和公共利益，面对突发事件时，行政主体必须进行紧急、及时、有效的处理，否则，行政主体可能构成实质上的不作为的违法。因此，行政主体在紧急状态下采取应急行为当属必要，而这种应急行为无论如何必须符合行政合理性原则。对于应急行为合乎理性的问题，理论界长期以来对其关注较少，本世纪初"非典"爆发后，引发了行政法学界对应急行政的研究热潮。20世纪初，法国最高行政法院在第一次世界大战时的判例中确立了所谓特殊情况理论。根据王名扬先生的介绍，特殊情况理论是指行政机关在情况特殊的条件下，为了保证公共秩序和公共运行，可以作出在一般情况下不合法，但在特殊情况下可以成为合法的行政行为。特殊情况理论是避免适用行政法治原则发生偏差的一种矫正

---

① 于安编著：《德国行政法》，清华大学出版社1999年版，第29-32页。
② 胡建淼、江利红著：《行政法学》，中国人民大学出版社2010年版，第74页。
③ 参见陈新民著《德国公法学基础理论》（下册），山东人民出版社2001年版，第373页。

方式，是用例外的合法性理论代替正常的合法性理论。① 在我国，罗豪才教授曾将行政应急性原则作为与行政合法性原则和行政合理性原则并列的我国行政法的三大基本原则加以论述。他认为，"行政应急性原则指在某些特殊的紧急情况下，出于国家安全、社会秩序或公共利益的需要，行政机关可以采取没有法律依据或与法律相抵触的措施"②。可见，特殊情况理论与行政应急性原则的观点是基本一致的，都是为行政机关在特殊紧急情况下行使非常职权，作出"违法"行为提供依据。

综合特殊情况理论和"应急性原则"，我们将应急行为合乎理性的实质内容作如下归纳：第一，其目的在于使行政机关在正常情况下可能违法的行为在紧急状态下合法化，但合法化也不是绝对的完全的合法，也包括减轻违法的程度。第二，必须具有必要性并符合比例原则，即行政机关如果能以合法的手段维持公共秩序和保证公务运行时，就不能采取"违法"的手段，而且行政机关应该选择最小损害的"违法"行为。第三，既然是例外性原则，其适用条件就应该受到必要限制，只能在紧急状态下，为保护和维护公共利益而适用。第四，并非绝对排斥合法性原则，是合法性原则的例外和矫正。第五，必须受到监督，因为著名政治学家阿克顿勋爵说过："权力有腐败的趋势，绝对的权力绝对地腐败"，有效的监督可以保证应急行政行为的运行合乎公共利益本位的目的。

第四节 公民权利保护原则

立足于行政法的理论基础，行政法的基本原则除包括主要针对行政权力的行政合法性原则和行政合理性原则外，还应当包括针对公民权利的公民权利保护原则。本节将对该原则进行介绍。

一、公民权利保护原则的内容

人是个体性的道德主体，有权决定自己的行为和目的，其权利也是与生俱来并绝对不受侵犯的。但是，在现代意义上的国家产生之前的混沌状况下，个体的行为不能保证他们行为目的和权利的最大化实现，一个和谐有序、人人幸福、健康发展的社会，客观上要求有一个组织来进行管理，于是公民个体有了让渡自己的一部分权利从而组成国家的愿望，这是近现代国家产生的基石。从法理上不难发现，无论是立法权、行政权还是司法权，但凡国家权力，都来源于公民个体想要组成国家的愿望，都来源于公民让渡出来的个人权利的集合。而国家和国家权力产生以后其目的又是什么呢？"国家是由人们组成的一个社会，人们组成这个社会仅仅是为了谋求维护和增进公民们自己的利益。"③ "政府的目的在于为人民谋福利。"④ "政府（本身）没有任何权力，它是许多人为了保障他们自己权利的目的而选择的代表团体。因此，政府仅仅在这些人的同意下而存在，其作用也仅仅在于

---

① 参见王名扬著《法国行政法》，中国政法大学出版社1988年版，第218－220页。
② 罗豪才主编：《行政法学》，北京大学出版社2000年版，第34页。
③ ［英］洛克：《论宗教宽容》，吴云贵译，商务印书馆1982年版，第5页。
④ ［英］洛克：《政府论》（下），叶启芳、瞿菊农译，商务印书馆1964年版，第139页。

为他们的福利而进行活动。"① 不难看出，保护公民权利，促进公共利益，创造公共福利，是现代国家同历史上一切传统国家的最重大区别，也是国家权力的意义和目的。这就决定了凡是公法都以国家权力和公民权利为调整内容，任何国家权力都必须以保护公民权利为宗旨。人权保障是宪政的精义，人权（公民基本权利）保障原则已经在法治国家的宪法中得到公认和确立。

为什么在行政法中，有必要将这一宪法原则进一步强调和具体化，从而将公民权利保护原则作为行政法的基本原则呢？我们认为，这与行政和行政权的特殊性有关。行政权较之立法权和司法权，具有积极性、广泛性、针对性等显著特征，是与公民权利发生关系最广泛、最直接的权力，而立法权和司法权则是一种消极、被动、保守的权力。换句话说，一个人"从摇篮到坟墓"都会与行政权发生关系，而且每一个个体、每一次关系的发生都可能具有不同的差异性，而立法权针对的是普遍的多数，不强调差异性，司法权实行不告不理原则，不争讼的人一辈子与司法权都不会发生关系。行政权的这种特殊性决定了必须将公民权利保护原则作为行政法的基本原则，它是行政法的目的性原则，因为权利保护是法治行政的终极目标。公民权利保护原则是指行政法规范制定、行政法律制度建立，以及行政主体和行政人行使行政权力的行为和活动，都必须以保障行政相对人合法权利为出发点和落脚点，并确保公民合法权益和公共利益得以实现。公民权利保护原则作为行政法的基本原则，"有利于人权保障的精神和宪政理念在行政领域的贯彻实施，有利于公民一方在行政法上主体地位的确立"②。

公民权利保护原则的具体内容包括：一是行政法的产生、存在和发展，行政法律制度的建立和完善，当以保护公民权利，实现公共利益为目的和宗旨。二是行政法律规范的主要内容，是将宪法规定的公民的基本权利和自由具体化为国家行政管理过程中应享有的各种行政实体、行政程序权利和其他权益，并且保障其得以实现。三是保障公民的基本权利和自由是行政法的主导方面，即使行政法中不得不规定制约性、制裁性的规定，也要严格控制，不得扩大。四是行政主体和行政人在行使行政权过程中要尊重公民的权利和自由，不得违法予以侵害，否则要承担相应的法律责任，行政相对人有权获得救济。

二、公民权利保护原则的要求

公民权利保护原则的要求包括以下方面。

（一）保障实体性权利的实现

尽管各国对人权（基本权利）范畴的界定不尽相同，但人格权、政治权、人身权、财产权等，却是各国都承认和保障的公民基本权利。《宪法》对公民的基本权利进行了明确的规定。保障公民实体性基本权利在行政法中得以实现，要求行政主体和行政人在行使行政权的过程中，不得对行政相对人实施殴打或其他侵害身体的暴力行为，不得对行政相对人实施游街、示众、辱骂、体罚、公布隐私等精神损害或侮辱人格的行为，对行政相对人要文明礼貌地对待。行政主体要切实履行职责，认真履行职权，切实保障行政相对人的人身自由、言论自由、信仰自由以及出版、集会、结社、游行、示威等各项基本自由。非

---

① ［英］边沁：《政府片论》，沈叔平等译，商务印书馆1995年版，第128页。
② 马怀德主编：《行政法学》，中国政法大学出版社2007年版，第46页。

出于国家或社会公共利益的特别需要和特殊情况下，行政主体不得限制行政相对人的自由和权利，即使限制也不得违反合法性原则和合理性原则，不得超过必要的限度。行政主体不仅要保障和不得侵犯行政相对人依法享有的选举权、被选举权、参与国家管理权以及对行政主体和行政人的监督权、申诉权、控告权和检举权等政治权利，而且当这些权利受到其他方面的不法侵犯时，还必须采取措施予以排除和保障实现。行政主体和行政人在行使权力过程中，要积极采取措施防止行政相对人财产权受到侵犯，在实施行政征收和行政征用等行政行为时，也不得侵犯行政相对人的财产权；违法行为侵犯了行政相对人的财产权的，应依法承担赔偿责任，即使是合法行为造成行政相对人财产损失的，也应依法予以补偿。

（二）保障程序性权利的享有

程序是保证行政公正，确保行政权力正确有效行使和公民权利全面实现的重要手段。权利的保障不仅需要实体法，从某种意义上讲，程序对权利的保障具有更重要的价值。这是因为，不公正的程序必然带来不公正的结果，只要程序设计得公正合理，人们就会认为结果是公正的，而不管事实上结果公正与否。西方资本主义国家对行政行为特别要求程序公正，程序公正原则是其行政法的基本原则。西方资本主义国家的程序公正理论最具代表性的是英国的自然正义理论（包含任何人不应成为自己案件的法官和任何人在受到惩罚或其他不利处分前应为之提供公正的听证或其他听取其意见的机会）和美国的正当法律程序。《全面推进依法行政实施纲要》规定，行政机关实施行政管理，除涉及国家秘密和依法受到保护的商业秘密、个人隐私的外，应当公开，注意听取公民、法人和其他组织的意见；要严格遵循法定程序，依法保障行政管理相对人、利害关系人的知情权、参与权和救济权。行政机关工作人员履行职责，与行政管理相对人存在利害关系时，应当回避。

从权利保证和权利享有的角度归纳，我们认为，我国保障行政相对人程序性权利享有应涉及平等权、知情权、参与权和救济权等方面，并以相关制度予以保证。一是行政公正。行政主体在处理行政事务时，对同等情况须同等对待，不同情况应区别对待。行政人与所处理的行政事务存在利害关系可能影响公正处理时，应当进行回避。行政主体和行政人就某项行政事务同时涉及两个或两个以上的行政相对人时，不能在一方当事人不在场的情况下与另一方当事人接触、听取其陈述和接收其证据。保证行政公正的相关制度包括回避、不单方抵触制度、说明理由制度等。例如，《行政许可法》第5条规定，符合法定条件、标准的，申请人有依法取得行政许可的平等权利，行政机关不得歧视。二是行政公开。行政公开贯穿于行政权力运行的全过程，涉及依据公开、过程公开、结果公开等，要求行政主体对自己的行为及其所掌握的信息，除依法应当保密的以外，都必须向行政相对人和社会公众公开。保证行政公开的相关制度包括表明身份制度、公告制度、信息公开制度等。例如，《政府信息公开条例》明确规定了政府信息公开的范围、方式、程序等。《行政处罚法》第4条规定，对违法行为给予行政处罚的规定必须公布；未经公布的，不得作为行政处罚的依据。三是行政参与。行政主体要提供机会和条件，使公民尤其是行政相对人有权进行听证，参与行政权力运行的全过程，并通过表达自己的意见，对行政权力运行结果发挥作用。行政主体在作出行政决定特别是对当事人不利的决定前，负有说明作出行政决定的事实、依据等理由的义务。行政相对人享有陈述权和抗辩权，行政主体和行政人不得在事先未通知和听取行政相对人陈述、申辩意见的情况下作出对行政相对人不利的行为。保证行政参与的相关制度包括听证制度、说明理由制度、辨明制度等。《行政处罚法》、《行政许可法》、《价格法》等都作出了有关听证的规定。四是行政救济。行政相对人认为其合法权益受到行政主体和行政人侵犯的,有权寻求相应的救济。行政诉讼、行政复议和行政赔偿就是保障行政救济的重要制度,我国已经有相应的立法。同时,有关国家补偿方面的制度和立法亟待完善。

(三) 诚实守信和信赖保护

作为行政法基本原则之一,我国理论界存在着诚实守信原则和信赖保护原则两种提法,有的学者认为两项原则是相同的,也有的学者认为两项原则存在差异。我们认为,两项原则并无实质差异,是一个事物的两个方面,只是着眼点不同而已,诚实守信原则更强调行政主体一方,而信赖保护原则更强调行政相对人一方。从权利保护的视角考察,我们倾向于将其称为信赖保护原则。一般认为,行政法上的信赖保护原则起源于第一次世界大战前后的德国,后被多数国家所接收和采纳。"信赖保护原则,是指受国家权力支配的人民,如果信赖公权力措施的存续而有所规划或者有所举措的,其信赖利益应当受到保护。"[①] 具体到行政法中,信赖保护原则是指当行政相对人对行政主体的行政行为形成正当合理的信赖时,行政主体应维持这种信赖的稳定性和连续性,不得随意撤销或者废止该行为,如果出于公共利益等紧急需要必须撤销时,必须对行政相对人信赖该行为有效存续而获得的利益给予相应的补偿。信赖保护原则的要件包含"信赖基础、信赖表现和信赖值得保护"[②]。行政法上信赖保护原则的适用包括"以诚实信用的方式作出行政行为,禁止具有溯及力的抽象行政行为,具体行政行为的撤销必须受到限制"[③] 等方面。在我国,《行政许可法》第8条第一次以法律的形式确立了信赖保护原则。《全面推进依法行政实施纲要》将诚实守信作为依法行政的基本要求之一,要求行政机关公布的信息应当全面、准确、真实。非因法定事由并经法定程序,行政机关不得撤销、变更已经生效的行政决定;因国家利益、公共利益或者其他法定事由需要撤回或者变更行政决定的,应当依照法定权限和程序进行,并对行政管理相对人因此而受到的财产损失依法予以补偿。应该说,信赖保护原则已经在我国行政法中得以确立。

---

① [德] 毛雷尔著:《行政法学总论》,高家伟译,法律出版社2000年版,第277页。
② 详见胡建淼、江利红著《行政法学》,中国人民大学出版社2010年版,第77页。
③ 详见马怀德主编《行政法学》,中国政法大学出版社2007年版,第55–56页。

第四章 行政法律关系

第一节 行政法律关系基本原理

一、法律关系的基本原理

（一）法律关系的概念和特征

法律关系是法律规范调整人们行为过程中所形成的以权利义务为内容的社会关系。"社会关系基本上可划分为两大类：物质关系和思想关系。物质关系主要指生产关系，是人们在生产过程中结成的关系，构成社会的基础。思想关系，是通过人的意识而形成的人与人之间的关系，是生产关系的上层建筑。法律关系是一种思想关系，它由生产关系所决定。"[①]

法律关系之所以是一种思想关系而非物质关系，决定了法律关系具有以下特点：首先，一切法律关系的形成和实现，都要通过它的参加者（单方、双方或多方）的意思表示才能形成；其次，法律关系是根据法律规范的创设并由国家强制力保障实施的社会关系；再次，法律关系是主体间的法律权利义务关系，如果没有法律规范的创制，社会主体间就不能形成权利义务关系，而只能是一般社会关系。

（二）法律关系的构成要素

法律关系是由法律关系的主体、客体、内容三要素构成的。

1. 法律关系的主体

法律关系的主体是指在法律关系中依法享有权利和履行义务的个人或组织。根据我国法律，以下几类主体可以成为法律关系的主体：一是自然人。自然人包括公民、外国人和无国籍人。外国人和无国籍人能够参与哪些法律关系以及权利能力范围的大小，由我国有关法律及我国同其他国家签订的国际条约或国际法公认的准则加以规定。二是集体主体。集体主体包括国家机关、社会组织和外国组织。三是国家。国家作为一个整体，它是某些法律关系的参加者，如可以作为国家所有权法律关系的主体。

2. 法律关系的内容

法律关系的内容是指法律关系的主体所享有的权利和履行的义务。权利是指法律关系的主体所享有的某种权益或权能，具体包含以下几层含义：第一，享有权利的人有权作出

---

① 《中国大百科全书（法学）》，中国大百科全书出版社1984年版，第99页。

一定的行为;第二,享有权利的人有权要求他人作出或不作出一定的行为;第三,当权利被侵害或与他人发生争议,享有权利的人有权要求国家出面干涉,通过国家强制力帮助其实现权利。义务是指法律所规定的法律关系主体所承担的某种必须履行的责任。它具有两个特征:一是义务人必须按照权利人的要求作出一定行为;二是义务人必须按照权利人的要求抑制某种行为。在法律关系中,权利和义务是辩证统一的,履行义务是实现权利的基础,权利则是履行义务的前提。

3. 法律关系的客体

法律关系的客体是指法律关系的主体的权利和义务所指向的对象,通常包括物、行为和智力成果。物是指在法律关系中可以作为财产权利对象的物品和其他一切物质财富;行为是指具有意义的人的活动,如行政机关的行为、签订合同等;智力成果是人的脑力劳动的成果,如商标、著作专利等。

(三)法律关系的产生、变更和消灭

法律关系是由法律规范在主体之间创设的权利与义务关系。但是,只有法律规范和权利主体还不足以产生法律关系,法律关系的产生、变更和消灭还必须有相应的条件:①法律规范,即法律关系产生、变更和消灭的法律依据,是抽象的一般条件;②权利主体,即权利义务的承担者,是法律关系产生、变更和消灭的具体条件;③法律事实,即出现法律规范所假定出现的那种情形。

在上述三个条件中,法律事实起着联结法律规范和权利主体的作用,在法律关系的产生、变更和消灭中占据重要地位。法律事实是法律规范所规定的,能够引起法律关系产生、变更和消灭的现象。

按照法律事实是否与当事人的意志有关,可以把法律事实分为事件和行为。

事件,又称为法律事件①,指的是与当事人意志无关的,能够引起法律关系形成、变更或消灭的客观事实。事件又可以分为自然事件和社会事件。前者如人的生老病死、自然灾害等;后者如社会革命、战争等。这两种事件对于特定的法律关系主体而言,都是不可避免、不可抗拒的,也是不以其意志为转移的。但由于此事件的出现,法律关系主体间的权利义务关系就可能产生、变更和消灭。如由于人的出生便产生了父母与子女间的抚养关系和监护关系;而人的死亡却又导致抚养关系、夫妻关系或赡养关系的消灭和继承关系的产生,等等。

行为,又称有法律意义的行为,从法律关系的角度看,它指的是与当事人意志有关,能够引起法律关系产生、变更或消灭的作为和不作为。行为一旦作出,也是一种事实,它与事件的不同之处在于当事人的主观因素成为引发此种事实的原因。对于行为,以是否合法为标准,可分为合法行为与非法行为。合法行为能够引起肯定性法律后果,而非法行为能够引起否定性法律后果。

---

① 并不是所有的事件都是法律事实,只有法律把一定的法律关系与特定事件联系起来加以规定的事件才能成为法律事实。

二、行政法律关系

（一）行政法调整对象——行政关系

任何法律现象的存在都是为了处理某种社会关系，由于社会关系不同，所以就形成了不同的法律现象。行政关系是社会关系中的一种，是指由行政法规范调整的具有行政法上权利义务内容的社会关系。

关于行政法的调整对象，行政法学理论界有不同的观点，有学者认为行政法的调整对象是行政关系，也有学者认为行政法的调整对象是行政关系和在此基础上所形成的监督行政关系，还有学者认为行政法的调整对象是行政关系，主要包括行政管理关系、行政法制监督关系、行政救济关系和内部行政关系四类。虽然行政法学理论界对行政法调整对象的范围有所差异，但就行政法是调整特定社会关系这一点上是一致的。学术界对此有三种不同的理解和两种术语表达：①

第一，行政法调整的社会关系包括在对行政权创设、行使以及对其监督过程中形成的各种社会关系，统称为行政关系。

第二，行政法调整的社会关系包括行政管理关系和监督行政关系，统称为行政关系。

第三，行政法调整的社会关系包括行政管理关系和监督行政关系，但不是统称为行政关系，其中前者即为行政管理关系，后者则称为监督行政关系。

我们认为，行政法的调整对象就是行政关系，这是由行政关系的主体的特殊性所决定的。基于此行政关系，具体包括：因行政主体行政权的取得而形成的社会关系；因行政主体行政权的运作而形成的社会关系；因对行政权的监督所产生的社会关系和因对行政权实施救济所形成的社会关系。

（二）行政关系的特点

第一，行政关系是一种特殊的社会关系。行政关系是国家行政机关在行政管理过程中与相对人所发生的社会关系，与其他社会关系的区别是行政关系中必然有一方是国家行政机关，且发生在行政机关管理国家事务和社会公共事务领域。

第二，行政关系是一种法律关系。行政关系是基于行政权的存在而形成的。行政权是国家权力之一，是政府管理国家事务和社会公共事务的权力，其权力来源于宪法和组织法的授予，属于一种法律权力。因此，作为行政权力这种法律权力产生、运作产物的行政关系必然属于一种法律关系。

第三，行政关系以行政管理为主要内容。行政关系虽然范围广泛，包括行政管理关系、监督行政关系、行政救济关系及内部行政关系，但从行政机关职能的角度来看，行政关系以行政机关在行政管理过程中与行政相对人之间形成的行政管理关系为主要内容。

三、行政关系与行政法律关系

（一）行政法律关系的含义

法是用来调整各种不同社会关系的，社会关系一经法律调整必然形成相应的权利和义

---

① 杨临宏著：《行政法：原理与制度》，云南大学出版社2010年版，第166页。

务关系，这种关系即为法律关系。由于参与社会关系的主体不同，因此形成不同的部门法律关系，如刑事法律关系、民事法律关系、行政法律关系、诉讼法律关系等。行政法律关系是指经由行政法规范调整的行政主体与行政相对人之间形成的具有行政法上权利义务内容的行政关系。它贯穿于社会生活的各方面，成为研究行政法的客观基础。

（二）行政关系与行政法律关系的联系与区别

行政关系与行政法律关系都与行政权有密切的联系。行政关系是行政权授予过程中产生的社会关系，而行政法律关系是行政权运行过程中产生的法律关系。[①]

行政关系与行政法律关系的区别主要表现在以下几个方面：

第一，从与行政权联系的状态看，行政关系是有关行政权授予的法律关系，涉及的是行政权取得的合法性，不涉及行政权的行使，因此是静态的法律关系；而行政法律关系是行政权运作的法律关系，是一种动态的法律关系。

第二，行政关系与行政法律关系的内容不同。行政关系是以行政权力的授予为内容，是国家基于国家权力分配的目的，通过宪法对国家权力进行配置过程中产生的法律关系；行政法律关系则是国家为了实现对国家事务和社会公共事务进行有效管理，而在行政主体和相对人之间形成的以权利义务为内容的法律关系，是一种以行政权力运作为内容的法律关系。

第三，行政关系的外延大于行政法律关系。从理论上说，法律关系是依国家意志形成的思想意识关系，就行政关系而言，在实行严格依法行政的国家和时代，无法律即无行政，因而所有的行政关系都应当是行政法律关系，不存在不受法律规范调整和约束的行政关系。但是在现实生活中，行政机关实现国家行政职能的行政活动并非全部都受行政法律规范的调整和约束，其中有相当部分行政活动没有法律规范调整和约束，是行政机关依据自由裁量权作出的。"行政关系即使没有法律规定为依据也体现国家的意志。但是没有法律依据的行政关系所体现的是国家的个别意志，而不是以规范形式表现的国家的一般意志。"[②] 一个国家的行政法制不健全，这个国家的行政自由裁量权的范围就越大。

第四，从产生的理论基础看，行政关系是基于国家权力的配置而形成的法律关系，其理论基础是权力分立理论；行政法律关系是国家通过法律对行政权运作过程进行有效控制而形成的法律关系，其理论基础是控权论。

四、行政法律关系的种类

关于行政法律关系的种类，法学理论界根据不同的标准和不同的认识角度，对行政法律关系进行分类。有学者将行政法律关系分为内部行政法律关系和外部行政法律关系、行政实体法律关系和行政程序法律关系等。比较有特色的主要是台湾行政法学者的分类，下面对此作一些介绍。[③]

第一，以行政法律关系的范围不同为标准，行政法律关系可分为概括行政法律关系与

[①] 有学者认为，行政关系是基于管理而在国家与公民之间形成的一种法律关系，这种法律关系是一种静态的、授权的和信托的法律关系。参见陈晋胜、彭云业主编《行政法与行政诉讼法》，法律出版社2006年版，第31页。

[②] 应松年：《行政法学教程》，中国政法大学出版社1989年版，第10页。

[③] 这几种分类主要是台湾行政法学者的一些分类，转引自杨临宏《行政法：原理与制度》，云南大学出版社2010年版，第167–169页。

个别行政法律关系。所谓概括行政法律关系，又称包括的关系，是指基于各主体所有的地位，存在于各主体之间的一切关系。个别关系是指各主体之间分别形成的事实关系。如某公务员对国家的退休金请求权的关系。

第二，以行政法律关系的性质不同为标准，行政法律关系可分为权力关系和对等关系。所谓权力关系，又称命令关系，指行政法律关系主体的一方，有权命令创立服从关系，在另一方不服从时，有权作出强制执行的关系。所谓对等关系，又称要求关系，是指行政法律关系主体的一方，有权根据自己的意志回应他方要求的关系。

第三，以行政关系所涉及人数的多少为标准，行政法律关系可分为单面关系、双面关系、三面关系和多面关系。所谓单面关系，是指在行政法律关系中只有行政主体一方当事人，而没有对应一方的行政法律关系。如行政主体对无证危险动物、传染源的控制和管理。双面关系，指行政法律关系中存在权利义务对应的两方当事人的关系。如行政许可关系、行政处罚关系等。三面关系，指行政法律关系中存在三方当事人的关系。如行政复议法律关系、行政诉讼法律关系。多面关系，指同一行政法律关系中存多方当事人的关系。如行政规划关系。

第四，以行政法律关系客体的不同为标准，行政法律关系可分为关于人的行政法律关系、关于物的行政法律关系、关于财产的行政法律关系、营造物关系及利用关系。关于人的行政法律关系，主要有公务员关系、学校关系、兵役关系以及监狱关系。关于财产的行政法律关系，如税收征收关系。营造物及其利用关系，如关于公共交通工具的利用关系。

第五，以行政法律关系是否具有终局目的性为标准，行政法律关系可分为暂时行政法律关系和终局行政法律关系。暂时行政法律关系，指对特定法律状况，为在将来另作时保留下基础，而暂时形成的行政法律关系，如行政合同的预约。终局行政法律关系，指对特定法律状况作出终局的规制，不附有未来另作出的保留而形成的行政法律关系。

第六，以行政法律关系是否能持续存在为标准，行政法律关系可分为一时的行政法律关系和持续的行政法律关系。一时的行政法律关系，指行政法律关系内的权利和义务，因一次的实施就告完结的法律关系，如对违法建筑的拆除。持续的行政法律关系，是指行政法律关系内的权利和义务可以重复产生，不因一次的实施而终结的法律关系。如注册公司、学校、社会团体等。

第七，以行政权产生及运作的关系不同，行政法律关系可分为一般行政法律关系、特别行政法律关系和监督行政法律关系。本书即采用这种分类来论述行政法律关系。

第二节 一般行政法律关系

一、一般行政法律关系的概念和特点

（一）一般行政法律关系的概念

一般行政法律关系是指为了实现对国家事务和社会公共事务的有效管理，由行政法规范调整在行政活动过程中所形成的行政主体与行政相对人之间的权利义务关系。

(二) 一般行政法律关系的特点

一般行政法律关系除具备其他法律关系的共同特征外，还具有自己的特征：

第一，一般行政法律关系的主体必须有一方是行使国家行政权的行政主体，没有行政权的存在及行使，行政关系就无从产生，行政法律关系也就不可能形成。行政主体是行政职权的行使者，因此，行政主体总是行政法律关系的一方当事人。

第二，一般行政法律关系的主体在行政管理活动过程中具有不对等性。不对等性是指行政法律关系主体双方的权利义务不对等。这是行政领域法律关系区别于其他部门法律关系的重要特点。如当行政相对人不履行行政法规范规定的义务时，行政主体可以强制其履行；而当行政主体不履行义务时，相对人只能请求其履行或通过或按行政诉讼法规定的程序向人民法院提起诉讼。

第三，一般行政法律关系主体的权利义务都是由行政法规范预先设定的，一般行政法律关系主体之间不能相互约定权利义务，也不能自由选择权利义务。如交管部门和违反交管法的人必须按照相关的法规去处罚和接受处罚。

第四，一般行政法律关系中行政主体实体上的权利义务具有重合性。行政主体在一般行政法律关系中具有双重地位，一方面行政主体有权依法对社会实施行政管理，体现为权利主体；另一方面相对于国家而言行政主体有义务依法履行职责，是义务主体。可见，行政主体的职权和职责在一般行政法律关系中是重合的。

第五，一般行政法律关系的设定具有灵活性与及时性。这一特征主要表现为：首先，行政法律关系内容复杂，不宜由立法机关以一部能包罗万象的法典来全部设定，通常要以更多方式来灵活设定。如它既可以由立法机关制定大量的行政法律加以设定，也可以由立法机关授权行政机关通过制定各种行政法规、规章的行政立法方式来灵活设定。其次，一般行政法律关系设定的周期较短，一旦新的社会关系出现而又需要行政法加以调整，行政立法就要尽快作出反应，及时予以确认或肯定。再次，由于社会生活的变化性较大，在一些情况下，已经设定的一般行政法律关系与之不相适应，就需要对其及时废止或修改，这也需要一般行政法律关系的设定及时加以变动。①

二、一般行政法律关系的构成要素

任何法律关系都是由主体、客体和内容三要素构成，一般行政法律关系也不例外。

(一) 一般行政法律关系的主体

一般行政法律关系的主体是指在一般行政法律关系中享有权利和承担义务的组织或个人。在一般行政法律关系中，由于各行政主体的职权与职责不同，因此，行政主体与相对人之间，行政主体与行政人员之间所形成的权利义务也就不同。例如，在税务行政法律关系中，税务机关是行政主体，纳税人是行政相对人；在工商行政法律关系中，工商行政机关是行政主体，个体工商户是行政管理相对人。

1. 行政主体

行政主体是指依法享有行政职权，以自己的名义从事行政管理活动，并能独立承担由此

---

① 杨临宏著：《行政法：原理与制度》，云南大学出版社2010年版，第174页。

所产生的法律责任的组织，即行政管理过程中的管理者。行政主体具体包括行政机关和法律、法规授权的组织（公务组织）。行政主体具有以下特征：①行政主体是一种组织，而不是个人。②行政主体是依法拥有行政职权的组织，是行政权的归属者。③行政主体有权在法律、法规规定的范围内代表国家并独立行使职权。④行政主体能以自己的名义独立参加诉讼。

2. 行政相对人

行政相对人是指行政法律关系中与行政主体相对应的另一方当事人，即行政主体行政行为影响其权益的个人、组织。行政相对人是行政法律关系中一方的主体。行政相对人包括：①国家行政机关在内的国家机关。②我国公民、法人或其他组织。③我国境内的外国人、无国籍人、外国组织。

（二）一般行政法律关系的客体

一般行政法律关系的客体是指一般行政法律关系主体的权利和义务所共同指向的对象或标的。一般行政法律关系的客体通常包括物、人身权利、行为和知识产权。

1. 物

法律意义上的物是指法律关系主体支配的、在生产和生活中所需要的客观实体，包括物品和物质财富。[①] 作为一般行政法律关系客体的物主要包括：①行政奖励，如奖金等。②被行政确认或裁决的物，如有争议的自然资源的所有权或使用权。③行政没收物，如罚款和被没收的财物等。④被保护物，如被行政主体保护的公民的合法财产或公共财物、公共设施等。⑤征收征用物，如税、费及其他财产等。⑥救济物，如民政部门对受救济的相对人给予一定数量的金钱或生产物资或生活必需物品等。⑦公益物，如行政主体为社会及相对人提供的公园、道路、桥梁等。

2. 人身权利

人身是由人的各个生理器官所组成的生理整体，它既是人的物质形态，也是人的精神利益的承载体。[②] 人身权利是法律关系的主体在人格关系、身份关系上所体现的、与人身不可分离的法定权利。人身权利作为一般行政法律关系的客体主要体现在以下行政法律关系中：行政处罚法律关系、行政强制法律关系、行政确认法律关系等。

3. 行　为

行为是指一般行政法律关系的主体为实现其行政目的而要求行政相对人作为或不作为。如行政相对人的缴纳行为，可以是税务行政管理法律关系的客体；行政主体的给付行为，可以成为行政给付法律关系的客体；等等。

4. 知识产权

知识产权，又称精神产品，是指公民、法人或其他组织对其在科学技术和文学艺术等领域内所取得的智力成果依法享有的独占权利。知识产权属于非物质财富，可以成为一般行政法律关系的客体。

（三）一般行政法律关系的内容

一般行政法律关系的内容是指行政主体和行政相对人在行政法律关系中享有的权利和

---

① 葛洪义主编：《法理学》，中国人民大学出版社2003年版，第201页。
② 葛洪义主编：《法理学》，中国人民大学出版社2003年版，第201页。

承担的义务。

行政主体的权利即行政职权,主要有行政立法权、行政决定权、行政命令权、行政制裁权、行政强制权、行政司法权等;行政相对人的权利有三方面:参与权、受益权和请求权。

行政主体的义务即行政职责,行政职责的核心是"依法行政",主要有依法履行职务、遵守法定权限、符合法定目的和遵循法定程序等;行政相对人的义务主要有服从行政管理的义务、遵守和维护行政法律秩序的义务、自觉履行行政决定的义务等。

三、一般行政法律关系的产生、变更和消灭

法律事实是行政法律规范所确认的引起行政法律关系产生、变更和消灭的条件。一般行政法律关系是在行政管理过程中产生的,因此,行政主体的行政职权运作过程就是一般行政法律关系不断产生、变更和消灭的过程,也就是行政法律关系主体权利义务变化的过程。国家为了有效实现管理国家事务和社会公共事务的目的,通过立法规定了各类行政法律关系产生、变更和消灭的条件。只有当行政法规范所设定的条件或情形出现时,法律规范才被适用,行政法律关系主体与相对人之间的权利义务关系的产生、变更和消灭才具有法律性质。法律事实通常分为两类:法律事件和法律行为。行政主体的任何单方职权行为都可以引起行政法律关系的产生。如税务行政机关依法对所管辖区域的税务检查,引起税务检查行政法律关系的产生。

一般行政法律关系的变更是指某种行政法律关系产生后,由于一定的原因使原有主体的权利义务发生局部变化。行政法律关系的变更一般认为有两种情况:一是主体的变更;二是权利义务内容的变更。就行政主体而言,主要是行政机关的增加、合并和撤销或授权法律的废止;就相对人而言,则主要是遵循主体资格变化的一般规则。权利义务的变更,如某市工商局在进行执法检查过程中,发现个体工商户张某超范围经营,却未到工商局办理变更登记。于是依据《个体工商户条例》第23条"个体工商户登记事项变更,未办理变更登记的,由登记机关责令改正,处1500元以下的罚款;情节严重的,吊销营业执照"之规定,责令张某15日内到登记机关办理变更事项,并处罚款1000元。

一般行政法律关系的消灭是指行政法律关系主体双方权利义务关系不再存在。其包括主体的消灭和权利义务的消灭。一般行政法律关系消灭的原因通常是:①主体双方之间因已产生的行政法律关系存在没有意义或没有必要而终止。②原产生的法律关系已经完成而使其消灭。原产生的行政法律关系因权利得以实现或义务已经履行完毕而消灭。③原适用的行政法律关系模式已经取消使行政法律关系消灭。行政法律关系产生时得以适用的行政法律关系模式,因客观形势变化而被废止,由此使已经产生的行政法律关系随之消灭。④行政相对人放弃权利使行政法律关系消灭。[①]

由以上分析可看出,一般行政法律关系的产生、变更和消灭,必须有行政法律规范的规定和相关法律事实的出现,否则,一般行政法律关系不会自行产生、变更和消灭。

---

① 杨临宏著:《行政法:原理与制度》,云南大学出版社2010年版,第181页。

第三节　特别权力法律关系

一、特别权力关系的含义

特别权力关系是德国传统行政法学对行政法律关系所作的一个类型化归类。其相对于一般行政法律关系而言，特别权力关系的含义有不同的观点。有学者认为特别权力关系是指"为达成公行政之特定目的，使所有加入所定特别关系的人民处于比一般人更加从属的地位"。换言之，即指国家或公共团体等行政管理一方基于特别之法律原因而对相对一方享有概括之命令强制权，而相对一方处于更加附属之地位，负有特别服从之义务。① 还有学者认为，特别权力关系又称特别支配关系，是指基于特别的法律原因，为实现公法上的特定目的，行政主体在必要的范围内对相对人具有概括（或不确定）的支配力，而相对人负有服从义务的行政法律关系。这一定义包含以下几层基本含义：②

第一，特别权力关系是一种行政法律关系。特别权力关系是在一般权力关系的基础之上进一步建立和发展起来的一种特殊的行政法律关系。

第二，特别权力关系的建立在于实现特定的行政法目的。如强制戒毒机构之目的在于采用强制手段帮助吸毒成瘾者戒除毒瘾，恢复健康，进而稳定社会治安；学校之目的在于贯彻教育方针，培养合格之社会接班人。

第三，特别权力关系要遵守特别之法律规定。特别权力关系以特殊法令加以规定，不适用一般的法律规范。

第四，特别权力关系是以特定范围内的相对人为对象的，而且其相对人通常要具备一定的资格条件。如高等院校学生，必须以取得学籍为前提条件才能与学校发生关系。

第五，特别权力关系具有特殊的权利义务内容，且这种义务是不确定的或概括性的。只要出于实施特别行政目的的需要，特别权力主体就可以要求其相对人履行特别义务。

二、特别权力关系理论发展的轨迹

（一）传统特别权力关系理论③

特别权力关系理论最早为德国学者 Nikolaus Thaddaus Gonmer 在其著作《由法律与国民经济之观点论国家勤务》（*Der Staatsdienst aus dem Geschitspunkt des Rechts and des Nation - lokonomie betrachtet*）中提出，当时是为了摆脱私法对官吏地位的控制，而建立官吏与国家之间的特别权力关系。但也有学者认为，特别权力关系理论起源于19世纪君主立宪时代，当时德国学者为了说明官吏与国家之间的法律关系，受中古封建社会身份关系的启示而产生。一般认为，特别权利关系由 Paul Laband（普尔·拉班德）倡导，Otto Mayer

---

① 转引自曾文远《试述特别权力关系理论之破除——兼论乌勒之基础关系和管理关系理论及其实践影响力》，参见 http://www.110.com/ziliao/article-136977.html，访问时间：2011年12月4日。
② 本书采用这种观点，参见杨临宏著《行政法：原理与制度》，云南大学出版社2010年版，第184页。
③ 参见杨临宏著《行政法：原理与制度》，云南大学出版社2010年版，第187-188页。

(奥托·梅耶)集其大成。Paul Laband 在 1876 年发表的《德意志帝国之国家法》(Des Staatsrecht des DeutschenReiches) 阐述了特别权力关系的基本观点。如穷其根源,则起源于中世纪时期的领主与家臣之关系。

按 Laband 的观点,人民对国家发生勤务的义务大约有三种情形:①基于私法上雇佣、委任或承揽契约而发生的勤务关系。这是一种当事人之间处于平等地位的关系。②基于在不经当事人自由意思表示之决定,而纯基于权力关系而发生的勤务关系。③基于第一种自愿与第二种不自愿而产生的关系,即一方面可以根据另一方的自由意思表示一致而成立,但另一方面则指其所产生的内容为权力关系。

在 Laband 看来,官吏与国家之间是基于双方的合意而产生的一种具有公法性质的契约。在这个契约中,国家必须表明愿意接受特定之人为其服务,而官吏也应当相应地表明愿意加入这种勤务关系之中。根据这样的契约,官吏产生特别的服从、忠诚、勤务等义务;国家则负有保护与给付所约定的薪俸的义务。因此,行政主体拥有权力和行政相对人自愿加入是构成特别权力关系的基本要素和基本特征。这一主张奠定了特别权力关系理论的基础,亦提供了官僚制度的理论根据。这里值得注意的是,在今天之民主法治之下,行政相对人的自愿加入已经不再是构成特别权力关系的基本要素。如在押犯与监狱之间的关系、戒毒人员与强制戒毒机构之间的关系,都不是以自愿加入为前提条件的。

奥托·梅耶认为,国家对人民的一般普通性的综合关系是一种大的权力关系,但在狭义方面,可想象而得知,国家与个人之间尚可成立另一种权力关系,即特别权力关系。特别权力关系之意义,是"为达成公行政之特定目的,使所有加入所定特别关系的人民,处于(比一般人)更加从属的地位"。例如,国家对官吏在职务上的命令权、利用租税关系而形成的特别措施监视权等;国家为了执行其权力,使人民负担特别的义务,开辟新的活动领域。特别权力关系可以基于法律或行政处分而成立,或因利用公共设施而当然发生。无论如何,特别权力关系总是要求人民特别的服从义务,而使其自由受到某种限制。其认为,特别权力关系有三种:公法上的勤务关系、公法上的营造物关系、公法上的特别监督关系。奥托·梅耶还认为,特别权力关系是一种特殊的公权力关系,排除依法行政、法律保留的原则,行政主体发动这种特殊的公权力时,不必有个别法规之依据,亦无具体的法规依据而限制相对人的自由,干涉其权力。对特别权力关系内部的权力行为,不得成为行政争讼的对象。奥托·梅耶还将特别权力关系的理论系统化为三个部分:"(1)比一般权力关系之人民更加之附属性;(2)相对人较无主张个人权利之余地;(3)行政权之自主性:不受法律保留之羁束,在特别权力关系范围,行政机关虽'无法律亦可自由及有效为各种指令'。这类指示与命令由长官、教师、医师所发出,属下有接受并服从之义务,与官署单方行为之行政处分有别。"

(二)特别权力关系的种类①

在日本,特别权力关系主要包括四大类,即公法上的供职关系(公务员的任职关系)、公法上的营造物利用关系(国立、公立学校的学生在校关系,国立、公立医院的患者住院关系,服刑者或拘禁者的收容关系)、公法上的组合关系(土地改良区与互助员的

---

① 参见杨临宏《行政法:原理与制度》,云南大学出版社 2010 年版,第 189-191 页。

关系等）和公法上的特别监督关系（电、煤气等所谓国家对特许企业者的监督关系）。

特别权力关系依其义务的强弱为序可以区分为：受刑人关系、军人关系、公务员关系、义务教育的学校与学生关系、非义务教育的学校与学生关系、封闭性公共机构的利用关系和非封闭性公共机构的利用关系。

根据特别权力关系的性质与内容的不同，可将特别权力关系区分为：

第一，公法上的特别勤务关系，即服务关系，是指以为国家或公共团体提供概括性无定量勤务为目的，所成立的特别权利义务关系。其特性在于由相对人负担道德性忠实服务，所以这种关系与一般仅重经济利益的雇佣关系完全不同。

第二，公法上的特别监督关系，即国家为实现特定的目的，对相对人授予特定的权益，并将其置于特定的监督控制之下，并通过这种监督控制实现行政管理目的而形成的特别权利义务关系。

第三，公法上的特别管束关系，即国家或公共团体以对特定个人实施特定的权力（如义务教育、军事训练、传染病治疗等）为目的而形成的特别权利义务关系。

第四，社团关系，即公共团体与其组成人员或会员的关系。

根据我国现行制度，在实务上，特别权力关系主要有以下几种：

第一，行政职务关系。行政职务关系是指国家公务员基于一定的行政职务而在任职期间与行政主体之间形成的权利义务关系。这种行政职务关系在本质上是一种国家委托关系；在内容上是行政职务方面的权力与义务；在性质上具有劳动关系因素且属于行政机关之间的内部行政法律关系。在这种法律关系中，首先，行政机关的职权、职责、权限和优先权涉及公务员。即行政机关的职权成为公务员的职权，行政机关的优先权同时成为公务员的当然权利，行政机关的职责和权限同样拘束公务员；其次，公务员在分享行政机关的职权、优先权和分担行政机关的职责、权限时，行政机关有权对分享和分担物进行"再分配"；再次，公务员实施行政管理活动，必须以行政机关的名义，按行政机关的意志进行；最后，为保障公务员以行政机关名义按行政机关的意志从事公务活动，行政机关可以在相关法律范围内规定公务员的纪律，并实施监督权和奖惩权。

第二，学校与学生之间的关系。学校与学生之间存在着两种性质不同的法律关系：一种是管理与被管理的关系，应受行政法之调整；另一种是学校与学生之间的平等法律关系，应当受民事法律之规范。前一种学校与学生之间的关系既不同于普通的民事法律关系，又不同于普通的行政法律关系。在我国目前的教育立法中，对学校与学生之间的关系并未作出明确、具体的规定，因此将这类法律关系归结到特别权力关系中是有其客观基础的。学校的宗旨和任务在于贯彻国家的教育方针，执行国家教育教学标准，保证教育教学质量，维护受教育者的合法权益，因此学校必须对学生享有管理权，否则就无法实现其基本宗旨。对这类法律关系之特点，台湾学者谢瑞智教授将其概括为三个方面，即："（1）公立学校教师或学生与学校关系，是由教师或学生对公立营造物之利用关系；（2）在合理的界限内，学校当局之特别权力，在不受法治主义与人权保障拘束的原理下，虽无个别法律之根据，学校当局也拥有向教职员或学生下达各种特别限制措施之概括的支配权；（3）教师或学生对于学校之权力行使，不得提起诉愿或诉讼，学校对于教师之教育上规范或学校对于学生之各种处分，均拥有广泛之自由裁量。并限制司法审判之介入"。

第三，强制戒毒机构与戒毒人员之间的关系。在这一法律关系中，强制戒毒机构为使吸毒人员戒除毒瘾，可以强制吸毒人员服药、对其人身进行必须的限制，等等。如公安部于2000年4月17日发布的《强制戒毒所管理办法》第14条规定："强制戒毒所应当建立严格的管理、教育制度，寓教于管，管教结合，教育挽救戒毒人员。"强制戒毒所据此建立的管理、教育制度，就是戒毒人员应当遵守的特别规则。

第四，实施强制隔离时发生的医疗机构与传染病人之间的关系。根据我国《传染病防治法》的规定，为阻止传染病的蔓延和扩散，有关部门有权对传染病患者采取一般性控制措施、紧急措施和对疫区进行封锁。根据这一规定，有关机关有权对传染病患者实行隔离观察、隔离治疗；限制或者停止集市、集会、影剧院演出或其他人群聚集的活动，停工、停业、停课，临时征用房屋、交通工具，封闭被传染病病源体污染的公共饮用水源。在这一法律关系中，受限制者必须承担协助服从的义务。

第五，监狱与在押犯人之间的关系。在这类法律关系中，监狱和在押犯人除了要遵守《监狱法》的有关规定外，在押犯人还必须遵守监规监纪。如进出大门的报告制度、必须完成规定的劳动任务等。

第六，军队与服役军人之间的关系。在这类关系中，军人必须遵守军规军纪。

第四节　监督行政法律关系

一、监督行政法律关系的概念

监督行政法律关系是指依法享有监督行政权的国家机关在监督行政主体行政行为的过程中，与行政主体之间形成的具有行政法上权利义务内容的法律关系。监督行政法律关系是基于对行政权力控制的需要依法产生的。其包括以下含义：

第一，监督行政法律关系的双方当事人，一方是依法享有监督权的国家机关；另一方则是被监督的行政主体。依法享有监督权的国家机关包括立法机关、司法机关和行政监察机关等，公民、法人和其他组织只有在行政诉讼法律关系中才具有监督行政法律关系的主体地位。一般情况下，公民、法人和其他组织对行政机关及其工作人员的监督只是一种社会监督，不属于法律监督的范畴。

第二，监督行政法律关系发生在监督主体对具体行政职权行使的过程中。国家机关与行政主体基于其他原因或其他形式形成的关系，不属于监督行政法律关系。如某市环保局对该市人民法院餐厅违法排放污水的行为进行行政处罚，就不是监督行政法律关系，而是一般行政法律关系。

第三，监督行政法律关系是一种被行政法规范调整后在监督主体和被监督对象之间形成的具有行政法上权利义务内容的法律关系。如果在监督过程中不是受行政法律规范，而是其他法律规范的调整所形成的关系，就不属于监督行政法律关系。如人民检察院运用刑事侦查权监督行政主体的行为，就不是监督行政法律关系，而是刑事法律关系。

第四，监督行政法律关系的客体主要是行政主体的行政行为。

二、监督行政法律关系的特征

第一，监督行政法律关系是一种多重复杂的法律关系。在我国，依法对行政有监督权的主体很多，如权力机关、司法机关、上级行政机关等，在监督行政过程中，分别与行政主体形成不同的监督行政法律关系。这些关系并非完全分离，更多时候是相互交叉的。

第二，监督行政法律关系包含着行政诉讼法律关系。行政诉讼法律关系是以审判机关为监督主体的重要的监督行政法律关系，也是一种申请的外部监督行政法律关系。

第三，监督行政法律关系当事人之间的权利多具有非对等性，一般来说，监督主体居于主导地位，与被监督主体相比，享有较多的权利。

第四，监督行政法律关系的客体只能是行政行为。

三、监督行政法律关系的体系

在监督行政法律关系中，行政主体属于被监督的对象。目前，我国监督行政法律关系的体系有权力性监督和权利性监督。权力性监督是有权国家机关依法对行政主体实施的监督，这种监督能直接产生法律效力，具有实质意义的监督；权利性监督是公民、法人和其他组织依据宪法赋予的权利对行政主体的监督，这种监督不直接产生法律效力，不具有实质意义的监督，但却是人民行使民主权利、保障依法行政不可或缺的重要手段。

（一）权力性监督体系

目前我国权力性监督体系主要是人民代表大会监督、国家行政机关的行政层级监督以及审计机关、行政监察机关、检察机关和审判机关的监督。这种监督机制具有不同的社会功能和法律效果。

1. 人民代表大会监督

根据宪法规定，全国和地方各级人民代表大会是人民行使国家权力的机关，国家行政机关、审判机关、检察机关都由人民代表大会产生，对它负责，受它监督。人民代表大会监督是人民主权原则的体现，是我国宪政体制的重要组成部分。全国各级人民代表大会的职权由《宪法》、《地方各级人民代表大会和地方各级人民政府组织法》明确规定。[①] 在这一监督行政法律关系中，行政机关是被监督的对象。

2. 国家行政机关的行政层级监督

行政层级监督是行政机关内部的自我监督，所形成的是内部监督行政法律关系。其包括上级人民政府对下级人民政府的监督和上级人民政府职能部门对下级人民政府职能部门的监督。行政层级监督的主要方式包括执法情况统计、规范性文件的备案审查、行政执法主体资格审查、受理行政复议和信访等等。

3. 审计机关监督

审计机关监督是一种专门的监督行政，其依据是现行《宪法》和《审计法》的规定。

---

① 《地方各级人民代表大会和地方各级人民政府组织法》第8条明确规定了县级以上地方各级人民代表大会的监督职权。第一，审查和批准本行政区域内的国民经济和社会发展计划、预算以及它们执行情况的报告；第二，讨论、决定本行政区域内的政治、经济、教育、科学、文化、卫生、环境和资源保护、民政、民族；第三，选举本级人民政府的正、副行政首长，并有权罢免本级政府的组成人员；第四，听取和审查本级人民政府的工作报告；第五，撤销本级人民政府的不适当的决定和命令。

据此,审计机关监督的对象是国务院各部门和地方各级政府的财政收支,以及国有的金融机构和企业事业组织的财务收支。审计机关依法定程序进行审计后,提出审计报告;对违反国家规定的财政收支、财务收支行为,可以在职权范围内依法作出处理、处罚的审计决定,或者向有关主管机关提出处理、处罚的意见。

4. 行政监察机关监督

行政监察是我国监督行政的重要制度。根据《行政监察法》的规定,行政监察的对象主要为:国家行政机关及其公务员以及国家行政机关任命的其他人员;法律、法规授权的具有公共事务管理职能的组织和国家行政机关依法委托从事公共事务管理活动的组织及其从事公务的人员。行政监察的内容为监察对象的"执法、廉政、效能"情况。

5. 司法机关监督

法院对行政机关的监督主要通过行政审判权来实现,通过对被诉具体行政行为的合法性审查,可以对行政机关的行政活动进行监督。法院对行政机关的监督不限于对被诉行政行为作出的裁判;法院还可以向行政机关发出司法建议,监督行政机关的行政活动。

(二) 权利性监督体系的监督主体

由于权利性监督源于宪法的赋权,因此,所有公民、法人或者其他组织都可以成为权利性监督中的监督主体。

第五章 行政公产

第一节 行政公产概述

一、行政公产的概念

行政公产这一概括性概念，有的国家存在，有的国家不存在。之所以如此，主要原因在于公产的理论形成，是基于传统的公、私法的二元划分。因此，典型意义的行政公产制度仅存在于法、德等大陆法系国家，英、美等国家则不存在概括性的行政公产概念和相关的法律制度。

（一）法　　国

"公产"和"私产"的区分最早见于罗马法，而从行政法角度最先进行研究的是法国行政法。[①] 根据法国的行政法理论，行政活动必须具备法律手段、人员手段、物质手段和财政手段。其中，财政手段在法国有专门的财政学进行研究，不属于法学研究的对象。法律手段是指行政行为，人的手段是指实施公务行为所使用的人员即行政人员，物的手段是指行政主体的财产制度。但不是行政主体的所有财产都是公产，行政主体的财产又分两种，即行政主体的私产和公产。公产依性质或目的供公众使用，由作为公法的行政法调整；私产则指行政主体财产中除去公产部分的其他财产，由民法调整。发生争议时，公产一般由行政法院管辖，私产一般由普通法院管辖。

法国行政法院通过判例和学说确立的标准认为，公产的范围包括：①公众直接使用的财产；②公务使用的财产，但该财产的自然状态或经过人为的加工以后的状态必须是专门的或主要的适应于公务所要达到的目的；③与公产接触的物体，包括不可分割的补充物和有益的附属物。[②] 在法国，行政主体的财产只要符合上述标准之一就是公产，而私人所有的财产即使用于公共利益目的也不是公产。行政主体在所有权以外而享有的其他物权，如地役权、用益物权等也不属于公产范畴。

---

① 公产这一概念的产生最早可以追溯到古罗马时期，是典型的公、私法划分法的产物。最早提出公、私法划分的是被称为罗马五大法学家之一的乌尔比安，他在《学说汇纂》中写道，法律有的造福于公共利益，有的造福于私人利益，公法见之于宗教事务、宗教机构和国家管理机构之中。根据这一理论，古罗马文献中关于物的划分就有了共用物、公有物和团体物。1833年，法国第戎法学院院长V. 普鲁东著《公产论》一书，对公产理论首次作出系统的说明。他认为，在政治共同体的财产中，部分属于共同体，可以用作谋取利益，如同私人所有的财产属于私人一样，为私产；另一些供公共使用，是公产。

② 王名扬：《法国行政法》，中国政法大学出版社1988年版，第303页。

(二) 德 国

德国的公产通常分为狭义上的公产和广义上的公产。狭义的公产是指供行政相对人使用的公产,分为设施使用的财产、一般使用的财产和特殊使用的财产三种。其中,设施使用的财产是指以公用设施的形式表现出来的公产,像公立学校、医院等;一般使用的公产是指供范围不特定的公众直接使用而无需专门许可的公产,如公路、河流等;特殊使用的公产是指需经过行政主体特别许可才可使用的公产。德国狭义的公产概念大体和法国共用公产的范围相当。其广义的公产范围除了狭义的公产外,还包括仅供行政主体使用的内部财产。

在公产的所有人上,德国的公产制度没有像法国要求的那样严格,不一定是行政主体的财产,私人所有的财产在一定条件下也可以成为公产。但是,不管表现形式如何,在德国,公产有其共同之处,即都要用于公共目的。

(三) 日 本

日本的公产理论是从德国引入的,但在翻译时将"公产"译为了"公物"。日本学者一般认为,公物是指国家或者公共团体直接为了公共目的而提供使用的有体物。① 学界将公物概念划分为最广义、广义和狭义三个层次。最广义的公物是指国家或公共团体等行政主体直接或间接供公用或公共用的物,包括行政财产与财政财产。广义的公物则指直接供公用或公共用的物,即仅限于行政财产。狭义的公物仅指直接供公共使用的公共用物。广义的公物概念是日本学界通说。

(四) 我国的行政公产概念

目前,在我国内地,行政公产不是实体法上的概念,只是行政法学上的概念。但在行政法学上,行政公产也没有一个统一的定义。常见的观点有三种。第一种观点是从使用主体的角度来界定的,认为行政公产是指由国家、行政机关或其他被授权、受委托的组织和个人,为直接公用目的而使用的财产。② 第二种观点是从公产的物权来源角度界定的,认为行政公产是指行政主体为了提供公用而所有或管领的财产。③ 进而提出构成行政公产的三个要素条件:一是国家或行政主体对公产享有所有权,而且这种权利必须有法律依据;二是公产须为公共目的而提供使用;三是公产的范围受能否为人类支配所影响。④ 第三种观点是从公产的要素理论来拟定公产界定所必须符合的条件,认为是否把一项财产归入公产的范畴。起决定性作用的因素主要有两个:一是(直接)共同利益功能;二是适用公法(公法的统治)规则。据此,公产指的是"由行政主体支配之下的直接服务于公共利益的财产"⑤。

第一种观点过分强调了公产法律关系中行政主体的作用,忽视了公众作为公产受益者的重要法律地位。第二种观点将行政主体对公产的物权作为了行政公产形成的权力来源,

---

① [日]盐野宏著:《行政法》,杨建顺译,法律出版社1999年版,第742页。
② 李砾、王丹:《行政公产理论问题研究》,载《广西政法管理干部学院学报》2002年第4期。
③ 梁凤云:《行政公产导论》,见罗豪才主编《行政法论丛》,北京法律出版社2003年出版。
④ 在行政公产研究的早期,人们一般认为公产须为有体物,无体物不能成为公产(如气体、电波等)。但随着人类支配能力的提高,无体物对公用目的的实现起到越来越重要的作用,无体物也随之被纳入行政公产的范围。
⑤ 肖泽晟:《论公物在中国人权保障中的作用》,载《南京大学学报》2003年第3期。

忽视了私人所有财产成为公产的可能,也导致一个物体上同时存在国家所有和行政主体所有的"一物两权"的现象。第三种观点将公众对公产的间接利益排除在公产要素之外,容易导致公务用公产脱离社会监督。①

在对上述观点进行比较、分析的基础上,我们认为,行政公产指的是由行政主体提供或支配,供公众使用或者受益的财产。这个界定包含以下几层意思:

第一,主体方面,行政公产必须由行政主体提供或支配,而不能是私人支配。当然,由行政主体"提供"或者"支配",并不能狭义地理解为行政主体是行政公产的所有权人,否则,将不利于财产自身的保护和其效益的最大发挥。如果该项财产并非行政主体所有,但是它却处在行政主体的支配、管理之下,并用于公共目的,我们也可以称之为行政公产。也就是说,私人拥有的物只有在经由行政主体提供公用时才属于行政公产。

第二,目的方面,提供公用是公产的核心要素,这是区分公产与私产的关键所在。公产,作为实现公共行政的重要手段,只有满足了提供公用的目的才能实现。② 提供公用包括以物的形态直接提供,如桥梁、博物馆、电影院等;也包括以财产的形态间接提供,包括国库的财政资金、有价证券等。这种"公用"可以是供公众直接使用,也可以是供国家机关公务的使用。③

第三,效果方面,公产必须供公众使用或者受益。用于大众是公产的一般体现形态,使大众受益包括从财政的角度获益和从实用的角度获得日常生活的便利。公产由国家机关提供公用,为了实现公产利用效益的最大化,发挥公产的经济效益,明确公产的受益效果是必不可少的。公众使用公产或因公产而受益是评判公产价值是否得以最终实现的唯一标准。

(五)相关概念辨析

1. 行政公产与公共财产

我国《宪法》中规定的公共财产,是最为广义的"公产",行政法上的公共财产则是狭义上的公产,二者之间是包容与被包容的关系。《宪法》上的公共财产不仅包括了以公共利益为目的的行政公产,还包括了以集体利益为目的的集体公产、以国家利益为目的的军事公产或外交公产(如驻外大使馆),以及以保值增值为目的的国有经营性资产。

2. 行政公产与国有财产、国有资产、国库财产

我国《物权法》将国有财产界定为"法律规定属于国家所有的财产"。但只有《物权法》第53条、54条所规定的,以国有财产投入而形成国家机关及事业单位所支配的财产,才属于行政法上的公产,国有财产中的国有资产和国库财产不属于行政公产。国有资产是指国家作为国有资本投入到国有企业的财产,是以获取股权收入和保值增值为价值追求的。公民无法直接使用国有资产,也不存在对国有资产的受益期待与利益分配权。国库

---

① 余睿:《论行政公产的法律界定》,载《湖北社会科学》2009年第9期。
② 比如,在我国基本经济体制中,允许集体所有财产的存在。但集体财产的存在,并不具有公共利益的目的要素,而应当被视作以集体利益为依托、供集体成员共享的财产。
③ 当然,提供公用的目的可由两种途径实现。一种是以财产的物的形态本身直接供公用,另一种是以财产的价值(如货币)形态间接供公用。以物的形态本身供公用的称做直接使用的行政公产,如桥梁、道路、博物馆、医院的医疗设施、学校的教育设施等。以财产的价值形态供公用的称作间接使用的行政公产,又称财政公产。如国库的财政资金、有价证券、国有企业资产、铁路企业邮政企业的收入以及国有的森林、矿藏、水源等均属之。

财产则属于尚处国家所有权管领之下,并未投入到价值利用过程中的静态国有财产,公民不能对此享有利用与分享的权利。

3. 行政公产与司法机关、立法机关的财产

行政公产是否专指行政机关支配的财产?还是包括司法机关、立法机关的财产呢?这一问题目前存在较大争议。但实际上,无论是立法权、司法权还是行政权,都是国家职能行使的形态。它们仅在法律所赋予的权力属性上存在区别,但其为完成权力实施而支配的财产属性并无本质差异。这一方面可以从《物权法》第53条的规定中得到印证,该条款使用的"国家机关"显然包含了司法、立法和行政三大类机关。司法、行政和立法仅有权力行为上的性质不同,在人力要素和物力要素上应同归行政法管辖。

4. 行政公产与私有公产

行政公产虽主要来源于国有财产,但并不排斥私有财产的投入。私人所有权下的财产经过公法规则的设定,在不转移所有权的情况下,同样可获得行政公产的法律地位。公产与私产的区别,主要是就财产利用的角度而不是财产所有权的归属而言的。公产法律制度研究的重点,并非着重于公产的保护,而在于利用公产服务于公共利益。如前所述,私有财产成为行政公产必须征得行政主体的认可。

二、行政公产的分类

(一)法德日关于行政公产的分类

1. 法　国

法国行政法将公产分为自然公产和人造公产两大类,因此在法国行政法中公产构成主要含以下几项:①海洋公产,包括领海以及领海的位置及作用有关的各种自然物及人造物在内,不包括经济区和大陆架;②河川、湖泊等公产,其范围包括河底、湖底、落水时的河岸和堤岸,但河中的水流不是公产;③空中公产,国家或其他行政主体所经营和管理的飞机场及其附属设备;④地面公产,包括道路公产及其附属物、行政主体经营的铁路及其附属物、供公众使用的墓地、菜市场、图书馆的藏书等。①

2. 德　国

德国行政法中将公产分为三类:第一类是供行政使用的财产,含直接用于接待任务和公务人员的财产,如办公楼、消防设施等符合行政公产条件的企业财产;第二类是狭义的公产,含公共设施使用的财产和一般使用的财产,如公路、水体;第三类是教会财产。②

3. 日　本

日本行政法从不同的角度将公物分为五种:一是根据公物的利用目的的区别分为公共用物、公用物。公共用物是提供于公众之用的物,如道路、河川等。公用物是直接提供于国家政府机关和地方公共团体政府机关使用的物。二是根据公物是由人的手予以加工后提供公共使用,还是保持自然的形态而被利用,分为自然公物、人工公物。三是根据该公物所有权归属,分为国有公物、公有公物、私有公物。在日本行政法中,此种划分是以国

---

① 王名扬:《法国行政法》,中国政法大学出版社2003年版,第309-311页。
② [德]汉斯·J.沃尔夫、奥托·巴霍夫、罗尔夫·施托贝尔:《行政法》(第一卷),高家伟译,商务印书馆2002年版,第459-463页。

家、地方公共团体不拥有所有权的，即私人拥有所有权的物也能够成为公物为前提的。四是在上述划分的基础上，以公物的管理主体和所有权的归属的一致性划分，分为自有公物和他有公物。五是以公物是否可移动为标准，可移划分为动产公物和不动产公物。①

（二）我国行政公产的分类

1. 自然公产与人造公产

以是否经过人为加工为标准，可以将行政公产分为自然公产和人造公产。自然公产是指自然生成以后就可以直接供公众使用的物体，如海岸等。自然公产在形成之后，"只要这个物体事实上处于能供公众使用状态，行政主体听任公众使用就已构成公产"。② 比如，一条河道天然形成后，无需行政主体的干预，公众便自发使用，此时的河道即为自然公产。人造公产是指经过人为加工后作为公共使用的物体，如火车站、高速公路、桥梁、公园、休闲广场等。

2. 公众用公产与公务用公产

以行政公产的使用对象不同为标准，可以将行政公产分为公众用公产和公务用公产。这是最为常用的一种分类方法。公众用公产是指行政主体提供的供广大公众直接使用、以实现公共利益为主要目的的公产，如河川、海岸、桥梁、公路、广场等。公众用公产的数量和使用程度反映了一国政府服务民众的水平与程度，也反映了一国政府的执政理念和对公民权利的重视程度。高数量、高质量、高水平的行政公产供给和管理是给付行政、福利行政、服务型政府特征的典型表现。公务用公产是指行政主体提供的由公务人员进行利用，用于执行任务、满足公务活动需要的公产，如政府办公大楼、办公用品、公务员执行职务所需要的车辆等。

3. 有形公产和无形公产

以行政公产存在形态的不同为标准，可以将行政公产分为有形公产和无形公产。有形公产是指以具体的可视形态存在的供公共使用的公产，如公园、铁路、办公大楼等。有形公产是大多数行政公产存在的形式。无形公产是指虽然存在但并非以实物的形态存在的供公共用的公产，如无线电频谱资源、行政主体发布的有关公共的信息以及国家秘密等。无形公产是随着社会政治、经济的逐步发展而兴起的一种行政公产。

4. 事实公产与预定公产

以公产是否已经存在并用于公共目的为标准，可以将行政公产分为事实公产与预定公产。事实公产是指已经存在并用于公共目的的公产，如已经交付使用的昆明长水国际机场等。预定公产又称"准公产"，是指尚未完全存在或者虽然存在但未用于公共目的的公产。③ 此种公产严格来说并非公产，但由于它最终将用于公共目的，所以是公产存在的一种形态。预定公产一般在行政规划、公共实施建设等领域大量存在，如防洪规划确定的河道整治计划用地和规划建设的堤防用地范围内的土地等。

5. 公有公产和私有公产

以公产所有权主体归属的不同为标准，可以将行政公产分为公有公产和私有公产。公

---

① ［日］盐野宏著：《行政法》，杨建顺译，法律出版社1999年版，第752－753页。
② 王名扬：《法国行政法》，中国政法大学出版社2003年版，第319页。
③ 赵世奎：《公产法研究》，中国政法大学2005年硕士学位论文，第11页。

有公产是指所有权属于国家公有的行政公产。私有公产是指所有权属于私人但是由行政主体依法提供公用的公产。之所以称为"私有公产",是因为它符合两个条件。第一,此项财产的所有权人是私人,并非行政主体,从这个意义上来讲我们完全可以将其称为私产;第二,此项财产必须通过一定的方式由行政主体将其提供公用,两个条件缺一不可。民法意义上的私人即使将其所有之物提供公用也不是公产。如民办高校、私人创设的博物馆、私人诊所等,虽然提供给公民使用,但它未经行政主体提供公用,并不受公共行政的支配,其仅仅是一种"事实上的公产",而非"法律上的公产"。

三、行政公产的特点

(一)行政公产的不可融通

物因其可为私权的标的物及交易的标的物,而有融通物与不融通物之分。公物的不可融通是指公物在公共使用目的废除之前,所有权不能转让,不论这种转让出于行政主体的自愿行为还是非自愿行为,都不发生效力。公产的不可融通性在于保护公产的公共使用的目的,如果允许公产成为交易的标的,则会妨碍其公共目的的实现。有学者认为,公产是否具有不可融通性,尚应区别其种类而定。凡公有公产,一般不得让与他人,或者在其物上设定地上权或抵押权等限制物权。尤其是河川港湾等物,公法上的限制较为严格,不论何种私权,皆不得设定。对于私有公产,其私权不是不能行使,而是在有害于公共目的的程度内不得行使。如行政主体租借私人土地,已经建设为菜市场,其土地所有权,虽然可以自由转让,或设定抵押权,但受转让的人仍须将其土地继续供诸共用,不能充作私用。[①] 私有公产虽然可以融通,但是在融通之后仍然受公物法或公共目的使用的限制。

(二)行政公产的非营利性

行政公产的作用是提供公用,所以其一般不具有营利目的。即使有收入,也是将其收入投入到行政公产的日常管理与维护中,以使行政公产处于最佳适用状态。行政公产的非营利性将行政公产管理者的收入同他们所提供的行政公产质量直接挂钩,这样就可以有效杜绝行政公产管理机构在管理行政公产过程中的乱收费现象。[②]

(三)行政公产不得强制执行

行政公产通常不能作为强制执行的对象。日本学者美浓部达吉认为,"由于公产欠缺融通性的原因,所以当然在供公共使用的目的范围内,不能被扣押、拍卖,否则将妨害其供公共使用的目的"[③]。行政公产若被强制执行,将会妨碍其提供公共服务目的的实现。但还有一种观点认为,行政公产不融通可分为绝对不融通和相对不融通,所以行政公产不得为强制执行标的这一特性也可分为绝对不得为强制执行标的和相对不得为强制执行标的。一般来说,绝对不融通的行政公产也应该绝对不得作为强制执行标的,如国防设施、国家军事物资等;相对不融通物的行政公产在一定条件下也可以作为强制执行标的,如国有企业法人闲置的固定资产等。

---

① 范扬著:《行政法总论》,中国方正出版社2005年版,第140页。
② 常鹤:《行政公产相关权利救济问题研究》,黑龙江大学2009年硕士论文,第10-11页。
③ 胡明言:《行政公产若干法律问题研究》,黑龙江大学2007年硕士论文,第15页。

（四）行政公产不适用公用征收

公用征收是指行政主体为了公共利益目的，按照法定的程序，以强制方式取得私人不动产的所有权或者其他物权，并给予补偿的行政行为。由于公产的设立与公用征收的目的均为公用，由此引发的问题便是公产能否适用公用征收制度。一般而言，对私有公产，应当可以进行征收，因为此时公产的所有权仍在私人手中。对行政主体的公产则不能作为公用征收对象，公有的财政财产或行政财产如果需要征用，只需要由财产主管机关按照法定程序拨用即可，根本不需要通过征用手段来完成。[①]

（五）行政公产不适用取得时效

时效制度包括消灭时效（又称诉讼时效）与取得时效。取得时效是指无权利人以权利人的身份和意思表示，积极行使权利的状态，经过法定的期间，从而确定地取得该权利，使自己从无权利人成为真正权利人的制度。我国法律并未规定取得时效制度，《民法通则》仅规定了消灭时效制度。各国学者对于行政公产是否适用取得时效制度的观点并不一致。法国学者认为，取得时效使行政主体非常容易丧失行政公产的所有权，然而行政公产所有权的取得者不一定将其提供公用，致使行政公产公共使用目的遭到损害。所以，取得时效制度对行政公产是有危害的，不能将取得实效制度适用于行政公产。日本学者认为，行政公产适用取得实效制度，但必须满足其提供公用之目的，即在行政公产未废止公用之前，行政公产所有权取得者要保证行政公产提供公用之目的。[②] 基于我国的现实情况，在行政公产所有权转移后，要保证其继续提供公用是非常困难的，所以在我国行政公产领域不应当适用取得时效制度。

（六）行政公产救济的特殊性

私人产权的保护，以尊重当事人之间的意思自治为原则，通常赋予当事人解决问题方式的选择权，在适用的法律规范上主要通过民事法律规范来进行调整。与此相反，行政公产以物的设施的提供或管理为其终极之目的。行政公产是依附于行政权行使的物的手段，属于公法调整的范畴，其所适用的是行政法律规范。相比较，行政公产的保护有其特殊之处：其一，当行政公产遭到加害人的侵害时，作为行政公产的管理和维护者的行政主体，即可以对侵权人直接依法采取强制措施，排除对行政公产的妨害，以求行政公产的安全。其二，与私产的法律追诉时效性不同，对行政公产的保护没有时效期间的限制。换言之，行政公产的保护以公产的完全、绝对补救为原则，不设期限规定。

[①] 例如，我国宪法第10条、宪法修正案第20条规定，国家为了公共利益的需要，可以依照法律规定对土地实行征收或者征用并给予补偿。依照《土地管理法》的规定，建设单位使用国有土地，应当以出让等有偿使用方式取得。但是，下列建设用地，经县级以上人民政府依法批准，可以以划拨方式取得：①国家机关用地和军事用地；②城市基础设施用地和公益事业用地；③国家重点扶持的能源、交通、水利等基础设施用地；④法律、行政法规规定的其他用地。

[②] 涂怀莹：《行政法原理》，台湾五南图书出版公司1987年版，第463页。

第二节 行政公产的管理和使用

一、行政公产的管理

(一) 行政公产的设立

行政公产的设立是指行政公产取得其作为行政公产的法律性质。公产的设立依财产的性质不同,设立的条件也有所不同。自然公产的设立,以自然形态提供公用,不需特别的意思表示,只要此种物体事实上处于可供公众使用的状态即可。这是一种默示的设立,属于公产设立的一种形式。自然公产以默示设定为原则,在特殊情况下也可以根据法律规范的规定设立。如法国的法律规定:"内部可以通航或放排的河川是否可以构成公产,由政府用命令规定。"①

人工公产的设立则需要具备相应的实体要素和法律要素。实体要素指的是人工公产因其公共使用之目的,必须有承载其公共使用使命的实物形体存在。法律要素指的是必须有供公共使用的行政主体的意思表示,意思表示可以由行政主体单方面决定,也可以通过法律规定。究竟采取何种方式,则根据公产的性质而决定。②

(二) 行政公产的处分

在私法领域,处分包括事实处分和法律处分。前者指标的物的变形、改造、毁损等事实行为;后者则特指标的物所有权的产生、移转和消灭等。根据法律效果分析,事实处分将导致所有权的绝对消灭;而法律处分则仅是所有权权能的移转。公产的事实处分有侵害公产设立目的的可能,应谨慎为之。就公产的法律处分而言,亦须以保证公共使命实现为原则。台湾学者认为,对于自有公产,所有权不得转让,亦不可设立抵押权等限制物权;而对于他有公产,在不妨碍公产使用目的的范围内,可以处分。

(三) 行政公产的转换

公产处分是在正常状态下对公产的处理,在非常状态下,如战时、防汛时期,需要征用军需物品、防汛物品,就需要对公产的使用进行转换。这种转换原则上是不允许的,但也有例外。③ 公产转换必须满足下列条件之一:①转换后公产的使用价值更加重大,如将原有的道路级别升级。②转换后公产由事实提供公用变为法定提供公用。③转换前的公用目的已无必要,可以提供另一公用目的。因为公产关乎公共利益,频繁变动不利于公产的有效使用,所以我国法律对公产转换有严格的规定。④

(四) 行政公产的维护

公产的维护是作为一种预防性的措施而进行的,其目的在于保持公产良好的使用状

---

① 王名扬著:《法国行政法》,中国政法大学出版社1988年版,第319页。
② 张树义著:《行政法与行政诉讼法学》,高等教育出版社2002年版,第67页。
③ 李蓓:《公产法律制度研究》,广西大学2010年硕士学位论文。
④ 参见《公路法》第6条和第19条相关规定,《土地管理法》第4条、第26条、第56条相关规定。

态。政府每年都要从财政预算中划拨出一部分来作为公产维护的特定成本。这作为一种义务性的责任不同于私人对私产的养护。私人对自己所拥有的财产,可以选择维护,也可以选择不维护,只要不损害他人的权益,法律就不会加以干涉;但行政公产与私产不同,不论是否会导致他人权益的损害,行政主体都有维护的义务。对于行政主体而言,不是被动地保护行政公产,而是应该积极主动地介入到行政公产维护的过程之中。行政主体如果因为没有充分地尽到维护与注意的义务而导致公产利用人损害的,公产的维护主体要承担赔偿责任。

(五)行政公产的保护

法律对行政公产确定特别保护以维持公产的作用。行政公产保护的最大特点就是为了保护公产的物质完整,并为了防止公产的毁损、侵占或丧失。行政主体对公产的保护有两个方面:一是行政公产的管理者对公产的毁损、侵占等行为予以处罚,以排除可能的破坏公产行为,即拥有行政处罚权;二是当公产的安全发生有可能性的危害或对社会公共秩序产生影响,行政公产的管理者没有权力排除时,需要外部治安权的介入。

前者可称为公产保护的警察权,后者可称为一般治安警察权。行政公产保护的警察权包括罚款和修复责任。行政公产保护的一般治安警察权的目的在于保护公共安宁、公共安全和公共卫生不被破坏。如果行政公产管理者缺乏相关的治安权限,就有赖于行政公产管理者以外的拥有一般治安权的行政机关介入。行政公产保护警察权的目的是保持公产的物质完整,而一般治安警察权的目的在于一般社会安全,二者结合,才能对公产提供完整的保护。[1]

(六)行政公产的废止

行政公产的废止,即行政公产丧失其公用性质。行政公产的废止有两种方式:自然废止和法定废止。①自然废止:指以海洋公产因自然力或人为原因而灭失,不可能继续提供公用或提供公用有显著困难的情形。此种功能丧失必须是永久性、非暂时性的。公共公产的功能已经丧失或不能满足公产设定目的,无需法律上任何程序即可废止。它大多由自然的原因所造成,即使是人为的原因,但事实上已经丧失公产的功能。如自然冲积或海水退位致海变陆。②法定废止:指行政主体以废止该公产直接供公共目的使用的意思表示废止而消灭其公共使用目的行为。法定废止的公产一般须经过法定程序,并遵循平行程序规则,即与公产设定程序相同的程序。如公产是以法规形式设定的,则仍应以法规的形式废止等。

二、行政公产的使用

(一)公众用公产的使用

1. 公众用公产的类别

公众用公产提供公用是给付行政的重要内容,也是设定公众用公产的重要目的。公众用公产使用方式按照不同的标准分成若干类别。

第一,按照使用公众用公产人员的数目不同为标准,可以将公众用公产使用方式分为

---

[1] 转引自赵世奎《公产法研究》,中国政法大学 2005 年硕士学位论文,第 37 页。

个别的独占使用和集体的共同使用。前者是作为单个人员的特定使用，如集贸市场的菜摊、广场上的照相摊位等；而后者是作为公众群体的共同使用，如道路的通行等。

第二，按照使用人使用公众用公产时是否按照公众用公产本来目的为标准，可将公众用公产的使用方式分为自由使用、一般许可使用和特别许可使用。

自由使用又称为一般使用或普通使用，是指在不妨碍他人使用的情形下，任何人均可以按照行政公产的目的使用行政公产。自由使用无需特别批准，任何人都可以按照行政公产的目的规定来使用行政公产。

一般许可使用是指对行政公产的使用超出自由使用范围，但仍依公众用公产原来目的使用，可能妨害他人共同使用，须经行政许可后才可以进行的使用。例如，对通过某座桥梁的汽车采取限重限高要求，将某条街道划作步行街而禁止车辆通行等，都是一般许可使用的表现。

特别许可使用又称为特别使用，是指特定人使用公众用公产如若超越公众用公产的本来目的，在不妨碍其他人在原来目的范围内使用的前提下，行政公产管理主体可以为特定人设定特别使用的一种使用方式。特别许可使用是一种目的外使用。例如，为了举办运动会而租用公共体育场馆等。

特别许可使用与自由使用、一般许可使用存在以下区别：第一，在自由使用中，使用人无需申请即可对行政公产进行使用，而特殊许可使用人必须要经过管理者的特殊许可，且这种许可的程度要强于一般许可中的许可；第二，自由使用和一般许可使用不是法定权利，即使是一般许可使用人的权益遭到侵害，也仅是有可能获得法律救济。与此相反，特别许可使用人获得的独占性的使用权利遭受侵害，必然会获得救济。

2. 公众用公产使用的原则

第一，符合公用的目的。一方面公众用公产使用者必须遵守公众用公产提供公用之目的；另一方面公众用公产管理者不能违背其提供公用之目的，而将公众用公产私用。

第二，不违背公众用公产的管理原则。一方面公众用公产使用者应服从管理者的管理权力和治安权力；另一方面公众用公产管理者在依法行使管理职权的同时，也不得违背公众用公产使用的原则，管理机构在行使权力时不能妨碍使用者符合公众用公产目的的使用。[①]

第三，充分发挥公众用公产的使用效能原则。公众用公产管理主体管理公众用公产时应该遵循这一原则。公众用公产的管理者要充分发挥公众用公产的使用效能，更多地为公众提供福利，完成公众用公产的使命。在满足公众用公产的公用使用的同时，在不妨碍公用使命的范围内，也可以利用公众用公产取得正当的经济效益。[②]

第四，公众用公产使用权利不稳定原则。公众用公产使用权是一种公法上的权利，其与私法上的权利不同，私法上的权利较为稳定。公众用公产使用权在取得之后，由于行政职权或行政公务具有优越性，公众用公产管理主体仍可以取消或改变其获得的使用权，但受到特别损害时，可以要求补偿。[③]

---

① 胡明言著：《行政公产若干法律问题研究》，黑龙江大学2007年硕士论文，第32页。
② 王名扬著：《法国行政法》，中国政法大学出版社2003年版，第340页。
③ 王名扬著：《法国行政法》，中国政法大学出版社2003年版，第340页。

（二）公务用公产的使用

公务用公产是供公务人员使用的行政公产，如政府机关大楼、公务用车辆、办公用品等。公务用公产的使用有两种：

1. 公务用公产目的内使用

公务用公产一般只供公务人员使用，如警用车辆、警具等，完全仅供公务人员使用。也存在可供公众目的内使用的情形，例如，在收费公路中，仅公路路面为公众用公产，其余办公器材（如地磅秤和自动收费机等）则为公务用公产，但该公务用公产目的内使用权主体却是行政公务人员以外的公众。所以，行政公产目的内使用包括：其一，行政公务人员自行使用而间接达到公务用公产公共目的；其二，行政公务人员以外的公众直接使用而达到行政公产公共目的。公务用公产因其实现公共目的直接与间接的不同，在使用主体上也有显著区别。

2. 公务用公产目的外使用

公务人员以外的公众可以在公务用公产目的外使用公务用公产，但其并没有公务用公产的使用权。例如，虽然公务人员以外的公众因一些事由（如利用大楼电脑查询信息或者楼内的卫生设施等）可以进入政府办公大楼，但此种进入并非是公务用公产的使用权，这种使用只是存在于非公务人员与公务人员办理行政事务的过程中。也就是说，政府办公大楼是供公务人员办理公务使用的，而不是（如公众用公产等）直接供公众使用为目的。如果公众使用了公务用公产，实际上是一种目的外使用，一般为私法性质的使用法律关系。

当公务人员以外的公众使用公务用公产时，公务人员可以对这种使用进行限制，然而，这里涉及此种限制行为的性质认定问题，不仅是公法性质，还是私法性质。德国判例认为，应依公众来到办公处所的目的为标准，判断行政主体禁止公众进入办公场所的性质。如果私人进入办公场所，是由于其办理行政事务，则公众进入办公场所及行政主体禁止其进入的，皆为公法性质。行政主体禁止私人进入是一种行政处分。若对其有争议，应提起行政诉讼。如果公众进入办公场所是办理私法事务，如推销商品等，则行政主体禁止其进入的行为，是私法性质，对此有争议的，应提起民事诉讼。所以，在对行政主体禁止私人使用公务用公产的行为进行救济时，我们首先要判断该禁止行为的性质。若该禁止行为是私法性质，则可以提起民事诉讼；若禁止该行为是公法性质，则可以提起行政诉讼。

第二编 行政法主体论

第六章 行政法主体基本原理

第一节 行政主体概述

一、行政主体的概念

（一）我国行政法学界对行政主体概念的界定

在我国行政法学界，最初是使用行政机关这一概念来指称在行政活动中执行行政权，从事公务活动的一方主体。但是，随着行政法的发展，这一概念的缺陷很快变得显而易见：一是与行政学研究角度和内部有重合之处，没有突出法学研究的特征，过分关注行政组织的意义而失于行政组织的法律人格意义；二是无法描述或解释现实存在的享有行政管理职能的社会组织，包括根据法律授权的和接受行政机关委托的；三是行政机关既有可能参与民事法律关系又有可能参与行政法律关系的事实，无法通过行政机关概念本身而得以表达，作为行政法规范对象的、在行政法律关系中作为管理者的行政机关无法借此概念而凸现；四是内部管理机构与有资格对外以自己名义行使职权的行政机关无法在这一概念下得到区分。① 在这些认识的基础上，我国行政法学界因应理论上学术整合的需要和行政诉讼立法与实践中确定行政诉讼被告资格的需要，在从法国引入的"行政主体"概念的基础上，逐步发展起我国行政法学的行政主体概念。最早使用行政主体概念的是《行政法学原理》② 和《中国行政法学》③，后历经学人二十余载的努力，对概念有了不断深入的认识。被行政法学界普遍认知的行政主体概念主要有以下几种：

第一，行政主体指的是依法拥有独立的行政职权，能代表国家，以自己的名义行使行政职权以及独立参加行政诉讼，并能独立承受行政行为效果与行政诉讼效果的组织。④

第二，行政主体是指享有实施行政活动的权力，能以自己的名义从事活动，并因此而承担实施行政活动产生的责任的组织。⑤

第三，行政主体是指享有国家行政权，能以自己的名义行使行政权，并能独立地承担因此而产生的相应法律责任的组织。⑥

---

① 戚建刚主编：《行政法与行政诉讼法理论述评》，中国财政经济出版社2004年版，第86－87页。
② 张焕光、胡建淼著：《行政法学原理》，劳动人事出版社1989版。
③ 张树义、方彦主编：《中国行政法学》，中国政法大学出版社1989年版。
④ 胡建淼著：《行政法学》，法律出版社2003年版，第69页。
⑤ 王连昌主编：《行政法学》，四川人民出版社1990年版，第71页。
⑥ 罗豪才主编：《行政法学》，北京大学出版社2001年版，第55页。

此外，还有学者主张，行政主体不仅包括组织，而且包括个人。①

(二) 行政主体的定义及其特征

我们认为，行政主体概念的界定，应当以行政权为核心，以行政权力的行使为依据，定义为：行政主体是依法享有一定行政职权，能以自己的名义代表国家行使国家行政职权，进行行政管理活动，并对外承担行政法律后果的行政机关和法律、法规授权的组织。其特征如下：

第一，行政主体必须是依法享有一定的行政职权，实施行政管理活动的行政机关或者法律、法规授权的组织。是否享有并行使行政权力，是行政主体的首要特征，也是行政主体区别于立法机关、司法机关及其他企事业单位的根本依据。其中，享有和实施是不可分割的。某一主体虽然依法享有行政权力，但其某一行为若不具有实施该行政权力的性质，则该主体在该关系中就不是行政主体。如政府的办公用品采购行为，在该关系中，政府就不是行政主体。

第二，行政主体是代表国家，以自己的名义行使行政职权。"以自己的名义"是指该组织能够独立实施行政管理活动，在对外为处理事项或发布文书时，能够以该组织名称署名，具有独立的法律人格。需要明确的是，行政主体虽然是以"自己的名义"为行政行为，但其实质上仍然是国家意志的执行者。行政权是现代国家的一项重要国家权力，是人民意志在国家层面的共同体现，其拥有者只能是国家。各级各类行政机关及其他行政主体，只不过是该权力的行使者而非拥有者。所以，我们称该权力为"职权"，意为：国家设职，因职配权，各行政主体是为当其职，而行其权。这与某些概念中的"享有行政权力"应当有所区别。

第三，行政主体必须能够以自己的名义承担行政活动的法律后果。包括作为行政复议的被申请人、行政诉讼的被告以及作为国家赔偿的赔偿义务机关。

第四，在当前语境下，行政主体指的应当是组织而非个人，当然也不包括公务员。虽然如前所述有学者提出个人也应当可以成为行政主体，但是，就目前我国行政法理论与实践来看，既有的行政主体概念尚且没有界定清楚明确，贸然又引入一个新的主体类型未必明智，在实践中也并没有出现必须这样做的急迫需求。公务员作为行政事务的真正执行者，其职务行为的一切后果皆归于其所隶属的行政机关。

二、行政主体与相关概念的区别

(一) 行政主体与行政机关

行政机关是一个行政学上的概念，行政主体是一个行政法学上的概念。行政机关是主要的行政主体，但是行政机关并不等同于行政主体。首先，并非所有的行政机关都是行政主体，某些只负责行政机关体系内部事务，不享有行政管理职权的行政机关，就不是行政主体；其次，享有一定行政职权的行政机关，也并非在所有行为关系中都能成为行政主体，而只是在实施该行政职权进行行政管理活动的关系中才具有行政主体资格；再次，能

---

① 王鹏祥：《关于行政主体概念的思考》，载《天中学刊》2004年第4期；杨解君：《行政主体及其类型的理论界定与探索》，载《法学评论》1999年第5期。

够成为行政主体的,除了行政机关,还包括法律、法规授权的组织,随着新兴社会团体的发展,非行政机关的行政主体可能会有范围扩大的趋势。

(二)行政主体与行政法主体

行政法主体指的是受行政法调整和支配的有关组织和个人,从行政权力行使过程来看,包括处于管理一方的行政主体和处于被管理一方的行政相对人。可以说,行政主体是行政法主体范围的一部分。

(三)行政主体与公务员

所有行政主体行使行政职权,进行行政管理的活动,都是通过具体行为者——公务员来实现的。公务员是行政权力行使过程中的重要因素,不仅决定着行政职权的完成状况,而且往往影响着行政主体在社会大众中的形象和威信。但是,公务员并不属于行政主体的范围,它是行政机关具体事务的执行者,并非行政职权的拥有者,其所为的职务行为,是代表所属的行政机关作出,其结果也由所属行政机关承担。关于公务员法律性质与地位的详细内容,请参见本书第九章。

(四)行政主体与行政法人、公法人、公务法人

行政法人是日本行政法学提出的一个重要概念,指的是"由国家或地方公共团体出资设立的法人,具有公共财团法人的性质……行政法人是随着给付行政的发展,依据公共事业应通过公共手段来实现的设想而设立的"①。在日本,行政法人属于行政主体的范围。

公法人概念源自英国,主要指在具有一般职权范围的中央行政机关和地方行政机关以外,享有一定的独立性和单独存在的法律人格,并从事某种特定的公共事务的行政机构。有时,其也被称为半自治的国家行政组织或半自治的非政府组织。②

公务法人是法国行政法学上的概念,指由国家设立从事一定公务的法人组织,法律规定某种公务脱离一般行政组织,具有独立的管理机构和法律人格,能够享有权利、负担义务,这种公务组织就成为公务法人。③

三、行政主体的范围

根据行政主体的界定,行政主体整体可以分为行政机关主体和非行政机关主体,后者即法律、法规授权的组织。具体包括十类:①国务院;②国务院的组成部门;③国务院直属机构;④经法律、法规授权的国务院办事机构;⑤国务院部委管理的国家局;⑥地方各级人民政府;⑦地方各级人民政府的职能部门;⑧经法律、法规授权的派出机关和派出机构;⑨经法律、法规授权的行政机关内部机构;⑩经法律、法规授权的其他组织。

行政机关内处理内部事务的机构、公务员以及受行政机关委托实施管理的组织都不是行政主体。对上述行政主体的详细论述请参见本书第七、八、九章的相关内容。

---

① [日]南博方:《日本行政法》,杨建顺、周作彩译,中国人民大学出版社1988年版,第14页。
② 王名扬:《英国行政法》,中国政法大学出版社1987年版,第86页。
③ 王名扬:《法国行政法》,中国政法大学出版社1989年版,第127页。

四、行政主体的类型

(一) 职权行政主体与授权行政主体

根据行政主体资格取得的方式不同,行政主体可以分为职权行政主体与授权行政主体。

职权行政主体是指依照宪法和行政组织法的规定,在成立时就具有行政职能并取得行政主体资格的组织,比如中央和地方各级人民政府及其职能部门。此类行政主体的主体资格具有以下特点:第一,行政主体资格取得的法律依据是宪法和行政组织法;第二,主体资格取得的方式是通过权力机关的决定(通常表现为立法)而取得;第三,取得资格的行政主体的职权和职责主要由组织法规定,内容具有概括性和原则性;第四,主体资格的取得和该组织的成立是同时的。具体来说,职权行政主体又可以分为:①中央行政机关,包括:国务院、国务院组成部门、国务院直属机关、国务院部委管理的国家局;②地方行政机关,包括:地方各级人民政府、地方各级人民政府的职能部门、地方人民政府的派出机关。

授权行政主体是指依照宪法和行政组织法以外的特别法律、法规的规定获得行政职权、取得行政主体资格的组织,即通常所说的"法律、法规授权组织"。这类行政主体的特点是:第一,主体资格取得的法律依据是宪法、组织法以外的法律、法规;第二,取得方式由法律、法规概括规定或作具体规定,但不能一揽子授权;第三,取得资格的行政主体的行政职能一般比较明确、具体,范围比较明了;第四,组织成立和行政主体法律资格的取得可能是同时的,也可能是先成立组织后取得行政主体资格。① 具体来说,授权行政主体又可以分为:①行政机构;②企业单位;③事业单位;④社会团体;⑤其他组织。

(二) 全国性的行政主体与地方性的行政主体

根据行政主体职权管理范围的不同,行政主体可以分为全国性的行政主体与地方性的行政主体。全国性的行政主体行政职能范围及于全国(特别行政区特别处理),例如国务院、国务院各部委等即为全国性的行政主体。地方性行政主体的行政职权范围仅及于该地方,如地方人民政府及其职能部门。这一划分的意义在于明确上下级行政主体之间的行政分权体系及其相互间的工作关系。

(三) 地域性行政主体与公务性行政主体

根据行政主体实施行政权所针对的对象,行政主体可以分为地域性行政主体与公务性行政主体。前者是指以行政地域为主体的构成基础,有权对管辖地域范围内的一切人或事实施行行政管理活动的行政主体,后者是指以某项行政事务为对象实施行政活动的行政主体。前者如国家各级行政机关,后者如国家行政机关的职能部门。②

(四) 实质行政主体与形式行政主体

根据行政主体与法人之间的关系,可以将行政主体区分为实质行政主体与形式行政主体。前者是指具备独立法人资格的行政主体,后者是指仅在形式上具备行政主体资格,实

---

① 朱维究、王成栋主编:《一般行政法原理》,高等教育出版社2005年版,第122页。
② 杨临宏著:《行政法:原理与制度》,云南大学出版社2010年版,第224页。

质上并不具备法人资格的行政主体。实质行政主体与形式行政主体是一种重要的类型划分。行政机关的独立性程度不同,在法律上所处的地位也有区别。国家是公法人,具有独立的法人人格,各行政机关则不具有法人资格,但国家是实质上的行政主体,行政机关则是形式上的行政主体。作为实质上的行政主体,所有行政机关的行为最终责任归属国家,但国家不可能在各种具体的行政活动中出现,需要由其所设立的国家行政机关来行使具体的国家行政权。行政机关在这里担当着形式上的行政主体角色。作为形式上的行政主体,并不要求具备法人资格,只要具有国家行政职权即可成为行政主体。①

（五）本行政主体与派出行政主体

当一个行政组织与另一个行政组织之间具有派出关系时,设立派出机构的组织（如县公安局）为本行政主体,被设立的派出机构（如公安派出所）为派出行政主体。当然,派出机构成为行政主体是有条件的。② 本行政主体与派出行政主体的划分,是以行政组织中派出关系的存在为基础的。③

五、行政主体的地位

行政主体的地位即行政主体的权力、义务及不同行政主体之间的权限关系的总和。从行政主体的法律特征来说,其权力即行政主体的职权,其义务即行政主体的职责。权限关系具体包括两个方面:不同行政级别的行政主体之间的权限划分,即纵向权限关系;同一级别的不同主体之间的权限划分,即横向权限关系。

六、行政主体的职权

行政职权指的是根据宪法及相关行政组织法的规定,以行政管理职能为依据而为行政主体配置的在一定范围之内代表国家行使的行政管理权。不同行政主体之间因行政管理职能的不同,享有的行政职权也存在差异。行政职权是国家行政权的一种具体化形式,是国家行政权从抽象国家权力到具体管理权力的转化,也是行政主体存在和不同主体得以区分的基础。

概括来讲,行政主体的行政职权主要包括:

第一,行政创制权。它是指行政主体根据宪法和法律规定所具有的制定、发布行政法规范的权力,编制计划、规划和预算的权力,起草法律草案的权力等。

第二,行政命令权。它是指行政主体向行政相对人发布命令、要求其作出某种行为或不作出某种行为的权力。

第三,行政决定权。它是指行政主体依法对行政管理中的具体事项和特定相对人作出处理的权力。如行政许可、行政征收等。

第四,行政监督权。它是指行政主体为保证行政管理目标的实现而对行政相对人遵守法律、法规,履行义务情况进行监督的权力。如行政检查、审查、审计、检验、鉴定等。

---

① 杨临宏著：《行政法：原理与制度》,云南大学出版社2010年版,第224页。
② 参见最高人民法院《关于执行〈行政诉讼法〉若干问题的解释》(1999年11月24日最高人民法院审判委员会第10088次会议通过。法释［2008］8号。2000年3月8日由最高人民法院公告。自2000年3月10日起实施）第20条。
③ 杨临宏著：《行政法：原理与制度》,云南大学出版社2010年版,第225页。

第五，行政强制权。它是指行政主体在实施行政管理过程中，对不依法履行行政义务的行政相对人采取人身或财产的强制措施，迫使其履行相应的义务的权力。

第六，行政处罚权。它是指行政主体对违反法律、法规规定的相对人所实施的惩罚性权力。

第七，行政裁决权。它是指行政主体裁决民事或行政争议、处理纠纷的权力。如行政主体对商标、专利、医疗事故、交通事故、劳动就业以及资源权属等方面的争议和纠纷进行裁决。

七、行政主体职权的特点

行政职权除了具有强制性、命令性、执行性等国家权力的共性之外，还具有以下特点：

第一，行政公益性。行政主体行使行政职权的目的，是为了国家和社会的公共利益，这是行政主体区别于其他私法主体的根本特征。国家行政权力行使的目的，是社会的有序运转，这是社会整体的利益诉求，非某一社会群体的利益，所以，作为该具体化国家行政权的行政职权，只能为维护公共利益而存在，绝对不能以权谋私。

第二，行政优益性。行政主体的公益性即决定了行政主体的优益性。所谓行政优益性，体现为行政优先权和行政受益权。行政优先权，指法律为保障行政主体有效地行使行政职权而赋予行政主体职务上的优先条件。其具体内容包括先行处置权和获得社会协助权两个方面。先行处置权是即行政主体在紧急条件下，可不受程序规定的制约，先行处置，如先行扣留、即时强制等。社会协助权是指行政主体从事紧急公务时依法有权获得有关组织和个人的协助。

行政受益权是指国家为保证行政主体有效行使行政职权而向它提供的各种物质保障条件。行政主体有权获得其实施行政职权所需的物质条件，如办公条件、行政经费等。

第三，行为效力先定性。行政职权一经行使而为行政行为，即使违法或者不当，在其经过法定程序被撤销之前，应推定为有效，对相对人具有约束力。例如，《行政处罚法》第45条规定："当事人对行政处罚决定不服申请复议或提起诉讼的，行政处罚不停止执行，法律另有规定的除外。"

第四，不可处分性。行政职权是行政主体职责和权力的统一。行政主体的权力与职能是相对应的，有职能所以配置权力，以借助该权力实施行政管理，完成相应职能。反过来说，赋予某一行政主体的行政职权，实质上意味着国家要求该主体所完成的管理职能，并且是专属性的管理职能。该行政主体负有责任完全履行该职能，而不能将管理职能进行转让或者抛弃，否则将构成违法失职。①

八、行政主体的职责

行政主体的职责，即行政主体在行使行政职权，进行行政管理活动的过程中必须承担的，与职权有关的法定义务。行政职责与行政职权密不可分，随行政职权的产生而产生、随行政职权的消灭而消灭。行政职责的核心是依法行政，其要求是：积极履行职务、不失

---

① 周佑勇著：《行政法原论》，中国方正出版社2005年版，第127－128页。

职；严守法定权限、不越权；依法履行职务、不滥用权力；遵守法定程序等。不同的行政主体因其行政职能范围的不同，在职责上也存在差异。不应当将行政职责看做是一系列提前设置的任务，作静态的理解，而应当将其放在行政管理活动的动态过程中，以行政职能为标准作出理解和判断。

概括地讲，行政主体的职责主要有：①积极行使行政职权以有效完成维护国家安全、维护社会秩序等行政任务的职责。②积极履行行政职责促进经济、文化等事业发展，保障和发展社会福利，切实做到行政服务于民的义务。③依法、合理行政的义务。④接受各种法律监督和社会监督的义务。⑤对违法行政行为承担法律责任的义务。

九、行政主体的权限

行政主体的权限就是行政主体的职权范围，也就是权力行使的边界。行政主体权限的划分有横向和纵向两个不同的坐标。

（一）行政权限的纵向划分

纵向的行政权限明确的是具有隶属关系的上下级行政主体之间处理某一行政事务上的分工。这一分工由法律、法规、规章及规范性文件作出。

（二）横向行政权限

横向行政权限是指无隶属关系的行政主体之间行政权限分工。它又可以分为两种情况：①事务管辖权。指从事不同公务或行政事务的行政主体之间的权限分工。②地域管辖权。指具有相同公务性质但地域不同的行政主体之间的权限分工。

十、行政主体的资格及确认

（一）行政主体的资格

行政主体的资格即对某一组织是否行政主体的认定。具备行政主体资格，就具有行政主体的法律地位，享有行政主体的相关行政职权；同样地，具有行政主体的法律地位，享有行政主体的相关行政职权的组织，也就意味着具有行政主体资格。确认行政组织主体资格的意义体现在：首先，是否具备行政主体资格是判断行政行为效力的依据。行政主体是行使国家行政职权的法定组织，只有具备行政主体资格的组织，其所实施的行政管理行为才具备行政法上的效力。其次，是确定行政诉讼被告的需要。我国行政诉讼以行政主体为被告，只有具备行政主体资格的组织，才能够成为行政诉讼的被告，并承担相应的诉讼后果。这就意味着，当行政行为损害相对人权益时，相对人诉权的实现要先以明确诉讼被告为前提，而行政诉讼被告的确定，即行为主体的行政主体资格的确定。

（二）行政主体资格的确认[①]

1. 一般情况下的确认

确认行政主体资格主要在于区分两对主体：行政主体与非行政主体；内部行政主体与外部行政主体。确认方法是：①按行政职权确认。是否享有行政职权或享有的是内部职权还是外部行政职权，是确认行政主体或行政主体类型的标准。这一确认方法的关键是核实

---

① 胡建淼著：《行政法学》，法律出版社2003年版，第77－78页。

行政职权的来源，若是职权行政主体，则要审查相关法律对该主体设置的职权范围；若是授权主体，则不仅要审查授权行为是否存在、是否合法，而且还要审查该授权的范围边界。②按行为性质确认。行政主体概念是一个动态的概念，是否行使行政职权是界定行政主体的核心。某一个组织即使具备法律上的合法设权或者法律、法规的合法授权，也并不意味着它在所有行为关系中都是行政主体，还有可能是民事主体（如采购办公用品）。所以，对行政主体的资格还要动态地从具体的法律关系中去确认。

2. 特殊情况下对行政主体资格的确认

（1）行政委托关系中行政主体资格的确认

行政委托是指一个行政主体在自己缺乏条件直接实施某个行政行为时，委托其他组织或个人以它的名义代为实施该行政行为，行为效果归属于委托方行政主体的法律制度。在行政委托关系中，委托乙方才是行政主体，具备行政主体资格，受委托的一方不具有行政主体资格，要以委托人的名义为行政行为，行为的法律效果也由委托人承担，涉及行政诉讼时，以委托方为被告。

（2）行政派出关系中行政主体资格的确认

在行政派出关系中，设立派出机构的组织是行政主体，被设立的派出机构并不当然成为行政主体，具备行政主体资格必须满足相应的条件要求，① 否则，就不具有行政主体资格，不是行政主体，其一切行为效果归属于设立它的行政组织。

（3）行政主体发生越权时的行政主体资格确认

当行政主体超越其职权范围实施行政行为时，在该法律关系中，该主体是否具备行政主体资格？回答是肯定的，行政主体资格并不因为行为的越权而丧失。越权导致的是行政行为的无效，而不是行政主体资格的丧失，相反，行政主体还需要在其主体资格的基础上承担该越权行为的违法后果，如果涉及行政诉讼的，还可能成为行政诉讼的被告。

第二节　行政组织法

一、行政组织法的概念

日本学者认为，行政组织法是指关于国家、地方公共团体及其他公共团体等行政主体组织及构成行政主体的一切人的要素（公务员）和物的要素（公物）的法的总称。② 我国有学者认为，行政组织法就是关于行政机关和行政工作人员的法律规范的总称，是管理管理者的法。③ 也有观点认为，行政组织法是规范和调整行政组织关系的法律规范的总和。④ 比较有说服力的观点是，行政组织法是规范行政的组织过程和控制行政组织的法。

---

① 参见最高人民法院《关于执行〈行政诉讼法〉若干问题的解释》（1999年11月24日最高人民法院审判委员会第10088次会议通过。2000年3月8日由最高人民法院公告）第20~21条。
② 转引自杨建顺著《日本行政法通论》，中国法制出版社1998年版，第213页。
③ 应松年、朱维究著：《行政法总论》，工人出版社1985年版，第115-257页。
④ 张焕光、胡建淼著：《行政法学原论》，劳动人事出版社1989年版，第151页。

行政组织法可以从以下几个方面理解：①

第一，行政组织法是规范公共行政组织过程的法。公共行政是国家管理不可缺少的重要组成部分，如何来组织公共行政，是统一管理还是分散行政，将哪些事务纳入行政管理的范畴，设置哪种类型的行政机关进行管理等，建立什么样的公务员制度和公物制度，都是组织公共行政过程中不可回避的问题。另外，对公共行政的组织是由立法机关控制，还是交由行政机关负责，如何保证行政组织过程中的民主、理性和公正，如何进行行政改革，这些问题都需要从法律上解决，都属于行政组织法的范畴。

第二，行政组织法是控制行政组织的法。这是行政组织法最核心的内容之一。行政组织一旦为有权行政机关设定，就要受到法律的严格制约。如行政组织的规模不得随意增长，行政组织的结构不得随意改变，行政机关的职能不能随意增减。另外，公务员的管理也必须建立在平等、民主和理性的基础上，通过法律予以规范。公物制度也需要遵循公法精神，需要法律保障。

第三，行政组织法是与组织行政和行政组织有关的法律规范的总和。我国对行政组织加以规定的有宪法、法律和法规等。

二、行政组织法的地位与功能②

（一）行政组织法是行政法的组成部分之一，在行政法体系中占有重要地位

行政组织法规定了行政主体的设置、权限、内部机构、人员构成等行政组织的最基本内容，是行政组织设立的基础，也是判断行政组织行政职能的依据。行政法体系对行政行为、行政法律后果等问题的研究，都必须以行政组织法对行政组织的建构为基础。

（二）行政组织法是公共行政合理有效组织的法律基础

现代公共行政正朝着民主化、分权化和多元化的方向发展，需要法律的支撑和保障。如分权化需要确认地方团体的独立法律地位，需要明确地方团体的权利和义务，离不开法律的规范。在一定程度上，行政组织法为公共行政的多元化发展提供的法律技术。

（三）行政组织法是依法行政的基础

行政组织法规范行政组织自身，从行政组织的设置到行政组织的行动过程，都给予法律上的控制。完备的行政组织法是保障行政组织的构建和活动有序展开的基础。具体表现在：

第一，保障行政组织的民主、理性和公正。行政组织法对于立法机关的确定，对地方行政组织构建过程的规定等，可以保障公民对行政组织过程的参与和监督；行政组织法对行政组织过程的控制、对行政职权范围的设置、对行政职权行使过程的规制，能够保障行政组织过程的理性和公正。

第二，合理设定行政权。①合理创设行政权力。行政主体的行政职权来源的最高依据是宪法，通过宪法实现从人民到行政主体的授权。但是宪法的规定是原则性的规范，需要行政组织法的具体化才能够真正创设出行政主体的职权。一方面，行政组织法对行政组织

---

① 应松年主编：《当代中国行政法》（上卷），中国方正出版社2005年版，第175页。
② 应松年主编：《当代中国行政法》（上卷），中国方正出版社2005年版，第189-192页。

的权限作出统一明确的规定,另一方面,行政组织法可以根据社会发展的需要,对宪法的规定作出新的阐释,对行政组织的职权进行重新配置。②合理分配行政权力。行政权力的分配由行政组织法来完成,既可以更好地吸收采纳社会公众的意见,也可以保障在组织法制定出来之后具有相对的稳定性。③合理调整行政权力。行政组织法可以根据社会发展的需要,政府职能的转变,适时对行政组织的权力进行调整,赋予行政组织新的权力或者对行政权力重新配置。

第三,规范行政组织的设置。通过行政组织法,能够较好地设计和确定行政组织的合理结构,避免行政主体设置的随意性,减少行政组织的易变性。

第四,控制行政组织的规模。通过行政组织法对行政组织设置结构的设计和整合,能够避免组织之间职能的重复,有利于精简机构、提高行政组织办事效率。

三、行政组织法的内容

(一) 行政组织法的基本内容

1. 法律依据

行政组织法的法律依据主要是宪法依据。如《国务院组织法》第1条规定:"根据中华人民共和国宪法有关国务院的规定,制定本组织法。"

2. 行政机关的组成

如《国务院组织法》第2条规定:"国务院由总理、副总理、国务委员、各部部长、各委员会主任、审计长、秘书长组成。"《地方组织法》第33条规定:"省、自治区、直辖市的人民政府分别由省长、副省长,自治区主席、副主席,市长、副市长和秘书长、厅长、局长、委员会主任等组成。"

3. 行政机关的设置

我国行政组织法对行政机关的设置的规定有两种方式:一种是列举规定,列出某一机关的全部下设部门;另一种是概括式规定,概括指出应当设立的部门,具体的设置由该机构根据实际情况决定。

4. 行政机关的地位、性质和相互关系

如《地方组织法》第31条规定:"地方各级人民政府,是地方各级人民代表大会的执行机关,是地方各级国家行政机关。"第32条规定:"地方各级人民政府都对本级人民代表大会和上一级国家行政机关负责并报告工作。"

5. 行政机关的职权职责

行政机关的职权职责是行政组织法最重要的内容之一,也是实现行政职权分配的关键。如宪法第89条对国务院18项职权的列举。明确行政机关职权职责,既能够防止职责不清、相互推诿,也利于明确责任主体,实现责任行政。

6. 行政机关的活动原则

如《国务院组织法》规定国务院实行总理负责制,并实行会议制度。

7. 副职设置

限制副职数量,一方面保障行政首长相关工作得到有效的协助,另一方面也有利于控制官员职数规模,避免"十羊九牧"。

8. 行政机关设立、变更和撤销的程序

现行《国务院组织法》第 8 条规定，国务院各部、各委员会的设立、变更或者合并，经总理提出，由全国人民代表大会决定，在全国人民代表大会闭会期间，由全国人民代表大会常务委员会决定。

(二) 行政机关编制法①

1. 行政机关编制法的概念

行政机关编制是指国家行政机关内部机构的设置、人员的配备及与之相适应的行政经费核定问题的总称。相应地，行政机关编制法即有关行政机关编制及其管理方面的法律规范的总称。行政机关编制法是行政管理体系建构和管理的基础，是行政组织法的重要内容。

2. 行政机关编制法的作用

行政机关事务繁杂，要高效率地处理这些事务，必须科学地构建行政机关体系并有效地管理其运行过程。一个好的行政机关体系应该是精简而高效的，能够使国家用尽可能节省的财政支出尽可能好地完成行政事务管理。在行政机构建构过程中，行政机关编制法能够控制机关规模，对行政机构的设置作出具体、明确和有约束性的规定，防止机构臃肿，人浮于事。在国家行政管理过程中，行政编制管理能够克服官僚主义，节约行政经费和财政支出，提高行政效率。

3. 主要内容

(1) 行政机关内部机构的设置

机构设置涉及的内容比较多，包括机构设置的规模、级别及其审批程序等。行政机关内部机构的设置通常根据其职能范围而有所不同，总的来说，职能范围越大的，机构规模也越大，权限设置也越高。行政机构的设置必须遵循严格的审批程序，根据领导体制的不同由相应的机关进行审批。

(2) 人员配备与经费核算

机构由人员组成。行政机关编制法对人员配备的管理，着重的是人员数额、职位和各类人员的结构比例等，并不针对具体的公务员个人作出管理性规定。(这是公务员法的任务) 在行政编制法中，对人员结构的规定包括正副职比例、人数、职级结构和职种结构。如《国务院组织法》第 9 条规定："各部设部长一人，副部长二至四人。各委员会设主任一人，副主任二至四人，委员五至十人。"职种是指因工作性质不同而分成的职务种类和比例，如行政执法岗、机关事务岗等。职种机构即从事各种岗位的人员的数量比例。职级机构是指相同职种之内因工作性质、资历等的不同而形成的职位高低结构。在我国，依据职种不同，公务员的职务有领导职务和非领导职务两种职级划分。其中，领导职务职级层次分为：国家级正职、国家级副职、省部级正职、省部级副职、厅局级正职、厅局级副职、县处级正职、县处级副职、乡科级正职、乡科级副职。非领导职务职级层次分为 (在厅局级以下设置)：巡视员、副巡视员、调研员、副调研员、主任科员、副主任科员、科员、办事员。行政机关从事行政管理活动还必须有一定的经费支持，纳入国家财政预

---

① 周佑勇：《行政法原论》，方正出版社 2005 年第二版，第 141 - 144 页。

算。财政预算以机构设置为基础，依法确定。一般而言，编制管理机关负责行政经费的初步核算，制定行政经费数额和分配方案；财政部门负责将已经核算的行政经费编于预算，并根据权力机关审定的预算方案发放行政经费；审计部门监督行政经费的使用；人事部门负责工资级别的确定和发放等。

（三）公务员法

公务员法规范公务员的录用和管理，具体内容见第九章。

第七章 行政机关主体

第一节 行政机关概述

一、行政机关的含义

行政机关是指依照宪法或行政组织法的规定而设置的，依法行使国家公共行政职权的国家机关。相对于国家权力机关来说，它是执行机关；相对于行政相对人来说，它是行政主体。

第一，行政机关是代表国家行使国家职权的机关，并能够以自己的名义开展外部行政活动。执政党虽然能对国家政治、经济的发展起重要的甚至是决定性的影响作用，但它们不是国家机关。社会组织、团体虽然经法律、法规的授权，也可能行使一定的国家公共行政职权，但它们不同于由国家设置的专门代表国家行使国家职能的机关，从而也不属于国家机关。

第二，行政机关是行使国家行政职能的国家机关。为此，它与立法、司法机关有区别。立法与司法机关虽然也都是国家机关，但立法机关行使的是国家立法职能，司法机关行使的是国家司法职能，而行政机关行使的是国家行政职能，即执行法律、管理国家各项行政事务。

第三，行政机关是依宪法或行政组织法的规定而设置的行使国家行政职能的国家机关。行政机关资格的取得应具备下列条件：①其成立获法定机关批准；②已由组织法确定了职责权限；③有法定行政编制并按编制配备了人员；④有独立的行政经费；⑤有办公地点和必要的办公条件；⑥通过公开的方式宣告成立。

一般说来，行政机关是一种行政主体，而且是基本的、主要的行政主体。但它们还是有区别的。首先，行政主体是个学理概念，而行政机关是个法律概念。其次，行政机关只有当其行使行政权时，其身份才是行政主体。如在民事活动场合，行政机关以民事主体的身份从事活动时，不是行政主体。行政机关能否成为行政主体，要看其究竟以何种身份从事何种活动。又如，当卫生行政部门申请建造新的办公楼时，就需要向国土规划部门申请，由后者对其申请进行审批。此时，卫生行政部门以行政相对人的身份出现。再次，能够成为行政主体的，不仅有行政机关，还有法律、法规或规章授权的能以自己名义行使行政政权的组织。因此，行政机关只是行政主体中的一部分。

二、行政机关的性质和特征

国家行政机关相对于人民代表机关来说,它是执行机关,它必须完全服从和全面执行体现人民意志、利益的法律以及人民代表机关的其他决议、决定。国家行政机关相对于行政相对人来说,它是行政主体,它代表国家行使公共行政权,管理国家内政外交事务,有权向行政相对人发布行政命令,实施行政行为,必要时还可以向行政相对人采取行政强制措施,科以行政处罚。行政相对人如对行政机关的管理不服,只能通过法定途径寻求行政复议,一般不能直接加以抵制。

作为执行机关和行政主体的国家行政机关,具有下述的特征:

第一,国家行政机关具有高度政治性和权威性。国家行政机关是国家政治统治的重要工具,与其他社会组织相比,具有高度的权威性。国家行政机关通过法定的行政权力,对国家政治、经济、文化和社会各个领域实行最广泛的干预和领导,其权力的覆盖面涉及每个公民个人和组织,其政策、方针、法规、规章和命令等,在其管辖范围内的每一个组织和任何个人都必须遵守和执行。

第二,国家行政机关具有执行性和法律从属性。在我国,国家行政机关是国家权力机关的执行机关,其活动内容与目的,必须严格从属于国家权力机关,或者执行国家权力机关制定的法律和决议,或者为执行该法律和决议而采取组织、管理、监督和指挥等措施。

第三,国家行政机关具有相对独立性。一方面,国家行政机关具有从属性,从属于国家权力机关。另一方面,国家行政机关的活动是在全社会中依法进行的,一切合法的行政管理活动都受到国家强制力的保障。为了确保行政机关有效地完成管理国家事务的任务,必须保证行政机关拥有自身组织系统上的独立性和行政机关依法行使其职权的独立性,必须保证行政机关拥有与其行政职能相应的国家权能。

第四,国家行政机关具有适应性和创造性。国家行政机关的任务是管理国家、社会、经济和文化等各个领域,面临国内外风云变幻的各种局面,必须采取随机应变、机敏适宜的措施,或者变换机构设置,或者改变管理方式,以适应不断出现的新的行政需要。我们说国家行政机关具有执行性,并不意味着行政机关只是机械地、被动地执行法律。国家行政机关还必须灵敏地、积极地适应各种各样的行政需要。

第五,国家行政机关具有统一性和层级性。为实现行政目的,国家行政机关首先必须实行统一管理,保证政令统一。国家行政机关要实行统一管理,以保证指挥灵便,让行政指令和信息在纵向渠道上迅速传递,就必须逐级授权,依次分工,分级负责,明确关系,保持平衡。

第六,国家行政机关具有社会性、专业性和服务性。现代行政的特点,决定了国家行政机关具有高度技术性和专业性。为了圆满完成对纷繁复杂的行政事务施行科学有效的管理,行政机关不仅应具备结构合理的行政系统,而且还必须具备一定的专门性、技术性能力。服务性是现代行政的重要特征之一。国家行政机关的主要任务是组织和管理国家行政事务,当然应为国民经济的稳定和发展服务。

三、行政机关的分类

（一）根据行政机关职能管辖的范围，可将行政机关分为中央行政机关和地方行政机关

中央行政机关是国务院和国务院所属各工作部门的总称，地方行政机关是指在一定行政区域内由该行政区人民代表机关产生的人民政府及其工作部门。中央行政机关的管辖范围及于全国，而地方行政机关的管辖范围只及于相应地方行政区域。

（二）根据工作权限的不同，可将行政机关分为一般权限的行政机关和专门权限的行政机关

一般权限的行政机关的权限是全方位的，涉及各个行政领域和各种行政事务，如国务院和地方各级人民政府，而专门权限的行政机关的权限是局部性的，仅涉及特定行政领域和特定行政事项，如国务院各部委，地方人民政府的各工作部门。一般权限的行政机关和专门权限的行政机关都是独立的行政主体，能以自己的名义对外行使职权和由其本身承担相应职权行为的法律责任。但专门权限的行政机关受一般权限的行政机关的领导，一般权限的行政机关有权向专门权限的行政机关发布命令、指令、指示，专门权限的行政机关对一般权限的行政机关的命令、指令、指示有服从的义务。

（三）根据行政机关管理的客体和内容的不同，可以将行政机关分为职能性行政机关和专业性行政机关

职能性行政机关管理的客体和内容是综合性、跨部门、跨行业的，如工商、税务、统计、环保、财政、人事、计划、审计、监察等行政管理机关；专业性行政机关管理的客体和内容是专门性、部门性、行业性的，如电子、机械、石油、煤炭、农业、林业、矿产、水电等行政管理机关。

（四）根据行政机关行使职能适用法律的情况以及与行政相对人的关系的不同，可将行政机关分为专门执法行政机关与普通管理行政机关

专门执法行政机关通常直接与行政相对人打交道，直接适用法律、法规、规章对行政相对人作出具体行政行为，如公安、工商、税务、土地、环保、海关、卫生等行政机关；普通管理行政机关通常不直接与行政相对人打交道，其行使职权通常依行政从属关系而不直接适用法律、法规、规章，如人事、财政、计划以及工业、农业、商业、交通、邮政等行政管理机关。

（五）根据行政机关的管理对象的不同，可将行政机关分为外部管理行政机关和内部管理行政机关

外部管理行政机关管理的对象是作为外部行政相对人的个人、组织，如公安、工商、海关、民政等行政机关；内部管理行政机关管理的对象是行政机关内部机构人员，如办公厅、机关事务局、编制委员会、研究室、档案局以及人事、财务、后勤等工作机关。行政机关分为外部、内部机关只是相对的，在外部行政机关内也必然设有内部管理机构，在内部行政机关内也必然同时设有管理本机关外部事务的机构和管理本机关内部事务的机构。如公安部是外部行政机关，但它也设有管理内部人事、财务、文秘事务的"内部"机构；

国家人事部是内部行政机关，但它既设有管理国务院各部委人事的"外部"机构，同时设有管理人事部本部事务的"内部机构"。

（六）根据行政机关的决策和负责体制的不同，可将行政机关分为首长制行政机关和委员制行政机关

首长制行政机关的最终决策权归于行政首长，行政首长对整个行政机关的行为负责；委员制行政机关的决策权归于一个由多人组成的委员会，依据从多数的原则作出决策，并由集体共同对其决策负责。行政机关由于其职能性质的要求，一般多实行首长负责制。但也有一些机关实行委员会制（包括一些由若干机关负责人组成的非实体的委员会），特别是一些较多地行使准立法和准司法职能的机关，实行委员会制度更有发展的趋势。二战后国外大量发展起来的独立管理机构，大多设立委员会作为决策机构，而较少实行首长个人负责制。

（七）根据行政机关是否依宪法和行政组织法设置和存在时间的长短，可将行政机关分为常设性行政机关与非常设性行政机关

常设性行政机关通常是根据宪法和组织法由国家权力机关决定设置或者由人民政府根据行政组织法自行决定设置；非常设性行政机关则通常由权力机关或者人民政府根据某一临时性任务或工作需要设置，相应任务或工作完成后该机构即予撤销。

四、我国行政机关的结构模式

我国是一个单一制国家。从中央人民政府即国务院到基层的乡镇人民政府，从国务院各部、委、行、署到市县的职能局、办，构成了一个完整统一的组织系统，并呈现出不同的结构模式，大致可概括为以下三种。

（一）金字塔式结构

全国各级人民政府的排列组会呈现出此种结构。处于塔尖的是最高国家行政机关即国务院，国务院下设32个省、自治区、直辖市人民政府和香港、澳门两个特别行政区政府。省级人民政府下辖若干市、县、区人民政府。

（二）纵向垂直结构

纵向垂直结构是国家行政职能纵向分工的体现。一是同一级政府内职能部门的纵向结构。如国务院的职能部门设三级：部（委）—司—处；地方国家行政机关一般设两级，如省政府的厅（局）—处，地级市政府的局—处（科）。二是上下级政府职能部门的纵向结构。如国家公安部—省（自治区、直辖市）公安厅（局）—地级市公安局—县（县级市）公安局之间的关系。

（三）横向并列结构

同级政府机关之间和政府机关内部各同级部门之间的横向协作呈现出此种结构。一是不同行政区域的政府关系，如各省、自治区、直辖市政府之间的关系，各县（市）政府之间的关系，各乡（镇）政府之间的关系，其中也包括不同管辖区域内同级职能部门之间的关系。二是同一人民政府内部各职能部门之间的并列关系，如国务院各部委的关系、同一部（委）内的各厅、局之间的关系等等。

五、行政机关之间的关系

行政机关之间的关系属于行政关系，而且是内部行政关系。实际上涉及的是行政权力在不同行政机关之间的分配和划分，主要应由行政机关组织法予以调整和规范。行政机关之间的关系可分为纵横两大类型的关系。

（一）纵向之间的关系

行政机关之间的纵向关系是指在行政组织系统中基于隶属性所形成的上下级行政机关之间的关系。这种关系又可分为两种：一种是领导关系，即上下级行政机关之间的命令与服从关系。在领导关系中，上级行政机关享有命令、指挥和监督等项权力，有权对下级机关违法或不当的决定等行为予以改变或撤销。下级行政机关负有服从、执行上级行政机关决定、命令的义务，不得违背或拒绝，否则就要承担一定的法律后果。

上下级行政机关之间的领导关系具体又有垂直领导关系和双重领导关系两种类型。垂直领导关系中的行政机关一般只直接接受某个上级行政机关的领导，如地方海关只接受海关总署领导。双重领导关系中的行政机关则要同时接受两个上级行政机关的直接领导，如地方各级公安机关既要接受上级公安机关的领导，又要接受本级人民政府的领导。另一种是指导关系，即上下级行政机关之间的一种行业或业务上的指导与监督关系。在指导关系中，上级主管部门享有业务上的指导权和监督权，但没有对下级行政机关的直接命令、指挥权。上下级行政机关之间究竟应实行垂直领导关系、双重领导关系抑或是指导关系，应根据他们的性质及职权要求等来确定，并由行政机关组织法加以规定。

（二）横向之间的关系

行政机关之间的横向关系是指无隶属关系的行政机关之间的关系。两个行政机关，不管是否处于同一等级，只要他们无隶属关系，概属横向关系。这种关系又有三种情况：一种是权限划分关系，如人民政府各部门之间的权限划分，这类权限划分的结果是各种行政管辖权。第二种是公务协助关系，又称职务上的协助，是指对于某一事务无管辖权的行政机关，基于有管辖权行政机关的请求，依法运用职权予以协助。这种公务协助关系在我国的组织法中并不少见。例如，《海关法》第7条规定，海关执行公务受到抗拒时，可请求公安机关和人民武装警察部队提供职务协助。第三种是监督制约关系，如审计部门、监察部门、财政部门与其他行政机关就有这种监督与制约关系。

六、行政机关的管辖权

行政权限是指行政主体的职权范围或管辖权问题，管辖权针对的问题是各种各样的行政任务分别由哪一个行政主体和哪一个行政机关负责执行，其中旨要的问题是行政机关的管辖权，因为对外活动的是行政机关。行政机关的管辖权取决于行政主体的主管权，受到主管事务、时间、地域和级别或地位等因素的制约。

（一）事务管辖权

事务管辖权也可以称为专业管辖权，是指行政机关的主管专业事务。事务管辖权解决的是行政机关同履行其他国家职能的机关之间的权限分工问题。如哪一行政机关负责建设、教育或者交通事务。

（二）时间管辖权

时间管辖权是指行政机关对某项事务在一定时间范围内具有的管辖权。这体现在行政机关行政主体资格存续期间享有管辖权；仅在法定期限内享有管辖权等。

（三）级别管辖权

级别管辖权是指上下级行政机关在处理某一行政事务方面的权限分工，解决上级行政机关是否以及在何种条件下有权作出决定。这对法律救济特别适用。

（四）地域管辖权

地域管辖权是指行政机关的空间活动范围，决定享有事务管辖权的同级行政机关在行政权限上的分工。如某一事务是由甲县政府还是由乙县政府有权予以处理。

第二节 中央行政机关

按照《中华人民共和国宪法》和《国务院组织法》的规定，中央行政机关包括国务院、国务院的组成部门、国务院直属机构、国务院办事机构以及部、委管理的国家局等。

一、国务院

国务院即中央人民政府，是最高国家权力机关的执行机关，是最高国家行政机关。国务院由全国人民代表大会产生，对全国人民代表大会负责，受全国人民代表大会及其常务委员会监督。

国务院由总理、副总理、国务委员、各部部长、各委员会主任、审计长、秘书长组成，实行总理负责制。[①] 总理负责领导国务院的工作，副总理和国务委员协助总理工作。国务院每届任期五年，总理、副总理、国务委员连续任期不得超过两届。国务院对内领导、组织、指挥、协调全国的行政管理工作；对外代表我国政府进行外交活动。

国务院设有全体会议和常务会议两种会议。国务院全体会议由国务院全体成员组成，国务院常务会议由总理、副总理、国务委员、秘书长组成。总理召集和主持国务院全体会议和国务院常务会议。国务院工作中的重大问题，必须经国务院常务会议或国务院全体会议讨论决定。国务院发布的决定、命令和行政法规，向全国人大常务委员会提出的议案，任免人员，由总理签署。

根据宪法和国务院组织法的规定，国务院所拥有的行政职权主要分为以下四类：制定行政法规，规定行政措施，发布行政决定和命令；管理全国政治、经济、文化等社会各方

[①] 总理负责制的具体内容包括"三权一责"：一是全面领导权。总理全面领导国务院工作。副总理、国务委员协助总理工作，并与秘书长、各部部长、各委员会主任、审计长一起对总理负责，总理代表国务院向全国人大及其常务委员会负责。二是最后决策权。国务院工作中的重大问题，经由国务院会议充分讨论之后，总理具有最后决策的权力，这一权力不受少数服从多数原则的限制。三是人事提名权。总理有权向全国人大及其常务委员会提出副总理、国务委员、各部部长、各委员会主任、审计长、秘书长的任免人选。四是全面负责任。国务院发布的决定、命令和行政法规，向全国人大及其常务委员会提出的议案，任免行政人员，均由总理单独签署，这是总理个人对其权力全面负责任的制度形式。

面的行政事务；领导各级国家行政机关；国家最高权力机关授予的其他职权。

二、国务院行政机构

根据《国务院行政机构设置和编制管理条例》的规定，国务院行政机构根据职能分为国务院办公厅、国务院组成部门、国务院直属机构、国务院办事机构、国务院组成部门管理的国家行政机构和国务院议事协调机构。国务院办公厅是国务院的日常办事机构，协助国务院领导处理国务院日常工作，没有行政主体资格。

（一）国务院的组成部门

国务院各部、委、行、署是国务院的组成部门，主要包括：外交部、国防部、国家发展和改革委员会、教育部、科学技术部、国防科学技术工业委员会、公安部、国家安全部、监察部、民政部、司法部、财政部、人事部、劳动和社会保障部、国土资源部、建设部、铁道部、交通部、信息产业部、水利部、农业部、商务部、文化部、卫生部、国家人口和计划生育委员会、中国人民银行、审计署。

部、委、行、署的设立经总理提出，由全国人民代表大会决定；在全国人民代表大会闭会期间，由全国人民代表大会常务委员会决定。部、委、行、署实行首长负责制。部、委、行、署工作中的方针、政策、计划和重大行政措施，应向国务院请示、报告，由国务院决定。部、委、行、署上报国务院的重要请示、报告和下达的命令、指示，由首长签署。国务院的组成部门接受国务院的领导和监督，执行国务院的行政法规、决定和命令，同时在其法定的职权范围内，就自己所管辖的事项，独立地作出行政行为，并承担由此产生的法律后果。①

国务院的组成部门主要有以下行政职权：根据法律、行政法规制定部门规章，发布命令、指示；管理本部门所辖的行政事务；管理本部门的机构和人员。

（二）国务院的直属机构

国务院直属机构是国务院设立的主管各项专门业务的行政管理机构，主要有：海关总署、税务总局、工商总局、质监总局、广电总局、出版总署（国家版权局）、体育总局、安监总局、统计局、林业局、知识产权局、旅游局、宗教事务局、参事室、机关事务管理局、预防腐败局。国有资产监督管理委员会是国务院的直属特设机构。

国务院直属机构由国务院根据工作需要和精简的原则设立，其中正部级直属机构称为总局，副部级直属机构称为局，其主管业务单一，不具有综合性。除参事室外，其他直属机构均有行政主体资格。

根据法律规定，国务院直属机构可以独立地对外行使以下行政职权：依照法律，国务院的行政法规、决定、命令，在本部门的权限范围内制定部门规章；管理本部门所辖的行政事务；管理本部门的机构和人员。

（三）国务院的办事机构

国务院的办事机构是协助总理办理专门事项的辅助性机构，主要包括国务院侨务办公室、国务院港澳事务办公室、国务院法制办公室、国务院经济体制改革办公室、国务院研

---

① 国务院组成部门均有行政主体资格，监察部与中纪委、国家预防腐败局合署办公。

究室。国务院办事机构的主要职能是协助总理承办具体事务，一般不享有对外管理的独立权限，因而不具有行政主体资格。它通常由国务院根据工作需要和精简的原则自行决定设立，无须经全国人民代表大会或全国人民代表大会常务委员会批准。

（四）国务院部委管理的国家局

国务院部委管理的国家局是指国务院设立的主管专门业务，由部委管理，但又具有相对独立性的行政机关。主要有：信访局（国办管）、粮食局（发改委管）、能源局（发改委管）、国防科工局（工业与信息化部管）、烟草专卖局（工业与信息化部管）、外国专家局（人力资源和社保部管）、公务员局（人力资源和社保部管）、海洋局（国土部管）、测绘局（国土部管）、民航局（交通部管）、邮政局（交通部管）、文物局（文化部管）、药监局（卫生部管）、中医药管理局（卫生部管）、外汇管理局（人民银行管）、煤监局（安监总局管）、保密局（中办管）、密码管理局（中办管）。部委管理的国家局的法律地位，依法在其成立时行使专项行政事务，具有独立的法律地位，依法行使专项行政事务的行政管理权，因而具有行政主体资格。①

（五）国务院的议事协调机构

国务院的议事协调机构是国务院除以上办事机构外，为了完成某项特殊性或临时性任务而设立的跨部门的协调机构。它成员单位多，规格高，一般由国务院总理、副总理担任小组组长，但它并不进入国务院组成部门序列。到2008年10月16日止，国务院机构改革共撤销国务院各类议事协调机构25个，保留29个，其中还有两个（国务院三峡工程建设委员会、国务院南水北调工程建设委员会）明确工作任务完成后撤销。

保留的29个国务院各类议事协调机构，主要有以下四种情况：一是涉及跨领域跨部门重要工作、协调任务重，其工作难以由一个部门牵头承担的；二是涉及军地合作任务的；三是涉及长期性应对公共突发事件和自然灾害的；四是涉及国际影响或社会关注程度较高的。②议事协调机构的数量、名称和职权经常变化。其中，除学位委员会、防汛抗旱总指挥部、抗震救灾指挥部等个别单位外，绝大部分没有行政主体资格。

（六）国务院的直属事业单位

国务院还设有以下直属事业单位：新华通讯社、中国科学院、中国社会科学院、中国工程院、国务院发展研究中心、国家行政学院、中国地震局、中国气象局、中国证券监督管理委员会、中国保险监督管理委员会、中国银行监督管理委员会。其中，台办、新闻办、档案局与中共中央的有关部门合署办公。除证监会、保监会、银监会、电监会、社保基金理事会、地震局、气象局外，其他的直属事业单位均没有行政主体资格。

---

① 保密局、密码管理局与中共中央的有关部门合署办公，实际上由中共中央办公厅管理，不具有行政主体资格。
② 目前，国务院议事协调机构主要有：国防动员委员会、边海防委员会、空中管制委员会、爱国卫生运动委员会、绿化委员会、学位委员会、防汛抗旱总指挥部、妇儿工委、拥军优属拥政爱民领导小组、残疾人工委、扶贫开发领导小组、关税税则委员会、减灾委员会、科技教育领导小组、转业干部安置工作小组、禁毒委员会、老龄工委、西部开发领导小组、振兴东北领导小组、抗震救灾指挥部、国家信息化领导小组、应对气候变化及节能减排领导小组、能源委员会、安全生产委员会、防治艾滋病工委、森林防火指挥部、三峡建设委员会、南水北调委员会、纠风办。

第三节 地方行政机关

一、地方行政机关的含义

地方行政机关是指在一定行政区域内由该行政区人民代表机关产生的人民政府及其工作部门。地方国家行政机关的主要法律特征是：第一，在地域上是依据行政区划建立，而不是依据铁路路区、水运航区、送电电区或者其他行政行业区域设立；第二，在政治上由行政区域内的地方人民代表机关产生；第三，在行政体制上是中央人民政府领导下的下级地方行政机关。它与中央行政机关是下级与上级、局部与整体的关系。

地方行政机关的性质是：①地方行政机关组织上的双重性。一方面，它是地方各级人民代表大会的执行机关。由地方各级人民代表机关产生，向其负责并报告工作，执行本地人民代表机关制定发布的法规和决议。另一方面，它又是国务院统一领导下的国家行政机关，都服从国务院，向上一级国家行政机关负责并报告工作。②地方行政机关活动内容的执行性。我国实行单一制国家结构，地方行政机关有义务实施国家法律、行政法规和国务院决定、命令。①

二、地方各级行政机关

（一）地方各级人民政府

1. 一般地方人民政府

一般地方人民政府是指各省、直辖市、市、县、乡、镇等地方各级人民政府。根据《宪法》和《地方组织法》的规定，我国根据地域和层级关系共划分为四级人民政府：第一级是省人民政府，包括省级人民政府和中央直辖市人民政府；② 第二级是设区的市级人民政府，包括省辖市人民政府、各直辖市的区人民政府；③ 第三级是县级人民政府，包括不设区的市人民政府、县人民政府、省辖市的区人民政府；④ 第四级是乡级人民政府，包括县、市下属的乡、镇人民政府。

---

① 由于中华人民共和国的国家结构形式是中央集权制单一制，且在中央与地方政府之间不存在明确、法定的分权关系，在根本的意义上地方政府主要是作为中央政府的代理人而设置和存在的，地方政府不具有独立的政治和行政地位，基本上是中央政府设置在地方的分治机构，因此地方政府所采取的任何行政行为均不具有最终的法律和政治效力，中央政府对地方政府已经作出的行政行为均可以采取一定措施加以改变，任何地方、任何层级、任何领域在任何行政问题上均需服从国务院的领导，国务院对全国任何地方、任何层级的地方政府实行直接或间接的领导。

② 中国现有北京、上海、天津、重庆4个直辖市。在行政级别上，直辖市政府与省、自治区政府平级，直辖市政府的政治地位要稍高于省、自治区政府。

③ 在设区的市级人民政府中，还有一种副省级市，指的是百万人口以上、在国民经济中占据重要地位、行政级别上享受副省级待遇的特大型城市。副省级市的特殊性，主要体现为国民经济与社会发展计划方面，国务院和国家计委等主管部门将副省级市视为省一级计划单位。副省级城市目前有15个：哈尔滨、长春、沈阳、大连、济南、青岛、南京、杭州、宁波、厦门、广州、深圳、武汉、成都、西安。

④ 与县、区处于同一级别的还有县级市。县级市多数由撤县设市而来，不设市辖区，一般由地区、地级市代管，自治州辖市则由自治州领导。

2. 民族区域自治地方人民政府

根据《宪法》、《地方组织法》及《民族区域自治法》的规定，民族区域自治地方人民政府是我国境内各少数民族自治区、自治州（盟）、自治县（旗）、自治乡的人民政府，是民族区域自治机关的组成部分，是民族区域自治地方人民代表大会的执行机关。

3. 特别行政区人民政府

1990年和1993年，我国分别制定了《香港特别行政区基本法》和《澳门特别行政区基本法》。据此，我国政府已分别于1997年7月1日、1999年12月20日恢复对香港、澳门行使主权，分别设立香港特别行政区和澳门特别行政区。根据两部基本法的有关规定，香港特别行政区政府、澳门特别行政区政府分别是香港特别行政区、澳门特别行政区的行政机关，在辖区内行使行政职权。

（二）地方各级人民政府的工作部门

1. 地方各级人民政府的派出机关

派出机关是地方各级人民政府在必要时，经有权的上级政府批准设立的行政机关。根据《地方组织法》第68条的规定，省、自治区人民政府在必要的时候，经国务院批准可以设立若干派出机关。县、自治县的人民政府在必要的时候，经省、自治区、直辖市人民政府批准，可以设立若干区公所，作为它的派出机关。市辖区、不设区的市的人民政府，经上一级人民政府批准，可以设立若干街道办事处，作为它的派出机关。派出机关在我国实际行政生活中发挥着一级政府的作用，它们自然具有行政主体的地位。

2. 地方各级人民政府的职能部门

宪法和有关法律部门规定，地方各级人民政府可以根据工作需要，在报上一级人民政府批准的情况下，设立若干工作部门。这些工作部门在省级通常称厅、局、委员会，在市、县通常称局。上述工作部门在性质上属于各级政府组成部分，但它们有就专门事项以自己名义进行管理的权力，当然具有行政主体资格。

3. 地方政府职能部门的派出机构

派出机构是享有独立对外进行行政管理职权的各级地方政府职能部门，根据工作需要在一定行政区域设置的管理某项行政事务的机构。派出机构通常是由法律、法规、规章在具体的行政管理文件中设置的，它们是否有行政主体资格关键看具体法律、法规、规章是否已明确授权。《最高人民法院关于执行〈中华人民共和国行政诉讼法〉若干问题的解释》第20条规定，行政机关的内设机构或者派出机构在没有法律、法规或者规章授权的情况下，以自己名义作出具体行政行为，当事人不服提起诉讼的，应当以该行政机关为被告。[①] 法律、法规或者规章授权行使行政职权的行政机关内设机构、派出机构或者其他组织，超出法定授权范围实施行政行为，当事人不服提起诉讼的，应当以实施该行为的机构或者组织为被告。

4. 派出机关与派出机构的区别

派出机关与派出机构的区别主要体现在五个方面：①设立机关不同。派出机关为某级政府设立，派出机构则是政府的工作部门所设立。②行政职权不同。派出机关行使一般行

[①] 根据法律规定，派出所对警告、500元以下罚款，工商所对个体工商户、集市贸易中违法行为的处罚（但不包括吊销营业执照），税务所对2000元以下罚款，有权以自己名义作出。

政职权，派出机构只行使某方面的行政职权。③各类多少不一。我国的派出机关主要有三种：一是省、自治区人民政府经国务院批准设立的行政公署；二是县、自治县人民政府经省、自治区或直辖市人民政府批准设立的区公所；三是市辖区、不设区的市人民政府经上一级人民政府批准而设立的街道办事处。但派出机构种类较多，如公安派出所、税务所、工商所等。④法律地位不同。派出机关具有行政主体地位，派出机构除法律、法规授权的以外则没有行政主体地位。值得注意的是，派出机构法律地位的转换，即无法律、法规授权时，它是行政机关的派出机构；一旦获得法律、法规授权，它就成为法律、法规授权组织。⑤职权来源不同。派出机关依宪法或行政组织法获得职权并取得行政主体地位，派出机构则依据具体法律、法规的授权取得行政主体地位。

三、地方政府的组成和职责权限

（一）地方各级政府的组成

省、自治区、直辖市、自治州、设区的市的人民政府分别由省长、副省长，自治区主席、副主席，市长、副市长，州长、副州长和秘书长、厅长、局长、委员会主任等组成。县、自治县、不设区的市、市辖区的人民政府分别由县长、副县长，市长、副市长，区长、副区长和局长、科长等组成。地方各级人民代表大会选举省长、副省长，自治区主席、副主席，市长、副市长，州长、副州长，县长、副县长，区长、副区长。在本级人民代表大会闭会期间，人民代表大会常务委员会可以决定上述副职行政首长的任免，并根据省长、自治区主席、市长、州长、县长和区长的提名，决定本级人民政府秘书长、局长、厅长、主任、科长的任免，报上一级人民政府备案。

民族区域自治地方的各级人民政府，分别由自治区主席、自治区副主席，自治州州长、副州长，自治县县长、副县长以及各厅厅长、局长、委员会主任、秘书长、科长等组成。自治区主席、自治州州长、自治县县长必须由实行民族区域自治民族的公民担任。民族区域自治的行政机关，实行行政首长负责制，即实行自治区主席、自治州州长、自治县县长负责制。

乡、民族乡政府设乡长一人，副乡长若干人。镇长1人，副镇长若干人。民族乡政府的乡长由建立民族乡的少数民族公民担任。乡长、副乡长、镇长、副镇长由乡、镇人民代表大会选举产生。乡镇政府实行首长负责制，每届任期3年。

（二）地方各级政府的职权

根据《宪法》、《地方组织法》的规定，一般地方人民政府的性质是地方各级权力机关的执行机关。它们一方面对本级人民代表大会负责并报告工作，一方面又都服从国务院的统一指挥。地方各级人民政府实行首长负责制，即地方各级人民政府实行省长、市长、县长、区长、乡长、镇长负责制。一般地方人民政府的职权由宪法和地方组织法直接设定。各级人民政府掌管本行政区行政事务。

民族区域自治地方的地方行政机关除行使一般地方行政机关行使的各项职权外，还行使所辖区域内的民族自治权。民族区域自治地方人民政府对本级人民代表大会和上一级国家行政机关负责并报告工作，在本级人民代表大会闭会期间，对本级人民代表大会常务委员会负责并报告工作。各民族区域自治地方人民政府都是国务院领导下的国家行政机关，都服从国务院的统一领导。民族区域自治地方的地方行政机关享有民族自治权。按照宪法和民族区域自治法，民族自治地方的自治权主要表现为：①管理地方财政的自治权；②管理本地区教育、科学、文化、卫生等行政事务的自治权；③经国务院批准，依法组织维护地方社会治安公安部队的职权。

特别行政区直辖于中华人民共和国中央人民政府，并享有高度自治权，除外交和国防事务属于中央政府管辖外，特别行政区享有行政管理权、立法权、独立的司法权及终审权。①

四、地方政府行政机构的设置

地方各级人民政府行政机构的设立、撤销、合并或者变更规格、名称，由本级人民政府提出方案，经上一级人民政府机构编制管理机关审核后，报上一级人民政府批准。即省、自治区、直辖市人民政府的厅、局、委员会等职能部门的设立、增加、减少或者合并，由本级人民政府报请国务院批准。自治州、县、自治县、市、市辖区人民政府的局、科等职能部门的设立、减少或者合并，由本级人民政府报请上一级人民政府批准。同时，县级以上地方人民政府行政机构的设立、撤销或者合并，还应当依法报本级人民代表大会常务委员会备案。县级以上普通地方人民政府的工作部门主要有：经济计划、科学、体育、计划生育、财政、公安、民政、司法、监察、文化、卫生、工业、农业、林业、交通、外贸、教育、广播电视等委员会、厅、局（科）。各地方政府根据本地区行政管理的实际需要，按照有关程序设立其他必要的行政机构。

地方各级人民政府行政机构应当以职责的科学配置为基础，综合设置，做到职责明确，分工合理，机构精简，权责一致，决策和执行相协调；职责相同或者相近的，原则上由一个行政机构承担。行政机构之间对职责划分有异议的，应当通过协商解决，并报本级人民政府机构编制管理机关备案；协商不一致的，应当通过程序报本级人民政府决定。地方各级人民政府应当严格控制议事协调机构的设立，所设立的议事协调机构不能单独设立办事机构，具体工作由有关的行政机构承担；并根据工作需要和精干的原则以及程序设立必要的内设机构。

地方各级人民政府行政机构的缩制，应当根据其所承担的职责，按照精简的原则核定，地方各级人民政府行政机构应当使用行政编制，事业单位应当使用事业编制，不得混用、挤占、挪用或者自行设定其他类别的编制。其中，行政编制总额由省、自治区、直辖市人民政府提出，经国务院机构编制管理机关审核后，报国务院批准。地方各级人民政府根据调整职责的需要，可以在行政编制总额内调整本级人民政府有关部门的行政编制。但是，在同一个行政区域不同层级之间调配使用行政编制的，应当由省、自治区、直辖市人民政府机构编制管理机关报国务院机构编制管理机关审批。地方各级人民政府议事协调机构不单独确定编制，所需要的编制由承担具体工作的行政机构解决。县级以上各级人民政府机构编制管理机关应当按照管理权限，对机构编制管理的执行情况进行监督检查；必要时，可以会同监察机关和其他有关部门对机构编制管理的执行情况进行监督检查。

---

① 特别行政区的特别之处主要体现在：实行资本主义制度；有自己的小宪法，即特别行政区基本法；有自己的区旗、区徽、区籍和货币、护照；高度自治，"港人治港"、"澳人治澳"。

第八章 非行政机关主体

第一节 非行政机关主体概述

一、非行政机关主体的概念和范围

公共行政除了国家行政以外,还包括其他非行政机关的行政。非行政机关行政是社会公共组织根据法律、法规、规章的授权对一定领域内的社会公共事务所进行的管理。非行政机关行政拓宽了公共行政的主体范围,其实质是行政的自治和分权,是行政的社会化。从行政法学的角度讲,得到法律、法规或规章的授权,是非行政机关成为行政主体的条件。其法律依据是《行政诉讼法》第25条,该条规定:"由法律、法规授权的组织所作的具体行政行为,该组织为被告"。最高人民法院1999年通过的司法解释《关于执行〈中华人民共和国行政诉讼法〉若干问题的解释》第20条第3款规定:"法律、法规或者规章授权行使行政职权的行政机关内设机构、派出机构或者其他组织,超出法定授权范围实施行政行为,当事人不服提起诉讼的,应当以实施该行为的机构或者组织为被告。"实际上扩大了行政主体的范围,把规章授权的组织也包括在内。在我国,这些组织包括:①社会团体(如《注册会计师法》授权注册会计师协会负责组织会计师资格考试以及会计师登记注册);②事业单位(如《教育法》授权学校颁发毕业证书或者学位证书);③基层群众性自治组织(如《村民委员会组织法》授权村民委员会负责管理农村集体所有的土地);④行政机关的内部机构(如专利复审委员会、商标评审委员会、物价检查机构、消防警察部门、交通警察部门、港航监督机构);⑤行政机关的派出机构(如审计署驻各地办事处、公安派出所、税务所、工商所);⑥行政性公司(如石油公司、电力公司);等等。

二、非行政机关主体与行政机关的区别

法律、法规或规章授权的组织与行政机关的区别在于:其一,法律、法规、规章授权的组织首先是民事主体,只有在法律、法规、规章授权的范围内行使行政权的时候,该组织是才是行政主体。其二,从职权的来源看,行政机关的职权是宪法、组织法授予的,而非行政机关行政主体的职权是宪法、组织法之外的其他单行法律、法规授予的。

对于以上两个区别有学者进行了驳斥:其一,法律、法规、规章授权的组织成为行政主体并非因为法律、法规、规章的授权,而是其设立的宗旨就是为了行使公权力。因为,考察这些拥有行政权的非行政机关行政主体,本身就是由行政机关成立,直属于行政机关

或党委机关,行使公权力,区别于民间设立的组织;而行政机关也不是在任何情况下发出的行为都是行政行为,也有可能是民事行为,如行政机关为了办公租房子的行为。其二,实际上,行政机关的具体职权也是单行法律、法规、规章授予的,如公安机关的权力来源于《治安管理处罚法》、《行政处罚法》、《行政强制法》等单行法律、法规、规章的授权,而不是宪法、组织法的授权。所以,行政机关和非行政机关行政主体从理论上是很难区别的,只是实践中归类不同罢了。

第二节 非行政机关主体范围

一、事业单位

(一) 事业单位的概念

事业单位的概念比较复杂,世界上其他国家都没有与我国的事业单位相应的概念,类似的如学校、医院、协会等部门有些国家称为社会公益性组织或公共机构,但其法律地位相去甚远。我国第一次使用事业单位的概念,是在1955年全国人大常务委员会《关于1954年国家决算和1955年国家预算的报告》中。1984年,全国编制工作会议印发的《关于国务院直属事业单位编制管理的实行办法》中把事业单位表述为:"凡是为国家制造或者改善生产条件,从事为国民经济、人民文化生活、增进社会福利等服务活动,不是以为国家积累资金为直接目的的单位,可定为事业单位,使用事业编制。"1998年,国务院发布了《事业单位登记管理暂行条例》,首次从法律上将事业单位界定为:"国家为了社会公益目的,由国家机关举办或者其他组织利用国有资产举办的,从事教育、科技、文化、卫生等活动的社会服务组织。"1999年,全国人大常务委员会通过的《公益事业捐赠法》再一次明确规定事业单位包括:"公益性非营利为目的的教育机构、科学研究机构、医疗卫生机构、社会公共文化机构、社会公共体育机构和社会福利机构等。"2004年,国务院关于《修改〈事业单位登记管理暂行条例〉的决定》再次重申了1998年的界定。

我国目前有126万个事业单位,共计3000多万正式职工,其中教育、卫生和农技服务从业人员三项相加,占总人数的3/4,教育系统人员即达到一半左右,另有900万离退休人员,总数超过4000万人,拥有全国人才总量的60%,拥有全国科研人员的70%,拥有全国教师、医生的95%。[①]

(二) 事业单位的特征

第一,与行政机关相比,首先,二者都属于公共部门,都为社会提供公共产品,但行政机关主要从事行政管理和社会管理,而事业单位主要从事公共服务活动,一般不具有对外公共管理的职能;其次,事业单位之间有独立性,不存在领导或者指导关系。

第二,与企业相比,事业单位存在和发展的根本目的是社会公益,是为社会提供服务产品,虽然事业单位也有经营收入,而且很重视经济效益,但可营利不等于以营利为目

---

① 发改委课题组2004年统计数字。

的，生产的营利不能在单位职工或者管理者中间进行分配。而企业则是以营利为目的，经营收入可在资产的所有者和劳动者之间进行分配。

第三，与国外的非营利组织具有的民间性、自治性和自愿性相比，我国的事业单位有如下几个特征：①基本上都是由政府举办的。比如发改委下面有100多个事业单位，其中相当部分是为机关服务的。②财政由政府拨款。据统计，126万个事业单位中有80%需要各级财政资助，2002年，预算拨款占事业单位资金总量的47.6%，另有48.2%来自事业单位收取的费用，包括事业收入（45.5%）和经营收入（2.7%）。通过经营性活动，中央和省级的事业单位通常能筹集到更多的资金，而县级和乡级事业单位则主要依赖预算拨款。①③事业单位的人事制度与政府公务员体制基本相同，如人员聘用、养老保险和报酬制度，事业单位也有行政级别，正部级的事业单位如国家行政学院到科级的乡镇种子站等。

改革开放后，我国出现了一些民办的事业单位，比如私立学校，但1998年国务院的《民办非企业单位登记管理暂行条例》用民办非企业单位取代了民办事业单位的名称。1998年10月，国家发布的《民办非企业单位登记管理暂行条例》中规定："民办非企业单位，是指企业事业单位、社会团体和其他社会力量以及公民个人，利用非国有资产举办的非营利社会服务活动的社会组织。如各类民办学校、医院、文艺团体、科研院所、体育场馆、职业培训中心、福利院、人才交流中心等。"民办非企业的界定范围基本上与国外的非营利机构相同。

（三）事业单位的分类

一是按照行业的不同，事业单位大致可分为教育、科研、环保、测绘、勘察设计、勘探、文化、卫生、体育、新闻出版、农林牧渔水、交通、气象、地震、海洋、信息咨询、标准计量、知识产权、进出口商检、城市公用、物资仓储、社会福利、经济监督、机关后勤等25个行业类别。

二是按照资金的来源不同，事业单位可分为全额拨款、差额拨款和自收自支事业单位。

三是按照社会功能的不同，事业单位可分为承担行政职能、从事生产经营活动和从事公益服务的事业单位。②

（四）事业单位的行政主体地位

我国有相当一部分事业单位从成立之日起行使的就是公权力，实际上与行政机关没有什么差异。这样的行政机关包括③：

---

① 《中国：深化事业单位改革，改善公共服务提供》，载《经济研究》，2005年8月，中国财经报网，访问时间：2012年6月28日。

② 2012年4月16日，新华社发布《中共中央国务院关于分类推进事业单位改革的指导意见》，指出今后5年事业单位的改革路径是：对承担行政职能的，逐步将其行政职能划归行政机构或转为行政机构；对从事生产经营活动的，逐步将其转为企业；对从事公益服务的，继续将其保留在事业单位序列、强化其公益属性。今后，不再批准设立承担行政职能的事业单位和从事生产经营活动的事业单位。同时，根据职责任务、服务对象和资源配置方式等情况，将占事业单位80%的从事公益服务的事业单位细分为两类：承担义务教育、基础性科研、公共文化、公共卫生及基层的基本医疗服务等基本公益服务，不能或不宜由市场配置资源的，划入公益一类；承担高等教育、非营利医疗等公益服务，可部分由市场配置资源的，划入公益二类。具体由各地结合实际研究确定。

③ 参见任进《论国务院机构及其行政主体资格》，载《金陵法律评论》2009年第1期。

第一,国务院直属事业单位,如中国银监会、中国证监会、中国保监会、国家电监会等。

第二,中央及地方人民政府直属事业单位,如气象局、地震局。

第三,国务院各部委所属的事业单位,如根据2001年11月29日国务院发布的《农药管理条例》第8条的规定,由农业部所属的事业单位——农药检定机构负责全国的农药具体登记工作,省、自治区、直辖市政府农业行政主管部门所属的事业单位农药检定机构协助做好本行政区域内的农药具体登记工作。如水利部派驻的流域机构长江水利委员会等,代表水利部行使所在流域的水行政主管职能,是具有行政职能的事业单位。

第四,国务院各部委管理的国家局所属事业单位。如:①国家知识产权局直属事业单位国家知识产权局专利局、专利复审委员会,根据《专利法》,分别承担专利注册与管理等行政职能和承担处理专利争议事宜等行政职能,具有行政主体资格;②国家工商行政管理总局直属事业单位商标局、商标评审委员会,根据《商标法》,分别承担商标注册与管理等行政职能和承担处理商标争议事宜等行政职能,具有行政主体资格;③国家质量监督检验检疫总局直属事业单位国家认证认可监督管理委员会和国家标准化管理委员会,根据《认证认可条例》和《标准化法》及国务院授权,分别统一管理、监督和综合协调全国认证认可工作和统一管理全国标准化工作。

第五,地方各级人民政府行政机关所属事业单位。如根据《公路法》第82条的规定,由交通主管部门行使的行政处罚权和行政措施,可以依法由路政管理部门(事业单位)行使;根据《动物防疫法》第8条的规定,县级以上地方人民政府设立的动物卫生监督机构依法负责动物、动物产品的检疫工作和其他有关动物防疫的监督管理执法工作。

除了上述承担行政职能的事业单位拥有行政职权外,从事生产经营活动的事业单位如出版社和从事公益服务的事业单位如学校,根据法律、法规或规章的授权,都可能成为行政主体,行使行政职权。

二、社会团体

(一)社会团体的概念

1950年10月,政务院颁布了《社会团体登记暂行办法》,根据其规定,清理、取缔、改造了很多当时存在的"帮、会、道、门"等社团组织。这个暂行办法"暂行"了39年,直到1989年《社会团体登记管理条例》出台才废止。1989年10月13日国务院第49次常务会议通过了《社会团体登记管理条例》,条例并没有对什么是社会团体给出一个立法上的定义,只是采取列举的方式,要求"在中华人民共和国境内组织的协会、学会、联合会、研究会、基金会、联谊会、促进会、商会等社会团体,均应依照本条例的规定申请登记。社会团体经核准登记后,方可进行活动"。1989年的《社会团体登记管理条例》在1998年9月25日得以修订并于当年10月25日发布施行。《社会团体登记管理条例》第2条规定:"本条例所称社会团体,是指中国公民自愿组成,为实现会员共同意愿,按照其章程开展活动的非营利性社会组织。"

(二)对社会团体管理的主要制度

1."分级登记、双重管理"

"分级登记"是指"全国性的社会团体,由国务院的登记管理机关(民政部)负责登记管理；地方性的社会团体，由所在地人民政府的登记管理机关负责登记管理；跨行政区域的社会团体，由所跨行政区域的共同上一级人民政府的登记管理机关负责登记管理。"《社会团体登记管理条例》同时规定了不需要登记管理的社团范畴：①参加中国人民政治协商会议的人民团体；②由国务院机构编制管理机关核定，并经国务院批准免于登记的团体；③机关、团体、企业事业单位内部经本单位批准成立、在本单位内部活动的团体。

"双重管理"是指社团既要受登记机关的管理，也要受业务主管单位的管理。业务主管单位，根据通知的规定是指"各级政府的职能部门和党的工作部门"；也可委托管理，如民政部、国家科委委托中国科学技术协会管理全国性自然科学、技术科学和科普性社会团体。业务主管单位负责社会团体的筹备申请、成立登记、注销登记前的审查、监督、指导社会团体依法并根据章程开展活动，负责年度检查的初审，协助登记管理机关和其他有关部门查处社会团体的违法行为，会同有关机关指导社会团体的清算事宜。

由于双重管理制度的存在，我国的社会团体实际上附属在业务主管部门之下，都带有准官方性质。比如《体育法》规定："全国性的单项体育协会对本项目的运动员实行注册管理。"《残疾人就业条例》规定："中国残疾人联合会及其地方组织依照法律、法规或者接受政府委托，负责残疾人就业工作的具体组织实施与监督。"《注册会计师法》规定："注册会计师应当加入注册会计师协会。"《律师法》规定："律师、律师事务所应当加入所在地的地方律师协会。"这些社会团体的性质与成员自愿参加的私法上的社会团体有着显著的区别。同时双重管理制度导致大量社会组织是为其业务主管部门收费而成立，如工商局下属的个体工商户协会等，广受诟病。

2. 竞业限制

竞业限制要求在同一行政区域内不能有业务范围相同或者相似的社会团体。在实践中，这项要求客观上使既有的"官办"社团保持其垄断地位。

3. 地域限制

社会团体不得设立地域性的分支机构以及社会团体的分支机构不得再设立分支机构。官方的解释是为了避免业务上的重复和方便管理，但这也给社团的发展带来很大问题。比如，中国青少年发展基金会为实施希望工程，在全国各地进行了大量的工作，这是因为它有遍布全国各地的团组织系统的支持，否则在禁止设立分支机构的情况下，希望工程的开展基本上是不可能的。①

4. 年度报告制度

按照《社会团体登记管理条例》第31条规定的要求，社会团体应当于每年3月31日前向业务主管单位报送上一年度的工作报告，经业务主管单位初审同意后，于5月31日前报送登记管理机关，接受年度检查。

5. 重大业务活动报告制度

比如民政部《民政部主管的社会团体管理暂行办法》第12条规定："社团开展重大业务活动，如召开大型研讨会、举办展览等，应由主管司、局审查核准。"

上述对社会团体进行管理的制度极大地限制了我国民间社会团体的发展。我国各个地

---

① 苏力、高丙中等著：《规制与发展——第三部门的法律环境》，浙江人民出版社1999年版，第59页。

方政府目前正在探索对社会团体进行改革的制度。①

(三) 社会团体的行政主体地位

随着社会事务日益复杂化、多样化，政府不得不加强与社会的合作，充分利用各种社会主体资源，将行政权越来越多地以各种方式转移给非政府的社会组织来行使。民政部在《关于社团登记管理条例有关问题的通知》（1989年12月30日）把社团分为学术性、专业性、行业性和联合性四类。据民政部民间组织管理局公布的数字显示，至2005年底，全国仅民间社会团体就有171150个，其中专业性社团50328个，行业性社团53004个，学术性社团39640个，联合性社团23961个；社会团体总量庞大，他们参与公共管理，服务于公共目标，代表公共利益，行使公权力。

学术界按社会团体的民间程度把社会团体分为官办、半官办、民办三种类型。官办社团以及一些半官办社团，在人员的编制、级别、人员构成与流动、管理方式、与成员的关系等，都与行政机关相似。从行政法学的角度讲，官办或半官办的社团根据法律、法规、规章的授权可成为行政主体。据统计，我国有全国性社会团体近2000个，其中使用行政编制或事业编制、由国家财政拨款的社会团体约200个。中共中央组织部、人事部2006年8月26日发布的21个人民团体和群众团体参照《公务员法》管理的名单包括：中华全国总工会、中国共产主义青年团、中央委员会、中华全国妇女联合会、中国文学艺术界联合会、中国作家协会、中国科学技术协会、中华全国归国华侨联合会、中国法学会、中国人民对外友好协会、中华全国新闻工作者协会、中华全国台湾同胞联谊会、中国国际贸易促进委员会、中国残疾人联合会、中国红十字会总会、中国人民外交学会、中国宋庆龄基金会、黄埔军校同学会、欧美同学会、中国思想政治工作研究会、中华职业教育社、中国计划生育协会。

三、行政机构

在行政法学上，行政机构包括行政机关的内设机构和派出机构。内设机构如工商局所属的专利复审委员会、商标评审委员会、公安局所属的消防警察局、交通警察局等；派出机构如派出所、税务所、工商所、土地管理所、审计署驻各地办事处等。行政机构不能以自己的名义独立地对外行使行政职权，独立承担相应的法律责任，但是在得到法律、法规授权的情况下可以成为行政主体。例如，《商标法》规定，国务院工商行政管理部门设立商标评审委员会，负责处理商标争议事项；《治安管理处罚法》规定，公安派出所可以对行政违法者处以警告或者500元以下罚款，商标评审委员会和公安派出所由此成为可以实施行政行为的行政主体。

需要注意的是，我国相关法律、法规对行政组织的名称使用并不规范，导致了行政法学上的行政机构概念与立法上的行政机构概念并不一致。如消防警察局、交通警察局从名称上看属于行政机关，但在行政法学上却是公安局这个行政机关的内设机构。又如，《国

---

① 广东省民政厅提出从2012年7月1日起，除特别规定、特殊领域外，将社会组织的业务主管单位改为业务指导单位，社会组织直接向民政部门申请成立。2012年2月1日，上海市民政局提出上海将探索通过"自律承诺"等方式，试行社会组织直接登记管理。2012年1月31日，北京市民政局提出工商经济类、公益慈善类、社会福利类和社会服务类四类社会组织在北京登记注册，无须再找业务主管单位。

务院行政机构设置和编制管理条例》第6条第4款规定，国务院直属机构具有独立的行政管理职能，即属于行政机关，但是其名字又是"机构"。行政法学上，行政机关是行政机构的上位概念，而从现行立法来看，无论是《国务院行政机构设置和编制管理条例》，还是《地方各级人民政府机构设置和编制管理条例》，都是将行政机构作为行政机关的上位概念。

四、行政性公司

（一）行政性公司的概念

行政性公司是主要从事经济活动，同时又承担某一方面的行政管理职能的公司，如烟草、石油、电力、电信、铁路等。这些公司大多是政府转变职能、进行机构改革的过程中从原来的政府部门改制而来，所以仍然保留着一些行政职能。比如中国石油化工集团公司，前身是石油工业部，公司下设办公厅、外事局、审计局、监察局等机构，俨然是一个"准行政机关"。

判断一个企业到底是纯粹的私法人还是私法组织的行政主体，德国学者 Dirk Ehlers 曾提出两个判断标准[①]：①内部的参与，即行政部门持续地是该私法组织内部的成员，如某人是股份有限公司的股东；②外部控制的确保，即行政部门对该私法组织提供财政上的支援，以达到控制该私法组织的目的。我国的国有企业基本上都具备了这两个特征。同时，法律、法规或规章也规定了国有企业的行政职能，如《铁路法》规定："国家铁路运输企业行使法律、法规授予的行政管理职能。"《烟草专卖法》规定："全国烟草总公司根据国务院计划部门下达的年度总产量计划向省级烟草公司下达分等级、分种类的卷烟产量指标。省级烟草公司根据全国烟草总公司下达的分等级、分种类的卷烟产量指标，结合市场销售情况，向烟草制品生产企业下达分等级、分种类的卷烟产量指标。"

（二）行政性公司的行政主体地位

将行政性公司定位为私法组织的行政主体是为了对国有企业不同性质的行为进行不同的法律规范，从而避免国有企业完全遁入私法导致行政责任的缺失。当前，对行政性公司行为如何判断其法律性质，比较常用的是双阶理论。[②] 以国家通过银行给学生发放助学贷款为例，双阶理论主张，将整个补助过程割裂为前后两个不同阶段，首先，国家必须决定是否给予该学生补助，该决定无论是允许或拒绝，均视为公法行为，必须受行政法的拘束。但如果国家允许补助，则继续进入履行补助的第二阶段，在此阶段，属于银行与受补助人之间的私法上的合同关系，受民法约束。

五、基层群众自治组织

（一）范　围

基层群众自治组织在我国是指村民委员会和居民委员会。

---

① 王锴：《行政组织法上若干概念之辨析》，载于《河南政法管理干部学院学报》2010年第4期。
② 王锴：《行政组织法上若干概念之辨析》，载于《河南政法管理干部学院学报》2010年第4期。

(二) 基层群众自治组织的行政主体地位

1. 由行政机关设立

《村民委员会组织法》(2010年10月28日修订) 第3条第2款规定:"村民委员会的设立、撤销、范围调整,由乡、民族乡、镇的人民政府提出,经村民会议讨论同意后,报县级人民政府批准。"《城市居民委员会组织法》第6条第2款规定,居民委员会的设立、撤销、规模调整,由不设区的市、市辖区的人民政府决定。

2. 行使公共职权

《村民委员会组织法》第2条第2款规定:"村民委员会办理本村的公共事务和公益事业,调解民间纠纷,协助维护社会治安,向人民政府反映村民的意见、要求和提出建议。"第8条第2款规定:"村民委员会依照法律规定,管理本村属于村农民集体所有的土地和其他财产,教育村民合理利用自然资源,保护和改善生态环境。"根据第24条、30条的规定,村民委员会的职能还包括:决定本村享受误工补贴的人员及补贴标准;从村集体经济所得收益的使用;本村公益事业的兴办和筹资筹劳方案及建设承包方案;土地承包经营方案;村集体经济项目的立项、承包方案;宅基地的使用方案;征地补偿费的使用、分配方案;以借贷、租赁或者其他方式处分村集体财产;国家计划生育政策的落实方案;政府拨付和接受社会捐赠的救灾救助、补贴补助等资金、物资的管理使用等。

根据《城市居民委员会组织法》第3条、第4条的规定,居民委员会的行政职权包括:①宣传宪法、法律、法规和国家的政策,维护居民的合法权益,教育居民履行依法应尽的义务,爱护公共财产,开展多种形式的社会主义精神文明建设活动;②办理本居住地区居民的公共事务的公益事业;③调解民间纠纷;④协助维护社会治安,协助人民政府或者它的派出机关做好与居民利益有关的公共卫生、计划生育、优抚救济、青少年教育等项工作;⑤向人民政府或者它的派出机关反映居民的意见,要求和提出建议;⑥开展便民利民的社区服务活动,兴办有关的服务事业。

由此,村民委员会和居民委员会从成立时起就具备公权力,且根据《村民委员会组织法》和《居民委员会组织法》的规定行使公权力。除此之外,还可依其他法律、法规、规章的授权行使行政权,如《土地管理法》(2004年8月28日第二次修订) 规定:"农民集体所有的土地依法属于村农民集体所有的,由村集体经济组织或者村民委员会经营、管理。"因此,实践中,有些地方法院以"村委会是村民自我管理、自我教育、自我服务的基层群众性自治组织",不具备行政诉讼主体资格为由,驳回公民的起诉是不恰当的。①

---

① 2003年6月《法制日报》报道一起国内首例村民诉村委会行政不作为案。

第九章 公务员

第一节 公务员的范围和分类

一、公务员的范围

公务员,有的国家称为"文官",还有的国家称为"政府雇员"等。由于文化背景、历史传统、社会制度的不同,各国对公务员的界定是不同的。根据公务员范围的大小,主要有如下几种类型:

第一,小范围的,如英国。英国目前有公务员46万人。英国将公务员(civil servant)限定在:①文职官员,排除政务官;②行政系统内部,排除议员、法官和军人;③中央政府官员,排除地方政府官员。许多英联邦国家如印度、巴基斯坦、缅甸、斯里兰卡、马来西亚、澳大利亚、新西兰、加纳、阿尔及利亚、肯尼亚、南非等基本上都属于这种类型。

第二,中等范围的,如美国。美国目前的公务员人数为2403万人。美国的公务员(governmental employee)按职务分为政务类公务员和业务类公务员两大类。政务类公务员由民选产生或总统任命,通常与总统共进退;事务类公务员多由公开的竞争性考试择优录用,他们担任政府的日常工作,其身份受公务员法律制度的保护,任期不因政党政府的更换而受影响,无重大过失,可以任职到退休。菲律宾、泰国、韩国、加拿大等国家的公务员范围与此类似。

第三,大范围的,如法国、德国和日本。法国将从中央到地方的公职人员,包括各级立法机关、审判机关、检察机关、国立学校及医院、国有企业等部门的所有正式工作人员,统称为公务员(fonctionnaire)。数量为505万人。其公务员分为两类:一是不适用公务员法的公务员,如法官、军人等;二是适用于公务员法的公务员,如中央政府和地方政府机关中从事行政事务的公职人员、外交人员、教师、医务人员等。大多法属殖民地受到法国的影响采用这种划分形式,如摩洛哥、突尼斯、几内亚、尼日利亚、乍得、黎巴嫩等。

在德国,除联邦议员外,联邦、州、乡三级政府的公务人员,包括政府官员、法官、检察官、外交官、教师及政府所属的事业单位公职人员,都是公务员。

日本的公务员是指为全体国民服务的人员,包括立法、行政和司法,军队、医院、国有化企业、事业单位中公职的人员,人数为448万人。

我国公务员的范围包括:①中国共产党各级机关的工作人员,包括中央和地方各级党委、纪委的专职领导成员、党委工作部门和纪检机关的工作人员,街道、乡、镇党委机关的工作人员；②各级人大机关的工作人员，包括中央和地方各级人大常务委员会主任（委员长）、专职副主任（副委员长）、秘书长、乡镇人大专职主席、专职常委、常务委员会机关工作人员、各专门委员会专职组成人员及其办事机构工作人员；③行政机关的工作人员；④政协机关的工作人员，包括政协各级委员会主席、专职副主席、秘书长，委员会工作机构的工作人员、各专门委员会办事机构的工作人员；⑤法院的工作人员，包括法官、审判辅助人员、行政管理人员；⑥检察院的工作人员，包括检察官、检察辅助人员、行政管理人员；⑦民主党派机关的工作人员，包括中央和地方各级委员会主席、专职副主席、秘书长，委员会职能部门和办事机构的工作人员；⑧部分事业单位、社会团体参照公务员管理的工作人员。国有企业、国有事业单位、其他人民团体中的工作人员，机关中的工勤人员，不属于公务员的范围。按照公务员法的规定，截至2003年底，我国共有公务员6369万人，其中中国共产党机关72万人，人大机关125万人，行政机关4996万人，政协机关6万人，审判和检察机关459万人，民主党派机关9万人。①

二、公务员的分类

（一）我国公务员的分类

1. 领导职和非领导职

领导职和非领导职是按照公务员的职务不同进行的分类。我国《公务员法》第16条第1款规定："公务员职务分为领导职务和非领导职务。"由此我们可以把公务员分为领导职公务员和非领导职公务员。领导职公务员是指在各类机关中，具有组织、管理、决策、指挥职能的公务员，具体包括国家级正职（如总理）、国家级副职（如副总理、国务委员）、省部级正职（如部长、省长）、省部级副职（如副部长、副省长）、厅局级正职（如司长、厅长、市长）、厅局级副职（如副司长、副厅长、副市长）、县处级正职（如处长、县长）、县处级副职（如副处长、副县长）、乡科级正职（如科长、乡长、镇长）、乡科级副职（如副科长、副乡长、副镇长）。

非领导职务公务员是指在各类机关中，不具有组织、管理、决策、指挥职能的公务员。非领导职务仅在厅局级以下设置，具体包括：巡视员（相当于厅局级正职）、副巡视员（相当于厅局级副职）、调研员（相当于县处级正职）、副调研员（相当于县处级副职）、主任科员（相当于乡科级正职）、副主任科员（相当于乡科级副职）、科员、办事员。

这种分类方法有以下缺点：第一，缺乏多样化的职务序列，难以调动专业技术人才的积极性。第二，为基层公务员提供的晋升台阶太少，难以有效激励公务员。据统计，我国92%的公务员的职务在科级以下。县乡两级的公务员占全国公务员的58%，这58%的公务员一生中的晋升的台阶基本上是2个：科员和副主任科员，极个别的公务员有第3个职业台阶即主任科员，主任科员相对应的领导职务就是科长，在地方上就是各个局的局长。

2. 综合管理类、专业技术类、行政执法类和其他类别公务员

这是按照公务员的性质不同进行的分类。《公务员法》第14条第2款规定："公务员

---

① 应松年主编：《公务员法》，法律出版社2010年版，第54页。

职务类别按照公务员职位的性质、特点和管理需要，划分为综合管理类、专业技术类、行政执法类等类别。国务院根据本法，对于具有职位特殊性，需要单独管理的，可以增设其他职位类别。各职位类别的适用范围由国家另行规定。"由此，公务员可分为综合管理类、专业技术类和行政执法类和其他类。

（1）综合管理类

综合管理类职位是指在机关中履行组织、决策、规划、咨询、指导、协调等综合管理及内部管理的职位，它更多担负着政治方向和政治原则的领导，因此必须具有良好的政治素质、领导能力、广泛的民意基础和较高的公信力。

（2）专业技术类

专业技术类职位是指机关中履行专业技术职责，为实施公共管理提供专门的技术支持与保障的职位。如公安部门的法医、外交部门的翻译、卫生系统的疾病控制专家等。

专业技术类职位有三个特点：一是职位具有只对专业技术本身负责的纯技术性。专业技术类公务员在自己的专业岗位上，只对专业技术业务本身负责，不直接参与公共管理，不具备行政决策权和行政执法权。二是低替代性。专业技术类职位任职的条件就是专业技术知识水平的高低，因此，专业技术类职位与其他职位之间的替代性不强，应尽量避免跨类别的人员流动。三是技术权威性。专业技术类公务员提供的技术结论不受行政领导干预，但这种权威性仅体现在技术层面上，仅为行政领导决策提供参考和支持，最终的行政决策权仍掌握在行政领导手中。

设立专业技术类的意义在于：

第一，提高政府能力。面对政府管理与服务内容日趋专业化，各级行政领导越来越需要依赖各类专家、各类专业技术人才在公共安全、国际贸易、金融保险、信息技术、专利商标、疾病防疫、环境保护等领域提供专业支撑，设立专业技术类职位，有利于提高决策的科学性与执行的准确性。

第二，为专业技术类人才提供发展阶梯，鼓励他们立足本职岗位从事本职工作。

第三，这也是国外的通行做法。美国1923年公务员的职位分类法中，第一类就是专业技术类，这也是大量科学家和专业技术人才云集政府的主要原因。据统计，美国的专业技术类公务员占美国整个专业技术人员的36%，也就是说，美国的专业技术人员有1/3以上是为政府机构工作的。

（3）行政执法类

行政执法类职位是指基层行政机关中履行行政监管、行政处罚、行政强制、行政稽查等现场执法职责的职位。国务院把政府的职能划分为四类：经济调节、市场监管、社会管理和公共服务。一般来说，行政执法类职位集中于履行市场监管和社会管理职能的行政机关中，而且一般在基层。行政执法机关类职位集中于以下的行政部门：一是公安；二是海关；三是税务；四是工商；五是质检。

行政执法类职位的特征有二：一是与综合管理类相比，行政执法类只有对法律的执行权，而无解释权，一旦出现纠纷，不具备裁定权。二是与专业技术类职位相比，行政执法类公务员，是依照法律法规，在现场直接对具体的管理对象进行监督、处罚、强制和稽查，具有现场强制性。

设置行政执法类的意义在于：一是建立一线公务员执法队伍长效约束机制的需要。一线公务员执法队伍，是政府形象的"窗口"，是政府社会管理与市场管理的直接履行者，对维护人民群众的利益具有重要作用。专门设置的任职资格条件有利于促进行政执法类公务员的基本素质标准，使培训具有针对性，提高执法的专业水准。二是设立行政执法类职位，有利于解决基层执法公务员职业发展空间狭小、职位晋升难的问题，更好地激励一线执法公务员做好本职工作。

（4）其他类

其他类如法官、检察官、警察、海关、驻外外交机构的公务员按照相应的法律、法规进行分类。

（二）国外通行的分类：政务类和业务类

这是世界上多数国家对公务员的一种最基本的分类。美国、德国、日本都采用这种方法，我国并未采用。政务类公务员是指由选举或任命产生，具有严格任期，与政党共进退的公务员。业务类公务员是指通过公开竞争考试择优录用，无过失长期任职到退休的公务员。政务类公务员协助执政党治国理政，将政治意图转化为具有可行性的项目计划；业务类公务员依法履行职责，忠实地执行项目计划。这种制度一方面确保了在竞选中获胜的政党有职位可分；另一方面又能保证政府工作的基本稳定，减少周期性动荡，提高政府的工作效率。政治任命的范围，各国差别很大。英国政府工作人员数以百万计，但以首相任命并与政府共进退的政府官员不过200来人；其余都是文官和政府雇员。美国在联邦政府中的专职政治任命的官员也不过3000人。行政首脑在任命官员时，除了考虑立法机构的态度、党派平衡之外，还要受到各种因素的限制。如地域的平衡、种族、宗教、性别等方面广泛的代表性和舆论的反应。

第二节 公务员的更新机制

一、公职的取得

（一）取得身份

1. 考 任

初次进入国家机关，担任主任科员以下及其他相当职务层次的非领导职务公务员"凡进必考"，需要符合以下三类条件：

第一，积极条件。担任公务员所需要具备的积极条件包括：①具有中华人民共和国国籍；②年满十八周岁；③拥护中华人民共和国宪法；④具有良好的品行；⑤具有正常履行职责的身体条件；⑥具有符合职位要求的文化程度和工作能力；⑦法律规定的其他条件。

第二，消极条件。担任公务员所需要具备的消极条件包括：①没有因犯罪受过刑事处罚；②未曾被开除公职；③没有法律规定不得录用为公务员的其他情形。

第三，机关职位条件，即只有在特定机关规定的编制限额内并有相应职位空缺的时候，才能录用新的公务员。新录用的公务员试用期为一年，试用期满合格的予以任职，不合格的则取消录用。

2. 聘　任

公务员聘任制适用于两类职位：一是专业性较强的职位；二是辅助性职位。专业性较强的职位主要集中在金融、财会、法律、信息技术等方面，包括领导职位和非领导职位。辅助性职位事务性较强，在机关工作中处于辅助地位，如书记员、资料管理等方面的职位。涉及国家秘密的专业性较强的职位和辅助性职位不实行聘任制。对聘任制公务员的管理，主要是依据公务员聘任合同。聘任合同包括了合同期限、职位及其职责要求以及工资、福利、保险待遇、违约责任等内容。聘任制公务员与机关的纠纷，可以通过人事争议仲裁和诉讼处理。

实行聘任制的原因主要是：

第一，解决现行的公务员任用制度与政府对高级专门技术人才需求之间的矛盾。

第二，实行职位聘任制可以增加用人机制的弹性，增强公务员队伍的生机与活力。

第三，对一些辅助性职位实行聘任制可以降低用人成本。

但也有反对者认为，确立职位聘任制后可能把不住公务员队伍的"进口"关，可能冲击考任制度："考"不进来的，可能"调"进来；"调"不进来的，可能"聘"进来。

（二）取得职务

根据《公务员法》第38条的规定，我国公务员职务实行选任制和委任制。

1. 选　任

选任制适用于领导职务，即通过人民代表大会及其常务委员会选举的方式任免领导职务公务员，但必须按照国家规定实行任期制。选任制公务员在选举结果生效时即任当选职务，其任期届满不再连任的，或者任期内辞职、被罢免、被撤职的，所任职务同时终止。

2. 委　任

委任制公务员适用于经录用进入公务员序列的非领导职务，委任制公务员遇有试用期满考核合格、职务发生变化、不再担任公务员职务以及其他情形需要任免职务的，即按照管理权限和规定的程序任免其职务。

二、培　训

根据《公务员培训规定（试行）》的相关规定，我国公务员培训具体包括以下几种：

1. 党　校

在我国，党校是在中央和地方各级党委直接领导下培养党员领导干部和理论干部的学校，是培训轮训党员领导干部的主要渠道。党校培训的对象主要是领导干部及其后备干部。

2. 行政学院

行政学院是培训公务员、培养公共管理人员和政策研究人员、开展社会科学研究和决策咨询的机构，是政府直属单位。

3. 各级各类干部管理学院

各级各类干部管理学院的主要职责是培训各系统的工作人员，如政法干部管理学院。

4. 部门和系统的公务员培训机构

如国家法官学院、检察官学院等。

5. 其他培训机构

如普通高等院校、科研机构和其他教育机构等。

我国的公务员培训包括初任培训、任职培训、专门业务培训、在职培训、后备领导人员培训。

培训的主要方式包括：

第一，调训。调训即组织部门制订脱产培训计划，选调公务员参加脱产培训；公务员所在机关按照计划完成调训任务，被抽调的人员服从组织调训到培训地点脱产参加学习的培训。

第二，自主选学。自主选学是深化干部教育培训改革的一项重要举措，由公务员根据工作需要和自身愿望，自主选择培训内容、培训机构乃至培训师资、培训时间的培训方式。

第三，在职学习。在职学习是公务员在不脱离工作岗位、不影响日常工作的情况下，利用业余时间所参加的各种学历学位教育或其他学习。

第四，信息化教学。如各种远程教育、网络培训、电化教育等方式。

第五，境外培训。如法国就有将公务员送到法国驻外使馆、国外教学科研机构和联合国等国际组织学习和进修的方式。

三、交　流

公务员既可以在公务员队伍内部交流，也可以与国有企业事业单位、人民团体和群众团体中从事公务的人员交流。交流的方式包括调任、转任和挂职锻炼。

第一，调任，指的是从国家机关之外调入国家机关担任公务员。调任的公务员应来源于国有企业事业单位、人民团体和群众团体，调入机关后担任的是领导职务或者副调研员以上的非领导职务。

第二，转任，指的是公务员在国家机关内部的不同职位之间调动。

第三，挂职锻炼，指的是公务员在不改变与原机关人事关系的前提下实际担任其他职务。挂职锻炼的单位，可以是原单位的下级机关，也可以是其上级机关，或者是其他地区的机关，还可以是国有企业事业单位。

四、公职的丧失

（一）辞　职

第一，自愿辞职：向任免机关提出书面申请，任免机关30日内审批，对领导为90日内。

第二，引咎辞职：领导因工作严重失误、失职造成重大损失或者恶劣社会影响的，或者对重大事故负有领导责任的，应当引咎辞职。

第三，责令辞职：不辞职的，任免机关应当责令辞职。

第四，不得辞职的情况：①未满国家规定的最低服务年限的；②在涉密职位任职或者离开上述职位不满脱密期限的；③重要公务尚未处理完毕，须由本人继续处理的；④正在接受审计、纪律审查，或者涉嫌犯罪，司法程序尚未终结的。

（二）辞　退

第一，予以辞退的情形：①在年度考核中，连续 2 年被确定为不称职的；②不胜任现职工作，又不接受其他安排的；③因需要调整工作，本人拒绝合理安排的；④不履行公务员义务，不遵守公务员纪律，经教育仍无转变，不适合继续在机关工作，又不宜开除的；⑤旷工或者因公外出、请假期满无正当理由逾期不归连续超过 15 天，或者 1 年内累计超过 30 天。

第二，辞退以书面方式通知，被辞退的公务员可以领取辞退费或失业保险。

第三，不得辞退的情形：①因公致残，丧失或者部分丧失工作能力的；②患病或者负伤，在规定的医疗期内的；③女性公务员在孕期、产假、哺乳期内的。

（三）退　休

由于自然原因，公务员达到退休年龄或者完全丧失工作能力的，应当退休。符合下列条件之一的，公务员可以申请提前退休：①工作年限满 30 年的；②距国家规定的退休年龄不足 5 年，且工作年限满 20 年的；③符合国家规定的可以提前退休的其他情形。

第三节　公务员的激励机制

一、考　核

任何管理，归根结底都是对人的管理，而只有当人知道自己的工作有人检查的时候，才会加倍努力，因此考核是公务员管理制度的核心，没有考核，公务员就没有竞争力；公务员没有竞争力，政府就没有竞争力。

对公务员的考核，包括德、能、勤、绩、廉五个方面，但重点考核工作实绩。考核的方式分为平时考核和定期考核，定期考核以平时考核为基础，定期考核的结果分为优秀、称职、基本称职和不称职四个等次。定期考核的结果是调整公务员职务、级别、工资以及公务员奖励、培训、辞退的依据。如果公务员在定期考核中被确定为不称职的，应降低一个职务层次任职。

二、奖　励

对公务员的奖励，既包括对某个公务员个人的奖励，也包括对某个单位、机构、组织的公务员集体的奖励。对公务员的奖励包括精神奖励与物质奖励，但以精神奖励为主。奖励的等级分为：嘉奖、记三等功、记二等功、记一等功、授予荣誉称号，并给予一次性奖金或其他待遇。

三、处　分

对公务员的处分按照从低到高的严重程度分为：警告、记过、记大过、降级、撤职、开除。受处分期间，公务员不得晋升职务和级别，其中受严重处分，包括记过、记大过、降级、撤职处分的，还不得晋升工资档次。

除被开除外,受处分人在处分期间有悔改表现,并未再次发生违纪行为的,处分期满后,解除其处分并书面通知本人。处分解除后,晋升工资档次、级别和职务不再受原处分的影响;但解除降级、撤职处分的,并不视为恢复原级别、原职务。

四、职务晋升

《公务员法》规定了两种职务晋升方式,一是举荐委任制:民主推荐,确定考察对象;组织考察,研究提出任职建议方案,并根据需要在一定范围内进行酝酿;按照管理权限讨论决定;按照规定履行任职手续。二是公开选拔、竞争上岗:局级正职以下领导职务出现空缺时,可以在本机关或者本系统内通过竞争上岗的方式,产生任职人选。厅局级正职以下领导职务或者副调研员以上及其他相当职务层次的非领导职务出现空缺,可以面向社会公开选拔,产生任职人选。确定初任法官、初任检察官的任职人选,可以面向社会,从通过国家统一司法考试取得资格的人员中公开选拔。

五、公务员的工资和保险

公务员的工资由基本工资(包括职务工资和级别工资)、津贴、补贴和奖金组成。2008年《新录用公务员任职定级规定》第四条规定,直接从学校毕业、无工作经历的:高中(中专)—27级—2档313元;大专—办事员—26级2档345元;本科—科员—25级2档381元;双学位—25级3档403元、研究生班毕业未获硕士学位—科员—25级;硕士—副主任科员—24级3档446元;博士—主任科员—22级1档484元;初中—办事员—27级—1档295元;公务员晋升职务后,从晋升职务的下月起按新任职务执行相应的职务工资和级别工资。从2006年1月1日起,公务员年度考核称职以上的,一般每5年可在所任职务对应的级别内晋升一个级别,一般每2年可在所任级别对应的工资标准内晋升一个工资档次。公务员的级别达到所任职务对应最高级别后,不再晋升级别,在最高级别工资标准内晋升工资档次。根据有关规定,国家公务员在现任职务任期内年度考核连续2年为称职以上的,在本职务工资标准内晋升一个工资档次。从考核年度的下一年一月份开始实行。

公务员的保险应包括养老保险、医疗保险、工伤保险、生育保险和失业保险。2000年,《关于实行国家公务员医疗补助的意见》对公务员实行医疗补助的范围、经费保障和具体管理等都作出了详尽而细致的说明。目前公务员养老保险并未纳入国家统一的社会养老保险体系统筹,费用来自于财政预算资金。另外,因公务员职业的特殊性,至今仍未有专门规定公务员失业保险的相关政策法规。

第四节 公务员的监查机制

一、公务员的兼职禁止

第一,公务员不得从事或者参与营利性活动,在企业或者其他营利性组织中兼任职务。

第二，公务员因工作需要在机关外兼职，应当经有关机关批准，并不得领取兼职报酬。

第三，公务员辞职或退休的，原系领导成员的公务员在离职 3 年内，其他公务员在离职 2 年内，不得到与原工作业务直接相关的企业或者其他营利性组织任职，不得从事与原工作业务直接相关的营利性活动。

二、回　避

（一）职务回避

公务员之间有夫妻关系、直系血亲关系（祖父母、外祖父母、父母、子女、孙子女、外孙子女）、三代以内旁系血亲关系（伯叔姑舅姨、兄弟姐妹、堂兄弟姐妹、表兄弟姐妹、侄子女、甥子女）以及近姻亲关系（配偶的父母、配偶的兄弟姐妹及其配偶、子女的配偶及其父母、三代以内旁系血亲的配偶）的，不得在：①同一机关担任直接隶属于同一领导人员的职务；②同一机关担任有直接上下级领导关系的职务；③一方担任领导职务的机关从事组织、人事、纪检、监察、审计和财务工作。

（二）地域回避

公务员担任县、乡级机关主要领导职务的，不得在原籍地任职，法律另有规定的除外。

（三）公务回避

与本人有利害关系的或与本人的亲属有利害关系的，自行申请或者利害关系人申请，机关根据申请决定或者自行决定回避。

三、公务员的申诉和控告

第一，公务员对涉及本人的：①行政处分；②辞退或者取消录用；③降职；④定期考核为不称职；⑤免职；⑥申请辞职、提前退休未予批准；⑦未按规定确定或者扣减工资、福利、保险待遇的不服的——可以自知道该行为之日起 30 日内向原处理机关申请复核，复核期限为 30 日；对复核结果不服的，可以自接到复核决定之日起 15 日内，向同级人事部门或原处理机关的上一级机关申诉，也可以不经复核，自知道该行为之日起 30 日内直接申诉，申诉处理期限为 60 日，必要时可以延长，但延长不得超过 30 日；对省级以下机关所作申诉处理决定不服的，还可以向作出该决定的上一级机关再申诉。注意，对省级以下的机关的申诉决定不服的，才能再申诉。

第二，行政机关的公务员对行政处分不服的，可以自收到行政处分决定之日起 30 日内向监查机关提出申诉，监查机关应当在 30 日内作出复查决定；对复查决定不服的，可自收到复核决定之日起 30 日内，向上一级监查机关申请复核，上一级监查机关应当在 60 日内作出复核决定。

第三，公务员认为机关及其领导人员侵犯其合法权益的，可以向上级机关或者有关的专门机关提出控告。

第四，聘任制公务员与所在机关因履行聘任合同发生争议的，可以自争议发生之日起 60 日内向仲裁委员会申请仲裁。当事人不服仲裁裁决的，可在 15 日内向法院提起民事诉讼。仲裁裁决可以申请法院强制执行。人事争议仲裁委员会由公务员主管部门代表、聘任（用）单位代表、工会组织代表、受聘人员代表以及人事、法律专家组成。

第十章 监督主体与行政相对人

第一节 监督主体

一、行政法监督概述

监督是指根据一定的行为规范对某种行为是否出现偏差进行审查判断,并通过一定的措施和手段对出现偏差的行为予以纠正,使之回复到准确的、正常的状态的一种活动。[①]

行政法上的监督主要包括两个方面:一是行政主体对行政相对人行为的监督,又称行政监督;二是其他主体对行政主体的监督,也称行政法制监督。前者的监督主体是行政机关及其工作人员,监督对象是行政管理对象;后者的监督主体是行政机关以外的主体,监督的对象是行政机关及其工作人员。

二、行政监督

(一)行政监督的概念、特征

行政监督,也称行政监督检查,是指行政机关对于行政相对人遵守法律、法规、规章和行政决定的行为进行的法律监督,是行政机关的一种执法手段。

行政监督的特征如下:

第一,行政监督的主体只能是行政机关,行政相对人或其他主体不能成为行政监督的主体。

第二,行政监督的对象只能是行政相对人,而不能是行政机关。

行政机关对于行政机关的监督,不属于行政监督,而是行政法制监督。

第三,行政监督必须有法律、法规或规章的明确授权,并且行政机关在进行监督时必须依据法定的程序,在授权范围内实施相应的行为,否则就是行政违法。

第四,行政监督的内容是行政相对人遵守法律的情况。

(二)行政监督的分类

根据不同的标准,对行政监督进行不同的分类。

1. 依据行政监督的周期不同,将行政监督分为定期性行政监督和临时性行政监督

定期性行政监督是指行政机关对行政相对人的遵守法律的情况进行定期的检查。临时

[①] 杨临宏著:《行政法:原理与制度》,云南大学出版社2010年版,第619页。

性行政监督是指行政机关对行政相对人的突然性的、偶尔的监督。实践证明，临时性行政监督的监督效果明显优于定期性行政监督。

2. 依据行政监督的时间的不同，将行政监督分为事前行政监督、事中行政监督和事后行政监督

事前行政监督是指在行政相对人开始某种行为之前实施的行政监督。

事中行政监督是指在行政相对人实施某种行为的过程中实施的行政监督。

事后行政监督是指在行政相对人某种行为完成后，行政机关进行的监督。

3. 依据行政监督权的来源不同，将行政监督分为依职权行政监督、依授权行政监督、依委托行政监督①

依职权行政监督是指行政机关在成立之时，法律就明确规定该行政机关享有行政监督权。

依授权行政监督是指行政机关依据法律、法规的授权而进行的行政监督。

依委托行政监督是指其他行政机关、组织或者个人由于行政监督主体的委托而依法进行的行政监督。

4. 依据行政监督的对象是否确定，行政监督分为一般行政监督和特定行政监督

一般行政监督是指监督对象不确定的行政监督。比如，交警在高速公路进行的安检就是对象不特定的一般行政监督。

特定行政监督是指监督对象确定的行政监督。

（三）行政监督的程序

行政监督是行政执法过程中的一种很常见的执法手段，因此行政监督必须严格依照法律、法规和规章规定的程序进行。

1. 出示证件，表明身份

行政监督主体在进行行政监督时，必须要表明自己的身份，并且出示相应的证件。

2. 告知行政相对人享有的权利

行政监督主体在进行行政监督时，应该告知行政相对人享有哪些权利，怎样行使这些权利。行政相对人在行政监督过程中享有的权利主要有：陈述权、申辩权、控告权、诉讼权、行政复议权、出示证件请求权、损害赔偿请求权等等。

3. 阐明行政监督的理由、依据

行政监督主体在进行行政监督时，必须阐明所依据的法律条文、进行行政监督的目的、进行行政监督的内容。

三、行政法制监督

（一）行政法制监督的概念、特征

行政法制监督是指国家权力机关、国家司法机关、专门行政监督机关及公民个人、其他组织依法对行政主体及其工作人员行使行政职权的行为进行的监督。

行政法制监督的特征如下：

---

① 杨临宏著：《行政法：原理与制度》，云南大学出版社2010年版，第621页。

第一，行政法制监督的主体是享有监督权的国家权力机关、国家司法机关、国家专门行政监督机关、社会组织和公民个人。

第二，行政法制监督的对象是行政机关及其工作人员。

第三，行政法制监督的内容是行政机关及其工作人员实施的行政行为。

第四，行政法制监督的客体是行政机关及其工作人员执行职务实施的行为。

（二）行政法制监督的分类

1. 根据监督主体的不同，行政法制监督可以分为国家权力机关的监督、国家司法机关的监督、专门行政监督机关的监督及公民个人和其他组织的监督

国家权力机关的监督是指各级人民代表大会及其常务委员会（县级以下的为人民代表大会）对行政机关及其工作人员的行政行为的监督。常见的监督形式是撤销或改变行政机关制定的规范性法律文件，或者罢免行政机关工作人员。

国家专门行政监督机关的监督是指行政系统内部的监督，包括上级对下级行政机关的监督、行政监察和审计监督。

国家司法机关的监督是指人民法院、人民检察院通过行使审判权、检察权对行政机关及其工作人员的行为是否符合法律规定、法律程序进行的监督。

公民个人的监督是指公民以个人名义对行政机关及其工作人员的行政行为向有权机关实施控告、检举，监督行政机关及其工作人员的行政行为。一般是以提起行政诉讼或行政复议的方式进行的。

其他组织的监督是指社会组织、大众传媒对行政机关及其工作人员实施的行政行为进行的舆论监督。

2. 根据监督时间的不同，行政法制监督可以分为事前行政法制监督、事中行政法制监督和事后行政法制监督

事前行政法制监督是指行政法制监督主体在行政主体实施行政行为之前实施的监督。听证制度就是典型的事前监督。

事中行政法制监督是指行政法制监督主体在行政主体实施行政行为的过程中实施的监督。

事后行政法制监督是指行政法制监督主体在行政主体实施行政行为之后实施的监督。行政相对人对行政行为提起的行政诉讼就是典型的事后监督。

（三）行政法制监督与行政监督比较

第一，实施监督的主体不相同。行政法制监督的主体是国家权力机关、国家司法机关、国家专门的行政监督机关和公民个人或其他组织；而行政监督的主体则是行政主体。

第二，被监督的对象不相同。行政法制监督的对象是行政主体；行政监督的对象是行政相对人。

第三，实施监督的内容不相同。行政法制监督主要是对行政主体的行政行为的合法性进行的监督；行政监督主要是对行政相对人是否遵守法律、法规和履行行政法上义务的监督。

第四，监督的方式不相同。行政法制监督主要采取调查、质询、司法审查、审计、舆论监督等方式；行政监督主要采取检查、检验、检疫、抽查、统计、备案、登记等方式。

第五，监督的效果不相同。行政法制监督中的国家权力机关的监督、国家司法机关的监督、国家专门行政机关的监督是有权的、会直接产生法律效果的监督，公民个人、其他组织的监督是无权的、不直接产生法律效果的监督；行政监督则都是有权的、会产生法律效果的监督。

（四）行政法制监督的内容

1. 国家权力机关的监督

如前所述，国家权力机关的监督是指各级人民代表大会及其常务委员会（县级以下的为人民代表大会）对行政机关及其工作人员的行政行为的监督。国家权力机关对行政主体的监督主要表现为法律上的监督，具体包括以下内容：

（1）全国人民代表大会常务委员会对行政立法的监督

第一，法规、规章的备案制度。《立法法》第89条规定："行政法规、地方性法规、自治条例和单行条例、规章应当在公布后的三十日内依照下列规定报有关机关备案。"

第二，地方法规与国务院部委规章冲突时的裁决权。《立法法》第86条第1款第1项规定："地方性法规与部门规章之间对同一事项的规定不一致，不能确定如何适用时，由国务院提出意见，国务院认为应当适用地方性法规的，应当决定在该地方适用地方性法规的规定；认为应当适用部门规章的，应当提请全国人民代表大会常务委员会裁决。"第2项规定："根据授权制定的法规与法律规定不一致，不能确定如何适用时，由全国人民代表大会常务委员会裁决。"

第三，对与宪法、法律抵触的行政法规审查和撤销权。《立法法》第88条第2款规定："全国人民代表大会常务委员会有权撤销同宪法和法律相抵触的行政法规，有权撤销同宪法、法律和行政法规相抵触的地方性法规，有权撤销省、自治区、直辖市的人民代表大会常务委员会批准的违背宪法和本法第六十六条第二款规定的自治条例和单行条例。"

（2）省、自治区、直辖市人民代表大会常务委员会对地方政府规章的监督

《立法法》第88条第5款规定："地方人民代表大会常务委员会有权撤销本级人民政府制定的不适当的规章。"根据《立法法》的规定，省、自治区、直辖市人大常务委员会可以撤销其认为不适当的规章的方式对地方政府规章进行监督。

（3）国家权力机关对各级人民政府组成人员的监督[①]

中央及各级人民政府组成人员如有渎职、失职、违法犯罪行为的，相应的国家权力机关可以通过法定程序予以罢免。

2. 国家专门行政机关的监督

国家专门行政机关的监督主要包括一般行政监督和专门机关的行政监督。

（1）一般行政监督

一般行政监督是指行政系统内部上级行政机关对下级行政机关的法律监督。

在我国的行政体制中，一般行政监督具体包括：国务院对于各部委和地方各级人民政府行政规章和地方政府规章的审查撤销权；上级人民政府对于所属部门和下级人民政府不适当的决定的审查撤销权。

[①] 姜明安主编：《行政法与行政诉讼法》，北京大学出版社、高等教育出版社2007年版，第172页。

一般行政监督的主要方式是：上级行政机关对下级行政机关的审查批准、下级行政机关对上级行政机关报告工作、上级行政机关对下级行政机关的执法监督检查、上级行政机关对下级行政机关的法规规章进行备案、行政复议制度、考核惩戒制度。

（2）专门机关的行政监督

专门机关的行政监督主要是指行政监察机关的监督和国家审计机关的监督。

第一，行政监察机关的监督。行政监察机关的监督主要是对国家公务员遵纪守法情况实施监督，进行勤政建设。行政监察机关受理行政相对人的申诉、控告、检举。对于公务员的违法违纪行为，进行直接处分或建议相关主管行政机关处分。

第二，国家审计机关的监督。国家审计机关的监督主要是对各级政府的财政收支行为进行的监督，其本质是一项经济监督制度。国家审计机关通过要求报送、检查、调查、制止并采取措施、通报、处理等方式进行审计监督，保障财政领域的行政法治。

3. 国家司法机关的监督

（1）人民法院的监督

人民法院主要是通过行政审判的方式实现其对行政主体的行政行为的监督。此外，人民法院还可以向有权机关提出司法建议，建议有权机关纠正行政主体的违法行政行为。

（2）人民检察院的监督

人民检察院主要是对可能构成犯罪的行政机关工作人员的监督。

4. 公民个人、其他组织的监督

公民个人、其他组织有权对行政主体行使职权的行为和国家公务员遵纪守法的情况实施监督。当然，如前所述，这种监督不可能产生直接的法律效果，个人、组织的监督只能通过向有权国家机关提出申诉、控告、检举、起诉或通过大众传媒将违法行政行为予以揭露、曝光，才能为有权国家机关提供信息进行行政法制监督，产生监督的效果，实现行政法制监督的真正目的。

第二节　行政相对人

一、行政相对人的概述

（一）行政相对人的概念、特征

行政相对人是指行政法律关系中与行政主体相对应的另一方当事人，即受行政主体行政行为影响的个人、组织，也即一般所说的"民告官"中的"民"。

行政相对人的法律特征如下：

第一，行政相对人是特指在行政管理法律关系中的个人、组织。如果不是行政管理法律关系中的个人和组织，则不能称之为行政相对人，不能提起相应的救济措施。

第二，行政相对人与行政主体的地位不平等。由于行政主体拥有丰富的权力资源，因此在实际的行政管理法律关系中双方的地位不可能是平等的，行政相对人的权利义务一般处于受支配、受影响的状态。

第三，行政相对人在行政管理法律关系中的权益受到行政主体行政行为的影响，这种影响不限于行政行为的直接针对对象。行政主体的行政行为对相对人权益的影响有时是间接的，无论这种影响是直接的抑或是间接的，权益受到影响的公民或组织都是行政相对人。只有这样，才能更有利于保护公民个人、组织的合法权益，更好地实现行政诉讼法的立法目的。

第四，行政相对人在行政诉讼中处于原告或第三人的地位。如前所述，行政相对人不可能成为行政诉讼的被告，行政诉讼中的被告只能是享有行政权力，实施行政行为的行政主体。另外，作为原告的行政相对人的条件相对于作为被告的行政主体的条件显得比较宽松，只要在行政领域与行政主体相对应的都叫行政相对人。①

第五，行政相对人的身份是相对的，并非绝对的。在此种行政法律关系中是行政相对人，在彼种行政法律关系中可能又成了行政主体。

(二) 行政相对人的分类

1. 个人类行政相对人与组织类行政相对人

根据行政相对人的组织状态的不同，可以将行政相对人分为个人类相对人和组织类相对人。

个人类行政相对人又称个人相对人，主要包括我国公民、在中国境内的外国人；组织类行政相对人又称组织相对人，主要包括国家机关、企业事业单位、社会团体和外国组织。这种划分的目的在于明确具体的案件中的责任承担方式，比如组织相对人不可能承担行政拘留的行政责任。

2. 权利类行政相对人与义务类行政相对人

根据行政相对人在行政法律关系中内容的不同，可将行政相对人分为权利类行政相对人与义务类行政相对人。

权利类行政相对人是指享有权利的行政相对人；义务类行政相对人是指承担义务的行政相对人。

3. 内部行政相对人与外部行政相对人

根据行政相对人在行政法律关系中的身份不同，可将行政相对人分为内部行政相对人与外部行政相对人。

与内部行政主体对应的当事人属于内部相对人，与外部行政主体相对应的当事人属于外部行政相对人。内部行政相对人不能成为外部具体行政行为的对象；内部行政相对人不能构成行政诉讼中的原告。②

4. 抽象行政相对人与具体行政相对人

根据行政主体的行政行为是否实际影响其权益，可以将行政相对人分为抽象行政相对人与具体行政相对人。

行政主体的行政行为尚未实际影响其权益，仅是有潜在的影响的行政相对人是抽象行政相对人；行政主体的行政行为已经实际影响其权益的行政相对人是具体行政相对人。人数不确定是抽象行政相对人的一大特点。

---

① 胡建淼主编：《行政法与行政诉讼法》，清华大学出版社2008年版，第60页。
② 胡建淼著：《行政法学》，法律出版社2003年版，第130页。

5. 国内行政相对人与国外行政相对人

根据行政相对人的涉外因素,可以将行政相对人分为国内行政相对人和国外行政相对人。

国内行政相对人是指具有中国国籍的行政相对人;国外行政相对人是指不具有中国国籍的外国人、外国组织。

6. 授益行政相对人与侵益行政相对人

根据行政主体的行政行为对行政相对人的利益影响,可以将行政相对人分为授益行政相对人和侵益行政相对人。

行政行为对其权益产生有利影响的行政相对人为授益行政相对人,如行政许可、行政奖励、行政赔偿、行政补偿、行政给付等对于行政相对人而言都是授益行政行为;行政行为对其权益产生不利影响的行政相对人为侵益行政相对人,比如行政拘留、行政处罚、行政强制等对于行政相对人而言都是侵益行政行为。

二、行政相对人的法律地位

(一) 行政相对人法律地位概述

行政相对人的法律地位体现在以下几个方面:

第一,行政相对人是行政管理的对象。行政相对人必须遵守法律、行政法规、规章,服从管理,履行相应的义务,否则,行政主体可以对其实施行政强制或行政制裁。

第二,行政相对人是行政管理活动的参与者。行政相对人可以通过各种途径和形式,参加行政管理,如通过建议、质询、听证会的方式参与行政立法和其他各种行政决策的作出;通过陈述、申辩、听证等程序参与行政行为的实施。

第三,行政相对人在行政诉讼、行政复议中是原告或复议申请人。行政相对人在其合法权益受到侵害后,可以依法提起行政诉讼或者申请行政复议,成为行政诉讼或行政复议法律关系的一方主体。

第四,行政相对人是行政法制监督关系中的监督主体。根据《监督法》和《宪法》的相关规定,行政相对人对国家行政机关的职权行为可以实施监督,成为行政法制监督的主体。

行政相对人的法律地位具体体现为行政相对人在行政法律关系中所享有的权利和承担的义务。

(二) 行政相对人的权利

1. 行政相对人的程序性权利

第一,申请权。行政相对人可以向行政主体提出其享有的法定权利的各种申请,如申请行政主体依法发放抚恤金,申请行政主体办理许可证,申请行政主体保护其人身权、财产权等。

第二,了解权。行政相对人有权依法知晓行政主体的各种行政信息,包括各种决定、制度、标准、程序规则，以及与其相关的各种档案材料，有权查阅、复制相关材料。①

第三，参与权。如前所述，行政相对人有权参与行政管理。如通过建议、质询、听证会的方式参与行政立法和其他各种行政决策的作出。

第四，申诉、控告、检举权。行政相对人对行政主体及其工作人员违法不当、失职失责的行政行为有权向相关机关提出申诉、控告、检举。

第五，起诉权。行政相对人对行政主体的具体行政行为不服的，有权依法向人民法院提起行政诉讼。

第六，申请复议权。行政相对人对行政主体的具体行政行为和部分抽象行政行为不服的，有权依法向相关的行政复议机关申请行政复议。

第七，回避申请权。行政相对人在行政诉讼程序中，认为行政审判合议庭的组成成员与行政案件有利害关系或其他关系可能影响案件公正审理的，有权要求相关人员进行回避。

第八，委托代理权。在行政诉讼程序中，行政相对人可以委托诉讼代理人代为进行诉讼。

第九，其他权利。

2. 行政相对人的实体权利

第一，行政得益权。行政相对人依法享有通过行政主体的某种行为得到利益，如行政给付、行政奖励等。

第二，行政保护权。行政相对人有权请求行政主体保护其人身权、财产权。

第三，隐私保密权。行政相对人享有请求行政主体保护自己隐私的权利，非经法律特别规定、非经法定程序，行政主体不得公开行政相对人的隐私。

第四，行政赔偿权。行政相对人的合法权益遭受行政机关及其工作人员的违法行政行为侵害时，行政相对人向行政主体主张赔偿。

第五，行政补偿权。行政主体为了实现行政管理的目的，依据法律规定，经过法定程序实施的行政行为对行政相对人的合法权益造成侵害的，行政相对人可以申请行政主体进行行政补偿。

第六，社会保障权。行政相对人可以请求行政主体保护自己的劳动权、休息权、受教育权、社会救助权等。

第七，参政议政权。行政相对人可以请求行政主体保护自己的言论、结社、集会、游行、示威、出版权、选举权和被选举权等政治自由权益。

三、行政相对人的义务

第一，遵守法律、行政法规、规章和其他规范性文件的义务。

---

① 《政府信息公开条例》第13条规定："除本条例第九条、第十条、第十一条、第十二条规定的行政机关主动公开的政府信息外，公民、法人或者其他组织还可以根据自身生产、生活、科研等特殊需要，向国务院部门、地方各级人民政府及县级以上地方人民政府部门申请获取相关政府信息。"第33条规定："公民、法人或者其他组织认为行政机关不依法履行政府信息公开义务的，可以向上级行政机关、监察机关或者政府信息公开工作主管部门举报。收到举报的机关应当予以调查处理。公民、法人或者其他组织认为行政机关在政府信息公开工作中的具体行政行为侵犯其合法权益的，可以依法申请行政复议或者提起行政诉讼。"

第二，服从行政管理的义务。
第三，维护公共利益的义务。
第四，依法履行法定的义务。
第五，遵守法定程序的义务。

第三编 行为论

第十一章 行政行为基本原理

第一节 行政行为的概念和分类

一、行政行为的概念

行政行为理论是行政法学体系的重要组成部分,可以说行政法学理论的各个组成部分研究都是围绕行政行为理论而展开的。行政行为一词最早出现于法国行政法学,但作为一个含义明确的特定理论概念则肇始于德国行政法学鼻祖奥托·迈耶,其在系统分析了法国国家行政法院的判例及法国行政法学说的基础之上,在 1895 年出版的《德国行政法》一书中,将行政行为界定为:"行政机关对相对人在具体事件中作出的决定其权利的优越性的宣示。"而奥托·梅耶在其巨著《德国行政法》第 3 版中,这样写道:"法治国不是通过法律把大量丰富的行政活动限制起来,而是还要使行政活动在其内部也逐渐形成一些确定内容,以保证个人权利及个人对行政活动可预测性。产生这种作用的法律制度就是行政行为——从属于行政的政府裁决。行政行为在具体情况中决定臣民的权利和义务。"奥托·梅耶的行政行为概念是以法院的裁判行为为蓝本的,当然其也对此作了一些调整,以期达到行政行为能适用于灵活性较大的行政活动,并且摒弃了一些由于司法的特定目的而形成的确定内容。[①] 此后,关于行政行为的研究便逐渐繁荣起来。不同国界乃至法系的法学家的不断争鸣使得行政行为的内涵不断泛延,在理论上形成了诸多学说。

(一) 理论学说简介

1. 行为主体说

行为主体说认为,行政行为是指行政机关的一切行为,很多学者皆推崇这一界定。王名扬先生曾对法国行政法学中的行政行为根据不同的标准作出评述,认为行政行为是指国家行政机关的一种行为,是用以产生行政法上效果的法律行为。[②] 杨建顺先生和翁岳生先生也持有类似的观点。[③] 姜明安先生则在整合前三人观点的基础上认为,凡是行政机关的行为,包括行政机关运用行政权所作的事实行为和没有运用行政权所做的私法行为,都属于行政行为。该说流行于 19 世纪初期行政法学的产生阶段。[④]

[①] 李树根:《行政行为概念之重构》,载《文艺生活》2011 年第 2 期。
[②] 王名扬著:《法国行政法》,北京大学出版社 2007 年版,第 106-107 页。
[③] 杨建顺著:《日本行政法通论》,中国法制出版社 1998 版,第 361 页;翁岳生著:《行政法与现代法制国家》(自刊),1990 年,第 5 页、第 7 页。
[④] 姜明安主编:《行政法与行政诉讼法》(第四版),北京大学出版社、高等教育出版社 2011 版,第 150 页。

2. 行政权说

行政权说认为，只有行使行政权的行为，即运用行政权所作的行为才是行政行为。例如，我国台湾地区学者张金鉴认为，"行政行为系指行政机关或者组织的构成人员以法规推行职务及执行方案或计划的活动，换言之，亦是公务人员推行政令及处理公务的活动"①。也就是说，行政行为包括行政法律行为、行政事实行为和准法律行为三类，而不包括行政机关没有运用行政权所作的私法行为。行政权说是以对国家权力的划分及对行政权的界定为前提的，因此又称为行政行为的实质界定说。②

3. 公法行为说

公法行为说认为，行政行为是具有行政法（公法）意义或效果的行为。公法行为说一致认为应将私法行为和事实行为排除在行政行为之外，但在外延上却存在不同的观点。代表性的观点主要包括四点：第一，全部公法行为说。该说认为，行政行为包括全部有公法意义的行为，既包括抽象行政行为，也包括具体行政行为。第二，立法行为除外说。该说认为，行政行为包括除行政立法行为以外的全部有行政意义的行为。第三，具体行为说。该说认为，行政行为是行政主体就具体事件所作的公法行为。第四，合法行为说。该说认为，行政行为应当是行政主体所作的一种合法行为。只有合法的行为才能发生预期的行政法效果，违法行为即使发生了相应的法律后果，也不能得到法律的保护，并不是行政主体所期望的行政法后果。

（二）对各种学说的简要评析

行为主体说流行于19世纪初期行政法学的产生阶段，这与当时西方社会三权分立的日益严格不无关系。即在立法机关、行政机关和司法机关逐渐分离的过程中，行政法学也正经历着与其他学科分离的演变历程。然而，囿于理论研究和实践经验的匮乏，对行政行为各要素尚未作出精确和透彻的分析。随着研究的深入，再加上立法权、司法权、行政权相互协调的需要，到19世纪末该学说的研究热潮渐渐冷淡。而第二次世界大战以来，随着行为科学的兴起，关于行为主体说的研究又引起了学界的重视。

行政权说被认为是行政行为的实质界定说，流行于行政学界。③ 持该说的学者之间也有争论，其焦点集中于行政行为是否仅为行政机关所实施。我们认为，行政机关以外的国家机关或组织也享有部分行政权，它们行使行政权的行为也是行政行为。因为以我国现有行政法律、法规的相关规定为视野，行政权的行使方式除了传统的行政机关的固有方式外，还有法律、法规的授权和行政委托等形式的存在。因而，行政行为的界定不能仅依其主体来认定，而要更多从行政行为的目的效果属性来介入。

公法行为说将事实行为和私法行为排除在行政行为之外。我们认为，这一界定可谓是对罗马法以来私法和公法的划分的恪遵。这一界定限制了公法权力的无限扩张和保障了私权受侵害的救济理念。首先，将行政事实行为排除在行政行为之外并不意味着行政法上不讨论行政事实行为，当行政事实行为侵害了行政相对人合法权益时就是一种法律行为，亦即行政行为，进而可以得到行政法的规范，提高了权利救济的可能性。其次，公法行为说

---

① 张金鉴主编：《行政法新论》，台湾三民书局1984版，第166页。
② 姜明安主编：《行政法与行政诉讼法》（第四版），北京大学出版社、高等教育出版社2011版，第150页。
③ 姜明安主编：《行政法与行政诉讼法》（第四版），北京大学出版社、高等教育出版社2011年版，第151页。

将私法行为排除在外，让行政机关所涉及的私法行为由相关的民商事法律调整，构建起行政机关与相对方的平等对话机制，遏制公权泛滥。仔细探究公法行为说的四种主要不同观点，我们比较倾向于"全部公法行为说"，即行政行为囊括了抽象行政行为和具体行政行为。其中的"立法行为除外说"和"具体行为说"把立法等针对不特定的人和事的抽象行政行为排除在外是不合理的。毕竟行政管理（狭义的社会管理）更多的是侧重于社会的整体效应，当然不排除个别的典型性的管理，但这是服务于社会整体规制需求的，因而事先有针对性地制定一些规范措施是可取的。这样既可以对人们的行为作出一定的指引，更是节约了社会管理成本和维护了公平。同时，也是积极对立法机制的完善和全面涵括的一种裨益。"合法行为说"则受到了民事法律行为说的影响，模糊了行政行为的效力认定程序。如果行政行为一旦作出即为"合法"，那么行政复议和行政诉讼的存在的法理依据就丧失了基础，更是打开了"行政独大"的弊端滥觞。

在这里，还很有必要对上述的"具体行为说"进行细致的阐述。因为在目前我国学术界，该学说的支持者正在逐渐增多，不仅出现了以此观点为基础而构架的行政法学体系性论著，而且在司法制度上亦得以相应的体现。[①] 该说认为，行政行为是行政主体就具体事件所作的公法行为。详细阐述，行政行为是指行政主体依法行使行政权，针对具体的事项或特定的人，对外部采取的直接法律后果，使具体事实规则化的行为。该学说着眼于确立"行政行为"概念的基础，试图揭示这部分行为特有的共同性质及所适用的特殊法规，并服务于行政诉讼制度，基本上和通说中"具体行政行为"的范畴相一致。[②]

（三）认定行政行为的要素

借鉴上述关于行政行为的学说界定，本书认为每一种学说都有其独到之处，却也有不足之处。因而，必须采取一种综合的视角来廓清何为行政行为。在我国，行政行为的概念最早出现在1983年出版的第一部行政法教材《行政法概要》[③] 中，1989年4月颁布的《行政诉讼法》则首次使用了具体行政行为这一概念。同时，目前通说认为，行政行为是指行政主体为实现国家行政管理目的、行使行政职权和履行行政职责所实施的一切具有法律意义、产生法律效果的行为。根据现行法律规定，并结合上述学说的理论意旨，本书认为，行政行为是指享有行政管理职权的行政主体通过法定授予或其他途径获得的行政职权作出的具有法律意义的行为。

依此定义，我们可以清晰地看到行政行为具备以下要素：

1. 主体要素

行政行为的主体限于行政主体。在我国，行政主体主要包括行政机关和法律、法规授权的组织。因而，国家立法机关、司法机关、党的组织以及事业单位、人民团体不具有行政主体资格，在一般情况下，其所实施的行为并非行政行为。值得注意的是，尽管行政行为的具体实施者一般是行政主体的工作人员，但不能把具体工作人员与行政主体相等同。

---

① 参见最高人民法院《关于执行〈中华人民共和国行政诉讼法〉若干问题的解释》第1条、第20条第3款等有关规定。
② 张正钊、胡锦光、李元起主编：《行政法与行政诉讼法》，中国人民大学出版社2009年版，第93页。
③ 王珉灿主编：《行政法概要》，法律出版社1983版。

2. 客体要素

行政行为是行政主体运用行政职权管理公共事务的行为。因而，行政行为的客体要素即为行政职权的行使。行政职权是指行政机关享有对公共事务进行管理的权力，包括行政许可权、行政处罚权、行政强制权。

3. 内容要素

行政行为是法律行为，它是具有法律意义、产生法律效果的行为。行政行为的内容即为行政行为作出后所产生的法律效果。具体而言，就是对行政相对人在法律上所产生的权利和义务。如准予相对人从事特定活动的行政许可行为或是对行政相对人的违法行为所施加的行政处罚行为。

（四）行政行为的法律特征

根据前文的分析，从不同角度可以对行政行为作出迥异的界定。行政行为基于其主体和任务及服务于行政诉讼受案范围等方面的特殊性，具有以下法律特征：

第一，行政行为的主体具有相应的行政管理职权，具有广泛性。行政行为的主体是行政机关，以及得到法律、法规或规章授权的其他社会组织（主要包括行政机构、企事业单位和社会团体）。这在我国现行《行政诉讼法》和《最高人民法院关于执行〈中华人民共和国行政诉讼法〉若干问题的解释》（最高人民法院审判委员会第1088次会议于1999年11月24日讨论通过，以下简称《若干问题的解释》）的条文中都有相应的体现。这就使得行政主体不仅包括与传统的行政机关，还包括了其他管理社会公共事务的组织，有利于调动社会诸种资源实现社会管理多元化的协作。

第二，行政行为是行政主体行使行政管理职权的行为。行政主体的权力来自于立法机关的授权，立法机关通过制定法律赋予行政主体特定的职权，行政主体行使职权管理公共事务必须在法律赋予的职权范围内，不可逾越。因而，行政行为的主体行使相应的行政管理职权实际上是"执行法律的行为，具有法律从属性"[①]。同时，行政主体行使行政职权、管理公共事务的最终目的是为了维持社会的正常运转，保障公共利益的实现。

第三，行政行为是具有法律意义的行为。行政行为是行政主体行使公权力的行为，具有强制他人服从的力量。与此同时，行政法律行为一般是单方法律行为，依行政主体单方意思表示即可成立，无需行政相对人同意。因此，行政行为一定是对相对人的权利义务产生法律影响的行为，在社会管理过程中具有十分重要的法律意义。当然，在行政管理过程中，行政行为的单方性并不意味着以公共利益为名而完全忽视行政相对人的权利要求。相反，行政主体应积极保障行政相对人参与行政活动、表达意见的权利和自由，以实现行政管理的合法性和合理性。

二、行政行为的分类

在对行政行为的主要形式有了较为清晰的认识之后，本书认为很有必要在此基础上来讨论一下行政行为的具体分类。毕竟上述行政行为的主要形式均被涵括在这些分类当中，是行政行为的实践与理论研究的良好契合。

---

① 王连昌、马怀德主编：《行政法学》，中国政法大学出版社2003年版，第107页。

(一) 抽象行政行为和具体行政行为

抽象行政行为又称制定行政法律规范的行为,是特定的国家行政机关在行使行政权的过程中,制定和发布普遍性行为准则的行为,包括制定法规、规章和发布决定、命令等的行为。抽象行政行为具有普遍的法律效力,是对未来发生约束力的、可以反复适用的行为,它起到拘束具体行政行为的作用。

具体行政行为是行政机关在行使行政权的过程中,针对特定人或特定事件作出影响相对方权益的具体决定和措施的行为。具体行政行为具有使行政法律关系双方主体的权利义务内容具体化的作用,是现实中产生后果的一次性行为。在已经制定有行政法律规范的情况下,采取具体的行政行为,必须遵循法定规则。

将行政行为分为具体行政行为和抽象行政行为的依据在于我国将《行政诉讼法》受案范围界定为对具体行政行为不服的诉讼。然而,有学者指出,关于抽象行政行为和具体行政行为的区分界限,至今尚无定论。[①]

(二) 行政法律行为和行政事实行为

行政法律行为是指当行政主体作出的某一意思表示行为符合法律规定的行为事实的效力要件时,根据法律规定,行为将产生以行政主体主观意图为转移的法律效果;若行政主体作出的某一意思表示行为不符合法律规定的效力要件时,根据法律规定,行为或者自始不产生行政主体所期望的法律效果,或者产生使对方当事人获得一个撤销权或变更权的法律效果。

行政事实行为是指当行政主体作出的某一行为符合法律规定的行为事实构成要件时,根据法律规定,直接产生法定的行政法律后果,而这一行政法律后果的实现,不为行政主体的主观意图左右。例如,行政主体的工作人员在执行职务的过程中导致相对人身体受到伤害的刑讯逼供,就是行政事实行为。

这是借用民法学原理所作的区分,它是对前述具体行政行为的一种分类。行政法律行为和行政事实行为的区别建立在相对人权利义务的变化是否由行政主体的意思表示决定这一点上,它们是行政活动的元形式,是一种逻辑概念。[②]

(三) 单方行政行为和双方(多方)行政行为

单方行政行为以行政主体单方面的意思表示而成立,无需行政相对人的同意。有时行政主体作出行政决定前需要行政相对人的申请,但申请和决定没有结合成为一个行为,行政主体的决定仍然是单方面的行为。

双方行政行为是指行政主体和行政相对人为了各自不同的目的而交换意思表示,因协商一致而成立的行为。

多方行政行为又称为行政协定或行政协议,是指行政法律关系的多方当事人为了一定的目的,经协商达成意思表示的一致而成立的行政行为。这时,多数意思共同实现一个目的,结合成为一个集体行为。集体行政行为在成立上与单方行政行为不同,但是在对行政

---

① 张正钊、胡锦光、李元起主编:《行政法与行政诉讼法》(第四版),中国人民大学出版社2009年版,第98页。

② 应松年主编:《行政法与行政诉讼法学》(第二版),法律出版社2009年版,第118页。

相对人的效力来说与单方行政行为相同。① 如行政主体与基层群众自治组织和农民签订的造林协议、与企事业单位和公民共同投资修建地方铁路等。

这样分类有利于厘清行政法律关系，明确各方的权利与义务，确保依法合理行政的同时，最大限度地保护行政相对人的权益。

(四) 羁束行政行为和裁量行政行为

羁束行政行为是指行政主体严格根据法律、法规的明文规定作出的行政行为。如税法对有关纳税条件、税率等作了明确规定，行政机关只能按其规定作出征收税款的行为。

裁量行政行为是指行政主体在法律、法规的条文规定的种类、数量、频率范围内根据实际情况自由选择所作出的行政行为。如法律对某违法行为的罚款规定为 1000 元以下，行政机关则根据违法者的情节、手段、后果等情况，在 1000 元之内作出罚款决定。

羁束行政行为和裁量行政行为的区分，对于分析和判定行政行为的合法性与合理性具有法律意义。羁束行政行为只能严格依法进行，一般指发生合法性问题，而裁量行政行为主要涉及合理性问题。

(五) 授益性行政行为和负担性行政行为

授益性行政行为是指行政主体授予、确认相对人某种权利或利益的行政行为，如颁发驾驶证。

负担性行政行为是指行政主体对相对人科以某种义务或剥夺其某种权利的行政行为，如行政征收。

这种分类由于直接以行政相对人是否能从行政行为中获得某种利益为标准，所以对于研究如何有效保护行政相对人的权益能产生重要影响。若行政主体基于公共利益的需要而须撤销授益性的行政行为，则须对行政相对人的信赖利益给予补偿，同时，对撤销的条件也会作出严格的限制。

(六) 干预性行政行为和给付性行政行为

干预性行政行为是指由行政主体为了维护公共利益而作出的限制行政相对人的权利或加重行政相对人的义务的行政行为。

给付性行政行为是指行政主体为了调控社会经济发展而作出的给付行政相对人利益的行政行为。

这种区分的依据在于行政行为涉及行政相对人的权利和义务的不同，明确了行政行为中行政相对人的权利保障和义务负担。

(七) 外部行政行为和内部行政行为

外部行政行为是指行政主体依管理范围对社会上的行政管理事务所实施的行政行为。有的是抽象行政行为，如《云南省物业服务收费管理实施办法》；大量的则是具体行政行为，如公安机关对社会上的公民予以治安管理处罚。

内部行政行为是指行政机关对本机关内部的行政事务管理所实施的行政行为。在这里，行政机关也能成为行政相对人。内部行政行为也有抽象行政行为和具体行政行为之

---

① 王名扬著：《法国行政法》，中国政法大学出版社 1988 年版，第 138 页。

分。前者如行政主体对内部工作纪律、工作程序所作出的同意规定，后者如行政主体的内部某个机构对某个公务人员实施的奖励、处罚、任免决定等等。

这种区分的法律意义在于外部行政行为要对社会上的公民、法人或其他社会组织产生法律效果，内部行政行为只对行政主体的内部机构和人员产生法律效果，同时，因内部行政行为而引起的纠纷，不能通过行政诉讼的方式解决。

（八）依职权行政行为和依申请行政行为

依职权行政行为是指行政主体依据自己的行政职权，不需要经过相对人的意思表示，如申请、要求等，就能作出并发生法律效力的行为。例如，行政主体对相对人实施行政处罚等。

依申请行政行为是指行政主体只有在相对人申请或要求的条件下方能作出而不能主动作出的行政行为。

区分这两种行政行为的法律意义在于：其一，在依申请作出的行政行为如行政相对人没有提出申请或提出申请后又撤回的情况下，如果行政主体主动作出该依申请的行政行为，可能导致行政行为的效力未定。其二，在我国行政诉讼实务中，就举证责任而言，在一定程度上，对依职权行政行为与依申请行政行为采取不同的标准。

（九）要式行政行为和非要式行政行为

要式行政行为是指必须采取法定的方式作出才能生效的行政行为。例如，行政处罚必须制作书面处罚决定书，并且该处罚决定书必须符合法定的格式、加盖公章、注明日期，方能产生效力。

非要式行政行为是指法律没有明确规定具体行为方式，行政机关可以根据实际需要自行决定所采用的行为方式的行政行为，主要适用于需要迅速进行处理的紧急情况或者简单轻微的事件。

值得注意的是，这种区分与羁束行政行为和裁量行政行为的区分相比较而言，前者侧重于行为的方式，后者侧重于行为的实质内容。要式行政行为与非要式行政行为的区分的法律意义在于非要式行政行为不会出现形式违法的行为，而要式行政行为必须具备特定形式才能合法有效。

（十）作为行政行为和不作为行政行为

作为行政行为是指行政主体以其自身的行为积极改变现有法律状态的行政行为，如行政处罚、行政许可、行政征收、采取行政强制措施等。

不作为行政行为是指行政主体消极维持现有法律状态，通常表现为不履行法定职责的行政行为。

区分作为行政行为和不作为行政行为的意义在于行政复议机关在行政复议和人民法院在行政诉讼中，对它们的监督方式、手段都是有区别的：对于作为行政行为的违法，行政复议机关和人民法院可以作出撤销其行为的裁决；对于不作为的行政行为违法，行政复议机关和人民法院应作出履行作为义务的裁判或确认其不作为违法的裁判。

（十一）无附加条件行政行为与有附加条件行政行为

无附加条件行政行为又称为单纯行政行为，是指行政行为的生效没有任何附加条件，如作出行政处罚决定等。

有附加条件行政行为是指除行政法律明确规定外,行政主体根据实际需要附加生效条件的行政行为,如附加条件的行政许可等。

这里的条件,是行政主体确立(而非行政法律规定)的,其成就与否决定法律行为效力的某种将来的不确定的事实或行为。这种划分有助于探讨各种行政行为的生效规则。一般说来,无附加条件行政行为一经作出即发生法律效力,而有附加条件行政行为作出之后未必马上就发生效力,只有当其所附条件成熟时才生效。

此外,关于行政行为的具体分类还包括行政立法行为和行政执法行为、强制行政行为和非强制行政行为、主行政行为和从行政行为、终局行政行为和非终局行政行为、平时行政行为和紧急行政行为、实体性行政行为和程序性行政行为等。

三、行政中公法行为与私法行为的区分及其现实意义[①]

随着科学技术的进步,福利国家的发展和公民权利意识的加强,社会经济的发展越来越具有动态性、开放性和复杂性,因而也越来越具有不稳定性和风险性。国家行政的功能不再局限于维持公共秩序、排除公共危害的范围内,而延伸到调控社会经济发展,以防范和规避风险的范围之中。特别是20世纪80年代以来,"小政府、大社会",国家与社会合作,公民参政已然成为世界各国的普遍发展趋势。因而,国家在调控过程中,开始尝试以私法形式完成某些公共任务。

在此大背景之下,便有了行政中公法行为与私法行为的区分。行政中的公法行为是指运用传统的行政管理手段调整社会公共事务的行为。如行政检查、行政处罚、行政强制等。行政私法行为是指采用民商事领域的利益调整或权衡机制来完成某些公共事务的行为。如行政指导、行政合同等。

关于采用私法行为完成公共事务所具有的优点,许多学者从行政学的角度进行了论述:①成立载体和解散载体有较大的灵活性;②给工作人员的薪金有较大的灵活性;③预算有较大的灵活性;④实际完成公共任务过程中有较大的灵活性;⑤克服官僚主义;⑥克服地方主义;⑦有利公民参与公共管理;⑧改善公共行政载体与公民的关系;⑨便于成本核算,提高行政效率。由上可知,以私法形式完成公共任务可以更多地依靠市场规律,避免不必要的"国家失灵",克服传统行政机关及行政法的僵化和死板的官僚主义的缺点,以适应当代公共行政的需要,对社会经济的动态、开放和复杂的发展作出灵活的反应。

从各国的实践来看,采用私法完成公共任务适用的范围是公共行政发挥其对社会经济发展调控功能的领域,如经济扶植、社会保障、公共服务、文教科技和发展合作领域。这些领域都与公共利益有密切的关系,都有大量的公共任务,而且这些领域的发展都具有高度的动态性、开放性和复杂性。同时,在这些领域中,宪法和法律保护的公民的基本权利必须受到充分的保护。因此,传统的公法上的行政行为是难以适用的。

值得注意的是,在当代公共行政中,公共行政因社会经济的发展而变化,与社会经济的发展一样也具有动态性、开放性和复杂性,因此公法与私法在公共行政中并用,而其分界具有相对性,而且随着社会经济的发展而变动。

[①] 王维达、刘杰主编:《中国行政法学教程》,同济大学出版社2006年版,第41页。

第二节 行政行为的成立与效力

一、行政行为的成立

(一) 行政行为成立的概念

行政行为的成立是指行政行为已经完成了作出的过程,具备了构成要件,成为确定的法律行为。行政行为又分为有效成立和无效成立。

(二) 行政行为成立的条件

行政行为成立的条件包括以下几个方面:

第一,作出行政行为的主体合法。作出行政行为的行政主体必须是依法成立的,并且具有相应的职权。在这里,行政主体的合法性不仅是指行政主体组织上的合法性,还包括程序上的合法性。

第二,作出的行政行为必须有法律依据。行政主体作出抽象行为,其内容必须符合《立法法》的规定。作出具体行政行为,其内容必须符合法律、法规、规章及其他法律规范的规定,不得与法律相抵触。

第三,作出的行政行为必须有事实依据。行政主体必须在调查结果的基础上作出行政行为,必须做到事实清楚,证据确凿。

第四,作出的行政行为必须程序和形式合法。行政主体在作出行政行为时必须符合法律规定的步骤、方式、方法、时限和顺序。

行政行为的成立需具备上述条件,缺少任一条件都会导致行政行为不能成立。

二、行政行为的效力

(一) 行政行为效力的界定及效力来源

行政行为的效力是指已存在的行政行为以其外形和内容所具有的产生一定法律效果的特殊作用力。[①] 行政行为是对法律规范的具体化和落实,是对法律规范的执行。法律的稳定性、权威性通过行政行为体现。因而,行政行为的效力源于法律效力。

(二) 行政行为效力的特点

行政行为的效力有两个主要的特点:

第一,效力先定。效力先定是指行政行为一经作出,就具有法律约束力。即使它是不符合法定条件的,在没有被有关国家机关经过一定程序确认为违法并撤销其效力之前,它仍然是有效的,对有关当事人具有法律约束力。但是,在未被撤销之前它先行被推定为有效,有关当事人应当暂时受其约束。

第二,单方意志性。行政行为通常单方面就能决定相对人的权利义务,这也是行政行

[①] 章志远著:《行政行为效力论》,中国人事出版社2003年版,第17页。

为效力的一个主要特点。即行政行为的作出一般无须征得行政相对人的同意,它的成立、生效也不以相对人的同意为必要条件。当然,这种单方意志性也不是绝对的,在现代行政活动中也有双方合意行为,如行政合同、行政委托等,行政主体的此类行为单方意志性就比较弱。

(三) 行政行为的效力内容

行政行为的效力具有哪些内容,国内外的学者多有争论。① 德国学者对行政行为的效力有不同的表述。毛雷尔认为,行政行为的效力(存续力)包括形式存续力、实质存续力、要件效力和确认效力。其中,形式存续力是指行政行为的形式确定力和不可争力;实质存续力是指行政行为的实质确定力;要件效力基本上就是行政行为的公定力;确认效力主要是指行政行为的约束力。② 平则纳认为,行政行为的效力包括约束力、执行力和确定力。但他同时又认为,对行政行为的不可争力是行政行为的形式确定力,行政行为的约束力是行政行为的实质确定力。③ 二者的观点,虽然表述不同,但所指称的内容基本相同。在日本,学者们对行政行为效力内容的表述则比较一致。通说认为,行政行为的效力包括公定力、不可争力(形式确定力)、实质确定力(不可变更力)、拘束力和执行力五项。④ 盐野宏教授认为,把拘束力作为行政行为的效力之一就包括行政行为的公定力,而这种公定力是行政行为其他效力的前提。从这个意义上来讲,把拘束力作为行政行为效力的内容之一没有多大意义。⑤

在我国内地,行政法学界的传统见解是把行政行为的效力内容分为确定力、拘束力和执行力三项。⑥ 而从1996年起,学者们开始把行政行为的效力内容分为公定力、确定力、拘束力和执行力四项,并逐渐成为通说。值得注意的是,最近几年有的学者在四效力说之外,形成了一些新的观点,如有学者将行政的效力内容分为先定力、公定力、确定力和执行力四项。他们认为,行政行为的先定力是行政意志对相对人意志的支配力,其存在于行政行为形成之前。⑦ 也有学者认为,先定力和约束力都不能作为行政行为的效力内容,行政行为的效力内容应概括为公定力、确定力(不可变更力)、执行力和不可争力四个方面。⑧ 还有学者认为,行政行为的效力内容包括存续力和构成要件效力两项。存续力又包括形式存续力和实质存续力两类。⑨

借鉴行政行为效力的主要特点和上述国内外理论见解,我们将行政行为的效力内容分

---

① 姜明安主编:《行政法与行政诉讼法》,法律出版社2006年版,第127-128页。
② [德] 哈特穆特·毛雷尔著:《行政法总论》,高家伟译,法律出版社2000年版,第267-269页。
③ [德] 平则纳:《德国普通行政法》,朱琳译,中国政法大学出版社1999年版,第129页。
④ [日] 和田英夫著:《现代日本行政法》,倪建民等译,中国广播电视出版社1993年版,第197-198页。[日] 室井力主编:《日本现代行政法》,吴微译,中国政法大学出版社1995年版,第93-99页。
⑤ [日] 盐野宏著:《行政法》,杨建顺译,法律出版社1999年版,第100-112页。
⑥ 王珉灿主编:《刑政法概要》,法律出版社1983年版,第121-133页;罗豪才主编:《行政论》,光明日报出版社1988年版,第154-155页;张尚鷟主编:《走出低谷的中国行政法学》,中国政法大学出版社1991年版,第153-154页;杨海坤主编:《中国行政法学基本理论》,南京大学出版社1992年版,第262-264页;王连昌主编:《行政法学》,中国政法大学出版社1994年版,第292-194页。
⑦ 叶必丰著:《行政行为的效力研究》,中国人民大学出版社2003年版;周佑勇著:《行政法原论》,中国方正出版社2000年版,第160页。
⑧ 杨小君主编:《行政法基础理论研究》,西安交通大学出版社2000年版,第161-163页。
⑨ 应松年主编:《行政程序立法研究》,中国法制出版社2001年版,第344-356页。

为先定力、公定力、确定力、拘束力、执行力五项。

1. 先定力

目前行政法学界有关行政行为先定力的内涵主要有两种见解：一是叶必丰先生的理解，即先效力意义上的先定力，认为行政行为的先定力是行政行为的一种形成力或行政意志的支配力，是行政行为作出前的一种法律效力，是行政行为的一项形成规则。它开始于行政程序的启动，终止于行政行为的作出。① 二是毛玮先生的理解，即效力先定意义上的先定力，认为行政行为的先定力就是行政行为的推定有效，是法律行为在生效之前所具有的前效力，其理论依据是王名扬先生在相关论述中曾将行政处理的推定有效称为效力先定特权。②

有学者曾对上述见解作了理性的辩证分析，③ 不论上述见解的优缺点如何，我们应该看到行政权及其优益性是先定力的基础。以法律为依托的行政权是行政主体一切职能与活动的力量源泉，行政权的优益性是先定力的基础。行政权和行政程序是先定力的载体。行政权是行政所有的强力、效力等一切力的最终载体，而这些力都是由法律创设的。权力的运行是权力在时间和空间上的展开，即权力必须通过程序来发挥作用。权力一旦付诸程序，其所蕴涵的优益性便会在行政程序中得到显现，行政程序自然成为先定力的载体。由于有了先定力，行政主体在行政程序中取得了优势地位，成为程序权利的主要享有者。通过这种程序优势地位，行政主体可以轻易达成行政权运行和行政行为作出过程的有序状态。

但是，我们也应注意到先定力支持和扩大着国家与公民、行政主体与相对人之间的不平等，与现代行政法的平等理念背道而驰。同时，先定力建立在对国家和公权力的极端信任以及对公民和权利的极端不信任甚至压制的基础之上，无疑忽视了权力的逾越秉性和可致侵害性，与现代行政法的控权精神格格不入。可见，如何修补先定力对平等和控权理念的破坏成为增强其生命力的关键。

2. 公定力

行政行为的公定力是指行政行为一经作出，一般都是被推定为合法有效的，任何个人和组织都应予以尊重和服从。也就是说，行政行为即使被当事人认为违法或不当并发生争议，它在尚未被有权机关撤销或变更前，任何个人和组织都不得否认它的法律效力，尤其是在紧急状态和应急管理中更是如此。

公定力是对行政行为效力内容的总体概括，是其他效力的基础。只有行政行为成立之后，被推定为合法有效的前提下才可能发生确定力、拘束力、执行力等。行政行为的确定力、拘束力和执行力是公定力的具体体现。公定力的存在是为了保护一般公众或当事人对行政行为的信任，进而稳定因行政行为而形成的权利义务关系。

3. 确定力

确定力是指已生效行政决定对行政主体和行政相对人所具有的不受任意改变的法律效力。这里的改变，既包括撤销、重作，也包括变更；既包括对事实认定和法律适用的改

---

① 叶必丰：《行政行为的效力研究》，中国人民大学出版社2002年版，第60页。
② 毛玮：《论行政行为的公定力》，载《行政法学研究》2005年第3期。
③ 柳砚涛：《论行政行为的先定力》，载《河北法学》2008年4月第26卷第4期。

变，也包括对权利义务的改变，但一般不包括对告知的改变和对行政决定的解释。这一效力来源于法律的安定性和诚实信用原则。行政行为的确定力可分为形式确定力和实质确定力。

形式确定力又称为"不可抗力"，是就行政相对人而言的，即相对人在法定救济期限内未主张权利，在期限过后行政行为即被确定，不能再对此提出争议，要求加以改变。形式确定力约束相对人对行政行为的信任并就其接受与否及时作出表示，有利于行政意志的实现。

实质确定力也称"不可变更力"，是针对行政机关而言的，即行政机关对其所作的行政行为不得任意变更、撤销、废止。实质确定力是对行政机关的约束，目的在于限制行政机关依职权随意对已经生效的行政行为加以改变。实质确定力有利于使个人利益免受反复性行政专横或行政随意性的侵害。

值得注意的是，行政行为的确定力具有相对性，即行政机关并非绝对不能改变已经作出的行政行为。在适当的范围、条件下，行政行为作出机关或者其他有权机关可以对原行政行为加以改变。

4. 拘束力

行政行为的拘束力，也称约束力。广义的拘束力可以与法律效力等同，而狭义的拘束力是与确定力、执行力并列的一种法律效力内容，是指已生效行政行为所具有的约束和限制行政主体和行政相对人行为的法律效力，否则应承担相应的法律后果。对于抽象行政行为来说，这种拘束力相当于法律的拘束力，其特点在于针对以后发生的事实规制并且这种约束力是潜在的，不会立即发生效果。对于具体行政行为而言，拘束力是针对特定的主体，且规制已经发生的法律事实，所以是即刻可见的。行政行为的拘束力具体表现在以下三个方面：[①]

第一，对相对方的拘束力。对于生效的行政行为，相对人必须严格遵守、服从和执行，不得违反或拒绝，否则就要承担相应的法律后果。

第二，对行政机关的拘束力。行政行为的拘束力不仅仅是针对相对方，行政机关自身同样受约束，包括作出该行政行为的行政机关或其他行政机关。如果作出该行政行为的主体违背了拘束力的要求，同样应当追究相关组织、人员的责任。

第三，对其他行政相关人。行政行为一经作出，不但对于行政主体与行政相对人之间产生影响，对于其他与该行政行为有关的各方主体亦会产生相应拘束。

5. 执行力

行政行为的执行力是指已经生效的行政行为要求行政主体和行政相对人对其内容予以实现的法律效力。执行力是对行政主体和行政相对人双方的一种法律效力，双方主体都具有实现行政行为内容的权利义务。

执行力是实现行政行为内容的效力，这里的实现方式包括自行履行和强制履行。其中，对行政相对人的强制履行包括行政强制履行和司法强制履行；对行政主体的强制履行通常由行政相对人通过行政复议、行政诉讼来实现。

从某种意义上说，执行力是行政行为所具有的拘束力在逻辑上的一种延伸。拘束力表

---

① 罗文燕主编：《行政法与行政诉讼法》，浙江大学出版社2008版，第110页。

明了行政行为的内容对行政主体与相对人的内在效力，而执行力则表明了这种内在效力可通过一种外在的强制措施予以实现的一种效力。因此，也有学者认为，执行力已经包括了拘束力的要求，但若细分起来，拘束力应是指一种内在的效力，而执行力可被视为一种外在的效力。执行力的作用对象既包括行政相对人，也包括行政主体。①

三、行政行为的生效规则②

行政行为发生法律效力，通常有以下几种生效规则。

（一）即时生效

即时生效的行政行为一经作出即具有效力，对相对人立即生效。即时生效的行为通常是行政主体当场作出并立即产生法律效力的行为。其适用的范围较窄，一般适用于紧急情况，如在特定地区强行驱散人群，对醉酒的人实施人身管束。即时生效的行政行为通常没有书面形式，行为作出就是生效的开始。

（二）送达生效

送达生效是指将表达行政行为内容的法律文书送达给当事人，一经送达即发生法律效力。送达包括直接送达、留置送达、转交送达、邮寄送达、公告送达、委托送达等几种方式。送达生效是行政行为生效的一般规则，行政行为的生效大多属于送达生效。

（三）告知生效

告知生效是指行政主体采取有效方式将行政行为的内容告知行政相对人，使行政相对人了解行政行为的具体内容，行政行为才开始生效。告知生效一般针对不特定的多数人和住址不明及住所地不明的具体的行政相对人。告知生效必须采取有效的告知方式，使行政相对人能够明了行政行为的内容。有效告知的形式有布告、公告、通告、无线电广播和电视播放。

（四）附条件生效

附条件生效是指行政行为的生效附有专门的日期或条件，一旦日期届满或条件具备，该行政行为就发生效力。例如，作为抽象行政行为的行政法规和规章在附则中都附有一定的生效日期，一旦这个日期届满，该抽象行政行为就开始发生法律效力。

四、行政行为的效力表现

（一）空间效力

行政行为的空间效力是指行政行为在空间上的拘束范围。即关于行政行为在哪些地域范围内具有法律约束力的问题。这里的领域包括我国的领陆、领海、领空，以及国际法上延伸意义的领域（如我国的驻外使馆，悬挂我国国旗的领海、领空以外的船舶和飞机）。应当予以注意的是，由于行政主体的众多所引起的行政行为的千差万别，致使行政行为的空间效力表现出多样性。例如，国务院的行政法规和国务院各部委规章的效力一般及于全

---

① 胡建淼主编：《行政法与行政诉讼法》，清华大学出版社2008年版，第73页。
② 方世荣主编：《行政法与行政诉讼法》，中国政法大学出版社2007年版，第98-99页。

国，而地方政府规章效力的地域范围一般只及于相应行政区域。

（二）时间效力

行政行为的时间效力也就是行政行为从什么时候开始到什么时候为止具有法律效力的问题，包括行政行为的生效时间和失效时间。就行政行为本身来看，又有抽象行政行为的时间效力和具体行政行为的时间效力两种。

抽象行政行为的时间效力包括其生效时间和失效时间。抽象行政行为的生效时间通常有两种情况，即为发布之日起生效或是发布之后另定一个生效日期生效。至于抽象行政行为的失效时间，通常由授权法规定的授权时效届满依授权法制定的行政法规、规章失效，新法废除旧法、法规清理中宣布行政法规和规章的废止，规范性文件清理中宣布废止、撤销，抽象行政行为用以调整的社会事态已消灭或效果已完成而失效。①

具体行政行为的时间效力即具体行政行为的生效和失效。具体行政行为的生效时间依行政相对人知晓的时间不同而不同，具体包括即时生效、告知生效、送达生效、附条件生效。而具体行政行为的失效原因有外部事实、具体行政行为本身的时间规定、行政主体、自身的意志、其他机关的行为等。例如，期限届满、条件成熟、当事人死亡或对象消灭、撤销和废止、变更中的被变更部分等都可能使得具体行政行为失效。

（三）对象效力

行政行为的对象效力是指行政行为对人的效力。依据行政行为的先定力，行政行为一经作出，即对任何人都具有被推定合法、有效的法律效力。这是一种"对世"的效力，即对任何人都有效，不仅行政主体和行政相对人应受其约束，而且其他组织或个人对行政行为有表示尊重甚至协助行政行为的义务。具体地说，行政行为的对象效力因行为的性质和内容不同而有所不同。例如，抽象行政行为制定的普遍性规则对其规范的对象具有抽象约束力，内部行政行为不会超出行政机关及其隶属的工作人员而发生效力。

五、行政行为的撤销、变更、废止和终止

（一）行政行为撤销

行政行为撤销是指已经对外发生法律效力的无效成立的行政行为，经过有权机关依法定程序撤销，使其失去暂时获得的法律效力。撤销的原因主要是行政行为的无效成立。行政行为的无效一般可归因于如下情形：行为主体资格存在瑕疵、行为的形式上存在瑕疵、行为内容上存在瑕疵等。

经撤销的行政行为自撤销之日起失去效力，但可以追溯到行为作出之日，使法律关系恢复到行政行为未作出的状态。同时，行政机关和相对人以过错程度各自承担责任。

（二）行政行为变更

行政行为变更是指对已经发生对外法律效力的行政行为的部分内容加以改变。变更的原因有些是由于行政行为在内容上或程序上有瑕疵，有些是由于社会经济外部环境发生变化，原来作出的行政行为有一部分不能适应这种变化，而需要变更。

---

① 罗豪才主编：《行政法学》，中国政法大学出版社1996年版，第170-171页。

行政行为变更后，行政相对人的法律地位不发生改变，行政行为的内容经变更之日起丧失法律效力，未经变更的部分仍然有效。同时，因行政行为变更给无过错的相对人造成的损失应依法予以赔偿。

（三）行政行为废止

行政行为废止是指行政机关对于合法有效的行政行为，因为事后其依据的事实或法律发生变化，导致行为不宜再存续，而消灭其效力。由此可知，废止行政行为应当具备以下条件：法律、法规或客观形势发生重大变化；必须符合社会公共利益的需要；必须具有法律上的依据。

行政行为废止后，其效力自废止之日起终止。同时，行政行为的废止由于相对人本身并不存在过错，因此给行政相对人造成较大损失时，行政机关应适当予以补偿。

（四）行政行为终止

行政行为终止是指行政行为对外法律效力的自然消灭。行政行为终止的原因有多种：一是行政法律关系的客体，即行政行为所指向的行为、物、智力成果的消失；二是行政相对人的不再延续；三是行政行为的期限届满；四是行政任务的完成。[①]

行政行为的终止是由于行政行为所对应的公共任务的完成，行政主体和行政相对人基于行政行为所欲求的利益得到了有效分配，合理承担了各自的权利义务，是社会管理的有效落实。

---

① 王维达、刘杰主编：《中国行政法学教程》，同济大学出版社2006年版，第44页。

第十二章 抽象行政行为：行政立法

第一节 行政立法概述

一、行政立法的概念

行政立法是指享有制定行政法规、规章权力的行政主体依法定职权和法定程序制定规范性文件的活动。依此定义，行政立法行为可做如下分解：[①]

第一，行政立法的主体是行政机关。我国宪法赋予行政机关行政法规、规章的制定权。行政立法是现代社会行政机关实施行政管理职能的一种重要的活动方式。

第二，行政立法的主体不是所有行政机关，而是享有制定行政法规和规章权力的行政机关。行政机关的立法权必须依据宪法、法律或者有权机关的授权才能获得，只有法律特别规定的行政机关才享有行政立法权。而且，行政立法主体必须在法定权限范围内进行立法。

第三，行政立法以制定规范性文件为其活动特性。"行政"在其实质意义上是指对国家事务进行的组织管理活动，但行政机关除了行政管理以外，也会有裁决行为和制定规范的行为。行政立法行为正是适应现代社会对于行政管理的需要而产生的一种准立法活动。

二、行政立法的性质

关于行政立法的性质，存在着不同的理论学说。

（一）宪政行为说

宪政行为说认为，行政立法所体现的是国家行政机关作为公共利益的代表者与公共利益的享有者即不特定公众之间的整体利益关系，与国家权力机关立法所体现的利益关系完全一样。并且，它也反映了行政机关与权力机关、私法机关之间的权利义务关系。这种关系在法律上是一种宪政关系而不是直接的、现实的行政法律关系。因此，行政机关的立法行为与权力机关的立法行为一样，是国家行政机关作为宪政主体行使宪政权利所作的宪政行为，而不是作为行政主体运用行政权所作的行政行为。[②] 但该说尚未得到学界的普遍承认和接受。

[①] 参见刘莘《行政立法研究》，法律出版社2003年版，第75页。
[②] 叶必丰：《宪政行为与行政行为》，载《北大法律评论》，法律出版社2001版。

(二) 行政行为说①

行政行为说认为，行政机关制定行政法规和规章的活动是行政立法，是行政机关运用行政权所作的一种行政行为。当然，这种行政行为是一种抽象的行政行为，所形成的法律关系也是一种抽象行政法律关系。行政行为说又可以分为授权立法说和职权立法说两派。其中，授权立法说认为，立法权本来属于权力机关。但是，由于现代立法的专业性、技术性和适应性，以会议为主要活动形式的权力机关往往难以胜任，因而，有必要委托行政机关行使部分立法权。这种授权立法的主体是行政主体，所调整的对象是行政事务及与行政事务相关的事务，根本目的是实现行政职能，因而行政立法是授权立法，是一种抽象行政行为。而职权立法说认为，一个行为的性质取决于作出该行为的权力性质。行政机关源于《宪法》和组织法的立法权是它的固有职权，是行政权的固有组成部分，运用这种职权所进行的立法是职权立法；源于单行法及特别授权决议的立法权也是依法取得的行政权，但运用这种事后授予的行政权所进行的立法却是授权立法。行政行为说项下的授权立法说和职权立法说皆有可取之处，因而学界也对行政行为作授权立法和职权立法之分，这一点将会在下文论及。值得注意的是，职权立法说是我国目前行政法学上的通说。

然而，有观点认为，"行政立法是一种有立法特征的行政活动"②，兼具了立法性和行政性的二元属性，在英美国家又称为"委任立法"。我国也有学者认为，行政立法既是一种行政行为，又是一种从属性的立法行为，或称准立法行为，③ 我们认同行政立法行为的此类性质归属。理由有二：其一，行政立法是为了完成行政任务、实现行政目的而出现的，并由行政机关作为实施主体，这也就决定了其必然具有行政性。其二，行政立法是行政机关以国家名义，依照准立法程序，制定具有法的性质和地位的规范性法律文件活动。该规范性文件具有完整的法律效力，受国家强制力的保障，能够作为司法机关审判案件的依据。这些都是立法性的体现。

三、行政立法的原则和程序

（一）行政立法的原则

1. 法律保留原则

法律保留原则是指某些专属立法事项只能由立法机关通过制定狭义上的法律进行，立法机关保留对该事项的立法权限，行政机关或绝对不能染指，或必须经立法机关授权而对其进行行政立法。我国《立法法》第8条规定了10项对国家、公民、法人或其他组织具有重大影响的法律保留事项，并区分了"相对法律保留"和"绝对法律保留"。同时《立法法》第9条规定，犯罪和刑罚、对公民政治权利的剥夺和限制人身自由的强制措施和处罚、司法制度等事项只能制定法律，属于法律绝对保留事项。其他由法律保留的事项，尚未制定法律的，全国人民代表大会及其常务委员会有权作出决定，授权国务院先行制定行政法规，即属于相对保留的事项。

---

① 叶必丰著：《行政法与行政诉讼法》，高等教育出版社2007年版，第61页。
② Wadehwr, *Administrative Law*, Oxford University Press, 1989, p. 847.
③ 罗豪才主编：《行政法学》，北京大学出版社1996年版，第145页。

2. 法律优先原则

法律优先原则是指法律优先于行政，行政不得超越法律，不得与法律相抵触，行政应受既存法律的约束。该原则是对于一切行政行为的要求，核心是"至少不抵触原则"，具体体现在行政立法上就是以下几个原则。① 第一，"根据原则"，即法律有规定的，行政立法应当"根据"法律进行。第二，"不抵触原则"，即法律没有明确规定的，行政立法可以在"不抵触"现有法律规定的前提下进行。

3. 民主立法原则

民主立法原则是指行政机关进行行政立法时，要遵循民主的原则，吸收人民群众参与，体现人民群众的意愿，取得人民群众的支持，实行民主立法。这是保证所指定的行政法规、规章体现公平、正义的必要条件，也是"众人之事应由众人同意"这一宪政原则的体现，是人民当家做主的必然要求。我国《立法法》第5条规定："立法应当体现人民的意志，发扬社会主义民主，保障人民通过多种途径参与立法活动。"此外，《行政法规指定程序条例》和《规章制定程序条例》对此均作了相应规定。民主立法体现在行政立法程序上，就是行政立法的开放性和行政相对人的立法参与，确认公众对法案的讨论权和听证权，并建立对所提意见、建议和要求是否采纳的答复制度。民主立法体现在法规和规章的内容上，就是要求尊重人权，真正反映和体现公众的利益、愿望和要求，切实保障公民、法人和其他组织的合法权益。

4. 法制统一原则

法制统一原则是指行政立法必须与权力机关和上级行政机关的立法保持一致，不相隶属的行政立法之间应当协调一致，一个行政主体所制定的多个行政法规范之间、一个行政法规或规章内部条款之间也应保持一致。该原则的具体要求是：② 其一，各立法主体必须在自己的权限范围内活动，不得越权立法。对于立法权限不明或者立法权限交叉的，要与有关机关或共同的上级机关取得共识，使立法活动顺利进行，使法律体系一完整。其二，各立法主体在立法过程中必须把握行政立法的执行性这一基本特点，完整准确地体现"母法"的目的和精神，保证法律目的的一致性，以实现法制内容的统一性。其三，各立法主体应及时掌握因客观情况变化而引起的立法滞后状况，及时对行政法律规范进行非、改、立，实时适应客观形势。

5. 可操作性原则

可操作性原则是指行政立法保证法律和法规在本地方和本部门的执行作出具体化规定，从而起到补充法律和法规的空白或漏洞及解释法律和法规的原则规定和立法意图，并使法律和法规切合本地方或本部门实际情况的作用。即使是创制性行政立法，所发挥的作用也是基本如此。因此，行政立法与权力机关立法相比具有更贴近现实的特点，应坚持可操作性原则，使所制定的行政法规和规章规则明确、内容完整、要求具体、适应性大、针对性强即能切实可行。

此外，行政立法的原则还包括：适应性原则，即坚持从实际出发，适时有效地进行行政立法；协调性原则，即行政立法应当科学合理地规定公民、法人和其他组织的权利与义

---

① 王维达、刘杰主编：《中国行政法学》，同济大学出版社2006版，第54-55页。
② 应松年主编：《行政法与行政诉讼法》，法律出版社2009年版，第142页。

务、国家机关的权力与责任。

(二) 行政立法程序

1. 行政法规的制定程序

行政法规的制定程序是指国务院制定修改与废止行政法规的步骤、次序和方式。

根据《行政法规制定程序条例》的规定，我国行政法规的制定程序基本如下：

(1) 行政法规的立项

国务院制定行政法规是有计划的，主要有编制立法规划和计划。编制立法规划以五年计划，叫五年规划；编制立法计划以一年计划，称年度计划。国务院的立法规划和计划包括编制行政法规和法律草案的立法规划和计划。国务院的立法规划和计划，是根据我国的具体国情，以及国民经济和社会发展的五年计划的各项基本任务来具体进行的。根据《立法法》第57条规定："行政法规由国务院组织起草。国务院有关部门认为需要制定行政法规定的，应当向国务院报请立项。"

(2) 行政法规的起草

国务院对列入五年规划和年度计划的行政法规项目组织起草。国务院年度立法工作计划确定行政法规由国务院的一个部门或几个部门具体负责起草工作，也可以确定由国务院法制机构起草或组织起草。行政法规需要实施办法或实施细则配套的，二者应当统一考虑，并同时进行起草。

行政法规在起草的过程中，应当注意以下几项具体要求：①

其一，听取意见。《立法法》第58条规定："行政法规在起草的过程中，应当广泛听取有关机关、组织和公民的意见。听取意见可以采取座谈会、论证会、听证会等多种形式。"

其二，衔接与协调。起草行政法规，起草部门应当就涉及其他部门的职责或者与其他部门关系紧密的规定，与有关部门协商一致；经过充分协商不能取得一致意见时，应当在上报行政法规草案送审稿时说明情况和理由。另外，起草行政法规时，起草部门应当将涉及有关管理体制、方针政策等需要国务院决策的重大问题提出解决方案，报国务院决定。最后，行政法规起草中，还应该注意与有关法律、行政法规的衔接与协调。

其三，清理相应的行政法规。这就要求在起草时，必须对现行的内容相同或基本相同的行政法规进行清理。

其四，认真斟酌文字与行政法规名称。行政法规的起草必须注意用词准确、文字简明，必要时可请语言专家和法律专家协助斟酌用语和文字。另外，要注意行政法规所使用名称的区别，不能张冠李戴。行政法规的名称有条例、规定、办法等。

此外，起草部门向国务院报送的行政法规送审稿，应当由起草部门主要负责人签署。

(3) 行政法规的审查

行政法规的审查由国务院法制机构进行，主要从以下几个方面进行：是否符合宪法、法律的规定和国家的方针政策；是否符合《行政法规制定程序条例》的具体要求；是否与有关行政法规协调、衔接；是否正确处理有关机关、组织和公民对送审稿主要问题的意

---

① 关保英、宋龙凌主编：《行政法与行政诉讼法》，中国政法大学出版社2004年版，第288－289页。

见以及其他需要审查的内容。我国《立法法》第 59 条规定："行政法规起草工作完成后，起草单位应当将草案及其说明、各方面对草案主要问题的不同意见和其他有关资料送国务院法制机构进行审查。"

（4）行政法规的决定与公布

《立法法》第 60 条规定："行政法规的决定程序依照中华人民共和国国务院组织法的有关规定办理。"根据《国务院组织法》的有关规定，国务院的法制机构应当向国务院提出审查报告和草案修改稿，审查报告应当对主要问题作出说明。行政法规草案由国务院常务会议审议并作出决定，或由国务院审批。

行政法规草案经国务院通过、总理签署后，即进入公布和备案阶段。《立法法》第 61 条规定："行政法规由总理签署国务院令公布。"第 62 条规定："行政法规签署公布后，及时在国务院公报和全国范围内发行的报纸上刊登。在国务院公报上刊登的行政法规文本为标准文本。"

行政法规应当自公布之日起 30 日后施行，但是涉及国家安全、外汇汇率、货币政策的确定以及公布后不立即施行将有碍行政法规施行的，可以自公布之日施行。

（5）备案和解释

行政法规应当在公布后 30 日内由国务院办公厅报全国人民代表大会常务委员会备案。行政法规条文本身需要进一步明确界限或者作出补充规定的，由国务院解释。国务院法制机构研究拟订行政法规解释草案，报国务院同意后，由国务院公布或者国务院授权有关部门公布。行政法规的解释与行政法规具有同等效力。国务院部门和省、自治区、直辖市人民政府可以向国务院提出行政法规解释要求。对属于行政工作中具体应用行政法规的问题，省、自治区、直辖市人民政府法制机构以及国务院有关部门法制机构请求国务院法制机构解释的，国务院法制机构可以研究答复；其中涉及重大问题的，由国务院法制机构提出意见，报国务院同意后答复。

2. 行政规章的制定程序

行政规章的制定程序是行政规章的立项、起草、审查、决定和公布等程序，有部门规章与地方政府规章的制定程序之分。部门规章或地方规章的制定主要包括以下步骤：

（1）行政规章的立项

根据部门内设机构或其他机构，或者省、自治区、直辖市和较大的市的人民政府所属工作部门或下级人民政府提出的立项申请，部门法制机构、省、自治区、直辖市和较大的市的人民政府法制机构拟定本部门年度规章制订计划，报本部门、本级人民政府批准后施行。

（2）行政规章的起草

部门规章由国务院部门组织起草。地方政府规章由省、自治区、直辖市和较大的市的人民政府组织起草。起草规章可以邀请有关专家、组织参加，也可以委托有关专家、组织起草。行政规章在起草的过程中，也应注意以下要求：①要充分听取相关意见；②要衔接与协调；③要清理相应的行政规章；④要认真斟酌文字与行政规章的名称。这些要求基本上与行政法规的起草要求相同，此处不再赘述。总之，起草规章应当深入调查，广泛听取有关机关、组织和公民的意见。起草的规章如直接涉及公民、法人或者其他组织的切身利益，有关机关、组织或者公民对其有重大意见分歧的，应当向社会公布，征求社会各界意见；起草单位也可以举行听证会。在此基础上，起草单位形成规章草案送审稿，并将规章送审稿及其说明、对规章送审稿主要问题的不同意见和其他有关材料按规定报送审查。

（3）行政规章的审查

规章送审稿由法制机构统一审查。法制机构应当认真研究各方面的意见，并与起草单位协商后，对规章送审稿进行修改，形成规章草案和对草案的说明，由法制机构主要负责人签署，并提出提请本部门或者本级人民政府有关会议审议的建议。

（4）行政规章的决定和公布

部门规章应当经部务会议或者委员会会议决定；地方政府规章应当经政府常务会议或者全体会议决定。法制机构应当根据有关会议审议意见对规章草案进行修改，行政草案修改稿报请本部门首长或者省长、自治区主席、市长签署命令予以公布。规章应当自公布之日起30日后施行，但涉及国家安全、外汇汇率、货币政策的确定以及公布后不立即施行将有碍规章施行的，可以自公布之日起施行。在部门公报或者国务院公报和地方人民政府公报上刊登的规章文本为标准文本。

（5）备案和解释

规章应当自公布之日起30日内，由法制机构依照《立法法》和《行政法规规章备案条例》的规定向有关机构备案。关于规章的备案程序的具体内容将在本章第二节"我国的行政立法制度"中详细介绍。关于规章解释权属于规章制定机关。规章有下列情况之一的，由制定机关解释：其一，规章的规定需要进一步明确具体含义的；其二，规章制定后出现新的情况，需要明确适用规章依据的。而规章解释由规章制定机关的法制机构参照规章送审稿审查程序提出意见，报请制定机关批准后公布。规章的解释同规章有同等效力。

四、行政立法的分类

行政立法依据不同的标准可作以下分类。

（一）职权立法和授权立法

依据行政立法权来源和取得方式的不同，可以将行政立法分为职权立法和授权立法。

职权立法，又称管辖立法，是指国家行政机关依据宪法、法律赋予的权限，制定行政法规和行政规章的行为。我国《宪法》第89条、第90条第2款分别规定了国务院、国务院各部、各委员会的行政立法权限。职权立法要求行政机关只能在宪法和组织法规定的职权范围内立法，并以宪法和组织法为直接立法依据；行政机关通过职权立法制定的行政法规、规章一般不能变通法律、法规的规定。

授权立法，也叫委任立法，是指行政机关依据单行法律、法规的授权或者依据有权机关的授权决定所授予的立法权，制定行政法规和规章的活动。授权立法可以分为一般授权立法和特别授权立法。前者是国家行政机关依据法律的明文授权，制定行政法规与行政规章的行为；特别授权立法是中央政府依据国家立法机关或国家最高权力机关的决议或决定，行使国家立法机关或最高权力机关的某些立法权的行为，其立法的效力与法律相等。为了防止国家行政机关滥用行政立法权，在授权立法时，必须明确规定授权的范围、适用时限和对象等。同时，不得与宪法、法律相抵触。行政机关通过授权立法所制定的行政法规、规章可以变通和补充法律、法规的规定。

（二）中央行政立法和地方行政立法

根据立法主体的不同，可以将行政立法分为中央行政立法和地方行政立法。

中央行政立法是指最高国家行政机关即国务院及其各部门制定行政法规和规章的活动。中央行政立法包括国务院和国务院各工作部门的行政立法活动。根据宪法和组织法的规定，国务院具有制定行政法规的行政立法职权，国务院各部、委具有制定部、委规章的行政立法职权。中央行政立法的内容主要涉及全国范围内的普遍性问题，以及应由中央作出统一规定的重大问题，如国家安全、公共安全、资源开发、环境保护、交通规制、电讯管理等问题。

地方行政立法是指一定层级的地方行政机关依法制定和发布政府规章的活动。根据《宪法》、《地方组织法》以及《立法法》的规定，具有行政立法权的地方行政机关包括省、自治区、直辖市的人民政府和经国务院批准的较大的市的人民政府。地方行政机关通过行政立法将中央立法的规定具体化，根据地方的实际情况制定具体地方政府规章，可以有效调整地区性的特殊社会关系。

（三）法规性立法和规章性立法

根据行政立法的最终结果，可以将行政立法分为法规性立法和规章性立法。

法规性立法是指国务院依法制定和发布行政法规的活动。法规性立法的内容包括全国性的政治、经济、教育、科技、文化和外事等各个方面。法规性立法的方式有两种：一是由国务院直接组织起草、制定和发布；二是由国务院主管部门组织起草、制定，由国务院批准，再由制定部门发布。所制定的行政法规一般有条例、规定和办法三种名称。

规章性立法是指国务院主管部门和法定地方政府依法制定和发布行政规章的活动。行政规章一般可以采用规定、办法、实施细则和规则等为名称，但不得采用条例为名称。国务院主管部门所制定的规章，称为部门规章。法定的地方人民政府所制定的规章，称为地方人民政府规章。

（四）执行性立法和创制性立法

依据行政立法的功能为标准，可以将行政立法分为执行性立法和创制性立法。

执行性立法是指行政机关为了执行或实现特定法律、法规的规定而进行的立法。执行性立法可以依职权进行，也可以依授权进行，但不得任意增加或减少所要执行的法律、法规的内容。通过执行性立法所制定的行政法规和规章，一般称为"实施条例"、"实施细则"或"实施办法"。在所依据的法律、法规不存在时，该执行性立法也不能独立存在。

创制性立法是指行政机关为了填补法律和法规的空白，或者变通法律和法规的个别规定以实现行政职能而进行的立法。其中，为了填补法律、法规的空白而进行的创制性立法，即在还没有相应法律、法规规定的前提下，行政主体运用宪法和组织法所赋予的立法权所进行的创制性立法，称为自主性立法。为了补充法律、法规的规定而进行的创制性立法，称为补充性立法。补充性立法应以法律、法规的特别授权为根据，所制定的行政法规和规章并不因授权法律、法规的失效而当然失效，只要不与新的法律、法规相抵触，其法律效力就可以继续保持。

五、行政立法的不作为

行政立法不作为兼具了立法不作为和行政不作为的双重特点，它是指特定行政立法机关未依照上位法的规定，未尽到合理的立法责任，在合适时间以合适的方式或者程序，展开立法创制、修订或废止活动的行为。行政立法不作为是立法主体放弃行政责任和立法责任的表现。从学理上看，行政立法不作为包括三个构成要件：①行政立法机关有立法责任的存在；②行政立法机关具有立法的能力；③行政立法机关无为或者消极作为。①

行政立法不作为的形成有诸多方面的原因：①组织的功能性障碍。我国行政体制实行的是行政首长负责制，行政立法只是首长行政活动内容的极小部分，在行政首长诸多繁杂活动中，行政立法的启动机制是很难进行的。②授权立法规则不清晰。行政机关虽有立法能力，但是如果授权法律规则缺乏可度量性，未能清楚地呈现行政立法的主体、立法内容和范围、目的和时限，行政立法机关即便想行使立法裁量权，也难以着手。授权行政立法规则的目标和要求不清晰的问题，多集中在法律条文授予立法制定权比较模糊的法律、法规上，或者是部门规章联合立法的立法责任主体不明确上。③客观环境的不成熟性。在实务中，有少数行政立法规范在制定时确实不够成熟，并且包含着极其复杂的利益纠葛，问题棘手而无从下手。具体的表现情形是：有些行政立法问题也许不具普遍性；有些行政立法问题面临着棘手的物质投入和分配；有些行政立法问题面临着复杂的利益之争和利益权衡。④利益驱动导致立法裁量权的滥用。相当多的行政立法无论在立法时机还是特定主体的立法能力上，均已成熟，但是由于受利益纠结，立法者并不愿意或者拒绝及时、妥当地展开立法活动。有些行政立法机关以各种借口逃避或回避了在社会保障、食品安全、产品质量、消费者保护、劳动卫生与安全、交通安全、环境保护、妇女平等权和福利平等权、义务教育、"农民减负"、"三乱"治理等方面的立法责任。⑤舆论观念扭曲了立法作为和不作为的正确关系。从严格形式法治角度看，凡是法律保留事项都不得立法，即使民众和社会舆论希冀立法，行政立法机关也不得立法，否则违反法治原则。即在立法保留事项方面，行政立法机关无权立法。"自由与财产权，基本无立法产生的可能"②，立法者不予立法并非是立法不作为。当不得违反法治原则与民众舆论观念冲突时，行政立法机关的"立法不作为"不仅不能予以否定，而且应予肯定，并通过合法合理的方式解决是否及何时制定行政立法的问题。

第二节 我国的行政立法制度

一、行政立法制度概述

立法制度是立法活动、立法过程所须遵循的各种实体性准则的总称，是国家法制的重要组成部分。立法制度是国家法制整体中前提性、基础性的组成部分。没有好的立法制

---

① 于立深：《行政立法不作为研究》，载《法制与社会发展》2011年第2期。
② 许宗力著：《宪法与法制国行政》，台北元照出版公司2007年版，第523-524页。

度，便难有好的法律、法规、规章和其他规范性文件，因而再好的执法、司法制度也不能发挥应有的作用，实现法治或建设现代法治国家便没有起码的条件。

立法制度有成文和不成文两种形式。成文立法制度是以法的形式确定的立法活动、立法过程所须遵循的各种准则。不成文立法制度是立法活动、立法过程实际上所须遵循但并没有以法的形式确定的各种准则。一国立法制度成文化的程度与该国整个法制和法治的发达程度一般成正比。现代立法制度主要是成文制度，许多国家不仅在宪法和宪法性法律中对立法制度作出规定，还有关于立法制度的专门立法。现时我国立法制度处于走向完善的发展过程中，宪法对立法制度的有关方面作出了原则规定，通过实施的《立法法》对我国现行立法制度的有关方面作出了较为具体的规定。

立法制度的状况是国家法制状况的更直接、更明显的标志。从结构的角度看，有没有健全的立法制度，直接反映出一国法制健全与否。从民主的角度看，立法权是否属于人民，立法机关是否由民意产生，立法程序或立法过程是否民主、是否有透明度，都直接和明显地反映出一国法制的民主化程度。从特色的角度看，立法机关所立之法在国家法的渊源体系中居于何种地位，其他国家机关对法的渊源的作用程度，是当今民法法系与普通法法系各具特色的一个重要分野。

二、我国行政立法体系

在我国，行政立法体系是国家整个立法体系中重要的不可分割的组成部分。

我国现行立法体系从纵向上可以分为中央立法和地方立法两级。中央立法包括：全国人民代表大会及其常务委员会制定法律；国务院制定行政法规；国务院各部门制定规章。地方立法包括：省、自治区、直辖市和较大的市的人民代表大会及其常务委员会制定地方性法规；民族自治地方的人民代表大会制定自治条例和单行条例；省、自治区、直辖市和较大的市的人民政府制定规章。

我国现行立法体系从横向上可以分为权力机关立法和行政机关立法两个系统。权力机关立法体系包括：全国人民代表大会及其常务委员会制定法律；省、自治区、直辖市、较大的市的人民代表大会及其常务委员会制定地方性法规；民族自治地方的人民代表大会制定自治条例和单行条例。行政机关立法系统包括：国务院制定行政法规；国务院各部门、省、自治区、直辖市的人民政府和较大的市的人民政府制定规章。

三、我国行政立法权限划分

《立法法》第8条对于只能制定法律的事项作了以下规定：①国家主权的事项：有关国家领土、国防、外交、国籍、出入境制度；②国家机构制度的事项：各级人民代表大会、人民政府、人民法院、人民检察院的产生、组织和职权；③自治制度事项：民族区域自治制度、特别行政区制度、基层群众自治制度；④刑事制度事项：有关犯罪与刑罚；⑤公民政治权利和人身自由方面的事项：对人身权利的剥夺、限制人身自由的强制措施与处罚；⑥对非国有财产的征收；⑦基本民事制度；⑧基本经济制度以及财政、税收、货币、金融、海关和外贸的基本制度；⑨诉讼和仲裁制度；⑩必须由全国人大制定法律的其他事项。同时，《立法法》第7条规定，全国人民代表大会制定和修改刑事、民事、国家机构和其他的基本法律；全国人大常务委员会制定和修改除应当由全国人大制定的法律以外的其他法律。

国务院制定行政法规的事项包括：①为执行法律的规定需要制定行政法规的事项；②《宪法》第89条规定的国务院行政管理职权的事项；③应当制定法律的事项尚未制定的，国务院根据全国人民代表大会及其常务委员会授权决定，对其中部分事项先制定行政法规，但是，有关犯罪与刑罚、对公民政治权利的剥夺和限制人身自由的强制措施和处罚、司法制度除外。

关于地方性法规，《立法法》第63条规定，省、自治区、直辖市的人民代表大会及其常务委员会根据本行政区域的具体情况和实际需要，在不同宪法、法律、行政法规相抵触的前提下，可以制定地方性法规。较大的市的人民代表大会及其常务委员会根据本市的具体情况和实际需要，在不同宪法、法律、行政法规和本省、自治区的地方性法规相抵触的前提下，可以制定地方性法规，报省、自治区的人民代表大会常务委员会批准后施行。地方性法规就以下事项作出规定：①为执行法律、行政法规的规定，需要根据本行政区域的实际情况作具体规定的事项；②属于地方性事务需要制定地方性法规的事项。此外，除了由法律规定的事项外，其他事项国家尚未制定法律或行政法规的，地方权力机关可以根据本地方的具体情况和实际需要，先制定地方性法规。

国务院各部、委员会、中国人民银行、审计署和具有行政管理职能的直属机构，可以根据法律和国务院的行政法规、决定、命令，在本部门的权限范围内，制定规章。部门规章制定的事项包括：①应当属于执行法律或国务院行政法规、决定、命令的事项；②涉及两个以上国务院部门职权范围的事项，应当提请国务院制定行政法规或者由国务院有关部门联合制定规章。

省、自治区、直辖市和较大的市的人民政府，可以根据法律、行政法规和本省、自治区、直辖市的地方性法规，制定规章。地方性规章规定的事项：①为执行法律、行政法规、地方性法规的规定需要制定规章的事项；②属于本行政区域的具体行政管理事项。

四、我国行政法律规范的效力位阶及区分标志

（一）行政法律规范的效力位阶

行政法律规范的效力位阶是指不同的立法主体制定的行政法律规范，在适用中表现出来的作用差别。

在我国，全国人民代表大会及其常务委员会有制定宪法和法律的权力，这是最高层次的立法机构，享有最高的法律效力位阶。国务院有制定行政法规的权力，它是全国人民代表大会的执行机关，是仅次于全国人民代表大会的第二层次的立法机构，行政法规为第二位阶的立法。省、自治区、直辖市和较大的市的人民代表大会及其常务委员会是在局部地区享有立法权的立法机构，有制定地方性法规的权力，是次于国务院的第三层次的立法机关，制定的地方性法规为第三效力位阶的立法。国务院各部门制定的规范性文件称为部门规章，省、自治区、直辖市和较大的市的人民政府制定的规范性文件，称为地方政府规章，部门规章和地方政府规章之间效力无高低之分。

(二) 区分标志①

行政法律规范效力位阶所反映的各法律规范之间区别标志可以分为实质性标志和形式上的区别标志。

1. 实质性标志

实质性的区别标志是效力位阶之所以产生的根本原因，主要表现在立法主体、立法权的取得、立法权限以及适用范围等方面。其中，立法主体是以制定机关为标志来区分行政法律规范效力位阶的高低，是形成行政法律效力位阶区别的根本因素。立法权限反映了立法机关在制定行政法律规范内容方面的差别所表现出来的效力位阶，效力位阶越高的法律规范其权力范围就越宽，这是效力位阶的实体因素。行政立法权的来源一般有两个，即以职权立法和以授权立法。这种立法方式前已详细阐述，此处不再重复，它们是行政法律规范的影响因素。行政法律规范的适用范围是其效力位阶的区别标志之一，也是效力等级区别的地域因素。

2. 形式性标志

形式性标志是行政法律规范效力位阶的外在表现，主要表现在行政法律规范采用的名称、适用选择、保障其实施的手段。行政法律规范的效力位阶在形式上表现为不同位阶的规范性文件套用名称的差别。行政法律规范效力位阶差别的又一个表现是，在多个行政法律规范对同一事项都有明确规定的情况下，较高效力位阶行政法律规范在适用上具有优先性或排他性。同时，按照我国现行体制，行政强制必须由法律规定，然而，不同位阶的行政法律规范，保障其实施的手段也不同。

五、我国行政立法的备案制度与审查制度

通过备案制度可以使上级权力机关和行政机关对下级行政立法活动实施监督管理，从而确保行政立法所制定的行政法规、规章相互之间的协调，以及与其他法律规范的协调统一，维护国家法制的统一性。

根据《立法法》的规定，行政法规、地方性法规、自治条例和单行条例、规章应当在公布后的30日内依照下列规定报有关机关备案。①行政法规，报全国人民代表大会常务委员会备案。②省、自治区、直辖市的人民代表大会及其常务委员会制定的地方性法规，报全国人民代表大会常务委员会和国务院备案；较大的市的人民代表大会及其常务委员会制定的地方性法规，由省、自治区的人民代表大会报全国人民代表大会常务委员会和国务院备案。③自治州、自治县制定的自治条例和单行条例，由省、自治区、直辖市的人民代表大会报全国人民代表大会常务委员会和国务院备案。④部门规章和地方政府规章报国务院备案；地方政府规章应当同时报本级人民代表大会备案；较大的市的人民政府制定的规章应当同时报省、自治区的人民代表大会常务委员会和人民政府备案。⑤根据授权制定的法规应当报授权决定机关备案。

同时，按照法定程序对行政立法活动进行审查，这是法律赋予有权机关对行政立法活动进行监督的一种有效形式，同样有利于维护国家法制统一。

---

① 应松年主编：《行政法与行政诉讼法学》，法律出版社2009年版，第137-140页。

根据《立法法》的规定，有关行政立法审查监督的规定有：

第一，中央军事委员会、最高人民法院、最高人民检察院和各省、自治区、直辖市的人民代表大会常务委员会认为行政法规、地方性法规、自治条例和单行条例同宪法或者法律相抵触的，可以向全国人民代表大会常务委员会书面提出审查的要求，由常务委员会工作机构分送有关的专门委员会进行审查，提出意见。其他国家机关和社会团体、企业事业组织以及公民认为行政法规、地方性法规、自治条例和单行条例同宪法和法律相抵触的，可以向全国人民代表大会常务委员会书面提出进行审查的建议，由常务委员会工作机构进行研究，必要时，送有关的专门委员会进行审查，提出意见。

第二，全国人民代表大会专门委员会在审查中认为行政法规同宪法或者法律相抵触的，可以向制定机关提出书面审查意见，也可以由法律委员会与有关的专门委员会召开联合审查会议。制定机关应当在两个月内研究提出是否修改的意见。

第三，全国人民代表大会法律委员会和有关的专门委员会审查认为行政法规同宪法或者法律相抵触而制定机关不予修改的，可以向委员长会议提出书面审查意见和予以撤销的议案，由委员长会议决定是否提请常务委员会会议审议决定。

第四，国家机关、社会团体、企业事业组织、公民认为规章同法律、行政法规相抵触的，可以向国务院书面提出审查建议，由国务院法制机构研究处理。其中，对于较大市的人民政府规章，如果国家机关、社会团体、企业事业组织、公民认为其同法律、行政法规相抵触或者违反其他上位法的规定的，也可以向本省、自治区人民政府提出审查的建议，由省、自治区人民政府法制机构研究处理。

行政立法文件经过有关部门审查后，行政立法文件可能被改变或撤销。行政立法文件被改变或撤销情形是：①超越权限的；②下位法违反上位法规定的；③规章之间对同一事项的规定不一致，经裁决应当改变或者撤销一方的规定的；④规章的规定被认为不适当，应当予以改变或者撤销的；⑤违背法定程序的。而具体改变或者撤销行政法规、规章的权限是：①全国人民代表大会常务委员会有权撤销同宪法和法律相抵触的行政法规；②国务院有权改变或撤销不适当的部门规章和地方政府规章；③地方人民代表大会常务委员会有权改变和撤销下一级人民政府制定的不适当的规章；④省、自治区的人民政府有权改变或者撤销下一级人民政府制定的不适当的规章；⑤授权机关有权撤销被授权机关制定的超越授权范围或者违背授权目的的法规，必要时可以撤销授权。

第十三章 抽象行政行为：行政规则、行政规划

第一节 行政规则

一、行政规则的含义

在立法之外，行政机关依据自身职权为执行法律、法规及政策而制定的可以反复适用的抽象性规定，各国皆然。然而对其名称的概括我国学术界有不同的主张，有的概括为"规范性文件"[1]，有的概括为"行政规范性文件"[2]，有的则概括为"行政规范"[3]，还有的称其为"其他规范性文件"[4]。比较这些名称的异同，我们不难发现，学者们大多将其概括为"规范性文件"，但是如果仅将其概括为规范性文件尚不足以将其法律属性与特征简单地表达出来，西方国家和我国台湾的行政法理论和行政立法主要将其称为行政规则。

除了学术上的争议之外，我国的宪法及有关的行政法对这一概念也使用了不同的称谓，我国宪法、组织法以及行政复议法、行政监察法对其作了罗列式的规定，采用罗列名称的方式来加以概括，虽然形象、具体，但它们却不是一种相当严谨、规范的术语称谓。一方面，"作为一种罗列，可能难以涵盖所有的行政规范性文件，还应有一个概括性名词"[5]，另一方面，诸如规定、办法等称谓在我国的立法文件体系中被广泛地使用着。比如，云南省九届人大常务委员会于2001年11月30日修正通过的地方性法规《云南省荒山有偿开发的若干规定》就是这方面的一个例子。故单纯的罗列名称是无法与立法性文件进行实质区分的，而且也不能充分反映出此类性质的文件在现实生活中所处的地位。基本法律中唯有《行政处罚法》将其概括为"其他规范性文件"；程序法中行政诉讼法也同样采取了罗列式的方法，而最高人民法院《关于执行〈中华人民共和国行政诉讼法〉若干问题的解释》将其作了进一步的界定，概括为"行政规范性文件"。鉴于司法解释在我国司法实践中至少起到"准法源"的作用，故"行政规范性文件"及"其他规范性文

---

[1] 比如学者姜明安在其主编的《行政诉讼行政执法的法律适用》一书中就作过这样的概括。
[2] 学者罗豪才主编的《行政法学》，中国政法大学出版社1996年版一书中作过这样的概括；高若敏的《谈行政规章以下行政规范性文件的效力》中也有过这样的概括（《法学研究》1993年第3期）。
[3] 叶必丰、周佑勇著：《行政规范研究》，法律出版社2002年版。
[4] 参见应松年主编《行政法学新论》，中国方正出版社1998年版；湛中乐：《论行政法规、行政规章以外的其他规范性文件》，载《中国法学》1992年第2期，第2—6页。
[5] 张步洪编：《中国法学会行政法学研究会2000—2002年会主题》，中国检察出版社2003年版，第501页。

件"已不仅是两个法学术语，而是两个并行使用的法律术语。

关于行政规则的含义，学术界通常将其分为最广义、广义与狭义三种意义，但也有学者将其区分为广义与狭义两种解释，① 我们赞同通说。最广义的行政规则是指一切国家机关为执行法律、法规、政策制定的除法律、法规、规章以外的具有普遍约束力的决定、命令和行政措施。最广义的解释与广义的解释相比，广义的解释把制定主体只限定在了行政机关或者视为行政机关的组织或团体。狭义的行政规则是指没有立法权的国家行政机关为实施法律、法规和规章而制定的具有普遍约束力的决定、命令、行政措施等。

二、行政规则的特征

第一，制定主体的广泛性。依行政规则的广义解释来看，它的制定主体比行政立法主体要广，后者只能是由宪法、组织法明确规定的立法主体，而前者不仅包括享有立法权的主体，而且包括不享有立法权而依据其行政职权制定规范的行政机关。

第二，制定行政规则属于一种抽象行政行为。行政规则适用的对象是不固定的人群，具有反复适用性，它的运用是针对后来发生的事，其效力是一种间接效力，即：行政规范性文件的效力不是直接作用于具体的人或事，而是通过具体行政行为来实现的，故制定行政规则属于一种抽象行政行为。

第三，行政规则的功能在于提高行政效率，实现行政管理的目的。对于行政规则的功能，具体如下：①弥补立法性文件的缺陷。关于法律漏洞，台湾学者黄茂荣对其作了很精辟的解释，认为法律体系之违反计划的不圆满状态就是法律漏洞。造成法律漏洞的原因是多种多样的，一般来说被归纳为三种：立法者思考不周（要么没有考虑到，要么考虑到了但思考不周详）、具有法律意义的情形发生重大变更以及立法者自身觉得对拟予规范的情形了解不够，而有意不加以规范。② 行政机关除了是行政管理机关之外也是执法机关，因而对法律漏洞的弥补同样也是行政机关的权限与义务，其中行政法上法律漏洞补充的界限来自于民主原则与法治国原则。和立法者不同的是，行政机关与法官欠缺民主正当性，行政机关与法官补充法律漏洞的权限是补充性的，③ 所以只能有限度的行使。④ 在实际生活中，行政机关除了依据法律授权制定行政法规、行政规章外，更多的是根据自身的权限制定行政规则来进行行政管理。②具体实现政府的政令，提供行政机关在依职权进行行政管理时的裁量标准和裁量的方式。对于这一功能，绝大多数学者把其概括为"执行法律、法规及政策，发布行政措施"。对行政规则的这项功能，学术界的观点是一致的，但对于行政规则的性质是否属于政策有争议，对此有两种截然相反的观点，学术界比较普遍的看法是将行政规则等同于政策；另一种看法则认为政策的制定主体只有两个，即国家和政党，而其中行政规范性文件就是落实政策的一个重要方式。⑤ 讨论行政规则究竟是不是政策，需要看两者的外延是否具有从属关系。根据美国学者德沃金的观点，政策是有关必须

---

① 张步洪编：《中国法学会行政法学研究会2000—2002年会主题》，中国检察出版社2003年版，第501页。
② 黄茂荣著：《法学方法与现代民法》，中国政法大学出版社2001年版，第335页。
③ 补充性是针对立法机关对法律漏洞补充的完整性而言的，即行政机关和法院对法律漏洞的补充要受到法律规定的原则和精神的限制。
④ 翁岳生编：《行政法》（上册），中国法制出版社2002年版，第205-207页。
⑤ 刘松山：《"红头文件"冲突法律责任的责任归属——兼评福州王凯锋案》，载《法学》2002年第3期。

达到的目的或目标的一种政治决定，一般说来是关于社会的经济、政治或者社会特点的改善以及整个社会的某种集体的保护或促成问题。而根据广义的行政规则的解释，它主要是为执行法律、法规、规章以及国家政策而发布的具有普遍约束力的决定和命令，因此我们可以看出作为一种政治决定的政策仅仅是制定行政规则的根据之一，而非行政规则本身，也就是行政规则的外延大于政策，两者之间是不存在从属关系的。③确保行政法规统一、公平的执行。有台湾学者认为，① 制定行政规则的必要性在于倘若没有行政规则，而让各个行政机关独自确定适用行政法规的标准时，各个机关由于适用的标准不同必然陷入相当混乱的状态。为了避免行政管理的混乱，减轻公务员适用行政法律的困难与工作负担，使行政机关的行为以及行政程序透明化，让人民事先有预测的可能性，进而提高行政法规的安全性，行政规则确有存在的必要性。④指导社会生活。有学者②对这一功能作出了比较深入的分析，指出社会的进步、文明和繁荣需要有理性的组织和指导。对社会的组织和指导，可以通过立法来实现，但更多的却是通过制定行政规则来实现。这是因为行政规则的灵活性，可以及时指导变化中的经济活动；行政指导的非强制性，有利于公众的接受、减少摩擦和冲突；行政指导的预见性，可以避免和预防经济资源的不合理配置和浪费。这种行政指导有的表现为一种事实行为即行动，也有的表现为一种行政规则。

三、行政规则的分类

（一）内部行政规范与外部行政规范

有学者③以行政规则调整的对象为标准，将行政规则划分为内部行政规范与外部行政规范。内部行政规范是行政主体为加强内部管理而针对内部机构、公职人员制定的工作制度、管理办法等。外部行政规范则是指行政主体为行使外部管理职能而针对一般公民、法人和其他组织制定的行政规范性文件。

（二）创制性行政规范、解释性行政规范与指导性行政规范

这是有关学者④以法律效果为标准对行政规则所作的划分。创制性行政规范是指行政主体未启动行政立法程序而为不特定相对人创设权利义务的行政规范性文件。它是行政主体根据行政规范或上级行政规范的授权，为弥补行政法规范或上级行政规范空缺，为相对人创设了权利、义务。

解释性行政规范是指行政主体为了实施法律、法规和规章，统一各个行政主体及其公务员对法律、法规和规章的理解及执行活动，对法律、法规和规章进行解释而形成的规范性文件。解释性行政规范与创制性行政规范不同。创制性行政规范独立地创设了不特定相对人的权利义务，符合行政行为的构成要件，属于抽象行政行为的表现形式之一。但是，解释性行政规范只是对法律规范内容的阐述和确定，对立法意图的说明和强调，对行政主体及其公务员理解的统一和行动的协调，并没有独立地设定、变更或消灭相对人的新的权利义务，并不具有独立的新的法律效果，因而并不能构成一个独立的行政行为。

---

① 翁岳生编：《行政法》（上册），中国法制出版社2002年版，第130－132页。
② 叶必丰、周佑勇著：《行政规范研究》，法律出版社2002年版，第111－123页。
③ 叶必丰、周佑勇著：《行政规范研究》，法律出版社2002年版，第76－77页。
④ 叶必丰、周佑勇著：《行政规范研究》，法律出版社2002年版，第79－123页。

指导性行政规范是指行政主体对不特定相对人事先实施书面行政指导时所形成的一种行政规范性文件。指导性行政规范并不具有相应的法律效果，它不对特定或不特定的相对人创设、变更或者消灭权利义务。它在内容上主要表现为倡导、号召、建议和设想等。

四、政府行政规则的渊源

以政府行政规范性文件的制定主体为标准，将分别分析国务院制定的行政规则和地方政府制定的行政规则。

（一）国务院及其各部、委制定的行政规则

国务院及其各部、委制定的行政规则属于立法性文件即行政法的法源之一。要确定国务院的行政规范性文件是不是立法性文件，我们有必要从形式上判断一下其制定的依据是什么？根据我国《宪法》第89条之规定，国务院有权行使的职权之一就是"根据宪法、法律，规定行政措施，制定行政法规，发布决定和命令。"同时根据《宪法》第90条的规定和《国务院组织法》第10条的规定，国务院各部、各委员会可以根据法律和国务院的行政法规、决定、命令在本部门的权限内发布命令、指示和规章。可见，从形式上看，国务院及其各部委制定行政规则的权力直接来源于宪法和法律的授权。那么，作为一种行为规范它是否具有普遍性强制拘束力呢？拘束力是指一个行为规范对哪些人产生效力，国务院作为国家最高的行政机关其发布的决定、命令当然适用于我国主权范围内的所有行政机关，行政机关通过执行这些决定、命令进而影响了多数公众的权利、义务，因而其在空间上是有普遍约束力的。但是"判断一个行为规范是否具有普遍性强制约束力，不仅仅要看该行为规范所指向的对象是不是不特定的多数公众，而更要看对法官是否具有了强制性约束力"[①]。依据我国《行政诉讼法》第52条第1款、第53条第1款的规定，人民法院审理行政案件以法律、行政法规、地方性法规为依据，参照国务院部、委根据法律和国务院的行政法规、决定、命令制定、发布的规章。在此，法律明确了人民法院有适用法律[②]的当然义务，而无法律上的判断权，对于行政规章法律则赋予了人民法院以合法性判断权，如果不与上位法冲突，人民法院仍然有适用职责，[③] 我国法律却未明确规定法院是否负有适用政府行政规则的职责。但《立法法》第71条规定，国务院各部、委员会和具有行政管理职能的直属机构，可以根据法律和国务院的行政法规、决定、命令，在本部门的权限范围内制定规章。部门规章规定的事项应当属于执行法律或者国务院的行政法规、决定、命令的事项。从该条的规定我们不难推导出部门规章的制定依据为法律、行政法规以及国务院制定的行政规则，由此可见国务院制定的行政规则的地位是高于部门规章的，而国务院各部、委制定的部门规章与地方政府法规的效力是并行的，所以国务院的行政规则地位也是高于地方性法规和规章的，故它属于行政法的法源之一。

（二）地方政府行政规则

根据我国《地方各级人民代表大会和地方各级人民政府组织法》第59条第1项的规

---

① 叶必丰：《行政规范法律地位的制度论证》，载《中国法学》2003年第5期，第70页。
② 指狭义的法律，即全国人大及其常务委员会通过立法程序制定的法律。
③ "参照"可以视为对法院适用法律职责的限制，这是因为规章的制定并没有按照立法程序来进行，但限制并不代表求负有适用的职责。

定，县级以下地方各级人民政府有权行使的职能之一就是执行本级人民代表大会及其常务委员会的决议，以及上级国家行政机关的决定和命令、规定行政措施、发布决定和命令。而《民族区域自治法》第 20 条则规定，自治机关对于上级国家机关的决议、决定、命令和指示，如有不适合民族自治地方实际情况的，可以报经该上级国家机关批准、变通执行或者停止执行。同时该法第 33 条规定，民族自治地方的自治机关对本地方的各项开支标准、定员、定额，根据国家规定的原则，结合本地方的实际情况，可以制定补充规定和具体办法。从以上的规定我们可以看出，地方各级人民政府的职能之一是执行国家权力机关和上级行政机关的决定、命令，其发布命令、行政措施的职权并不是来源于法律、行政法规的授权，而仅仅是一种行政管理的手段。行政规则是否具有普遍性的拘束力呢？我们显然不可能从现行的法律条文中找到这么一个答案，只能从其作为裁判规范对法院究竟有没有当然的拘束力中进行判断。根据《最高人民法院关于执行〈中华人民共和国行政诉讼法〉若干问题的解释》第 62 条第 2 款的规定可知，人民法院审理行政案件，可以在裁判文书中引用合法有效的规章及其他规范性文件。我国的行政诉讼法并未明确赋予行政规范性文件以"参照"的地位，只是该司法解释用"可以"引用之类的用语表明了司法实务界的一种倾向性态度，也就是说人民法院对行政规则保留了审查判断权、拒绝适用权，由此可见地方政府行政规则不属于行政法的法源之一。但需要注意的是，通过政府部门适用地方政府行政规则的行为事实上是具有拘束力的，对地方政府行政规则之法源性进行探讨的目的并不在于人民法院是否有适用它的职责，毕竟由于行政机关的高度专业性，它往往会得到法院的尊重。也许有人会问，难道我们只为了教条的坚持理论的划分而不顾实践的呼声吗？如前所述，研究行政法法源的意义就在于它是处在限制层面上的，而我们研究地方政府行政规则法源的意义，在于它不能与立法性文件相违背，其整个框架必须纳入法律体系的框架之下，更主要的是严格禁止其行使专属于法律（广义）的权力。

五、对行政规则的监督

（一）权力机关监督

在我国，权力机关主要是通过行使撤销权来实现对行政规则的监督。根据我国《宪法》和《地方各级人民代表大会和地方各级人民政府组织法》的规定，全国人民代表大会常务委员会有权撤销国务院制定的同宪法、法律相抵触的行政法规、决定和命令；县级以上地方各级人民代表大会及其常务委员会有权撤销本级人民政府不适当的决定和命令。

（二）行政机关的监督

1. 备案和清理

备案和清理是一种由上级行政机关针对行政规则专门进行监督的方式。目前我国对行政规则进行备案和清理的规定由各行政部门或地方政府规章加以规定。

2. 行政复议监督

根据《行政复议法》第 7 条的规定，公民、法人或者其他组织认为行政机关的具体行政行为所依据的下列规定不合法，在对具体行政行为申请行政复议时，可以一并向行政复议机关提出对该规定的审查申请：①国务院部门的规定；②县级以上地方各级人民政府及其工作部门的规定；③乡、镇人民政府的规定。同时该法第 26 条规定，申请人在申请行政复议时，一并提出对本法第 7 条所列有关规定的审查申请的，行政复议机关对该规定有权处理的，应当在 30 日内依法处理；无权处理的，应当在 7 日内按照法定程序转送有权处理的行政机关依法处理，有权处理的行政机关应当在 60 日内依法处理。处理期间，中止对具体行政行为的审查。由此可见，我国在行政复议制度设计中设置了针对行政规则的监督方式，这是一种间接的附带审查制。附带审查是指复议申请人不能单独就行政规则向复议机关提出审查申请，同时行政复议机关也不得直接就行政规则进行审查，复议机关对行政规则的审查是以有关具体行政行为为前提的。间接审查则指复议机关在进行行政复议活动中不得直接对行政规则进行审查，而必须依法律规定的职权自行处理或移交有权行政机关处理。

3. 司法机关的监督

早在 1986 年，最高人民法院在给江苏省高级人民法院《关于人民法院制作法律文书如何引用法律规范性文件的批复》中就曾对行政规则的监督进行过规定，称人民法院在依法审理民事和经济纠纷案件制作法律文书时，对于国务院各部委发布的命令、指示和规章，各县、市人民代表大会通过和发布的决定、决议，地方各级人民政府发布的决定、命令和规章，凡与宪法、法律、行政法规不相抵触的，可在办案时参照执行，但不要引用。虽然行政诉讼法中又排除了对抽象行政行为进行审查的可能性，但最高人民法院《关于执行〈中华人民共和国行政诉讼法〉若干问题的解释》（法释［2000］8 号）第 62 条第 2 款又规定，人民法院审理行政案件，可以在裁判文书中引用合法有效的规章及其他规范性文件。这表明司法机关对行政规则同样含有附带审查权，也就是我国司法机关不得直接对行政规则的合法性进行判断，但在审查被诉具体行政行为过程中可以附带就行政规则的合法性进行判断，如果发现其违法，可以使其失去继续适用的效力。

（三）社会的监督

目前我国对行政规则进行社会监督的规定由各行政部门或地方政府规章加以规定。大部分地方政府规定了行政规则公开制度，有部分省份还规定了公众建议制度，从而进一步提高了行政规则的内部与外部交流制定。

第二节　行政规划

一、行政规划的概念

行政规划也称行政计划，不是法律上的概念，而是学术上用来概括立法和行政实践中各种与行政有关的计划的用语，是指行政机关为了实现行政活动的计划化，在实施行政活动之前，先设定有关行政目标，并规划实施步骤和措施方法等的活动。行政规划的特点主要有：

第一，强烈的政策性。现代社会的发展越来越强调前瞻性与预测性，要求政府在采取重要行政措施之前必须统筹兼顾、规则得当，因此行政规划得以成为现代政府重点采用的、用于实现行政政策的手段和工具。

第二，是一个动态的、演进的过程。从时间与空间顺序上看，行政规划是一个从制定政策和规划到调动综合性手段逐步实现计划目标的过程;从法律效果上看,有着从一般政府的宣示到逐步获得一定约束力的发展过程。

第三,非完结性、空白性的特点。这主要是因为行政规划强烈的政策性导致其内容不可能非常具体和明确。①

二、行政规划的性质

对于行政规划的性质问题,我国学者论述较少,国外和我国台湾地区的论述主要集中在行政规划是否为立法行为这一点上。主要有以下几种观点:

第一,"政策性行为说"。认为行政规划作为统一行政上各项政策的基本标准,与行政立法有相通的一面,但行政规划是在考虑现实情况的基础上设定的具体行政目标,是运用行政机关的自由裁量权作出的政策决定。

第二,"立法行为说"。认为立法者决定的行政规划可以视为运用立法裁量的行为,即立法行为。

第三,"具体行政行为说"。认为虽然行政规划类似于立法行为,但由行政规划产生的权利限制等效果却不是抽象的,远比法令的效果具体而强烈,所以从这个意义上说,它类似于具体行政行为。

第四,"机能说"。行为规划的本质研究要着眼于机能,除了拘束性规划之外,行政规划对于社会具有预测和引导机能,并可以引导国家和地方公共团体预算和立法。

第五,"分别归类说"。不能将行政规划归入某一种既存的行为形式之中。

就我国现状而言,应特别注意区分内部行政规划与外部行政规划,一般来说,内部性质的行政规划只对行政主体有约束力,而不直接影响公众的权利义务。外部行政规划又可以分为拘束性行政规划和非拘束性行政规划。拘束性行政规划要求行政主体和相对人均必须执行,不得擅自调整或变更;非拘束性行政规划对相对人不具有强制性,它是行政主体按照宏观控制的要求为社会指引方向。②

三、行政规划的功能

在崇尚市场自由配置资源的年代,规划是萎缩的。二战后,由于主要资本主义国家普遍经历了经济危机,除了社会主义国家重视规划之外,资本主义国家也开始注重规划。行政规划主要有以下功能:

第一,有效利用资源,实现总体效应。行政规划就是为了在社会资源稀缺的情况下,最大限度地利用社会资源,实现最大的社会效益。

第二,协调各有关行政机关的活动和行政政策。

第三,引导相对人的活动与预期。③

四、行政规划的法律救济

从总体上说,我国行政规划的法制化程度还很低,大量的行政规划还游离于法律的控

---

① 余凌云:《行政法讲义》,清华大学出版社2010年版,第246页。
② 应松年主编:《当代中国行政法》,中国方正出版社2004年版,第1045-1046页。
③ 余凌云著:《行政法讲义》,清华大学出版社2010年版,第249-250页。

制之外,① 因此法律是否为行政规划留有了足够的救济空间还取决于立法的完善与否。

(一) 行政复议与行政诉讼

从理论上讲,如果行政机关无正当理由不执行规划,而规划的实施让相对人产生了合法预期,其内容也对相对人的权益产生了实质影响,同时可能产生外部的法律效果,行政相对人是有权提起行政复议和行政诉讼的。但是在行政诉讼中,对行政规划进行审查的难度是非常大的,因为有计划裁量权的存在,除非规划的调整、变更和废止有逾越或滥用计划权的违法情形外,原告胜诉的可能性比较低。

(二) 国家赔偿与补偿

由于法律依据的缺失,在实践中行政机关一般都不予以赔偿或补偿。②

---

① 应松年主编:《当代中国行政法》,中国方正出版社2004年版,第1059页。
② 余凌云著:《行政法讲义》,清华大学出版社2010年版,第252页。

第十四章 具体行政行为：行政许可

第一节 行政许可概述

一、行政许可的基本含义

《行政许可法》第2条规定："本法所称行政许可，是指行政机关根据公民、法人或者其他组织的申请，经依法审查，准予其从事特定活动的行为。"根据这一规定，可以将行政许可的基本特征理解如下。

（一）行政许可是依申请的行政行为

行政相对人针对特定事项向行政主体提出申请是行政主体实施行政许可行为的前提条件。一方面，行政主体不能主动赋予行政相对人某种资格或者权利，这与行政主体依职权主动行使的行为（如行政征收、行政强制、行政处罚等）有着明显不同；另一方面，行政相对人的申请也仅仅具有启动的作用，行政主体有权对行政相对人是否符合相应法律、法规、规章规定的特定条件进行审查，进而决定是否对行政相对人颁发相应的行政许可证或者执照。因此，并不是只要行政相对人提出申请，就一定能够获得相应的权利或者资格。

（二）行政许可的内容是国家一般禁止的活动

行政许可以一般禁止为前提，以个别解禁为内容。国家出于社会公共利益的考虑，对某些权利和自由予以一般禁止，而行政许可则是在国家一般禁止的前提下，对符合特定条件的行政相对人解除禁止，使其享有特定的资格或者权利，能够实施某项特定行为。例如，国家出于公共安全、交通秩序等考虑，在机动车驾驶领域实行一般禁止，同时，又通过考试等方式对符合相应条件的个人颁发驾驶执照，赋予其驾驶机动车的资格。也就是说，行政相对人针对的是国家一般禁止的活动，是一定条件下对一般禁止的解除。如果没有一般禁止，也就无所谓行政许可。

（三）行政许可是行政主体赋予行政相对人某种法律资格或者法律权利的具体行政行为

行政许可能够使行政相对人直接获得实施某种行为或者从事某种活动的法律资格或者权利，是针对特定的人、特定的事项作出的一种具体行政行为。同时，行政许可具有授益性，它与行政处罚、行政强制不同，后者是对行政相对人科以义务或者予以惩罚。

（四）行政许可是一种外部行政行为

《行政许可法》第 3 条第 2 款规定："有关行政机关对其他机关或者对其直接管理的事业单位的人事、财务、外事等事项的审批，不适用本法。"根据这一规定，行政许可是行政机关针对行政相对人的一种管理行为，是行政机关依法管理经济和社会事务的一种外部行为。至于行政机关对其他行政机关，或者对机关直接管理的事业单位的人事、财物、外事等事项的审批，则属于内部管理行为，不属于行政许可。

（五）行政许可是一种要式行政行为

行政相对人申请行政许可，必须以书面形式提出行政许可赋予行政相对人某种法律资格或者法律权利，也必须以一定的形式出现，实践中最常见的是许可证和执照。也就是说，行政许可必须遵循一定的法定形式。行政许可应当是明示书面许可，应当有正规的文书印章等予以认可和证明。

二、行政许可的种类

根据不同的标准，可将行政许可作如下分类。

（一）行为许可和资格许可

以许可的性质为标准，可将行政许可分为行为许可和资格许可。

行为许可是指允许符合条件的申请人从事某项活动的许可，如生产、经营许可等。这类许可在内容上仅限于许可被许可人进行某种行为活动，不包含资格权能的特别证明内容，也无需对被许可人进行资格能力方面的考核。资格许可是指行政主体应申请人的申请，经过一定的考核程序核发一定的证明文书，允许其享有某种资格或具备某种能力的许可，如律师证、会计师执照、驾驶执照等。一般来说，资格许可中同时也包含了对被许可人的行为许可证。

（二）独立的许可和附文件的许可

以许可的书面形式及其能否单独使用为标准，可将行政许可分为独立的许可和附文件的许可。

独立的许可是指许可证已经规定了所有许可内容，不需其他文件补充说明的许可，如林木采伐许可证、特种刀具购买证等。明确的范围、事项、时间等是独立的许可的显著特点。附文件的许可是指由于特殊条件的限制，需要附文件加以说明的许可。这种许可在申请、审批或使用时，均应将附加文件附在许可证后作补充性说明，如商标许可证书中还需附有商标的设计图样，否则许可证将无法使用。

（三）权利性的许可和附义务的许可

以许可是否附有附加义务为标准，可将行政许可分为权利性许可和附义务的许可。

权利性许可也称无条件放弃的许可，是指申请人取得行政许可后，并不承担作为义务，可自由放弃被许可的权利，并且并不因此承担任何法律责任的许可，如持枪证、排污许可证等。附义务的许可也称有条件放弃的许可，是指被许可人获得许可的同时，也承担一定期限内从事该活动的义务，否则要承担一定法律责任的许可。承担法律责任的方式一般表现为丧失被许可的权利。如我国《企业法人登记管理条例》规定，企业在获准登记，取得营业执照后一年内应开展经营活动，否则将视为自动放弃，工商行政管理部门有权吊销营业执照，这种许可就是附义务的许可。

（四）排他性许可和非排他性许可

以许可享有的程度为标准，可将行政许可分为排他性许可和非排他性许可。

排他性许可又称独占许可，是指某个人或组织获得该项许可后，其他任何人或组织均不能再获得该项许可，最具代表性的是商标许可。非排他性许可又称共存许可，是指可以为具备法定条件的任何个人或组织所申请并获得的许可，大部分行政许可是非排他性许可。

（五）一般许可和特殊许可

以许可的范围为标准，可将行政许可分为一般许可和特殊许可。

一般许可是指行政主体对符合法定条件的许可申请人直接发放许可证，无特殊限制的许可，如申请驾驶执照的许可。特殊许可是指除符合一般许可的条件外，对申请人还规定有特别限制的许可，又称特许。如持枪许可，只有符合《枪支管理法》规定的人可以获得持枪许可，其他人员均不能获得此种权利。

（六）长期许可和短期许可

以许可有效期的长短，可将行政许可分为长期许可和短期许可。

长期许可是指行政许可机关赋予申请人许可证的有效期较长的一种许可。行政许可机关根据申请人条件和法律而赋予其许可证的有效期较短，则称其为短期许可或临时许可。

三、行政许可的原则

（一）合法原则

《行政许可法》第4条规定："设定和实施行政许可，应当依照法定的权限、范围、条件和程序。"

（二）公开、公平、公正原则

《行政许可法》第5条规定："设定和实施行政许可，应当遵循公开、公平、公正的原则。有关行政许可的规定应当公布；未经公布的，不得作为实施行政许可的依据。行政许可的实施和结果，除涉及国家秘密、商业秘密或者个人隐私的外，应当公开。符合法定条件、标准的，申请人有依法取得行政许可的平等权利，行政机关不得歧视。"

（三）便民原则

《行政许可法》第6条规定"实施行政许可，应当遵循便民的原则，提高办事效率，提供优质服务。"

（四）救济原则

《行政许可法》第7条规定："公民、法人或者其他组织对行政机关实施行政许可，享有陈述权、申辩权；有权依法申请行政复议或者提起行政诉讼；其合法权益因行政机关违法实施行政许可受到损害的，有权依法要求赔偿。"

（五）信赖保护原则

《行政许可法》第8条规定："公民、法人或者其他组织依法取得的行政许可受法律保护，行政机关不得擅自改变已经生效的行政许可。行政许可所依据的法律、法规、规章修改或者废止，或者准予行政许可所依据的客观情况发生重大变化的，为了公共利益的需要，行政机关可以依法变更或者撤回已经生效的行政许可。由此给公民、法人或者其他组织造成财产损失的，行政机关应当依法给予补偿。"

（六）禁止转让原则

《行政许可法》第9条规定："依法取得的行政许可，除法律、法规规定依照法定条件和程序可以转让的外，不得转让。"

（七）监督原则

《行政许可法》第10条规定："县级以上人民政府应当建立健全对行政机关实施行政许可的监督制度，加强对行政机关实施行政许可的监督检查。行政机关应当对公民、法人或者其他组织从事行政许可事项的活动实施有效监督。"

第二节　行政许可的具体制度

一、行政许可的设定的概念

行政许可的设定是指国家机关依照职权和实际需要，在有关法律、法规、规章中自行创制行政许可的行为。

根据《行政许可法》第11条的规定，行政许可的设定原则是："设定行政许可，应当遵循经济和社会发展规律，有利于发挥公民、法人或者其他组织的积极性、主动性，维护公共利益和社会秩序，促进经济、社会和生态环境协调发展。"

二、行政许可的设定事项

根据《行政许可法》第12条的规定，下列事项可以设定行政许可：

第一，直接涉及国家安全、公共安全、经济宏观调控、生态环境保护以及直接关系人身健康、生命财产安全等特定活动，需要按照法定条件予以批准的事项。

第二，有限自然资源开发利用、公共资源配置以及直接关系公共利益的特定行业的市场准入等，需要赋予特定权利的事项。

第三，提供公众服务并且直接关系公共利益的职业、行业，需要确定具备特殊信誉、特殊条件或者特殊技能等资格、资质的事项。

第四，直接关系公共安全、人身健康、生命财产安全的重要设备、设施、产品、物品，需要按照技术标准、技术规范，通过检验、检测、检疫等方式进行审定的事项。

第五，企业或者其他组织的设立等，需要确定主体资格的事项。

第六，法律、行政法规规定可以设定行政许可的其他事项。

同时，《行政许可法》第13条还规定了行政许可设定的优先原则，即通过下列方式能够予以规范的，可以不设行政许可。

第一，公民、法人或者其他组织能够自主决定的。

第二,市场竞争机制能够有效调节的。

第三,行业组织或者中介机构能够自律管理的。

第四,行政机关采用事后监督等其他行政管理方式能够解决的。

三、行政许可的设定权

(一) 法律的设定权

《行政许可法》第14条规定,该法第12条所列事项,法律可以设定行政许可。基于法律的制定主体为全国人民代表大会及其常务委员会,因此,法律可以设定任何行政许可。

(二) 行政法规的设定权

根据《行政许可法》规定,尚未制定法律的,行政法规可以设定行政许可。必要时,国务院可以采用发布决定的方式设定行政许可。实施后,除临时性行政许可事项外,国务院应当及时提请全国人民代表大会及其常务委员会制定法律,或者自行制定行政法规。行政法规可以在法律设定的行政许可事项范围内,对实施该行政许可作出具体规定。

(三) 地方性法规的设定权

《行政许可法》第15条规定,该法第12条所列事项,尚未制定法律、行政法规的,地方性法规可以设定行政许可。

地方性法规可以在法律、行政法规设定的行政许可事项范围内,对实施该行政许可作出具体规定。

(四) 规章的设定权

《行政许可法》规定,尚未制定法律、行政法规和地方性法规的,因行政管理的需要,确需立即实施行政许可的,省、自治区、直辖市人民政府规章可以设定临时性的行政许可。临时性的行政许可实施满一年需要继续实施的,应当提请本级人民代表大会及其常务委员会制定地方性法规。

规章可以在上位法设定的行政许可事项范围内,对实施该行政许可作出具体规定。

四、行政许可设定权的限制

(一) 对地方性法律文件的限制

地方性法规和省、自治区、直辖市人民政府规章,不得设定应当由国家统一确定的公民、法人或者其他组织的资格、资质的行政许可;不得设定企业或者其他组织的设立登记及其前置性行政许可。其设定的行政许可,不得限制其他地区的个人或者企业到本地区从事生产经营和提供服务,不得限制其他地区的商品进入本地区市场。

(二) 内容上的限制

法规、规章对实施上位法设定的行政许可作出的具体规定,不得增设行政许可。

(三) 法律文件的限制

《行政许可法》第17条规定:"除本法第十四条、第十五条规定的外,其他规范性文件一律不得设定行政许可。"

五、行政许可设定权的要求

（一）行政许可的设定内容，有明确的要求

《行政许可法》第 18 条规定："设定行政许可，应当规定行政许可的实施机关、条件、程序、期限。"

（二）设定行政许可，应当听取意见和说明理由

《行政许可法》第 19 条规定："起草法律草案、法规草案和省、自治区、直辖市人民政府规章草案，拟设定行政许可的，起草单位应当采取听证会、论证会等形式听取意见，并向制定机关说明设定该行政许可的必要性、对经济和社会可能产生的影响以及听取和采纳意见的情况。"

（三）行政许可的评价制度和授权停止实施行政许可制度

《行政许可法》还规定了行政许可的评价制度和授权停止实施行政许可制度。该法第 20 条规定，行政许可的设定机关应当定期对其设定的行政许可进行评价；对已设定的行政许可，认为通过该法第 13 条所列方式能够解决的，应当对设定该行政许可的规定及时予以修改或者废止。行政许可的实施机关可以对已设定的行政许可的实施情况及存在的必要性适时进行评价，并将意见报告该行政许可的设定机关。公民、法人或者其他组织可以向行政许可的设定机关和实施机关就行政许可的设定和实施提出意见和建议。第 21 条规定，省、自治区、直辖市人民政府对行政法规设定的有关经济事务的行政许可，根据本行政区域经济和社会发展情况，认为通过该法第 13 条所列方式能够解决的，报国务院批准后，可以在本行政区域内停止实施该行政许可。

六、行政许可的实施

行政许可由具有行政许可权的行政机关在其法定职权范围内实施。法律、法规授权的具有管理公共事务职能的组织，在法定授权范围内，以自己的名义实施行政许可。被授权的组织适用《行政许可法》有关行政机关的规定。

行政机关在其法定职权范围内，依照法律、法规、规章的规定，可以委托其他行政机关实施行政许可。委托行政机关应当将受委托行政机关和受委托实施行政许可的内容予以公告。委托行政机关对受委托行政机关实施行政许可的行为应当负责监督，并对该行为的后果承担法律责任。受委托行政机关在委托范围内，以委托行政机关名义实施行政许可；不得再委托其他组织或者个人实施行政许可。

经国务院批准，省、自治区、直辖市人民政府根据精简、统一、效能的原则，可以决定一个行政机关行使有关行政机关的行政许可权。

行政许可需要行政机关内设的多个机构办理的，该行政机关应当确定一个机构统一受理行政许可申请，统一送达行政许可决定。行政许可依法由地方人民政府两个以上部门分别实施的，本级人民政府可以确定一个部门受理行政许可申请并转告有关部门分别提出意见后统一办理，或者组织有关部门联合办理、集中办理。

行政机关实施行政许可，不得向申请人提出购买指定商品、接受有偿服务等不正当要求。行政机关工作人员办理行政许可，不得索取或者收受申请人的财物，不得谋取其他

利益。

对直接关系公共安全、人身健康、生命财产安全的设备、设施、产品、物品的检验、检测、检疫，除法律、行政法规规定由行政机关实施的外，应当逐步由符合法定条件的专业技术组织实施。专业技术组织及其有关人员对所实施的检验、检测、检疫结论承担法律责任。

七、行政许可的实施程序

（一）申请与受理

公民、法人或者其他组织从事特定活动，依法需要取得行政许可的，应当向行政机关提出申请。申请书需要采用格式文本的，行政机关应当向申请人提供行政许可申请书格式文本。申请书格式文本中不得包含与申请行政许可事项没有直接关系的内容。申请人可以委托代理人提出行政许可申请。但是，依法应当由申请人到行政机关办公场所提出行政许可申请的除外。行政许可申请可以通过信函、电报、电传、传真、电子数据交换和电子邮件等方式提出。

行政机关应当将法律、法规、规章规定的有关行政许可的事项、依据、条件、数量、程序、期限以及需要提交的全部材料的目录和申请书示范文本等在办公场所公示。申请人要求行政机关对公示内容予以说明、解释的，行政机关应当说明、解释，提供准确、可靠的信息。

申请人申请行政许可，应当如实向行政机关提交有关材料和反映真实情况，并对其申请材料实质内容的真实性负责。行政机关不得要求申请人提交与其申请的行政许可事项无关的技术资料和其他材料。

行政机关对申请人提出的行政许可申请，应当根据下列情况分别作出处理：

第一，申请事项依法不需要取得行政许可的，应当即时告知申请人不受理。

第二，申请事项依法不属于本行政机关职权范围的，应当即时作出不予受理的决定，并告知申请人向有关行政机关申请。

第三，申请材料存在可以当场更正的错误的，应当允许申请人当场更正。

第四，申请材料不齐全或者不符合法定形式的，应当当场或者在5日内一次告知申请人需要补正的全部内容，逾期不告知的，自收到申请材料之日起即为受理。

第五，申请事项属于本行政机关职权范围，申请材料齐全、符合法定形式，或者申请人按照本行政机关的要求提交全部补正申请材料的，应当受理行政许可申请；行政机关受理或者不予受理行政许可申请的，应当出具加盖本行政机关专用印章和注明日期的书面凭证。

行政机关应当建立和完善有关制度，推行电子政务，在行政机关的网站上公布行政许可事项，方便申请人采取数据电文等方式提出行政许可申请；应当与其他行政机关共享有关行政许可信息，提高办事效率。

（二）审查与决定

行政机关应当对申请人提交的申请材料进行审查。申请人提交的申请材料齐全、符合法定形式，行政机关能够当场作出决定的，应当当场作出书面的行政许可决定。根据法定条件和程序，需要对申请材料的实质内容进行核实的，行政机关应当指派两名以上工作人员进行核查。

依法应当先经下级行政机关审查后报上级行政机关决定的行政许可，下级行政机关应当在法定期限内将初步审查意见和全部申请材料直接报送上级行政机关。上级行政机关不得要求申请人重复提供申请材料。

行政机关对行政许可申请进行审查时，发现行政许可事项直接关系他人重大利益的，应当告知该利害关系人。申请人、利害关系人有权进行陈述和申辩。行政机关应当听取申请人、利害关系人的意见。

行政机关对行政许可申请进行审查后，除当场作出行政许可决定的外，应当在法定期限内按照规定程序作出行政许可决定。

申请人的申请符合法定条件、标准的，行政机关应当依法作出准予行政许可的书面决定。行政机关依法作出不予行政许可的书面决定的，应当说明理由，并告知申请人享有依法申请行政复议或者提起行政诉讼的权利。

行政机关作出准予行政许可的决定，需要颁发行政许可证件的，应当向申请人颁发加盖本行政机关印章的下列行政许可证件：①许可证、执照或者其他许可证书；②资格证、资质证或者其他合格证书；③行政机关的批准文件或者证明文件；④法律、法规规定的其他行政许可证件。行政机关实施检验、检测、检疫的，可以在检验、检测、检疫合格的设备、设施、产品、物品上加贴标签或者加盖检验、检测、检疫印章。

行政机关作出的准予行政许可决定，应当予以公开，公众有权查阅。

法律、行政法规设定的行政许可，其适用范围没有地域限制的，申请人取得的行政许可在全国范围内有效。

（三）期　　限

除可以当场作出行政许可决定的外，行政机关应当自受理行政许可申请之日起20日内作出行政许可决定。20日内不能作出决定的，经本行政机关负责人批准，可以延长10日，并应当将延长期限的理由告知申请人。但是，法律、法规另有规定的，依照其规定。依照《行政许可法》第26条的规定，行政许可采取统一办理或者联合办理、集中办理的，办理的时间不得超过45日；45日内不能办结的，经本级人民政府负责人批准，可以延长15日，并应当将延长期限的理由告知申请人。

依法应当先经下级行政机关审查后报上级行政机关决定的行政许可，下级行政机关应当自其受理行政许可申请之日起20日内审查完毕。但是，法律、法规另有规定的，依照其规定。

行政机关作出准予行政许可的决定，应当自作出决定之日起10日内向申请人颁发、送达行政许可证件，或者加贴标签，加盖检验、检测、检疫印章。

行政机关作出行政许可决定，依法需要听证、招标、拍卖、检验、检测、检疫、鉴定和专家评审的，所需时间不计算在上述规定的期限内。行政机关应当将所需时间书面告知申请人。

（四）听　　证

1. 行政许可听证的概念

法律、法规、规章规定实施行政许可应当听证的事项，或者行政机关认为需要听证的其他涉及公共利益的重大行政许可事项，行政机关应当向社会公告，并举行听证。

行政许可直接涉及申请人与他人之间重大利益关系的，行政机关在作出行政许可决定前，应当告知申请人、利害关系人享有要求听证的权利；申请人、利害关系人在被告知听证权利之日起 5 日内提出听证申请的，行政机关应当在 20 日内组织听证。申请人、利害关系人不负担行政机关组织听证的费用。

2. 听证程序的进行

听证按照下列程序进行：

第一，行政机关应当于举行听证的 7 日前将举行听证的时间、地点通知申请人、利害关系人，必要时予以公告。

第二，听证应当公开举行。

第三，行政机关应当指定审查该行政许可申请的工作人员以外的人员为听证主持人，申请人、利害关系人认为主持人与该行政许可事项有直接利害关系的，有权申请回避。

第四，举行听证时，审查该行政许可申请的工作人员应当提供审查意见的证据、理由，申请人、利害关系人可以提出证据，并进行申辩和质证。

第五，听证应当制作笔录，听证笔录应当交听证参加人确认无误后签字或者盖章。行政机关应当根据听证笔录，作出行政许可决定。

（五）变更与延续

被许可人要求变更行政许可事项的，应当向作出行政许可决定的行政机关提出申请；符合法定条件、标准的，行政机关应当依法办理变更手续。

被许可人需要延续依法取得的行政许可的有效期的，应当在该行政许可有效期届满 30 日前向作出行政许可决定的行政机关提出申请。但是，法律、法规、规章另有规定的，依照其规定。行政机关应当根据被许可人的申请，在该行政许可有效期届满前作出是否准予延续的决定；逾期未作决定的，视为准予延续。

（六）特别规定

实施行政许可的程序，《行政许可法》第四章第六节有规定的，适用该节规定；该节没有规定的，适用该章其他有关规定。

国务院实施行政许可的程序，适用有关法律、行政法规的规定。

实施《行政许可法》第 12 条第 2 项所列事项的行政许可，行政机关应当通过招标、拍卖等公平竞争的方式作出决定。但是，法律、行政法规另有规定的，依照其规定。行政机关通过招标、拍卖等方式作出行政许可决定的具体程序，依照有关法律、行政法规的规定。行政机关按照招标拍卖程序确定中标人、买受人后，应当作出准予行政许可的决定，并依法向中标人、买受人颁发行政许可证件。行政机关违反该条规定，不采用招标、拍卖方式，或者违反招标、拍卖程序，损害申请人合法权益的，申请人可以依法申请行政复议或者提起行政诉讼。

实施该法第 12 条第 3 项所列事项的行政许可，赋予公民特定资格，依法应当举行国家考试的，行政机关根据考试成绩和其他法定条件作出行政许可决定；赋予法人或者其他组织特定的资格、资质的，行政机关根据申请人的专业人员构成、技术条件、经营业绩和管理水平等的考核结果作出行政许可决定。但是，法律、行政法规另有规定的，依照其规定。

公民特定资格的考试依法由行政机关或者行业组织实施，公开举行。行政机关或者行业组织应当事先公布资格考试的报名条件、报考办法、考试科目以及考试大纲。但是，不得组织强制性的资格考试的考前培训，不得指定教材或者其他助考材料。

实施该法第 12 条第 4 项所列事项的行政许可，应当按照技术标准、技术规范依法进行检验、检测、检疫，行政机关根据检验、检测、检疫的结果作出行政许可，决定行政机关实施检验、检测、检疫。应当自受理申请之日起 5 日内指派两名以上工作人员按照技术标准、技术规范进行检验、检测、检疫。不需要对检验、检测、检疫结果作进一步技术分析即可认定设备、设施、产品、物品是否符合技术标准、技术规范的，行政机关应当当场作出行政许可决定；行政机关根据检验、检测、检疫结果，作出不予行政许可决定的，应当书面说明不予行政许可所依据的技术标准、技术规范。

实施该法第 12 条第 5 项所列事项的行政许可，申请人提交的申请材料齐全、符合法定形式的，行政机关应当当场予以登记。需要对申请材料的实质内容进行核实的，行政机关依照该法第 34 条第 3 款的规定办理。

有数量限制的行政许可，两个或者两个以上申请人的申请均符合法定条件、标准的，行政机关应当根据受理行政许可申请的先后顺序作出准予行政许可的决定。但是，法律、行政法规另有规定的，依照其规定。

（七）行政许可的费用

行政机关实施行政许可和对行政许可事项进行监督检查，不得收取任何费用。但是，法律、行政法规另有规定的，依照其规定。

行政机关提供行政许可申请书格式文本，不得收费。

行政机关实施行政许可所需经费应当列入本行政机关的预算，由本级财政予以保障，按照批准的预算予以核拨。

行政机关实施行政许可，依照法律、行政法规收取费用的，应当按照公布的法定项目和标准收费；所收取的费用必须全部上缴国库，任何机关或者个人不得以任何形式截留、挪用、私分或者变相私分。财政部门不得以任何形式向行政机关返还或者变相返还实施行政许可所收取的费用。

（八）行政许可的监督检查

1. 行政机关内部的层级监督检查

上级行政机关应当加强对下级行政机关实施行政许可的监督检查，及时纠正行政许可实施中的违法行为。

2. 行政机关对被许可人的监督检查

（1）书面检查

行政机关应当建立健全监督制度，通过核查反映被许可人从事行政许可事项活动情况的有关材料，履行监督责任。行政机关依法对被许可人从事行政许可事项的活动进行监督检查时，应当将监督检查的情况和处理结果予以记录，由监督检查人员签字后归档。公众有权查阅行政机关监督检查的记录。行政机关应当创造条件，实现与被许可人、其他有关行政机关的计算机档案系统互联，核查被许可人从事行政许可事项活动的情况。

(2) 抽样检查

检验、检测与实地检查。行政机关可以对被许可人生产经营的产品依法进行抽样检查、检验、检测，对其生产经营场所依法进行实地检查。检查时，行政机关可以依法查阅或者要求被许可人报送有关材料；被许可人应当如实提供有关情况和材料。行政机关根据法律、行政法规的规定，对直接关系公共安全、人身健康、生命财产安全的重要设备设施进行定期检验，对检验合格的，行政机关应当发给相应的证明文件。

行政机关实施监督检查，不得妨碍被许可人正常的生产经营活动，不得收取或者收受被许可人的财物，不得谋取其他利益。

被许可人在作出行政许可决定的行政机关管辖区域外违法从事行政许可事项活动的，违法行为发生地的行政机关应当依法将被许可人的违法事实、处理结果抄报作出行政许可决定的行政机关。

个人和组织发现违法从事行政许可事项的活动，有权向行政机关举报，行政机关应当及时核实、处理。

被许可人未依法履行开发利用自然资源义务或者未依法履行利用公共资源义务的，行政机关应当责令限期改正；被许可人在规定期限内不改正的，行政机关应当依照有关法律、行政法规的规定予以处理。

(3) 对取得特许权的被许可人的监督检查

取得直接关系公共利益的特定行业的市场准入行政许可的被许可人，应当按照国家规定的服务标准、资费标准和行政机关依法规定的条件，向用户提供安全、方便、稳定和价格合理的服务，并履行普遍服务的义务；未经作出行政许可决定的行政机关批准，不得擅自停业、歇业。被许可人不履行上述义务的，行政机关应当责令限期改正，或者依法采取有效措施督促其履行义务。

对直接关系公共安全、人身健康、生命财产安全的重要设备、设施，行政机关应当督促设计、建造、安装和使用单位建立相应的自检制度。行政机关在监督检查时，发现直接关系公共安全、人身健康、生命财产安全的重要设备、设施存在安全隐患的，应当责令其停止建造、安装和使用，并责令设计、建造、安装和使用单位立即改正。

3. 行政许可的撤销

《行政许可法》第69条规定，有下列情形之一的，作出行政许可决定的行政机关或者其上级行政机关，根据利害关系人的请求或者依据职权，可以撤销行政许可：第一，行政机关工作人员滥用职权、玩忽职守作出准予行政许可决定的；第二，超越法定职权作出准予行政许可决定的；第三，违反法定程序作出准予行政许可决定的；第四，对不具备申请资格或者不符合法定条件的申请人准予行政许可的；第五，依法可以撤销行政许可的其他情形。

被许可人以欺骗、贿赂等不正当手段取得行政许可的，应当予以撤销。

依照上述两款的规定撤销行政许可，可能对公共利益造成重大损害的，不予撤销。依照第1款的规定撤销行政许可，被许可人的合法权益受到损害的，行政机关应当依法给予赔偿。依照第2款的规定撤销行政许可的，被许可人基于行政许可取得的利益不受保护。

4. 行政许可的注销

《行政许可法》第70条规定，有下列情形之一的，行政机关应当依法办理有关行政许可的注销手续：第一，行政许可有效期届满未延续的；第二，赋予公民特定资格的行政许可，该公民死亡或者丧失行为能力的；第三，法人或者其他组织依法终止的；第四，行政许可依法被撤销、撤回，或者行政许可证件依法被吊销的；第五，因不可抗力导致行政许可事项无法实施的；第六，法律、法规规定的应当注销行政许可的其他情形。

5. 法律责任

（1）行政许可机关及其工作人员的法律责任

违反《行政许可法》第17条规定："设定的行政许可，有关机关应当责令设定该行政许可的机关改正，或者依法予以撤销。"

第72条规定，行政机关及其工作人员违反该法的规定，有下列情形之一的，由其上级行政机关或者监察机关责令改正；情节严重的，对直接负责的主管人员和其他直接责任人员依法给予行政处分：第一，对符合法定条件的行政许可申请不予受理的；第二，不在办公场所公示依法应当公示的材料的；第三，在受理、审查、决定行政许可过程中，未向申请人、利害关系人履行法定告知义务的；第四，申请人提交的申请材料不齐全、不符合法定形式，不一次告知申请人必须补正的全部内容的；第五，未依法说明不受理行政许可申请或者不予行政许可的理由的；第六，依法应当举行听证而不举行听证的。

行政机关工作人员办理行政许可、实施监督检查，索取或者收受他人财物或者谋取其他利益，构成犯罪的，依法追究刑事责任；尚不构成犯罪的，依法给予行政处分。

行政机关实施行政许可，有下列情形之一的，由其上级行政机关或者监察机关责令改正，对直接负责的主管人员和其他直接责任人员依法给予行政处分；构成犯罪的，依法追究刑事责任：第一，对不符合法定条件的申请人准予行政许可或者超越法定职权作出准予行政许可决定的；第二，对符合法定条件的申请人不予行政许可或者不在法定期限内作出准予行政许可决定的；第三，依法应当根据招标、拍卖结果或者考试成绩择优作出准予行政许可决定，未经招标、拍卖或者考试，或者不根据招标、拍卖结果或者考试成绩择优作出准予行政许可决定的。

行政机关实施行政许可，擅自收费或者不按照法定项目和标准收费的，由其上级行政机关或者监察机关责令退还非法收取的费用；对直接负责的主管人员和其他直接责任人员依法给予行政处分。截留、挪用、私分或者变相私分实施行政许可依法收取的费用的，予以追缴；对直接负责的主管人员和其他直接责任人员依法给予行政处分；构成犯罪的，依法追究刑事责任。

行政机关违法实施行政许可，给当事人的合法权益造成损害的，应当依照《国家赔偿法》的规定给予赔偿。

行政机关不依法履行监督职责或者监督不力，造成严重后果的，由其上级行政机关或者监察机关责令改正，对直接负责的主管人员和其他直接责任人员依法给予行政处分；构成犯罪的，依法追究刑事责任。

（2）行政许可申请人及被许可人的法律责任

行政许可申请人隐瞒有关情况或者提供虚假材料申请行政许可的，行政机关不予受理或者不予行政许可，并给予警告；行政许可申请属于直接关系公共安全、人身健康、生命财产安全事项的，申请人在1年内不得再次申请该行政许可。

被许可人以欺骗、贿赂等不正当手段取得行政许可的，行政机关应当依法给予行政处罚；取得的行政许可属于直接关系公共安全、人身健康、生命财产安全事项的，申请人在3年内不得再次申请该行政许可；构成犯罪的，依法追究刑事责任。

被许可人有下列行为之一的，行政机关应当依法给予行政处罚；构成犯罪的，依法追究刑事责任：第一，涂改、倒卖、出租、出借行政许可证件，或者以其他形式非法转让行政许可的；第二，超越行政许可范围进行活动的；第三，向负责监督检查的行政机关隐瞒有关情况、提供虚假材料或者拒绝提供反映其活动情况的真实材料的；第四，法律、法规、规章规定的其他违法行为。

公民、法人或者其他组织未经行政许可，擅自从事依法应当取得行政许可的活动的，行政机关应当依法采取措施予以制止，并依法给予行政处罚；构成犯罪的，依法追究刑事责任。

第十五章 具体行政行为：行政处罚

第一节 行政处罚概述

一、行政处罚的基本含义

行政处罚是指具有行政处罚权的行政主体为维护公共利益和社会秩序，保护公民、法人或其他组织的合法权益，依法对行政相对人违反行政法律规范尚未构成犯罪的行为所实施的法律制裁。它具有以下特征：

第一，行政处罚的主体是具有行政处罚权的行政机关和法律、法规授权的组织。实施行政处罚的主体主要是行政机关，但又不局限于行政机关。依照《行政处罚法》的规定，法律、法规授权的组织在授权范围内也可以实施行政处罚，具有行政处罚的主体资格。

第二，行政处罚是针对行政相对人违反行政法律规范行为（违反行政管理秩序的行为）的制裁。行政处罚是对违反行政法律规范的行政相对人的人身自由、财产、名誉或其他权益的限制和剥夺，或者对其科以新的义务，体现了强烈的制裁性或惩戒性。

第三，行政处罚的目的是为了保障和监督行政机关有效实施行政管理，维护公共利益和社会秩序，保护公民、法人或其他组织的合法权益，同时也是为了惩戒和教育违法者，使其以后不再触犯法律。

第四，行政处罚是对违反行政法律规范尚未构成犯罪的行政相对人的制裁。

二、行政处罚与相关概念的区分

（一）行政处罚与行政处分

行政处分是指国家行政机关对其内部违法失职的公务员实施的一种惩戒措施。行政处分与行政处罚的区别主要有以下几个方面：

第一，作出的主体不同。行政处罚是由享有行政处罚权的主体作出，这些主体具有对外管理的职权，而且其行政处罚权已由法律、法规明确规定。如公安机关的治安管理处罚权、工商行政管理机关的工商管理处罚权等。而行政处分是由受处分公务员所在的行政机关，或上级行政机关、行政监察机关作出的。也就是说，一般的行政机关具有对其公务员的行政处分权。

第二，制裁的对象不同。行政处罚制裁的对象是违反行政法律规范的公民、法人或其他组织；而行政处分制裁的对象仅限于行政机关内部的公务员。

第三，采取的形式不同。行政处罚的形式、种类很多，如警告、罚款、没收财物、吊销许可证照、责令停产停业、行政拘留等；而行政处分的形式有警告、记过、记大过、降级、撤职和开除六种形式。

第四，行为的性质不同。行政处罚属于外部行政行为，以行政管辖关系为基础；而行政处分属于内部行政行为，以行政隶属关系为基础。

第五，依据的法律、法规不同。行政处罚所依据的是有关行政管理的法律、法规，如《行政处罚法》、《治安管理处罚法》、《教育法》等；而行政处分则只能依据有关行政机关工作人员或国家公务员的法律、法规的规定，如《公务员法》、《行政监察法》等。

第六，救济途径不同。行政处罚的救济途径是行政复议、行政诉讼及行政赔偿；行政处分的救济途径是向上一级行政机关或行政监察机关申诉。

（二）行政处罚与刑罚

行政处罚与刑罚都是具有国家强制力的制裁方式，但两者有显著区别：

第一，权力性质不同。行政处罚与刑罚虽然都是追究违法者的责任，但行政处罚是国家行政权力的运用，刑罚是国家司法权力的运用。

第二，实施处罚的主体不同。行政处罚是由有外部管理权限的行政机关或法律、法规授权的组织实施，而刑罚的实施主体是国家司法机关——人民法院。

第三，适用的条件不同。行政处罚一般情况下适用于"尚未构成犯罪"的违法行为，而刑罚适用于构成犯罪的违法行为。

第四，作出处罚决定的程序不同。行政处罚是按照《行政处罚法》所规定的行政程序作出的，而刑罚必须根据《刑事诉讼法》的程序作出。

第五，处罚的种类不同。行政处罚的种类很多，既有《行政处罚法》的统一规定，又有各单行法律、法规的分散规定。而刑罚的种类则由《刑法》统一规定，有两类10种，即5种主刑和5种附加刑：主刑是管制、拘役、有期徒刑、无期徒刑、死刑；附加刑是罚金、剥夺政治权利、没收财产、驱逐出境（适用于外国人）以及剥夺奖章、勋章和荣誉称号（适用于军人）。

三、行政处罚的基本原则

（一）处罚法定原则

依法行政是行政法最主要和最基本的原则，而处罚法定可以说是依法行政对行政处罚的基本要求。

处罚法定包含三层意思：

第一，处罚的主体法定。这种法定性表现在以下两个方面：一方面，在行政处罚的设定权方面，设定行政处罚的主体是法定的，即只有全国人民代表大会及其常务委员会、国务院、一定级别以上的地方人民代表大会及其常务委员会、国务院各部委及直属机构、一定级别以上的地方人民政府有权设定行政处罚；设定行政处罚的形式是法定的，即上述主体只能以法律、法规和行政规章的形式设定行政处罚；设定权的分工是法定的，即不同的规范性法律文件必须在《行政处罚法》规定的范围内设定行政处罚。另一方面，在行政处罚的实施权方面，实施行政处罚的主体是法定的，即只有法律、法规规定或授权行使行政处罚权的行政机关或组织才可以实施行政处罚，其他任何机关、社会团体、个人均无权实施处罚，而且处罚机关或组织必须在法定的职权范围内行使行政处罚权。

第二，处罚的依据法定。行政机关对公民、法人或其他组织实施行政处罚必须要有法定依据，没有法定依据的，不得实施行政处罚。罪刑法定，法无明文规定不为罪，这是刑法上的一个重要原则。这一原则被引入了行政法领域，表述为法无明文规定不为罚。这里的"法"具体是指法律、行政法规、地方性法规和规章。行政机关应当依据这四种规范性法律文件实施行政处罚，否则，其行政处罚决定无效，公民、法人或其他组织有权拒绝接受处罚，或者依法申请行政复议，或者提起行政诉讼。

第三，处罚的程序法定。行政机关实施行政处罚不但要求实体合法，也要求程序合法。这里要求行政处罚所遵循的程序主要指法定程序。《行政处罚法》对行政处罚的适用程序、决定程序及执行程序作出了具体规定。行政机关如果不依照或者不严格依照这些程序，将导致作出的行政处罚决定无效。

（二）公正、公开原则

公正原则是行政法的合理性原则在行政处罚行为中的具体体现，因此又叫合理处罚原则。这一原则要求，行政处罚必须公平、公正，没有偏私，设定和实施行政处罚必须以事实为依据，与违法行为的事实、性质、情节以及社会危害程度相当。

为了保证行政处罚的公正，行政处罚必须公开。公开原则包括两层含义：一是有关行政处罚的法律、法规的规定必须公布，没有公布的不能作为行政处罚的依据；二是依法给予违法者的处罚要公开，使受罚者本人及群众对处罚能有较充分的了解，既便于群众监督，又有利于对广大群众进行法制宣传教育。

（三）处罚与教育相结合原则

处罚与教育相结合，一方面是说要对违反行政管理法律规范的行政相对人进行惩罚，另一方面也要教育他们自觉遵守法律。行政处罚主要是通过对违反行政法义务的行政相对人进行惩罚，从而对其本人及其他行政管理相对人产生威慑作用，抑制并预防将来对行政管理秩序的侵害，所以处罚本身具有很强的教育作用。这种教育作用，一是通过对违法的行政相对人实施处罚，并对其进行思想教育，使其从思想上认识到自己行为的危害性，做到以后不再违法，以达到特殊教育目的；二是通过实施行政处罚，以国家强制力所产生的威慑作用对其他不安分的行政管理相对人起到警戒作用，使其自觉守法，从而收到一般教育的效果。但是，教育必须以处罚为后盾，教育代替不了处罚；对应受处罚的违法行为人在给予处罚时予以帮助教育，二者不可偏废。

（四）保护当事人合法权益原则

为了保障当事人的合法权益，《行政处罚法》除依照法治原则，按照正当法律程序对当事人设定和实施行政处罚作出规定，还赋予了当事人许多程序性权利。《行政处罚法》第6条规定："公民、法人或者其他组织对行政机关所给予的行政处罚，享有陈述权、申辩权；对行政处罚不服的，有权依法申请行政复议或者提起行政诉讼。公民、法人或者其他组织因行政机关违法给予行政处罚受到损害的，有权依法提出赔偿要求。"依据该条规定，在行政处罚中，当事人享有陈述权、申辩权、申请复议权、行政诉讼权以及要求行政赔偿的权利。除上述五项程序性权利之外，《行政处罚法》还赋予当事人要求行政机关及其执法人员出示身份证件的权利、被告知权、听证申请权、申请回避权等各项权利。

（五）不免除民事责任，不取代刑事责任原则

《行政处罚法》第7条规定："公民、法人或者其他组织因违法受到行政处罚，其违法行为对他人造成损害的，应当依法承担民事责任。违法行为构成犯罪的，应当依法追究刑事责任，不得以行政处罚代替刑事处罚。"该条确立了行政处罚不免除民事责任、不取代刑事责任原则。

行政处罚与民事制裁是两种不同性质的法律制裁。行政处罚属于公法制裁，它保护的是公权益；民事制裁属于私法制裁，它保护的是私权益。因此，两者互不替代，彼此独立。当当事人的违法行为既违反了行政法律规范，又违反了民事法律规范，应当同时追究当事人两种不同的法律责任。

行政处罚与刑罚在制裁的力度与对象上是有所分工的。对于行政违法，应当处以行政处罚；而当行政违法具有高度社会危害性，上升为刑事违法时，就应当处以刑罚。以行政处罚代替刑事处罚，在实践中有两种情况：一是出于行政处罚主体中个别执法人员的故意；二是出于行政处罚主体执法人员的过失。行政处罚主体对违法事实进行调查后，如发现当事人的行为已触犯刑律，应当依法将案件移送司法机关处理。

第二节 行政处罚的具体制度

一、行政处罚的种类

根据《行政处罚法》和现行法律、法规的规定，目前我国对行政处罚的分类有以下几种。

（一）警　告

行政处罚的警告，是指行政机关或法律、法规授权的组织，对违反行政法律规范的公民、法人或者其他组织所实施的一种书面形式的谴责和告诫。警告只具有精神惩戒作用，一般对实施轻微行政违法行为的相对人进行这种处罚。警告必须以书面形式作出，指明行为人的违法错误，并具有令其改正、纠正违法行为的性质，具有国家强制性。

（二）罚　款

罚款是指行政机关依法强制有行政违法行为的相对人在一定期限内缴纳一定数量货币的处罚行为。罚款是一种财产罚，通过处罚使当事人在经济上受到损失，警示今后不再发生违法行为。罚款是一种适用范围比较广泛的行政处罚，因而也是行政机关使用最经常、最普遍的行政处罚形式之一。罚款通常由法律、法规和规章规定一定的数额或者幅度。

（三）没收违法所得，没收非法财物

没收是行政机关将生产、保管、加工、运输、销售违禁物品或者实施其他营利性违法行为的相对人与违法行为相关的财物收归国有的制裁。没收是一种较为严厉的财产罚，其执行领域具有严格的限定性，并非所有违反行政管理法律、法规的案件都可以实行此种处罚，只有对那些为谋取非法收入而严重违反法律、法规的公民、法人及组织才可以实行这种财产罚。没收范围包括违法所得和非法财物。违法所得是指公民、法人及其他组织在形

式上有法律依据的前提下，因行为不符合法律所规定的要求而得到的收入。非法财物是指公民、法人或者其他组织在没有经行政管理机关允许的前提下，即进行了应当经行政管理机关批准的行为，因从事这些非法行为而得到的收入。如文化管理机关没收黄色书刊、工商行政管理机关没收假冒伪劣产品及其违法所得等。

（四）责令停产停业

责令停产停业是对工商企业和个体工商户适用的一种处罚方式。它是行政机关强令违法从事生产、经营者停止生产或经营的处罚，属于一种不作为义务的科处。这种处罚对生产经营者的物质利益造成的损失是非常大的，是一种比较严厉的处罚。

责令停产停业属于能力罚，即在停产停业期间，受处罚的当事人不得进行生产、作业或者工作，但法律资格并没有被剥夺，在其符合法律、法规和行政规章、规定的标准和要求以后，无需重新申请许可证或者营业执照就可以继续进行生产、作业或者工作。责令停产停业实际上是限制当事人已经具有的权能，这是责令停产停业与吊销许可证或者营业执照之间的本质区别。

责令停产停业一般常附有限期整顿的要求，如果受处罚人在期限内纠正了违法行为，达到了规定的标准和要求，就可以恢复生产、营业。责令停产停业一般适用于下列违法行为：生产经营者实施了比较严重的违法行为，其行为后果比较严重，从事加工、生产与人的生命密切相关的商品（如药品、食品等）已经或可能威胁人的生命健康，或者出版对人的精神生活产生不良影响的出版物、音像制品等的违法行为。

（五）暂扣或者吊销许可证、暂扣或者吊销执照

暂扣或者吊销许可证、暂扣或者吊销执照是行政处罚的一种。吊销许可证或者执照是对违法者从事某种活动的权利或享有的某种资格的取消；而暂扣许可证或者执照则是中止行为人从事某项活动的资格，待行为人改正以后或经过一定期限以后，再发还许可证、有关证书或执照。暂扣或吊销许可证及执照是一种比责令停产停业更为严厉的行为能力罚，主要针对那些严重违反行政管理法律法规的行为。

暂扣和吊销具有不同的含义，而从行政处罚的意义上来说，暂扣与责令停产停业的性质是相同的，两者都是限制当事人依据许可证或执照所具有的权能。在责令停产停业的情况下，行政机关没有扣留企业或个体经营户的许可证或者执照；而在暂扣的情况下，行政机关扣留了企业或个体经营户的许可证或者执照。之所以有这样的差别，一般情况下是因为，当事人进行经营活动具有一定的流动性时，采取暂扣的形式，而在当事人进行经营活动不具有一定的流动性时，行政机关就无需暂扣许可证或者执照。

（六）行政拘留

行政拘留又称治安拘留，是公安机关对违反治安管理的人在短期内限制其人身自由的一种强制性惩罚措施。由于行政拘留是行政处罚中最严厉的一种，因而法律对其适用作了严格的规定：第一，在适用机关上，只能由公安机关决定和执行。第二，在适用对象上，一般只适用于严重违反治安管理法规的自然人，但不适用于精神病患者、不满14岁的我国公民以及孕妇或者正在哺乳自己1周岁以内的婴儿的妇女，同时也不适用于我国的法人和其他组织。第三，在适用时间上，一般为1日以上、15日以下；有两种以上违反治安管理行为的，分别决定，合并执行，行政拘留处罚合并执行最长不超过20日。第四，在

适用程序上，必须经过传唤、讯问、取证、裁决、执行等程序。目前，关于行政拘留的法律法规主要有《治安管理处罚法》、《外国人入境出境管理法》、《公民出境入境管理法》、《集会游行示威法》、《消防法》、《戒严法》等。

(七) 法律、行政法规规定的其他行政处罚

这一规定不是指具体的处罚种类，从立法技术上讲是一种"兜底"条款，旨在囊括尚未被《行政处罚法》罗列的其他处罚种类；从立法实践上讲是一种"预设"条款，旨在防止现有法律、行政法规规定的并正在适用的行政处罚种类遗漏或今后立法中可能出现的新的处罚种类无法设置。

二、行政处罚的设定

行政处罚设定权属于立法权范畴，是指通过立法规定出现何种情况、在何种条件下应予何种处罚的权力。行政处罚是对公民、法人或其他组织人身、财产权利产生重大影响的法律制裁行为，直接涉及公民的人身、财产权利。因此，行政处罚的设定，应当由法律、行政法规及《行政处罚法》规定的国家机关在职权范围内依法规定。其中，行政处罚的设定权与执行权必须分离。

如果同一机关既享有行政处罚的设定权，又享有行政处罚的执行权，那么难免发生滥用职权等现象，从而对公民、法人或其他组织的合法权益造成无法挽回的损害。作为有效制约行政机关的权力的原则，无论从理论还是从实践的角度看，行政处罚的设定权与执行权相分离都是一项重要的手段。设定行政处罚权的机关不能行使该项权力，而执行行政处罚权的机关不能自行设定行政处罚。这样，就有利于保护相对人合法权益。实践中，有关人身和财产等重大的行政处罚的设定权由立法机关来行使，一般的财产罚等行政处罚的设定权由最高行政机关和有法定的规章制定权的机关来设定。《行政处罚法》第9条至第14条对上述问题作出了明确的规定。

(一) 法律的设定权

全国人民代表大会及其常务委员会制定的法律有权根据需要设定任何一种行政处罚。鉴于限制人身自由的行政处罚是影响公民权利最重的行政处罚，只能由国家权力机关以法律形式设定。

第一，法律可以设定各种行政处罚。"各种"包括两方面的含义：一是指《行政处罚法》规定的六种行政处罚，即警告、罚款、没收违法所得和没收非法财物、责令停产停业、暂扣或者吊销许可证及执照、行政拘留。法律可以设定这六种行政处罚。二是指《行政处罚法》第8条规定的六种行政处罚以外的其他被全国人民代表大会及其常务委员会认为应当作为行政处罚的新的行政处罚种类，即《行政处罚法》授权法律可以在已明确规定的六种行政处罚之外创设新的种类的行政处罚。

第二，法律是我国设定人身罚的唯一规范性文件。限制人身自由的行政处罚只能由法律设定，而不能由法律以外的其他规范性法律文件设定。这取决于两方面的原因：一方面，法律是由作为我国最高国家权力机关的全国人民代表大会和全国人民代表大会常务委员会制定的；另一方面，基于人身自由对公民社会生活的极端重要性产生的在限制人身自由上的极其慎重性。人身自由是公民的一项基本权利，是公民进行任何活动、行使各项权

利的基本前提。《宪法》第37条规定："中华人民共和国公民的人身自由不受侵犯。任何公民,非经人民检察院批准或者决定或者人民法院决定,并由公安机关执行,不受逮捕。禁止非法拘禁和以其他方法非法剥夺或者限制公民的人身自由,禁止非法搜查公民的身体。"可见,《宪法》对人身自由的保障问题给予了高度重视。对需要限制人身自由的情况及条件等,由法律作统一规定,做到切实保障公民的人身自由。而如果法律以下的规范性文件也有权规定限制人身自由的情形,那么,由于制定机关的自身利益等原因,可能产生滥用此项权力的现象。

(二) 行政法规的设定权

国务院作为我国最高国家行政机关,可以在行政法规中设定除限制人身自由以外的行政处罚。如果法律对违法行为已经作出行政处罚规定,行政法规需要作出具体规定的,必须在法律规定的给予行政处罚的行为、种类和幅度的范围内规定。

第一,行政法规可以设定除限制人身自由以外的行政处罚。《行政处罚法》第10条第1款规定:"行政法规可以设定除限制人身自由以外的行政处罚。"因此,行政法规不能对公民的人身权利作出限制性规定或者惩罚性规定。行政法规可以设定的行政处罚为警告、罚款、没收违法所得和非法财物、责令停产停业、暂扣或者吊销营业执照。涉及人身罚的行政处罚,行政法规不能设定,这不仅指不能设定行政拘留,而是一切限制人身自由的行政处罚都不能设定。

第二,行政法规有权创设新种类的行政处罚。《行政处罚法》第8条第7项有"法律、行政法规规定的其他行政处罚"的规定。可见,行政法规除可以设定《行政处罚法》已经明确列举的行政处罚种类外,还可以创设新种类的行政处罚。设定行政处罚的新种类,是法律和行政法规的设定权和地方性法规、行政规章设定权的不同点。而在设定行政处罚的新种类上,行政法规只可以创设除限制人身自由以外的新种类的行政处罚。这也是行政处罚设定权的重要组成部分。

第三,行政法规设定权受法律限制。行政法规在效力上低于法律,只能根据法律而制定。相应地,《宪法》明确规定,全国人民代表大会常务委员会有权撤销国务院制定的同宪法、法律相抵触的行政法规。在行政处罚设定权上,行政法规要受到法律两个方面的限制。一是《行政处罚法》所规定的行政法规设定权只是一种权能或者资格。其行使这种权能或者资格的基本前提是,法律在该行政法律关系中未行使设定权。如果法律在该行政法律关系中已行使了设定权,则行政法规就不得行使设定权,在应受处罚行为、处罚种类及处罚幅度上都不得作出与法律相抵触的规定。二是《行政处罚法》第10条第2款的规定:"法律对违法行为已经作出行政处罚规定,行政法规需要作出具体规定的,必须在法律规定的给予行政处罚的行为、种类和幅度的范围内规定。"

(三) 地方性法规的设定权

行使地方性法规制定权的地方人民代表大会及其常务委员会在地方性法规中可以设定除限制人身自由、吊销企业营业执照以外的行政处罚。在法律、行政法规对违法行为已经作出行政处罚规定,地方性法规需要作出具体规定的,必须在法律、行政法规规定的给予行政处罚的行为、种类和幅度的范围内规定。在我国,有权制定地方性法规的主体包括:省、自治区、直辖市的人民代表大会及其常务委员会,省会所在地的市、计划单列市及国务院批准的较大的市的人民代表大会及其常务委员会，经济特区的市的人民代表大会及其常务委员会。

（四）部委规章的设定权

国务院各部委制定的行政规章，可以在法律、行政法规规定的给予行政处罚的行为、种类和幅度的范围内作出具体规定。对于法律、行政法规尚未就某些违反行政管理秩序的行为作出规定的，国务院各部委制定的规章可以设定警告或者一定数量罚款的行政处罚。罚款的限额由国务院规定。此外，国务院可以授权直属机构同国务院各部委一样享有行政处罚的设定权。

（五）地方政府规章的设定权

省、自治区、直辖市人民政府和省、自治区人民政府所在地的市人民政府以及经国务院批准的较大的市人民政府制定的规章，可以在法律、法规规定的给予行政处罚的行为、种类和幅度的范围内作出具体规定。尚未制定法律、行政法规或地方性法规的，对违反行政管理秩序的行为，上述政府规章可以设定警告或者一定数额罚款的行政处罚。罚款的限额由省、自治区、直辖市的人民代表大会常务委员会规定。

《行政处罚法》还对行政处罚设定权作了限制性规定，除法律、法规和规章可以设定行政处罚，其他规范性文件一律不得设定行政处罚。在我国，其他规范性文件是指规章以下的规范性文件。一般来讲，这类规范性文件大体包括以下几种：行政机关的各类决定、命令、通知等，包括国务院、省级人民政府乃至县、乡人民政府的各类决定、命令、通知等；军事机关、审判机关、检察机关的文件；社会团体、行业组织的章程、规定等规范内部纪律的文件、政党的文件。根据《行政处罚法》的规定，在这些规范性文件中不得设定行政处罚。如果这些规范性文件设定了行政处罚，则其因超越职权而无效，不得作为行政处罚的依据。

三、行政处罚的实施机关

行政处罚的实施机关是指依法有权或受托实施行政处罚的主体。根据我国《行政处罚法》的规定，行政处罚实施机关的种类具体包括以下几种。

（一）一般行政机关

行政机关是指国家为行使其职能，实现其目标和任务而设置的执行、实施法律，管理国家内政、外交各项行政事务的机关。《行政处罚法》第15条规定："行政处罚由具有行政处罚权的行政机关在法定职权范围内实施。"因此，行政机关要享有行政处罚权必须同时具备以下两个条件：

第一，必须是履行外部行政管理职能的行政机关。

第二，必须有法律、法规和规章的明确授权。

（二）综合执法机关

《行政处罚法》第16条规定："国务院或者经国务院授权的省、自治区、直辖市人民政府可以决定一个行政机关行使有关行政机关的行政处罚权，但限制人身自由的行政处罚权只能由公安机关行使。"也就是说：一是只有国务院或者经国务院授权的省、自治区和直辖市人民政府才有权决定一个行政机关行使有关行政机关的行政处罚权，除此之外的其他级别的行政机关无权决定；二是综合执法机关不得行使限制人身自由的行政处罚权，该行政处罚权只能由公安机关行使。根据以上规定而设立的综合执法机关获得了独立的法律地位。独立的法律地位是指能够以自己的名义实施行政处罚，并以自己的名义承担因实施行政处罚而产生的法律后果，包括在行政复议中作为被申请人、在行政诉讼中作为被告、在行政赔偿中作为赔偿义务机关。

（三）法律、法规授权组织

《行政处罚法》对法律、法规授权的组织行使行政处罚权作了比以前更加严格的规定。

第一，只有法律、法规才有权授予其他组织实施行政处罚的权力，其他规范性文件不得授权。具体来说，就是只有全国人民代表大会、全国人民代表大会常务委员会、国务院及一定级别以上的地方人民代表大会和地方人民代表大会常务委员会可以通过法律、法规授权非行政机关的组织行使行政处罚权。

第二，被授权组织必须是具有管理公共事务职能的组织。这类组织主要包括具有管理公共事务职能的企业事业组织、社会组织及社会团体、基层群众性自治组织、群众性治安保卫组织等。

第三，被授权组织必须具备法律规定的条件。被授权组织必须具备的法律规定的条件主要有：一是被授权组织是依法成立的；二是被授权组织内部具有熟悉法律、法规、规章和业务的工作人员；三是对违法行为需要进行技术检查或者技术鉴定的，被授权组织应当有条件组织进行相应的技术检查或者技术鉴定；四是单行法律、法规规定的其他条件。

第四，获得授权实施行政处罚的组织只能在法定授权范围内实施行政处罚。法律、法规在授予非行政机关的组织实施行政处罚权的同时，必须规定其实施行政处罚的内容和具体范围。如果被授权组织越权实施行政处罚，其行为不具有法律效力，由被授权组织自己承担法律责任。

（四）受委托组织

1. 受委托组织的概念

《行政处罚法》规定行政机关可以委托某些组织实施行政处罚，同时对这种委托行为作了非常具体明确的规定，建立了比较完善的法律规范。

行政机关委托非行政机关的组织实施行政处罚，必须同时具备三个条件：

第一，依照法律、法规和规章的规定。

第二，行政机关必须是在其法定权限内进行委托，即行政机关自己必须拥有实施某项行政处罚的权力，才能将该项权力委托给其他组织，否则构成越权，委托无效。

第三，被委托或者受委托的组织必须符合《行政处罚法》第19条规定的条件。这些条件包括：

一是属依法成立的管理公共事务的事业组织。事业组织是指以谋求社会公益为目的而非以营利为目的，从事社会各项具体事业的组织，如学校、研究院等；管理公共事务的事业组织，如卫生防疫站、食品卫生监督站等，而学校、研究院不具有管理公共事务的职能。

二是具有熟悉有关法律、法规、规章和业务的工作人员。这类人员通常是以是否经过专项法律知识培训和业务知识培训,是否经过有关机关举行的有关法律知识和业务知识考核,是否持有有关机关颁发的上岗执法证等为标准。

三是对违法行为需要进行技术检查或者技术鉴定的,应当有条件组织进行相应的技术检查或者技术鉴定。

2. 委托行政机关与受委托组织之间是委托与被委托关系

基于委托与被委托关系,双方产生监督和被监督关系,委托行政机关有责任监督受委托组织的执法活动。如果发现其有超越权限、滥用行政处罚权或者违反法定程序的行为,委托机关有权解除委托关系。

在委托关系中,受委托组织是以委托行政机关的名义实施行政处罚的,因此,其产生的一切法律上的后果,包括在行政复议、行政诉讼及国家赔偿中的法律后果,均由委托行政机关承担。

委托行政机关和受委托组织就委托的行为处罚需要注意如下几点:

第一,受委托组织在委托范围内,以委托行政机关的名义实施行政处罚,在法律上是有效行为,其行为后果由委托行政机关承担。

第二,受委托组织在委托范围内,以自己的名义实施行政处罚的行为是无效行为,其后果由自己承担。

第三,受委托组织超出委托权限,以委托机关的名义实施行政处罚,如果事后委托行政机关不予承认,该行为在法律上也属无效行为,其后果由自己承担。

第四,受委托组织超出委托范围,以自己的名义实施行政处罚的行为。也属无效行为,其后果由自己承担。

第五,受委托组织不得再委托。无论转委托关系中的受委托组织是否具备《行政处罚法》规定的条件,在委托实施行政处罚关系中,禁止转委托。

四、行政处罚的管辖和适用

(一)行政处罚的管辖

行政处罚的管辖是指在各个行政机关之间确定对应受处罚的行为实施行政处罚的分工和权限。

1. 级别管辖

级别管辖是指不同层级的行政机关在管辖和处理行政违法行为上的分工和权限。行政处罚的级别管辖是为了解决同一行政系统中不同级别的行政机关在适用行政处罚方面的权限分工问题。

行政违法行为一般应当由违法行为发生地的县级人民政府有行政处罚权的行政机关管辖。因为县级行政机关是我国行政区划中处于承上启下的关键地位,同时,它的行政管理工作系统又较为完备。由县级有关行政机关在进行管理的同时及时对违法行为作出处罚是提高行政效率、及时纠正违法行为的最好方法。

2. 地域管辖

地域管辖又称"区域管辖",是指在同级行政处罚机关之间处理违法行为的分工和权限。地域管辖最主要的任务就是解决哪些行政处罚由这里的而不是由那里的行政机关管辖。

《行政处罚法》第 20 条规定，行政处罚由"违法行为发生地"的行政机关管辖，确定了行政处罚地域管辖的一般原则。"违法行为发生地"又称违法行为的实施地。除"违法行为发生地"为确定地域管辖的基本原则外，法律、行政法规另行规定其他标准的，按照法律、行政法规的规定。目前，单行法律和行政法规对管辖原则的特殊规定主要有：

第一，由违法行为人所在地行政机关管辖。如 1993 年 7 月 15 日国务院批准修订的《商标法实施细则》第 35 条第 2 款规定："违反前款规定的，由许可人或者被许可人所在地工商行政管理机关责令限期改正；拒不改正的，处以一万元以下的罚款，直至报请商标局撤销该注册商标。"

第二，由最先查处的行政机关管辖。如《出版管理行政处罚实施办法》第 8 条规定："行政处罚由主要违法行为发生地的新闻出版行政机关管辖。两个以上地方新闻出版行政机关对同一违法行为都有管辖权的，由先立案的新闻出版行政机关管辖。"

3. 职能管辖

行政处罚的职能管辖是用以确定拥有不同行政职能的行政机关在实施法定的行政处罚时的权限分工。其法律依据是《行政处罚法》第 15 条的规定："行政处罚由具有行政处罚权的行政机关在法定职权范围内实施。"根据职能管辖的原则，首先，要求实施行政处罚的机关必须是有行政处罚权的机关，无行政处罚权的机关不能实施行政处罚；其次，要求有行政处罚权的机关必须在自己的职权范围内实施行政处罚，对超越自己的管辖范围以外的行政违法行为无行政处罚权，无权管辖。

4. 指定管辖

指定管辖是指两个或两个以上行政机关对管辖权发生争议时，由共同的上一级行政机关以决定的方式指定某一行政机关管辖。《行政处罚法》第 21 条规定："对管辖权发生争议的，报请共同的上一级行政机关指定管辖。"管辖权发生争议主要表现为以下几种情况：

第一，在地域管辖上，两个或两个以上行政机关对管辖权发生争议。具体表现为：首先，共同管辖时，若干有管辖权的行政机关对管辖权发生争议；其次，数地违法的，数地的行政机关对管辖权发生争议；再次，因辖区界线不明引起的管辖权争议；最后，因行政区划发生变动引起的管辖权争议等。

第二，在职权管辖上，两个或两个以上的行政机关对管辖权发生争议。具体表现为：首先，法律、法规和规章因对行政处罚权规定不明引起的管辖权争议；其次，同违法行为违反若干行政管理领域的行政法律规范引起的管辖权争议；再次，法律、法规和规章规定数个行政机关对同一违法行为共同配合处理而引起的管辖权争议等。

此外，在管辖权没有发生争议，而由于法律上或事实上的原因致使有管辖权的行政机关无法行使管辖权时，需要由上级行政机关以决定的方式指定某一行政机关行使管辖权。实际上，这种情况下行使管辖权的行政机关在法律上没有管辖权，而是基于上级行政机关的指定而暂时享有此项管辖权。上级行政机关的指定管辖权是一种行政决定权和行政领导权，指定管辖的决定一经作出，被指定管辖的机关就必须遵守执行。

5. 移送管辖

移送管辖是指本无行政处罚管辖权的行政主体将已经受理的相对人违法案件依法移送给有管辖权的行政主体管辖的情形。受移送的行政主体认为自己无权受理的，应当报请上级行政机关指定管辖，但不得拒绝接收，也不得再次移送。

我国《行政处罚法》对移送管辖并未作出规定，但对行政处罚过程中行政机关向司法机关的案件移送作出了明确规定。《行政处罚法》第22条规定："违法行为构成犯罪的，行政机关必须将案件移送司法机关，依法追究刑事责任。"该条对行政处罚过程中的案件移送作出了规定。案件移送是指有行政处罚权的行政机关认为自己所管辖的案件中的违法行为已经构成犯罪，因而把案件移送给处理犯罪案件的司法机关处理的制度。

五、行政处罚的适用

行政处罚的适用或称行政处罚的实施，是指行政主体依法认定违法行为并决定是否给予行为人处罚和如何处罚的活动。

(一) 行政处罚的适用

行政处罚除适用处罚法定、公正、公开、处罚与教育相结合等行政处罚的基本原则外，还应适用"首先纠正违法行为"原则、"一事不再罚"原则。

1. "首先纠正违法行为"原则

《行政处罚法》第23条规定，行政机关实施行政处罚时，应当责令当事人改正或者限期改正违法行为。行政机关在处理违法案件时，无论对违法行为人处以何种行政处罚，都应当要求违法行为人及时纠正违法行为，这是现代法治原则的基本要求。

2. "一事不再罚"原则

《行政处罚法》第24条规定："对当事人的同一个违法行为，不得给予两次以上罚款的行政处罚。"根据这一规定，在《行政处罚法》中，一事不再罚原则的含义是：

第一，对同一违法行为，一个机关已经给予罚款处罚的，其他行政机关不得再次给予罚款处罚。

第二，如果一个机关已经给予罚款以外的其他种类处罚，如暂扣许可证或者暂扣执照等，其他机关是否可以再次给予相同的处罚，《行政处罚法》没有明确规定。但根据过罚相当原则，对同一违法行为，一个机关已经给予处罚的，其他机关不应再次给予相同的处罚，否则就违背了过罚相当的原则。

第三，至于是否可以给予其他种类的行政处罚，需要根据实际情况区别对待。一般来说，一个机关给予的处罚已经足以纠正违法行为的，其他机关不应再给予其他处罚。如果一个机关给予的处罚还不足以纠正违法行为时，则其他机关可以再给予其他处罚。因此，其他机关决定给予的处罚应当是前一个机关无权给予的处罚。如果前一个机关有权给予的处罚而没有给予，说明该违法行为不必给予该种处罚，则其他机关也不应给予此种处罚。

(二) 行政处罚适用的条件

行政处罚适用的条件包括前提条件、主体条件、对象条件和时效条件。

1. 前提条件

行政处罚适用的前提条件是行政违法行为的客观存在，至于行政违法行为的构成要件，只需要具备主体要件、客观要件即可，主观过错不是行政违法的构成要件。

2. 主体条件

行政处罚适用的主体条件，即行政处罚必须由享有法定的行政处罚权的适格主体实施。

3. 对象条件

行政处罚适用的对象条件，即必须是违反行政管理秩序的公民、法人或者其他组织。

4. 时效条件

行政处罚适用的时效条件是指对行为人实施行政处罚，还需其违法行为未超过追究时效，超过法定的追究违法者责任的有效期限，则不得对违法者适用行政处罚。我国《行政处罚法》第29条规定："违法行为在二年内未被发现的，不再给予行政处罚。法律另有规定的除外。"这是行政处罚适用的一般时效条件。《治安管理处罚法》第22条规定："违反治安管理行为在六个月内没有被公安机关发现的，不再处罚。"

（三）行政处罚适用的方法

1. 不予处罚与免予处罚

不予处罚是指因有法律、法规所规定的法定事由存在，行政主体对某些形式上虽然违法但实质上不应承担违法责任的相对人不适用行政处罚。一般来说，具有下列情况时对行为不予处罚：一是不具有责任能力的人违法的。不具有责任能力的人包括未满14周岁的未成年人和不能辨认或控制自己行为的精神病人。二是由于生理缺陷的原因而致违法的。如《治安管理处罚法》第14条规定："盲人或者又聋又哑的人违反治安管理的，可以从轻、减轻或者不予处罚。"三是行为属于正当防卫的。四是行为属于紧急避险的。五是因意外事故而致违法的。六是因行政机关的责任而造成违法行为的。七是违法行为轻微并及时纠正，没有造成危害后果的。

免予处罚是指行政主体依照法律、法规的规定，考虑到有法定的特殊情况存在，对本应给予处罚的违法行为人免除其处罚。免予处罚与不予处罚是不同的，不予处罚是本不应该处罚因而不给予处罚；而免予处罚则是本应该处罚的，只是考虑到有特殊情况存在，不需要科处行政处罚而免除处罚。

免予处罚必须以法律、法规规定的免除情节为依据，在行为人不具备法定免除处罚条件的情况下，行政机关不得适用免予处罚。法定的应当免予处罚的情节主要有：行为人的违法行为是因行政管理人员的过错造成的；因国家法律、法规和政策影响及其他因素而违法的。

2. "应当"处罚与"可以"处罚

"应当"处罚是指必然发生对违法者适用行政处罚或从轻、从重等的结果。"应当"处罚是对行政机关行使行政处罚权的羁束规定，是羁束裁量权的具体表现。凡行为人有违法行为的，除法定事由外，都应当受到行政处罚，否则就有失公平。在"应当"处罚情形中，具体包括三个方面：一是应当对违法者适用行政处罚；二是应当从轻、减轻或免除处罚；三是应当从重处罚。在"应当"范围内，行政机关对违法者适用行政处罚仍有一定自由裁量权。

此外，为了防止处罚时疏漏某些具有特殊之处的行政违法行为，法律、法规还作出应该予以处罚的强制性规定。如《治安管理处罚法》就单独规定了下列几种情形都属于应予处罚的范围：一是间歇性精神病人在精神正常的时候违反治安管理的；二是醉酒的人违反治安管理的。

"可以"处罚是指对违法者或然产生行政处罚适用的结果。也就是说，"可以"予以行政处罚，也可以不予以行政处罚；或者可以从轻、从重处罚，也可不从轻、从重处罚。"可以"处罚赋予行政机关比"应当"处罚更自由的权力，是行政自由裁量权的具体体现。但是，这种权力也不能滥用，它必须在法定的范围内，根据违法行为的性质、情节等综合作出裁量。"可以"处罚具体表现在以下三个方面：一是在处罚与不处罚之间予以选择；二是在处罚幅度上予以选择，即在是否从轻或从重上予以选择；三是在几种处罚方式上进行选择。

3. 从轻、减轻处罚

从轻处罚是指对违法当事人在法定的处罚幅度内给以较轻的处罚。对于从轻处罚，不能低于法定处罚幅度的最低限。减轻处罚是指对违法当事人在法定幅度的最低限以下给以处罚。

根据《行政处罚法》第27条的规定，违法当事人有下列情形之一的，应当在法定范围内从轻或减轻处罚：一是主动消除或者减轻违法行为危害后果的。此情形的关键在于"主动"，即违法行为人在行政机关查处前，以积极的行为消除或者减轻违法行为危害后果，而非行政机关责令改正或者限期改正之后。二是受他人胁迫有违法行为的。在此种情形下，违法当事人实施违法行为并非出于自愿，是不得已而为之，因此，应根据胁迫的方式、程度及其他具体情况对违法行为人从轻或者减轻处罚。三是配合行政机关查处违法行为有立功表现的。违法行为人的立功表现多种多样，如揭发、检举其他人的违法行为，为行政机关查处其他违法行为提供有价值的线索等。四是其他依法应从轻或者减轻行政处罚的。除《行政处罚法》所规定的上述三种情形外，其他法律法规还可以针对不同行政部门的行政处罚权规定其他一些可以从轻或者减轻处罚的情形。这样，《行政处罚法》不仅表现出适应社会发展的灵活性，而且还与其他法律法规有机地协调起来。

4. 单处与并处

单处是指行政主体对违法行为人仅适用一种处罚方式。它是处罚适用的最简单的形式，可以是对法定的任何一种行政处罚方式的单独适用。我们认为，在法律、法规没有明确规定可并处的情况下，行政主体一般应对违法行为人单独适用一项处罚，不能同时适用几项处罚。

并处是指行政主体对犯有同一违法行为的违法行为人依法同时适用两种或两种以上的行政处罚形式。它是相对于单处而言的，往往针对情节较严重的情形，是对违法行为人的从重处罚。并处必须在具备法定的条件下才能采用，不仅要有法律、法规明确规定"可以并处"，而且还必须具备法定情节，否则不能采用并处。

5. 易科与加罚

易科，又称换罚、改罚或改处，是指行政主体对违法行为人因某种客观原因不能执行先行科处的某种行政处罚，或者由于某种法定事由更换一种新的行政处罚形式，以达到同样的制裁目的。

易科根据所改处的处罚程度不同，可以分为以下三种：一是由于客观原因违法行为人不履行原行政处罚的义务，行政机关更换另一种强度类似的行政处罚形式；二是有特殊减轻原因时，易科较轻的行政处罚形式；三是因违法行为人不履行处罚所要求的义务，而改处较重的行政处罚形式。采用上述几种易科方式，必须在法律、法规规定的处罚范围内进行，而不得超越法定的处罚范围。

加罚是指违法行为人并非无力或不能履行行政处罚的义务却拒不履行，行政主体对其增加处罚的幅度或增加新的处罚形式。新的处罚既是对新的违法行为的制裁，也是对不履行原处罚义务的强制。

此外，还应注意，加罚不是加重处罚，它必须在法律或法规的明确规定下，对无正当理由而不履行处罚义务的相对人增加处罚制裁程度或增加新的处罚形式，而且这种增加不得超过法律、法规规定的范围。否则，就属于"加重处罚"，是违法、无效的。

6. 行政处罚与刑罚的竞合适用

行为人的某一行为既违反行政法中某个法条的规定，同时又触犯刑律的某个规定，从而构成行政违法行为与犯罪竞合。与行为竞合相适应，两个不同部门法的法条又分别规定了对行为人的行政处罚和刑罚，从而产生行政处罚与刑罚竞合。关于行政处罚与刑罚的竞合适用问题，在具体适用上可视不同情况采用下列三种方法：

第一，只由司法机关裁量刑罚处罚。对于给予刑罚处罚足以达到惩处和预防行政违法、犯罪的目的，就没有必要再由行政机关予以行政处罚。违法行为构成犯罪，人民法院判处拘役或者有期徒刑时，行政机关已经给予当事人行政拘留的，应当依法折抵相应刑期。

第二，刑罚与行政处罚双重适用。即对行为人除由司法机关予以刑罚处罚外，有关行政机关还应予以行政处罚。因为刑罚与行政处罚的种类和功能的差异决定了在适用刑罚的同时，还必须适用行政处罚以弥补刑罚的不足。在刑罚与行政处罚的双重适用中有两种情况：一是法律、法规明确规定应予适用双重处罚的；二是法律、法规条文没有明文规定应予适用双重处罚但实际上却需要适用双重处罚的。

第三，免刑后适用行政处罚。在人民法院免除刑罚或人民检察院不起诉后，行政机关仍应依行政法律规范的规定给予行为人以相应的行政处罚。这是因为，对实施一般行政违法行为的行为人尚且予以行政处罚，对实施严重的行政违法行为且已免刑的行为人更应予以行政处罚。否则，免刑后的行为人得不到行政惩处，是明显不公平的，不符合罚当其罪、过罚相当的原则。

7. 法人或其他组织违法的"两罚"处罚适用

法人或其他组织（为叙述方便以下统称法人）是由不同的个人成员组成的集合体。法人违法也应受到法律制裁，但由于其具有不同于自然人的特性，行政主体对其适用行政处罚应当与自然人有所不同。法人的行政违法行为是指法人或者其他组织的法定代表人、经授权的人员以法人名义并为法人利益而实施的与职务、业务有关的违反行政法律规范的行为。对法人违法的，原则上应适用"两罚"方法，既处罚法人整体，又处罚法人中负有责任的自然人（法定代表人、主管人员和直接责任人员）。

第三节　行政处罚的程序

一、行政处罚决定程序

行政处罚决定程序是整个行政处罚程序的关键环节，是保障正确实施行政处罚的前提条件。它可分为简易程序、一般程序和听证程序三类。

(一) 简易程序

1. 简易程序的适用条件

行政处罚的简易程序又叫当场处罚程序，是指行政主体对符合法定条件的行政处罚事项，当场作出行政处罚决定的程序。《行政处罚法》第33条规定："违法事实确凿并有法定依据，对公民处以五十元以下、对法人或者其他组织处以一千元以下罚款或者警告的行政处罚的，可以当场作出行政处罚决定。"根据该条规定，行政机关对行政违法行为适用简易程序，必须同时具备以下三个条件：①违法事实确凿；②有法定依据；③对公民处以五十元以下、对法人或者其他组织处以一千元以下的罚款或者警告的行政处罚。应注意的是，该法条使用了"可以"，既包括可以，也包括不可以。因此，行政机关对同时具备上述三个条件的行政违法行为，可以适用简易程序即当场作出行政处罚决定。

2. 简易程序的具体内容

设置简易程序不仅要注意行政效率，也要考虑这一直接影响当事人权益的行为必须是公正和公平的，因此，简易程序也应当包含一些最基本的必要程序。如表明身份程序、说明理由程序、听取意见程序、作出裁决程序、备案程序。

第一，表明身份。表明身份是简易程序的第一个步骤，它表明了行政主体有权给予行政处罚的主体资格，即行政处罚主体合法。为此，行政机关执法人员应当向当事人出示必要的证件，证件可以是工作证，也可以是执法证，或者两者都出示，或者出示法定的徽章等，依法律规定的不同而异。

第二，指出违法事实，说明理由，必要时进行调查取证。行政机关执法人员应当向当事人告知其违法事实并提出证据，说明违反了什么法律规范的什么条文，即提出事实依据和法律依据。必要时是指行政处罚要求执法人员更加审慎，弄清真实情况。进行现场调查取证时，应当注意合法、合理、高效。

第三，当事人可以口头申辩，执法人员要答辩。听取当事人的陈述和申辩是很重要的一环，它是合法权利的必要保障。基于当场处罚的特性，辩论只能是口头形式。这样对执法人员就有较高的要求，他们应当能够对于当事人的申辩意见给予正确、全面的回答，使当事人做到心服口服。允许当事人申明自己的意见，对执法人员的判断可以起到检验的作用。

第四，制作当场处罚的行政处罚决定书，送达给被处罚人并告知权利。当场处罚决定书是当场处罚的唯一书面证据材料。决定书的制作是简易程序最重要的内容。当场处罚决定书应当载明以下各项：①被处罚人姓名、住所（被处罚单位名称、地址、法人代表）；②主要违法事实、情节；③作出处罚决定的法律依据及处罚的形式与幅度；④执行的期限；⑤告知复议权利、复议机关、复议期限、诉讼权利及期限；⑥作出当场处罚决定的机关及行政负责人；⑦执法人员的盖章或者签名、制作处罚决定书的日期等。当场处罚决定书制作后，应交付被处罚人一份，并留存根一份备查。

第五，执行。作出当场处罚决定后，应当将行政处罚决定书当场交付当事人，当然，这并不意味着处罚的结束，执行了才意味着处罚完毕。当场处罚由于比较轻微，对当事人影响不大，一般都能够当场执行。执行既可以在现场执行，也可以在规定的期限内执行。尤其是罚款，基于执行处罚决定和罚款收缴相分离制度，所以决定和执行分离是不成问题的,虽然大量的当场处罚都是即时行政处罚的。

(二) 一般程序

一般程序又称普通程序,是行政机关进行行政处罚所遵循的最基本的程序。与一般程序相比较,简易程序和听证程序均属于作出行政处罚决定的特殊程序。关于一般程序的适用范围,根据《行政处罚法》第36条的规定,适用于除依据简易程序作出的行政处罚以外的其他行政案件。具体而言,包括以下两种情况:①"违法事实确凿并有法定依据,对公民处以五十元以下、对法人或者其他组织处以一千元以下的罚款或者警告的行政处罚"以外的所有行政处罚。②虽然属于"违法事实确凿并有法定依据,对公民处以五十元以下、对法人或者其他组织处以一千元以下的罚款或者警告的行政处罚",但行政机关认为不以简易程序作出行政处罚为好。

一般程序适用的具体过程应包括以下几个阶段:

1. 立 案

立案是指行政机关对具有行政违法行为,认为应当追究法律责任、予以行政处罚的行政相对人,决定进行调查处理的活动。立案是行政处罚一般程序的开始,它对于明确该案件的归属和开展、避免推诿和久拖不决有重要意义。

2. 调查取证

调查取证是案件承办人对所要处罚的行政违法行为进行了解、核实和收集证据的过程。它是行政处罚的核心程序,也是立案程序的自然延伸,是裁决程序的基础。

3. 告知当事人

行政机关在作出行政处罚决定之前,应当告知当事人行政处罚决定的事实、理由及依据,并告知当事人依法享有的权利。行政机关在作出责令停产停业、吊销许可证或者执照、较大数额罚款等行政处罚决定之前,还应当告知当事人有要求举行听证的权利。履行告知程序是依据一般程序作出的行政处罚决定成立的必要条件。

4. 听取当事人的陈述和申辩或举行听证

行政机关及其执法人员在作出行政处罚决定之前应当听取当事人的陈述和申辩,除非当事人放弃陈述或者申辩的权利。如果行政机关拒绝听取当事人的陈述和申辩,则行政处罚决定不能成立。如果当事人要求听证,且符合听证条件的,还应举行听证会。

5. 作出行政处罚决定

调查终结,并听取当事人的陈述、申辩或者举行听证后,行政机关负责人应当对调查结果进行审查。根据不同情况,分别作出如下决定:①确有应受行政处罚的违法行为的,根据情节轻重及具体情况,作出行政处罚决定;②违法行为轻微,依法可以不予行政处罚的,不予行政处罚;③违法事实不能成立的,不得给予行政处罚;④违法行为已构成犯罪的,移送司法机关。对情节复杂或者重大违法行为给予较重的行政处罚,行政机关的负责人应当集体讨论决定。

6. 制作行政处罚决定书

行政处罚决定书应当载明法定的事项。按照《行政处罚法》第39条的规定,行政处罚决定书应当载明:当事人的姓名或者名称、地址;违反法律、法规或者规章的事实和证据;行政处罚的种类和依据;行政处罚的履行方式和期限;不服行政处罚决定申请行政复议或者提起行政诉讼的途径和期限;作出行政处罚决定的行政机关名称和作出决定的日期。另外，行政处罚决定书必须盖有作出行政处罚决定的行政机关的印章，否则视为无效。

7. 行政处罚决定书的送达

送达是指行政机关依照法律规定的程序，将行政处罚决定书送交当事人的行为。送达在法律上意义重大，法律文书非经送达不能生效。

（三）听证程序

1. 听证程序的适用条件

行政处罚的听证程序是一般程序中的特别程序，是指行政机关为了查明案件事实、公正合理地实施行政处罚，在作出责令停产停业、吊销许可证或者执照、较大数额罚款等行政处罚决定之前，应当事人要求，通过公开举行由有关各方利害关系人参加的听证会，广泛听取意见的方式、方法和制度。《行政处罚法》第42条、第43条对听证程序作出了规定。根据《行政处罚法》第42条的规定，听证的范围限于行政机关给予责令停产停业、吊销许可证或者执照、较大数额罚款等三种行政处罚案件。

行政机关举行听证必须同时具备以下两个条件：①案件在听证程序适用范围之内；②当事人要求听证。行政机关在正式作出上述三类行政处罚决定之前，应当告知当事人有要求举行听证的权利。如果当事人要求听证，行政机关应当组织听证，组织听证的费用，由行政机关承担。

2. 听证程序的具体环节

①当事人要求听证的，应当在行政机关告知后3日内提出。②行政机关应当在听证的7日前，通知当事人举行听证的时间、地点。③除涉及国家秘密、商业秘密或者个人隐私外，听证公开举行。④听证由行政机关指定的非本案调查人员主持，当事人认为主持人与本案有直接利害关系的，有权申请回避。⑤当事人可以亲自参加听证，也可以委托1~2人代理。⑥举行听证时，调查人员提出当事人违法的事实、证据和行政处罚建议；当事人进行申辩和质证。⑦听证应当制作笔录；笔录应当交当事人审核无误后签字或者盖章。⑧听证结束后，行政机关依照《行政处罚法》第38条的规定作出决定。

二、行政处罚执行程序

（一）行政处罚执行程序的原则

1. 行政复议或者行政诉讼期间处罚不停止执行原则

行政复议或者行政诉讼期间处罚不停止执行原则是指当事人对行政处罚决定不服，申请行政复议或者提起行政诉讼的，行政处罚不停止执行，法律另有规定的除外。也就是说，执行机关实施行政处罚，不因当事人的申诉而停止执行。这是行政行为的共同原则在行政处罚领域的具体体现。

《行政处罚法》第45条规定的"法律另有规定的除外"中的"法律"，在目前主要是指《行政复议法》和《行政诉讼法》。《行政诉讼法》第44条规定："诉讼期间，不停止具体行政行为的执行。但有下列情形之一的，停止具体行政行为的执行：（一）被告认为需要停止执行的；（二）原告申请停止执行，人民法院认为该具体行政行为的执行会造成难以弥补的损失，并且停止执行不损害社会公共利益，裁定停止执行的；（三）法律、法规规定停止执行的。"

2. 罚缴分离原则

罚缴分离原则是指行政罚款决定的机关与收缴罚款的机构实行分离的一种行政处罚执行原则。除法律另有规定外，作出罚款决定的行政机关应当与收缴罚款的机构分离。即罚款决定由法定的行政机关作出，而罚款的收缴由法定的专门机构负责。行政机关可以指定银行作为收受罚款的专门机构。

（二）行政处罚执行程序的主要内容

行政处罚执行程序主要包括如下内容：

1. 专门机构收缴罚款

关于专门机构收缴罚款的具体程序，《行政处罚法》没有作出明确规定。根据该法第46条第3款的规定以及目前试点的情况，专门机构收缴罚款应遵循如下程序：通知送达；催缴（告诫）；收受罚款；上交国库。

2. 当场收缴罚款

根据《行政处罚法》第47条、第48条的规定，当场收缴的适用范围包括以下三种情形：①依法给予20元以下罚款的；②不当场收缴事后难以执行的；③在边远、水上、交通不便地区，当事人向指定的银行缴纳罚款确有困难经当事人提出的。行政机关及其执法人员当场收缴罚款的，必须向当事人出具省、自治区、直辖市财政部门统一制发的罚款收据；不出具财政部门统一制发的罚款收据的，当事人有权拒绝缴纳罚款。执法人员当场收缴的罚款，应当自收缴罚款之日起2日内，交至行政机关；在水上当场收缴的罚款，应当自抵岸之日起2日内交至行政机关；行政机关应当在2日内将罚款交付指定的银行。

第十六章 具体行政行为：行政强制

第一节 行政强制概述

为有效规范行政强制的设定和实施，保障和监督行政机关依法履行职责，维护公共利益和社会秩序，保护公民、法人和其他组织的合法权益，2011年6月30日第十一届全国人大常务委员会第二十一次会议通过了《中华人民共和国行政强制法》（以下简称《行政强制法》），自2012年1月1日起实施。

一、行政强制的概念和特征

行政强制是指行政主体为了履行行政管理职责、实现行政管理的目的，而在行政管理活动中实施的强行限制行政管理相对人权利的行为。从这个概念出发，我们可以清楚地看到，行政强制具有以下几个基本特征：

第一，行政强制的主体只能是行政主体，而且要具有法律、法规的明确授权，任何其他国家机关、社会组织和个人都不得行使行政强制权。没有行政强制权的行政机关，不得行使行政强制，其行政决定由人民法院强制执行。

第二，行政强制的对象是拒不履行行政法义务的行政管理相对人，或者是对社会秩序、他人人身健康、安全可能构成危害的行政管理相对人，或者是其本身正处在或将处在某种危险状态下的行政管理相对人。行政强制不能适用于所有违反行政法律规范的行政管理相对人，而只能适用于违反了特定的行政法律规范、符合适用行政强制条件的行政管理相对人。

第三，行政强制的目的是为了保证行政管理相对人的法定义务的彻底实现，维护社会正常的秩序，保障社会安全，保护公民的人身权、财产权免受侵害，最终实现行政主体行政管理的目标。

第四，行政强制的法律性质是一种具有可诉性的具体行政行为。行政强制具有拘束力，必然会对行政管理相对人的权利义务产生一定的影响，因而也会导致行政管理相对人的诉讼救济权的行使。

二、行政强制的分类

根据《行政强制法》的规定，行政强制包括行政强制措施、行政强制执行和特殊行政强制三类。

（一）行政强制措施

行政强制措施是指行政机关在行政管理过程中，为制止违法行为、防止证据损毁、避免危害发生、控制危险扩大等情形，依法对公民的人身自由实施暂时性限制，或者对公民、法人或者其他组织的财物实施暂时性控制的行为。其主要特点是：

第一，暂时性。行政强制措施是过程中的行政行为，不是最终行政行为。最终行政行为一经作出，行政强制措施即必须解除。

第二，保全性。行政强制措施最终是为了保障行政决定的合法有效实施而作出，行政强制措施本身并不是目的。

第三，单向性。行政强制措施是由行政机关根据自身职权单方面作出、单方面实施的。

（二）行政强制执行

行政强制执行是指行政机关申请人民法院，对不履行行政决定的公民、法人或者其他组织，依法强制履行义务的行为。其主要特点是：

第一，执行性。行政强制执行的目的是为了使义务人履行行政决定确定的义务或者达到与履行义务相同的状态。

第二，从属性。行政强制执行是确定义务的行政决定的延续，目的是实现行政决定。

第三，强制性。不论是直接强制，还是间接强制，都具有强迫行政相对人履行义务的性质。

可见，区分行政强制措施和行政强制执行这两类行政强制行为的主要标准是"是否有确定义务的行政决定的先行存在"和"是否有待履行的义务先行存在"。也就是说，实施行政强制措施的前提条件是"情况紧急"，不需要有待履行义务和行政决定的先行存在，行政强制措施本身是"第一次行为"；而实施行政强制执行的前提条件是"行政决定"，它是在先前作出的具体行政行为确定的义务未得到履行的情况下实施的行为，是先前作出的具体行政行为的后续行为。

（三）特殊行政强制

特殊行政强制虽然也属于行政强制，但是具有较大的特殊性，不适用一般行政强制规则。《行政强制法》规定，特殊行政强制依照有关法律、行政法规的规定执行。特殊行政强制包括三个方面的措施：

第一，突发事件的应急处置措施。这是指行政机关在事态紧急的情况下，直接依据有关法律、行政法规的规定而实施的强制行为，其目的是为了控制、减少和消除紧急危险或者危害。目前，我国已经有许多的单行法律、法规规定了行政机关的应急处置措施。如《动物防疫法》、《传染病防治法》和《突发事件应对法》等法律，以及《重大动物疫情应急条例》、《突发公共卫生事件应急条例》等行政法规规定的隔离治疗和医学观察、紧急免疫接种、封锁、扑杀、销毁、强制检疫、立即拘留、扣留、禁闭、强制驱散、疏散等措施。

第二，金融业审慎监管措施。如《商业银行法》、《保险法》、《证券法》、《银行业监督管理法》等法律，以及《证券公司监督管理条例》、《证券公司风险处置条例》、《期货交易管理条例》等行政法规规定的限制交易、限制或者暂停部分业务、托管、接管、临时接管等强制措施。

第三，进出境技术监控措施。如《进出口商品检验法》、《国境卫生检疫法》、《进出境动植物检疫法》等法律，以及《进出口商品检验法实施条例》、《进出境动植物检疫法实施条例》、《农业转基因生物安全管理条例》等行政法规规定的检验、检疫措施。

三、行政强制的基本原则

行政强制的基本原则，是贯穿于行政强制的基本理论之中，对行政强制制度建设起着统领和指导作用的指导思想和基本准则。《行政强制法》明确规定了以下五个基本原则。

（一）行政强制法定原则

行政强制法定原则是指根据依法行政的要求，行政机关实施行政强制必须做到职权法定，"无法律则无强制"。行政强制是对公民、法人或者其他组织权益产生深刻影响的公共权力，它不能来自一般授权，必须来自法律、法规的特别授权，严禁行政强制主体的自我授权。行政强制法定原则的主要要求是：

1. 法律优位

法律优位即行政法规、地方性法规和规章都不得与法律相抵触，所有行政强制行为都要与法律规定相一致。

2. 法律保留

法律保留即有些强制措施必须由法律作出规定，法律之外的行政法规、地方性法规都不得作出规定。我国《行政强制法》比较全面地体现了行政强制法定原则的要求，包括：第一，明确规定行政强制的设定和实施，应当依照法定的权限、范围、条件和程序。第二，明确规定法律对行政强制措施的对象、条件、种类作了规定的，行政法规、地方性法规不得作出扩大规定。法律中未设定行政强制措施的，行政法规、地方性法规不得设定行政强制措施。第三，明确规定行政强制措施由法律设定。尚未制定法律，且属于国务院行政管理职权事项的，行政法规可以设定除限制公民人身自由、冻结存款汇款和应当由法律规定的行政措施以外的其他行政强制措施。

（二）行政强制适当原则

行政强制适当原则是指行政机关设定行政强制权必须为了公共利益所必须，对公民设定行政强制义务应当适当，不能超出需要的限度。这一原则主要衡量某一公权力行使本身是否符合正当的法律目的，是否具有实质正义。它是英美法系国家行政执法普遍适用的原则，体现了我国《行政强制法》对英美法系的"适当性原则"的借鉴。在大陆法系国家，内涵相似的原则是"比例原则"。该原则是为行政机关行使自由裁量权设置的一种内在标准，它要求行政机关在行使自由裁量权时，所选择的行为方式和手段必须与法律所要实现的目的相一致、合乎比例。我国《行政强制法》明确规定了行政强制适当原则，要求行政强制的设定和实施，应当适当。采用非强制手段可以达到行政管理目的的，不得设定和实施行政强制。此外，还规定不得查封、扣押与违法行为无关的场所、设施或者财物；加处罚款或者滞纳金的数额不得超出金钱给付义务的数额等。

（三）教育与强制相结合原则

教育与强制相结合原则是指行政强制实施过程中，应当贯彻并发挥教育的功能，促进当事人更加主动地履行行政法律义务。具体来讲，在采取行政强制之前，应当先告诫当事人，并且通过说服教育，给予当事人依法自觉履行法定义务的机会。只有经过说服教育当事人仍不自觉履行法定义务时，才能实行强制，亦即行政强制应当是在穷尽教育手段仍然不能实现行政目的的情况下不得已而采用的手段。为此，我国《行政强制法》明确规定，实施行政强制，应当坚持教育与强制相结合。行政机关作出强制执行决定前，应当事先催告当事人履行义务。掌握教育与强制相结合原则要注意：①教育的对象既包括对被强制对象的特定教育，又包括对社会公众的一般教育，但主要是指前者。②教育与强制的关系应当是教育必备的手段，强制是不得已而为之的手段。

（四）禁止谋利原则

禁止谋利原则是指行政机关及其工作人员在实施行政强制时，不得以行政强制权的行使来谋求单位或者个人的利益。这一原则对于防止行政强制权与不当利益的结合具有非常强的现实针对性。禁止谋利原则的基本要求是：

第一，行政强制权作为一种公共资源，应当为了实现公共目的而运用。它是一种非生产性资源。如果行政强制权可以用来参与营利活动，则必然使得公权力的享有者和行使者可以大胆和大量进行权力"寻租"活动，导致权力与利益进行交换，造成行政权力廉洁性丧失，政府的公信力严重受损。

第二，行政机关所设定的行政强制条件必须与其实施的行政行为具有正当的内在联系，否则就是一种权力的滥用和恣意，其主要目的在于防止行政机关利用其优势地位，将其职责作为商业化运用。我国《行政强制法》明确规定，行政机关及其工作人员不得利用行政强制权为单位或者个人谋取利益。此外，还规定划拨的存款、汇款以及拍卖和依法处理所得的款项应当上缴国库或者划入财政专户。任何行政机关或者个人不得以任何形式截留、私分或者变相私分。

（五）权利救济原则

权利救济原则是指公民、法人或者其他组织，对行政机关违法的行政强制有请求赔偿的权利。"无救济则无权利"，"无真正的救济则无真实的权利"。权利救济原则是一项基本的行政法治原则。尽管各国的救济制度设计不同，但一般都包括行政救济和司法救济。在程序上，不论是行政途径还是司法途径，都包括执行中的救济和执行后的救济。对于执行中的救济，英美等国规定了禁止令和人身保护令制度，前者适用于对财产的强制行为，后者适用于对人身的强制行为。对于执行后的救济，各国一般规定有行政复议、行政诉讼和国家赔偿等途径。我国《行政强制法》明确规定，公民、法人或者其他组织对行政机关实施行政强制，享有陈述权、申辩权；有权依法申请行政复议或者提起行政诉讼；因行政机关违法实施行政强制受到损害的，有权依法要求赔偿。公民、法人或者其他组织因人民法院在强制执行中有违法行为或者扩大执行范围受到损害的，有权依法要求赔偿。这一规定非常完整地规定了对行政强制的权利救济制度：从救济阶段来看，既包括事前救济，也包括事后救济；从救济体制来看，既包括内部救济，也包括外部救济；从赔偿义务机关来看，既包括行政机关，也包括司法机关。

第二节 我国行政强制制度

一、行政强制的种类和设定

（一）行政强制措施的种类

在我国，法律、法规规定的行政强制措施形式繁多、名称各异。对行政强制措施分类的标准，学术界有不同的观点，有人认为可以分为对人身、对财物、对行为以及场所进入等强制措施，也有人认为可以分为检查性措施、保全性措施、处分性措施等。《行政强制法》在总结实践经验、吸收理论界研究成果的基础上，根据行政强制措施的不同性质、不同特点，将行政强制措施分为五种。

1. 限制公民人身自由

限制公民人身自由是指行政机关依法对公民人身自由采取的暂时性限制措施。对公民人身自由的强制措施包括盘问、留置、约束、立即拘留、拘留审查、强制带离现场、强制戒毒、收容教育、收容教养等。其特点是：①具体手段多样。限制公民人身自由的强制措施有盘问、留置、约束、拘留、收容等。②实施主体多样化。限制公民人身自由的强制措施实施主体有戒严实施机关、公安机关、公安机关交通管理部门、海关、军事设施管理单位等。③目的的预防和保障性。限制公民人身自由的强制措施，其实施目的是为了制止违法行为、防止证据损毁、避免危害发生。

2. 查封场所、设施或者财物

查封场所、设施或者财物是指行政机关为了保障行政决定有效作出或者保障行政决定得到有效执行，依法对行政相对人的场所、设施或者财物暂时封存的行为。这种强制措施是法律、法规普遍采用的行政强制措施之一。在法律、法规中，属于查封的行政强制措施还有封存、加封、暂时封存、先行登记保存等。其特点是：①目的是为了制止违法行为、固定证据。②对象有场所、工具、设施、设备、财物、资料、合同、账簿等，包括作为违法行为结果的物、作为违法行为工具的物、证明违法行为存在的物以及产生违法行为的场所。③主要方式是就地封存。

3. 扣押财物

扣押财物是指行政机关为了预防和制止违法行为、保障行政决定得到有效执行，对行政相对人涉嫌违法的财物予以暂时扣留的行为。扣押财物也是行政机关在行政执法中普遍采取的行政强制措施。在法律、法规中，属于扣押的行政强制措施还包括扣留、暂扣、暂时扣留等。其特点是：①主要目的是为了制止违法行为，保全证据。②对象是可移动的财物，不能移动的财物只能就地查封。③扣押往往与查封同时被规定，作为行政机关选择使用的行政强制措施。扣押的财物一般都由行政机关自己保管，或者指定第三人保管。

4. 冻结存款、汇款

冻结存款、汇款是指行政机关为防止当事人转移或者隐匿违法资金，损毁证据，或者为保障行政决定得到有效执行，对当事人的账户采取的停止支付、禁止转移资金的强制措施。其特点是：①对象是当事人的账户资金，包括存款、汇款、有价证券等。②冻结存款、汇款需要银行和其他金融机构协助实施。③冻结存款、汇款不需要转移资金。

5. 其他行政强制措施

除上述四种比较典型的，法律、法规规定比较普遍的行政强制措施外，我国法律、法规还规定有其他的行政强制措施。《行政强制法》用兜底条款加以规定，就是为了防止挂一漏万情况的发生，并有利于对其他行政强制措施进行规范。如进入场所进行检查、现场检查、限制被调查案件当事人的期货交易、责令驶向指定地点、限制用水量等。

（二）行政强制措施的设定权

行政强制措施的设定权是指什么机关有权创制行政强制措施，并能创制哪些行政强制措施。对行政强制措施的设定权，有人认为，行政强制措施涉及公民的人身权、财产权，只能由国家法律来设定，其他规范性文件都不得设定。也有人认为，除法律可以设定行政强制措施外，应当给予其他规范性文件特别是行政法规、地方性法规以一定的设定权。① 立足于着眼解决行政强制现实存在的问题，《行政强制法》对行政强制措施的设定权是这样划分的：

1. 法律对行政强制措施的设定权

第一，法律可以设定各种行政强制措施，包括限制人身自由，查封场所、设施或者财物，扣押财物，冻结存款、汇款，以及其他行政强制措施。当然，法律设定行政强制措施也要遵守《行政强制法》的规定。如要符合设定行政强制适当的原则，采用非强制手段可以达到行政管理目的的，就不得设定行政强制。

第二，限制人身自由、冻结存款和汇款以及涉及公民住宅和通信自由的行政强制措施，只能由法律设定，为法律绝对保留。因为，按照《立法法》的规定，限制人身自由的强制措施是全国人民代表大会及其常务委员会的专属立法权，而且不得授权。公民住宅权和通信自由权，是宪法规定的公民的基本权利，规定强行进入公民住宅和限制公民通信自由的行政强制措施只能由法律规定，法律以外的规范性文件也不得设定。但是，对进入生产经营场所的设定，不是只能由法律设定，行政法规、地方性法规也可以设定。

第三，法律对行政强制措施的对象、条件、种类作了规定的，行政法规、地方性法规不得作出扩大规定。这是法律优位原则的具体体现，也是维护国家法制统一的必然要求。这里所指的行政强制措施的对象，是指行政强制措施所适用的特定的人、物和场所；行政强制措施的条件，是指实施行政强制措施的要件；行政强制措施的种类，是指行政强制措施的具体形式。

第四，法律中未设定行政强制措施的，行政法规、地方性法规不得设定行政强制措施。法律对特定事项已经规定了具体管理措施，如行政处罚、行政许可、行政命令，但是没有设定行政强制措施的，行政法规、地方性法规不得增设行政强制措施。增设了行政强制措施的，应当清理，确需保留的，可以通过修改有关上位法律的方法来解决；不需保留的，予以取消。需要对行政处罚证据进行保全的，在行政执法中可以采取先行登记保存的办法来解决。

2. 行政法规对行政强制措施的设定权

第一，尚未制定法律，且属于国务院行政管理职权事项的，行政法规可以设定除限制

---

① 姜明安：《行政强制法立法若干争议问题之我见》，载《法学家》2010年第3期。

人身自由、冻结存款和汇款，以及应当由法律规定的行政强制措施以外的其他行政强制措施。尚未制定法律是指针对某一领域，国家还没有出台法律，但国务院先行制定了相关的管理条例，并根据行政管理的实际需要已经设定了必要的行政强制措施。属于国务院行政管理职权是指《宪法》规定的国务院的各项职权，如领导和管理经济工作及城乡建设、管理和领导教育、科技、文化、卫生、体育和计划生育，领导民政、公安、司法行政和监察工作等。不属于国务院行政管理职权的事项，如犯罪和刑罚、诉讼和仲裁等，国务院不能制定行政法规，当然也不能设定行政强制措施。

第二，法律规定特定事项由行政法规规定具体管理措施的，行政法规可以设定除限制公民人身自由、冻结存款和汇款、涉及公民住宅和通信自由以外的其他行政强制措施。从立法实践来看，法律在许多情况下，对实践中正在探索的问题、具体行政管理中遇到的问题，往往授权国务院制定具体办法。行政法规根据法律的精神，结合行政管理实际设定行政强制措施的，不属于增设行政强制措施。

第三，地方性法规对行政强制措施的设定权。尚未制定法律、行政法规，且属于地方性事务的，地方性法规可以设定查封场所、设施或者财物，扣押财物的行政强制措施。地方性法规的行政强制措施的设定权明显小于法律的行政强制措施的设定权，也小于行政法规的行政强制措施的设定权。相对于行政法规的行政强制措施的设定权而言，地方性法规只能设定查封场所、设施或者财物，扣押财物这两项行政强制措施，而行政法规还可以设定除限制公民人身自由、冻结存款和汇款、涉及公民住宅和通信自由以外的其他行政强制措施。法律规定的特定事项由地方性法规作出具体规定的，地方性法规也不得设定任何行政强制措施。

第四，法律、法规以外的规范性文件一律不得设定行政强制措施。这里所讲的法律、法规以外的规范性文件包括国务院部门制定的规章，省级人民政府和较大的市级人民政府制定的规章，以及其他规范性文件。当然，法律、法规以外的规范性文件虽然无权设定行政强制措施，但从行政管理的实际需要看，为了便于行政执行，可以对法律、法规设定的行政强制措施的对象、条件、种类作具体化的规定。

二、行政强制执行的方式

（一）行政强制执行方式概述

行政强制执行的方式是指行政强制执行的具体形式、方法和手段。对行政强制执行的方式，理论界按照不同的标准，有不同的分类。主要有以下几种划分方法：一是按照是否直接以强制力强制当事人履行义务，将行政强制执行分为直接强制执行和间接强制执行；二是按照执行方式和强度的不同，将行政强制执行分为代履行、执行罚和直接强制执行；三是按照执行主体的不同，将行政强制执行分为行政机关强制执行和申请人民法院强制执行；四是按照执行对象的不同，将行政强制执行分为对人身自由的强制执行、对财产的强制执行和对行为的强制执行等。[①]

（二）行政强制执行的方式

《行政强制法》在吸收理论界的研究成果和借鉴国外立法经验的基础上，结合我国实

---

① 胡建淼：《论中国"行政强制执行"概念的演变及定位》，载《法学论丛》，2003年1月。

际，规定了以下六种行政强制执行的方式。

1. 加处罚款或者滞纳金

加处罚款或者滞纳金是指行政机关对不履行法定义务或者行政决定确定的金钱给付义务的当事人，课以新的金钱给付义务，迫使其履行义务的执行方式。其特点是：①目的是促使当事人履行法定义务或者行政决定确定的义务，而不是制裁违法行为，这使其有别于行政处罚；②适用于不履行金钱给付义务的执行，主要是针对不缴纳罚款、不缴纳税费等行为；③它属于间接强制方式。

2. 划拨存款、汇款

划拨存款、汇款是指行政机关对拒不履行金钱给付义务的当事人，直接划取其存款、汇款的执行方式。其特点是：①它只能由法律设定，法律以外的其他规范性文件都不得设定；②主要是针对不缴纳税费的行为，通过银行或者其他金融机构进行；③它属于直接强制执行的一种方式。

3. 拍卖或者依法处理查封、扣押的场所、设施或者财物

拍卖或者依法处理查封、扣押的场所、设施或者财物是指行政机关对不履行金钱给付义务的当事人，将当事人被查封、扣押的场所、设施或者财物采取拍卖、变卖等方式进行处理，拍卖或者处理所得抵缴罚款、税费等的执行方式。其特点是：①它是直接强制执行的一种方式；②主要是针对不履行金钱给付义务当事人采取的行政强制执行；③依照法律、法规规定有权查封、扣押场所、设施或者财物并且已经实施了查封、扣押措施的行政机关才可以采取这种行政强制执行方式。

4. 排除妨碍、恢复原状

排除妨碍、恢复原状是指行政机关对不履行行为义务的当事人，强制其履行义务，排除因其自身违法行为对行政管理秩序造成的妨碍，或者恢复到违法行为发生前的状态。其特点是：①它属于直接强制的一种；②是针对不履行行为义务的行政强制执行；③由当事人自己排除妨碍、恢复原状。

5. 代履行

代履行是指当事人不履行法定义务或者行政决定确定的义务的，行政机关或者第三人代替当事人履行义务，并向当事人收取必要费用的执行方式。其特点是：①义务必须是可由他人替代履行的，对不能替代履行的义务，不能适用代履行；②要向当事人征收代履行费用，不能征收代履行费用的，不属于代履行；③代履行既可以由行政机关，也可以由行政机关委托的第三人实施。

6. 其他强制执行方式

除上述行政强制执行方式外，现行法律、法规还规定了其他一些行政强制执行方式，如强制拆除、强制服兵役、责令回兑等。

（三）行政强制执行的设定权

行政强制执行的设定权是指哪些机关有权并以何种形式创制哪些行政强制执行方式。

行政强制执行的主体过多，必然导致滥用强制执行。为了防止不当设定强制执行损害公民、法人和其他组织的合法权益，《行政强制法》规定，行政强制执行只能由法律设定，法律没有规定由行政机关强制执行的，作出行政决定的行政机关应当申请人民法院强制执行。同时，从我国行政管理的实际需要出发，直接授权行政机关在以下五种情况下，

可以自己执行行政强制：

第一，当事人在法定期限内不申请行政复议或者提起行政诉讼，又不拆除违法建筑物、构筑物、设施的，行政机关可以依法强制拆除。

第二，当事人逾期不履行金钱给付义务的行政决定的，行政机关可以依法加处罚款或者滞纳金。

第三，当事人在法定期限内不申请行政复议或者提起行政诉讼，经催告仍不履行的，行政机关可以将已经查封、扣押的财物依法拍卖抵缴罚款。

第四，当事人逾期不履行排除妨碍、恢复原状等义务的行政决定，经催告仍不履行，已经或者将危害交通安全、造成环境污染或者破坏自然资源的，行政机关可以代履行或者委托没有利害关系的第三人代履行。

第五，需要立即清除道路、河道、航道或者公共场所的遗撒物、障碍物或者污染物，当事人不能清除的，行政机关可以决定立即实施代履行。

四、行政强制措施实施程序

行政强制措施实施程序是指行政强制措施的实施机关实施行政强制措施所必须遵循的步骤、方式和时限的总称。严格行政强制措施实施程序，有利于明确行政机关和工作人员实施行政强制措施的权限和责任，保证行政机关正确行使权力、防止行政权力滥用，维护当事人的合法权益，实施有效的行政管理。

（一）行政强制措施的实施主体

行政强制措施的实施主体是指行使行政强制措施权并承担相应法律后果的组织。行政强制措施的实施主体有两类：

1. 行政机关

并不是所有的行政机关都可以实施行政强制措施，要成为行政强制措施的实施主体，必须具备以下条件：①必须是外部行政机关，依法享有外部行政管理职能。即能够依据法律的授权，代表国家对公民、法人或者其他组织实施管理的机关。基于隶属关系对行政机关系统内的人员和事物实施管理的内部行政机关，不是行政强制措施的实施主体。②要有法律、法规的明确规定或者授权。外部行政机关虽然享有管理社会事物的权力，但并不必然地享有行政强制措施实施权，只有法律、法规明确规定或者授权的外部行政机关，才能成为行政强制措施的实施主体。③必须是外部行政机关在其履行的行政管理职责范围内行使。这既是行政机关实施行政强制措施的条件，也是对行政强制措施实施行为的要求。实施行政强制措施的行政机关主要是县级以上地方人民政府及其工作部门，更多地集中在行政执法机关。对一些领域的重大行政执法活动的行政强制措施的实施权，法律、法规赋予了省部级行政机关。而对于一些涉及重大突发事件的行政强制措施的实施权，法律、法规一般赋予了各级人民政府。

2. 具有公共管理事务职能的组织

之所以授权具有公共管理事务职能的组织以行政强制措施实施权，主要是因为随着社会的发展，行政管理权的扩大，行政管理的领域、内容和方式的日益复杂与变化，现有行政机关因编制的限制和专业技术管理手段的不足，一些专业化程度较高、技术性较强的管理领域的行政管理权要通过法定程序赋予有关专业组织和机构来行使，这既是法律、法规的要求，也是客观实际的需要。但是，具有公共管理事务职能的组织实施行政强制措施，必须具备以下条件：①行政强制措施实施权的授权主体必须是特定的国家机关。只有全国人民代表大会及其常务委员会和国务院才能授权，地方各级人民代表大会及其常务委员会、地方各级人民政府、国务院各部委都没有行政强制措施实施权的授予资格。②行政强制措施实施权的授权必须通过法律、行政法规来进行，法律、行政法规以外的其他规范性文件不得授权其他组织实施行政强制措施。③在法律授权有关组织实施行政强制措施权时，原则上不得授予其限制人身自由的行政强制措施的实施权。其他强制措施，可以由法律或者行政法规授权有关组织实施。④被授权的对象必须是具有管理公共事务职能的组织。具有公共事务管理职能的组织，具有相应的组织机构和人员，一般具有法人资格，也具有相应的责任能力，有条件成为被授权实施行政强制措施的主体。⑤必须以自己的名义实施行政强制措施并承担相应的法律责任。

需要特别注意的是，行政强制权不得委托实施。

（二）实施行政强制措施的一般程序

实施各类行政强制措施一般要遵守以下程序要求：

1. 实施前报告批准

在一般情况下，行政执法人员进行行政执法检查时，发现违法行为，经调查认为需要采取行政强制措施的，应当填写《行政处罚案件有关事项审批表》或者《实施行政强制措施审批表》，报本机关负责人批准，未经批准不得擅自实施行政强制措施。有的部门还在行政执法人员报送领导审批前规定了审核程序。

2. 确定两名以上行政执法人员实施

实施行政强制措施必须由两名以上行政执法人员进行。之所以规定两人以上执法，就是为了防止在实施行政强制措施的过程中出现滥用职权和徇私舞弊的现象，实践中有些地方和部门还对行政执法人员回避事宜作出了详尽的制度规定。

3. 现场出示执法身份证件

行政执法身份证件是表示行政执法人员依法有权代表国家对公民、法人和其他组织实施行政管理的资格证明和法律凭据。规定实施行政强制措施必须出示行政执法证件，目的是为了表明行政执法人员的身份，体现行政执法的严肃性，同时也是为了防止行政执法人员无证执法。此外，还有一些法律和行政法规对有关行政机关执法人员的着装、佩戴标志有专门规定，因此，这些行政机关实施行政强制措施时，还应当严格遵守有关着装和佩戴标志的规定。

4. 通知当事人到场并告知权力

由于行政强制措施会直接影响当事人的人身权和财产权，因此，应当通知当事人到场，直接面对当事人作出。之所以要这样做，一来可以验证当事人的身份，以防止行政强制措施的对象错误；二来可以见证行政强制措施的实施过程，防止行政强制措施的标的错误，避免对当事人利益损害的扩大。告知权力一般包括三方面的内容：①当事人违法行为的基本事实、理由和依据，拟实施行政强制措施的种类；②当事人享有的法定权利和义务；③当事人的救济途径。

5. 听取当事人的陈述和申辩

在行政机关实施行政强制措施的过程中，当事人有权对行政机关认定的事实及适用法律是否准确、适当,陈述自己的观点和主张,对行政机关的指控、证据,可以申诉理由、加以辩解。

6. 制作现场笔录

行政机关在实施行政强制措施的现场,要对行政强制措施的实施对象的基本情况、实施标的物的状况、实施强制措施的过程等事项进行客观描述,制成书面记录。制作现场笔录要做到客观实录,不加评论。现场笔录由当事人和行政执法人员签名或者盖章,当事人拒绝的,在笔录中予以注明。当事人不到场的,应邀请见证人到场,由见证人和行政执法人员在现场笔录上签字或者盖章。

(三) 紧急情况下的行政强制措施程序

情况紧急,需要当场实施行政强制措施的,行政执法人员应当在24小时内向行政机关负责人报告,并补办批准手续。行政机关负责人认为不应当采取行政强制措施的,应当立即解除。在紧急情况下实施行政强制措施的,一般也要履行出示执法证件、告知当事人权利、制作现场笔录、有关人员签字盖章等基本程序。

(四) 限制人身自由的行政强制措施实施程序

限制人身自由的行政强制措施是一种直接限制公民人身自由的比较重的行政强制措施。为规范行政机关行政强制措施,维护公民人身权利,行政机关在实施限制人身自由的强制措施时,除了遵守一般程序外,还应当遵守下列规定,以防止权力滥用:①当场告知或者实施行政强制措施后立即通知当事人家属实施行政强制措施的行政机关、地点和期限;②紧急情况下当场实施行政强制措施的,在返回行政机关后,应当立即向行政机关负责人报告并补办批准手续;③法律规定的其他程序。实施限制人身自由的行政强制措施不得超过法定期限。实施行政强制措施的目的已经达到或者条件已经消失,应当立即解除。

三、行政机关强制执行程序

(一) 行政机关强制执行程序概述

行政机关强制执行程序是指依照法律规定具有行政强制执行权的行政机关,在实施强制执行的过程中所应遵循的步骤、方法和时限。行政机关强制执行程序是规范行政机关强制执行行为,约束行政强制权力行使的重要制度安排,对行政机关正确实施强制执行,有效保护行政相对人的合法权益,具有重要意义。

行政机关要启动行政强制执行程序,必须符合三个条件:一是行政机关依法作出对行政相对人课以义务的行政决定;二是行政相对人逾期不履行义务;三是行政机关就该事项有权实施行政强制执行。

(二) 行政机关强制执行的基本程序

行政机关强制执行的一般程序包括以下方面:

1. 催 告

催告是指行政机关向根据行政决定负有履行义务而未履行的行政相对人发出的要求在一定期限内履行义务,并就不履行义务的后果作出警告。行政机关在作出强制执行决定前,应当事先催告当事人履行义务。催告是一种要式行为,必须以书面形式作出。催告的内容一般包括:催告所依据的行政决定;行政机关启动强制执行程序的理由;行政相对人应当履行的义务及期限和方式；逾期不履行义务的后果；行政相对人依法享有的陈述权和申辩权。

一般来说，催告是行政机关强制执行的必经程序，但是也有例外，如需要立即清除道路、河道、航道或者公共场所的遗撒物、障碍物或者污染物，当事人不能清除的，行政机关可以决定立即实施代履行；当事人不在场的，行政机关应当在事后立即通知当事人，并依法作出处理。

催告书应当直接送达当事人。直接送达是最基本的送达方式，行政机关应当优先考虑采用直接送达。当事人拒绝接收或者无法直接送达的，可以采取留置送达、委托送达、邮寄送达、转交送达等送达方式，公告送达是其他方式均无法送达时的选择。

2. 当事人陈述和申辩

当事人陈述和申辩是指行政相对人、相关第三方向实施强制执行的行政机关，就强制执行行为及其依据，提出主张、说明理由、提供证据的活动。在催告书送达之前，行政相对人、相关第三方按照有关法律、行政法规的规定，就行政决定的内容进行的陈述和申辩，不属于行政机关强制执行程序的组成部分。当事人在行政强制执行程序中所作的陈述和申辩，有赖于行政机关及其工作人员予以认真对待、依法处理，并以适当的方式向当事人反馈。只有通过陈述和申辩的程序功能，才能及时发现和纠正违法或不当的强制行为，减轻因强制执行造成的矛盾纠纷，最大限度地保护行政相对人的合法权益。

3. 作出强制执行决定

作出强制执行决定是指行政相对人经催告仍不履行义务的，行政机关依法作出采取强制手段，迫使行政相对人履行义务的行政决定。行政机关作出强制执行决定，应当遵守以下规定：①强制执行决定的前提条件。经催告，当事人逾期仍不履行行政决定，且无正当理由的，行政机关可以作出强制执行决定。②强制执行决定的形式。强制执行决定是一种要式行为，必须以书面形式作出，并载有行政机关的名称、印章和作出决定的日期。强制执行决定作出后，必须送达行政相对人。③强制执行决定的内容。强制执行决定应当载明以下内容：当事人的姓名或者名称、地址；强制执行的理由和依据；强制执行的方式和时间；行政相对人的救济途径。

4. 中止执行

中止执行是指在行政强制执行中，因发生某些特殊情况，行政机关作出决定，暂时停止强制执行程序。

中止执行的条件：①当事人履行行政决定确有困难或者暂无履行能力；②第三人对执行标的主张权利，且确有理由的；③执行可能造成难以弥补的损失，且中止执行不损害公共利益的；④行政机关认为需要中止执行的其他情形。

中止执行的形式：法律对中止执行是否需要以书面形式作出决定，没有明确的要求。从规范行政行为、降低行政随意性的角度出发，行政机关决定中止执行的，以出具书面形式的中止执行决定书，并及时送达行政相对人为宜。

行政中止的效力：行政机关决定中止执行后，待执行的行政决定和强制执行决定的效力不受影响。强制执行决定作出以后、中止执行决定作出以前，根据强制执行决定已经实施的强制手段及其结果仍然有效，不必恢复到强制执行前的状态。

恢复执行和不再执行：对于被中止的强制执行程序，一旦造成中止执行的情形消失，行政机关应当主动决定恢复执行。如果造成中止的情形是行政相对人没有履行能力，中止执行已满3年，且行政相对人不履行义务不会产生明显的社会危害的，则行政机关应当作出不再执行的决定。

5. 终结执行

终结执行是指行政机关作出强制执行决定后，因某些特殊情况的发生，行政机关作出决定，永久性地停止执行活动。

终结执行的条件：①公民死亡，无遗产可供执行，又无义务承受人的；②法人或者其他组织终止，无财产可供执行，又无义务承受人的；③执行标的灭失；④据以执行的行政决定被撤销；⑤行政机关认为需要终结的其他情形。

终结执行的形式：法律对终结执行是否需要以书面形式作出决定，没有明确的规定。但是，从规范行政行为、降低随意性的角度出发，行政机关决定终结执行的，应当出具终结执行决定书，并及时送达行政相对人。

终结执行的效力：行政机关作出终结执行决定的，终结执行决定不影响设定行政相对人义务的行政决定和行政强制执行决定的效力，但行政机关已经宣布终结执行的案件，不得再根据行政强制执行决定对行政相对人采取强制手段，不论遇到何种情形，行政机关都不得再重新启动已终结的执行程序。当然，终结执行决定作出后，行政相对人自觉履行义务的，行政机关可以接受。

6. 执行回转

执行回转是指行政机关已经采取强制手段，行政相对人部分或者全部履行义务后，所执行的行政决定被撤销、变更或者执行行为本身存在错误，为纠正错误，行政机关重新采取措施，尽可能恢复到执行前的状况。执行回转是一种补救制度，其意义在于弥补因执行根据或者执行行为的错误而给行政相对人造成的损害，保护他们的合法权益。

执行回转的条件：①据以执行的行政决定被撤销、变更；②执行错误。

执行回转的实现方式：①退还财物；②恢复原状；③给予赔偿。

7. 执行和解

执行和解是指行政机关在强制执行过程中，就履行义务的时间、方式与行政相对人达成执行协议，行政机关决定中止强制执行，由行政相对人自行依约履行义务。

执行和解的时间：应当是在行政机关强制执行程序启动之后，行政机关强制执行完毕或者终结执行之前。

执行和解的内容：行政机关可以在不损害公共利益和他人合法权益的情况下，与当事人达成执行协议。执行协议可以约定分阶段履行，当事人采取补救措施的，可以减免加处的罚款或者滞纳金。

执行和解的解除：当事人不履行执行协议的，行政机关应当恢复强制执行，执行和解自行解除。

五、申请人民法院强制执行程序

（一）申请人民法院强制执行程序概述

行政机关申请人民法院强制执行是指当事人在法定期限内不申请行政复议或者提起行政诉讼，又不履行行政决定的，没有行政强制执行权的行政机关可以在法定期限内，依法向人民法院提出强制执行的申请，由人民法院进行审查并作出是否执行的裁定，从而实现行政决定所确定的义务的制度。这一类的强制执行非因行政审判而发生，因此又称为行政非诉执行或非诉行政执行。

行政机关申请人民法院行政强制执行案件，一般具有以下特征：①案件的起因是公民、法人或者其他组织在法定期限内，不申请行政复议或提起行政诉讼，又不履行行政决定所确定的义务；②案件的申请人是没有行政强制执行权的行政机关，被执行人是公民、法人或者其他组织；③案件执行的内容是行政机关作出的行政决定；④案件执行的目的是为了保障没有行政强制执行权的行政机关作出的行政决定得以实现。

（二）申请人民法院强制执行的基本程序

1. 行政机关的申请

行政机关申请人民法院行政强制执行，必须具备两个基本的前提条件：①当事人对行政机关作出的行政决定，既不申请行政复议或者提起行政诉讼，又不自觉履行。②向人民法院提出强制执行申请的，必须是没有行政强制执行权的行政机关。《行政强制法》规定，当事人在法定期限内不申请行政复议或者提起行政诉讼，又不履行行政决定的，没有行政强制执行权的行政机关可以自期限届满之日起3个月内，依法向人民法院申请强制执行。

行政机关申请人民法院强制执行前，应当催告当事人履行义务。催告书送达10日后当事人仍未履行义务的，行政机关就可以向人民法院申请强制执行。

行政机关向人民法院申请强制执行应当提供以下材料：行政强制申请书；行政决定书及作出决定的事实、理由和依据；当事人的意见及行政机关催告情况；申请强制执行标的情况；法律、法规规定的其他材料。申请强制执行的申请书，应当由行政机关负责人签名，加盖行政机关印章，并注明日期。

2. 人民法院的审理

行政机关向人民法院提出强制执行申请后，强制执行案件就进入人民法院的审理程序。

（1）管　辖

管辖是指人民法院系统内部就受理强制执行案件所进行的权力分工。行政机关申请人民法院强制执行案件的管辖，主要涉及地域管辖和级别管辖。

根据相关法律规定，行政非诉执行案件由申请人所在地的人民法院管辖，即行政机关向其所在地的有管辖权的人民法院申请强制执行。所在地一般是指行政机关办公地点的所在地。如果强制执行的对象是不动产，行政机关就应当向不动产所在地的人民法院申请强制执行。

各级人民法院行政审判庭负责审查行政机关申请强制执行的案件。专门人民法院、人民法庭不审查和执行行政机关申请强制执行的案件。

人民法院受理行政机关申请的强制执行案件后，应当在30日内由行政审判庭组成合议庭对申请强制执行的合法性进行审查，并就是否准予强制执行作出裁定。需要采取强制执行措施的，由该审查的人民法院负责强制执行。

（2）受　理

受理是指人民法院对行政机关申请人民法院强制执行的申请书以及有关材料进行初步

审查，对符合法律规定的申请决定立案审理的行为。人民法院接到行政机关强制执行的申请后，应当在5日内作出是否受理的裁定。对于不属于人民法院管辖的强制执行申请，可以裁定不予受理。行政机关对人民法院不予受理的裁定有异议的，可在15日内向上一级人民法院申请复议，上一级人民法院自收到复议申请之日起15日内作出是否受理的裁定。如果上一级人民法院经过复议，作出不予受理的裁定，则该裁定为产生效力的终局裁定，行政机关必须遵守。

（3）审 查

人民法院对行政机关强制执行申请的审查分为形式审查和实质审查两种，并且实行"以形式审查为原则，实质审查为例外"的模式。

第一，形式审查。即人民法院对行政机关强制执行的申请进行书面审查。审查的主要内容是：一是审查行政机关是否依法提供了完整齐全的申请材料；二是审查行政机关所作出的行政决定是否具备法定的执行力；三是审查行政机关所作出的行政决定是否明显缺乏事实根据，明显缺乏法律、法规依据，或者其他明显违法并损害被执行人合法权益的情形。如果上述内容符合法律规定，人民法院应当自受理之日起7日内作出执行裁定。

第二，实质审查。人民法院在形式审查过程中，发现行政机关所作出的行政决定存在明显缺乏事实根据，明显缺乏法律、法规依据，或者其他明显违法并损害被执行人合法权益等情形的，要进行实质审查，即在作出裁定前，可以听取被执行人和行政机关的意见，自受理申请之日起30日内作出是否执行的裁定。裁定不予执行的，应当说明理由，并在5日内将不予执行的裁定送达执行机关。

（4）裁 定

裁定是指人民法院在依照法定的权限和程序，对行政机关强制执行的申请进行审查后，就是否强制执行所作出的决定。如果人民法院裁定准予执行，案件进入强制执行的实施程序；如果裁定不予执行，应当说明理由，并在5日内将不予执行的裁定送达行政机关。对于人民法院不予执行的裁定，行政机关如有异议，可在收到裁定之日起15日内向上一级人民法院申请复议，上一级人民法院应当自收到复议申请之日起30日内作出是否执行的裁定。

3. 强制执行裁定的实施

对于人民法院强制执行裁定的实施主体，《行政强制法》并没有作出明确的规定。在实践中，行政机关申请人民法院强制执行的案件，既可以由人民法院组织实施，也可以由行政机关组织实施。

关于人民法院实施强制执行的期限，《行政强制法》只是规定，因情况紧急，为保障公共安全，行政机关可以申请人民法院立即执行。经人民法院院长批准，人民法院应当自作出执行裁定之日起5日内执行。对于一般案件，可以适用《最高人民法院关于人民法院办理执行案件若干期限的规定》（法发［006］35号）第1条的规定，非诉执行案件一般应当在立案之日起3个月内执结。有特殊情况需延长执行期限的，应当报请院长或副院长批准。申请延长执行期限的，应当在期限届满前5日内提出。

人民法院实施强制执行时，应当遵循人民法院执行工作的一般程序，即应当出示有关证件及法律文书，制作执行笔录等。人民法院强制执行完毕后，应当将执行结果以书面形式通知申请强制执行的行政机关。

强制执行的费用,由被执行人承担。人民法院以划拨、拍卖方式强制执行的,可以在划拨、拍卖后将强制执行的费用扣除。扣除了强制执行费用之后的其余款项还给被执行人。

六、行政强制中的法律责任

《行政强制法》分别就行政机关及其工作人员的法律责任、金融机构的法律责任和人民法院及其工作人员的法律责任作了明确的规定。

（一）行政机关及其工作人员的法律责任

行政机关在实施行政强制时,有下列情形之一的,由上级行政机关或者有关部门责令改正,对直接负责的主管人员和其他直接责任人员依法给予处分:

第一,没有法律、法规依据的。

第二,改变行政强制对象、条件、方式的。

第三,违反法定程序实施行政强制的。

第四,违反本法规定,在夜间或者法定节假日实施行政强制执行的。

第五,对居民生活采取停止供水、供电、供热、供燃气等方式迫使当事人履行相关行政决定的。

第六,有其他违法实施行政强制情形的。

行政机关在实施行政强制措施时,有下列情形之一的,由上级行政机关或者有关部门责令改正,对直接负责的主管人员和其他直接责任人员依法给予处分:

第一,扩大查封、扣押、冻结范围的。

第二,使用或者损毁查封、扣押场所、设施或者财物的。

第三,在查封、扣押法定期间不作出处理决定或者未依法及时解除查封、扣押的。

第四,在冻结存款、汇款法定期间不作出处理决定或者未依法及时解除冻结的。

此外,行政机关将查封、扣押的财物或者划拨的存款、汇款以及拍卖和依法处理所得的款项,截留、私分或者变相私分的,由财政部门或者有关部门予以追缴;对直接负责的主管人员和其他直接责任人员依法给予记大过、降级、撤职或者开除的处分。行政机关工作人员利用职务上的便利,将查封、扣押的场所、设施或者财物据为己有的,由上级行政机关或者有关部门责令改正,依法给予记大过、降级、撤职或者开除的处分。行政机关及其工作人员利用行政强制权为单位或者个人谋取利益的,由上级行政机关或者有关部门责令改正,对直接负责的主管人员和其他直接责任人员依法给予处分。如果行政机关违反法律规定,指令金融机构将款项划入国库或者财政专户以外的其他账户的,对直接负责的主管人员和其他直接责任人员依法给予处分。

（二）金融机构的法律责任

金融机构若违反法律规定,有下列行为之一的,由金融业监督管理机构责令改正,对直接负责的主管人员和其他直接责任人员依法给予处分:

第一,在冻结前向当事人泄露信息的。

第二,对应当立即冻结、划拨的存款、汇款不冻结或者不划拨,致使存款、汇款转移的。

第三,将不应当冻结、划拨的存款、汇款予以冻结或者划拨的。

第四,未及时解除冻结存款、汇款的。

此外,金融机构违反法律规定,将款项划入国库或者财政专户以外的其他账户的,由金融业监督管理机构责令改正,并处以违法划拨款项二倍的罚款;对直接负责的主管人员和其他直接责任人员依法给予处分。

(三) 人民法院及其工作人员的法律责任

人民法院违反法律规定,指令金融机构将款项划入国库或者财政专户以外的其他账户的,对直接负责的主管人员和其他直接责任人员依法给予处分。

人民法院及其工作人员在强制执行中有违法行为或者扩大强制执行范围的,对直接负责的主管人员和其他直接责任人员依法给予处分。

人民法院及其工作人员在强制执行中的违法行为或者扩大强制执行范围的违法行为,给公民、法人或者其他组织造成损失的,依法给予赔偿。

当然,情节严重,构成犯罪的,还要依法追究有关人员的刑事责任。

第十七章 具体行政行为：行政命令与行政确认

第一节 行政命令

一、行政命令的概念和特征

行政命令是指行政主体要求行政相对人为一定行为或不为一定行为的意思表示，它是行政主体进行行政管理的一种基本方式。行政命令是由行政机关从行政管理的需要出发单方面决定发布的，无需行政相对人的同意。行政命令必须是在行政机关的行政职权范围内发布，并且要以有效的方式使行政相对人知晓，否则不得执行。

从本质上来讲，行政命令是行政主体的一种强制性行为，它只存在于行政处理行为之中，与行政检查、行政决定和行政强制执行等相联系，并且相互衔接。一般来说，行政命令具有以下特征：

第一，行政命令在主体上，是由行政主体作出，体现国家意志，是国家命令的一种。由于行政命令是由行政主体作出的，因而不同于国家权力机关、司法机关等其他国家机关作出的命令。

第二，行政命令在内容上，是科以行政相对人一定的义务，而不是赋予权利。表现为要求行政相对人为一定的行为或不为一定的行为，而不是由行政主体自己进行一定的作为或不作为，这就使行政命令同行政强制措施和行政强制执行有着本质的区别。

第三，行政命令在形式上，是以书面形式为主、口头形式为辅的方式表现出来的。

第四，行政命令在本质上，是为行政相对人设定具体的行为规则。行政命令一般表现为在特定的时间内，对特定的人或特定的事设定特定的规范，这种规范属于具体行政行为，不属于抽象行政行为。当然，县级以上各级人民政府可以用行政命令的方式发布具有普遍约束力的规范性文件，这种形式属于抽象行政行为。

第五，行政命令在法律后果上，表现为行政相对人违反行政命令，可以引起行政主体对其制裁，而不是直接引起行政强制执行。这同行政决定相区别，行政相对人不履行行政决定，可以引起行政强制执行，但是其中赋予权利的行政决定是例外。

第六，行政命令在依据上，是依据法律和行政机关的职权作出的。不少行政命令是依据法律作出的，但是由于行政管理事务既多又杂，法律规范难以穷尽。所以，大量的行政命令是依行政机关的职权作出的，而不是依据法律条文作出的。

第七，行政命令在救济上，行政相对人如不服从行政命令，不能提起行政诉讼或行政复议，只能以申诉途径解决。这与行政决定刚好相反，行政相对人如不服行政决定，可以依法提起行政诉讼或行政复议。

二、行政命令的分类和表现形式

行政命令的内容一般只涉及行政相对人的义务，而不涉及行政相对人的权利。义务内容从性质而言有两种，即作为和不作为的义务。作为，即要求行政相对人作出一定行为的命令，称为"令"；不作为，即要求行政相对人不作出一定行为的命令，称为"禁令"。在西方国家，通常将行政机关制定和发布行政法规的职权通称为命令权。这种命令权一般又分为执行命令、委托命令、独立命令和紧急命令。执行命令指行政机关为执行议会通过的法律而作的补充规定；委托命令指行政机关依据立法委托而制定和发布的命令；独立命令指行政机关不管有无法律作为依据或立法委托而径自颁布的命令；紧急命令指在议会闭会期间遇有紧急事变，发布与法律具有同等效力，甚至高于法律效力的命令。随着行政权的不断扩大，西方国家立法机关委托行政机关以命令方式进行立法的现象日益普遍。[①]

行政命令一般通过以下三种形式表现出来：

第一，书面形式。一般多以文件的形式表现命令内容。关于文件的名称可以用"命令"（如某某政府令），也可以不用"命令"，而用其他名称，如"布告"、"指示"、"通知"等。确认行政命令应根据实质内容，而不仅是依据表现形式。

第二，口头形式。以说话的方式表达行政命令的内容。在实践中，这是一种常用的形式。

第三，动作形式。以动作的方式表达行政命令的内容。最常见的是交通警察在指挥交通中以手势动作表达指挥内容，以及用旗语或者信号灯表示指挥内容。

无论是书面形式，还是口头形式或者动作形式，只要是合法合理的，都具有法律效力。

三、行政命令的性质和意义

行政命令是行政主体依职权作出的具体行政行为，具有较强的科以义务的特征。行政命令一经作出，便产生法律效力。一方面，对行政相对人产生相关的义务，其应当按照行政命令的要求，进行一定的作为或不作为，反之，将承担行政主体给予的处罚；另一方面，行政主体合法、适当的行政命令，造成行政相对人的财产损失，行政主体一般不负责赔偿，法律另有规定的，行政主体依据有关的法律、法规的规定，承担补救责任。相反，如果行政命令违法或不当，行政主体则应承担行政赔偿责任。如何承担责任，应按照国家赔偿法规定承担。

行政命令作为国家行政权的一种基本表现形式，是现代国家实行行政管理的重要手段和基本方式之一。可以这样说，当今世界各国没有哪个国家可以离开行政命令这种基本的具体行政行为来管理国家行政事务，行政命令已成为当代世界各国行政管理的一种重要的行政手段和行为方式。具体讲，行政命令具有以下重要意义：

第一，行政命令有利于提高行政效率。行政主体在行政管理中，通过发布行政命令，

[①] 秦后国：《试论法国行政命令的类型与特点》，载《武汉大学学报》（社科版）2010年第2期。

要求行政相对人为或不为一定的行为，可以对行政相对人明确行政主体的态度，规劝、引导、教育和告诫行政相对人自觉遵守行政命令的要求，自觉、主动地履行义务，实现行政命令的要求，避免或减少行政资源不必要的过程和浪费，提高行政效率。

第二，行政命令有利于提高行政管理的时效性和针对性。行政命令在行政管理中具有较强的实用性和灵活性，这对于行政主体适应瞬息万变的社会发展，及时、有效地处理不断增加的行政管理事务，具有极强的帮助作用。它对于促进社会的安定，维护良好的社会秩序，都是一种不可或缺的行政管理方式和管理手段。

第三，行政命令有利于调动行政相对人的自觉性。政府行政管理是一个双向的活动过程，需要调动行政主体与行政相对人双方的积极性才能实现预期的管理目的。行政命令就是通过行政相对人自觉、主动地履行相关的义务，调动行政相对人的自觉性和主动性，实现与行政主体的合作与配合，从而有效配合行政机关的行政管理活动，最终实现行政管理的目的。

第二节 行政确认

一、行政确认的概念和特征

行政确认是指行政主体依照法定权限和程序对行政相对人特定的法律事实和法律关系进行审查，给予确定、认可、证明并予以宣告的具体行政行为。行政确认涉及几乎每一名社会成员，它对于维护社会稳定，减少社会混乱和化解社会矛盾，促进社会交往，提高社会效率，为人们的经济行为和社会生活提供便捷和服务，具有非常重要作用。

行政确认行为与其他行政行为相比，具有以下特征：

第一，行政确认的主体，是国家行政机关和法律、法规授权的组织。国家立法机关、司法机关和其他社会组织也可以依据法律作出确认，但这些都不是行政确认。只有行政主体所作出的确认，才是行政确认。

第二，行政确认的对象，是特定的法律事实或者法律关系；而行政确认的内容，则是肯定或否定行政相对人的法律地位和权利义务。行政相对人的权利义务、法律地位与所需确认的特定的法律事实或者法律关系紧密相关。行政主体通过确定特定的法律事实或者法律关系是否存在、合法，来达到确定或否定行政相对人的法律地位或权利义务的目的。

第三，行政确认的形式，是要式的行政行为。由于行政确认的对象是行政相对人特定的法律事实或者法律关系，内容涉及行政相对人的法律地位和权利义务。所以，行政主体作出行政确认行为时，多数情况下必须依据行政相对人的申请来作出；必须依据法定职权和法定程序对需要确定的事项进行审查确认；必须以书面形式，并按照一定的规范要求作出确认结论。

第四，行政确认的性质，属于行政主体所为的具体行政行为，亦称行政执法行为，其确认权属于国家行政权的组成部分。所以，行政确认行为一般都是具有强制力以保障实施的行政行为，具有公定力和约束力，有关当事人必须服从，否则会受到相应的处罚。

第五，行政确认的类别，属于羁束的行政行为。行政确认的目的是确定行政相对人的法律地位和权利义务，是严肃的法律行为，具有严格的规范性。行政主体在进行确认时，只能严格按照法律的规定和技术的规范进行，并尊重客观事实，做到以事实为依据，以法律为准绳，不能自由裁量。

二、行政确认的形式和分类

（一）行政确认的形式

形式是内容的外在表现，内容是形式的本质属性。根据法律规范和行政活动的实际，行政确认的形式主要有以下几种：

1. 确　定

确定是指行政主体对个人、组织已有的法律地位与权利义务，在发生争议的情况下进行的确定。如对土地使用权、房屋产权、专利权、商标权、争议的财产所有权的确认。

2. 认　可

认可是指行政主体对个人、组织已有的法律地位和权利义务，以及确认的事项是否符合法律要求的事后追认，其效果是补充行为的效力。如对无效合同的认定，对产品质量是否合格的认证等。

3. 证　明

证明是指行政主体向其他人明确肯定被证明对象的法律地位、权利义务及其他情况。如各种学历证、学位证、身份证等。

4. 登　记

登记是指行政主体依据申请人的申请，在政府的有关登记簿册中记载行政相对人的某种情况和事实，并依法予以正式确认的行为。如工商登记、户口登记、婚姻登记等。

5. 鉴　证

鉴证是指行政主体对某种法律关系的合法性经审查后确认或证明其效力的行为。如工商管理机关对合同的鉴证、教育行政机关对有关留学合同的鉴证。

6. 鉴　定

鉴定是指行政机关对特定的法律事实或客体的性质、状态、质量等进行的客观评价。如某种科研成果的鉴定、审计鉴定等。

（二）行政确认的分类

行政确认依据不同的标准可以作不同的分类。

1. 按照依据的不同，可以将行政确认分为依申请的行政确认和依职权的行政确认

依申请的行政确认是指必须有行政相对人的申请，行政主体才能给予的行政确认。在依申请的行政确认中，行政主体处于被动的地位，不能主动进行确认。如专利局授予专利证书，必须有申请专利权人的申请才能授予；商标局授予商标专用证书，必须有商标专用权人的申请才能授予。

依职权的行政确认是指不必有行政相对人的申请，行政主体依据法定职权即可实施的行政确认。如纳税鉴定、审计鉴定等，都是行政主体主动进行的行政确认行为。

2. 按照确认的对象不同，可以将行政确认分为对身份、能力、事实、法律关系和权利归属的行政确认

对身份的行政确认是指行政主体对行政相对人在法律关系中的地位的确认。如颁发居

民身份证、工作证、军烈属和优抚对象的证明等。

对能力或资格的行政确认是指行政主体对行政相对人是否具有从事某种活动的能力和资格的确认。如对专业职称授予，建筑师、会计师、驾驶人员等的能力、条件和资格的认可。

对事实的行政确认是指行政主体对某项事实的性质、状态、真伪、等级、数量、质量、规格等的确认。如对违反治安、工商、税务、物价、环保等行政法律规范的具体违法行为的性质的认定，对各种商品质量的检验认证等，都是对事实的行政确认。

对法律关系的行政确认是指行政主体对行政相对人的某种权利义务关系是否存在或是否合法有效的确认。如合同鉴证就是对法律关系的行政确认。

对权利归属的行政确认是指行政主体对行政相对人享有某项民事权利的确认，也称为行政确权。行政确权所涉及的领域十分广泛，主要有不动产所有权的行政确认、不动产使用权的行政确认、经营权的行政确认、工商产权的行政确认等。

3. 按行政确认对他种行为的关系，可以将行政确认分为独立的行政确认与附属性的行政确认

独立的行政确认是指不依赖他种行政行为而独立存在的行政确认行为。即这种行为不是他种行政行为成立的必要前提。附属性的行政确认是指他种行政行为依赖于该行政行为作补充。

4. 按照行政管理的领域或者行业来划分，可以将行政确认分为公安管理中的行政确认、司法行政管理中的行政确认、民政管理中的行政确认、劳动管理中的行政确认等等

公安管理中的行政确认。主要有：对交通事故的车辆、物品、尸体、路况以及当事人的生理、精神状态的检验和鉴定；对交通事故等级的确认；对当事人交通责任的认定；对行政案件的原告中自然受治安行政拘留的人员、劳教和受审人员的精神病司法鉴定等。

司法行政管理中的行政确认。主要有：对合同、委托、遗嘱、继承权、财产权、收养关系、亲属关系等民事法律关系的公证；对身份、学历、经历、出生、死亡、婚姻状况等事实的证明；对有关文件的真伪、法律效力的公证等。

民政管理中的行政确认。主要有：对现役军人死亡性质、伤残性的确认；对烈士纪念建筑物的等级确认；对革命烈士的确认；对结婚、离婚条件的确认等。

劳动管理中的行政确认。主要有：对人员伤亡事故原因、责任的确认；对锅炉压力容器事故原因和责任的确认；对特别重大事故的技术鉴定等。

卫生管理中的行政确认。主要有：食品卫生的确认；对新药品及进口药品的鉴定；对国境卫生的鉴定；对医疗事故等级的鉴定等。

经济管理中的行政确认。主要有：对产品标准的行政认证和计量器具鉴定，产品质量认证；对商标和专利权的审定；对著作权属的确认；对动植物检疫的确认；对养殖水面区域的确认；对自然资源的所有权和使用权的确认；对无效经济合同的确认等。

三、行政确认与行政许可的比较

行政确认与行政许可是两个相似的具体行政行为，两者是既有联系又有区别的两个法律概念。

行政确认和行政许可的联系是，两者都是行政主体依法行使职权的一种具体行政行

为，通常是同一行政行为的两个步骤，一般是确认在前，许可在后；确认是许可的前提，许可是确认的结果。

两者的区别是：

第一，性质不同。行政确认属于确认性或宣示性行政行为，仅表明现有的状态，而不以法律关系的产生、变更或消灭为目的；行政许可则是建立、改变或者消灭具体的法律关系，是一种形成性行政行为。

第二，对象不同。行政确认是对行政相对人已有的、一般是在发生争议的情况下，对特定的法律事实及法律关系的确认；而行政许可则是准许行政相对人从事某种对一般人禁止的活动，即准许某一特定对象获得过去没有的权利，是权力的赋予。

第三，内容不同。行政确认行为的内容具有"中立性"，并不直接为当事人设定权利或义务，对当事人是有利还是不利，取决于确认时原已存在的法律状态或事实状态；而行政许可行为则是一种授益性行政行为，它直接为申请人授益。

第四，依据不同。行政确认既有依申请的确认也有依职权的确认；而行政许可则只能是依申请才能发生的行政行为。

第五，表现形式不同。行政确认一般只能以书面形式出现；而行政许可的表现形式尽管以书面的形式为主，但也存在口头、默示等方式。

第六，法律效果不同。行政确认中未被认可的行为或地位将发生无效的结果，而不适用法律制裁；而在行政许可中，未经许可而从事的行为将发生违法后果，当事人将因此受到法律制裁。即前者的法律效果具有前溯性，对今后仅是一种预决作用；而后者的法律效果具有后及性，不具有前溯性。

第十八章 具体行政行为：行政监督检查与行政征收

第一节 行政监督检查

一、行政监督检查的概念

行政监督检查是指行政主体在自己的行政职权范围内依法对相对人遵守法律、法规、规章和生效行政决定等情况进行了解和督促的行为，是行政机关在行政管理活动中常用的一种行政执法行为。[①]

从上述概念可以分析出行政监督检查的主体一定是行政主体，行政监督检查的对象是行政相对人，行政监督检查的内容是相对人遵守法律、法规、规章和生效行政决定的情况。

二、行政监督检查的分类

行政监督检查可根据不同的标准进行分类。通常的分类有：

（1）以行政监督检查的对象是否特定为标准，行政监督检查可分为一般监督检查和特定监督检查

一般监督检查是针对不特定的相对方实施的监督检查，具有巡察、普查的性质。特定监督检查是对具体的相对方进行的监督检查，对于同一个行政机关来说，这两种监督检查可以同时使用，并不截然分开。

（2）以行政监督检查的内容为划分标准，行政监督检查可分为公安行政监督检查、工商行政监督检查、海关监督检查、资源监督检查、环境保护监督检查、审计监督检查等

如《证券法》第171条规定了证券监督管理机构的行政监督检查权，"国务院证券监督管理机构依法履行职责，被检查、调查的单位和个人应当配合，如实提供有关文件和资料，不得拒绝、阻碍和隐瞒"。《产品质量法》第16条规定了产品质量监督机构的行政监督检查权，"对依法进行的产品质量监督检查，生产者、销售者不得拒绝"。这些规定给相对人带来了如实陈述、接受检查等程序义务。

（3）以实施行政监督检查的时期为划分标准，行政监督检查可分为事前监督检查、事中监督检查和事后监督检查

事前监督检查的特点是实施于相对方某一行为完成之前；事中监督检查是指对相对方

[①] 杨临宏著：《行政法：原理与制度》，云南大学出版社2010年版，第619、620页。

正在实施的行为进行监督检查；事后监督检查是对相对方已实施完的行为所进行的检查。

（4）以行政监督检查机构的任务为划分标准，行政监督检查可分为专门监督检查与业务监督检查

专门监督检查是指由专门从事监督检查，本身并无其他管理任务的国家行政机关实行的监督检查。业务监督检查是指担负管理与监督双重任务的行政机关所进行的监督检查。

（5）以行政监督检查与监督检查主体的职权关系为标准，行政监督检查可分为依职权的监督检查与依授权的监督检查

依职权的监督检查是行政主体依据自身的行政职责权限所实施的监督检查。依授权的监督检查是指行政主体不是依据自身管理职责权限而是依据法律、法规授予的行政监督检查权所实施的监督检查。

三、行政监督检查的方式

行政监督检查需要通过具体的方式才能得以实现，主要是通过调查、检查、检验的方式进行的。

（一）调　查

调查可通过询问、讯问等方式进行，可事前通知相对人，也可不通知相对人，但调查的结果应告知相对人。就调查种类而言，有一般调查、立案调查、联合调查、专题调查、现场调查等。调查的目的是查清事实，可以使之后的行政处理决定（包括行政处罚或行政强制等）更加客观、公正，但有的调查相对独立，并不依附于其他的行政行为。

（二）检　查

检查有很多形式，包括：综合检查、专题检查；全面检查、抽样检查；定期检查、临时检查；现场检查、人身检查等；安全检查、产品质量检查、卫生检查等。

（三）检　验

检验是行政主体或行政主体委托其他技术性机构对相对方的某种物品进行检查、鉴别或化验，以确定相应物品的成分、构成要素是否符合标准等。

（四）鉴　定

鉴定是指行政主体或行政主体委托其他技术性机构对相对方的某种物品或材料、证件等进行鉴别、评定，以确定真伪、优劣，或确定其性质成分等。

（五）登　记

登记是指行政主体要求相对方就某特定事项向其申报、说明，由行政主体记录在册的行为。

（六）统　计

统计是行政主体通过统计数据了解相对方情况的一种监督方法。统计监督的方法种类繁多、应用广泛，如人口统计、劳务统计、物价统计、生产统计等。

四、行政监督检查的程序

行政监督检查一般应包括以下内容。

（一）表明身份

实施行政监督检查时，行政机关的工作人员应当向被检查人表明身份，一般应出示其执法证件，以此说明其行为的正当性和合法性，使被检查人履行协助检查的义务。

我国的很多法律、法规及规章中都明确规定了表明身份的程序，如《治安管理处罚法》第87条、《港口法》第42条、《银行业监督管理法》第34条第2款等。

（二）通知并说明理由

行政机关在行政监督检查时，一般应将检查的目的、时间、范围告知被检查人，并说明行政监督检查的理由和根据，这是行政相对人享有知情权的体现，同时，也可以防止行政机关滥用行政监督检查，提高行政监督检查的效力。

（三）提取证据

提取的证据应当是客观真实的，同时提取的证据应当与监督检查的目的有直接的关系。另外，应当通过合法的程序提取证据，遵守法定的时间。提取的证据种类可以是书证、物证等形式。

（四）告知权利

在行政监督检查之前或之后，检查主体应当告知相对人相关的权利，如陈述权、申辩权、申请复议和行政诉讼的权利。这也是行政相对人知情权的体现，同时通过相对人相关权利的行使也有助于行政机关得出客观公正的检查结果。

有的学者还提出了告知监督检查结果的程序，[1] 认为作为一种具体行政行为，行政监督检查会对相对人的权利和义务产生重大影响，因此，必须告知相对人监督检查的结果。有的学者提出了审查与批准的程序，[2] 认为当有的行政监督检查是直接针对相对人的宪法基本权利采取措施时，如对人身、住宅的检查，这时行政机关应当经过事先审查并获得批准，这是保障基本人权的需要。

第二节 行政征收

一、行政征收的含义

在行政法学界，对行政征收的概念并无统一的界定。有的学者认为，行政征收是"行政主体凭借国家行政权，根据国家和社会公共利益的需要，依法向行政相对人强制地、无偿地征集一定数额金钱或实物的行政行为"[3]。有的学者认为，行政征收是征税、行政收费、财物征用和征调的上位概念，"是行政主体为了公共利益目的，以国家强制力为后盾，从处于被管理者地位的公民或组织处有偿或无偿获取一定财物、金钱或劳务的单

---

[1] 杨海坤著：《中国行政法基础理论》，中国人事出版社2000年版，第206页
[2] 余凌云著：《行政法讲义》，清华大学出版社2010年版，第196页
[3] 姜明安主编：《行政法与行政诉讼法》，北京大学出版社1999年版，第217页。

方行为"①。

二、行政征收的特征

第一,强制性。行政征收是行政主体凭借国家强制力对公民、法人和其他组织实施的征收行为,属于一种单方法律行为,因此,行政机关在实施征收时,无需与相对人进行协商,也无需取得相对人的同意,相对人必须无条件地服从行政机关征收的命令。

第二,无偿性。通过行政征收,相对人将其财产所有权无偿地转让给国家,国家获得了被征收人的财产所有权而无需向相对人支付报酬,该财产成为国家财产。

第三,法定性。行政征收的依据是国家相关法律的规定,在行政征收过程中对征收的对象、征收项目、征收标准等都应严格按照法律的规定,同时,行政征收还应当按照法定的程序进行,否则就可能造成对相对人合法权益的损害。

也有部分学者并不认为无偿性是行政征收的特征,其依据是《宪法》第13条的规定:"国家为了公共利益的需要,可以依照法律规定对公民的私有财产实行征收或者征用,并给予补偿。"② 这些学者认为有偿的公益征收也是行政征收的一种,在本书中我们将公益征收与行政征收进行了区别。

三、行政征收与相关概念的区别

(一) 行政征收与公益征收的区别

公益征收是指行政主体根据社会公共利益的需要,按照法律规定的程序并在给予相应补偿的情况下以强制方式取得相对人财产权的行政行为。③ 行政征收与公益征收的区别在于:

第一,行政征收具有无偿性,而公益征收是有偿的。国家将行政征收所得纳入国家财政收入的范畴,而公益征收则应按照相关法律的规定给予相对人一定的补偿才能实施征收,根据《土地管理法》第47条的规定,征收土地的,按照被征收土地的原用途给予补偿。征收耕地的补偿费用包括土地补偿费、安置补助费以及地上附着物和青苗补偿费。

第二,行政征收具有固定性,公益征收则具有非固定性。行政征收一般按照法律规定的范围、标准和环节进行征收,法律规定的事实只要存在,就会产生行政征收。

第三,两者适用条件不同。行政征收一般通过行政程序进行,只有在针对人对征收行为有异议的情况下才有可能通过司法程序解决,而公益征收的程序比行政征收要严格和复杂,在不少国家,它必须经过行政程序和司法程序两个阶段才能完成征收行为,通常的做法是通过行政程序确定被征收的财产及范围,由司法程序裁决财产所有权的转移及确定补偿金额。

第四,两者的适用条件不同。行政征收以相对人负有行政法上的缴纳义务为前提,而公益征收的相对人并不负有行政法上的缴纳义务;行政征收所指向的对象一般是金钱等动

---

① 杨解君主编:《行政法》,中国方正出版社2002年版,第322-323页。
② 杨叶红:《行政征收的正当程序研究》,载《湖南社会科学》2011年第5期。
③ 杨临宏著:《行政法:原理与制度》,云南大学出版社2010年版,455页。

产，而公益征收的对象一般为土地、房屋等不动产；行政征收可依法减免，而公益征收则无减免可言。

当然，有部分学者也将公益征收作为行政征收的一种形式，认为行政征收是行政机关以强制方式取得公民财产权的一种侵益性行政行为。公益性征收与税费的征收都是行政征收的组成部分。①

（二）行政征收与公共征用的区别

公共征用是指行政主体为了公共利益的需要，依照法定程序强制使用相对人财产的一种具体行政行为。有的学者认为行政征用的对象还包括劳务（如水利建设中的劳务征用）。② 行政征收与公共征用的区别在于：

第一，从法律后果看，行政征收的后果是行政主体获得了被征收财产的所有权，公共征用中行政主体获得的是被征用财产的使用权。通过行政征收，国家获得了相应财产的所有权，而通过公共征用，国家获得的是对被征用对象的使用权，其所有权并未发生改变。

第二，从标的看，行政征收的对象一般为货币，而公共征用的对象包括土地等不动产，也包括动产（如发生自然灾害时，征用企业的车辆和机器设备），有的学者认为还包括劳务。

第三，从是否能够获得补偿看，行政征收是无偿的，国家不对行政征收行为进行补偿，而公共征用一般是有偿的，行政主体一般要对被征用人进行一定的经济补偿。

（三）行政征收与国有化

国有化是指国家为了社会公共利益的需要，以专门立法的形式剥夺相对人的某个企业、某类企业或对土地及其附属物的所有权，而由国家强迫取得所有权的一种方式。国有化与行政征收的区别在于：

第一，国有化的对象往往是企业，而行政征收的对象是货币。

第二，国有化既可以是无偿的，也可以是有偿的，完全依法律的规定而定，而行政征收是无偿的。

第三，行政征收一般都有程序性的规定，而国有化往往没有一个统一适用的程序，每项国有化都是由专门立法规定收归国有的方式、程序及其补偿的原则。

四、行政征收的分类

（一）行政征税

1. 税收征收的概念和特征

税收征收是指国家为实现其职能，凭借国家权力，按照法律规定，通过税收工具强制地、无偿地收取纳税义务人税款，参与国民收入和社会产品的分配和再分配，取得财政收入的一种形式。

税收具有无偿性、强制性、固定性的形式特征。

第一，税收的无偿性。税收的无偿性是指国家征税以后，其收入就成为国家所有，不

---

① 李春燕：《行政征收的法律规制论纲》，载《行政法研究》2008 年第 2 期。
② 杨海坤著：《中国行政法基础理论》，中国人事出版社 2000 年版，第 190 页

再直接归还纳税人，也不支付任何报酬。税收的无偿性特征是从直观的角度对具体的纳税人来说的。税收的无偿性是由国家财政支出的无偿性决定的，体现了财政分配的本质，是税收"三性"的核心。

第二，税收的强制性。税收的强制性是指国家依据法律征税，而并非一种自愿交纳，纳税人必须依法纳税，否则就要受到法律制裁。税收的强制性表现为国家征税的直接依据是政治权力，而不是生产资料的直接所有权；国家征税是按照国家意志、依据法律来征收，而不是按照纳税人的意志自愿交纳。

第三，税收的固定性。税收的固定性是指国家征税以法律形式预先规定征税范围和征收比例，便于征纳双方共同遵守。这种固定性主要表现在国家通过法律，把对什么征、对谁征和征多少在征税之前就固定下来。税收的固定性既包括时间上的连续性，又包括征收比例的限度性。国家通过制定法律来征税的特点是：法律一经制定就要保持它的相对稳定性，不能"朝令夕改"。税收的固定性是国家财政收入的需要。

2. 税收的主体

征税主体又叫征税人，是指行使税收征管权，依法进行税款征收行为的行政主体。

征税主体在税收征收活动中行使的是税收征管权，具体包括税收征收权、税收管理权和税收入库权。从国际上征税机关设置的通行体制来看，一般是由税务机关和海关代表国家具体承担征税主体的角色。税收是以国家为主体的特殊分配形式，所以征税主体只能是国家，而不是其他主体。在我国，征税主体的具体部门有国家税务局、地方税务局和海关。

3. 税收征收的主要种类

按征税对象，税收征收可以分为五种：

第一，流转税。以商品交换和提供劳务为前提，以商品流转额（量）和非商品流转额（量）为课税对象，主要包括增值税、消费税、营业税、关税等。

第二，所得税。以纳税人的各种收益额为课税对象，主要包括企业所得税、个人所得税、外商投资企业和外国企业所得税。

第三，财产税。以纳税人拥有的财产数量或财产价值为课税对象，主要包括房产税、车船使用税、城镇土地使用税。

第四，资源税。以自然资源和某些社会资源为课税对象，我国主要是资源税。

第五，行为目的税。以纳税人的某些特定行为为课税对象，我国有固定资产投资方向调节税、城市维护建设税、印花税、契税、土地增值税等。

（二）行政收费

1. 行政收费的概念

对于行政收费的概念，各个学者有不同的界定。有的学者认为，收费是指政府（或者行政主体）以满足社会需要为目的，凭借行政权力，通过向公共商品或者劳务的特定使用者或者享受者按照特定标准收取相应费用的行为，又称政府收费或者行政收费。[①] 有的学者认为，收费是国家或者政府规制的，存在市场因素的产业或者行业、公共部门

---

① 沈开举著：《行政征收研究》，人民出版社2001年版，第45页。

(包括有关国有企事业单位)、民间团体和私人企业所提供的有偿服务的价格。① 根据国家发改委、财政部出台《行政事业收费标准管理暂行办法》第 3 条规定:"行政事业性收费(以下简称收费),是指国家机关、事业单位、代行政府职能的社会团体及其他组织根据法律规定等有关规定,依照国务院规定程序批准,在实施社会公共管理,以及在向公民、法人提供特定公共服务过程中,向特定对象收取的费用。"

根据上述概念的综合分析,行政收费的概念应当包括如下含义:

第一,行政收费的主体应当是国家机关、行政机关和被授权组织。其他任何组织和个人不能进行行政收费。

第二,行政收费行为的客体是行政法上的收缴权利义务关系。权利义务双方根据法定项目、审定标准、鉴定和申报相结合,最终确认数额之后,双方具体权利义务才能产生。

第三,行政收费的内容是收取特定项目一定数额的"费",如工商行政机关向企业法人收取的"登记管理业务费",该收费项目包括证、照、表、册的印刷、定制费,专业设备购置费,专业资料费和其他费用。

第四,行政收费的标的是行政相对人的一定数额的金钱。实物不能成为行政收费的标的。

2. 行政收费的性质和特征

费在操作层面上首先是一种具体行政行为。它的法律特征是:行政收费是一种单方具体行政行为;行政收费的实质在于取得行政相对人一定数量的金钱;行政收费的实施必须以行政相对人负有行政法上的缴纳义务为前提。一般认为,行政收费应当具有如下特征:

第一,有偿性。这也意味着行政收费的范围和规模必须是有限的,即只有具有排他性的那部分公共产品或服务,或是人们能够直接感受到受益的管理型服务或对某些特定行为的调节才能采取收费的形式。

第二,不确定性(变动性)。行政主体为满足特定群体的公共需要或为了增进特定利益而进行特别行政活动时,该项支出亦由特定受益人承担。而一旦该受益群体的需要(利益)消失或减少,行政收费也就相应地随之消失或减少。这意味着行政收费的数量和规模都具有不确定性,所以相对于税收的固定性特点而言,行政收费具有不确定性,使其不能为政府履行职能提供相对固定的资金保障,从而不能成为政府长期稳定的收入来源。

第三,补偿性。行政收费的目的仅在于保证政府获得的收益能够补偿成本,而不能成为弥补政府部门经费不足或获取额外收益的手段。虽然各国宪法都规定国家基于公共利益的需要可以依法限制或剥夺公民财产权,但是行政收费的目的不应违背公权力的职能。②

3. 行政收费的种类

(1) 行政性收费

行政性收费是指国家行政机关、司法机关和法律、法规授权的机构,依据国家法律、法规行使其管理职能,向公民、法人和其他组织收取的费用。一般主要包括:①管理性收费。管理性收费又分为资格审查收费、裁定性收费和交易行为管理费等。资格审查收费是指国家对个人或团体从事特定社会或经济活动的资格进行审定,颁发证明其行为或身份合

---

① 赵振东等主编:《收费理论与收费管理》,中国物价出版社 1995 年版,第 27 页。
② 肖明:《行政收费制度的法理研究》,载《政府法制研究》2010 年第 12 期。

法、允许其开展特定活动的证件所收取的费用。如办理工商营业执照、结婚证、卫生许可证、生产许可证、行车执照、驾驶执照、居民身份证、出口许可证等的收费。裁定性收费是指国家对经济主体之间在社会经济活动中发生争议的事项进行协调和裁定的收费。如劳动仲裁费等。交易行为管理费是国家对经济主体的市场交易活动进行管理和控制的收费。如市场管理费、摊位费、旧车交易市场管理费等。②惩罚性收费。惩罚性收费是指国家对违反法律、法规，有损公共利益的行为给予的经济性惩罚。如对违反交通规则的罚款、违反治安管理条例的罚款，对经营假冒伪劣商品的罚款，对违反技术标准、违反商标管理的罚款，对违反污染排放规定的罚款，等等。③资源性收费。资源性收费是指国家对占有、开发、使用公共资源行为的收费。如土地使用费、矿产资源补偿费等。

（2）事业性收费

事业单位向社会提供服务而收取的费用，我国的事业性收费主要分为：①医疗收费；②教育收费，包括大中专学校的学费、中、小学的学杂费、学校招生报名费、文化技术培训费等；③科技服务费，如技术转让费、技术咨询费、气象服务费等；④检验检疫费，如进出口商品检验费、产品质量检验费、动植物及其他产品检疫费等。

行政性收费与事业性收费的不同之处在于：行政性收费是收费主体在行政管理活动中进行的收费，带有相对强制性和管理性的特点；而事业性收费是收费主体在服务过程中而进行的收费，带有自愿、补偿和服务的性质。另外，行政性收费按照国家规定应该上缴财政，纳入财政预算管理；而事业性收费按照国家有关规定实行财政专户管理。①

由于分类标准的不同，各个学者对行政收费有不同的分类方法，如有的学者认为，以收费对象为标准可将行政收费分为如涉企收费、涉农收费、涉外收费、外来人员收费、进城务工人员收费等；以收费的独立性作为标准，可将行政收费分为独立性收费和非独立性收费（或称之为附带性或者附属性收费）；以收费目的为标准，可将行政收费分为财政性收费和管理性收费；以收费主体为标准，可将行政收费分为不同系统的收费，如劳动系统收费、工商系统收费等。② 有的学者提出，按收费原因将行政收费划分为规费和使用费，前者如外事规费、内务规费等，后者如对公共交通、教育设施等收取的费用。按照收费来源将行政收费划分特许金、规费、使用费及工程受益费，其中特许金是指由于享有政府准予的权力而交付的费用，如各种注册费；规费是指由于利用政府提供的劳务所交付的费用，如证照费等；使用费是指由于利用国有资产或政府提供的公共设施所交付的费用，如国有土地使用权出让金等；工程受益费是指在特定地区为满足兴建公共设施的资金需要而由该地区居民所支付的费用。③

很多学者提出，根据收费的目的不同，可以将行政收费分为拥挤性收费、负担性收费和界定性收费。拥挤性收费也称准入性收费，是指为有效限制消费量，实现资源配置和社会福利的最大化，从而对那些具有稀缺性和有限性的准公共物品进行收费，最典型的如土地、矿藏、河流、湖泊、森林、教育、高速公路等。补偿性收费是指行政相对人因享用行政主体为其提供的特定服务而依法向国家交纳的费用，其理论依据为"行政特别支出补

---

① 杨临宏著：《行政法：原理与制度》，云南大学出版社2010年版，461页。
② 张明杰：《行政收费制度的现状、问题与展望》，载于中国网 china.com.cn，最后访问时间：2008年4月21日。
③ 肖明：《行政收费制度的法理研究》，载《政府法制研究》2010年第12期。

偿"理论。这种收费目前在世界各国普遍存在,主要涉及以下三种类型:①手续登记费;②证照性收费;③单簿工本费。界定性收费是指政府部门或公共组织提供城市土地、矿产、森林、水流、草原、山岭、荒地、滩涂等自然资源给自然人、法人或其他组织使用而需收取的费用。界定性收费首先有助于明确国有资源产权,使产权主体能自觉合理地使用资源,避免资源的浪费;其次可以使国家在保护和再生国有资源方面的投资得到充足的经费保障。此外,由于国有资源具有稀缺性和有限性特点,充足的经费也可以帮助国家寻求和研发可替代资源的产品,促进资源的再生。

五、行政征收的原则

(一)公平、公开的原则

行政征收必须贯彻负担公平的原则,不得有所偏袒。有关主体必须定期公开行政征收状况,接受权力机关和人民群众的监督。

(二)及时、足额征收并尊重相对人财产权的原则

行政征收是国家取得财政收入的重要途径和手段,因而必须及时、足额征收。同时,行政征收是典型的侵益行政行为,所以必须尊重相对人的财产权。行政征收应当按照法定标准、条件和程序进行,而且法律应当设立必要的监督和救济途径。[①]

(三)公共利益原则

很多学者都将公共利益原则作为行政征收的基本原则,[②]虽然他们往往是把公益征收(如国家对集体土地的征收)也纳入了行政征收的范畴,但对于行政征收而言,即使排除了公益征收,在一般的行政征收中也应遵守公共利益原则。有学者提出了确定行政征收中公共利益的六条实体性标准,即"受益人的不特定性和多数性标准"、"征收目的实现上的必要性标准"、"征收前后财产利用上的效益性标准"、"公众的直接受益性和实质受益性标准"、"被征收财产的位置依赖或垄断性标准"、"征收利益的确定性标准"。[③]

---

① 姜明安主编:《行政法与行政诉讼法》,北京大学出版社1999年版,第220页。
② 房绍坤、王洪平:《论我国征收立法中公共利益的规范模式》,载《当代法学》2006年第1期。
③ 房绍坤、王洪平:《论我国征收立法中公共利益的规范模式》,载《当代法学》2006年第1期。

第十九章 具体行政行为：行政奖励与行政给付

第一节 行政奖励

一、行政奖励的含义

（一）行政奖励的传统界定

我国行政法学界对行政奖励较为典型的定义为："行政奖励是指行政主体为表彰先进，激励后进，充分调动和激发人的积极性和创造性，依照法定条件和程序，对为国家、人民和社会做出突出贡献或模范地遵纪守法的行政相对人，给予物质的或精神的奖励的具体行政行为。"[①] 该定义主要包括五个方面的要素：一是主体要素，即行政奖励的实施主体是行政主体；二是目的要素，即行政奖励的目的是激励先进、鞭策后进，以促进社会进步；三是对象要素，即行政奖励的对象为国家、人民和社会做出突出贡献或模范地遵纪守法的行政相对人；四是形式要素，即行政奖励的主要形式为精神奖励和物质奖励；五是性质要素，即行政奖励是一种具体行政行为。

（二）行政奖励的定义

随着行政管理实践的发展和理论研究的深入，有学者对行政奖励进行了新的定义，如"行政奖励，是指行政主体为实现行政目标，通过赋予物质、精神及其他权益，引导、激励和支持行政相对人实施一定的符合政府施政意图行为的非强制行政行为"[②]。又如，"行政奖励可以被称为，对于符合行政目标或意图的行为，行政主体为表示对该行为的肯定、鼓励、支持与倡导，赋予行为人以某种物质或精神上的利益的行为"[③]。这些新兴定义为认识行政奖励提供了新视角，更加符合行政管理活动的实践和行政法治发展的潮流。综合传统定义和新兴定义的合理成分，我们认为，行政奖励是行政主体为实现特定的行政目标和意图，按一定的条件和程序，赋予物质、精神及其他权益，引导、激励和支持行政相对人实施一定行为的具体行政行为。

（三）行政奖励的特征

从行政奖励的定义，可以分析出行政奖励的特征：

---

① 姜明安主编：《行政法与行政诉讼法》，北京大学出版社、高等教育出版社1999年版，第193页。
② 傅红伟著：《行政奖励研究》，北京大学出版社2003年版，第33—34页。
③ 姜明安、余凌云主编：《行政法》，科学出版社2010年版，第410页。

第一，实施行政奖励的主体是行政主体，包括行政机关和法律、法规授权的组织。实施行政奖励行为的主体必须具有行政主体资格。该特征与非行政主体的企业事业及其他组织的对内和对外的奖励区分开来。

第二，行政奖励的目的于引导、激励和支持行政相对人实施符合行政主体意图的行为，以促成特定行政目标的实现。

第三，行政奖励的对象为实施行政主体意图的行为，符合奖励条件的行政相对人，包括个人或单位。

第四，行政奖励的内容物质利益、精神利益或者其他利益。其他利益主要指难以用物质和精神所概括的利益，如赋予受奖人某种资格或为其提供某种便利。

第五，行政奖励的行政主体实施的具体行政行为，具有具体行政行为的特征，即是一次性地直接赋予特定的公民、法人和其他组织以特定的利益。

二、行政奖励的性质

对于行政奖励的性质，学界有不同的认识。如有学者认为，行政奖励具有"具体性、单方性和法定性"[1]。也有学者认为，"行政奖励具有具体性、裁量性、积极性、单方性、授益性、非强制性、报酬性的特征"[2]。我们认为，作为一种行政行为，行政奖励的性质应当包括对象的具体性、范围的外部性、内容的授益性、启动的双重性、决定的单向性、形态的非强制性。

（一）对象的具体性

行政奖励是具体行政行为，即以特定的人和事为对象，其结果是将直接影响特定个人或组织的权益，而不同于以不特定人和事为对象的抽象行政行为。

（二）范围的外部性

对行政奖励的范围，理论界和实务界有三种观点：一是行政奖励是外部行政行为，是基于行政管辖关系而非基于行政隶属关系，针对公民、法人和其他组织实施的行为；二是行政奖励可分为内部行政奖励与外部行政奖励；[3] 三是行政奖励只是行政机关基于隶属关系对内部人员的奖励行为，如《公务员法》所规定的对公务员进行的奖励。[4] 基于行政行为理论、行政管理实践和相关立法精神，我们认为，将行政奖励界定于外部行政行为，更有利于行政奖励的法治化和对相对人被奖励权利的救济。

（三）内容的授益性

行政奖励是赋予相对人权利或利益的行为，在形式上，可能是授予某种资格或增加某种利益，也可能是减少或免除某种义务，既可能是物质上的，也可能是精神上的。有学者认为，行政奖励赋予行政相对人的"受奖权"，即"行政相对人根据法律规定，对物质奖励享有某种利益的所有权或使用权，对精神奖励享有名誉权、荣誉权，对权能奖励享有某

---

[1] 杨建顺、李元起主编：《行政法与行政诉讼法教学参考书》，中国人民大学出版社2003年版，第203页。
[2] 姬亚平著：《行政奖励法制化研究》，法律出版社2009年版，第4页。
[3] 杨临宏著：《行政法：制度与原理》，云南大学出版社2010年版，第604页。
[4] 如《云南省行政奖励暂行规定》第3条规定："本省行政机关对国家公务员和参照国家公务员管理的事业单位工作人员及其所在集体实施行政奖励，适用本规定。"

种资格，对信息奖励享有知悉权，等等"①。

（四）启动的双重性

行政奖励既可以由行政主体依职权而启动，也可以依相对人的申请而启动，因此，既可能是依职权的行政行为，也可能是依申请的行政行为。在实践中，行政主体既可以在发现相对人具有应获行政奖励的行为时而启动行政奖励程序，也可以在接到相对人申请时启动行政奖励程序。

（五）决定的单向性

行政奖励决定的作出只需要行政主体单方的意思表示，而并不需要行政主体与相对人达成意思一致。虽然行政奖励既可以是依职权的行政行为，也可以是依申请的行政行为，但并不意味着行为的作出需要得到相对人的同意，而是行政主体根据法律规定和对事实判断进行单方面的决定。

（六）形态的非强制性

行政奖励是非强制性的行为，也就是说，相对人对奖励的接受与否由其自愿决定，行政主体并不能采取强制的方式、方法迫使其接受，相对人也不能因拒绝接受奖励而承担不利的法律后果。也有学者认为，行政奖励并非绝对不具有强制力，而是一种弱强制性的行为。②

三、行政奖励的设置

行政奖励的设置是指有权行政主体通过一定形式对奖励主体、奖励权限、奖励条件、奖励程序、资金来源等方面作出规定。有学者认为，行政奖励一般通过两个途径进行设置：一是通过法律规范；二是通过行政契约约定，并认为后者是一种例外。③我们认为，作为一种授益性且灵活、有效的行政管理活动方式，对于行政奖励的设置不宜进行过于严格的要求，在上位法缺位的时候，甚至应当允许行政主体在不违反法律、法规、规章的禁止性规定的情况下，通过其他规范性文件设置行政奖励，也应当允许行政主体在不违反法律、法规、规章的禁止性规定的情况下，通过与相对人订立行政合同的方式约定行政奖励。当然，为了防止滥设行政奖励，损害社会整体或其他社会成员的利益，行政奖励的设置应当符合正当程序的要求，遵循公开、公平、公正的原则。

四、行政奖励的实施程序

目前，我国没有统一的行政奖励法规或法律，也没有统一的行政程序法。从有关行政奖励的法律、法规、规章来看，对行政奖励程序的规定主要有三种情况：一是规定具体的奖励程序；二是授权奖励机关自行拟定授奖程序或自由裁量；三是只规定奖励条件与权限，未对奖励程序作任何规定。一般认为，虽然行政奖励程序没有统一规定，但都应当包括启动、审定、公示、批准、授奖等几个阶段。

---

① 傅红伟著：《行政奖励研究》，北京大学出版社2003年版，第41页。
② 姜明安、余凌云主编：《行政法》，科学出版社2010年版，第410页。
③ 傅红伟著：《行政奖励研究》，北京大学出版社2003年版，第182页。

（一）行政奖励的启动

行政奖励的启动分为两种情况：一是行政主体依职权而启动；二是依相对人申请而启动。

1. 依职权启动

行政主体在知晓应奖励行为，并认为实施行为的相对人符合行政奖励的条件时，向有权机关进行申报。如《辽宁省奖励和保护维护社会治安见义勇为人员条例》第19条规定："维护社会治安见义勇为应予奖励的人员，由见义勇为发生地的公安派出所或者见义勇为人员所在单位、基层组织负责提出，经县级以上公安机关认定后，向同级社会治安综合治理委员会申报。"又如，《国家税务总局、财政部检举纳税人税收违法行为奖励暂行办法》第15条规定："税务机关对检举的税收违法行为经立案查实处理并依法将税款或者罚款收缴入库后，由税收违法案件举报中心根据检举人书面申请及其贡献大小，制作《检举纳税人税收违法行为奖励审批表》，提出奖励对象和奖励金额建议，按照规定权限和程序审批后，向检举人发出《检举纳税人税收违法行为领奖通知书》，通知检举人到指定地点办理领奖手续。"

2. 依申请启动

相对人认为自己符合行政奖励条件时，向行政主体申请获取奖励并提交相关证明材料。如《四川省引荐外资奖励试行办法》第6条规定，引荐人按其引荐外资兴办的外商投资企业所属管理级次到同级对外经济贸易管理部门登记，填报奖金申请表，并提交相关书面材料。

（二）行政奖励的审定

行政奖励的审批机关在接到申报或申请后，应当审定是否符合给予行政奖励的相应条件，进行审定后作出拟给予行政奖励或不给予行政奖励的决定，并说明理由。一般情况下，享有奖励审批权的行政主体是授奖行为的主管行政机关。但对于专业性与技术性较强的奖励审批，如科学技术奖励，还要邀请相关专家、学者组成评审委员会负责相关评审工作。

（三）行政奖励的公示

在行政奖励审核机构作出拟给予行政奖励决定之后，应当将拟授奖名单、事迹、奖励类别、奖励等级向社会公示，听取社会各方面的意见并接受监督。如《湖南省科学技术奖励办法》第18条规定："省科学技术奖评审委员会确定的奖励人选、奖励类别和奖励等级应当向社会公布，征求公众意见，接受社会监督。"值得注意的是，为了保护受奖人的合法权益，有的行政奖励是不应当公示的，如举报违法犯罪、实施见义勇为而可能受到打击报复的受奖人员的名单就不应公开，相反应给予严格保密。

（四）行政奖励的异议处理

在拟授奖名单、事迹、奖励类别、奖励等级向社会公示之后，行政奖励主体应当受理社会公众异议并作出相应处理。如《国家科学技术奖励条例实施细则》第63条第2款规定："任何单位或者个人对国家科学技术奖候选人、候选单位及其项目的创新性、先进性、实用性及推荐材料真实性等持有异议的，应当在受理项目公布之日起60日内向奖励办公室提出，逾期不予受理。"行政奖励主体在接到异议材料后应当进行审查，对符合规定并能提供充分证据的异议,应予受理。在异议受理之后,行政奖励主体应组织有关单位、人员对异议进行调查,提出处理意见并告之异议人及被异议人(或推荐人、推荐单位)。

(五) 行政奖励的批准

在公示结束之后,对没有异议或异议不成立的,由审核机构作出正式授奖决定,报有权机关批准。如《湖南省科学技术奖励办法》第19条规定:"省科学技术奖励委员会根据省科学技术奖评审委员会的建议和公众意见,作出获奖人选和奖励等级的决议。"第20条规定:"省科学技术行政部门对省科学技术奖励委员会作出的获奖人选和奖励等级的决议进行审核,报省人民政府批准。"

(六) 行政奖励的授予

在行政奖励批准之后,应书面通知受奖人相关获奖情况,为了起到"表扬先进、鞭策后进"的目的,也可以召开表彰会议,对受奖人或单位颁发证书或证明、奖状、奖金、奖品,但对于减免受奖人负担或义务、为受奖人提供便利可以不必进行明显的授予。

(七) 行政奖励的撤销

对于弄虚作假或者其他不正当手段谋取行政奖励奖的相对人,行政奖励主体应撤销行政奖励,并追究其相应的法律责任。如《国家科学技术奖励条例实施细则》第92条规定:"对通过剽窃、侵夺他人科学技术成果,弄虚作假或者其他不正当手段谋取国家科学技术奖的单位和个人,尚未授奖的,由奖励办公室取消其当年获奖资格;已经授奖的,经国家科学技术奖励委员会审核,由科学技术部报国务院批准后撤销奖励,追回奖金,并公开通报。情节严重者,取消其一定期限内或者终身被推荐国家科学技术奖的资格。同时,建议其所在单位或主管部门给予相应的处分。"

五、行政奖励的法律救济

行政奖励是行政主体基于行政权而实施的具体行政行为,而就符合行政奖励条件的相对人而言,获得行政奖励是其权利。虽然获得行政奖励是一种受益权,但是"有权利就必有救济"、"无救济即无权利"仍然适用。在行政奖励的实践中,由于行政主体拒绝或拖延、滥用职权、违反程序而侵害相对人获得行政奖励的权利的情况时有发生,因而为相对人提供救济显得尤为重要。就现行法律规定来看,对行政奖励的救济途径主要有行政诉讼、行政复议和行政赔偿。

(一) 行政诉讼

虽然《行政诉讼法》并未将行政奖励行为列举为可诉的行政行为,但是多数学者仍然认为,行政奖励是可诉的具体行政行为。这种认识的主要依据是《最高人民法院关于执行〈中华人民共和国行政诉讼法〉若干问题的解释》的第1条,即"公民、法人或者其他组织对具有国家行政职权的行政机关和组织及其工作人员的行政行为不服,依法提起行政诉讼的,属于人民法院行政诉讼的受案范围"。行政奖励无疑是行政主体履行职权的行为,并且是对特定相对人权利、义务产生实际影响的具体行政行为,应当属于《行政诉讼法》第11条第1款第8项"行政机关侵犯其他人身权、财产权"的行为,相对人如果认为行政主体的行政奖励行为侵犯其人身权、财产权的,可以向有管辖权的人民法院提起行政诉讼。

值得注意的是，按现行《行政诉讼法》第 5 条的规定，人民法院只审查具体行政行为的合法性。因此，对行政奖励的合理性引发的争议则很难通过行政诉讼获得救济。

(二) 行政复议

行政复议的受案范围要宽于行政诉讼的受案范围，属于行政诉讼受案范围的行政奖励当然也属于行政复议的受案范围。同时，由于行政复议机关可以审查行政行为的合法性，也可以审查行政行为的合理性，因此，对于相对人不服行政主体基于裁量权的不合理的行政奖励行为也可以通过行政复议获得救济。并且，行政复议可以附带审查规章以下的规范性文件，因此，相对人在就行政奖励提起行政复议中，可以就行政奖励所依据的规章以下的规范性文件向复议机关提出审查申请。

(三) 国家赔偿

《国家赔偿法》第 2 条规定："国家机关和国家机关工作人员行使职权，有本法规定的侵犯公民、法人和其他组织合法权益的情形，造成损害的，受害人有依照本法取得国家赔偿的权利。"虽然《国家赔偿法》第 4 条未明确列举因违法的行政奖励行为可获得国家赔偿，但是违法的行政奖励属于第 4 项规定的"造成财产损害的其他违法行为"。因此，相对人因行政主体违反行政奖励行为而造成财产损害的，可申请国家赔偿。

虽然修订后的《国家赔偿法》对国家机关的特定违法行为造成精神损害的，可以赔偿精神损害抚慰金，但行政奖励并不属于该范围。因此，相对人对于行政主体违反行政奖励行为而产生的精神损害是无法通过国家赔偿而获得救济的。

第二节 行政给付

一、行政给付的含义

(一) 传统界定

20 世纪 30 年代资本主义经济大萧条时期，民生凋敝、经济崩溃，大量工人失业，无法自食其力，只有依赖国家获得生存。与自由国家或者"夜警国家"理论相比，福利国家理论主张国家积极干预经济生活，国家不再拘泥于维持治安、不干预公民的私人生活，而是积极作为，承担起给予个人生存照顾的政治责任，保障国民生活，促进社会福利的发展。以凯恩斯主义为理论基础的罗斯福"新政"开启了政府大规模干预经济生活的先河，政府不仅单单限于税收、维持社会治安之类职责，而要负责为社会民众提供一个良好的发展环境。福利国家理论兴起的早期，主要是对社会底层民众，尤其是对衣食无着落者进行救济为目的。

给付行政理论就是在这样的背景下发展起来的，给付行政理论是由德国学者恩斯特·福斯多夫在 1938 年发表的《作为给付主体的行政》一文中首先提出的。他认为："在 20 世纪，人民总是先求能够生存，以后才会要求享有自由、秩序和福利。国家因此而负有广泛照料人民生存的义务，并受这种义务之拘束。任何一个国家为了维持国家稳定，就必须提供人民生存之照顾。"①在此基础上形成了给付行政的概念,其所体现的新的行政观念此后逐渐为德国学者所认同,由此,成为建构德国"新行政法学"的一个概念工具,并为以后的日本所引介和接受,成为德日行政法学理论的一个重要研究对象。

在德国,给付行政包括基础设施行政、担保给付行政、社会行政、促进行政和信息行政。② 在日本,给付行政是指通过公共设施、公共企业等进行的社会、经济、文化性的服务的提供,通过社会保障、社会扶助等进行的生活保护、保障,以及资金的交付、助成等,即通过授益性活动,积极地提高、增进国民福利的公行政活动。③ 其他国家的给付行政更倾向于一种制度和理念,而不是一种具体行政行为,所以其范围十分宽泛,几乎涵盖了现代福利社会所有的行政作用。

我国的行政法学界对行政给付的认识,往往仅限于行政物质帮助。如罗豪才教授认为,行政给付又称行政救助或行政物质帮助,是指行政机关对公民在年老、疾病、丧失劳动能力或者其他特殊情况下,依照有关法律、法规规定,赋予其一定的物质权益或与物质有关的权益的具体行政行为,包括发给抚恤金、特定人员的离退休金、社会救济和福利金、自然灾害救济金及救济物质。④ 行政给付,即"指行政主体在公民失业、年老、疾病或者丧失劳动能力等情况或其它特殊情况下,依照有关法律、法规、规章或政策的规定,赋予其一定的物质权益或与物质有关的权益的具体行政行为"⑤。因此,我国的给付行政是在具体行政行为的意义上来理解和使用的,范围较为狭隘,给付行政与行政给付不分,给付行政等同于行政给付。

(二) 定 义

在我国当前的社会现实下,行政给付主要作狭义理解,可定义为:政府提供必需的生存条件、防范生活风险和社会共同生活条件的行政义务。例如,政府向公民提供最低生活保障金,提供失业、疾病、养老保险,提供公共交通通信和生活用水用电用气。但随着社会的前进和制度的完善,行政给付的内涵将会有所扩大,如表现形式有实施各种社会保险、提供社会救助、兴办公用事业、兴建公共设施、普及文化建设、提供职业培训、环境维护、提供经济辅助等供给行政、社会保障行政和资助行政等内容都有可能被逐步纳入行政给付的概念体系。

(三) 行政给付的特征

第一,行政给付是具体行政行为。我国目前的立法现状,《残疾人保障法》、《老年人权益保障法》、《未成年人保护法》等法律中的零星概况规定,以及《城市居民最低生活保障条例》、《城市生活无着的流浪乞讨人员救助管理办法》等行政法规规定,还有行政救济法中的当行政机关不作为行政相对人请求救济保护的规定,都把行政给付作为一种具体行政行为来理解。

第二,行政给付是授益性行政行为。行政给付是福利国家为特定相对人提供的物质帮

---

① 参见陈新民《公法学札记》,中国政法大学出版社2001年版,第46-55页。
② 参见[德]汉斯·J.沃尔夫《行政法》(第一卷),高家伟译,商务印书馆2002年版,第32-33页。
③ 转引自杨建顺《日本行政法通论》,中国法制出版社1998年版,第329页。
④ 罗豪才:《行政法学》,北京大学出版社,1996年版第189-191页。
⑤ 姜明安:《行政法与行政诉讼法》,北京大学出版社、高等教育出版社1999年版,第189页。

助和生存照顾。它是一种授益性行政行为。通常通过抚恤金，特定人员离退休金，社会救济、福利金，自然灾害救济金及救济物资、社会养老保险金等方式来发放。

抚恤金。这是最为常见的一种行政给付形式。一般包括对特定牺牲、病故人员的家属的抚恤金、残疾抚恤金以及烈军属、复员退伍军人生活补助费、退伍军人安置费等。

特定人员离退休金。这里指由民政部门管理的军队离休、退休干部的离休金或退休金和有关补贴。

社会救济、福利金。这里包括农村社会救济，城镇社会救济，精简退职老弱病残职工救济以及对社会福利院、敬老院、儿童福利院等社会福利机构的经费资助。

自然灾害救济金及救济物资。这里包括生活救济费和救济物资、安置抢救转移费及物资援助等。

社会养老保险金等。公用机构的设立和运行是政府履行行政给付义务的方式之一，主要用于履行面向社会的普遍和持续的公共服务职能。例如，政府及所办的学校、医院、养老院、图书馆、博物馆、电视台、出版社、报社、政策性金融机构等。

第三，行政给付是依申请的行政行为。由于获得行政给付，对于符合给付条件的相对人来讲是法律上的一项权利，所以行使还是放弃这一权利，由相对人自己决定，如果相对人要求获得给付，应向行政机关申请。在各国，行政给付大多表现为依申请行政行为的属性。我国也是一样，除了如自然灾害等紧急状态下由行政主体主动实施以外，绝大多数行政给付皆由给付对象提出申请后才启动。

第四，行政给付的对象是特定相对人。行政给付的基础是国家的财税收入，国家机关的一切财政收支必须依法进行，而不得随意支配。一般而言，行政给付的对象是由于某种原因而导致生活陷入困境的公民与对国家、社会曾经作出过特殊贡献的公民，如灾民、残疾人、鳏寡孤独的老人与儿童，革命军人及其家属、革命烈士家属等。此外，在个案中需要注意区分是个体权利还是行政机关的普遍性给付义务。只有属于个体权利的，个体才有资格申请行政给付。例如，政府对城市失业人员提供最低生活费用，是可以直接有公民个人申请的福利项目，属于公民的个人权利。但是像制定环保规划属于行政机关的普遍性给付义务，公民只能通过听证等形式参与行政决策过程。

二、行政给付的程序

行政给付程序在政府向民众提供物质帮助过程中起着极为关键的作用。正如黑贝勒教授指出的："通过程序在给付国家中，基本权利所具有的实体权利的一面得以强化……程序上的思考成为基本权利与给付国家之间的'社会性节点'，并最适于基本权利在多元化给付国家中发挥功能。"①

在我国的实践中，行政给付的程序一般应包括下述几个步骤：

第一，申请程序。提出"书面申请"，并出具有关证明材料。如对于农村低保，国发〔2007〕19号《通知》规定："申请农村最低生活保障，一般由户主本人向户籍所在地的乡（镇）人民政府提出申请；村民委员会受乡（镇）人民政府委托，也可受理申请。"申请时一般需要提供两部分材料：一是家庭成员户口簿、身份证等身份证明；二是家庭收入

---

① ［日］大桥洋一：《行政法学的结构性变革》，吕艳滨译，中国人民大学出版社2009年版，第170页。

证明。对于收入证明，各地的规定繁简有别。

第二，调查程序。社会救助制度一个突出的特点就是"家庭经济情况调查"或"家计调查"，我国的行政给付也不例外，"家计调查"是低保程序中的重要步骤。通过入户调查、邻里访问以及信函索证等方式对申请人的家庭经济状况和实际生活水平进行调查核实，申请人及有关单位、组织或者个人应当接受调查，如实提供有关情况。

第三，民主评议。必要时，可组织社区居民代表进行民主评议，征求群众意见，接受群众监督。根据基层部门的规范性文件的规定，民主评议通过举行听证会来实现。

第四，公示（张榜公布）。《城市居民最低生活保障条例》第9条规定公示对象为"对经批准享受城市居民最低生活保障待遇的城市居民"，公示的具体要求是"由管理审批机关采取适当形式以户为单位予以公布"。"公示"属于低保的必经程序，但同时也要尊重和保障公民隐私、人格尊严。

第五，审批时限。从申请到批准之间的受理、审核、审批、公示等环节所需的具体时间，如《城市居民最低生活保障条例》规定管理审批机关应当自接到申请之日起30日内办结。

第六，说明理由、陈述申辩。如《城市居民最低生活保障条例》第8条规定作出不予给付的决定应当书面通知并说明理由。

三、行政给付的救济

行政给付制度使宪法规定的物质帮助权成为公民在法律上的权利，公民与相应的行政机关之间也就形成了特定的权利义务关系。要求物质给付是公民的权利，而进行物质给付则是行政机关的义务。如果行政机关拒绝履行、拖延履行或不依法履行这一法定义务，公民可依照有关规定请求行政救济。我国行政给付的救济途径主要包括行政复议以及行政诉讼等。行政给付主体在不予给付、减少、终止和追回行政给付的决定时，应向行政相对方说明可以进行救济的途径、期限，国家应为行政相对方的救济权利的实现提供条件。

作为一种具体行政行为，行政诉讼是行政给付最主要的救济方式。有学者对此进行了深入的研究。学者根据给付性质或功能的不同而作积极给付诉讼与消极给付诉讼的区分：积极型行政给付诉讼也可以称为请求作为行政给付之诉，即原告请求法院判令，被告积极作出某种给付诉讼。

从行政审判实践来看，积极给付诉讼具体表现为以下三种形态：①请求财产给付之诉；②请求作出事实行为之诉；③请求规范颁布之诉。

消极型行政给付诉讼也可以称为请求不作为行政给付之诉，即原告请求法院判令被告不得作出某种行政活动的诉讼，表现为两种情况：①请求停止作为之诉；②请求不得作为之诉。

据此，确定行政给付诉讼的起诉规则，一般应包含四项内容：①给付须因公法上的原因而发生；②给付须限于行政行为以外的财产或其他行为；③原告须主张给付义务损害其权益；④给付须不得于撤销诉讼中一并请求。[①]

[①] 章志远：《给付行政与行政诉讼法的新发展——以行政给付诉讼为例》，载《法商研究》2008年第10期。

第二十章 行政裁决与仲裁

第一节 行政裁决

一、行政裁决的概念和特点

（一）行政裁决的概念

对什么是行政裁决，在我国行政法学领域，由于研究者的视角不同，加之现行行政法律规范对"裁决"这一法律术语的含义表述不一致，于是在理论界产生了最广义、广义、狭义三种不同的解说，其外延与内涵也有较大区别。最广义说认为，行政裁决是指行政机关依照某种特定程序，对特定人的权利义务作出具有法律效力决定的活动，这种行政裁决除了解决民事纠纷、行政纠纷外，还直接运用准司法程序对相对人实施制裁，提供救济。广义说认为，行政裁决是指行政机关解决民事纠纷、行政争议的活动，它与行政立法、行政执法一起构成行政行为这一整体。狭义说认为，行政裁决仅指行政机关解决民事纠纷的活动，即行政裁决是行政主体依照法律授权，对平等主体之间发生的，与行政管理活动密切相关的，特定民事纠纷进行审查并作出裁决的具体行政行为。[①]

目前，狭义说被行政法学基本认同，许多教材和法学著作都作出了与此基本相同的表述。我们认为，行政裁决是指行政主体根据法律、法规的授权，依当事人申请处理公民、法人或者其他组织相互之间发生的与其行政职权密切相关的民事纠纷活动。

（二）行政裁决的特点

第一，行政裁决的主体是法律、法规授权的行政机关。这即是说，并非所有行政机关都有行政裁决权，只有与被裁决民事纠纷有密切行政管理权的行政机关才具有行政裁决权。如《土地管理法》第16条规定："单位之间的争议，由县级以上人民政府处理；个人之间、个人与单位之间的争议，由乡级人民政府或者县级以上人民政府处理。"

第二，行政裁决对象是特定的民事纠纷。从国家权力的分配职能来看，行政机关是行使行政权的，解决民事纠纷属于司法权的范畴，而不属于行政权。但由于行政管理的事项非常繁杂，有的事项涉及物权的归属、自然资源的保护等问题，因这类事项发生的民事纠纷的特殊性，即民事纠纷与行政管理事项密切相关，由行政机关从行政管理的角度去裁决这类民事纠纷，便于行政管理目的的实现。

---

① 杨临宏著：《行政法：原理与制度》，云南大学出版社2010年版，第502页。

第三，行政裁决具有准司法行政行为性质。行政裁决既不是民事行为，也不是司法行为，而是行政行为的一种特殊类型。首先，行政裁决是行政机关行使国家行政权力的行为，而不是民事行为，体现了国家的意志。行政裁决是行政机关根据当事人的申请，对平等主体之间发生的与行政管理密切联系的民事纠纷进行裁决的活动，是行政机关的一种单方行为，行政裁决结果不是当事人与行政机关意思表示一致，更不是当事人双方意思表示一致的结果。行政机关启动行政裁决后，双方当事人意思表示不会影响行政裁决的进行和成立。其次，行政裁决是行政行为而不是司法行为。行政裁决虽然在行为特征上带有司法裁判争议的特征，但行政裁决的主体是行政机关而不是司法机关。再次，行政裁决行政行为具有准司法性质。行政裁决是行政机关居间对平等主体间的特定民事纠纷进行裁决的活动，这一特征与其他行政行为相区别，而带有司法行为的某些特征。行政裁决制度应当贯彻司法制度的某些原则（如公正、公开、公平等），行政裁决的程序要具有司法程序的某些形式（如传唤、讯问、控告、答辩、陈述、对质、辩论、裁决、上诉等），①以体现行政裁决的准司法性。

二、行政裁决与相关概念的关系

（一）行政裁决与行政调解的关系

行政调解是指行政机关为化解社会矛盾、维护社会稳定，依照法律、法规、规章和有关规定，居间协调处理公民、法人或者其他组织相互之间民事纠纷的活动。行政裁决与行政调解的共同点，都是由行政主体主持的活动，并且所针对的对象都是与行政职权有关的平等主体间发生的民事纠纷。其主要区别是：

第一，行为性质不同。行政裁决是具体行政行为，对行政裁决不服，当事人可以通过行政复议、行政诉讼等方式寻求救济。

第二，强制力不同。行政裁决是行政主体依职权或依当事人申请在其职权范围内所实施的具体行政行为，因此，行政裁决结果对双方当事人来讲，无论其是否同意，都不影响行政主体独立作出裁决，都具有行政强制拘束力；而行政调解协议的效力取决于当事人的意志，不具有强制性。

（二）行政裁决与行政诉讼的关系

行政诉讼是指人民法院在双方当事人参与下，依司法诉讼程序运用国家审判权解决行政争议案件的活动。行政裁决与行政诉讼的共同点都是国家机关解决纠纷的活动。二者的主要区别如下：

第一，裁决的主体不同。行政裁决的主体是享有行政裁决权的行政主体，而行政诉讼的主体是人民法院。

第二，裁决的对象不同。行政裁决的对象是与行政管理有密切联系的特定民事纠纷，而行政诉讼的对象是行政诉讼法确定的行政纠纷。

第三，行为性质不同。行政裁决属于具体行政行为，而行政诉讼属于司法行为。

第四，法律效力不同。行政裁决一般不具有终局性，当事人对行政裁决不服，可以寻

---

① 罗豪才主编：《行政法学》，中国政法大学出版社1989年版，第187页。

求司法救济或其他救济,而行政诉讼遵循司法最终解决原则,实行两审终审制,人民法院作出的裁判具有终局性。

三、行政裁决的种类

我国目前法律、法规规定的行政裁决事项涉及的领域比较广泛,如土地管理、治安管理、食品卫生管理、知识产权管理等。行政裁决作为行政管理的一项职能,在及时有效解决当事人之间发生的与行政管理有密切联系的民事纠纷方面发挥着重要的作用。

根据我国现行法律、法规的规定,行政裁决主要有以下三种:

(一) 对自然资源权属纠纷裁决

自然资源权属纠纷是指双方当事人因自然资源的所有权或使用权的归属问题而产生的纠纷。这类权属纠纷必须是法律法规规定由行政主体裁决的民事权属案件,一般包括土地、草原、森林、水面、滩涂、矿产资源等。行政裁决的后果在于确认权属关系。如《土地管理法》第16条规定:"土地所有权和使用权争议,由当事人协商解决;协商不成的,由人民政府处理;单位之间的争议,由县级以上人民政府处理;个人之间、个人与单位之间的争议,由乡级人民政府或者县级以上人民政府处理当事人对有关人民政府的处理决定不服的,可以自接到处理决定通知之日起三十日内,向人民法院起诉。"

(二) 对知识产权侵权纠纷的裁决

因知识产权侵权而受侵害的事项与行政管理有密切关系,当事人依法可以请求行政机关对产生的纠纷进行裁决。如对专利权引起的纠纷,当事人可以向人民法院起诉,也可以申请专利管理机关进行裁决。《专利法》第60条规定:"未经专利权人许可,实施其专利,即侵犯其专利权,引起纠纷的,由当事人协商解决;不愿协商或者协商不成的,专利权人或者利害关系人可以向人民法院起诉,也可以请求管理专利工作的部门处理。管理专利工作的部门处理时,认定侵权行为成立的,可以责令侵权人立即停止侵权行为,当事人不服的,可以自收到处理通知之日起十五日内依照《行政诉讼法》向人民法院起诉;侵权人期满不起诉又不停止侵权行为的,管理专利工作的部门可以申请人民法院强制执行。进行处理的管理专利工作的部门应当事人的请求,可以就侵犯专利权的赔偿数额进行调解;调解不成的,当事人可以依照《民事诉讼法》向人民法院起诉。"

(三) 对民事侵权赔偿纠纷的裁决

民事侵权赔偿纠纷是指一方当事人的合法权益受到侵权行为侵害,而要求侵害者给予损害赔偿的纠纷。这类纠纷的范围比较大,多发生在治安管理、食品卫生、环境保护、产品质量、药品管理等与行政管理有关的领域。行政机关裁决这类纠纷的目的在于保护当事人的合法权利,并服务于行政管理。例如,《水污染防治法》第86条规定:"因水污染引起的损害赔偿责任和赔偿金额的纠纷,可以根据当事人的请求,由环境保护主管部门或者海事管理机构、渔业主管部门按照职责分工调解处理;调解不成的,当事人可以向人民法院提起诉讼。当事人也可以直接向人民法院提起诉讼。"

四、行政裁决的程序

行政裁决的程序是行政机关在裁决与行政管理有密切关系的民事纠纷时所应当遵循的

方式、方法和步骤。由于我国目前尚未制定统一的行政程序法，所以行政裁决的程序规定比较零散，由于行政裁决是一种准司法行为，司法化的程序设置是必不可少的。行政裁决程序一般应包括以下几个方面：

(一) 申请与受理

当事人的申请是启动行政裁决程序的首要环节。申请必须符合下列条件：①申请人适格，即申请人必须是民事权益发生纠纷的当事人或其法定代理人、监护人。②申请人必须向有管辖权的行政机关提出。③申请必须在法定的期限内提出。例如，《商标法》第33条规定："对初步审定、予以公告的商标提出异议的，商标局应当听取异议人和被异议人陈述事实和理由，经调查核实后，做出裁定。当事人不服的，可以自收到通知之日起十五日内向商标评审委员会申请复审，由商标评审委员会做出裁定，并书面通知异议人和被异议人。"④申请一般必须提交申请书。①

行政机关收到当事人申请书后，应当对当事人的申请书进行初步审查。对于符合申请裁决条件的，行政机关应当受理；对于不符合申请条件的，行政机关应当在法定的期限内通知申请人并告知其理由。②

(二) 调查与回避

调查是对除纠纷当事人之外的其他了解纠纷事实真相的有关人员进行询问和对相关证据进行收集的活动。这是行政裁决的基础性工作，只有充分了解案件的事实真相和掌握充分的证据，才能作出公正裁决。

回避是公正处理纠纷不可缺少的重要环节。凡是参与审查和裁决的人员，只要与纠纷当事人任何一方或者争议的事项有利害关系，都应当回避。

(三) 审理与听证

行政裁决主要采取公开审理方式，除不应公开的外，行政裁决机关要面对面地听取当事人对纠纷事实的叙述和对纠纷处理所持的意见和理由。对重大、复杂的案件，申请人提出要求或者行政机关认为必要时，可以采取听证的方式审理。③

(四) 调解与裁决

调解是行政裁决解决纠纷的一个必经的程序，行政机关受理民事纠纷案件后，在作出行政裁决前，都应当进行调解，对调解不成的，才能作出行政裁决。④

---

① 《湖南省行政程序规定》第110条规定："公民、法人或者其他组织申请行政裁决，可以书面申请，也可以口头申请。口头申请的，行政机关应当当场记录申请人的基本情况、行政裁决请求、申请行政裁决的主要事实、理由和时间。"

② 《湖南省行政程序规定》第110条规定："行政机关收到公民、法人或者其他组织申请后，应当在5日内审查完毕，并根据下列情况分别作出处理：（一）申请事项属于本机关管辖范围内的，应当受理，受理后5日内，应当将申请书副本或者申请笔录复印件发送给被申请人；（二）申请事项不属于本机关管辖范围内的，应当告知申请人向有关行政机关提出；（三）申请事项依法不能适用行政裁决程序解决的，不予受理，并告知申请人。"

③ 《湖南省行政程序规定》第112条规定："双方当事人对主要事实有争议的，行政机关应当公开审理，充分听取双方当事人的意见，依法不予公开的除外。行政机关认为必要时，可以实地调查核实证据；对重大、复杂的案件，申请人提出要求或者行政机关认为必要时，可以采取听证的方式审理。"

④ 《湖南省行政程序规定》第112条规定："行政机关应当先行调解，调解不成的，依法作出裁决。"

(五) 执 行

行政机关作出的行政裁决生效后（包括法律规定的行政裁决为终局裁决和当事人在法定期限内不申请行政复议或提起诉讼），有关当事人必须执行。对于拒不执行的，行政机关可以申请人民法院强制执行。《行政诉讼法》第66条规定："公民、法人或者其他组织对具体行政行为在法定期间不提起诉讼又不履行的，行政机关可以申请人民法院强制执行，或者依法强制执行。"

第二节　行政仲裁

一、行政仲裁的概念与特点

（一）行政仲裁的概念

仲裁是指根据双方当事人事先达成的仲裁协议以及一方当事人的申请，由具有社会中介性质的仲裁机构对当事人之间发生的合同纠纷或其他财产权益纠纷进行审理并作出裁决的行为。这是建立在双方当事人自愿基础上的第三方裁决。根据《仲裁法》的规定，仲裁适用于平等主体的公民、法人和其他组织之间发生的合同纠纷和其他财产权益纠纷（婚姻、收养、监护、扶养、继承纠纷除外）。当事人申请仲裁，双方自愿，一裁终局。仲裁裁决一经作出，具有法律效力。当事人对同一纠纷再申请仲裁或向人民法院起诉的，仲裁机构和人民法院不予受理，除非仲裁裁决被法院依法裁定撤销或者不予执行。

行政仲裁是国家有关行政管理部门根据法律、法规的规定，设立行政仲裁机构，依据当事人的申请，对与其行政管理有关的特定纠纷进行审理，并作出仲裁的活动。

（二）行政仲裁的特点

行政仲裁与其他仲裁比，具有以下主要特点：

第一，行政仲裁，中间人（仲裁机构）只能是特定的行政机构。这既有助于解决纠纷的专业性，也丰富了有关部门的监管手段。当事人不能随意选择。而民事仲裁，当事人可以自由选择仲裁机构。

第二，行政仲裁是仲裁的一种。仲裁包括民事仲裁[①]、行政仲裁。仲裁机构不一定是民间组织。

第三，行政仲裁解决的问题包括劳动争议（劳动部门设立劳动仲裁机构）、合同有效性争议（工商部门设立的有关仲裁机构）。由于仲裁的成本节省特点，对于行政机关相对人的其他争议，也有可能采用行政仲裁（如山林纠纷、土地使用权纠纷）。

第四，行政行为的实施主体是行政主体。行政仲裁机构可以理解为行政主体的职能机构。

---

① 民事仲裁的程序是《仲裁法》规定的，仲裁采取自愿原则，是以当事人自愿为前提的，包括自愿决定采用仲裁方式解决争议、自愿决定解决争议的事项、选择仲裁机构等；当事人还有权在仲裁委员会提供的名册中选择其所信赖的人士来处理争议。民事仲裁的范围比行政仲裁的范围要广泛。

二、行政仲裁与行政裁决的关系

行政仲裁是行政机关设立的特定仲裁机构遵循仲裁程序解决平等主体之间的民事争议的活动。行政裁决与行政仲裁有一定联系,二者的共同点是:都是行政机关以第三者的身份居间裁断;处理对象都是民事争议;都是行政机关运用行政权力的过程。行政仲裁与行政裁决的区别主要表现在以下几个方面:

第一,性质不同。行政裁决是一种具体行政行为,行政裁决权是行政权的组成部分,其行为性质具有单方性;而行政仲裁权不属于行政权,其仲裁委员会不是以管理者身份出现,而是根据《仲裁法》居间主持仲裁。

第二,受理的依据不同。行政仲裁实行协议管辖,仲裁委员会受理案件的依据是当事人之间达成的仲裁协议;而行政裁决是国家行政机关依据其行政管理职能强制管辖。

第三,救济途径不同。根据行政复议法和最高人民法院司法解释,当事人对行政仲裁不服,不能提起行政复议和行政诉讼,只能提起民事诉讼;而对行政裁决不服,当事人可以提起行政诉讼。

三、行政仲裁的范围

1994年7月以前,我国共有14部法律、82个行政法规和190个地方法规作出了有关仲裁的规定,采用仲裁方式解决纠纷的范围有30多种,如经济合同纠纷、技术合同纠纷、著作权合同纠纷、劳动争议、农业承包合同纠纷、房屋拆建纠纷、房地产争议、行政处罚和罚款争议,等等。① 1994年8月31日,第八届全国人民代表大会常务委员会第九次会议审议并通过了《仲裁法》(1995年9月1日起施行),该法一改旧的按行业划分仲裁机构并设定仲裁范围的模式,新的仲裁机构不与任何行政机关发生隶属关系,同时摆脱行业色彩,不搞层层设立,仲裁机构之间也没有隶属关系,建立了统一的仲裁制度。根据《仲裁法》第77条规定:"劳动争议和农业集体经济内部的农业承包合同纠纷的仲裁,另行规定。"取消其他的行政仲裁机构,重新确立了仲裁的民间性质。②

根据《仲裁法》和《公务员法》的规定,我国目前的行政仲裁只有劳动争议仲裁、人事争议仲裁和农业集体经济组织内部的农业承包合同纠纷仲裁;其他民商事纠纷是不可以申请行政仲裁的。

(一)劳动争议仲裁

根据《劳动法》和《劳动争议调解仲裁法》的规定,发生劳动争议,当事人不愿协商、协商不成或者达成和解协议后不履行的,可以向调解组织申请调解;不愿调解、调解不成或者达成调解协议后不履行的,可以向劳动争议仲裁委员会申请仲裁。劳动争议仲裁委员会由省级政府或者设区的政府设立,并受国务院劳动行政部门的仲裁规则的约束和省级政府劳动行政部门的工作指导。劳动争议仲裁委员会由县级以上人民政府劳动行政部门代表、工会代表和企业方面代表组成,仲裁员由社会人事组成。当事人对仲裁裁决不服

---

① 乔欣著:《仲裁法学》,清华大学出版社1995年版,第185页。
② 《仲裁法》第14条规定:"仲裁委员会独立于行政机关,与行政机关没有隶属关系。仲裁委员会之间也没有隶属关系。"

的,可以分别向法院提起民事诉讼或者申请法院撤销仲裁裁决。一方当事人不履行生效的裁决书,另一方当事人可以依照《民事诉讼法》的规定向法院申请执行。此外,劳动争议仲裁委员会不予受理仲裁申请或者逾期不作出仲裁裁决的,当事人可以就劳动争议向法院提起民事诉讼;当事人对仲裁委员会提起行政诉讼的,法院不予受理。①

(二) 人事争议仲裁

《公务员法》规定,国家建立人事争议仲裁制度,聘任制公务员与所在机关之间因履行聘任合同发生争议的,可以向人事争议仲裁委员会申请仲裁。人事争议仲裁委员会由公务员主管部门代表、聘用机关的代表、聘任制公务员的代表以及法律专家组成。当事人对仲裁裁决不服的,可以向法院提起诉讼。仲裁裁决生效后,一方当事人不履行的,另一方当事人可以向法院申请强制执行。法律、法规授权具有公共事务管理职能的事业单位与其工作人员(工勤人员除外)的争议,参照该规定。②

(三) 农业集体经济组织内部的农业承包合同纠纷仲裁

2009年,《农村土地承包经营纠纷调解仲裁法》规定,发生农村土地承包经营纠纷的,当事人和解、调解不成或者不愿和解、调解的,可以向农村土地承包仲裁委员会申请仲裁,也可以直接向人民法院起诉。农村土地承包仲裁委员会由当地政府及其有关部门的代表、有在人民团体代表、农村集体经济组织代表和法律、经济等相关专业人员兼任组成;仲裁员从公道正派的人员中聘任。当事人不服仲裁裁决的,可以在规定期限内向法院提起民事诉讼;逾期不起诉的,裁决书即发生法律效力。一方当事人逾期不履行生效的裁决书,另一方当事人可以依法向人民法院申请强制执行。

---

① 《最高人民法院关于劳动争议仲裁委员会逾期不作出仲裁裁决或者作出不予受理通知的劳动争议案件人民法院应否受理的批复》(法释〔1998〕24号)。

② 最高法院司法解释规定:"事业单位与其工作人员之间因辞职、辞退及履行聘用合同所发生的争议,适用《中华人民共和国劳动法》的规定处理。当事人对依照国家有关规定设立的人事争议仲裁机构所作的人事争议仲裁裁决不服,自收到仲裁裁决之日起十五日内向人民法院提起诉讼的,人民法院应当依法受理。一方当事人在法定期间内不起诉又不履行仲裁裁决,另一方当事人向人民法院申请执行的,人民法院应当依法执行。"参见《关于人民法院审理事业单位人事争议案件若干问题的规定》(法释〔2003〕13号)。

第二十一章 双方行政行为：行政合同与行政协定

第一节 行政合同

一、行政合同的概念与特征

（一）行政合同的定义

在近几年的行政法学研究中，对行政合同的研究越来越受到学者们的关注，但对于什么是行政合同，学术界的看法却不统一，有的学者认为："行政合同就是行政主体为执行公务的目的，与相对人之间确定权利义务关系的协议，它适用不同于一般合同的某些规则。"[①] "行政合同是指行政主体为了行使行政职能、实现特定的行政管理目标，而与公民、法人和其他组织，经过协商，相互意思表示一致所达成的协议。"[②] "行政合同，是指行政主体以实施行政管理为目的，与行政相对一方就有关事项经协商一致而达成的协议。"[③] "行政合同，又称行政契约，是指行政主体与相对人之间为执行公共事务，实现行政管理目标，适用行政法规则，依双方意思表示一致，设立相互权利和义务的协议。"[④] "行政合同，也称行政契约，是以行政主体为一方当事人的发生、变更或消灭行政法律关系的合意。"[⑤] 我们在本书中论述的行政合同是行政主体与行政相对人之间的合同，而不包括行政主体与行政主体之间的合同。

（二）行政合同与民事合同的区别

行政合同与民事合同都具备合同的基本特点，那就是当事人双方意思表示一致。那么，行政合同与民事合同究竟存在哪些区别呢？

第一，行政合同的双方当事人之间的地位是不平等的，而民事合同中双方当事人的地位是平等的。在行政合同中，权利义务的配置是向行政机关倾斜的，行政机关居于优势地位，在民事合同中权利义务关系是完全平等的，合同的任何一方都不具有超越对方的地位。

[①] 张树义著：《行政合同》，中国政法大学出版社1994年版，第87页。
[②] 罗豪才主编：《行政法学》，北京大学出版社1996年版，第258页。
[③] 姜明安主编：《行政法与行政诉讼法》，北京大学出版社1999年版，251页。
[④] 王连昌主编：《行政法学》，中国政法大学出版社1997年版，第297页。
[⑤] 余凌云著：《行政法讲义》，清华大学出版社2010年版，第253页。

第二，行政合同中的权利义务关系与民事合同中的权利义务关系是不同的。对行政主体而言，权利和义务具有同一性，是合二为一的，在表现为权力的同时，也表现为义务，且这种义务是不可放弃或免除的，而民事合同中，权利是可以放弃的，义务也可以因权利人的免除而得到免除。①

第三，合同的目的不同。订立行政合同的目的应当是实现公共利益，行政主体不得营利，而民事合同的订立是以实现合同双方当事人各自的权益，双方当事人都可因合同而获利。

有的学者认为，行政合同中要求当事人中有一方是行政主体，而民事合同中并未有此种限制。② 行政合同与民事合同的订立原则不同，③ 行政合同以公共利益为优位考量，民事合同则以意思表示原则为基础。这些区别本身可以从行政合同的定义中推导出来。

(三) 行政合同的特点

虽然在行政合同的签订过程中体现了自由协商的契约精神，且更多地表现为一种民法意义上的合同订立，但是，行政合同毕竟是一种行政行为，因此有具备一般行政行为的基本特征。

第一，行政合同的目的是为了行政管理目的的实现，它产生、变更或消灭的是行政法律关系。行政合同订立的目的在于有效地执行公务，因此行政机关不能以营利为目的而订立行政合同。当然，行政相对人可以营利，但不得因自己的利益而损害公共利益。

第二，行政合同的一方主体必须是行政主体，即具有法定行政职权的行政机关或者法律、法规授权的组织。

第三，行政合同具有合意性，也就是说，行政合同的成立以行政主体和行政性对人之间的意思表示一致为前提。只有行政主体或相对人单方的意思表示是不能构成行政合同的，但这种合意是受到严格的限制的，如当事人不得选择法律适用，不得约定纠纷的解决方式等。

第四，行政契约的履行、变更和解除中，行政主体享有"优先权"，这在民事契约中是不存在的。行政优先权是指国家为保障行政主体有效地行使行政职权而赋予行政主体许多职务上的优先条件，即行政权与其他组织及公民个人的权利在同一领域或同一范围内相遇时，行政权具有优先行使和实现的效力。其优先权具体体现在：①行政主体对合同的履行有监督权或指挥权；②行政主体对不履行或不适当履行合同义务的相对方有制裁权；③行政主体可以在特定条件下单方面变更、解除行政合同，而不需征得相对方同意。

二、行政合同的功能④

第一，扩大行政参与、实现行政民主化。由于行政合同本身具有合意性，行政主体与相对人之间的合意是否能达成是行政合同是否成立的前提，这就要求行政主体最大限度地吸收相对人的意见，将相对人参与行政管理的水平提升到一个较高的水平，实现行政管理

---

① 胡锦光主编《行政法专题研究》，中国人民大学出版社2006年版，第131页。
② 胡锦光主编《行政法专题研究》，中国人民大学出版社2006年版，第132页。
③ 杨临宏著：《行政法：原理与制度》，云南大学出版社2010年版，第594页。
④ 余凌云著：《行政法讲义》，清华大学出版社2010年版，第259页。

的民主化。

第二,弥补立法不足,替代立法规制。行政主体通过行政合同的方式,可以在法律没有规定或者规定不具体的领域与相对人通过合意形成行政法律关系,以达到行政规制的目的。此时,行政主体可以根据需要进行灵活的政策选择,从而弥补立法不足,达到替代立法规制的效果。

第三,弥补公共服务竞争不足,带动内部制度建设、强化行政组织运行管理,提供良好公共服务。由于在公共服务领域缺乏竞争,导致行政主体所提供的公共服务的质量和效率都有待提高,行政主体作为公共服务的提供者通过订立和履行行政合同,能够对其产生一定的压力,加重其责任,促进行政主体内部的制度建设,提高公共服务的质量。

三、行政合同的分类

对于行政合同的分类,各个学者之间的认识也有所不同。从学理上,有学者根据行政合同双方当事人的地位是否对等,将行政合同分为对等契约与不对等契约;以当事人一方或双方应当履行某种给付义务或为一定的行为为标准,将行政合同分为单务契约与双务契约。[①] 有学者根据行政合同中合意程度和行政权力因素的变量关系,将行政合同分为混合契约、纯粹契约和假契约。[②] 但从我国现实的立法实践上分析,我国学者一般将行政合同分为以下种类:

(一) 国有土地使用权出让合同

国有土地使用权出让合同是行政机关代表国家与相对人签订的将国有土地使用权在一定期限内出让给相对人,相对人支付出让金并按合同的规定开发利用国有土地的合同。国有土地出让合同是一种比较典型的行政合同,由《城市地产管理法》、《城镇国有土地使用权出让和转让暂行条例》、《协议出让国有土地使用权最低价确定办法》等法律、行政法规和部门规章对其进行规范。国有土地使用权出让合同由土地行政管理部门与土地使用者签订,并由土地行政管理部门对合同的履行进行监督,对使用者没有按合同的约定开发利用土地,或者改变土地用途的,有权进行纠正、处罚,或者无偿收回土地使用权。

(二) 公共征收补偿合同

公共征收补偿合同是指行政主体为了社会公共利益,征用相对人的财产并给予补偿的行政合同。这类合同目前广泛应用于城市建设、交通铁路、水利设施等基础建设领域。《土地管理法》和《物权法》对此有明确的规定。公用征收补偿合同中,关于征收部分属于单方行为,即征收是行政主体的单方决定。但是,行政补偿部分是行政合同的范畴,即如何补偿以及补偿数额的确定等,必须经过与相对人协商后达成一致。

(三) 国家科研合同

国家科研合同是行政机关与科研机构之间就国家重大科研项目,由国家提供资助,科研机构提供科研成果签订的协议。国家科研合同不同于《合同法》所调整的技术开发、转让等民事合同,它以公共利益为目的,往往是为了完成某项与国计民生有重大关系的科

[①] 陈新民著:《行政法总论》,中国台湾1994年自刊本,第262-264页。
[②] 余凌云著:《行政法讲义》,清华大学出版社2010年版,第256页。

研技术项目的开发，由政府牵头参与，与科研机构签订合同，政府提供资助，科研机构完成项目开发后将成果交付政府。

（四）农村土地承包合同

农村土地承包合同是我国出现最早的行政合同，主要依据《农村土地承包法》进行调整，作为承包方的农民依法享有承包地使用、收益和土地承包经营权流转的权利，有权自主组织生产经营和处置产品，承包地被依法征用、占用的，有权依法获得相应的补偿。作为发包方的村委会和村小组，有权监督承包方依照承包合同约定的用途合理利用和保护土地，制止承包方损害承包地和农业资源的行为；同时有义务维护承包方的土地承包经营权，不得非法变更、解除承包合同，尊重承包方的生产经营自主权，不干涉承包方依法进行正常的生产经营活动，依照承包合同约定为承包方提供生产、技术、信息等服务。

（五）国家订购合同

国家订购合同是指行政机关基于国防和国民经济的需要，与相对人之间签订的订购有关物资和产品所达成的协议。国家订购合同不同于民事合同中的买卖合同，行政机关的意思表示在其中起着主导作用，相对人必须认真完成合同中所规定的具体事项，不能拒绝，但双方在费用、方式等方面可以协商。我国目前军用物资和其他有关国防物资的订购，一般都采用订购合同的形式。粮食、棉花、烟草等订购合同，是以国家提供优惠条件并保证收购，农民向国家缴纳粮食、棉花、烟草取得报酬为内容，由各级人民政府及主管部门和农民之间签订的协议。

（六）公共工程承包合同

公共工程承包合同是行政机关为了公共利益的需要与建筑企业签订的建设某项公共设施达成的协议。如修建国道、飞机场、大桥、大型供水、供电、供气工程等工程合同。公共工程合同是为了完成某项公共设施而签订的，行政机关为了修建宿舍与建筑企业签订的合同不是公共工程合同。

（七）政府采购合同

政府采购合同是指政府为实现其职能和公共利益，以法定方式、方法和程序，使用公共资金，从市场上为政府部门或其所辖公共部门购买货物、工程或服务的合同。政府采购具有民事行为和行政行为的双重性质，即：既有民事行为的属性，要受民法某些基本原则的制约；也有行政行为的属性，受行政法基本原则的制约；政府采购行为体现了民事行为与行政行为的结合，但侧重于行政行为的属性，总体上仍属于行政行为的范畴，或者说本质上是一种行政合同行为。从政府公共行政管理的角度来看，政府采购实质上是政府财政支出的方式之一。所以，特别强调应当遵循公开透明原则、公平竞争原则、公正原则和诚实信用原则。我国2002年制定的《政府采购法》用专章规定了"政府采购合同"。此外，还规定了政府采购的当事人、政府采购的方式、政府采购的程序、质疑与投诉以及监督检查和法律责任等相关内容。

（八）BOT政府特许经营合同

BOT政府特许经营合同是政府与民间（包括国外）投资者之间签订的，由政府提供政策优惠等方面的保证，由投资者承建、拥有、经营、维护大型基础设施或工业项目，并在协议期满后将该基础设施项目无偿地移交政府的合同。BOT，即 Build – Operate – Transfer 的缩写，意为建设——经营——移交，它是一种新型的行政合同方式。通过 BOT 政府特许经营合同，政府将本来应由国家公营机构承担的大型基础设施或工业项目的设计、融资、建设、经营和维护的权利授予国内外私营机构，允许该私营机构在一定期间内拥有、经营和维护该设施，并通过收取使用费或服务费等方式，收回其对该项目的投资以及经营和维护该项目所需费用，以偿还该项目的所有债务并取得预定的资金回报收益。许可期限届满后，投资者将该项目无偿地移交项目所在国政府，从而完成 BOT 的运营。BOT 政府特许经营合同有利于吸收国内外民间资金、才智和经营经验，有利于缓解政府的财政困难，从而提高国民的生活质量和公共服务水平，增进人民福利，是兼顾国家、人民和投资者三方利益的新型手段，为世界上许多国家所重视。近年来，我国各级政府越来越重视对这一新型的管理方式和手段的运用。

四、行政合同的订立

由于行政合同的特殊性，其缔结方式也不能完全采取民事合同的缔结方式。在缔结方式上，行政合同与民事合同的区别主要表现在两个方面：行政主体有优先要约的权利，行政主体有选择相对人的权利和机会。行政合同的缔结主要有招标、拍卖、邀请发价、直接磋商等几种。

（一）招　标

招标是指订立合同的一方当事人（招标人）通过一定方式，公布一定的标准和条件，向公众发出的以订立合同为目的的意思表示。招标要经过如下程序：

1. 招　标

招标分为公开招标和邀请招标两种形式。公开招标应当发布招标通告。招标公告应当通过报刊或者其他媒介发布。招标通告应当载明下列事项：①招标人的名称和地址；②招标项目的性质、数量；③招标项目的地点和时间要求；④获取招标文件的办法、地点和时间；⑤对招标文件收取的费用；⑥需要公告的其他事项。采用邀请招标程序的，招标人一般应当向三家以上有兴趣投标的或者通过资格预审的法人或者其他组织发出投标邀请书。招标公告发布或投标邀请书发出之日到提交投标文件截止之日，一般不得少于 30 天。

2. 投　标

投标人应当按照招标文件的规定编制投标文件。投标文件应当载明下列事项：①投标函；②投标人资格、资信证明文件；③投标项目方案及说明；④投标价格；⑤投标保证金或者其他形式的担保；⑥招标文件要求具备的其他内容。投标文件应在规定的截止日期前密封送达投标地点。

3. 开　标

开标应当按照招标文件规定的时间、地点和程序以公开方式进行。开标由招标人或者招标投标中介机构主持，邀请评标委员会成员、投标人代表和有关单位代表参加。投标人检查投标文件的密封情况，确认无误后，由有关工作人员当众诉封、验证投标资格，并宣读投标人名称、投标价格以及其他主要内容。投标人可以对唱标作必要的解释，但所作的解释不得超过投标文件记载的范围或改变投标文件的实质性内容。开标应当作记录，存档备查。

4. 评标与定标

招标人或者招标投标中介机构负责组建评标委员会。评标委员会由招标人的代表及其聘请的技术、经济、法律等方面的专家组成，总人数一般为五人以上单数，其中受聘的专家不得少于三分之二。与投标人有利害关系的人员不得进入评标。

（二）拍　卖

拍卖方式的基本内容和程序是行政主体向公众发出订立合同的意思表示后，竞买人随即作出反应，拍卖人若同意竞买人的条件，行政合同即告成立。拍卖与招标的区别在于相互竞争的竞买人彼此知道拍卖条件，并可随时改变自己要约的内容，最后由行政主体选择条件最优者与之缔结合同。拍卖主要适用于国有资产的出让，采用这种方式可以使国有资产以最大价值出让。

（三）邀请发价

邀请发价方式的基本内容和程序是：行政主体基于政治、经济、技术等方面的原因，提出一定的条件邀请相对人发价，然后由行政主体综合各方面的因素，选择最为恰当的相对人与之缔结合同，与招标方式的区别是邀请发价不一定和要价最低的相对人缔结合同。行政主体有较大的自由选择权。

（四）直接磋商

直接磋商的基本内容和程序是：行政主体直接与当事人协商，缔结合同。这种方式在民事合同中较为常见，而在行政合同的签订过程中则必须严格受到法律、法规的限制。例如，法国有关法律就直接规定，直接磋商方式主要用于下列事项：研究、试验和实验合同，招标和邀请发价没有取得结果的合同，情况紧急的合同，需要保密的合同，只能在某一地方履行的合同，需要利用专利权或其他专有权利的合同，需要利用特殊的和高度专门技术的合同。

五、行政合同的内容

（一）行政机关的权利

1. 选择合同相对一方的权利

行政机关在订立行政合同时，可根据实际情况和要求选择适当的合同相对方。对于某些行政合同，行政相对方的组织和个人如没有法律规定的理由和依据，不能拒绝行政机关选择其为相应合同的当事人。

2. 对合同履行的监督权和指挥权

行政机关在行政合同中具有双重身份，既是合同的一方，受合同的约束，同时它又代表国家行使行政管理权。在执行合同的过程中，行政机关对合同的履行不仅有监督和控制的权力，而且在某些情况下对合同的具体执行还享有指挥权。

3. 单方面变更或解除合同的权利

在行政合同的履行过程中，行政机关根据国家法律、政策或计划的变更，以及公共利益的需要，有权变更或解除合同，不必取得相对方的同意。但是，这种权利的行使是有限制的。①这种权利只能在公共利益需要的限度以内行使；②不能变更或解除与公共利益无关的条款；③对相对人因变更或解除合同所造成的损失应予以补偿；④其变更超过一定的限度或接近一个全新的义务时，相对方可请求另订合同。

4. 对不履行或不适当履行合同义务的相对人的制裁权

如果相对人违反合同，行政机关具有制裁的权力。制裁权是行政机关保障行政合同履行的一种特权。行政机关的制裁权是一种当然的权力，不论合同中有无规定，它都可依职权行使。

（二）行政机关的义务

1. 依法履行合同的义务

行政机关作为行政合同的主要一方当事人，虽然具有优越的地位，但这种优越的地位并不排除其应依法履行义务。

2. 保证兑现其应给予合同相对一方当事人的优惠或照顾的义务

在行政合同中规定的优惠或照顾条件，对相对一方当事人履行合同义务极其重要，也是行政主体一方当事人吸引相对一方当事人的有利条件。因此，一旦以合同形式将其确定下来，行政机关就有义务保证其兑现，不允许随意更改或打折扣。

3. 给予相对一方当事人物质损害赔偿或补偿的义务

在履行行政合同过程中，凡是因行政机关的原因引起合同的变更、解除，从而使相对一方利益受到损害的，行政机关有义务根据有关规定和实际损害情况进行赔偿或补偿。

4. 按照合同规定给付价金的义务

行政机关应当按照与相对方约定的标准、方式，及时支付合同价金。

（三）相对一方当事人的权利

1. 取得报酬权

相对人的报酬通常是在合同中规定的，也可能直接由法律、法规规定。行政合同中的报酬，通常为对相对人提供的服务或产品的价金。此外，行政合同也可能给予相对人以其他形式的报酬。行政合同的报酬条款和其他关于公务的组织和执行的条款不同，不能由行政机关单方面变更。

2. 损害赔偿请求权和特权行为损害的补偿权

损害赔偿请求权是类似民事合同的一项权利。相对人由于行政机关的过失受到损害时，可请求人民法院判决行政机关赔偿损失。特权行为损害的补偿权是指行政机关在签订合同以后，由于公共利益的需要单方面变更或终止合同的特权行为造成相对人的损害时，相对人以其损害为由提出要求行政机关予以补偿的权利。相对人由于行政机关的特权行为而造成或增加的全部负担（损害），不论具体合同中有无规定，都可请求行政机关予以补偿。

3. 不可预见的困难情况的补偿权

行政合同在履行的过程中，有时可能出现当事人订约时所不能预见的情况或困难，从而使合同的履行虽然不是不可能，但已使相对人遭受极大的损失，或使履行合同极端困难，这种情况或困难称为不可预见的情况或困难。如在公共工程进行中遇到当初所不可预见的地质结构变化。相对人在履行行政合同中遇到不可预见的情况或困难时，有权请求行政机关共同承担损失，或请求行政机关予以补偿。

(四) 相对一方当事人的义务

相对一方当事人的义务包括：

第一，按照合同规定的条件和期限认真履行合同的义务。

第二，接受行政机关管理监督和指挥的义务。

六、行政合同的变更和解除

(一) 行政合同的变更

行政合同的变更是指现有行政合同基于行政机关的裁量权或其他法律事实，在不改变现存合同性质的基础上，对涉及合同主体、客体、内容的条款作相应的修改、补充和限制。

行政合同的变更基于以下两种理由：一是行政机关为满足公共利益的需要行使裁量权，单方面变更合同；二是因一定的法律事实的出现而导致行政合同的变更，如不可抗力等。

(二) 行政合同的解除

行政合同的解除是指行政合同当事人一方未履行或未全面履行合同时，当事人双方提前结束约定的权利义务关系。

行政合同的解除方式有两种：一种是单方解除，即行政机关基于自己单方的意思表示即可产生解除效力的合同解除方式；另一种是协议解除，即相对人提出解除合同的意思表示，在征得行政机关同意后提前终止行政合同的效力。

(三) 变更和解除行政合同的法律后果

变更和解除行政合同的法律后果有两种情形：

第一，行政合同变更后，原合同不再履行，双方当事人按变更后的权利义务关系行使权利，履行义务。行政合同解除后双方当事人之间合同关系终止，彼此不再享有原合同规定的权利义务。

第二，行政机关单方面变更和解除行政合同的，应对相对方因此受到的损失进行补偿。

七、行政合同的终止

行政合同的终止主要有下述情形：

第一，合同履行完毕或者合同期限届满。

第二，双方当事人同意解除。

第三，行政机关依法律或政策规定以及出于公共利益需要，单方面解除合同。

第四，因不可抗力导致合同履行已不可能。

第五，行政机关因相对人的过错而宣布解除合同。

第六，因行政机关有严重过错，法院可根据相对人的申请依法判决解除合同。

八、行政合同纠纷的解决

（一）协商或政府调处

由于行政合同具有一定的民事属性，因此，可按解决民事合同纠纷的一般方式即协商的方式解决行政合同纠纷，也可请有关部门调处。

（二）行政复议

行政合同纠纷属于行政纠纷，因此如果单行的法律、法规中没有明确规定的，按照行政法的原理和基本原则，解决行政纠纷可适用行政复议的方式。

（三）行政诉讼

由于行政合同属于一种行政行为，对于相对人由于履行行政合同而受到损害的，行政诉讼是一种当然和最终的救济方式。

（四）行政合同调解

《行政诉讼法》第50条有"人民法院审理行政案件，不适用调解"的规定，但该条规定的出发点是为限制行政机关裁量权滥用，以防止其单方具体行政行为侵害国家利益、社会利益、公民利益。行政合同行为不同于一般的具体行政行为，存在着与行政相对人的合意，即行政主体在一定范围、一定程度上有处分的权力。行政合同的形成建立在行政主体与行政相对人意思表示一致的基础之上，因此，法院在审理行政合同案件的过程中，完全可以进行调解，使双方当事人在合意范围内达成和解。当然，由于行政合同具有公益性，应同时建立相对严格的调解、和解制度，以防侵害公共利益。

第二节 行政协定

一、行政协定的定义

在行政法律关系主体的行为中包含着三种不同类型的双方行为，即行政主体与行政相对人之间意思表示一致达成的协议（行政合同），行政主体相互之间意思表示一致达成的协议（行政协定），行政相对人相互之间意思表示一致达成的协议。有的学者将行政协定也纳入行政合同的范畴，但我们认为行政合同与行政协定之间在主体、内容及效力等方面都有重大的区别，因此，应当将行政协定从行政合同中区分出来。

对于行政协定定义的界定，台湾学者有较多的研究。黄异认为："所谓行政协定，是指行政主体或行政机关间就行政事项之处理，相互缔订之合意。"[①] 涂怀莹认为："行政法上多数当事人，为达到共同目的，个别的意思表示，而依其表示结合成立之单一行政法效果之行政行为，又称为'公法上之协定'或'行政契约'。"张载宇认为："行政协定，系在行政法律关系中，多数当事人为达到共同目的，各为意思表示，因其合致而成立的共

---

① 黄异著：《行政法总论》，台湾三民书局股份有限公司1996年版，第122页。

同行政行为。"这些概念中有的学者明确了行政协定就是行政主体之间的合意，以便将行政协定与行政合同区别开来，我们认为这样的界定更加合理。

二、行政协定的特点

行政协定的特点有以下几方面：

第一，行政协定是一种双方行政行为，体现和反映双方行政主体间的意志。

第二，行政协定是行政主体之间发生的行政行为，这是行政协定与行政合同的主要区别，同时也是行政协定与行政命令的区别。

第三，行政协定是行政主体合意的结果，与一般的以行政强制手段推行的行政行为是不同的。

第四，行政协定是行政主体行使行政权力的行为，与行政主体实施民事行为而订立的民事合同是不同的。

三、行政协定与行政合同的关系

（一）行政协定与行政合同的相同点

行政协定与行政合同都是双方的行政行为，且作出这两种行政行为都是为了行使行政职能，实现特定的行政管理目标，都要经过双方协商一致，最后达成合意才能成立，这是行政协定与行政合同的共同之处。

（二）行政协定与行政合同的区别

行政协定与行政合同的区别为：

第一，主体上的区别。行政合同发生在行政主体与行政相对人之间，而行政协定发生在行政主体之间。

第二，内容上的差别。行政协定中可以对国家的行政权进行适当的处分，让本来不具有行政主体资格的人获得执行法律的资格。如上级机关通过协定将自己的权力交给下级机关行使，而行政合同只能对行政主体与行政相对人之间的权利义务作出规定，不得涉及对国家行政权力的处分问题。

第三，效力上的区别。行政协定的效力不仅约束行政协定的双方行政主体，而且还及于第三人，行政合同的效力只对签订合同的行政主体与行政相对人之间具有法律上的效力，与第三人的权利义务无关。

第四，纠纷解决方式不同。行政合同在执行过程中发生的纠纷可以按照行政诉讼的程序进行，而行政协定发生纠纷则不能根据行政诉讼的方式解决，如果行政协定是发生在具有隶属关系的行政主体之间，则应按层级节制的原则进行处理，下级应当服从上级；如果协定是发生在没有隶属关系的行政主体之间，则应报请他们共同的上级机关决定，并根据上级机关的决定执行行政合同。

四、行政协定的种类

根据行政协定是行政主体为实现公共管理的目的，与其他行政主体意思表示一致而达

成的合意这一定义，可以将行政协定作如下分类：①

第一，根据签订行政协定的主体不同，行政协定可以分为同级行政主体之间的行政协定、具有隶属关系的行政主体之间的行政协定、行政主体与受委托组织之间的行政协定三种基本形式。

第二，根据行政协定的内容不同，行政协定可以分为行政委托协定、行政事项管辖协定、行政协助协定（如不同地区的行政主体之间就在执行公务时相互给予协助而达成的协定）、行政合作协定、行政联合执法协定（如工商部门与质量监督部门联合查处制假行为而达成的协定）、完成行政目标协定（如上下级之间就卫生达标而达成的协定）等等。

---

① 本部分参见杨临宏著《行政法：原理与制度》，云南大学出版社2010年版，第613-614页。

第二十二章　行政相关行为：国家行为、行政事实行为、行政指导

第一节　国家行为

国家行为在不同的国家有不同的称呼。英国称为"国家行为"（act of state），法国和日本称为"统治行为"（actes de gouvernement），在德国表达类似含义的概念是"紧急命令"（Notverordnungen，即不受法院管辖之高权行为），美国称为"政治行为"或"政治问题"（political questions），我国台湾学者一般将其称为统治行为。在我国，"国家行为"一词最早出现在《行政诉讼法》中，在此之前我国历来没有国家行为的概念及其相应的法律制度，所以有关这一概念是在借鉴其他国家的法学理论和法律制度的基础上构建的。到目前为止，"国家行为"一词在行政法学意义上并无一个统一、确切的含义，我国也有学者称其为"统治行为"、"政府行为"，学术界的解释存在较大分歧。为了明确这一概念，最高人民法院《关于执行〈中华人民共和国行政诉讼法〉若干问题的解释》第2条对"国家行为"作了较为详细的规定。① 在实践中，对于国家行为的界定、内容等方面都存在较大差异。

一、国家行为的起源

国家行为概念及其制度的产生和发展，是与法国行政法院及其管辖权的形成过程相一致的。行政法院虽然与普通法院相独立，但性质上仍然属于行政机关。② 这一制度的形成，主要是法国资产阶级大革命的产物。在革命中，资产阶级首先在议会中占领了主要地位，将标志王权的立法权最早从王权中分离，为了避免封建代表王权的法院拒绝签署登记议会通过的法律，阻碍革命进程，议会于1790年8月制定了《司法组织法》。本法第13条明确规定："司法之恩你刚与行政职能不同，现在和将来永远分离，法官不得以任何方式干扰行政机关的活动，也不能因其职务上的原因，将行政官员传唤到庭，违者以渎职罪论。"同时还明确规定："普通法院不得干预立法权的行使。"故而，在法国，国家行为是指行政机关不受普通法院监督，也不受行政法院监督的行为，由于只受政府管辖，所以称

---

① 最高人民法院《关于执行〈中华人民共和国行政诉讼法〉若干问题的解释》第2条规定，行政诉讼第12条第1项规定的国家行为，是指国务院、中央军事委员会、国防部、外交部等根据宪法和法律的授权，以国家的名义实施的有关国防和外交事务的行为，以及经宪法和法律授权的国家机关宣布紧急状态、实施戒严和总动员等行为。
② 胡锦光著：《论国家行为》，载《诉讼法论丛》（第1卷）1998年第1期，第468页。

为政府行为。这种行为的责任只受议会监督。①

在英国，国家行为属于对国王的效忠行为，是君主权依据特权的行使，国内法院不能对其反对和控制，也不得怀疑其效力。例如，英国政府或得到授权的人员，在英国领土以外的地方，在行使关于外交或国防的权力时，对外国公民作出了侵权行为，而有关外国公民在英国控告英政府或有关人员，则被告可以"国家行为"辩护理由，不负法律责任。

在美国，其宪法奉行权力分立原则，强调三权之间地位平等，相互制约，故而，美国并不存在与法国相类似的行政法院，所有案件均由普通法院审理，并且对审理时依据的法律和行政命令是否与宪法相抵触也可以同时进行司法审查。1803年的马伯里诉麦迪逊一案，就首开了美国司法审查的先河。为了防止司法权的膨胀与扩张，在长期司法审查权的行使过程中，法官总结了若干自律原则，其中就包括"回避政治问题审查原则"②。

二、国家行为的范畴

在国外，"国家行为"被解释为"与国家的重要政策有联系的行为"，"关系到国家存亡及国家统治之根本的、具有高度政治性的、国家最高机关（国会、内阁等）的行为"等。这都说明了国家行为具有的特殊性质。国家行为可以有对外、对内两种意义的理解：一是对外意义，也可称对外国家行为，是指经宪法和法律授权的专门国家机关，在国际事务中，代表整个国家行使国际法上的权利和履行国际法上的义务的行为。这种国家行为是以国际法意义上的主权国家作为法律实体，其应该是国际法上的概念，是用于处理国家间关系的对外国家行为。二是对内意义，也可称对内国家行为，是指经宪法和法律授权的有关国家机关，在对国内全局性、重大性的国家事务中，代表整个国家对内实施的统治行为。这种国家行为是以公共权力意义上的国家作为法律实体，是用于处理国家与公民、法人或者其他组织间重大关系的对内国家行为。

关于我国国家行为的范围，行政诉讼法、香港基本法、澳门基本法三部法律作了完全相同的规定："国防、外交等国家行为。"

（一）国家行为的含义

有学者认为，国家行为是由国家机关（包括政府）以国家名义作出的、运用国家主权所为的行为。我国行使国家行为的主体主要是全国人民代表大会及其常务委员会，但宪法授权国务院"管理对外事务，同外国缔结条约和协定"，"领导和管理国防建设事业"。③

还有学者认为，国家行为又称"政治行为"、"统治行为"、"政府行为"，是涉及重大国家利益，具有很强政治性的行为。国家行为可能为国家元首所为，可能为国家权力机关所为，也可能为国家行政机关所为。④ 最高人民法院《关于执行〈中华人民共和国行政

---

① 王名扬著：《法国行政法》，北京大学出版社2007年版，第167页。
② 对于"政治问题"原则，美国学者亨金认为："其真正含义是指这样一项司法政策，它宣称某些案件或某些案件涉及的问题不具有可裁判性，即不适宜司法解决，尽管这些案件或这些案件涉及的问题属于宪法或其他法律规定联邦法院的管辖权范围之内，或者也符合法院受理诉讼的各项要求。"参见[美]路易斯·亨金著《宪政·民主·对外事务》，邓正来译，三联书店1996年版，第118–119页。
③ 杨海坤编著：《行政诉讼法学》，中央广播电视大学出版社1994年版，第88–89页。
④ 姜明安著：《行政诉讼法学》，北京大学出版社1993年版，第126页。

诉讼法〉若干问题的解释》(下称《若干解释》)第2条专门对此作出解释。国家行为是指国务院、中央军事委员会、国防部、外交部等根据宪法和法律的授权,以国家的名义实施的有关国防和外交事务的行为,以及经宪法和法律授权的国家机关宣布紧急状态、实施戒严和总动员等行为。

(二) 国家行为的特征

由上文可知,国家行为是由国家最高行政机关及其有关部门,根据宪法和法律的授权,以国家的名义作出的有关国防、外交及某些涉及国家利益和重大公共利益的行为。故而,国家行为有以下特征:

第一,排除司法审查。这种特征在最高行政机关及其有关部门根据宪法、法律规定,或根据权力机关的授权和委托,以国家名义所实施的政治行为。如宣战、媾和以及在全国范围和对部分省、自治区、直辖市的戒严。

第二,司法审查所排除的国家行为是一种国家主权行为。从理论上讲,国家行为只能由代表一国人民行使主权的国家权力机关行使,但我国宪法规定了国家最高行政机关可以根据宪法和受权力机关委托,实施一部分国家行为。[1]

(三) 国家行为的主体

事实上,我国最高行政机关实施国家行为的根据有两个:一个是主要依据,即宪法和法律的直接授权;另一个是立法机关或者国家权力机关的授权或者委托。

在国家行为理论仅适用行政诉讼的国家,实施国家行为的主体仅限于最高行政机关;而在国家行为理论既适用于行政诉讼又适用于宪法诉讼的国家,实施国家行为的主体既包括最高行政机关又包括立法机关。在我国,国家行为理论仅适用于行政复议和行政诉讼范畴,不适用于宪法诉讼范畴,即我国法院对法律及其他规范性文件是否与宪法相抵触无判断权,最高国家权力机关的一切行为都不能成为诉讼对象和法院审查的对象,因此实施国家行为的主体仅限于最高行政机关,即国务院。

按照《行政复议法》的规定,对国务院部门或省级人民政府就自身具体行政行为作出的行政复议决定不服的,可以向人民法院提起诉讼,也可以向国务院申请复议,该复议决定为最终裁决。对于该最终裁决,根据《行政诉讼法》第12条以及最高人民法院《若干解释》规定:"人民法院不受理公民、法人或者其他组织对下列几类事项提起的诉讼:一、国防外交等国家行为……四、法律规定由行政机关最终裁决的具体行政行为……"的相关规定可知,国务院作为复议机关的终裁不是法院审理的对象。因而在现在的情况下,行政复议机关和法院运用国家行为理论来判断国务院的哪些行为属于国家行为的可能性和必要性基本不存在。

(四) 国家行为的范围

各国的判例都确认国家行为和外交行为属于国家行为的范围,我国法律对国家行为的规定,只是一个比较粗略的范围,目前还缺乏法院的判例。从操作的层面看,有以下问题需要进一步探讨:

---

[1] 罗豪才主编:《中国司法审查制度》,北京大学出版社1993年版,第308－309页。

1. 关于国防和外交行为

国防行为属于国家行为的范畴,但国防行为的范围是什么?有的认为宣战、媾和属于国防行为;① 有的认为宣战、媾和不属于国防行为;有的认为国防军事设施、军事基地建设、战略武器的试验、战争动员的准备、保证军事演习的进行、兵役的征集、军用物资的运输等所采取的行政措施属于国防行为;② 有的认为宣战、应战、发布动员令、戒严令、宣布战争状态、调动军队、设立军事禁区等属于国防行为;③ 有的认为征兵、军需、军费、军事设施建设的决定命令属于国防行为。④ 如前所述,在我国行政诉讼的范畴内,实施国家行为的主体只是最高国家行政机关即国务院,而我国的军事统帅机关是中央军事委员会,因此学者论述的上述大多数事项都是由中央军事委员会进行的行为,中央军事委员会的行为并不是行政诉讼的对象。

对外交行为的范围,学者的认识比较一致,一般认为与外国建交、断交,签订条约、公约、协定,承认外国政府,领土的合并、割让,对外贸易的重大决策等,都属于外交行为。那么,涉及国防和外交方面的所有行为是否都属于国家行为呢?实际情形并非如此。行政机关征集兵员,组织民兵军事训练,发放外交护照,批准出国考察、访问、旅游等就通常不作为国家行为,相对人对之不服,可允许其依法提起行政诉讼。最高行政机关在国防和外交方面的行为是否是国家行为,应当依据其是否具有高度政治性来加以判断。

2. "等"字属于等内"等",还是属于等外"等"

从学者发表的观点看,一般都将该"等"理解为等外"等",即除国防和外交外,还可能有其他类别的国家行为。按照香港基本法的规定,除国防、外交外的其他国家行为,至少有以下几类:①中央人民政府任命香港特别行政区行政长官和行政机关的主要官员;②全国人民代表大会常务委员会对香港基本法附件三的法律作出增删;③全国人民代表大会常务委员会宣布香港原有法律同香港基本法抵触。这些内容虽然不属于国防、外交,但非常明显,这些都是国家行为,都是中央的权力,香港特别行政区法院对此当然无管辖权。⑤

第二节 行政事实行为

一、行政事实行为概述

(一)行政事实行为的概念

纵观行政法学界对行政事实行为的定义来看,具有内涵不确定性和外延的扩张性。行政事实行为最早见于《行政法概要》中,认为行政主体的行政行为有的直接发生法律效

---

① 杨海坤主编:《行政诉讼法学》,中央广播电视大学出版社1994年版,第88页。
② 罗豪才主编:《中国司法审查制度》,北京大学出版社1993年版,第308-309页。
③ 姜明安著:《行政诉讼法学》,北京大学出版社1993年版,第126-127页。
④ 马原主编:《中国行政诉讼学教程》,人民法院出版社1992年版,第601页。
⑤ 肖蔚云主编:《一国两制与香港基本法院制度》,北京大学出版社1990年版,第325页。

果，称为法律上的行为；有的不直接发生法律效果，称为事实上的行为。[①] 其后，有学者把行政事实行为当做具体行政行为来对待。[②] 近几年，大部分学者[③]认为，行政事实行为与具体行政行为有天然的区别，并根据自己的研究对行政事实行为下定义。

他们其中一部分人持"效果行为论"，从效果角度界定行政行为，认定事实行为产生事实结果而非法律结果。代表学者有王珉灿、吴庚、阎尔宝、苗波、林纪东……这些观点与法国行政法的观点不谋而合，例如，法国行政事实行为理论认定，事实行为有时完全不产生法律效果，如气象局的天气预报；有时效果的发生与行政机关无关，而完全基于法律规定，如海军兵舰撞沉商船，受害人取得损害赔偿权利是法律规定的。但此观点对法律效果、事实效果没有明确界定，容易导致理解上的偏差。

另一部分持"目的行为论"，从目的的角度界定行政事实行为，即行政主体基于行政职权的行使，但不以追求特定行政法律关系的产生、变更或消灭为目的。代表学者有杨立宪、林锡尧、阎尔宝、杨解君、肖泽晟、张娴安、陈新民、胡建淼、王银江、叶必丰、章剑生。

还有一些学者，如侯勇持"违法行为论"，认为行政事实行为一般为违法行为，即行政机关及工作人员在没有法律依据的情况下，实际做出的与职权有关的设计公民、法人或者其他组织权益的单方行为。此种说法向我们表达一种观点：行政事实行为因为其合法就能变成非行政事实行为，逻辑上是有问题的。实际上，行政事实行为分为合法与违法两种状态，违法的行政事实行为只是一种行政事实行为的特殊形态，如《国家赔偿法》规定的行政机关工作人员违法使用武器警械致公民伤害、死亡是一种违法的行政事实行为……当然，合法使用警械也是行政事实行为。

而杨绍东持"法律行为论"，即以行政事实行为作为行政法的规范对象，属于行政法律行为，并且最终归宿也是行政法律行为。此种方法在法律行为与非法律行为之间划分出一种属于行政公务范围的行政法调整，却又不是法律行为的事实行为，不够科学。

综合分析各位学者对行政事实行为的认知，我们有必要对行政事实行为作一个较为合理的界定。首先，行政事实行为应纳入行政法学的研究范畴；其次，对行政事实行为应该作广义的理解，任何狭义的理解都有失偏颇，不能涵盖全部；再次，行政事实行为应该包括权力性行政事实行为，不应该将其认为是行政主体履行公共服务职责的需要；最后，行政事实行为中的法律效果应该被认定为不论是否发生法律效果，都与行政主体的意思无关，是基于国家法律的规定而发生。最终行政事实行为引起的法律效果具有多样性，有的产生肯定性效果，有的产生否定性效果，有的产生内部效果，有的产生外部效果。[④]

本书采用陈晋胜教授的观点，认为行政事实行为是行政主体及其工作人员，在从事行政管理、履行公共职能过程中作出的不以设定、变更、解除行政法律关系为目的的行为，其中有的不发生法律效果，有的虽然发生法律效果，但是与行政主体意思无关。

---

① 王珉灿主编：《行政法概要》，法律出版社1983年版，第97页。
② 吕诚、王桂萍著：《行政事实行为几个问题的探讨》，载《行政法学研究》1996年第4期。
③ 这些学者包括：阎尔宝、胡建淼、王银江、叶必丰、苗波、侯勇、杨立宪、杨解君、肖泽晟、方世荣、王霄艳。
④ 陈晋胜著：《行政事实行为研究》，知识产权出版社2010年版，第66页。

(二) 行政事实行为的特征

行政事实行为是行政主体作出的对外不具有法律效力，但事实上也会对行政相对方权利和义务造成一定影响的行政行为。故行政事实行为有以下的特征：

1. 从主观判断

（1）行政事实行为是一种行政行为

行政事实行为是由行政主体作出的行为，也是行政主体履行职责作出的行为。而行政主体在我国既包含宪法、法律直接规定的享有公权力的主体，也包括按照宪法、法律的规定授权或者委托的组织和个人行使行政权力。行政机关和法律、法规授权组织也不是随时都以行政主体的资格出现，只有在履行职责过程中发生的事实行为才是行政事实行为。例如，军警车辆开动警报驶往案发现场，这就是行政事实行为，一旦肇事，由公安机关承担行政赔偿或者补偿责任。如果公务车辆没有执行公务的特别形式，则与普通车辆一样承担民事责任。判断行政事实行为是否属于履行职责的行为，有如下标准：①看行政事实行为是否在工作时间作出；②看行政事实行为是否发生在工作地点；③看是否有执法行为的外观；④看行为手段是否是行使行政权的行为；⑤看行为的目的是否是为了实现公共利益。①

（2）行政事实行为对外不具有法律效力

从外观权利上看，行政事实行为本不具有对外的法律效力，但也会对相对方的权利义务造成一定影响。行政主体作出具体行政行为的目的就在于产生法律效力，直接对行政相对方设定权利义务。而行政事实行为对相对方的影响是事实上的影响、实际上的影响，是在外力作用下发展而来，与行政法律行为直接的对外效力有本质区别。

2. 从客观描述判断

（1）行政事实行为具有行政性

如前所述，行政事实行为作为一种行政行为，是在行政主体履行公务职责过程中作出的，属于公法上的行为，不同于行政主体实施的民事行为。故而，由行政事实行为引发的争议属于公法争议，应该按照公法争议解决途径进行救济。

（2）行政事实行为意思表示欠缺性

行政事实行为不同于行政法律行为最大的差别是不以主体的意思表示作为构成要素。行政主体在实施事实行为时，即便产生了法律效果，也是基于客观或法律的规定，而非行政主体的主观意思，如发布市场供求信息，只是一种观念的通知，这种精神作用不属于意思表示。

（3）行政事实行为法律效果多样性

实际生活中，行政机关的行政事实行为具有特殊性以及多样性，可以是权力性活动，也可以是非权力性活动；可以表现为提供信息、建议等精神指导行为，也可以表现为"物理性"的实施行为；既可以是合法行为，也可能是非法行为。

（4）行政事实行为程序的不确定性

行政机关作出行政法律行为的实质是特定效果意思的外化，效果意思有不同，但程序

---

① 王霄艳著：《论行政事实行为》，法律出版社2009年版，第58页。

有共同性，因此法律可以对法律行为设置一般程序。但事实行为与法律行为不同，行政事实行为的发生、发展和消灭可能是即生即灭，也可以发生发展很长时间。① 如上所述表现为多样性，有物理性、精神性，有一贯性、偶发性，故而对行政事实行为预先设置程序比较困难。

二、对行政事实行为的救济

行政事实行为本身的目的为实现公民的权利，但同时有可能影响或者损害公民的其他权利，对于损害不予以救济就违反了宪法和法律的规定，也是法治社会所不允许的，因而对行政事实行为设立权利保障制度是极其必要的。然而，由于行政事实行为没有对相对方的权利进行处理的内容，因而相对方只有在对行政事实行为违反其特殊利益时，才能诉诸法院。这种特殊利益是指行政相对方对事实行为享有请求权（如价款支付请求权），并且行政机关没有实施相应的事实行为。为此，行政相对方可以提起给付之诉或者确认之诉。如果行政机关实施的事实行为侵害其权益，造成损害时，应该可以向普通法院起诉。②

国内学者认为，行政事实行为权利保障制度主要从行政复议、行政诉讼、行政补偿和行政赔偿这四个方面着手，从目前的状况来看，至少应做到以下两点：

第一，将行政实施行为纳入行政诉讼范围。《行政诉讼法》的颁布使得政府管理方式、人民思想经历了重大转变，但同时行政诉讼法表现出滞后性的一面，最突出的就是受案范围狭窄，包括行政事实行为在内的很多行为都被排斥在行政诉讼的受案范围以外。因而扩大受案范围、降低原告资格、采用多种判决形式是当务之急。

第二，以国家赔偿法为先导，划定行政事实行为赔偿的范围。其中，明确将共有公共设施建设维护行为纳入行政赔偿范围中。③ 并且针对认知表示行为致害的发展，应逐步纳入行政赔偿范围，在考虑行政机关归责原则的时候，实行多元归责原则。

第三节　行政指导

一、行政指导的概述

（一）行政指导的概念

行政指导首先出现在二战以后的日本，目前在德国多称为"非高权经济指导"，④ 在欧美国家多称为非强制性行政行为或称为非正式行政行为、简便式行政活动、非正式的协商性程序裁决，等等。

---

① 应松年主编：《当代中国行政法》，中国方正出版社2005年版，第1092页。
② [德] 汉斯·J. 沃尔夫、奥托·巴霍夫、罗尔夫·施托贝尔著：《行政法》（第二卷），高家伟译，商务印书馆2007年版，第195页。
③ 根据各学者对《国家赔偿法》弊端的论证来看，多数学者提出完善《国家赔偿法》的建议，基本体现在以下几方面：扩大受案范围、确立多元化归责原则、提高赔偿标准、优化赔偿程序、细化行政追偿、确立精神损害赔偿等。
④ 余凌云著：《行政法讲义》，清华大学出版社2010年版，第272页。

从对行政指导的研究来看,各学者见解各异,存在诸多定义,[①] 但有几点是能明确的:

第一,行政指导是出现在二战后,不具有国家强制力、不产生直接法律效果、灵活有效的行政活动方式。

第二,行政指导已从学理定义转入正式的法律用语,是行政行为的一种。

第三,学术界对行政指导的定义虽然存在分歧,但大致指向是一致的,即:行政指导属于非强制行为,主要通过谋求相对方的同意、合作,协力实现行政目的。

我们认为,行政指导是指行政机关在其职能、职责、任务和所管辖事务范围内,为适应复杂多变的经济和社会生活的需要,在符合国家法律、法规和政策以及法律精神的前提下,适时灵活采取指导、劝告、建议等不具有国家强制力的方法,谋求相对人同意或协力,以有效实现一定行政目的的行为。

(二) 行政指导的特征

1. 行政指导不具有法律强制力,[②] 具有柔性特色

行政主体在法律上没有任何依据逼迫相对方接受指导,所以行政指导的法律效果只有在行政主体与行政相对方通力合作的情况下才显现出来。因而从相对方是否服从的角度来看,行政指导也可以理解为任意性、选择性的行为。与其他行政行为比较而言,行政指导中的相对人类似行政主体,与行政处罚、行政强制这些传统行政手段有本质的区别。

2. 行政指导属于积极行政范畴,是一种单纯的事实行为

传统政府充当"守夜人"的角色,对社会生活很少主动干预。现代社会中,由于社会经济生活日趋复杂化和多样化,政府为了平衡公益与私利,兼顾公平与效率,就要求行政机关从实现一定行政目的出发,开拓新的行为方式"积极行政"。行政指导过程中存在着行政主体与行政相对方之间的合意,只是这种合意不发生法律后果,这是行政指导与行政契约性质的不同,[③] 行政相对方对行政主体的指导可以接受、接受后撤回允诺或者直接拒绝,原则上都不会有任何法律效果或责任问题。

3. 行政指导是行政主体社会管理行为,适用范围广,方式多样

如前所述,行政指导是行政机关根据自己职责、任务、管辖事务的范畴适时灵活的采取多种手段,如指导、劝告、建议、示范、告诫等方式对社会经济生活作出反应。这就说明,只有具有行政主体资格的行政机关,法律、法规授权的组织才能实施行政指导,是行政主体对社会生活管理的一种表现,具有行政性,并且涉及的范围比较广。

4. 行政指导不直接产生法律后果,具有诱导性

行政指导的对象虽然是行政相对方,但由于行政指导大多数是非基于具体法律规范作出,不直接导致相对方权利、义务的增减,不属于严格的行政法律行为,丧失强制力的表现即为诱导性。但行政指导仍然需要按照法定的程序作出,仍为社会行政管理负责。按照

---

① 十多年来,我国内地的行政法学者专题论著中,有关行政指导的定义有近百条。

② 我国《最高人民法院关于执行〈中华人民共和国行政诉讼法〉若干问题的解释》(1999 年 11 月 24 日由最高人民法院审判委员会第 1088 次会议通过,自 2000 年 3 月 10 日起实施)第 1 条第 2 款规定:"公民、法人或者其他组织对下列行政指导行为……"这里对"不具有强制力的行政指导行为"的表述并不意味着还存在一种"具有强制性的"行政指导行为。从理论上讲,所有的行政指导都不具有强制性。

③ 纪振清:《日本行政指导之机能与判例趋向》,载《法律评论》第 60 卷 11、12 期合刊。

依法行政的原理，行政指导对行政主体具有约束力，给相对方造成损害依法就应该承担责任。

二、行政指导的分类、作用

（一）行政指导的分类

行政指导范围广，手段多样，莫于川教授把他归纳为：指导、引导、辅导、帮助；通知、提示、提醒、提议；劝告、规劝、说服；劝诫、告诫、劝阻；建议、意见、主张；商讨、协商、沟通；赞同、表彰、提倡；宣传、推荐、示范、推广；激励、勉励、奖励；周旋、调解、调和、协调；指导性计划；导向性行政政策、纲要行政；发布官方信息、公布实情；等等。① 国内学者大致都是从行政指导具有何种功能、有无具体依据、如何加以救济等角度划分，各种划分方式存在某些交叉、相似、相通之处，其中运用较多的是"功能角度二分说"、"依据角度划分说"。

1. 功能角度三分说

功能角度三分说主要从行政指导具有何种功能加以划分，多数学者赞同分为三类。②

第一，规制性、抑制性的行政指导。这种方式基于行政机关维护公益、对危害社会公益的行为加以防范、制约的行为。例如，对青少年进行法制辅导、交通指导就有预防效果；对物价暴涨、违章建筑的告诫就有抑制作用。

第二，调整性、调停性的行政指导。这是为了调整相互对立的当事人之间利害关系的行政指导，与行政调解很相似，这种调解区别于民事调解，主要基于行政机关实施这类调解时有一定的权限。

第三，促进性、助成性的行政指导。这是为了帮助、促进、保护相对方的利益而进行，从指导出发促使相对人的行为合理化。例如，为增加农民收入，乡政府建议、鼓励其播种高产稻谷，推广新品种。

2. 功能角度二分说

功能角度二分说将行政指导分为助成性指导与规制性指导，其中最大量的是规制性指导，无具体法律依据的指导在其间占据大多数。从事务来看，各类行政指导行为中最容易引起行政纠纷的是规制性行政指导中的告诫、劝诫、说服等有实际影响力和压力的指导行为。

3. 依据角度划分说

除了上述以功能作用划分的方式，另一些学者从行政指导有无具体的法律依据这一角度来划分，比较具有参考价值。林纪东先生曾经从有无具体法律依据的角度将行政指导行为划分为如下三类：①有具体法律依据的行政指导，可以径行采取劝告、鼓励、建议等行政指导。②无具体法律依据的行政指导，就事项来说有可作出行政命令、许可、认可的依据时，可在命令、许可、认可前先行指导，以期简便达到行政目的，降低社会成本。③单纯就事项来说，无任何行政法上的具体依据，但属于行政机关的职能、职责、管辖事务，

---

① 莫于川著：《行政指导论纲——非权力行政方式及其法治问题研究》，重庆大学出版社1999年版，第140-147页。

② 余凌云著：《行政法讲义》，清华大学出版社2010年版，第274页。

基于一般授权，行政机关可以实施辅导、劝告、建议等温和的行政指导。

（二）行政指导的作用

现代市场经济条件下，行政指导广泛用于经济、科技和社会管理领域，发挥着多方面的作用或者功能。从各国行政指导的实践效果来看，符合现代行政民主和法治精神的行政指导，在行政管理过程中主要起以下几方面的作用：

1. 行政指导的补充和替代作用

民主宪政的构建与发展，人权保障意识的提升，如果还如传统行政手段那样将相对方放在对抗的位置，则不利于唤起相对方的协助，执法成本过高。行政指导更倾向尊重相对方的意思，比较柔和而受到青睐。另外，经济和社会加速发展，难免出现立法滞后，存在"法律空域"的现象，此时及时灵活的采取行政指导措施予以调整，以补充单纯法律手段的不足。

2. 行政指导协商疏通成为强制手段的先行程序

社会生活的多元主体之间的利益矛盾和冲突在所难免，在崇尚竞争、更具活力的市场经济社会中，矛盾冲突有增无减，因此需要行政指导非强制性、自主抉择性的方法从中协调，缓解和平衡各方利益。另外，尽管法律赋予了行政机关强制手段，但毕竟这是社会生活的底线，行政机关也不急于使用，往往都是先行劝导、教育、警告，只有在行政指导无效时才进行强制。一般而言，在有法律强制手段作担保的情况下，相对人都会仔细考虑其行为后果，行政指导先行程序的作用往往奏效。

3. 行政指导的预防、抑制作用

理论和实践均证明，在强烈的利益驱动之下，社会组织和个人为了增加自身利益而不惜损害社会利益，又称为"企业的反社会倾向"[①]。对此类行为应该加以适当抑制，在损害社会利益的行为尚处于酝酿和萌芽状态时，最适宜采用行政指导这种不具有强制力的积极行政方式进行调整，以便预防和抑制这种危害的进一步蔓延。

（三）行政指导的责任与救济

对行政指导的责任问题，首先基于行政指导是政府实施的行为，要受到"合法预期保护原则"和"禁止反言"的约束。但问题在于，从事实上，如何追究责任，提供救济，制定相应的程序性规范以及规范的程度等问题的讨论，至今争论不休，没有定论。本书从以下两方面给出一些建议，期待对这个问题的解决有所裨益。

1. 行政指导能否行政复议或行政诉讼

在日本行政法上，有关于行政指导涉诉的问题一直有争论。日本法院基于行政指导是自愿服从，因而法院不可裁决，当事人也无从要求救济。这个理由主要在于行政指导本身不具有法律约束力和强制力，不具有处分性，不能作为撤销之诉与无效确认之诉的对象。[②] 但1971年日本一家制造和销售塑料尺厂家与国家贸易工业部的纠纷，[③] 使得具有强制力的行政指导可以诉讼，从而改变了行政指导不可诉的状况。自此，日本所有的行政指导都纳入了行政诉讼范围。

[①] 莫于川著：《行政指导论纲——非权力行政方式及其法治问题研究》，重庆大学出版社1999年版，第46页。
[②] 刘宗德著：《试论日本之行政指导》，载《政大法学评论》1989年第40期。
[③] 余凌云著：《行政法讲义》，清华大学出版社2010年版，第279页。

我国《行政复议法》和《关于执行〈中华人民共和国行政诉讼法〉若干问题的解释》都明文表示不具有强制力的行政指导行为不属于人民法院行政诉讼的受案范围。这些条款并非像日本那样对行政指导区分强制性和非强制性，而是进一步说明我国行政指导的性质。但是，对于那些以行政指导名义实施的，实质上不是行政指导的具体行政行为，仍然可以提起行政复议或行政诉讼。

2. 行政指导能否国家赔偿

在日本，最近的学说和判例将国家赔偿法中的"行使公权力"作最广义的解释，认为包含了"除私经济作用以外的一切行政活动"，因行政指导引起损害，可以要求行政机关承当国家赔偿责任。①

我国《国家赔偿法》（2010年）第2条规定："国家机关和国家机关工作人员行使职权，有本法规定的侵犯公民、法人和其他组织合法权益的情形，受害人有依照本法取得国家赔偿的权利。"这里的"行政职权"，既可能是一种法律行为，也可能是一种事实行为，只要违法，即构成国家赔偿的归责要件。因此，行政指导就算是一种纯粹的事实行为。但行政机关违法实施行政指导，特别是滥用事实上的强制力逼迫相对方不得不接受的指导，一旦造成损害，则应该按照《国家赔偿法》第4条第4项"造成财产损害的其他违法行为"之规定承担国家赔偿责任。事实上，从行为性质入手，赔偿范围过窄，认定困难，不是最佳的方法。行政指导的赔偿问题很大层面因为行政机关辜负了相对方的合法预期，损害了其期待的利益，或者造成事前的花费付之东流。所以，引入合法预期理论，会使针对行政指导这类无强制力的事实行为进行赔偿更具说服力，更有操作性。

---

① 刘宗德著：《试论日本之行政指导》，载《政大法学评论》，1989年12月第40期；纪振清著：《日本行政指导之机能与判例趋向》，载《法律评论》第60卷11、12期合刊

第四编 行政程序论

第二十三章 行政程序基本原理

第一节 行政程序概述

一、行政程序的概念

行政程序是现代行政法的核心内容之一,它是指行政机关行使行政权力,作出行政行为所应遵循的方式、步骤、顺序和时限的总称。行政程序是行政机关作出行政行为的程序,其本质在于规范行政机关管理行政相对人的行政行为。现代行政法治中,行政程序制度具有极其重要的法律地位。行政程序制度是否健全,是衡量一个国家行政法治水平高低的重要标志。西方主要经济发达国家以及我国台湾地区都相继制定和颁布了行政程序法。根据行政法治的要求,行政主体的行政行为应当按照行政程序法实施,应当受到行政程序法的制约,违反行政程序法作出的行政行为无效。行政法学界通识认为,行政程序包括行政程序分类、基本原则和基本制度等内容。

行政程序法律体系包括三个层次的规范:一是规定行政程序的基本原则、基本制度等内容的行政程序法典。我国现在还没有国家最高立法机关制定的行政程序法。二是规定行政程序的单行法律、行政法规,如行政处罚法规定的处罚程序、行政许可法规定的许可程序、行政法规和行政规章制定程序条例等。三是散见于具体行政管理法律、法规中的行政程序条款,如城乡规划法中有关规划行政行为的程序、税收征管法中有关行政征收行政行为的程序等等。行政程序法有利于规范行政行为,控制公共权力滥用,提高行政效率,保护行政相对人的合法权益。

二、行政程序的特征

行政程序一般具有以下特征:

第一,行政程序的合法性。行政程序的设定应当以一定的法律规范为依据,行政程序为实现一定的行政管理目标服务,应当具有合法性。行政程序是国家行政权的运行方式,由国家行政程序法进行规范,体现了国家意志,行政主体依据合法的行政程序作出的行政行为才具有法律效力。

第二,行政程序的确定性。行政程序的确定性是指行政程序应当由一定的法律、法规、行政规章明确规定,行政机关实施行政管理活动的行政程序都应当是确定的,以保障行政机关能够具体适用和执行。宪法和法律规定全国性重要行政管理活动的程序,关系到一定地区和部门的具体行政程序,一般由法规、行政规章等形式规定。

第三,行政程序的稳定性。宪法、法律、法规、行政规章等规定的程序应当具有稳定性。除非在发生重大突发性事件等特殊情况下,无法按法定程序处理,有关行政机关可以依法采取特殊程序临时处置并及时补办一定手续以符合宪法和法律等的规定。行政程序的这种应变性应在制度设计中明确规定,应变性特殊程序的原则与方法,应当符合行政管理的目的。

第四,行政程序的多样性。在现代社会,行政机关的管理事务具有广泛性,行政权作用于社会事务的各个方面,从行政机关的社会管理到社会服务,都离不开行政机关的行政行为,行政机关实施的不同行政行为必然要求与之相适应的行政程序,这就导致了行政程序的多样性。一般行政程序适用于行政主体实施一般行政行为,特殊行政程序适用于行政主体实施特定的行政行为。

第五,行政程序的完整性和连续性。完整性指一经确定的行政程序,其包含的过程与步骤必然是完整的,缺少该程序的任何一个过程或步骤,都是不可行的。行政程序的连续性是指行政程序是由前后衔接的方式、步骤、顺序和时限要素组成的,各个要素紧密联系,缺一不可。

三、行政程序的作用

行政程序的作用体现在以下方面。

(一) 有利于提高政府行政管理效率

政府行政管理效率是行政程序效率原则的具体体现。行政程序的核心价值体现在公平和效率两个方面,无论是强调公平优先还是效率优先的政府,都把效率问题放到一个十分重要的位置。从各国立法实践看,行政程序主要通过以下具体制度达到提高行政管理效率的目的:一是时限制度,行政主体在法定期限内不作为将承担不利的法律后果;二是不停止执行制度,行政相对人不服行政决定申请行政复议或者提出行政诉讼,除了法律规定的情形外,行政决定不停止执行;三是代理制度,当行政主体不履行或无法履行法定义务时,依法由他人履行法定义务;四是紧急处置制度,行政机关在某些法定的特殊情形下,可以省略某些程序而采取紧急措施。此外,保障行政效率的制度还有联合决定制度、行政协助制度等。行政机关作出行政决定,应力求妥当、迅速,简单、节省。又如,我国《行政许可法》的施行,使行政许可程序有法可依,不仅提高了行政效率,也为下一步制定全国统一的行政程序法奠定了基础。①总之,健全的行政程序法有利于提高行政效率。

(二) 有利于保障行政相对人的合法权益

完善行政程序法有利于保障公民基本权利和人权事业的发展。行政相对人的实体权利和程序权利密不可分,程序权利是实现实体权利的基础,离开了程序权利的法律保护,实体权利也就难以完全实现。只有从行政相对人的程序权利方面制约行政权力的滥用,才能保证行政相对人的实体权利的实现。随着社会的不断发展,人们已经强烈地意识到,完善宪法及其他实体法固然能够起到保障人权的作用,但实体法作用的真正发挥离不开程序法的保障。世界各国普遍重视程序法建设,用程序限制和规范政府权力,切实保障公民基本

---

① 马怀德:《行政程序法的价值及立法意义》,载《政法论坛》2004年第5期。

权利已成为当今社会人们的共识。如日本《行政程序法》规定,"本法的目的在于……确保行政活动的公正和提高其透明性,从而有助于保障公民的权利、利益。"

（三）有利于拓宽行政相对人参与行政管理的途径

按照人民主权理论,行政相对人有权通过法定的形式参与政府的行政管理活动,以保障行政相对人的民主权利和对行政机关实施有效监督。如行政相对人在行政机关作出不利于自己的行政行为时,可以通过听证程序参与行政行为的决定过程,进行充分的陈述和申辩。此外,行政程序法赋予行政相对人有权要求行政机关说明理由、公告、告知、卷宗阅览及听证等权利充分体现了民主政治的特点,可以有效地保障公民参与政治、表达意愿的权利,为公民参与行政权的运作提供了基本保障。正如美国《联邦行政程序法》之规定："对于当事人之听证,有特别详细的规定,成为该法之核心部分。"[①]公民参与国家管理的广度和深度是衡量一个国家民主发展水平的基本标准。

（四）有利于遏制腐败和建设廉洁政府

腐败的产生与权力缺乏制约有密切的联系,其中缺乏公开透明的行政程序制度是导致权力腐败的一个重要原因。行政权力腐败是掌握行政权力的机关及公务员违反法定程序和滥用公共权力导致的,要真正实现对行政权力的监督和制约离不开完善的行政程序法,从程序上有效地遏制政府腐败现象的蔓延滋长是许多法治国家立法的成功经验,健全的行政程序法律制度能够遏制政府行政活动的"暗箱"操作,将政府的行政行为置于行政相对人的广泛监督之中。例如,美国1966年制定的《信息自由法》和1976年制定的《阳光下的政府法》,就是典型的行政程序立法例,上述立法对于美国政府的公开透明和廉洁起到了积极的作用。近几年,我国中央政府积极推进各级政府"公开办事程序,公开办事制度,接受人民监督"的制度,在一定程度上遏制了腐败的产生和促进了廉洁政府的建设。

四、行政程序的设定

行政程序的设定涉及行政程序的合法性、正当性、公正性、参与性和实效性等相关问题。行政程序应当由法定的立法机关规定,这是保障行政相对人合法权益和行政机关依法行政的重要条件。根据行政程序的设定机关与实施机关相分离的原则,行政机关的行政程序只能由立法机关设定,下级行政机关的行政程序只能由上级行政机关设定,本机关无权为自己设定行政程序。行政机关设定行政程序必须有法律明确授权,行政机关只能在授权范围内设定行政程序。

（一）国家最高立法机关的行政程序设定权

根据我国宪法和法律的规定,全国人民代表大会及其常务委员会是国家权力机关和最高立法机关,由其行使国家立法权,有权设定任何一种行政程序。因此,全国人民代表大会及其常务委员会有权以法律的形式设定行政程序。

（二）国务院的行政程序设定权

国务院是国家的最高行政机关,是国家权力机关的执行机关,由国家权力机关产生并

---

① 翁岳生著：《行政法与现代法治国家》，台北自刊版，1979年。

对其负责。国家权力机关制定法律，国务院执行法律。此外，宪法和组织法又规定了国务院的行政立法权，国务院在法律没有规定行政程序的情况下，有权依法设定行政程序。国务院的行政程序设定权不能与上位法相抵触。

（三）地方国家权力机关的行政程序设定权

我国地方各级人民代表大会和地方各级人民政府组织法规定，省、自治区、直辖市的人民代表大会，根据本行政区域的具体情况和实际需要，在不同宪法、法律、行政法规相抵触的前提下，可以制定和颁布地方性法规设定行政程序。省、自治区的人民政府所在地的市和经国务院批准的较大的市的人民代表大会根据本市的具体情况和实际需要，在不同宪法、法律、行政法规和本省、自治区的地方性法规相抵触的前提下，可以制定地方性法规设定行政程序。

（四）国务院部、委员会的行政程序设定权

国务院部、委员会享有部分行政程序的设定权。行政程序的设定，涉及国家立法机关与行政机关之间的权力划分，所以国务院部、委员会的行政程序设定权应当遵循宪法和立法法的规定。

（五）地方各级人民政府的行政程序设定权

地方各级人民政府有权依据法律和法规制定规范性文件。规范性文件作为执行性和解释性文件，无权设定行政程序，只能适用法律、法规，将法律、法规规定的程序具体化。但是，在法律、法规或者同级人民代表大会及其常务委员会明确授权的情况下，有规章制定权的地方人民政府可以按照规章授权范围设定行政程序。

第二节 行政程序的分类

按照不同的标准，行政程序可以作不同的分类。

一、抽象行政行为程序和具体行政行为程序

根据行政行为的对象是否特定，行政程序可分为抽象行政行为程序和具体行政行为程序。前者是指行政主体实施抽象行政行为所必须遵循的程序，范围涉及国务院制定行政法规，国务院各部委制定部门规章，省、自治区、直辖市及省、自治区、直辖市人民政府所在地的市、经济特区以及国务院批准的较大的市的人民政府制定地方规章，以及发布其他具有普遍效力的行政命令、决定和行政措施；后者是指行政主体实施行政许可、行政处罚、行政强制措施、行政征收、行政奖励、行政确认、行政合同等具体行政行为所必须遵守的步骤、方式、时间和顺序等程序。

二、内部行政程序和外部行政程序

根据行政程序适用的范围，行政程序可分为内部行政程序和外部行政程序。前者是指行政机关和公务员实施内部行政为所必须遵循的程序。例如，上级行政机关对下级行政机关的领导、检查与监督程序，行政主体对公务员的奖励或处分程序，内部行政公文的处

理程序，行政机关对公务员的任免程序。后者是指行政主体实施诸如行政许可、行政处罚、行政强制措施、行政征收、行政奖励、行政确认等外部行政行为所必须遵循的步骤、方式、时间和顺序等程序。内部行政程序强调行政管理的效率，而外部行政程序则强调依法保护行政相对人的合法权益。

三、法定性行政程序和裁量性行政程序

根据行政行为程序合法性和合理性的不同要求，行政程序可以分为法定性行政程序和裁量性行政程序。前者是指行政主体必须遵循的程序规则，违反法定性程序将导致行政行为无效的后果。例如，行政处罚行为中，行政相对人要求听证而行政主体拒绝，则行政主体违反了法宝性行政程序。后者是行政程序当事人根据合理性原则自由裁量选择适用程序。例如，对行政程序法基本原则的弹性适用。

四、一般行政行为程序和特定行政行为程序

根据行政行为程序的普遍性和特殊性划分，行政行为程序可以分为一般行政行为程序和特定行政行为程序。前者是指行政主体作出大多数行政行为都应遵循的步骤、方式、时间和顺序；后者是指行政主体作出特定的行政行为所遵循的程序。例如，行政处罚程序由《行政处罚法》特别规定、行政许可程序由《行政许可法》特别规定，等等。

五、行政立法程序、行政执法程序和行政司法程序

按照立法、执法和司法的不同标准，行政程序可以分为行政立法程序、行政执法程序和行政司法程序。

行政立法程序是指行政立法主体依照法律规定制定行政法规和行政规章所应遵循的方式、步骤、顺序和时限。2001年11月，国务院制定的《行政法规制定程序条例》和《规章制定程序条例》分别对行政法规和行政规章的制定程序作了具体规定。行政立法程序主要包括立项、起草、听取公众意见、审查和决定与公布等。

行政执法程序是指将法律、行政法规和行政规章直接应用于管理行政相对人，直接影响管理行政相对人的权利和义务的程序。我国行政执法程序没有专门的法律规定，只散见于一些部门法律、行政法规和规章中的零星行政执法程序的条款，其规定的内容过于原则和简单，多数条款缺少执法主体，违反法定程序法律责任的规定。

行政司法程序是指国家行政机关根据法律规定对行政争议和某些民事纠纷所作的司法性裁决的程序。例如，行政复议、行政裁决、行政调解和行政仲裁等行政司法行为的准司法程序。行政司法行为不同程度地具有确定力、约束力、执行力，但它对纠纷的解决一般都不具有终局性，所以原则上也具有可诉性。不服行政司法决定的，还可以向法院起诉。

第二十四章　行政程序基本原则

第一节　行政程序基本原则概述

行政程序基本原则是指贯穿于整个行政程序法的制定和实施过程中，行政程序法律关系主体必须遵循的基本准则。我国行政法学界多数学者认为，行政程序基本原则应当包括程序正当原则，程序公开、公正、公平原则，效率原则和相对人参与原则等。行政程序基本原则不仅要规范行政主体的行为，同时也要规范行政相对人参与行政程序的行为。[①]行政程序基本原则具有以下特点：第一，稳定性。这种稳定性表现在它是行政程序法律条款的产生之源，行政程序基本原则与法律条款之间在内容上是神与形的关系，在时序上是先后关系。第二，指导性。指导性表现在它能帮助我们正确理解行政程序的法律条款、公正地行使自由裁量权和合理地进行适法解释。第三，补漏性。任何成文法皆有漏洞，系今日判例学说公认之事实。[②] 行政程序法作为成文法也存在着这一局限性，通过行政机关在行政程序基本原则的指导下发展出若干规则加以补漏，乃是法治行政的要义之一。[③]

我国没有制定全国统一的行政程序法，因而没有统一的行政程序基本原则的规定。行政程序的基本原则主要体现在一些单行的行政法律规范中。例如，1996年10月1日施行的《行政处罚法》规定了"处罚法定原则；处罚公开、公正原则；处罚与教育相结合原则；保障当事人权利原则；监督、制约原则"；1999年10月1日施行的《行政复议法》将"合法、公正、公开、及时、便民的原则"规定为行政复议程序的基本原则；等等。

我国行政法学界对行政程序基本原则主要有以下几种代表性观点：

第一种观点，认为根据现代各国行政程序法的发展趋势以及我国的具体情况，行政程序应当包含下述基本原则：公正原则，它是现代行政程序的起码原则，是行政民主化的必然要求；公开原则，它是政府活动公开化在行政程序上的具体体现，是公民参政权的延伸；听证原则，它既是公民参与政治活动的基本权利之一，也是现代行政程序法的核心；顺序原则，它是行政程序的时间性的表现和要求之一，其实质在于保证行政程序的合理运用；效率原则，它的目的主要在于提高行政效率。[④]

第二种观点，认为各国的行政法学都确立起或多或少的程序原则，用以约束政府的行政行为。我国社会主义行政法学所确立的行政程序原则，充分体现了社会主义的民主性、

---

① 王万华著：《行政程序法研究》，中国法制出版社2000年版，第163页。
② 梁慧星主编：《民商法论丛》（第1卷），法律出版社1994年版，第3页。
③ 应松年主编：《当代中国行政法》，中国方正出版社2004年版，第1295页。
④ 罗豪才主编：《行政法学》，中国政法大学出版社1989年版，第252－253页。

真实性和效能性。我国社会主义行政程序原则的内容主要表现为程序法定、相对人参与、公正、顺序和时限。①

第三种观点，认为各国行政程序制度不同，据以确定这些制度的基本原则自然也不尽相同。但是，考察各国与现代民主联系的行政程序制度，也反映和体现出一些共同的基本原则。这些原则主要包括公开原则、公正原则、行为有据原则和效率原则。②

第四种观点，认为不同时代的行政程序具有不同的基本原则与制度。选择不同目标模式的行政程序法，其原则与制度也不相同。从现代各国情况看，行政程序法的基本原则有依法行政原则、民主原则、基本人权原则、公正原则和效率原则。③

上述几种观点对于推动行政程序基本原则的研究具有重要的理论意义和价值。

第二节　程序正当原则

程序正当（Due process）是肇始于西方法治国家的基本法律理念。其基本含义是：行政机关作出影响相对人权利义务的行政行为，必须遵循正当法律程序，包括事先告知相对人，向相对人说明行为的理由、根据，听取相对人的陈述、申辩，事后为相对人提供救济的途径等。④程序正当具有独立于实体公正的价值。美国大法官富兰克弗特指出："自由的历史基本上是奉行程序保障的历史。"⑤

程序正当原则是指行政机关作出影响行政相对人权益的行政行为，应当遵循正当法律程序，包括履行告知义务，向行政相对人说明行为的根据、理由，听取行政相对人的陈述、申辩，事后为行政相对人提供相应的救济途径等。在行政法律规范中，程序性规范占据着极大比例，因此程序正当也是法律上对行政活动提出的基本要求。

程序正当原则包括信息公开原则、参与原则、回避原则等内容。信息公开原则是指行政机关应向行政相对人公开其活动的依据、过程以及结果，除非涉及国家秘密和依法受到保护的商业秘密、个人隐私等信息；参与原则是指行政主体作出行政行为应当依法保障行政相对人参与的程序权利，应当听取相对人的意见，特别是作出对行政相对人不利的处理决定时，须听取他们的陈述和申辩，以此督促行政机关作出合法合理的行政决定；回避原则是指行政机关公务人员履行职责，与行政管理相对人存在利害关系时，应当依法回避。

---

① 张焕光、胡建淼著：《行政法学原理》，劳动人事出版社1989年版，第324页。
② 姜明安著：《行政法与行政诉讼法》，中国卓越出版公司1990年版，第273页。
③ 江必新等编著：《行政程序法概要》，北京师范大学出版社1991版，第25页。
④ 姜明安著：《行政程序研究》，北京大学出版社2006年版。
⑤ 季卫东：《程序比较论》，载《比较法研究》1993年第1期。

例如,《公务员法》第68-72条规定了任职、地域、公务回避制度。[①]

程序正当原则有广义和狭义之分。广义的程序正当原则是指整个行政法程序性基本原则,包括行政公开、公平、公正原则和行政程序具体原则,贯穿于行政法治的始终。以行政公开为例,建立以信息公开为核心的政府信息公开法律制度,是我国建设"阳光政府"的理性选择和顺应现代民主政治发展的必然路径。以2003年"非典"、2008年"雪灾"等一系列重大公共危机事件为契机,引发了行政相对人对政府信息公开的关注和要求。2008年5月1日,为了保障公民、法人和其他组织依法获取政府信息,提高政府工作的透明度,促进政府依法行政,充分发挥政府信息对人民群众生产、生活和经济社会活动的服务作用,国务院颁布了《政府信息公开条例》,规定了行政机关在履行职责过程中制作或者获取信息公开的范围、公开的方式和程序以及监督和保障等一系列内容。该条例的颁布施行推动了我国政府信息公开立法的进程。

狭义的程序正当原则仅指英国行政法中自然正义和美国行政法中正当法律程序的原则,它集中体现了西方的程序正当的核心思想。自然正义理论主要包含两条基本规则:一是任何人不成为自己案件的法官(No man should be a judge in his own case),行政机关工作人员履行职责与行政相对人存在利害关系时,应当回避;二是任何人在受到不利于自己的惩罚之前,有为自己申辩和申请听证的权利(No one should be judged without a hearing)。这是现代法治社会广泛认可的基本原则,常被称为"宇宙间的法则"、"正义的关键法则"、"基础的正义"等称号。

美国宪法第5条修正案规定:"未经正当法律程序,不得剥夺任何人的生命、自由或财产。"程序正当的独立价值和意义在于行政机关实施行政行为时应当遵守法定的方法、步骤、顺序和时序等程序规定,并且保障除涉及国家秘密和依法受到保护的商业秘密、个人隐私外的政府信息公开。在作出行政决定前,要注意听取公民、法人和其他组织的意见,要保障行政管理相对人、利害关系人的知情权、参与权和救济权。

行政程序正当是人类在理性的范围内目前为止所能够运用的最合理的程序制度。虽然有弊端,但是其好处大于弊端。正如我国季卫东先生认为:"在社会的实质性不平等不能改变,而理想的对话条件又并不具备的场合,言论自由的保障一般只能在有约束力的程序中寻找。程序可以提供一种特殊的自由讨论、沟通的场合和方式。"[②]

[①] 《公务员法》第68条规定,公务员之间有夫妻关系、直系血亲关系、三代以内旁系血亲关系以及近姻亲关系的,不得在同一机关担任双方直接隶属于同一领导人员的职务或者有直接上下级领导关系的职务,也不得在其中一方担任领导职务的机关从事组织、人事、纪检、监察、审计和财务工作。因地域或者工作性质特殊,需要变通执行任职回避的,由省级以上公务员主管部门规定。第69条规定,公务员担任乡级机关、县级机关及其有关部门主要领导职务的,应当实行地域回避,法律另有规定的除外。第70条规定,公务员执行公务时,有下列情形之一的,应当回避:①涉及本人利害关系的;②涉及与本人有本法第68条第1款所列亲属关系人员的利害关系的;③其他可能影响公正执行公务的。第71条规定,公务员有应当回避情形的,本人应当申请回避;利害关系人有权申请公务员回避。其他人员可以向机关提供公务员需要回避的情况。机关根据公务员本人或者利害关系人的申请,经审查后作出是否回避的决定,也可以不经申请直接作出回避决定。第72条规定:法律对公务员回避另有规定的,从其规定。

[②] 季卫东著:《法治秩序的建构》,中国政法大学出版社1999年版,第48页。

第三节 程序公开、公正、公平原则

程序公开、公正、公平原则是现代行政法治的必然要求。其主要内容包括：行政程序立法应赋予行政相对人应有的行政程序权利；行政主体所选择的行政程序必须符合客观情况和具有可行性；行政主体所选择的行政程序必须符合规律或者常规和具有科学性；行政主体所选择的行政程序必须符合社会公共道德和具有合理性；行政主体所选择的行政程序必须符合一般社会公正价值和具有正当性。

"公开"是对政府管理的要求，它要求政府依法真实、准确、完整地公开行政机关在履行职责过程中制作或者获取的信息，而且应当将这些信息实时的在事前、事中、事后公开。信息公开的核心是建立透明政府、廉洁政府，保障行政相对人和社会公众的知情权，防止政府腐败的滋生。"公正"主要是维护正义和保持中立，防止徇私偏袒。公正原则是行政权具有执行力的重要保证之一。对于行政机关来说，公正原则有利于树立政府的权威。对于行政相对人来说，公正原则能够增强其对政府的信赖。"公平"是指行政主体行使行政权应当公平，排除各种可能造成不平等或偏见的因素，尤其是公平地行使行政自由裁量权，确保参与活动的一切当事人法律地位平等，合法权益受到平等的保护，法律面前人人平等，避免行政机关的任何歧视对待。坚持行政公开原则是政府实施行政管理的一种手段，坚持行政公正和公平原则是现代政府进行行政管理的基本要求，各级政府的行政管理活动都应当遵循这三项原则。只有行政公开才能保障公平、公正的实现，公平、公正必然要求行政行为公开。公开、公正和公平都要通过一系列的程序来保障和实现，没有法定的程序，这些原则既无法实现，也没有判断标准。政府行政行为的公开、公正和公平是相互联系、不可分割的统一整体。

第四节 效率原则

效率原则是指行政程序的行为方式、步骤、时限、顺序的设置应当确保行政职权在行使时应当达到一定的行政效率，并在不损害行政相对人合法权益的前提下适当提高行政效率。效率原则要求行政机关在行使其职能时，要力争尽可能短的时间，尽可能少的人员，尽可能低的经济耗费，办尽可能多的事，取得尽可能大的社会、经济效益。在现代，行政管理要求政府行政注重效率，行政效率低下，行政主体就不可能很好地管理行政事务。效率原则要求行政机关实施行政行为应当遵守以下制度：

第一，时效制度，亦称期间制度。它是指行政主体作出行政行为应当受到法定时间限制的制度。时效制度有利于增强行政行为的可预期性，防止行政机关因拖延时间或者在法定期间内不作为而侵害行政相对人的合法权益。时效制度包含两方面的要求：一是行政主体在法定期限内如不行使职权，在法定期限届满后不得再行使，并且应当承担相应的行政法律责任；二是行政相对人在法定期限内如不行使权利，即丧失了相应的权利，并自行承担相应的法律后果。

第二，代理制度。它是指行政机关不履行或者无法履行法定义务时，依法由他人代而为之的一种法律制度；代理发生的前提是这种法定义务具有可替代性。我国现阶段的行政程序中还没有建立规范化的代理制度，这在一定程度上影响了行政机关的行政效率。代理制度有利于督促行政机关及时履行职责，减少行政懈怠，促使行政相对人自觉履行义务，提高行政效率。一些国家的行政代理制度可以给我们一些启示，例如，1955年意大利《行政程序法草案》第10条第2款规定："下级机关无正当理由不依上级机关之要求而怠于事件之处理时，上级机关得随时代为事件之处理。"①

第三，不停止执行制度。它是指行政相对人不服行政机关作出的具体行政行为而提出复议申请或者向人民法院提起行政诉讼期间，具体行政行为不停止执行。在行政管理过程中，除法定情形外，行政相对人因不服行政决定而提出异议，但是行政决定必须执行。不停止执行的意义是为了提高行政管理的效率。根据各国不同的历史传统和法治理念，不同国家的立法对不停止执行制度的规定不尽相同。法国和日本等许多国家的立法规定了不停止执行原则，德国等少数国家的立法规定了停止执行原则。我国从保障政府管理行政效率考虑，在《行政诉讼法》和《行政复议法》中均采用了不停止执行原则，但也列举了停止执行例外情况。②

此外，效率原则还包括紧急处置制度、委任制度、排除行政障碍制度和行政协助制度等。

第五节　相对人参与原则

行政相对人参与原则是指行政机关在作出行政行为过程中，除法律有特别规定外，应当保障行政相对人有权参与行政过程，确保行政相对人实现行政程序权益，影响行政主体作出有利于自己的行政决定的一种权利。参与原则是行政程序法的核心之一，在建设法治政府的过程中，我国应当不断扩大行政相对人对行政管理活动的参与权，使得行政相对人不再是行政活动中被动的受体，而成为积极主动的主体一方，其民主权利可以真正实现。行政程序参与权不仅仅视为一种法律形式，它是行政相对人形成实体权利的过程，离开了这个过程，行政相对人的实体权利不可能成为一种实在的权利。③

行政相对人参与原则具有以下特点：①行政相对人参与权是一项程序性权利。它由其所拥有的一系列行政程序参与权利构成。②行政相对人参与权是一项主观权利。行政相对人参与行政程序主要是为了维护自身的合法权益，因此它是一种主观权利。③行政相对人参与权是可以影响行政主体作出行政决定的一项法定权利。行政相对人通过行政参与权对

---

① 姜明安主编：《行政法与行政诉讼法》，北京大学出版社2009年版，第209页。
② 《行政诉讼法》第44条规定："诉讼期间，不停止具体行政行为的执行。但有下列情形之一的，停止具体行政行为的执行：（一）被告认为需要停止执行的；（二）原告申请停止执行，人民法院认为该具体行政行为的执行会造成难以弥补的损失，并且停止执行不损害社会公共利益，裁定停止执行的；（三）法律、法规规定停止执行的。"《行政复议法》第21条规定："行政复议期间具体行政行为不停止执行；但是，有下列情形之一的，可以停止执行：（一）被申请人认为需要停止执行的；（二）行政复议机关认为需要停止执行的；（三）申请人申请停止执行，行政复议机关认为其要求合理，决定停止执行的；（四）法律规定停止执行的。"
③ 张文显主编：《法理学》，高等教育出版社2007年版，第184页。

行政案件所涉及的事实是否成立、适用的法律是否正确等发表自己的看法。[①]参与原则的内容集中体现在行政相对人的行政程序上的权利,这些权利主要包括以下内容:一是获得通知权;二是陈述权;三是抗辩权;四是申请权;五是获得听证权。

[①] 应松年主编:《当代中国行政法》,中国方正出版社2005年版,第1324页。行政程序参与权是由众多的具体程序权利所构成的一个程序权利的体系。参与行政程序被不少学者视为行政程序法的一个基本原则,充分说明参与行政程序在行政程序法中的重要性。

第二十五章 行政程序的一般制度

第一节 行政回避制度

一、行政回避的概念与特征

行政回避是指行政主体的公务人员在行使职权过程中,因其与所处理的法律事务有利害关系,为保证实体处理结果和程序进展的公正性,依法终止其职务的行使并由他人进行的一种法律制度。回避制度源于英国的自然正义原则,该原则认为:"任何人不得成为自己案件的法官,这是因为他的利益肯定会扭曲他的判决,并且非常有可能腐蚀他的廉政。"① 因此,回避制度是保障行政行为公正的重要制度。回避制度的法律特征有如下几点:

第一,回避是以保证公务员正确履行职责,防止以权谋私为目的。确立行政回避制度源于公务人员的双重身份:既是执法人员,同时又是公民,因此在执法过程中,其执法事项所涉内容有可能与其存在利害关系。为了保证行政权力的正当行使,不被滥用,当出现上述情况时,公务人员有必要回避,以避免可能出现的不公情形。

第二,回避是以法定事项与意定事项相结合的行政程序行为。何种情形公务人员应当回避,法律一般从职务、地域和事务三个方面作出较为明确的规定。为了防止立法中存在的挂一漏万的情形,法律又明确规定了"其他可能影响公正执行公务的"也可以进行回避,而对于何种情形属于"其他可能影响公正执行公务的",法律并未明确规定,交由相关人员在实践中自行决定。

第三,回避是以终止公务员行使职务,并由他人代为行使为结果。行政回避的法律后果为公务人员停止对该项事务的管理执行资格。此处需要注意的是,停止公务人员对该项行政工作的管理和执行工作,并非一种行政处分措施。因为,在此处,公务人员并无主观上的过错,只是因客观情形导致其继续行使职权可能影响执法结果公正而予以停止行使该行政事务管辖权而已。

二、行政回避的法律依据

回避制度的立法自古就有。最早始于东汉后期,"桓帝时制定了'三互法',规定联姻之家不得相互监督、两州之人不得交互为官、有血缘关系或者婚姻亲属关系之人不得在

---

① [美]汉密尔顿等:《联邦党人文集》,张晓庆译,中国社会科学出版社2009年版,第51页。

同一部门或者地区为官"[1]。之后，历朝历代均延续、发展相关回避制度。我国的现行立法中，对行政回避制度也作了较为明确的规定。如1993年发布的《公务员暂行条例》的第61、62和63条明确规定了公务员应当回避的情形。2005年制定《公务员法》时，不仅延续了该规定，还进一步细化了相关内容，使行政回避制度更加具体，易于操作。另外，其他法律中也有对公务员实行回避制度的规定。在《行政听证法》、《行政处罚法》的听证制度中规定了回避制度，在《法官法》、《检察官法》以及《党政领导干部任职回避暂行规定》等党内条例中，对该制度也有明确的规定。

三、行政回避的基本内容

（一）回避的种类和情形

1. 任职回避

任职回避也称为职务回避，是对公务员在担任某些具体职务上的限制。其目的在于禁止具有某种亲属关系的公务员担任某些关系较为密切的行政职务，以保证国家正常的行政管理活动受其他非行政因素的影响。就现有立法看，较为密切的关系是指夫妻关系、直系血亲关系、三代以内旁系血亲关系和近姻亲关系。就其回避的内容看，主要是指具有以上亲戚关系的公务员不能在同一机关担任双方直接隶属于同一领导人员的职务或者有直接上下级领导关系的职务，也不得在其中一方担任领导职务的机关从事组织、人事、纪检、监察、审计和财务工作。

2. 地区回避

地区回避也称为地域回避，是对拟担任一定层级的领导职务的公务员不得在亲属比较集中的原籍、出生地、成长地担任公职。该制度的目的在于保证该层级的领导人员能公正行使职权，最大限度地防止其利用职权为亲戚朋友谋取不当利益。就现有立法看，其领导职务的层级是指县、乡两级行政机关。这是因为县乡为我国的基层政权，所辖事务较为具体，其执行公务范围较为狭窄，更易对其亲属的利益产生直接影响。至于市级以上的行政机关若也实行回避，则行政协调的成本增加，且也无必要。这里的主要领导职务，根据一些文件的规定，一般包括县乡两级行政机关和公安部门的正职领导人。[2]

3. 公务回避

公务回避是指公务人员在执行公务时，因存在一些可能直接或间接影响执法人员公正无私的情形时，限制其继续执行公务的行为。该制度的目的在于防止执法人员受其他可能产生的因素的影响而只是执法结果不公的情形出现。至于这些可能影响执法人员公正执法的情形，法律认为主要包括三种：一种是执法涉及本人利益的；二是执法事项涉及与本人有夫妻关系、直系血亲关系、三代以内旁系血亲关系以及近姻亲关系的利害关系的；三是其他可能影响公正执法的情形的。至于何谓"可能影响公正执法的情形的"，法律并未明确规定，就实践看主要有以下几种情况：一是执法人员与当事人有公开敌意或者亲密友好

---

[1] 杨临宏著：《中国公务员法：原理与制度》，云南大学出版社2009年版，第207页。
[2] 《党政领导干部任职回避暂行规定》第5条规定："领导干部不得在本人成长地担任县（市）党委、政府以及纪检机关、组织部门、人民法院、人民检察院、公安部门正职领导成员，一般不得在本人成长地担任市（地、盟）党委、政府以及纪检机关、组织部门、人民法院、人民检察院、公安部门正职领导成员。"

关系的；二是当事人为社团法人，而执法人员作为其成员之一的。

（二）回避的程序

1. 自行回避

自行回避是指公务人员自己发现有回避情形时，主动申请本人回避的情形。

2. 申请回避

申请回避是指利害关系人发现公务人员有回避而未回避的情形的，向有关机关申请要求其回避的情形。

3. 强制回避

强制回避是指机关根据其他人提供的公务人员应回避的事由，而依职权要求其回避的情形。

（三）行政回避的例外情形

制定回避制度，其本意在于减少人为因素对行政管理工作的影响，但任何制度也应考虑其执行的实际可能性。回避制度也不例外，在执行过程中，可能会因特殊情形而无法执行的情况。回避制度的例外在上述三种回避情形中均有存在。在任职回避中，对于地处偏远的单位，如监狱等，亲属关系在同一单位工作的情况较为普遍，若执行任职回避则难以执行。[①] 在地区回避中，民族自治地方的一些回避制度也难以执行。按照《民族区域自治法》第 17 条的规定："自治区主席、自治州州长、自治县县长由实行区域自治的民族的公民担任。自治区、自治州、自治县的人民政府的其他组成人员，应当合理配备实行区域自治的民族和其他少数民族的人员。"按照该规定，则自治县的县长应有实行自治的民族担任，这显然难以执行《公务员法》中规定的地区回避。在公务回避中，在一些偏远的山区，执法人员较少，在行政调查过程中，若实行回避制度，则易致使相关调查难以执行。

第二节　行政听证制度

一、行政听证的概念与特征

听证制度是指行政机关在作出影响行政相对人合法权益的决定之前，由行政机关告知决定理由和听证权利，行政相对人陈述意见、提供证据以及行政机关听取意见、接纳证据并作出相应决定等程序所构成的一种法律制度。听证制度源自英国的自然正义原则，认为"任何参加裁判争端或裁判某人行为的个人或机构，都不应该只听取起诉人一方的说明，而且要听取另一方的陈述；在未听取另一方陈述的情况下，不得对其施行惩罚"[②]。因此，听证制度是保障行政行为公正的重要制度。听证制度的法律特征有如下几点：

第一，法定性与意定性相结合。行政听证制度一般由法律、法规明确规定，应听证而

[①] 杨临宏著：《中国公务员法：原理与制度》，云南大学出版社 2009 年版，第 224 页。
[②] [英] 戴维·M. 沃克：《牛津法律大辞典》，光明日报出版社 1989 年版，第 69 页。

未听证的,即违法行政程序,行政相对人可以此提出撤销行政行为的诉讼请求。就目前立法来看,何种事项属于应当听证范围,何种事项属于可以听证范围,各个法律有不同规定。如《行政处罚法》第42条规定:"行政机关作出责令停产停业、吊销许可证或者执照、较大数额罚款等行政处罚决定之前,应当告知当事人有要求举行听证的权利;当事人要求听证的,行政机关应当组织听证。"该条即明确规定了应当告知相对人听证的事项,且相对人提出听证要求后,行政主体不得拒绝,必须进行听证。又如,《行政许可法》第46条规定:"法律、法规、规章规定实施行政许可应当听证的事项,或者行政机关认为需要听证的其他涉及公共利益的重大行政许可事项,行政机关应当向社会公告,并举行听证。"从该条规定看,听证的举行有法定与意定两种,对于法律、法规、规章明确规定了的,行政机关应举行听证,而行政机关对于涉及公共利益的重大许可事项的,也应听证。对何谓"重大",法律并未明确规定,属于自由裁量范围。因此,行政听证具有法定性与意定性的双重特征。从完善行政法制的角度讲,以后的行政立法及其配套规定,应进一步明确听证范围,以便更好地保护相对人和利害关系人的权益。

第二,行政性。从三权分立角度讲,行政性是与立法性和司法性相对应的概念。听证制度在立法和行政中均有规定,其行使程序也大致相同,所不同之处在于立法听证的内容是就立法事项征询各方意见,而行政听证的内容是就行政相对人和利害关系人的权益损益问题听取各方意见。行政听证也是程序性极强的行政行为,但与司法中的审判程序相比,又有诸多不同。这主要表现在司法审判多为三方关系,而行政听证一般多为双方关系或多方关系。司法审判是以事实为依据,以法律为准绳,而行政听证有时却以协调利益平衡关系为目的。在程序的严肃性上,行政听证也不如司法审判严格。

第三,参与主体具有多方性。行政听证不同于一般行政行为,其参与的主体可能具有多方性。例如,在行政许可听证中,凡是与许可事项有关的相对人和利害关系人均有权要求听证和参与听证。又如,在行政立法中,《行政法规制定程序条例》第12条规定,参与听证的主体可以是有关机关、组织和公民。《价格法》第9条规定,听证人员有消费者、经营者、与定价听证项目有关的其他利益相关方、相关领域专家、学者和其他社会人员。听证之所以具有该项特征,其根本原因在于听证的目的是集思广益、博采众长,在此基础上作出的行政决定才更具有社会基础,便于执行。

二、行政听证的法律依据

行政听证制度是我国法制建设的过程中逐渐产生的制度。最早的国家立法明确规定听证制度的是1996年制定颁布的《行政处罚法》,该法第42条、第43条对处罚中的听证事项、听证程序、听证结果作出了明确规定。之后制定的《价格法》、《环境影响评估法》、《行政许可法》、《治安管理处罚法》等法律均明确规定了听证制度。《行政法规制定程序条例》、《规章制定程序条例》等行政法规也对此进行了规定。到"2010年9月1日,我国已有12个地方性法规、44个部门规章、234个地方政府规章专门就行政听证程序作了较为详细的规定"[①]。如此密集的对行政听证制度进行立法,充分说明行政听证制度在当前行政法制建设中的积极作用。

---

① 胡建淼主编:《中国现行行政法律制度》,中国法制出版社2011年版,第432页。

三、行政听证的基本内容

（一）行政听证的范围

行政听证的范围是指行政机关在作出行政决定之前应就何种事项举行听证。由于行政决定大多涉及复杂的公共利益，且一些决定还可能涉及国家秘密、商业秘密等，所以法律很难就此作出详细规定。从学理上看，确定行政听证的范围应遵循以下几个原则：首先，行政听证的举行应以涉及重大公共利益和他人重大利益为前提。这是由行政行为的公共性决定的。从行政行为效力上看，行政行为具有公定力，一旦确定则应制定，非经法定程序不得变更。因此，在作出可能对公共利益和他人利益有重大影响的行政决定之前，有必要充分听取当事人的意见，以便行政决定更加公正公平。其次，涉及国家秘密、商业秘密的听证可以不举行或不公开举行。一般情况下，行政听证应公开举行，但若决定事项涉及国家秘密或商业秘密的则可以不举行或不公开举行听证。就立法实践看，当前立法一般作概括式说明，但在《行政处罚法》、《治安管理处罚法》中又作出了列举式说明。[①] 就以后行政法制发展来看，相关立法应尽量明确听证范围，以便更好地保护相关人的权益。

（二）行政听证的程序

1. 程序启动

听证程序的启动应分为两种情况：一种是行政机关依职权举行听证，另一种是行政机关依申请举行听证。依职权举行听证是行政机关认为其将要作出的行政决定涉及多方利益，需要进一步听取相关人意见的，可以依据职权举行听证。例如，《行政法规制定条例》对听证的规定则属于该种情形。[②] 另外，行政决定的相对人或利益相关者对于可能作出的行政决定有异议的，也可在法定范围内提出行政听证。对此，行政机关首先应履行告知程序，让相对人知道自己有提请听证的权利和期限。若是相对人提出听证申请的，行政机关则应在法定期限内举行听证。

2. 公告、通知与准备

第一，拟定听证方案。行政机关在举行听证之前，应事先拟定听证方案。包括拟作出的决定内容、作出决定内容的事实与依据以及其他相关资料。

第二，选择听证参加人。对于依职权举行的听证，应选择相应的听证参加人。参加人应具有一定的代表性，能代表各方利益为好。具体产生方式有自愿报名、随机抽取、推荐和聘请几种方式。[③]

[①] 《中华人民共和国行政处罚法》第43条规定："行政机关作出责令停产停业、吊销许可证或者执照、较大数额罚款等行政处罚决定之前，应当告知当事人有要求举行听证的权利；当事人要求听证的，行政机关应当组织听证。"《治安管理处罚法》第98条规定："公安机关作出吊销许可证以及处二千元以上罚款的治安管理处罚决定前，应当告知违反治安管理行为人有权要求举行听证；违反治安管理行为人要求听证的，公安机关应当及时依法举行听证。"

[②] 《行政法规制定程序》第12条规定："起草行政法规，应当深入调查研究，总结实践经验，广泛听取有关机关、组织和公民的意见。听取意见可以采取召开座谈会、论证会、听证会等多种形式。"

[③] 《政府制定价格听证办法》第10条规定："听证会参加人由下列方式产生：（一）消费者采取自愿报名、随机选取方式，也可以由政府价格主管部门委托消费者组织或者其他群众组织推荐；（二）经营者、与定价听证项目有关的其他利益相关方采取自愿报名、随机选取方式，也可以由政府价格主管部门委托行业组织、政府主管部门推荐；（三）专家、学者、政府部门、社会组织和其他人员由政府价格主管部门聘请。政府价格主管部门可以根据听证项目的实际情况规定听证会参加人条件。"

第三，发布消息、公告和通知。听证一般应公开举行。行政机关应在法定期间内，就听证的事项、时间、地点向社会公告，并通知相关人并邀请相关媒体参加。听证事项若涉及国家秘密和商业秘密的，则可不发布消息。

3. 听证举行

第一，主持人介绍听证事项和纪律，介绍听证人和参加人。

第二，行政机关就拟作出的行政决定进行介绍，说明理由。

第三，听证参加人就相关事项发表意见，进行询问。

第四，主持人总结发言。

（三）行政听证的效力

行政听证是为了使将要作出的决定更加科学合理，因此从理论上讲听证与最后的行政决定之间应有紧密的联系。但在具体的立法中却有不同表述。《行政处罚法》中对听证的效力未作明确规定，认为处罚决定最后还是应以行政调查的结果为准。[①] 而《行政许可法》的规定却与处罚法的规定不同，认为听证笔录是作出行政许可决定的依据。[②] 对此，我们并不能认为《行政处罚法》的听证属于"听而不证"的情形，因为听证本身即是一种调查程序，是处罚机关说明理由，相对人进行陈述申辩的过程。

第三节　信息公开制度

一、信息公开的概念与特征

信息公开制度是指行政机关依职权或依申请将相关公共信息向申请人或社会公开，并允许公众查阅、摘抄和复印的制度。确立信息公开制度，其目的在于确保行政行为的公开与透明，是便民原则的重要体现。

第一，信息公开具有行政性。信息公开是一种行政行为。信息是指行政机关在履行职责过程中制作或者获取的，以一定形式记录、保存的信息。这说明，信息是与行政权力运行息息相关的内容。没有行政权力的存在，则没有相关信息的产生。同样，没有相关信息的产生，行政权力的运行则失去依据。所以，信息公开具有行政性。

第二，信息公开具有持续性。信息公开应具有可持续性，其表现不仅仅在应定期对其内容更新、说明，以反映政府最新动态，还表现在定期公开本机关对信息公开情况的工作总结。如此，信息公开才具有实际意义。

第三，信息公开应以公开为原则，不公开为例外。信息公开是为了保障公民的知情权，而不是保障政府行政权的行使。所以，信息应该公开什么和不应该公开什么是以公众的需要为基础的。政府在公众面前没有秘密可言，也没有需要隐瞒的秘密。所以，从理论上说，凡是公众需要的信息政府均应公开。但是，处于对国家利益等因素的考量，现实中很多信息被确认为"秘密"，而不向公众公开。同公开原则相比，该行为应为例外。

---

① 《行政处罚法》第43条规定："听证结束后，行政机关依照本法第三十八条的规定，作出决定。"

② 《行政许可法》第48条第2款规定："行政机关应当根据听证笔录，作出行政许可决定。"

二、信息公开的法律依据

信息公开是近年我国推行依法行政的重要举措。国务院于2007年通过并颁布了《政府信息公开条例》，该条例共38条，对信息公开的原则、公开的范围、公开的方式和程序以及监督和保障进行了明确的规定。

三、信息公开的基本内容

（一）公开的主体

信息公开的义务主体是履行相应行政职权并承担相应信息公开任务的各级政府及其职能部门。

信息公开的权利主体是全体公众，特别是在依申请中与申请公开信息有关系的公民、法人和其他组织。

（二）公开的内容

行政信息的公开是以公开为原则，不公开为例外。之所以确立这样的原则，在于国家所有财产、资讯均由纳税人的税收产生，因此公众具有相应的知情权，尽量使国家行为处于阳光的照耀之下。一些国家立法是仅规定不予公开的事项，而其余则均属于公开事项。就我国的行政立法看，采取了列举与排除两种方式说明应当公开的行政事项。

1. 列举事项

依据《信息公开条例》的相关规定，属于行政机关应主动公开的信息包含四类：涉及公民、法人或者其他组织切身利益的；需要社会公众广泛知晓或者参与的；反映本行政机关机构设置、职能、办事程序等情况的；其他依照法律、法规和国家有关规定应当主动公开的。其具体内容包括了从行政立法、政府规划、财政预算、政府采购、行政审批、行政征收等涉及公共利益的众多事项。①

2. 排除事项

依据《信息公开条例》的相关规定，对于一些涉及国家秘密、商业秘密和个人隐私

---

① 《政府信息公开条例》第10条规定："县级以上各级人民政府及其部门应当依照本条例第九条的规定，在各自职责范围内确定主动公开的政府信息的具体内容，并重点公开下列政府信息：（一）行政法规、规章和规范性文件；（二）国民经济和社会发展规划、专项规划、区域规划及相关政策；（三）国民经济和社会发展统计信息；（四）财政预算、决算报告；（五）行政事业性收费的项目、依据、标准；（六）政府集中采购项目的目录、标准及实施情况；（七）行政许可的事项、依据、条件、数量、程序、期限以及申请行政许可需要提交的全部材料目录及办理情况；（八）重大建设项目的批准和实施情况；（九）扶贫、教育、医疗、社会保障、促进就业等方面的政策、措施及其实施情况；（十）突发公共事件的应急预案、预警信息及应对情况；（十一）环境保护、公共卫生、安全生产、食品药品、产品质量的监督检查情况。"第11条规定："设区的市级人民政府、县级人民政府及其部门重点公开的政府信息还应当包括下列内容：（一）城乡建设和管理的重大事项；（二）社会公益事业建设情况；（三）征收或者征用土地、房屋拆迁及其补偿、补助费用的发放、使用情况；（四）抢险救灾、优抚、救济、社会捐助等款物的管理、使用和分配情况。"第12条规定："乡（镇）人民政府应当依照本条例第九条的规定，在其职责范围内确定主动公开的政府信息的具体内容，并重点公开下列政府信息：（一）贯彻落实国家关于农村工作政策的情况；（二）财政收支、各类专项资金的管理和使用情况；（三）乡（镇）土地利用总体规划、宅基地使用的审核情况；（四）征收或者征用土地、房屋拆迁及其补偿、补助费用的发放、使用情况；（五）乡（镇）的债权债务、筹资筹劳情况；（六）抢险救灾、优抚、救济、社会捐助等款物的发放情况；（七）乡镇集体企业及其他乡镇经济实体承包、租赁、拍卖等情况；（八）执行计划生育政策的情况。"

的信息不得公开。对于何种信息属于上述三种情况，相关机关应根据《保密法》以及其他法律、法规和国家规定进行审查，若难以确定的，则应提请主管部门或保密工作部门确定。

（三）公开的方式

1. 依职权公开

依职权公开是指行政机关及其管理部门，主动按规定将其掌握的行政信息向社会公开的行为。其公开的方式主要有四种：第一种是将相关信息发布在政府公开出版物上。如行政法规应在国务院公报和全国范围内发行的报纸上刊登，并以国务院公报的内容为标准文本。① 第二种是通过新闻发布会的方式进行公开。我国目前已建立起定期和不定期相结合的新闻发布会方式进行信息公开。第三种是通过政府网站进行公开。各级政府及其职能部门均应设立相应的网站，并依法公开相关信息。这已成为当前公众了解政府信息的重要渠道。第四种是公开指南和公开目录。

2. 依申请公开

依申请公开是指行政机关根据申请人的申请公开其信息，并让其复印、摘抄、查阅的公开方式。对于一些涉及申请人生产、生活、科研等特殊需要的，若行政机关未公布，申请人可以申请行政机关向其公布相关信息。行政机关受理申请人申请后，应对申请人的申请内容进行审查，符合公开条件的，予以公开；不符合公开条件的，应在一定期限内进行答复，说明不予公开的理由。

第四节　说明理由制度

一、说明理由的概念与特征

行政主体在作出对相对人合法权益产生不利影响的处罚或强制措施的时候，除有法律、法规规定以外，必须向相对人说明其作出该处罚决定或强制措施的事实因素、法律依据以及进行自由裁量时所考虑的政策、公益等因素。

第一，附属性。附属性即是指说明理由是附属于另一个行政行为（或主行政行为）之上的行为。若无另一个行政行为，则无说明理由的现实必要。这是由说明理由制度的性质决定的。说明理由是行政主体对即将作出决定的行政行为对社会、公众和相对人进行说明，以消除心中的疑惑，因此说明理由是附属在主行政行为之上的一个行为。

第二，明确性。说明理由是就该行政行为实施的必要性和正当性向社会、公众和相对人说明。说明理由的结果是要让社会、公众和相对人明白知道行政主体作出该行政行为的原因、目的、困难等，因此在说明理由时，行政主体不仅需要说明作出该行政行为的法定依据，同时还需说明作出该行政行为的其他相关因素的考量，以便社会、公众和相对人能最大限度地知道该行政行为作出的背景和原因。

---

① 《立法法》第62条规定："行政法规签署公布后，及时在国务院公报和在全国范围内发行的报纸上刊登。在国务院公报上刊登的行政法规文本为标准文本。"

第三，法定性。说明理由制度是行政主体作出行政行为时必须作出的一定行为，特别是当社会、公众和相对人对行政行为有疑问时，行政主体更有说明理由的必要。这是行政主体的法定义务，而不得以不知道、不清楚、不回答等方式进行回应，否则则应承担相应的行政责任。

二、说明理由的法律依据

说明理由是近年我国推行依法行政的重要举措。在中央立法中，很多法律、法规都规定了说明理由制度，并且该制度已贯彻到很多行政行为之中。例如，《治安管理行政处罚法》第94条明确规定："公安机关作出治安管理处罚决定前，应当告知违反治安管理行为人作出治安管理处罚的事实、理由及依据，并告知违反治安管理行为人依法享有的权利。"又如，在听证程序中，相对人在听证时，应对听证事项的背景、内容等向听证人作出说明。再如，国家在有重大行政决定、行政决议时举行新闻发布会，就重要决议的内容进行公开说明，并现场解答社会、公众的疑问，也是说明理由的表现。可见，说明理由制度现已成为行政程序的重要制度得到贯彻和实施。

三、说明理由的基本内容

（一）说明理由的事项

1. 行政行为合法的理由

行政行为合法性的理由一般包含两方面的内容：一是对事实真实准确性的认定；二是对法律、法规适用的正确性。依法行政要求行政主体的任何行政行为均应有相应的法律依据。就说明理由制度而言，行政主体应就作出该行政行为的相关事实和法律依据进行说明。在说明事实依据时，应就事实本身的准确性、事实调查收集程序的合法性以及事实依据与行政决定之间的关联性作出说明。在说明法律、法规适用正当方面，行政主体应就相关法律、法规进行全面展示，以消除社会、公众和相对人的疑惑。若法律、法规之间存在冲突的，行政主体应对相关法律位阶进行解释，同级规范的冲突也应说明选择的标准与原因。对于行政行为中大量存在的其他规范性文件，行政主体在适用时，也应进行说明。

2. 行政行为合理的理由

行政主体行使行政权时，大量存在行政裁量权。之所以存在自由裁量权，一般有两种原因：一种是立法机关可能授权某个行政机关在特定领域承担完全责任，并且明确指出，在这个领域内，行政机关的选择完全是自由的。一种是立法机关可能发布旨在控制行政机关的选择的指令，但是由于这些指令的概括性、模棱两可性或含糊性，它们并没有明确限定针对具体情形应作出什么选择。① 这说明了自由裁量权存在的必然性，但是法律却必须对其进行约束。正如英国法官柯克所说："如果我们说由某当局在其自由裁量权之内做某事的时候自由裁量权意味着，根据合理和公正的原则做某事，而不是根据个人意见做某事……根据法律做某事，而不是根据个人好恶做某事。自由裁量权不应当是专横的，含糊不清的、捉摸不定的权力，而是法定的，有一定之规的权力。"② 行政法学从多方面探讨了

---

① ［美］理查德·B.斯图尔特：《美国行政法的重构》，沈岿译，商务印书馆2002年版，第12页。
② ［美］伯纳德·施瓦茨：《行政法》，徐炳译，群众出版社1986年版，第568页。

限制自由裁量权的措施，说明理由是其中一种。在说明行政行为合理的理由时，有几点需要注意。首先，行政行为合理应与相关立法宗旨相关。行政是对法律的一种执行，行政活动应在法律范围内活动，当法律本身缺乏明确性时，行政机关应说明其行为与法律的宗旨是相吻合的、一致的。其次，行政机关的决定应具有稳定性，若前后不一致，发生变化，则应依据比例原则详尽说明理由，尤其是行政决定涉及个人重大的利益期待时。以此保证行政行为虽然发生变化，但其与立法目的始终保持一致，最终实现公共利益最大化。

（二）不说明理由的法律后果

不说明理由或说明理由错误属于行政程序违法的表现，在行政法上应承担何种法律后果，相关立法和司法解释对此进行了规定。

《行政处罚法》第41条规定："行政机关及其执法人员在作出行政处罚决定之前，不依照本法第三十一条、第三十二条的规定向当事人告知给予行政处罚的事实、理由和依据，或者拒绝听取当事人的陈述、申辩，行政处罚决定不能成立。"《行政处罚法》的这条规定，指出不说明理由的法律后果是行政行为不成立。

《最高人民法院关于执行〈中华人民共和国行政诉讼法〉若干问题的解释》第57条第2款规定，"被诉具体行政行为依法不成立或者无效的"，"人民法院应当作出确认被诉具体行政行为违法或者无效的判决"。依据最高人民法院的司法解释，对于执法中执法人员不说明理由的情形，在判决中应作为确认违法或者无效的判决。

这里存在法理上的疑问。法律行为的成立与法律行为的无效是两个不同的概念。不成立是以行为人是否有意思表示为准。因为，法律行为是"指发生法律上效力的人们的意志行为，即根据当事人的个人意志形成的一种有意识的活动，它是在社会生活中引起法律关系产生、变更和消灭的最经常的事实"[1]。法律行为的成立，更多是一种事实。而法律行为是否有效，是法律对行为的一种判断。法的效力是指"法对其所指向的人们的强制力或约束力"[2]。从相关法律来看，行政行为是不同于民事行为的一种法律行为。民事行为强调的是意思自治，以对方主体自愿接受为前提，而行政行为具有强制性，具有单方意志性，其意思表示具有法定性，相对人具有服从、遵守和配合的义务。尽管当前我们强调尽量减少行政行为的强制性，但是，行政行为的强制性仍然是当前行政行为的主要特征。所以，《行政处罚法》的这条规定是不准确的，行为的不成立和无效是两个不同的法律概念。行政行为具有确定力，行为一旦作出，即应推定为有效，约束着行政行为的双方，所以不能简单地说是处罚决定不成立。同时，这也与实际情况不符，很多时候，执法人员程序违法，没有告知相对人事实、理由和依据的，行政处罚或者强制措施仍然得到了执行，使得法律与实际脱节。

不说明理由是程序上的一种瑕疵表现。行政法作为控权法和程序法，程序上的这种瑕疵，显然是严重的违法行为，严重的程序瑕疵，使得行政行为成为不合法的行政行为，所以，认定为无效是比较合理的。

---

[1] 《中国大百科全书》总编辑委员会：《中国大百科全书·法学》，中国大百科全书出版社1984年版，第102页。

[2] 张文显：《二十世纪西方法哲学思潮研究》，法律出版社1996年版，第433页。

第五节 其他行政程序制度

一、表明身份制度

表明身份制度是指行政主体或公务人员在正式行使职权之前，应向相对人出示必要的证件、展示明显的公务标志等，以证明自己有权行使该项行政权力的资格。表明身份制度是依法行政的重要内容。确立该制度的目的在于，一是为了防止他人假冒公务人员损害相对人权益的事件发生，二是为了规范执法行为，防止公务人员越权行政或滥用职权。我国的行政法制建设是在对旧有的执法体制之上进行的。旧有的执法体制是计划经济时代的产物，该体制难以适应市场经济体制和保障人权的需要，执法主体存在随意性、任意性，何时执法、谁来执法、怎么执法都缺乏明确规定。实践中难免使行政执法偏离立法目的，脱离执法程序等现象，在一些行政领域，曾一度出现任意处罚、随意处罚等违法现象。确立表示身份制度，就是要杜绝这种任意处罚、随意处罚的违法现象。就其具体内容而言，要求公务人员在执法过程中，应统一着装，若因特殊事由，需要便衣执法的，也应在执法中出示身份证件，以表明自己的合法身份。如此，才能保障相对人判断其是否拥有相应的权利，是否有必要予以服从。如《治安管理处罚法》第85条第2款规定："人民警察在公安机关以外询问被侵害人或者其他证人，应当出示工作证件。"又如，《国境卫生检疫法实施细则》就明确规定，卫生检疫人员在执行任务时，应穿着检疫制度、佩戴检疫标志，卫生检疫机关的交通工具在执行任务期间，应当悬挂检疫旗帜。①

二、告知制度

告知制度是指行政主体及其公务人员在行使行政权的过程中，将应该让相对人或利害关系人知晓的事项通过一定的途径和方式告诉相对人的程序制度。告知制度由"告诉"和"知道"两部分构成。告诉是行政主体或公务人员应当履行的行政义务，告知制度的目的在于保障相对人或利害关系人的知情权，也体现了行政公开、公正的原则。"这种制度无论在具体行政行为领域，还是抽象行政行为领域都有其普遍价值。告知制度既可加强相对人与行政主体间的沟通和信任，也可以保障行政行为做出前相对人表达意见、参与管理、监督行政过程的可能。"② 就告知在行政行为中的位置看，其可分为事前告知、事后告知和救济途径告知三种。事前告知是行政主体在作出行政行为之前即应告知相关权利，以便相对人即时采取相关程序性权利。如《行政处罚法》第42条规定："行政机关应当在听证的七日前，通知当事人举行听证的时间、地点。"即是告知相对人应提早作出参与听证的准备。事后告知是行政主体作出行政决定之后，应即时将决定内容告知相对人或利害关系人，以便其知晓内容的程序性规定。如《行政许可法》第32条规定："行政机关

---

① 《国境卫生检疫法实施细则》第21条规定："卫生检疫机关工作人员、国境口岸卫生监督员在执行任务时，应当穿着检疫制服，佩戴检疫标志；卫生检疫机关的交通工具在执行任务期间，应当悬挂检疫旗帜。"

② 杨临宏著：《行政法：原理与制度》，云南大学出版社2010年版，第345页。

对申请人提出的行政许可申请,应当根据下列情况分别作出处理:(一)申请事项依法不需要取得行政许可的,应当即时告知申请人不受理;(二)申请事项依法不属于本行政机关职权范围的,应当即时作出不予受理的决定,并告知申请人向有关行政机关申请;(三)申请材料存在可以当场更正的错误的,应当允许申请人当场更正;(四)申请材料不齐全或者不符合法定形式的,应当当场或者在五日内一次告知申请人需要补正的全部内容,逾期不告知的,自收到申请材料之日起即为受理;……"救济途径告知是事后告知的内容之一,但其内容主要是告知相对人或利害关系人如对该决定有异议或不服的,可以寻求的救济途径,如复议、诉讼,以及相关的期限和申请复议、诉讼的对象。如《行政处罚法》规定,处罚决定书应载明"不服行政处罚决定,申请行政复议或者提起行政诉讼的途径和期限"。

告知的方式可以分为通知、书面通知或送达、公告、刊登四种。[①]

三、行政案卷制度

案卷制度,又称案卷评他制度或案卷排他制度,是指行政主体作出行政行为的法律依据、事实证据、相关记录以及相对人提供的申辩陈述等资料均应形成案卷,以此作为行政决定的依据和将来相对人或利害关系人寻求法律救济时,进行行政复议和行政审判的重要依据。确立行政案卷制度是建设法治政府的重要内容。国务院2004年《全面推进依法行政实施纲要》第七部分"理顺行政执法体制,加快行政程序建设,规范行政执法行为"中明确提出:"健全行政执法案卷评查制度。行政机关应当建立有关行政处罚、行政许可、行政强制等行政执法的案卷。对公民、法人和其他组织的有关监督检查记录、证据材料、执法文书应当立卷归档。"这说明健全完善行政案卷制度的目的主要有如下几点:一是规范行政执法行为。通过要求行政主体的执法行为必须有案卷,可以防止行政主体恣意行使行政职权。二是保障公民权益。将行政主体的行为过程通过案卷记录下来,可以为公民将来提起行政复议或行政诉讼的审查对象。三是可以作为进一步规范行政行为的研究材料。健全行政案卷制度,可以为行政法治研究提供充分的原始素材,以便进一步规范行政行为,保障公民权益提供相应的依据。在相对人或利害关系人寻求救济时,若行政主体无法提供相关材料应承担何种责任,法律对此有明确规定。《行政复议法》第28条第1款第4项规定:"被申请人不按照本法第二十三条的规定提出书面答复、提交当初作出具体行政行为的证据、依据和其他有关材料的,视为该具体行政行为没有证据、依据,决定撤销该具体行政行为。"

---

① 翁岳生编:《行政法》,中国法制出版社2002年版,第1086－1089页。

第五编　监督论

第二十六章 行政监督基本原理

第一节 行政监督概述

一、行政监督的概念

(一) 行政监督的定义

监督是一种形成制度的活动,一般是指由国家机关或者私人机构对国家机关的活动独立进行审查的制度。[①] 孟德斯鸠说:"一切有权力的人都容易走向滥用权力,这是一条千古不变的经验。有权力的人直到把权用到极限方可休止。"[②] 所以,应该对权力进行监督,尤其是对行政权。行政权在运行时极易膨胀,甚至被滥用。为了让行政行为不仅具有合法性,也具有可接受性和有效性,有必要对行使行政权的活动进行监督。行政监督[③]又称为行政法制监督[④],或监督行政[⑤],是指由国家机关或者社会组织、公民个人依法对行政主体及国家公务人员行使行政权的行为独立进行监督的法律制度。

(二) 行政监督的构成

1. 行政监督主体

行政监督主体是指依法独立实施监督的主体,包括国家机关、社会组织以及公民个人等主体。

2. 行政监督对象

行政监督对象是指接受行政监督主体依法进行监督的承受者,该承受者是行政主体和国家公务人员,行政主体包括行政机关和授权性组织。

3. 行政监督内容

行政监督内容是指行政监督主体对行政监督对象行使行政权,实施行政行为的整体过

---

① [德] 沃尔夫、奥托巴霍夫、罗尔夫施托贝尔著:《行政法》(第三卷),高家伟译,商务印书馆2007年版,第734页。
② [法] 孟德斯鸠:《论法的精神》,孙立坚、孙丕强、樊瑞庆译,陕西人民出版社2001年版,第183页。
③ 也有学者将行政监督确定为"行政主体对行政相对人的监督"。如叶必丰在《行政法与行政诉讼法》(中国人民大学出版社2011年1月第3版)中认为,行政监督是指行政主体基于行政职权,依法对行政相对人是否遵守行政法规范和执行行政决定等情况所作出的事实行为。这显然不是"监督"的本意,也与人们通常的理解不一致。本书所说的行政监督是"对行政的监督"。
④ 详见孟鸿志《行政法学》,北京大学出版社2007年第2版,第384页。
⑤ 详见张世信、周帆《行政法学》,复旦大学出版社2001年版,第337页。

程进行监督。

二、行政监督的特征

（一）行政监督主体广泛性

行政监督主体范围广泛，包括国家机关和国家机关系统以外的社会组织和公民个人。其中，有权实施监督的国家机关有国家权力机关、国家司法机关、国家行政机关等；有权实施监督的社会组织包括社会团体、群众组织等。

（二）行政监督对象确定性

行政监督对象是明确的，是依法行使行政权的行政主体及公务人员。行政主体既有行政机关，也有法律、法规授权的组织；公务人员既包括国家公务员，也包括依法行使行政权的工作人员。

（三）行政监督内容法定性

行政监督的内容是针对行政主体及公务人员在行使行政权时，其行为是否依法行政；甚至在法律未有明确规定时，其行为是否合理、正当、有效和可接受。也就是说，当有法律的明文规定时，行使行政权的行为应当遵守法律规范；当未有法律的明文规定时，行使行政权的行为应当符合法律原则、法律精神。简而言之，行使行政权的行为都应该符合法律规范、法律原则或法律精神。

三、行政监督的分类

（一）以监督主体为划分标准的分类

以监督主体为标准，行政监督可以分为中国共产党的监督、权力机关的监督、审判机关的监督、检察机关的监督、行政机关的监督、监察机关的监督、审计机关的监督、人民政协的监督、民主党派的监督、社会组织及团体的监督、社会舆论的监督和公民个人的监督，等等。

（二）以监督有无直接法律效力为划分标准的分类

以监督有无直接法律效力为标准，行政监督可以分为国家监督和社会监督。国家监督是由各类国家机关依法实施的，能直接产生监督效力的监督，如权力机关的监督、审判机关的监督、检察机关的监督、监察机关的监督、审计机关的监督。社会监督是由国家机关以外的组织、团体或公民个人依法实施的监督，监督效力需要借助有监督权的国家机关才能完全实现。

（三）以监督时间先后为划分标准的分类

以监督时间先后为标准，行政监督可以分为事前监督、事中监督和事后监督。事前监督是由行政监督主体在行政监督对象行使行政权，实施行政行为之前就进行的监督；事中监督是由行政监督主体在行政监督对象行使行政权，实施行政行为过程中展开的监督；事后监督是由行政监督主体在行政监督对象行使行政权，实施行政行为结束之后才施行的监督。

（四）以监督主体与行政机关的关系为划分标准的分类

以监督主体与行政机关的关系为标准，行政监督可以分为行政内部监督和行政外部监督。行政内部监督是指国家行政机关按照行政隶属关系或者依据法律、法规赋予的行政职权、职责对行政机关自身实施的监督。其包括上下级行政机关之间的监督、平行部门之间的职能监督、内部专门监督。行政外部监督是指行政机关以外的各种监督主体实施的监督。其包括除行政机关以外的其他国家机关监督、社会监督等。

四、行政监督的意义

（一）能够保障公民个人权利

在现代法治国家，行政权"是直接与公民交往的权力"[①]，必不可少，其运行目的在于为公民提供实现权利的各种条件和服务。但行政权极易膨胀，如果对其疏于监督，被滥用是不可避免的，结果使得公民的权利处于随时被侵害的境地。为使公民个人权利得到有效保障，必须建立有效的行政监督机制。

（二）能够保证法制统一

随着社会的不断发展，当既有的行政法方面的成文法律规范不健全，不足以使越来越多的新问题和新事务的解决于法有据时，需要政府行政职能的不断扩张，同时也要求政府作出的行政行为能够与宪法、高位阶法律规范和其他行政规章的规定或法律精神相一致。此目的是为了避免行政机关运用行政自由裁量权时赋予行政行为超越法律内涵的理解。实行监督有利于保证我国社会主义法制的统一。

（三）能够促进依法行政

依法行政是法治在行政领域的具体化，具体讲，从行政主体、行政职权、行政行为内容、行政程序到行政行为形式，都要符合法律规定。这表明，法律高于行政，一切行政行为必须以国家制定的宪法、法律为依据，不得违反法律规定。实施监督可以在法制统一的框架下防止行政违法情况发生，有效促进依法行政。

第二节　行政内部监督

一、行政内部监督的概念

（一）行政内部监督的定义

行政内部监督是指国家行政机关按照行政隶属关系或者依据法律赋予的行政职权、职责在行政系统内部对行政机关及行政机关工作人员实施的监督。

（二）行政内部监督的构成

1. 行政内部监督主体

行政内部监督主体是国家行政机关，包括上级行政机关、具有法律赋予的行政管理权限的职能部门和特定监督职能部门。

---

① 王学辉、宋玉波等：《行政权研究》，中国检察出版社2002年版，第340页。

2. 行政内部监督对象

行政内部监督对象是行政机关自身及其行政工作人员，包括下级行政机关、接受职能部门管理的其他部门和接受监督的部门以及行政工作人员。

3. 行政内部监督内容

行政内部监督内容是行政机关及其行政工作人员在执法过程中是否依法行政，在没有法律依据时是否合理行政，其行政工作人员的行为是否遵守一般法律、行政法律和内部纪律等方面。

二、行政内部监督的特征

（一）行政内部监督主体特定性

行政内部监督主体只能是国家行政机关，包括上级行政机关、具有法律赋予的行政管理权限的职能部门和特定监督职能部门。

（二）行政内部监督对象确定性

行政内部监督主体只针对行政系统范围内的行政机关自身及其行政工作人员实施监督，包括下级行政机关、接受职能部门管理的其他部门和接受监督的部门以及行政工作人员。

（三）行政内部监督内容法定性

行政内部监督内容由法律规定，针对行政行为的合法性、合理性进行监督，同时对行政工作人员遵守法律、遵守纪律的行为展开监督。

三、行政内部监督的分类

行政内部监督是对行政的监督的最直接、最经常采用[①]的监督形式，按照是否专业，分为一般内部监督和专门监督。

（一）一般内部监督

一般内部监督是指具有行政层级隶属关系的上级行政机关对下级行政机关在法律、法规、政策和上级机关下达的命令、文件的执行以及对下级机关关于规范性文件的制定等情况进行的监督。

一般内部监督首先基于上下层级关系实施，监督主体与监督对象是领导与被领导的关系；其次监督范围广泛，涉及所有与行政有关的活动；再者监督方式灵活多样，监督效率高效。

一般内部监督分为层级监督，即各级行政机关基于上下层级隶属关系相互进行的监督，如国务院对各级行政机关的监督；主管监督是指上级主管部门对下级相应的工作部门的监督，如上级地方人民政府工作部门对下级地方人民政府相应的工作部门的监督；职能监督是指政府各职能部门就其权限和职责在其职能范围内对其他部门实行的工作监督，如工商、卫生对同级其他部门的监督。

---

① 王臻荣：《行政监督概论》，高等教育出版社2009年版，第11页。

（二）专门监督

专门监督是指由依法独立行使监督权的国家行政机关对其他行政机关及其公务人员的行为进行的监督。

行政专门监督的特征：首先，行政专门监督的主体是获得法律赋予的独立监督权的主体，如监察机关、审计机关；其次，行政专门监督的权力来自于法律专门的设定，具体表现为监察权、审计权；再次，行政专门监督内容较为专业，只面向行政机关、公务员或行政机关任命的行政人员，针对他们的财政、财务、经济活动进行监督。

行政专门监督主要指行政监察和审计监督。行政监察是由行政监察机关实施的监督，而审计监督是指由国家审计机关实行的监督。

四、对专门监督法律的分析

（一）行政监察

1. 概 念

行政监察是指由人民政府行使监察职能的监察机关，依法对国家行政机关及其公务员和国家行政机关任命的其他人员的执法、廉政、效能情况进行监察。

2. 原 则

行政监察原则是指监察机关在行政监察过程中所遵守的基本原则。具体包括：①监察机关依法独立行使监察职权原则，即不受其他行政部门、社会团体和个人的干涉；②监察机关进行监察工作必须坚持实事求是，重证据、重调查研究原则；③监察机关遵循在适用法律和行政纪律上人人平等原则；④监察机关的监察工作实行教育与惩处相结合原则；⑤行政监察实行监督检查与制度建设相结合原则。

3. 监察机关的机构设置、领导体制及监察人员的任免机制

机构设置。监察机关分为：国务院监察机关，负责主管全国的监察工作；地方监察机关，包括县级及县级以上地方各级人民政府监察机关，负责本行政区域内的监察工作。

领导体制。监察机关实行双重领导。如《行政监察法》第7条作出规定："国务院监察机关主管全国的监察工作。县级以上地方各级人民政府监察机关负责本行政区域内的监察工作，对本级人民政府和上一级监察机关负责并报告工作，监察业务以上级监察机关领导为主。"

监察人员的任免机制。县级以上各级人民政府监察机关根据工作需要，经本级人民政府批准，可以向政府所属部门派出监察机构或者监察人员；监察机关派出的监察机构或者监察人员，对监察机关负责并报告工作；监察机关对派出的监察机构和监察人员实行统一管理，对派出的监察人员实行交流制度；监察人员必须遵纪守法，忠于职守，秉公执法，清正廉洁，保守秘密；监察人员必须熟悉监察业务，具备相应的文化水平和专业知识；县级以上地方各级人民政府监察机关正职、副职领导人员的任命或者免职，在提请决定前，必须经上一级监察机关同意。

4. 监察机关的管辖范围、权限

国务院监察机关的管辖范围。国务院各部门及其公务员；国务院及国务院各部门任命的其他人员；省、自治区、直辖市人民政府及其领导人员。

县级以上地方各级人民政府监察机关的管辖范围。本级人民政府各部门及其公务员；本级人民政府及本级人民政府各部门任命的其他人员；下一级人民政府及其领导人员；县、自治县、不设区的市、市辖区人民政府监察机关还对本辖区所属的乡、民族乡、镇人民政府的公务员以及乡、民族乡、镇人民政府任命的其他人员。

管辖权的规定。《行政监察法》第17条对行政监察机关的管辖权作了相应的规定。第1款规定了管辖权的向上移转："上级监察机关可以办理下一级监察机关管辖范围内的监察事项；必要时也可以办理所辖各级监察机关管辖范围内的监察事项。"第2款规定了对管辖范围产生争议时的指定管辖："监察机关之间对管辖范围有争议的，由其共同的上级监察机关确定。"

5. 监察机关的职责、权限

监察机关的职责。检查国家行政机关在遵守和执行法律、法规和人民政府的决定、命令中的问题；受理对国家行政机关及其公务员和国家行政机关任命的其他人员违反行政纪律行为的控告、检举；调查处理国家行政机关及其公务员和国家行政机关任命的其他人员违反行政纪律的行为；受理国家行政机关公务员和国家行政机关任命的其他人员不服主管行政机关给予处分决定的申诉，以及法律、行政法规规定的其他由监察机关受理的申诉；法律、行政法规规定由监察机关履行的其他职责。

监察机关的权限有：

第一，检查权。包括《行政监察法》第19条规定的查阅和复制材料、要求解释和说明问题、责令停止违法违纪行为的权力。

第二，调查权。《行政监察法》第20、21条分别规定具体的权力：责令扣留、封存与案件有关的材料；责令涉嫌单位和人员保全与案件有关的财物；责令有违反行政纪律嫌疑的人员在指定的时间、地点解释和说明问题；建议暂停有严重违反行政纪律嫌疑的人员执行职务；查询案件涉嫌单位和人员在金融机构的存款和提请法院予以冻结。

第三，提请协助权。提请有关行政部门、机构予以协助。

第四，建议权。《行政监察法》第23、24条规定了9种情形，当遇有任一情形时，监察机关根据检查、调查结果，有权提出监察建议：拒不执行法律、法规或者违反法律、法规以及人民政府的决定、命令，应当予以纠正的；本级人民政府所属部门和下级人民政府作出的决定、命令、指示违反法律、法规或者国家政策，应当予以纠正或者撤销的；给国家利益、集体利益和公民合法权益造成损害，需要采取补救措施的；录用、任免、奖惩决定明显不适当，应当予以纠正的；依照有关法律、法规的规定，应当给予行政处罚的；需要给予责令公开道歉、停职检查、引咎辞职、责令辞职、免职等问责处理的；需要完善廉政、勤政制度的；违反行政纪律，依法应当给予警告、记过、记大过、降级、撤职、开除处分的；违反行政纪律取得的财物，依法应当没收、追缴或者责令退赔的；其他需要提出监察建议的情形。

第五，决定权。《行政监察法》第24条作出规定，监察机关根据检查、调查结果，遇有下列情形之一的，有权作出监察决定：违反行政纪律，依法应当给予警告、记过、记大过、降级、撤职、开除处分的；违反行政纪律取得的财物，依法应当没收、追缴或者责令退赔的。

此外，还有查询权、列席会议权和奖励权等。

6. 监察程序

第一，检查程序。包括立项、制定并实施检查方案，向本级人民政府或者上级监察机关提出检查情况报告；作出监察决定或者提出监察建议。

第二，调查处理程序。初步审查；对需要追究行政纪律责任的，予以立案；调查、收集有关证据；对于有证据证明违反行政纪律，需要给予处分或者作出其他处理的，进行审理；作出监察决定或者提出监察建议。

第三，案件的移送。监察机关对于经立案、调查认定不属于监察机关职责范围内的案件移送有权单位或司法机关处理。

第四，办案期限。《行政监察法》第33条规定了监察机关办案的期限："监察机关立案调查的案件，应当自立案之日起六个月内结案；因特殊原因需要延长办案期限的，可以适当延长，但是最长不得超过一年，并应当报上一级监察机关备案。"

第五，监察决定、监察建议的书面送达。监察决定、监察建议应当以书面形式送达有关单位、人员。

另外，还规定了对行政监察决定、建议等不服的解决程序。如国家行政机关公务员和国家行政机关任命的其他人员，对主管行政机关作出的处分决定不服的，申诉、复查、复核程序；对监察决定不服的，申请、复审、复核程序；对监察建议有异议的，提出异议、回复、裁决程序。

7. 法律责任

针对监察中发现的不同的违法情形，采取责令改正、通报批评、行政处分、追究刑事责任和进行行政赔偿。

（二）审计监督

1. 概　念

审计监督是指国家审计机关依照法律规定的职权和程序，对国务院各部门、地方各级人民政府及其各部门、国有的金融机构、企业事业组织的财政收支或者财务收支的真实、合法和效益，依法进行的监督。

2. 原　则

审计监督原则是指审计机关在审计过程中所遵守的基本原则。具体包括：①审计机关依法独立行使审计监督职权原则，即不受其他行政部门、社会团体和个人的干涉；②审计机关办理审计事项必须坚持客观公正、实事求是原则、廉洁奉公、保守秘密原则。

3. 审计机关的机构设置、领导体制及审计人员的任免机制

机构设置。审计机关分为：国务院设立审计署，主管全国的审计工作；省、自治区、直辖市，设区的市、自治州、县、自治县，不设区的市、市辖区的人民政府设立的地方各级审计机关，负责本行政区域内的审计工作。

领导机制。审计署，在国务院总理领导下；地方各级审计机关对本级人民政府和上一级审计机关负责并报告工作，审计业务以上级审计机关领导为主。

审计人员的任免机制。审计长是审计署的行政首长。审计人员应当具备与其从事的审计工作相适应的专业知识和业务能力。审计机关负责人依照法定程序任免。审计机关负责人没有违法失职或者其他不符合任职条件的情况的，不得随意撤换。地方各级审计机关负责人的任免，应当事先征求上一级审计机关的意见。

4. 审计机关的管辖范围

审计署的管辖范围。中央预算执行情况和其他财政收支情况、中央银行的财务收支。

地方各级审计机关的管辖范围。本级政府预算执行情况和其他财政收支情况；本级政府各部门（含直属单位）和下级政府预算的执行情况和决算以及其他财政收支情况；国有金融机构、国有企业的资产、负债、损益；国家的事业组织和使用财政资金的其他事业组织的财务收支，国有资本占控股地位或者主导地位的企业、金融机构；政府投资和以政府投资为主的建设项目的预算执行情况和决算，政府部门管理的和其他单位受政府委托管理的社会保障基金、社会捐赠资金以及其他有关基金、资金的财务收支，国际组织和外国政府援助、贷款项目的财务收支；国家机关和依法属于审计机关审计监督对象的其他单位的主要负责人，在任职期间对本地区、本部门或者本单位的财政收支、财务收支以及有关经济活动应负经济责任的履行情况。

5. 审计机关的职责职权

审计机关的权限有：

第一，要求报送权。有权要求被审计单位按照审计机关的规定提供预算或者财务收支计划、预算执行情况、决算、财务会计报告，运用电子计算机储存、处理的财政收支、财务收支电子数据和必要的电子计算机技术文档，在金融机构开立账户的情况，社会审计机构出具的审计报告，以及其他与财政收支或者财务收支有关的资料，被审计单位不得拒绝、拖延、谎报。

第二，检查权。如《审计法》第32条规定，有权检查被审计单位的会计凭证、会计账簿、财务会计报告和运用电子计算机管理财政收支、财务收支电子数据的系统，以及其他与财政收支、财务收支有关的资料和资产的权力。

第三，调查权。《审计法》第33条第1款规定，对有关单位和个人的调查权力；查询被审计单位的账户和存款的权力。

第四，措施采取权。对被审计单位正在进行的违反国家规定的财政收支、财务收支行为，有权予以制止；制止无效的，经县级以上人民政府审计机关负责人批准，通知财政部门和有关主管部门暂停拨付与违反国家规定的财政收支、财务收支行为直接有关的款项，已经拨付的，暂停使用。

第五，通报权。审计机关可以向政府有关部门通报或者向社会公布审计结果。

第六，提请协助权。提请公安、监察、财政、税务、海关、价格、工商行政管理等行政机关予以协助的权力。

第七，处理权。对违反审计法规定的被审计单位有权作出责令改正、通报批评、警告；依法追究责任的处理；提出处分建议；依法处罚，对被审计单位违反国家规定的财务收支行为，审计机关在法定职权范围内，依照法律、行政法规的规定，可以依法给予处罚。

6. 审计程序

第一，组成审计组并在审计前送达审计通知书，或在特殊时持审计通知书审计。

第二，出示证件进行审计工作，以审查会计凭证、会计账簿、财务会计报告，查阅与审计事项有关的文件、资料，检查现金、实物、有价证券，向有关单位和个人调查，并取得证明材料等方式实施审计。

第三，审计组提出审计报告，审计组的审计报告报送审计机关前，应当征求被审计对象的意见。被审计对象应当自接到审计组的审计报告之日起 10 日内，将其书面意见送交审计组。审计组应当将被审计对象的书面意见一并报送审计机关。

第四，审计机关提出审计报告，作出审计决定或审计意见，审计机关依法对审计组的审计报告进行审议，并对被审计对象提出的意见一并研究，提出审计报告；对违反国家规定的财政收支、财务收支行为，依法应当给予处理、处罚的，在法定职权范围内作出审计决定或者向有关主管机关提出处理、处罚的意见。

第五，送达审计决定书或审计意见书。审计机关应当将审计机关的审计报告和审计决定送达被审计单位和有关主管机关、单位。审计决定自送达之日起生效。

第三节　行政外部监督

一、行政外部监督的概念

（一）行政外部监督的定义

行政外部监督是指行政机关以外的各种监督主体实施的监督。其包括除行政机关以外的其他国家机关监督和社会监督。

（二）行政外部监督的构成

1. 行政外部监督主体

行政外部监督主体是指除了行政机关以外的其他有权实施监督的国家机关、政党组织、社会团体、公民等主体。

2. 行政外部监督对象

行政外部监督对象涉及行政主体及公务人员，行政主体包括行政机关、授权性组织；公务人员包括国家公务员、行使行政职权的工作人员。

3. 行政外部监督内容

行政外部监督内容针对行政主体及公务人员实施行政行为的合法性进行监督。

二、行政外部监督的特征

（一）行政外部监督主体广泛性

行政外部监督主体广泛，涉及国家权力机关、国家司法机关、政党组织、政协、社会团体、新闻媒体、公民个人等主体范围。

（二）行政外部监督对象确定性

依法只针对行使行政行为的行政主体及公务人员实施监督。

（三）行政外部监督内容合法性

行政外部监督主体依法主要对行政行为，包括抽象行政行为和具体行政行为的合法性进行监督。

三、行政外部监督的分类

根据是否具有法定的监督权力,行政外部监督分为行政法制监督和社会监督。

(一) 行政法制监督

行政法制监督是指有法定监督权的国家机关依法对行政主体及其公务人员行使行政职权的行为进行的监督。

行政法制监督的主体只能是获得法律授予监督权的国家机关,如权力机关、司法机关。这些国家机关享有国家权力,所实施的监督能够产生相应的法律效力。行政法制监督的内容主要是行政行为的合法性,如权力机关对行政主体的抽象行政行为是否与上位法相抵触进行监督,审判机关对违法的具体行政行为的合法性审查。

行政法制监督根据监督主体的差异,分为立法监督、司法监督和常的监督。立法监督由国家权力机关实施;司法监督是司法机关的职责;党的监督指的是执政党的监督。

(二) 社会监督

社会监督是指国家机关以外的监督主体,包括社会组织、团体、法人、公民等法律赋予的监督权利对行政主体及公务人员的行政行为进行的监督。

社会监督主体广泛,涵盖了人民政协、民主党派、工会、青年团、妇女联合会、消费者保护协会、城市居民委员会、农村村民委员会在内的各类社会组织、团体以及法人和个人;监督权利来自于宪法、法律的赋予,具有合法性;监督对象是行政主体及公务人员。

社会监督包括通过媒体、由人民大众实施的社会舆论监督;由不同的社会组织、人民团体实施的社会团体监督;由公民个人依法进行的公民监督。

四、行政外部监督体系分析

(一) 立法监督

立法监督,是指由国家权力机关对行政主体的抽象行政行为是否合宪、合法实施的监督。

监督内容主要针对行政行为的合宪性、合法性进行监督,即从立法的角度监督行政主体的抽象行政行为是否与宪法、上位法有相抵触的情况。

通过对抽象行政行为的审查,全国人民代表大会常务委员会撤销国务院制定的同宪法、法律相抵触的行政法规、决定和命令或县级以上的地方各级人民代表大会常务委员会撤销本级人民政府的不适当的决定和命令。[①]

(二) 司法监督

司法监督,是由审判机关、检察机关依法对行政主体及其公务人员的行政行为是否合法实施的监督。

监督内容:审判机关在行政诉讼中,对行政主体实施的具体行政行为的合法性进行司

[①] 参见《中华人民共和国宪法》第67条规定:"全国人民代表大会常务委员会行使下列职权:……(七)撤销国务院制定的同宪法、法律相抵触的行政法规、决定和命令……"第104条规定:"……监督本级人民政府……的工作;撤销本级人民政府的不适当的决定和命令;……"

法审查。

监督方式：撤销违法的具体行政行为或确认具体行政行为违法；变更显失公正的行政处罚行为。

监督内容：行政主体及公务人员在违法行使职权过程中构成犯罪的情况。主要包括行政机关及国家工作人员利用职权的重大及特别犯罪、对行政诉讼的审判监督。

监督方式：对利用职权的犯罪进行侦查、提起公诉；对生效的行政诉讼判决、裁定发现违反法律、法规的规定，有权按照审判监督程序提出抗诉。

（三）党的监督

党的监督是指中国共产党对国家行政机关及其公务人员的职务行为和行政行为进行的监督。

执政党针对国家行政机关及其公务人员的职务行为、行政行为是否贯彻执行党的路线、方针、政策、决议，是否遵守宪法、法律，依法行政，保障党员及人民群众合法权益进行监督。

监督方式：立法、制定政策、党组织领导、先进模范的示范作用、纪检机关监督。

（四）社会监督

社会舆论监督是公众利用各种传播媒介和途径，对行政主体及公务人员实施的行政行为表达，传播一定倾向的意见、建议、呼声和愿望。社会团体、公民监督主要由社会组织、团体和公民根据宪法、法律赋予的批评、建议、检举、揭发、申诉、控告等权利，通过对话、评价、申诉、投票等形式，对行政主体及公务人员展开监督。

社会监督是社会大众以多种形式、多种手段和多种途径广泛地、积极主动地对行政权力运行主体进行的监督，虽然不直接产生法律效力，但它是实现人民当家做主权利的重要保证。社会监督最终让社会大众的诉求通过有监督权的国家机关得以发生法律效力，能够使行政权力运行中产生的违法行为得以制约和矫正，促进依法行政、让国家宪法、法律、方针、政策得到正确贯彻和执行，保障了人民群众的合法权利和利益。

第二十七章 行政违法与行政法律责任

第一节 行政违法

一、行政违法的概述

行政权的行使,行政行为的作出,都应当遵循法律。遵循法律的行政行为,是合法的行政行为,必然获得法律效力;不遵循法律的行政行为,就不是合法的行政行为,其法律效力自然得不到实现,按照一般的行政合法理论,此即行政违法。

(一)定 义

行政违法是指行政主体因过错而实施的,违反行政法律规范的规定,侵害了法律所保护的权益,但尚未构成犯罪,依法应当承担行政法律责任的行政行为。[①]

(二)行政违法的构成要件

任何违法行为都存在构成要件问题。行政违法行为也不例外,从基本构成要件上看,它也具有人们一般所言的主体、客体、主观方面和客观方面四个要件。

1. 主体要件

行政违法的主体是行政主体。行政主体是指"享有国家行政权,能以自己的名义行使行政权,并能独立承担因此而产生的相应法律责任的组织"。一般认为,行政主体包括行政机关和授权性的组织,它们能以自己的名义行使行政权,并且能独立承担相应的法律责任。而行政公务人员和受委托组织对外不能以自己的名义行使行政权,并且不能独立承担相应的法律责任,所以行使行政权的行政公务人员和受委托的组织不是行政主体。

2. 主观要件

行政违法的主观要件是指行政违法主体主观上有过错,包括故意和过失。

3. 客观要件

行政违法的客观要件是指行政主体违反行政法律规范而进行行为的客观情况,包括所违反的法律规范情况和行政违法行为的客观事实状况。违反的法律规范情况,如违反的是什么法律规范?法律规范规定的法定义务、法定职责是什么?行政违法行为的客观事实状况,包括行政违法行为和后果,如行政违法行为是作为违法,还是不作为违法?有没有侵

[①] 广义的行政违法包括行政法律关系主体即行政主体、行政相对人违反行政法律规范的行为,这里采取狭义概念,仅指行政主体违反行政法律规范的行为。

害合法权益？侵害程度如何？所以，应松年、杨解君认为，在分析行政违法时，既要分析行政违法的法律规范要件，也要分析行政违法行为的客观事实状况。

4. 客体要件

客体是指行政主体在违法行使行政职权时所侵害的受行政法所保护的行政相对方的利益和一定社会关系，包括合法权益和可保护权益两部分。如某市原有甲、乙、丙、丁四家定点屠宰场，营业执照、卫生许可证、屠宰许可证等证照齐全。1997年国务院发布《生猪屠宰管理条例》，该市政府根据其中确认并颁发定点屠宰标志牌的规定发出通告，确定只给甲发放定点标志牌。据此，市工商局将乙、丙、丁三家屠宰场营业执照吊销，卫生局也将卫生许可证吊销。这样的话，乙、丙、丁三家屠宰场受行政法保护的利益受到该市政府的侵害。

二、行政违法的特征

（一）行政违法是行政主体的违法

行政机关、授权性组织作为行政主体要实施行政管理活动，而公务人员是行政管理活动的具体执行者，公务人员进行行政行为时违反了行政法律规范，就是行政机关、授权性组织违反了行政法律规范，该违法行政行为就意味着是由行政主体实施的，所以行政违法的主体是行政主体，不是行政工作人员。

（二）违法行为不是犯罪行为

行政违法是一般违法行为，与犯罪存在本质区别：

第一，违法的法律规范不同。行政违法违反的是与行政管理活动有关的行政法律规范，犯罪违反的是刑法或与犯罪有关的刑事法律规范。

第二，危害程度不同。行政违法危害程度较犯罪轻，犯罪的危害程度较重，达到刑事法律规定的条件或程度。

第三，后果不同。行政违法所承担的责任是行政法律责任，犯罪要承担的是刑事法律责任。

第四，主体不同。行政违法的主体只能是进行行政行为的行政主体，而犯罪主体可以是自然人，也可以是法人，主体范围较广。所以，行政违法仅限于尚未构成犯罪的违反行政法律规范的一般违法行为。

（三）违法主体要承担法律责任

"违法必究"，违法就要承担法律责任，行政违法依法必须承担行政责任。行政责任是法律责任的一种，行政违法是违反行政法律规范并依照行政法律规定应当承担行政法律责任的行为。

三、行政违法的分类

（一）以违法行为主体为划分标准

以违法行为主体是否协同或联合执法为划分标准，行政违法可以分为单一行政违法和共同行政违法。

（二）以违法行为侵害的客体为划分标准

以违法行为侵害的客体为划分标准，行政违法可以分为侵害人身权益的行政违法，如公安机关违法限制人身自由；侵害财产权益的行政违法，如执行公务中损害了行政相对人的合法财产。

（三）以违法行为的方式为划分标准

以违法行为的方式为划分标准，行政违法可以分为作为行政违法与不作为行政违法，前者表现为积极地作出行政法律规范所禁止的行为，如税务机关违法征收税款；后者则表现为拒不作出行政法律规范所要求的行为，如工商机关对企业申请营业执照不予答复，交警执勤时遇到交通堵塞不指挥疏导。

（四）以违法行为的内容为划分标准

以违法行为的内容为划分标准，行政违法可以分为实体上的行政违法和程序上的行政违法。前者是指违反行政实体法的行为，如主体不合格、超越职权、滥用职权等；后者则是违反行政程序法的行为，如行为的作出不符合法定程序、行为的表现形式不符合法律规定的要求等。

四、行政违法的主要表现形式

根据《行政诉讼法》和《国家赔偿法》的具体规定，行政违法主要表现为以下形式。

（一）具体行政行为主要证据不足

主要证据是行政主体用以证明具体行政行为得以作出的基本事实确实存在所必须的证据。主要证据不足，则涉及认定事实的证据在"质"和"量"上有明显缺陷，比如证据的真实性、客观性、关联性、合法性存在问题，或是证据证明力不够强，只能证明次要事实，证据不充分等。

（二）具体行政行为适用法律、法规错误

具体行政行为适用法律、法规错误是指行政主体作出具体行政行为时适用法律、法规错误。如某个体工商户在竞标过程中与某公司招标负责人私下串通，排挤了其他竞争者，对该行为应当适用《反不正当竞争法》的有关规定予以处罚，但处理机关却适用了《招标投标法》的规定进行处罚，这显然是适用法律、法规错误。适用法律、法规错误通常表现为以下三个方面：①适用法律、法规性质错误。如应当适用甲法，而适用了乙法；适用了尚未生效的法律、法规；适用了已经失效的法律、法规。②适用法律、法规条款错误。如应当适用某法的甲条而适用了某法的乙条；应当同时适用某法的多条却只适用了其中的部分条款；应当适用某法条的甲项而适用了乙项等。③适用法律、法规对象错误。如对不具备法定条件的行为人赋予权利、科以义务或进行处罚。

（三）具体行政行为违反法定程序

法定程序仅指法定的行政程序，行政程序是指行政主体实施行政行为的时间与空间方式，也就是行政主体在实施行政行为时必须遵循的步骤、顺序、时间、方式等的总称。法定行政程序则指由法律、法规和规章明文规定的行政程序。违反法定程序，在实践中主要指：①具体行政行为缺少某一法定步骤，直接侵害到了公民、法人和其他组织的合法权

益,如对行政相对人处以较大数额罚款时,拒绝行政相对人提出的听证请求;②具体行政行为实体处理合法,但在行政程序上违法,并对行政相对人的利益造成侵害;③具体行政行为合法,行政程序虽违法,但未损害行政相对人的利益;④要式行政行为不符合法定形式,如行政处罚必须以书面形式作出,却用了口头方式;⑤增加了不必要的步骤;⑥顺序颠倒,如先裁决后取证。

(四) 超越职权

超越职权是指行政主体实施具体行政行为时超越了法律、法规授予的行政权力界限,实施了无权实施的具体行政行为的情形。具体来说,超越职权有以下表现:①从主体上看,主要有纵向越权和横向越权。纵向越权发生在上下层级行政机关中,如下级行政机关行使了属于上级行政机关的职权;或上级行政机关行使了属于下级行政机关的职权。横向越权主要存在于平行部门或行政机关之间,如甲部门超越业务主管范围行使了乙部门的职权;甲地域行政机关超越业务范围行使了乙地域机关的职权;行政机关内部的管理机关行使了外部管理机关的应有的职权。②从内容上看,使用了法律、法规未作规定的执法手段;超出了法律、法规规定的适法幅度,如在行政处罚中超出法定幅度罚款。③从程序上看,超出法律、法规规定的有效时间,采取了法律、法规没有规定的方式、形式或未遵守法律规定的必经程序。通常是无权限的越权行为居多,如行政机关行使了司法机关的权力;行政机关在资格转移或丧失后,仍继续行使原职权;派出机构在无法律授权的情况下,以自己的名义行使职权等。

(五) 滥用职权

滥用职权是指行政主体具有法律、法规赋予的实施行政行为的权限,并且其行为在形式上也合法,然而行政主体在法定权限内作出的具体行政行为的目的不符合立法原则、目的和精神。具体行政行为滥用职权的情况十分复杂,主要有:①具体行政行为违背或者偏离了法律、法规的目的、原则,动机和目的违法,主要表现为行政执法人员假公济私、公报私仇以实现种种不廉洁的动机追求不当利益。如行政许可中的厚此薄彼、行政处罚中的挟私报复、滥用罚款处罚等。②具体行政行为不尽合理,但没有超出法定权限。主要表现为工作方式和工作态度武断专横,威胁恫吓,实施具体行政行为不考虑相关因素。③行为后果不合理、显失公正,违反责罚相当原则、公平原则、正当原则、合理原则等。

(六) 行政失职

行政失职是指行政主体及公务人员因违反法定的作为义务而构成的行政违法。行政失职是不作任何行政决定的消极状态,具有如下特征:①行政主体本身负有法律、法规和规章规定的职责。②行政失职是一种不作为的行政违法,表现为不履行法定职责,如公安机关拒绝履行保护被拐卖儿童人身安全的职责,或者拖延履行法定职责,如超过法定期限后才来履行职责。

(七) 违法的事实行为

事实行为指的是行政事实行为,即行政主体基于职权实施的不能产生、变更或者消灭行政法律关系的行为。① 行政主体不具有产生、变更或者消灭行政法律关系的意图，但行政主体基于职权的行为依据法律会产生一定的法律后果。行政事实行为具有行政性，因此要符合法律的规定、目的和精神，否则就是违法的行政事实行为。虽然我国并未直接在法律中规定违法的行政事实行为，但《国家赔偿法》第3条中涉及行政机关及其工作人员在行使行政职权时有"违法拘留或者违法采取限制公民人身自由、违法使用武器、警械"等违法行为时，受害人因此而取得国家赔偿的权利，表明了违法的行政事实行为产生了法律后果。

五、行政违法的法律后果

法律对行政违法要进行效力评价，也就是要形成相应的法律后果。行政行为如果被定性为违法，行政主体必须纠正因违法行为产生的后果，使行政相对人法律地位恢复到违法行为发生之前的状态。②

（一）无　效

行政行为发生法律效力是以合法性为前提，一旦行政行为违法，则面临着无效的法律后果。行政行为无效会带来以下法律后果：①在实体法上，无效的行政行为自发布之日起丧失任何法律约束力，对当事人无拘束力，当事人不必履行所规定的义务，不必承担由此产生的法律责任。当事人以外的其他国家机关和社会组织、公民不必受到约束。②在程序法上，无效行政行为不具有确定力，因该行政行为而使自身合法权益受到损害的行政相对人以及其他公民、法人或者组织，可以在任何时候主张该行政行为无效，有权国家机关也可以在任何时候宣布该行政行为无效。③在后果处理上，行政行为被确定无效则不具有执行力，理论上要使法律状态恢复到无效行政行为生效之前的状态。行政主体应当返还或收回利益，取消或增加义务，赔偿损失。行政失职违反的法定义务已无履行的必要，则即可确定为违法，产生无效的法律后果；违法的事实行为也会发生确定为违法而无效的法律后果。

（二）可撤销

行政行为的合法要件有缺损时，行政行为属于可撤销的行政行为，撤销的法律后果为：①在实体法上，行政行为自被撤销之日起视为自始丧失效力；②在程序法上，可撤销的行政行为要丧失效力的话，必须由有权机关依法定程序，如行政复议、行政诉讼程序作出撤销决定，才会发生自始无效力的法律后果，其他任何机关、组织、公民无权否定其效力；③在处理后果上，行政行为因被撤销而自始无效力，应尽量恢复到行政行为生效前的法律状态。行政主体和行政相对人各自或共同承担赔偿责任和法律责任。主要证据不足、适用法律、法规错误、违反法定程序、超越职权、滥用职权等行政违法行为都属于可撤销的范围。《行政复议法》第28条第1款第3项规定："具体行政行为有下列情形之一的，决定撤销……该具体行政行为……1. 主要事实不清、证据不足的；2. 适用依据错误的；

---

① 在世界法学史上，真正将行政事实行为概念引入行政法领域的是德国法学家耶利内克（1851—1911）。他第一次将行政分为公行政和国库行政，公行政再分为高权行政和单纯高权行政。而单纯高权行政如建设街道、铺设绿地、垃圾焚化炉的兴建或交通事故的排除等，就是所谓的行政事实行为。

② 胡建淼：《行政法与行政诉讼法》，中国法制出版社2010年版，第433页。

3.违反法定程序的;4.超越或者滥用职权的……"《行政诉讼法》第54条第2项规定:"具体行政行为有下列情形之一的,判决撤销或部分撤销……:1.主要证据不足的;2.适用法律、法规错误的;3.违反法定程序的;4.超越职权的;5.滥用职权的。"行政失职行为已发生,但如有应该继续履行的必要,也可以通过撤销前违法行为,而重新履行法定义务。

（三）撤　回

行政行为的撤回是以行政行为生效实施后新情况的发生为由,使生效的行政行为在今后丧失效力的行为。①在实体法上,仅限于作出原行政行为的行政主体拥有撤回权,行政行为在撤回前具有法律效力,在撤回后,其效力自行为撤回之日起失效;②在程序上,由有撤回权的行政主体撤回,撤回的理由只以出现新情况为由;③在处理后果上,撤回的效果不溯及行政行为做出之时,只向后产生,撤回虽常用于无违法事由的行政行为,但实际中在行政行为成立当初有违法的情况下,依撤销权的限制已经不能予以撤销的行为,有时可能也以相对方违反义务等新情况为由予以撤回。行政主体在行为撤回之前通过相应行为已给予行政相对方的利益、好处不再收回,行政相对方依原行为已履行的义务亦不能要求行政主体予以任何补偿;行政行为的撤回如果是因法律、法规、规章、政策的废除、修改、撤销或形势变化而引起的,且此种废止给行政相对方的利益造成了损失,行政主体不负赔偿责任。

（四）更　正

更正指的是针对事实清楚、适用法律正确、在程序上基本符合法定程序,或者是违反次要程序,对行政行为是否成立不具有决定性影响,对相对人权益影响也较小,违反次要程序,又或者是虽违反法定程序但尚未影响行政相对人合法权益的行政行为。可以有限制地承认其效力,允许行政主体实施更正之变通办法,而不必一律采取无效或撤销的绝对做法。但允许更正的时间应有一个限定,应该在行政行为生效过程中一经发现,由行政主体进行更正或是在行政复议阶段,复议机关发现时进行更正,再者是在提起行政诉讼或行政诉讼判决前允许行政主体主动更正。如行政机关工作人员执法时未表明身份;打印错误、计算错误、日期书写错误等行政主体进行更正,以免行政行为不必要的重复。① 主要证据不足、适用法律法规错误、违反法定程序、超越职权、滥用职权等行政违法行为根据法律的规定可以进行更正。《行政复议法》第28条第1款第3项规定:"具体行政行为有下列情形之一的,决定……变更……该具体行政行为……:1.主要事实不清、证据不足的;2.适用依据错误的;3.违反法定程序的;4.超越或者滥用职权的……"

（五）治　愈

违法行政行为的治愈,是指在一定的条件下,通过追加、补充或其他方式,使违法行政行为欠缺的合法要件得以完备,从而消除行政行为的违法性,使之转变为合法行政行为的制度。治愈旨在将违法行政行为的违法性消除,使其转变为合法行政行为。② 治愈的对

---

① 参见程雁雷《行政违法行为无效的处理方式》（http：//vip.chinalawinfo.com/newlaw2002/slc/slc.asp？db=art&gid=335546979）。

② 参见张峰振《违法行政行为的治愈》（http：//www.civillaw.com.cn/article/default.asp？id=36702）。

象限于违法行政行为,但并非所有的违法行政行为都能治愈。①

第二节 行政法律责任

一、行政法律责任的概念

行政法律责任有狭义、广义两种概念,广义是指行政法律关系主体双方承担的法律责任,而狭义是指行政主体的行政法律责任。本文采狭义概念。

(一) 定 义

行政法律责任是指行政主体及其行政工作人员因违反行政法律规范或行政不当,根据其法定职责和义务,依法应当承担的否定性的法律后果。

(二) 构 成

1. 行政法律责任的前提条件

行政主体及实际作出行政行为的行为人已经构成行政违法,尤其是违反了行政法律规范规定的应当履行的法定职责和义务。行政违法是行政法律责任产生的前提条件。

2. 行政法律责任的承担主体

行政法律责任的承担主体是行政主体及其行政工作人员。对外,行政主体是行政违法的主体,自然要承担因违法产生的法律后果。但是,对内,行政主体的违法是由于行政工作人员的违法行为造成的,行政工作人员应当对其违法行为承担相应的法律责任。

3. 行政法律责任的法定责任

行政法律责任是由行政法律规范设定的,行政法律规范规定其责任的内容,并且规定一定的法律途径以实现行政法律责任,是一种法律规定的责任。它既包括违法的行政主体对外承担的外部责任,也包括违法的行政工作人员对内承担的内部责任。

4. 行政法律责任的主观要件

承担行政法律责任的主观要件是行政违法主体,即行政主体基于过错而承担,包括故意和过失,对于过错的判断采用的是客观过错说。② 而对于违法的行政工作人员,根据过错的不同,如一般过失、重大过失和故意,追究不同的行政法律责任。

二、行政法律责任的特征

(一) 行政法律责任是一种法律责任

行政法律责任不是道德责任,而是由行政法律规范设定,并规定具体内容的一种独立的法律责任,如外部的停止侵害、赔礼道歉、赔偿损失等行政法律责任和内部的行政处分。

---

① 德国学者哈特穆特·毛雷尔在《行政法学总论》(高家伟译,法律出版社 2000 年版,第 255 页)说道,德国的行政行为的治愈只限于"特定的程序违法可以通过补正法定手续予以治愈,通过治愈消除程序违法的后果是行政行为是为形式上合法"。

② 即用客观标准判断行为人的主观过错。

（二）行政法律责任产生于行政主体的违法行为

行政法律责任是行政主体及其行政工作人员引起的，并且存在行政违法行为。

（三）行政法律责任是行使行政职权而产生的法律责任

行政法律责任取决于行政主体及其行政工作人员行使行政职权的过程，如果行政机关行使的是民事权利，则不是行政主体，自然不承担行政法律责任，而是其他责任。

三、行政法律责任的确定

（一）行政法律责任的产生根据

1. 行政违法

行政违法涉及行政主体及其行政工作人员进行行政行为时违反行政法律规范的情形，包括主体违法、依据违法、内容违法和程序违法。既然违法，就要对违法进行否定，意味着行政主体及其行政工作人员要承担否定的后果，即要承担法律规定的责任。

2. 行政明显不当

行政不当，或称行政失当，是指行政主体及其行政工作人员的行为，虽在形式上合法，却不合理，但明显失当的，则视同行政违法。

（二）行政法律责任的形式

行政法律责任的设定，目的在于对违法行为主体及违法人员施以惩戒，警示违法主体及违法人员；对受害一方施以补救，弥补所受损失。具体形式有外部的行政法律责任和内部的行政法律责任。

1. 外部的行政法律责任

（1）通报批评

通报批评是由行政主体承担的一种惩戒性的行政法律责任，目的是让违法的行政丧失效力。在行政责任主体确定后，由上级行政机关或行政监察机关向下级行政机关公布行政违法实施和处理结果，目的在于纠正违法情况的同时，对违法的行政机关、行政工作人员予以负面评价，起到警戒作用。

（2）赔礼道歉

赔礼道歉是由行政主体承担的一种补救性的行政法律责任，目的是让违法的行政主体及行政工作人员向受害一方承认自己的错误行为。

（3）恢复名誉、消除影响

恢复名誉、消除影响是由行政主体承担的一种精神上的补救性的行政法律责任，目的是让违法的行政行为丧失效力，消除所带来的负面影响，使状态尽力恢复到原有的法律状态。

（4）返还权益

返还利益是由行政主体承担的一种财产上、利益上的补救性的行政法律责任，目的是让违法的行政行为丧失效力之后，使发生转移的合法权益恢复到原所有人处或原有的状态。

（5）恢复原状

恢复原状是由行政主体承担的一种财产上的补救性的行政法律责任，目的是让违法的行政行为丧失效力后，对受损的物、财产经过修复恢复到原有的状态和特性。

(6) 停止违法行政行为

停止违法行政行为是由行政主体承担的一种惩戒性的行政法律责任，目的是让违法的行政行为不再发生效力。

(7) 撤销违法行政行为

撤销违法行政行为是由行政主体承担的一种惩戒性的行政法律责任，目的是让违法的行政行为自始丧失效力。

(8) 履行职责

履行职责是由行政主体承担的一种补救性的行政法律责任，由于行政主体拥有法定的行政职责，必须由行政主体履行，目的是让违法的状态消除，让行政相对人的利益得到补救。

(9) 纠正不当行为

纠正不当行为是由行政主体承担的一种补救性的行政法律责任，目的是让违法的行政行为转为合法行政行为。

(10) 赔偿损失

赔偿损失是由行政主体承担的一种财产上的补救性的行政法律责任，目的是让受损的合法权益获得金钱上的补救。

2. 内部的行政法律责任

(1) 行政处分

行政处分是由代表行政主体实际实施违法行政行为的行政工作人员依法承担的一种制裁性的行政法律责任，比如《公务员法》第53条规定了对公务员的六种处分：警告、记过、记大过、降级、撤职和开除，目的是让违法的行政工作人员基于自己的过错，包括一般过失、重大过失和故意，接受惩罚和教育。

(2) 行政追偿

行政追偿是在行政赔偿义务机关代表国家向行政赔偿请求人支付赔偿费用后，由代表行政主体实际实施违法行政行为的行政工作人员依法承担的一种制裁性的行政法律责任，目的是让违法的行政工作人员基于自己的故意和重大过失，承担所造成的经济损失。

(三) 行政法律责任的承担

1. 行政法律责任对外承担主体——国家

行政法律责任的承担主体是行政违法主体，即行政主体。行政主体是代表国家行使法律规范赋予的行政职权的行为主体，其所实施的行政行为所产生的效果归于国家。如果行政行为违法了，其法律后果也归于国家，表明是国家作出了违法的行政行为，所以，行政法律责任由国家承担，国家是行政法律责任的承担主体。行政赔偿，就是由国家财政收入进行赔偿，国家承担行政违法责任的具体体现。

2. 行政法律责任实际承担者——违法的行政机关及其行政工作人员

实施违法行政行为的行政主体是依法设立的国家行政机关、授权性组织，他们虽然代表国家行使行政职权，但违法行为实际由其本身实施，国家行政机关、授权性组织本身具有行政主体资格，可以独立承担法律责任。所以，违法的行政机关是行政法律责任的实际承担者。而行政工作人员又是代表行政主体对外实际执法的工作人员，行政行为实质上是由行政工作人员具体实施，行政工作人员违法就是行政行为违法。所以，最终行政工作人员也要承担违法行政的法律责任，且只是对内承担行政法律责任。

四、行政法律责任的追究主体

对于行政法律责任的追究，由有权机关依据法定权力、法定程序、法定方式进行。有权机关分别是权力机关、行政机关和司法机关。

（一）权力机关

行政机关是权力机关的执行机关，权力机关有权监督行政机关的活动。对于行政机关的违法行政行为，权力机关有权通过法定程序、法定方式追究行政机关的法律责任。追究行政责任的方式有：依法撤销行政机关不合宪、不合法、不适当的决定、命令、规范性文件；有权追究政府组成人员的行政法律责任。

（二）行政机关

行政机关可以对所有的违法行政行为实施追究，如抽象行政行为、具体行政行为；内部管理行为、外部管理行为；合法行政行为、合理行政行为；守法行为、遵纪行为，范围广泛，而且方式灵活，可以撤销、通报批评、撤回、废止、变更等，是最主要的追究行政法律责任的主体，既追究行政机关的行政法律责任，也追究行政工作人员的行政法律责任。

（三）审判机关

人民法院通过行政诉讼程序，审查具体行政行为的合法性，追究行政主体的行政责任。但法院追究行政责任是被动的，必须以当事人起诉为前提。而且法院只能追究行政主体的行政责任，不能直接追究行政机关公务人员的行政责任。

第六编 救济论

第二十八章 行政救济基本原理

法律上所说的救济制度，都是为解决争议而设计的，但并非所有的争议都能寻求法律救济。通常而言，法律救济只能解决法律争议，即因法律上的权利义务发生的争议，至于非法律争议如感情争议、学术争议只要在合理的界限内，不发生法律保护的人身或财产上的争议，都没有必要通过法律救济的方式解决。不同的法律争议，有不同的救济渠道，简单而言，行政救济就是解决行政争议的法律渠道。

第一节 行政争议

一、行政争议

（一）行政争议的含义

行政争议，又称行政纠纷，从法律关系的角度看，是指在行政管理活动中，行政主体与行政相对人之间发生的有关行政法律关系的权利义务的争执；从行政活动的过程看，是指行政主体在行使行政职权，管理国家事务过程中所发生的纠纷。也有学者认为，行政争议是指"国家行政机关及其工作人员，在行使职权的过程中所引起的法律关系主体之间的争议"[1]。

如何认识行政争议是建构行政诉讼制度的关键。在大陆法系国家，由于实行"二元裁判体制"，往往会对行政争议概念进行较多的探讨，因为行政争议与民事争议分别由不同的法院或同一法院的不同审判庭按照各自的程序进行审理。德国和我国台湾地区将行政争议称为"公法上争议"，日本则将其称为"行政事件"。[2] 行政机关在社会上的行为可以分为两类：一是以行政主体身份出现，行使公权力对国家事务和社会公共事务进行管理；二是以机关法人身份从事的民事行为。在第一种情况下，行政主体与相对人发生的争议属于行政争议，而在第二种情况下发生的争议则属于民事争议。行政争议是行政主体在行使公权力过程中与相对人之间发生的、依据公法解决的争议。

（二）行政争议的特征

行政争议具有如下特征：

第一，行政争议产生于行政主体行使行政职权的过程中，是因行政主体行使行政职权

---

[1] 应松年主编：《行政法与行政诉讼法词典》，中国政法大学出版社1992年版，第204页。
[2] 马怀德主编：《行政诉讼法学》，中国人民大学出版社2009年版，第5页。

的行为所引起的。可以说，如果没有行政主体行使职权的行为，就不会产生行政争议。行政主体行使职权是行政争议产生的前提条件。

第二，行政争议的双方当事人中至少有一方是行使行政职权的行政主体。从逻辑上说，行政争议可能发生在行政主体与行政相对人之间、行政主体与行政主体之间，这其中至少有一方是行政主体，没有行政主体参与的争议，不属于行政争议。当然，行政争议也可以发生在行政主体与行政主体之间，但这种争议通常都采用行政程序进行处理，不属于行政诉讼法所调整的争议。在特殊情况下，行政争议也可以发生在行政相对人之间，但这种争议通常都与行政主体有关联，如甲因受到乙的殴打而受伤，公安机关对乙实施处罚后，甲认为处罚过轻，对处罚决定不服而提出争议，或者乙认为处罚过重，对处罚不服而提出争议。

第三，行政争议的焦点是行政机关所作具体行政行为的合法性和合理性，即行政主体与行政相对人之间的争议是围绕行政主体所作的具体行政行为是否合法或是否合理展开的。

第四，双方当事人的地位具有差异性。发生在行政主体与行政相对人之间的争议，双方当事人的地位不平等。行政主体在行政管理中行使职权，处于管理者地位，而行政相对人则处于被管理者地位，对行政主体依法作出的行政行为具有服从义务。对于发生在行政主体之间的争议，需要分为两个部分：一是具有隶属关系的行政主体之间的争议；二是不具有隶属关系的行政主体之间的争议。在前一种关系中，双方的地位是不平等的，发生纠纷遵循上级指控命令下级，下级服从上级的原则处理；后一种关系中，双方的地位是平等的，如果发生争议一般通过协商或请求共同上级进行裁断的方式处理。

（三）行政争议与民事争议的区别

行政争议与民事争议相比，存在如下区别：

内容 名称	行政争议	民事争议
争议主体	行政主体与行政相对人之间、行政主体之间	平等民事主体之间
争议内容	行政行为人合法性与合理性	民事权利义务关系发生争议
发生领域	行政管理	民事活动
争议原因	行政权力的行使	民事活动

二、行政争议的种类

为全面认识行政争议，我们根据不同的标准对行政争议进行分类。

（一）根据争议的焦点不同，将行政争议区分为合法性行政争议和合理性行政争议

合法性行政争议是指争议双方就争议的行政行为是否符合国家法律、法规的规定而发生的争议。

合理性行政争议是指争议双方就争议的行政行为合法的前提下，就其合理性而发生的争议。

（二）根据行政争议发生的领域不同，将行政争议区分为内部行政争议和外部行政争议

内部行政争议是指行政主体在行使内部行政职权时与其他行政主体或公务员之间发生的争议。内部行政争议包括两种：一是行政主体之间的争议；二是行政主体与所属公务员之间的争议。

外部行政争议是指行政主体在对社会事务行使管理职权时，与作为被管理者一方的行政相对人之间所发生的争议。

内部行政争议与外部行政争议虽然都是因行政主体行使职权的行为所引起，但二者之间存在明显的区别。具体表现在：

区别 名称	内部行政争议	外部行政争议
争议主体	行政主体之间、行政主体与公务员之间	行政主体与行政相对人
争议性质	内部行政法律关系	外部行政法律关系
争议内容	行政职权的界限、内部行政处理职权	行政行为的合法性、合理性
解决途径	通过行政途径解决	既可通过行政途径解决，亦可通过司法途径解决

从诉讼法的角度研究行政争议，仅限于外部行政争议。

（三）根据引起争议的行政行为的性质，可以将行政争议区分为不服行政处罚的争议、不服行政强制措施的争议、不服行政许可的争议、不服行政主体不作为的争议和不服行政主体违法要求履行义务的争议①

不服行政处罚的争议是指行政相对人对行政主体的行政处罚决定不服而提起的行政争议。

不服行政强制措施的争议是指行政相对人对行政主体的行政强制措施不服而提起的行政争议。

不服行政许可的争议是指行政相对人对行政主体的行政许可决定不服而提起的行政争议。

不服行政主体不作为的争议是指行政相对人对行政主体不履行法定职权的行为不服而提起的争议。

不服行政主体违法要求履行义务的争议是指行政相对人对行政主体所作的要求履行一定的义务而提起的争议。

此外，还可以根据行政争议所发生的行政管理领域的不同，将行政争议区分为公安行政争议、海关行政争议、税务行政争议、工商行政争议、建设行政争议、民政行政争议、城管行政争议、环保行政争议、国土资源行政争议、卫生行政争议、金融行政争议、新闻出版行政争议、交通运输行政争议，等等。

---

① 刘恒著：《行政救济制度研究》，法律出版社1998年版，第5-6页。

三、行政争议发生原因

行政争议发生的原因,从根本上来说,是由于行政权力与公民权利之间的矛盾和冲突。因此,行政争议与其他争议一样,表现为社会利益的冲突。"社会冲突最终可归结到利益上的冲突,它可能是物质利益上的冲突,也可能是精神利益上的冲突。有限的利益在社会主体之间进行分配,一旦出现利益分配的不合理或不公平,利益冲突和社会冲突便随之产生。"[①] 具体而言,行政争议发生原因有如下几个方面:

第一,争议双方对具体行政行为的认识存在偏差,即行政主体认为自己所作的行政行为是合法的,但行政相对人则认为是违法的;行政主体认为自己所作的行政行为是合理的,而行政相对人则认为是不合理的。

第二,行政主体在认定案件事实、适用法律上有错误,或认定案件事件正确但适用法律有错误,而导致行政相对人不服而发生争议。

第三,行政相对人违法或者行政主体认为行政相对人违法争议。

第四,行政相对人认为行政主体的行为违法或者不当争议。

这里需要特别指出,行政争议的发生都只是当事人的主观认识行为,并不表明有争议的行政行为已经实质上给行政相对人的合法权益造成损害或者行政主体的行为具有违法性,也不表明行政争议双方各自的主张和理由都是合法的、客观的。

第二节 行政救济概述

一、行政救济的概念

(一) 行政救济说

在我国,"行政救济"一词并非法定用语,而因制度、传统差异,世界各国、各地区在学术上也并无定论。[②] 学术界对行政救济概念的认识主要有"救济监督说"、"程序说"、"争讼说"、"对应说"、"请求补救说"五种观点。[③]

"救济监督说"。我国内地有的学者从行政法制监督的角度,认为救济监督是法定国家机关代表国家的监督。

"程序说"。持这种观点的学者认为,行政救济程序作为行政法的重要环节之一,"包括狭义的行政司法和行政诉讼。具体说来,包括行政调解、行政复议、行政仲裁、行政诉讼四者"。这里把行政救济作为行政程序来表述,有一定道理,但把行政救济程序分为行政司法和行政诉讼两种,客观上扩大了行政救济概念的外延。实质上,行政司法程序与行政救济程序是两种不同的行政程序,二者不能相混淆。同时,也不能把行政救济仅仅理解

---

① 江伟主编:《民事诉讼法学原理》,中国人民大学出版社1999年版,第1页。
② 林莉红:《救济基本理论问题研究》,载《中国法学》1999年第1期。
③ 在这五种观点中,前四种转引自王景斌、尹奎杰《行政救济概念范畴若干问题探析》,载《北师大学报》1998年第6期;第五种观点是王景斌、尹奎杰在《行政救济概念范畴若干问题探析》一文中所持的观点。

成行政诉讼，行政诉讼只是行政救济的一种途径而已。

"行政争讼说"。行政争讼一词源自日本，指诉愿和诉讼两种程序。"行政争讼者指最终审级归行政法院管辖之公法争议事件的审理程序，行政争讼法即规范此一程序之法规的总称。"① 我国台湾有的学者认为，"行政争讼，即为行政救济"，"行政争讼是关于行政上事项之争讼——行政官署适用行政法规是否合法、适当之争讼"，并认为行政争讼应包括诉愿、行政诉讼、声明与异议、选举诉讼。这种观点较为准确地说明了行政救济的一个特征，即救济因争讼不决而发生，但争讼并不能反映救济的全部特征，因而，把行政争讼等同于行政救济的观点失之偏颇。目前，我国台湾地区的学者多用"行政救济"一词取代"行政争讼"一词。这样做的理由可能有：一是行政救济是立法上的正式用语；二是行政救济涵盖范围较广，使用比较方便；三是行政争讼外来语意味浓厚而避免使用。②

"对应说"。西方有的学者把"行政救济"与"司法救济"相对应来理解，即把行政机关对行政主体作出的违法或不当等行为的补救行为视为行政救济，如行政复议等，而把行政诉讼视为司法救济。这种理解是基于西方三权分立政治体制，把行政机关救济和司法机关救济对应并提的。我国政治体制的特点决定了行政救济应从广义上来理解。

"请求补救说"。行政救济是指行政相对人认为行政主体在行使国家行政职权过程中的违法或不当的具体行政行为使自身的合法权益受到侵害，而请求国家有权机关予以补救的行政法律制度。

（二）行政救济的含义

行政救济（Administrative remedy）是指行政相对人因行政主体违法或不当行使行政职权，致使行政相对人的合法权益直接遭受损害，而向国家有关机关请求予以补救的方法或制度。简言之，行政救济是国家为受到公共行政（国家公共行政和社会公共行政）侵害的个人、法人或者其他组织提供的行政法上的补救的制度。③ 在日本，"行政救济主要是在行政作用给国民权益造成侵害或负担的情况下，根据该国民的请求，通过一定机关防止和排除其侵害或负担，以保护、救济国民的权益"④。在我国台湾地区，学者明确指出，"何谓'行政救济'，学界还缺乏公认之定义。如依'肇因说'（又名惹起说）（Ursachentheorie）之定义，乃指'因（实质意义之）国家行政机关有瑕疵之行政行为，导致人民之权益或公益受损，在依法行政原则之要求下，对于受侵害之人民权益或公益（法益）给予行政体系内或体系外之保护者'"⑤。

行政救济是指国家机关通过解决行政争议，制止和纠正违法或不当的行政行为，进而对行政相对人的合法权益进行补救的法律制度。行政救济包括广义和狭义两个方面的内容。广义的行政救济是指对行政权力行使所提供的救济，包括行政系统提供的各种救济和司法救济两大部分。可见，广义的行政救济是指国家法律确定的，对因违法或不当行政行为造成行政相对人合法权益损害以及因合法行政行为造成损失时进行救济的法律制度的总称。狭义上的行政救济则仅包括行政系统中已经形成法律制度的救济，即行政复议、行政

---

① 吴庚著：《行政争讼法论》（修订第3版），台湾三民书局2005年版，第1-2页。
② 吴庚著：《行政争讼法论》（修订第3版），台湾三民书局2005年版，第1页。
③ 姜明安主编：《行政法与行政诉讼法》（第二版），高等教育出版社、北京大学出版社2005年版，第401页。
④ ［日］室井力主编：《日本现代行政法》，吴微译，中国政法大学出版社1995年版，第186页。
⑤ 蔡志方著：《行政救济法新论》，台湾元照出版公司2000年版，第2页。

赔偿、行政补偿、信访。根据上面的定义我们可以看出，行政救济制度是针对行政权力行使过程中可能产生的消极作用而设计的一种法律制度。由于行政主体的行政职权既具有积极维护相对人合法权益、满足公共利益需要的作用的一面，同时，如果这种权力不能严格依法行使，则又会具有消极损害行政相对人合法权益的一面。因此，如何充分发挥其积极作用，避免其发生消极作用，是当代行政法的重要内容之一。行政救济制度正是为避免行政权发生消极作用的重要法律制度。这一定义包含如下几个方面的含义：

第一，行政救济是一种解决行政争议的制度。这一点是行政救济与民事救济的重要区别之所在。行政救济解决的是行政争议，而民事救济所解决的是民事争议。

第二，行政救济制度是一种制止和纠正违法行为或不当行为的法律制度。因此，必然发生在行政主体作出一定的行政行为之后，具有事后性特征。

第三，行政救济制度是对行政相对人的合法权益进行补救的法律制度，既要对行政主体作出的违法或不当的行政行为进行处理（包括撤销或纠正），又要对因行政主体的违法或不当行政行为给相对的合法权益所造成的损害进行弥补。因此，行政救济具有善后性的特征。

第四，行政救济具有严格的法律性。行政救济是依据法定的程序进行的。行政救济只能是严格依据法定程序，并由法定机关进行。非依法律既定程序就可以启动的程序，不属于行政救济程序。违反法定程序进行的救济不能够产生相应的法律后果。

第五，行政救济的结果具有法律效力。行政救济是严格依法进行的，其产生的结果具有法定约束力，对与该行政救济结果具有法律上利害关系的行政相对人和行政主体都具有拘束力，都必须遵守。

第六，行政救济具有法定的方式。行政救济是通过对法定机关及其公务人员的行政行为进行审查，将违法与不当行政行为以撤销、变更、限期作出行政行为，从而实现对行政管理相对人合法权益的救济的制度。它由一系列的制度、原则和规范所构成，是多种救济手段、方法的总称。它包括行政机关自身设置的救济、由司法机关主导的救济等。

这里值得特别指出的是，不能将行政救济错误地理解为行政主体对行政相对人提供的救济。行政救济包括行政系统提供的救济和司法机关提供的救济两个部分。准确地讲，行政救济是法律为保护行政相对人的合法权益，监督行政权力的合法、适当行使而提供的救济。

二、行政救济的特点

第一，行政救济是一种以行政争议存在为前提条件的制度。行政主体行使行政职权管理行政事务，必然会涉及行政相对人的合法权益，引起行政相对人的不满，这就产生了行政争议，即行政主体在行使行政职权，管理行政事务过程中所发生的纠纷。这种行政争议的存在，使得正常的行政管理秩序受到影响，行政主体不能正常地行使行政职权，所以必须建立一种排解行政争议的制度，使行政管理秩序恢复正常，以确保行政主体能够正常地行使行政职权。因此，没有行政争议，也就没有必要建立行政救济制度。

第二，行政救济是一种根据行政相对人的申请才展开运作、救济程序才开始的法律制度。所以，遵循"不告不理"的原则，如果没有行政相对人的申请，尽管主管机关已经知道了行政行为违法或不当，也不能主动提供救济。

第三，行政救济的目的在于纠正违法或者不当的行政行为，确保行政相对人的合法权益免受行政主体的不法侵害。这就要求提供行政救济的国家机关必须是依法享有纠正行政行为违法或不当权力的机关,在我国,行政救济一般都是由作出行政行为的上级行政机关或人民法院提供。

第四,行政救济是一种事后救济,即行政救济是在行政主体的行政行为作出之后才开始运作的,在行政行为作出之前或者作出的过程中行政相对人不能寻求行政救济。当然,这里说的事后,也有一个时间限度,即行政相对人必须在救济时效范围内申请行政救济,如果超过了这一时效,当事人也不能得到救济。

除上述总结,也有学者认为,行政救济的特点包括:一是行政救济的手段的多元性;二是行政救济是行政争议或行政侵权行为的存在;三是行政救济体系的完善性与协调性;四是行政救济性质的程序性。

三、行政救济的功能

德国在建立行政救济制度的早期,关于行政救济的功能存在着法律规范维持说和相对人权利保护说两学说。[1]

法律规范维持说是德国北部即普鲁士学派的主张。该学说认为,行政救济的作用,在于维持行政主体行使行政职权的行为符合行政法律规范所确立的秩序。如果行政主体行使行政职权的行为符合了行政法律规范所确立的秩序,即是对行政法律规范的维持。

相对人权利保护学说是南部德国学者所主张的观点,认为行政救济的目的在于提供权利为违法或不当的行政公权力所侵害之人民以补救。为保证行政相对人合法权益真正得到补救,作为提供救济的机关应当具有独立之地位。

我国台湾地区的行政法学者张家洋教授认为,行政救济的功能包括六个方面的内容,即:①实现行政与公权力之目的;②加强监督与矫正措施;③保障人民权益;④维护政府威信;⑤促进行政司法化;⑥提高行政效率。[2]

四、行政救济的种类

在广义上,行政救济包括行政内部救济和行政外部救济两大类。行政内部救济是指行政相对人向行政体系内部寻求的救济;行政外部救济是指行政相对人向行政体系外的机关寻求的救济。行政内部救济包括请愿、异议、信访和行政复议;行政外部救济包括行政诉讼和行政赔偿。

依照不同的标准,可以对行政救济进行不同的分类。

首先根据提供行政救济的机关不同,将行政救济区别为行政体系内的救济和行政体系外的救济,亦即行政内部救济与行政外部救济。

其次,根据行政救济所采行的程序不同,将行政救济区别为诉讼方法的行政救济和非诉讼方法的行政救济。

再次,根据行政救济是否已经形成专门的法律制度,将行政救济区别为法律化的行政救济与非法律化的行政救济。

我国台湾地区学者对行政救济的分类比较一致。按台湾地区的法制,行政救济的方式

---

[1] 参阅蔡志方著《行政救济法新论》,台湾元照出版公司2000年版,第3-5页。
[2] 参阅张家洋著《行政法》,台湾三民书局股份有限公司1994年版,第681-683页。

有正式途径和非正式途径。非正式途径除包括请愿、陈情，正式途径除诉愿、行政诉讼外，还包括补偿国家赔偿。

我国目前已经形成法律制度的救济有行政调解、行政复议、行政诉讼、行政补偿、行政赔偿五种。

五、行政救济的意义

综合学者的不同见解，我们以为行政救济的功能主要有如下几个方面：

第一，建立和完善行政救济制度对开展依法治国的意义。在依法治国原则的指导下，国家与人民群众在行政法上的关系不只是命令服从关系，更为重要的是权利与义务关系。行政主体与行政相对人都共同负有遵守法律、法规的义务，行政主体所作的各种行政行为必须合法、失当。否则，行政主体行使行政职权的行为必然会给行政相对人的合法权益造成损害。为有效地防范违法不当行政行为的发生，国家对行政机关行使职权的行为建立了各种监督制度。行政救济制度正是法治原则下对行政职权的行使进行有效监督的一种重要法律制度，这一制度对保障国家依法治国方略的实现具有十分重要的意义。

第二，建立和完善行政救济制度对加强依法行政，建设法治政府的意义。建立和完善行政救济制度是依法加强对行政主体行使职权行为的监督和纠正行政违法、不当行为的重要措施。由于行政救济制度允许因行政主体违法、不当行政行为受损害的行政相对人就此提出申诉、控告或请求赔偿的权利，进而引起有权力的国家机关对此行为进行审理，继而确定有争议的行政行为是否违法、失当，对违法、失当者给予必要的纠正，这就能够确保行政行为的合法性与适当性。因此，行政救济制度对监督和纠正行政违法、不当其意义也是十分重大的。通过行政救济能够及时监督和纠正行政主体的行政行为或不当行为，使人民群众充分认识到，政府与人民群众一同守法、护法，政府的行为是在法律轨道上运行的，这就能够改善长期以来人民群众认为政府在守法方面的不良形象，进而维护政府权威。

第三，建立和完善行政救济制度对保障行政相对人合法权益的意义。行政相对人的合法权益，在行政主体违法或不当行使职权的时候不可避免地会受到损害或处于即将受到损害的危险之中，如果没有相应的事后救济制度，则这种损害就将成为不可逆转的客观现实。所以，通过行政救济制度，违法、不当的行政行为被有权机关宣告为无效，或者由有权机关直接给予撤销或变更，在行政主体怠于行使职权时，则由有权机关责令其在一定期限内作出行为，这就能恢复行政相对人的合法权益，已经受到的损害得到实际弥补，或者使行政相对人的合法权益置于行政主体的切实保护之下。可见，行政救济制度在保护行政相对人合法权益方面的作用是不容忽视的。

第四，建立和完善行政救济制度有利于提高行政工作效率。行政职权的行使是以提高行政效率为目的的。但在实践中如果行政相对人对行政主体行使行政职权的行为产生了行政争议，这就使行政管理工作处于紊乱状态，行政效率必然会受到影响，行政管理也就无法正常进行。而通过行政救济的方法能够有效地排除行政争议，使行政管理秩序恢复正常，加强行政管理的有效性，进而提高行政机关的工作效率。

由于行政救济是因行政主体行使职权的行为违法或不当损害行政相对人合法权益时所提供的补救方法，因此，行政救济具有消极性、事后性和善后性的特点，属于消极行政的范围。

第二十九章 行政调解

第一节 行政调解概述

一、行政调解的概念与特征

行政调解是行政机关依据法律法规、公序良俗和相关法律，在自愿和合法的前提下，对特定行政纠纷或非行政纠纷，对相关矛盾进行协调、解决，以期化解纠纷的行政行为。行政调解是 ADR 非诉纠纷解决机制的一种，与人民调解、司法调解共同构成了当前的大调解制度。就行政调解的法律性而言，一般行政法学不将其作为研究重点，其原因在于行政调解的法律色彩不浓厚，从调解事项、调节方法来看，均属于自由裁量范围，法律难以对其进行明确规范。但是，由于受我国国情的限制，政府在我国属于强势政府，在解决社会矛盾、化解社会纠纷方面又具有司法难以替代的作用，所以有必要对其进行探讨。行政调解的法律特征具有如下几点：

第一，行政调解的主体是行政主体。我国的调解制度分为人民调解、行政调解和司法调解三部分，其划分的依据之一则为调解者不同。人民调解的调解组织为村委会、居委会或企事业单位根据需要设立的调解委员会。[1] 司法调解是法院在诉讼过程中的调解制度。民事诉讼法对此有明确规定，在此不再赘述。行政调解是在行政主体行使行政职权过程中，对相关纠纷进行的调解制度。

第二，行政调解的内容是行政纠纷或非行政纠纷。行政调解的内容目前尚无统一的法律规定。由于我国行政主体对社会生活的影响是全方位的，一般为了化解纠纷解决矛盾，与行政职权行使有关的纠纷，行政主体均可以进行调解。学者将调解内容分为行政纠纷和非行政纠纷两种。行政纠纷是行政主体在行使行政职权过程中与相对人发生的纠纷，而非行政纠纷一般是与行政主体职权范围有关的民事、经济等其他纠纷。

第三，行政调解以自愿为原则。调解，顾名思义是"通过说服教育和劝导协商，在当事人双方互相谅解的基础上解决纠纷的措施"[2]。因此，调解应以当事人自愿为前提，否则调解则失去了教育和劝导的意义与功能，也难以使当事人达到谅解而解决纠纷的目的。

---

[1] 《中华人民共和国人民调解法》第 8 条规定："村民委员会、居民委员会设立人民调解委员会。企业事业单位根据需要设立人民调解委员会。"

[2] 曾庆敏：《法学大辞典》，上海辞书出版社 1998 年版，第 1501 页。

第四，行政调解不具终局性。行政调解的效力一般均认为不具有法律约束力，其原因在于行政调解虽为行政机关行使的行为，但其并非行政行为，行政机关始终处于"居中第三人"的位置。因此，行政调解也就不具备行政行为应具有的确定力、拘束力和执行力。其履行也以当事人的自愿履行为原则。若当事人在调解之后又反悔的，另一方当事人则可以向法院提起诉讼，以维护自己的权益。

二、行政调解的类型

（一）一般行政机关调解和专门行政机关调解

行政调解根据调解的组织形式进行划分可分为一般行政机关调解和专门行政机关调解。一般行政机关调解是指凡相关纠纷均可由某一机关进行调解。专门行政机关调解是行政机关就其与自身职权有关的纠纷进行的调解。出现该种情形的原因在于受传统计划经济体制的影响，形成了按行业归口管理，解决相关纠纷的惯例。如云南省楚雄州颁布的《楚雄市人民政府关于加强行政调解工作的实施意见》中，将调解的管辖事项划分给34个职能部门，且规定其具体的调解范围。[①]

（二）民事纠纷调解和行政纠纷调解

行政调解的对象是否包含行政纠纷，学者之间有不同意见。有学者认为，行政调解的对象只能是民事争议。[②] 但从行政立法来看，行政法规已明确行政机关在处理行政纠纷过程中可以对行政行为的合理性以及补偿、赔偿问题进行调解。[③] 因此，行政调解根据对象不同，可分为民事纠纷的行政调解和行政纠纷的行政调解。

三、行政调解的功能与作用

第一，有利于协调各方的利益，化解纠纷矛盾。行政主体是具有行政职权的公权力机构。设立政府的目的在于维护法律，维持基本的社会秩序，为经济社会发展服务。因此，化解社会矛盾，解决社会纠纷也应属于其职权范围之内的事项。但是，受依法行政、职权法定、法不允许则禁止等行政法原则的制约，行政主体对社会纠纷的干预一般是受到限制的，其原因在于防止行政主体利用公权力过多干预公民私人事务。但由于在我国，行政主体掌控很多公共资源，具备化解矛盾、解决纠纷的能力与权威，因此才有必要构建行政调解制度。首先，政府在社会和民众中的威信使其能进行调解。政府在社会和民众中的威信，是几千年历史文化的沉积，是通过确切的事实逐渐构建起来的。其次，政府掌控的公共资源，使其有能力进行调解。调解的实质是对当事人的利益进行协调。一些纠纷可以通过说服劝导的方式进行协调，但当纠纷涉及众多人的实际利益时，若无政府的有效参与和对公共资源的有效利用，纠纷是难以解决的。

第二，有利于提高矛盾化解的成功率，节约公共资源。行政调解相对于人民调解和司

---

① 具体参见《楚雄市人民政府关于加强行政调解工作的实施意见》（2010年11月12日颁布）。
② 江必新、梁凤云：《行政诉讼法理论与实务（上卷）》，北京大学出版社2009年版，第271页。
③ 《行政复议法实施条例》第50条规定："有下列情形之一的，行政复议机关可以按照自愿、合法的原则进行调解：（一）公民、法人或者其他组织对行政机关行使法律、法规规定的自由裁量权作出的具体行政行为不服申请行政复议的；（二）当事人之间的行政赔偿或者行政补偿纠纷。"

法调解来讲具有明显优势,既能提高矛盾化解的成功率,也能节约公共资源。相对司法调解而言,行政调解由于行政主体拥有相关的主动权、调查权和自由裁量权,在处理问题中比法院更加灵活,且其行政主体多配有专业的执法人员,在专业知识方面比法官具有明显优势,因此对于一些常见性、多发性的纠纷由行政主体进行调解有着法院所不具备的优势。相对人民调解而言,由于行政主体拥有的公共资源和专业知识,更能辩证统一地把握技术问题、法律问题和政策问题,其调解也就能更客观、更全面、更有说服力,因此,其比人民调解更具有权威性。所以,行政调解比人民调解和司法调解能更好地提高矛盾化解的成功率。

同时,相比司法调解而言,司法具有更多的程序性规范,法官很难脱离程序任意调解,往往耗时耗力,消耗大量公共资源,而行政主体则可以更具案件的需要,即时、灵活地进行调解纠纷,从而达到节约公共资源的目的。

第三,探讨柔性行政管理方式,构建新型社会治理模式。现代行政的一个重要特征即为淡化行政的强制色彩,增加行政的柔性色彩,将行政从以前的以管理为基础的特征过渡到以服务为特征的现代行政。如行政合同、行政指导即是在该背景下出现的新型行政行为。行政调解制度在我国虽存在多年,但柔性的强调,更是针对当前社会矛盾多发期的具体问题而提出的创新政府社会治理模式的尝试。按照构建服务型政府的理念,政府与相对人的关系不再是以前的"命令—服从"关系,而是"服务—合作"的关系,政府职责不再仅仅强调维持基本的社会秩序,而是包括了发展经济、保障人权、改善民生等多元化的服务项目。作为行政调解制度,也应基于服务的理念,以平衡各方社会关系、保障社会稳定繁荣、化解当事人怨气为目的,通过较少的强调行政主体的强制性,增加其服务性。

第二节 我国的行政调解制度

一、行政调解的原则

（一）自愿原则

自愿原则应是贯穿行政调解始终的一项原则。自愿原则是相对行政行为的单方意志性特征而言的。行政行为具有单方意志性,而行政相对人则处于服从的地位。但是,在行政调解中,由于调解本身并非行政行为,因此行政调解不具有单方意志性,当事人可以选择服从和不服从,因此当事人是否接受调解基于当事人的自愿。在调解过程中,当事人随时可以退出调解程序,另行寻求救济途径。行政主体不能以调解正在进行为由,强制当事人进行调解。调解结束后,签订调解协议,对于协议的履行,也应以当事人自愿为基础。若一方当事人怠于履行的,另一方当事人不得主张调解协议的法律效力,亦不得以此协议申请法院强制执行。

（二）合法合理原则

行政调解应遵循合法合理原则。所谓合法性原则,包括了行政调解主体合法、程序合法和内容合法。行政主体应在有法律明确规定的前提下,对当事人能提请的调解纠纷进行调解，在调解过程中也应在弄清事实、厘清法律的前提下进行教育、劝导。最后，行政调解不得妨碍当事人的诉讼权益，应明确告知当事人相关的诉讼权益。

同时，行政调解在遵循合法的前提下，还应以合理性原则进行调解。此处的合理是指调解要符合人情和社会公理。法律的基本功能之一即为止争息讼，而要达到止争息讼的目的，却并非仅有寻求法律一种救济途径，说情讲理也能达到止争息讼的目的。所以，在行政调解过程中，行政主体不仅要遵循法律，同时还应以和蔼耐心的态度、细心周到的工作，晓之以理、动之以情地说服当事人达成调解协议。

（三）公开、公平、公正的原则

行政调解原则上应在双方当事人在场的情况下进行调解，禁止行政主体单方面接触当事人，以"背靠背"的方式进行调解。同时，在调解过程中，行政主体亦不得利用自己掌握公共资源的优势，采取以权压人、以言代法的方式压制一方或双方当事人。而应该本着说服教育、疏导矛盾的方式，在心平气和、公平公开的环境下，讲事实、摆道理，以做好对当事人的安抚工作和疏导工作。当事人愿意接受行政主体的调解，有时是基于政府在民众中的权威和信誉，但政府的权威和信誉仅部分解决了政府参与纠纷调解的正当性。至于纠纷能否得到圆满解决，还需要行政主体在调解中贯彻公开、公平和公正的原则进行。

（四）一事不再调的原则

对同一件纠纷，行政机关仅作一次调解称为一事不再调原则。确立该原则在于以下几方面的考虑：首先，为了保护当事人权益。从大调解制度看，行政调解仅是纠纷解决的一个环节，而非终极程序。为了防止"久调不解"和"以调解拖时间"的问题，行政调解在无法解决问题的情况下，应由当事人寻求其他救济途径，以维护自身权益。其次，为了节约公共资源。为了防止调解可能出现纠缠不清、胡搅蛮缠等现象的出现，对于行政调解以一次为限。最后，为了提高行政效率。确立一事不再调原则，是三方参与人均知道行政机关参与纠纷解决仅此一次，能让各方在调解中更加认真、更加慎重，从而有利于提高行政调解的效率。

二、行政调解的依据

（一）法理依据

从法理上说，近代宪政制度是在三权分立的基础上建立起来的。三权分立理论将国家权一分为三：立法权由国会行使，行政权由政府行使，司法权由法院行使。政府只需担任"守夜人"角色即可，否则就易产生专断擅权。按照这种严格的三权分立理论，纠纷解决应属于司法权的范畴，行政主体无权参与调解。随着现代国家的发展，政府从"守夜人"政府过渡到"行政国"、"全能政府"，开始大量涉足经济、民生、社会保障、教育等以前政府禁止涉足的领域。同时，由于社会分工的不断精细，以前由国会实行的立法权、法院行使的司法权逐渐难以胜任现代社会发展的需要，因此出现了委任立法、准司法等由行政主体履行带有立法、司法性质的职权。就准司法来说，尽管行使的主体从法院转移到了行政主体，但是其司法的性质却并未改变。行政主体在行使该权力时，仍然要遵守司法权所具有的基本特征，如程序正义、保障救济权利等。可见，行政主体在进行行政调解的过程中，虽行使了准司法的权力，但是并未改变司法权的性质。

(二) 法条依据

在职权法定的原则下，行政主体行使行政调解职权应在法律授权的范围内进行。对此，我国相关法律规定，地方政府有责任"保护社会主义的全民所有的财产和劳动群众集体所有的财产，保护公民私人所有的合法财产，维护社会秩序，保障公民的人身权利、民主权利和其他权利"[①]。如何履行该职能，法律仅笼统规定为依法行使职权。《治安管理处罚法》第9条规定："对于因民间纠纷引起的打架斗殴或者损毁他人财物等违反治安管理行为，情节较轻的，公安机关可以调解处理。"《道路交通安全法》第74条规定："对交通事故损害赔偿的争议，当事人可以请求公安机关交通管理部门调解，也可以直接向人民法院提起民事诉讼。"《行政复议法实施条例》第50条规定："有下列情形之一的，行政复议机关可以按照自愿、合法的原则进行调解：（一）公民、法人或者其他组织对行政机关行使法律、法规规定的自由裁量权作出的具体行政行为不服申请行政复议的；（二）当事人之间的行政赔偿或者行政补偿纠纷。"这些法律的规定均说明法律明确授权行政主体可以进行调解。

(三) 现实依据

现代行政的特征之一就是公共事务日益专门化、专业化，但是法官既缺乏相应的专业知识，也缺乏必要的解决问题所需的开拓创新精神。首先，随着市场经济的发展，社会分工越来越精细，对市场的监管、调控也要求行政部门不仅要具备相应的法律知识，也要具备相关的专业技能。当市场一旦发生相应纠纷的时候，行政管理部门才能及时采取应对措施，规范、维护正常的市场秩序。而这些与特定行业相联系的纠纷，若交由法院裁决，则厘清案件所需的专业术语、行业术语就会让法官难以解决。其次，纠纷解决需具备综合性视野，并非仅靠法律就能解决。纠纷的产生，是各种因素汇聚的结果。不同的纠纷需要用不同的手段进行解决。对于家庭邻里之间的简单民事纠纷，由人民调解委员解决较为恰当。复杂重大的社会纠纷，由法院进行解决较为恰当，而对于与行政、技术、专业有关的纠纷则应交由行政机关解决较为妥当。最后，行政纠纷解决范围广泛，法院难以胜任。据研究，"在我国，目前仅法律、行政法规规定政府对于行政管理有关的民事纠纷的裁决就有近20项，职能部门对于行政管理有关的民事纠纷的裁决有30多项"[②]。如此多的纠纷裁决事项，若均交由人民调解委员会或法院解决，会存在专业知识不足或权威性不够的问题，难以得到较好解决。

三、行政调解的范围

行政调解虽为行政机关的一项职责，但也并非任何事情都进行调解，也要在一定范围内按照法律相关规定进行。

(一) 公民、法人或其他组织之间的民事、经济纠纷

行政机关有维护社会秩序和市场秩序的职责，因此出现的相关纠纷也有管理职责，能

[①] 《中华人民共和国地方各级人民代表大会和地方各级人民政府组织法》第59条第1款第6项规定："保护社会主义的全民所有的财产和劳动群众集体所有的财产，保护公民私人所有的合法财产，维护社会秩序，保障公民的人身权利、民主权利和其他权利。"

[②] 袁曙宏：《全面推进依法行政实施纲要读本》，法律出版社2004年版，第250页。

通过调解方式解决的,则应尽量通过调解方式解决。而此类纠纷大致可以分为两类,一类是与行政管理无关的纠纷。例如,基层政府的司法助理员就是专门负责处理民间纠纷的公务人员。又如,乡(镇)政府对土地承包经营中出现的纠纷也有权进行调解。① 另一类是与行政职能有关的,在行使行政职能过程中附带的行政调解。例如,在医疗事故纠纷处理中,卫生行政部门根据当事人的申请,可就赔偿等问题进行调解。② 又如《商标法》规定,对商标的争议由商标评审委员会负责调解。③ 此类调解事项是该职能部门理应管辖的内容,所以有权进行调解。

(二)公民、法人或其他组织与行政主体之间的行政纠纷

行政纠纷与前述纠纷的重要区别在于该纠纷的一方当事人是行政主体,是行政主体在行使行政职权过程中与相对人产生的纠纷。由于行政主体行使行政职权应以合法为前提,故合法性问题不得进行调解。但是,行政主体行使职权不可避免地存在自由裁量的情形,对此问题是可以进行调解的。同时,在补偿和赔偿问题上,亦可以通过调解的方式进行解决。《行政复议法实施条例》对此有明确规定。据此,行政纠纷中的合理性问题、补偿和赔偿问题可以进行调解。④ 在地方立法中,一些地方又将其作了细化处理,增加了可以调节的其他内容。⑤ 在此需指出的是,申请调解的主体不一定是行政相对人,也许是第三人或利害关系人。这是由争议的具体行政行为的内容决定的。如房屋所有权登记纠纷、土地使用权登记纠纷、工伤认定纠纷等,原本是双方当事人之间的民事纠纷,但行政机关的裁决行为亦可能引起另一方当事人不满,而申请行政调解。

---

① 《中华人民共和国土地承包法》第51条:"因土地承包经营发生纠纷的,双方当事人可以通过协商解决,也可以请求村民委员会、乡(镇)人民政府等调解解决。当事人不愿协商、调解或者协商、调解不成的,可以向农村土地承包仲裁机构申请仲裁,也可以直接向人民法院起诉。"

② 《医疗事故处理条例》第48条规定:"已确定为医疗事故的,卫生行政部门应医疗事故争议双方当事人请求,可以进行医疗事故赔偿调解。调解时,应当遵循当事人双方自愿原则,并应当依据本条例的规定计算赔偿数额。"

③ 《中华人民共和国商标法》第2条第2款规定:"国务院工商行政管理部门设立商标评审委员会,负责处理商标争议事宜。"第53条规定:"……进行处理的工商行政管理部门根据当事人的请求,可以就侵犯商标专用权的赔偿数额进行调解;调解不成的,当事人可以依照《中华人民共和国民事诉讼法》向人民法院起诉。"

④ 《中华人民共和国行政复议法实施条例》第50条规定:"有下列情形之一的,行政复议机关可以按照自愿、合法的原则进行调解:(一)公民、法人或其他组织对行政机关行使法律、法规规定的自由裁量权作出的具体行政行为不服申请行政复议的;(二)当事人之间的行政赔偿或者行政补偿纠纷。"

⑤ 《安徽省行政复议调解和解办法(试行)》第5条规定:"下列行政复议案件,优先选择调解、和解的处理方式,可以由行政复议机构主持调解,也可以由争议各方自行和解:(一)涉及行政自由裁量权行使的案件;(二)涉及行政赔偿或者行政补偿纠纷的案件;(三)涉及行政机关对平等主体之间民事争议所作的裁决、确权、认定等的案件;(四)涉及行政机关不履行法定职责的案件;(五)涉及具体行政行为有轻微瑕疵或不适当的案件;(六)相关法律法规没有规定或者规定不明确,适用法律有困难或者争议的案件;(七)其他可以调解、和解的案件。"

第三十章　行政复议基本原理

第一节　行政复议概述

一、行政复议的概念

行政复议是指公民、法人或其他组织认为行政机关的具体行政行为侵犯了其合法权益，按照法定的程序向作出该具体行政行为的上一级行政机关提出申请，由该机关就被申请人的具体行政行为的合法性和适当性依法进行审查，并作出行政复议决定的活动。行政复议包括以下几层含义：

第一，行政复议与行政诉讼是我国行政法律救济制度中两种并行的事后对相对人进行救济的制度。

第二，行政复议是一种应申请的法律行为。行政复议机关作出行政复议决定，必须基于公民、法人或者其他组织的申请。如果没有这种申请，则行政复议机关不能主动实施行政复议行为。这是由行政行为的公定力、单方性所决定的。行政诉讼、行政复议就是针对行政行为的这一特性而建立起来的，这种基于对权力支配关系的单向的行政行为控制需要而建立起来的两种事后救济制度，其设计思想与行政行为构造相符合，目的是为了有效救济行政相对人的合法权益，反映在启动机制上就是只允许行政相对人提出申请。

第三，行政复议对具体行政行为的合法性与合理性的全面审查。这是行政复议区分于行政诉讼的最大不同点。众所周知，在传统行政法中，因为分权的缘故，法院只对合法性问题进行审查，对行政裁量决定的优劣问题一般都高度尊重行政机关的专业决策，仅针对行政裁量的合法与否作出司法评价，对裁量质量的高低、好坏尽量不发表看法。尽管在我国，司法干预似乎越过了这一界限。我国《行政诉讼法》第54条规定："行政处罚显失公正的，可以判决变更。"但是，这一界限的划分仍然是谨慎的、严格的和高标准的。之所以把司法干预与行政权领地的门槛规定在"显失"公正上，是因为在法院看来，行政决定如果显失公正，就会发生质变，变成实质性违法，这其实是确认了显失公正是一个独立的司法判断标准，也是唯一的一个标准。而行政复议则不同，由于复议机关同样是行政机关，所以对具体行政行为审查的标准不必限于合法性这一要求，再由于行政机关上下级之间的从属性，更是使上级行政机关有权以专业的角度对下级行政机关行政裁量的实质内容进行审查,① 行政复议的审查标准体现了行政机关内部结构的特点。

二、行政复议的性质

我国的行政复议制度初创于20世纪50年代,在制定《行政复议条例》之前,关于行政复议性质的争论就已经在学术界出现,当时争论的核心问题是行政复议是应该走"行政性"还是"司法性"的道路。尽管1990年国务院颁布了《行政复议条例》,虽然法条中充分体现了行政立法部门倾向于行政法的观点,但是这部行政法律的出台并没有起到定争止纷的作用。1999年4月29日,第九届全国人大常务委员会第九次会议审议通过了《行政复议法》,学界从众多制度设计中看到了立法者刻意祛除"司法化"的印记,致使关于行政复议性质的讨论在学术界中如火如荼地开展,不少学者甚至实践部门的工作者纷纷质疑行政复议的祛"司法化"的态度。②

归结起来,行政复议的性质,学界大致有以下五种观点:一是"行政说",认为行政复议是一种具体行政行为,复议机关与被申请人之间是一种管理者与被管理者之间的一种不平等的关系。二是"司法说",认为行政复议是一种司法活动,因为行政复议的过程是解决行政纠纷的过程。三是"司法行政说",又称为"准司法说",认为行政复议兼具行政和司法的双重性质,从争议的主体来看,解决纠纷的主体是行政机关,因此表明了其行政性;从争议的解决过程来看,行政复议是由上级行政机关居间作为仲裁者来解决行政机关与行政相对人的纠纷,更何况行政复议程序的严密性,更是使得行政复议有了"司法性"的特征。四是"救济说",认为行政复议方式是一种通过行政程序解决行政争议的救济制度。五是"综合性质说",认为行政复议方式的性质是多方面的,应视为行政性、司法性、救济性的综合体。③

从行政复议制度的设计与发展来看,行政复议的确受司法特性、司法程序的影响至深。从行政复议的职能看,它发挥着行政机关居中解决行政纠纷的作用;从行政复议的程序上看,复议程序的缜密性较一般行政行为强,且明显地借鉴了司法程序,所以它具有相当的司法性特征,是"司法迁入行政"的体现。然而,由于行政复议的作出机关、程序以及对内容的保障性远不及司法程序,所以两者不能完全等同,行政复议是行政机关借鉴司法程序实施的行政行为。

三、行政复议的功能

第一,纠正违法的或不当的具体行政行为,体现了行政机关有错必纠的原则。行政复议机关基于相对人的申请,对该有争议的具体行政行为进行审查。经审查,认为该具体行政行为合法且合理的则作出维持决定;认为该具体行政行为违法的则作出撤销决定;认为该具体行政行为不当的则作出变更决定。由于行政复议是建立于行政系统内部的救济制度,所以它不必拘于司法的合法性判断要求,可以拥有更大的审查空间,所以行政复议理应成为我国行政救济制度中纠正违法或不当行政行为的有力手段。

---

① 参见余凌云《行政诉讼上的显失公正与变更判决》(2011-10-28), http://www.lawtime.cn/info/xingzheng/xzflw/2011031862131.html。
② 参见江平总主编《共和国六十年法学论争实录(行政法卷)》,厦门大学出版社2009年版,第212页。
③ 杨临宏著:《行政法:原理与制度》,云南大学出版社2010年版,第644页。

第二,保护公民、法人或其他组织的合法权益。传统的行政法是以行政行为为中心建立起来的,由于传统行政行为的公权力性、单方性和直接引起对外法律效果的三大特征,正好与行政复议、行政诉讼两大救济制度的构造相呼应,使得行政相对人在履行服从行政行为、协助行政机关完成行政行为的义务的同时,留有了足够的空间挑战违法或不当的行政行为;两种制度的设计均以保护行政相对人合法权益为目的和出发点。

第三,保障和监督行政机关依法行使职权。

第二节 行政复议的基本原则

一、行政复议基本原则的概念

"行政复议的基本原则,是指由宪法和法律规定的,反映行政复议的基本特点,贯穿于行政复议及行政复议活动始终并对行政复议具有普遍指导意义,体现并反映着行政复议的客观规律和行政复议法的精神实质的基本规则。"① 任何一部法律都有其基本原则,法律之中的若干制度也往往存在着反映该制度规律的基本精神,正是这些规则使得法律制度相协调,形成统一体。由于行政权是职权与义务的统一体,所以从某种程度上讲,行政复议的基本原则对复议机关来讲也就意味着其在进行行政复议活动过程中必须履行的义务。

二、行政复议的原则

(一) 一般原则

1. 合法性原则

合法性原则是处理行政复议活动与适用法律关系的原则,是指行政复议机关在进行行政复议时必须依据法律规定实施复议。

从法律意义上看,行政复议的合法性原则是行政法上依法行政原则在行政复议制度领域内的渗透。行政法上的依法行政原则或称合法性原则主要是指,行政权的存在和运行都必须依据法律、符合法律规定的程序。行政复议制度中的合法性原则正是这一原则的体现与具体化,它的要求具体为:①行政复议机关必须为依法设立的国家行政机关,享有法律赋予的行政复议权。②行政复议机关实施行政复议时,应当依照《行政复议法》规定的权限、管辖等实体内容进行。我国《行政复议法》第3条专门规定了复议机关及复议机构的职责,复议范围和复议申请的规定则确定了复议案件的管辖权,第26条则专门规定了复议依据的处理。③行政复议机关必须严格遵守《行政复议法》规定的行政程序。

2. 公正原则

公正原则是针对行政复议活动的过程和结果的基本要求,是指行政复议机关居间裁决行政纠纷,平等地对待双方当事人,保证双方当事人平等地享受权利和履行义务,不得偏袒任何一方当事人。在我国行政法中,越来越多的具体部门法均贯彻了这一原则。如行政

---

① 应松年主编:《当代中国行政法》,中国方正出版社2004年版,第1718页。

处罚领域中该原则就具体表现为回避制度、听证制度和赋予当事人陈述与申辩制度、听证笔录排他性原则、告知权利制度、裁执分离制度等。①

行政复议活动中之所以要体现这一原则，主要是因为法的稳定性与社会生活复杂性之间形成的张力，一方面法要具有稳定性，这是法本身内在属性的要求；另一方面法律又要随着社会生活的变化而发展，特别是行政具有随着情势变迁而不断发展的特性，更是突出了这一矛盾，所以在行政复议过程和结果中要求行政复议必须符合社会公众一般认识的要求，合乎公平、正义等一般理性要求，既是弥补法律不够灵活的缺点，也是对行政管理的更高层次的要求。

3. 公开原则

公开原则是对行政复议方法的基本要求，也是对行政复议机关进行复议活动时负有的基本义务。它是指行政复议活动应当公开进行，应该尽可能地向当事人、社会公众了解行政复议活动的具体情况，从而有效地对行政复议活动进行监督。

由于行政复议具有较强的司法性的特点，所以复议公开成为行政复议制度应有之义。我国的《行政复议法》明确体现了这一原则，第 23 条第 2 款明文要求："申请人、第三人可以查阅被申请人提出的书面答复、做出具体行政行为的证据、依据和其他有关材料，除涉及国家秘密、商业秘密或者个人隐私外，行政复议机关不得拒绝。"

4. 及时原则

及时原则是指行政复议活动要在法律规定的时限内尽可能地推行，以提高行政效率。②

基于法的安定性要求，在行政复议过程中贯彻及时性原则，以使得行政纠纷快速解决，使得行政法律关系得到确定，并快速恢复行政秩序，同时也有利于公共秩序的维护。我国《行政复议法》的相关规定体现了这一原则，第 17 条规定，"行政复议机关收到行政复议申请后，应当在五日内进行审查"，并及时告知申请人结果；一般情况下应当以收到之日即视为受理。第 23 条规定，复议机构应当自受理之日起 7 日内将申请书副本等发送被申请人，被申请人应当自收到之日起 10 日内提出书面答复等。第 31 条规定，复议机关应当自受理之日起 60 日内作出复议决定。

（二）特有原则

1. 便民原则

便民原则是指行政复议活动应当为申请人提供各种方便条件，尽可能地减少申请人参加复议的总成本，避免让其耗费不必要的时间、费用和精力，保障申请人充分维护自己的合法权益。

便民原则并不是一个严格意义上的法律原则，而是我国一切国家机关都应秉承的宪法性宗旨——为人民服务在行政管理领域的具体落实。这一原则的出发点是一切从申请人的角度出发，设身处地地为申请人着想。③

要求复议机关在行政复议中应努力创造条件，为申请人提供方便，更不能刁难复议申

---

① 应松年主编：《当代中国行政法》，中国方正出版社 2004 年版，第 1723 页。
② 应松年主编：《当代中国行政法》，中国方正出版社 2004 年版，第 1725 页。
③ 应松年主编：《当代中国行政法》，中国方正出版社 2004 年版，第 1726 页。

请人。《行政复议法》关于申请人可选择复议机关的规定,就充分考虑到申请的各种需要。第 15 条第 2 款规定,关于申请人可以向行为发生地相近地方人民政府申请,由其转送的规定;第 17 条规定,关于不属于本机关受理时应当告知有权受理机关的规定;第 29 条第 2 款规定,关于申请人在申请复议时没有提出赔偿请求的,复议机关也可依法作出赔偿决定的规定等,都是便民原则的体现。

2. 全面审查原则

全面审查原则是指行政复议机关对被复议的具体行政行为进行全面的审查,既要审查法律问题,也要审查事实问题;既要审查合法性问题,也要审查合理性问题;既要审查具体行政行为方面的问题,也要审查作为具体行政行为依据的抽象行政行为方面的问题。全面审查原则是行政复议在制度设计上嫁接了行政组织现成层级体系而产生的,也是行政复议制定法定性的必然要求。[①]

3. 司法终局原则

司法终局原则是指行政复议机关的复议决定不是最终发生法律效力的决定,复议当事人对该决定不服的,可以在法定期限内向人民法院提起行政诉讼,人民法院经审理后作出的终审决定才是发生法律效力的终局决定。这一原则是司法最终原则在行政复议制度上的体现。[②]

---

① 应松年主编:《当代中国行政法》,中国方正出版社 2004 年版,第 1729 页。
② 应松年主编:《当代中国行政法》,中国方正出版社 2004 年版,第 1729 – 1730 页。

第三十一章 行政复议的受案范围与管辖

第一节 行政复议的受案范围

行政复议范围也称为行政复议的受案范围，《行政复议法》第6条、第7条对此进行了规定。行政复议制度是保障行政相对人合法权益的"救济性"制度，行政复议的受案范围决定了行政相对人可以对何种行政行为申请行政复议，同时也决定了行政机关的行政复议权限。从性质上看，行政复议是对原行政行为的再审查，由于行政复议功能的局限性，致使行政复议机关受理行政复议时同样具有局限性的特征，[①] 即有的行政行为可以申请行政复议，而有的则不能申请行政复议。从功能上看，按照《行政复议法》第1条的规定，行政复议旨在防止和纠正违法的或者不当的具体行政行为，保护公民、法人和其他组织的合法权益，保障和监督行政机关依法行使职权，所以行政复议的基本范围的规定是有必要的。

一、行政复议受案范围的概念

行政复议的受案范围是指行政相对人认为具体行政行为侵犯其合法权益，依法向行政机关请求重新审查，行政复议机关受理该复议申请的范围（或权限）。对于本概念的理解，需要注意几个要素。

（一）申请人要素

行政复议的申请人必须是行政争议中对行政机关作出的具体行政行为不服的行政相对人，不属于该行政争议中的法律关系主体不能对该具体行政行为申请行政复议。例如，甲认为公安机关对其罚款侵犯了其合法权益，在此只能由甲申请行政复议，甲以外的其他任何人或组织不能申请行政复议。

（二）异议要素

异议是对具体行政行为不服。依据《行政复议法》第2条的规定，对该异议不能作一般性理解，而是在"认为行政机关侵犯其合法权益"的情况下提出的。例如，王某在接受工商行政管理机关的行政处罚时，认为行政机关处理态度存在问题，但没有侵犯到他的合法权益，在这种情况下也就不属于"异议"的情况，自然也就不能提起行政复议。

[①] 姜民安主编：《行政法与行政诉讼法》，北京大学出版社、高等教育出版社2011年版，第378页。

（三）行为要素

行为要素即行政相对人只能就行政机关的具体行政行为提出复议申请，不能对抽象行政行为提出复议申请，这是行政复议受案范围的核心要素。例如，李某不能因为认为本市出台的有关政策侵犯了其合法权益而提出行政复议。

（四）受理要素

很多教科书中将行政复议的受案范围称为行政复议范围，即强调是行政相对人请求对具体行政行为进行重新审查的范围。表面上两者并无太大区别，但是从行政机关对行政复议"受理"角度的出发，不难看出行政机关对行政相对人提出的申请应依照《行政复议法》第6条、第7条的规定进行受理，如果该复议申请不符合法律规定，行政复议机关可以不受理。所以，行政复议机关是否受理也属于行政复议机关的"权限"问题。

二、行政复议受案范围的特征

行政复议的受案范围是行政复议机关受理复议申请的权限，也是行政相对人提出重新审查行政行为的范围。其不仅对行政复议机关产生约束力，也对行政相对人产生约束力，所以行政复议的受案范围具有局限性与定型化的特征。

（一）局限性

局限性是指行政复议的受案范围是有限的，并不是对所有行政行为都可以提出复议申请。依据《行政复议法》第6条的规定，可以申请行政复议的行政行为有11种情况，也就意味着，行政相对人申请行政复议的范围被限定了。对行政复议机关而言，也只能接受在此范围之内的行政复议，超越此范围的复议申请，行政复议机关是不予受理的。

（二）定型化

定型化是指行政复议的受案范围是具体的、类型化的，不是抽象的。《行政复议法》对可以申请行政复议的具体行政行为的类型界定得非常清楚，对不属于《行政复议法》第6条规定的情况，行政相对人不能申请行政复议，行政复议机关不能受理复议申请。需要注意的是，《行政复议法》第6条第11项对行政复议的受案范围进行了补充规定，与行政复议受案范围的定型化特征并不冲突，主要是出于对行政相对人合法权益的充分保护。

三、行政复议受案范围的立法模式

行政复议受案范围的立法模式可以分为概括式、列举式与折中式三种。

（一）概 念

概括式是指法律对行政复议的受案范围进行概括性规定的立法模式。这种立法模式的主要特征是行政复议的受案范围较广。

列举式是指法律对行政复议的受案范围规定在具体范围之内的立法模式。这种立法模式的最大特点就是行政复议的受案范围较窄。

折中式是指法律在对行政复议范围进行概括规定的基础上对特定情形进行具体规定立法模式。这种立法模式的行政复议范围相对宽泛。

(二) 立法模式选择

当代大陆法系大多数国家采用折中式的立法模式。在德国，《联邦法院法》第 68 条规定，行政复议只是提起撤销之诉与部分职责之诉的必要前置程序。[①] 故德国行政复议的受案范围与行政诉讼的受案范围大体一致。《联邦行政法院法》第 48 条第 1 款规定："一切未被联邦法律划归其他法院管辖的非宪法性质的公法上的争议，对之均可提起行政诉讼，州法律范畴的公法争议，也可由州法律划归其他法院管辖。"虽然法律规定了较广的行政复议范围，但并非所有的行政行为都可以成为行政复议的对象。例如，国家行为和划归其他法院管辖的公法争议等。又如，日本行政不服审查制度对不服申诉事项在作出概括性规定的同时也作出了限制性规定，依据日本法律规定，不属于行政不服申诉对象的事项有三种：其一，《行政不服审查法》第 4 条第 1 款规定 11 项处分或不作为。其二，《行政不服审查法》以外的其他法律规定的不能提起不服申诉的事项，如《垄断禁止法》第 20 条规定的事项。其三，依据《行政不服审查法》作出的处分。[②] 我国台湾地区的《行政诉愿法》也有类似规定。之所以采取折中式的立法模式，主要原因为：一方面如果完全以概括性的方式规定受案范围，也就意味着行政复议可以随意提出，这会严重导致行政复议泛滥，不利于行政机关高效生政，同时也会造成不公正现象出现；另一方面，如果只采用列举式的立法模式，法律规定的受案范围相对较窄，不利于充分保护行政相对人的合法权益，给公民的行政救济带来难度。

四、可以申请行政复议的具体行政行为

可以申请行政复议的具体行政行为是行政相对人可以提起行政复议申请的范围，也是行政复议机关受理复议申请的具体权限。《行政复议法》第 6 条对此作了明确规定。本条所规定的可申请复议事项全部属于具体行政，具体行政行为是行政机关针对特定公民、法人、其他组织作出的能产生行政法律效果的决定或者措施的行为。由于具体行政行为是针对特定主体作出的，能对特定主体产生较为具体化的法律效果，为监督和规范行政机关的行政行为与保护行政相对人的合法权益，法律界定了较为细化的行政复议范围。

第一，行政处罚。

第二，行政强制措施。

第三，对许可证、执照、资质证、资格证等证书变更、中止、撤销行为。

第四，行政确权行为。

第五，侵犯经营自主权的行为。

第六，变更或者废止农业承包合同的行为。

第七，违法集资、征收、摊派等要求履行义务的行为。

第八，未依法办理行政许可的行为。

第九，不履行保护人身权利、财产权利、受教育权利的法定职责的行为。

第十，不依法发放抚恤金、社会保险金或者最低生活保障费的行为。

[①] [德] 汉斯·J. 沃尔夫、奥托·巴霍夫、罗尔夫·施托贝尔：《行政法》，高家伟译，商务印书馆 2002 年版，第 272 页。

[②] 杨建顺著：《日本行政法通论》，中国法制出版社 1998 年版，第 668 页。

第十一，其他具体行政行为。

五、可一并申请行政复议的行政规定

行政机关有权按照宪法和法律规定作出抽象行政行为，具体权限包括：国务院根据宪法和法律，有权规定行政措施，制定行政法规，发布决定和命令①；国务院各部、各委员会根据法律和国务院的行政法规、决定、命令，在本部门的权限内，发布命令、指示和规章②；县级以上地方各级人民政府可规定行政措施，发布决议和命令③；省、自治区、直辖市以及省、自治区的人民政府所在地的市和经国务院批准的市人民政府，还可以根据法律和国务院的行政法规制定行政规章④；乡、民族乡、镇的人民政府执行本级人民代表大会的决议和上级国家行政机关的决定和命令，发布决定和命令⑤。从法理上讲，宪法、法律、行政法规、行政规章都属于法的范围，宪法和法律由立法机关规定之，行政法规和规章由具有相应职权的行政机关规定之，这属于典型的抽象行政行为，不可以申请行政复议。而在法规与规章之外还存在一些其他的规范性文件，这些规范性文件在《行政复议法》中将其称为"规定"，是指行政机关制定除行政法规与规章之外的具有普遍约束力的规范性文件，不属于"法"的范畴。⑥ 行政机关制定行政规定属于抽象行政行为，原本不能申请行政复议，但实践中存在着一些行政机关为了自身利益乱发文、乱集资、乱收费等现象，严重危害到公共利益，为进一步监督与完善行政机关的行政行为，《行政复议法》第7条确立了对行政规定的行政审查制度，即公民、法人或者其他组织认为行政机关的具体行政行为所依据的规定不合法，在对具体行政行为申请行政复议时，可以一并向行政复议机关提出对该规定的审查申请。对该条文的理解应当注意以下几个问题。

（一）具体范围

《行政复议法》第7条第1款第1~3项与第2款规定了可以申请复议的行政规定的范围，包括国务院部门的规定、县级以上地方各级人民政府及其工作部门的规定和乡、镇人民政府的规定，但不包括行政规章。在效力上，行政机关制定的行政规定具有普遍约束力，并非针对单个行政相对人，属于抽象行政行为，但其又不同于行政法规与规章。行政法规是由国务院制定，对国务院制定的行政法规、决定和命令，只能由全国人大常务委员会行使撤销权。规章是由国务院部门、省级人民政府和省会所在地的市人民政府以及国务院批准的较大市的人民政府制定的，对此有专门的审查制度。对于行政机关作出具体行政行为所依据的行政规定不合法的，行政相对人可对行政规定提出复议申请，以此对行政规定进行行政审查。

（二）申请复议的条件

《行政复议法》第7条第1款规定，公民、法人或者其他组织认为行政机关的具体行政行为所依据的规定不合法，在对具体行政行为申请行政复议时，可以一并向行政复议机

---

① 《中华人民共和国宪法》第89条第1款。
② 《中华人民共和国宪法》第90条。
③ 《中华人民共和国地方各级人民代表大会和地方各级人民政府组织法》第59条第1项。
④ 《中华人民共和国地方各级人民代表大会和地方各级人民政府组织法》第60条。
⑤ 《中华人民共和国地方各级人民代表大会和地方各级人民政府组织法》第61条第1项。
⑥ 朱芒：《论行政规定的性质》，载《中国法学》2003年第1期。

关提出对该规定的审查申请。在此需要注意，申请复议行政规定的条件，即对"一并申请复议"的理解。其一，能申请复议的行政规定是行政机关作出具体行政行为的依据。如果行政机关作出的具体行政行为没有依据该行政规定，则行政相对人不能对该行政规定申请复议。其二，如果要申请复议行政规定必须和对具体行政行为的复议申请一并提起，也就是说，对行政规定复议申请不能单独提出。其三，行政规定的"合法性"审查。行政规定的制定应当依据宪法和法律、行政法规或规章，如果行政规定违反上述规范性文件，也就属于"不合法"，如果其作为具体行政行为的依据，该行政规定可以被申请复议。

六、行政复议的排除事项

行政复议具有一定的适用范围，并非所有行政行为都可以申请行政复议，不能申请复议的行政行为就是行政复议的排除事项。

（一）行政法规与规章

行政法规与规章的制定和发布属于典型的抽象行政行为，并且行政法规与规章属于"法"的范畴，对其审查不适用行政复议的行政审查制度。全国人民代表大会常务委员会有权撤销同宪法和法律相抵触的行政法规，有权撤销同宪法、法律和行政法规相抵触的地方性法规，有权撤销省、自治区、直辖市的人民代表大会常务委员会批准的违背宪法和《立法法》第66条第2款规定的自治条例和单行条例；国务院有权改变或者撤销不适当的部门规章和地方政府规章；省、自治区、直辖市的人民代表大会有权改变或者撤销它的常务委员会制定的和批准的不适当的地方性法规；地方人民代表大会常务委员会有权撤销本级人民政府制定的不适当的规章；省、自治区的人民政府有权改变或者撤销下一级人民政府制定的不适当的规章。① 由此可见，对行政法规与行政规章的审查由专门制度规定，不适用行政复议。

（二）行政处分或者其他人事处理决定

《行政复议法》第8条第1款规定，不服行政机关作出的行政处分或者其他人事处理决定的，依照有关法律、行政法规的规定提出申诉。

（三）不服行政机关对民事纠纷作出的调解或者其他处理

《行政复议法》第8条第2款规定，不服行政机关对民事纠纷作出的调解或者其他处理，依法申请仲裁或者向人民法院提起诉讼。行政调解是国家行政机关处理民事纠纷的一种方式，即行政机关在职权范围内对民事纠纷的双方当事人进行说服教育，使双方当事人在平等自愿的基础上达成调解协议。从法律关系的角度上讲，行政机关的调节行为并非是管理行为，只是出于调解人的地位，是否调解成功还取决于双方当事人的意思表示。如果在行政机关进行调解后不服的，对此不能申请行政复议，应当就纠纷提起仲裁或民事诉讼。

---

① 《中华人民共和国宪法》第67条第7项、《中华人民共和国宪法》第89条第13项、《中华人民共和国立法法》第88条。

第二节 行政复议的管辖

行政复议管辖是指行政复议机关在受理行政复议时的具体分工。行政复议管辖决定了在行政相对人申请行政复议时由哪个行政复议机关行使行政复议权。由于行政机关的设置体系比法院复杂，所以行政复议管辖比行政诉讼管辖复杂。行政复议管辖按照法律规定可以分为一般管辖与特殊管辖两种。

一、一般管辖

行政复议的一般管辖是指基于行政机关的设置体系，按照行政机关上下级关系所确定的基本管辖原则。一般情况下，行政相对人对行政机关的具体行政行为不服时，可以向该行政机关的上级主管部门申请复议，也可以向该部门的本级人民政府申请复议，《行政复议法》对此作出了明确规定。基于行政复议对象是人民政府的具体行政行为还是人民政府工作部门的具体行政行为，一般管辖可以分为以下三种情况。

（一）对地方各级人民政府的具体行政行为不服的复议管辖

《行政复议法》第13条第1款规定，对地方各级人民政府的具体行政行为不服的，向上一级地方人民政府申请行政复议。一般而言，地方各级人民政府在行政管理方面主要是宏观管理，由其实施的具体行政行为较人民政府的各工作部门作出的具体行政行为要少得多。但是，对于县级以上地方各级人民政府作出的具体行政行为不服，只能向上一级地方人民政府申请复议，因为《地方各级人民代表大会和地方各级人民政府组织法》明确规定，地方人民政府的工作是受同级人民代表大会和上一级国家行政机关监督的，上一级政府的工作部门同下一级人民政府没有领导关系，所以无权对下一级人民政府作出的具体行政行为进行复议。

《行政复议法》第13条第2款规定，对省、自治区人民政府依法设立的派出机关所属的县级地方人民政府的具体行政行为不服的，向该派出机关申请行政复议。省、自治区的人民政府在必要的时候，经国务院批准，可以设立若干派出机关。[①] 这些派出机关也就是地区行政公署，简称"行署"，其受省、自治区人民政府的委托指导下级国家行政机关工作并负责办理各项事宜，地区行政公署不是一级独立的国家机关，受省、自治区的人民政府的领导，同时又代表省、自治区的人民政府指导和管理下级行政机关完成行政工作。所以，行政相对人对省、自治区人民政府依法设立的派出机关所属的县级地方人民政府的具体行政行为不服的，向该派出机关申请行政复议

（二）对地方各级人民政府工作部门的具体行政行为不服的复议管辖

按照一般管辖的原理，对行政机关作出的具体行政行为申请复议的，须向该行政机关的上一级机关管辖，这是由行政机关的上下级监督关系决定的。对人民政府的工作部门作出的具体行政行为申请复议的，由上级主管部门或者本级人民政府管辖，这是由我国行政

---

① 《中华人民共和国地方各级人民代表大会和地方各级人民政府组织法》第68条第1款。

工作部门管理体制决定的。我国的行政管理体制包括垂直领导与双重领导两种模式。垂直领导是指由上级主管部门对下级行政机关进行直接领导。例如，国家税务总局对各地方国家税务机关的领导模式。双重领导是指行政工作部门除有上级主管部门领导外还接受本级人民政府的直接领导。基于这两种行政管理体制的差别，对政府工作部门的具体行政行为申请复议的管辖当然也有所不同。

第一，对实行双重领导管理模式的政府工作部门的具体行政行为申请复议时，上级主管部门与本级人民政府都享有管辖权。《行政复议法》第 12 条第 1 款规定，对县级以上地方各级人民政府工作部门的具体行政行为不服的，由申请人选择，可以向该部门的本级人民政府申请行政复议，也可以向上一级主管部门申请行政复议。

第二，对实行垂直领导管理模式的政府工作部门的具体行政行为申请复议时，上级主管部门享有管辖权。这些政府工作部门的特点就是实行垂直领导模式。《行政复议法》第 12 条第 2 款规定，对海关、金融、国税、外汇管理等实行垂直领导的行政机关和国家安全机关的具体行政行为不服的，向上一级主管部门申请行政复议。

（三）对国务院部门或省、自治区、直辖市人民政府的具体行政行为不服的复议管辖

《行政复议法》第 14 条规定，对国务院部门或者省、自治区、直辖市人民政府的具体行政行为不服的，向作出该具体行政行为的国务院部门或者省、自治区、直辖市人民政府申请行政复议。对行政复议决定不服的，可以向人民法院提起行政诉讼，也可以向国务院申请裁决，国务院依法作出最终裁决。按照一般管辖原理，国务院部门或者省、自治区、直辖市人民政府的上级部门是国务院，如果对国务院部门或者省、自治区、直辖市人民政府的具体行政行为不服的，理应向国务院申请复议，但国务院是最高国家行政机关，主要职责是制定方针政策，从全局上处理行政事务，一般不宜、也难以处理大量的具体行政事务，所以法律如此规定。

二、特殊管辖

特殊管辖是指一般管辖之外的其他行政复议管辖。由于在实践中存在一些特殊情况，一般管辖并非普遍适用，也存在一些较为特殊的情况。按照法律规定，特殊管辖可以分为以下几种情况。

（一）对县级以上地方人民政府依法设立的派出机关的具体行政行为不服的复议管辖

《行政复议法》第 15 条第 1 款第 1 项规定，对县级以上地方人民政府依法设立的派出机关的具体行政行为不服的，向设立该派出机关的人民政府申请行政复议。县级以上地方人民政府设立的派出机关有三种：一是省、自治区政府派出的行政公署；二是县、自治县政府设立的区公所；三是市辖区、不设区的市设立的街道办事处。这些派出机关有四个特点：

第一，它不是一级独立的行政机关。

第二，从属于派出它的机关，受派出它的机关的领导。

第三，派出机关的任务主要是受派出它的机关的委托代表派出它的行政机关，指导和管理下级行政机关完成行政管理任务。

第四，地方人民政府设立派出机关是依照法律规定并经上一级人民政府批准的。

由此可见，对派出机关的具体行政行为不服的，应当向设立该派出机关的人民政府申

请行政复议。

（二）对政府工作部门依法设立的派出机构以自己的名义作出的具体行政行为不服的复议管辖

《行政复议法》第15条第1款第2项规定，对政府工作部门依法设立的派出机构依据法律、法规或者规章规定，以自己的名义作出的具体行政行为不服的，向设立该派出机构的部门或者该部门的本级地方人民政府申请行政复议。政府工作部门可以依法设立派出机构，如公安局派出所、税务所、工商所等。这些派出机构可以依据法律、法规或者规章规定，以自己的名义作出具体行政行为。对于这些具体行政行为不服的，可以向设立该派出机构的部门或者该部门的本级地方人民政府申请行政复议。值得注意的是，如果这些派出机构是以设立机关的名义作出具体行政行为的，应当按照一般管辖原则向其上级主管机关或者本级人民政府申请行政复议。

（三）对法律、法规授权的组织的具体行政行为不服的复议管辖

《行政复议法》第15条第1款第3项规定，对法律、法规授权的组织的具体行政行为不服的，分别向直接管理该组织的地方人民政府、地方人民政府工作部门或者国务院部门申请行政复议。授权是指法律、法规将某些行政管理权授予非行政机关的组织行使。经过授权，该组织取得行政管理的主体资格，可以以自己的名义行使行政管理权，以自己的名义独立承担因行使行政管理权而引起的法律后果，也就意味着该组织也以依据法律规定对行政相对人作出具体行政行为。当行政相对人不履行具体行政行为时，应当向直接管理该组织的地方人民政府、地方人民政府工作部门或者国务院部门申请行政复议。

（四）对两个以上行政机关以共同的名义作出的具体行政行为不服的复议管辖

《行政复议法》第15条第1款第4项规定，对两个以上行政机关以共同的名义作出的具体行政行为不服的，向其共同上一级行政机关申请行政复议。共同的行政行为是指两个或者两个以上的行政机关以共同的名义作出的具体行政行为。在实践中其存在几种情况：其一，同一政府的两个或者两个以上工作部门以共同的名义作出具体行政行为，具有行政复议管辖权的是管理该两个政府工作部门的同一人民政府。其二，不是同一个地方政府的两个所属的工作部门以共同的名义作出的具体行政行为，由其共同的上一级行政主管机关进行复议管辖。其三，两个或者两个以上地方人民政府作出的具体行政行为，由其共同的上一级人民政府进行复议管辖。

（五）对被撤销的行政机关在撤销前所作出的具体行政行为不服的复议

《行政复议法》第15条第1款第5项规定，对被撤销的行政机关在撤销前所作出的具体行政行为不服的，向继续行使其职权的行政机关的上一级行政机关申请行政复议。作出具体行政行为的行政机关被撤销也就意味着行政复议的被申请人发生变更，此时行政相对人可以向继续行使其职权的行政机关的上一级行政机关申请行政复议。

（六）补充规定

《行政复议法》第15条第1款："有前款所列情形之一的，申请人也可以向具体行政行为发生地的县级地方人民政府提出行政复议申请，由接受申请的县级地方人民政府依照本法第十八条的规定办理。"

第三十二章 行政复议机关与行政复议参加人

第一节 行政复议机关

一、行政复议机关的概念和特征

行政复议机关是指依照法律的规定，有权受理行政复议申请，依法对被申请复议的行政行为的合法性和适当性进行审查，并以自己的名义作出复议决定的行政机关。行政复议机关有如下特征：

第一，行政复议机关是行政机关，法律、法规授权的组织不能成为行政复议机关。

第二，行政复议机关是享有行政复议权的行政机关，即并非所有的行政机关都属于行政复议机关（如乡、镇人民政府，街道办事处等行政机关没有行政复议职权，不属于行政复议机关）。

第三，行政复议机关是能够以自己的名义行使行政复议职权，并能够以自己的名义作出行政复议决定并承担法律责任的行政机关。

二、行政复议机构的概念和特征

行政复议机构是行政复议机关内部设立的专门负责行政复议案件受理、审查和决定工作的办事机构。根据《行政复议法》第3条的规定，行政复议机构是行政机关内部负责法制工作的机构。行政复议机构有如下特征：

第一，行政复议机构是行政复议机关的内部机构，不具有行政主体资格，不能以自己的名义进行行政复议活动，也不承担因开展行政复议而产生的法律责任。

第二，行政复议机构是适用准司法程序处理行政复议工作的机构。

根据《行政复议法》第3条的规定，行政复议机关负责法制工作的机构具体办理行政复议事项，履行下列职责：①受理行政复议申请；②向有关组织和人员调查取证，查阅文件和资料；③审查申请行政复议的具体行政行为是否合法与适当，拟订行政复议决定；④办理或者转送对本法第7条[①]所列有关规定的审查申请；⑤对行政机关违反本法规定的

[①] 《行政复议法》第7条规定的是："公民、法人或者其他组织认为行政机关的具体行政行为所依据的下列规定不合法，在对具体行政行为申请行政复议时，可以一并向行政复议机关提出对该规定的审查申请：（一）国务院部门的规定；（二）县级以上地方各级人民政府及其工作部门的规定；（三）乡、镇人民政府的规定。""前款所列规定不含国务院部、委员会规章和地方人民政府规章。规章的审查依照法律、行政法规办理。"

行为依照规定的权限和程序提出处理建议；⑥办理因不服行政复议决定提起行政诉讼的应诉事项；⑦法律、法规规定的其他职责。

《行政复议法实施条例》第3条进一步规定，行政复议机构除履行以上职责外，还应当履行下列职责：①依照行政复议法第18条①的规定转送有关行政复议申请；②办理行政复议法第29条②规定的行政赔偿等事项；③按照职责权限，督促行政复议申请的受理和行政复议决定的履行；④办理行政复议、行政应诉案件统计和重大行政复议决定备案事项；⑤办理或者组织办理未经行政复议直接提起行政诉讼的行政应诉事项；⑥研究行政复议工作中发现的问题，及时向有关机关提出改进建议，重大问题及时向行政复议机关报告。

三、行政复议机关与行政复议机构的关系

行政复议机关与行政复议机构是两个容易混淆的概念。根据《行政复议法》第3条的规定，依法履行行政复议职责的行政机关是行政复议机关，行政复议机关内部设立具体负责办理复议案件的机构是行政复议机构。复议机关是行政机关，能够以自己的名义对外行使行政管理职权，并承担因此而产生的法律后果，具有行政主体资格；而复议机构只是复议机关的办事机构，不具有独立的行政职权，其在复议案件时，只能以复议机关的名义进行，不具有行政主体资格，不能独立承担法律后果。因此，行政复议机关是以自己名义独立行使复议权力的机关；而行政复议机构是不能以自己的名义独立地作出复议决定的，复议机构作出的复议决定是一种初步认识，经复议机关首长个人或集体讨论认可、批准后，要以复议机关的名义作出并送达。《行政复议法实施条例》第2条进一步规定，各级行政复议机关应当认真履行行政复议职责，领导并支持本机关负责法制工作的机构依法办理行政复议事项，并依照有关规定配备、充实、调剂专职行政复议人员，保证行政复议机构的办案能力与工作任务相适应。第4条规定，专职行政复议人员应当具备与履行行政复议职责相适应的品行、专业知识和业务能力，并取得相应资格。具体办法由国务院法制机构会同国务院有关部门规定。

第二节 行政复议参加人

行政复议参加人是指与有争议的具体行政行为有利害关系而参加行政复议的申请人与被申请人、第三人和代理人。

---

① 《行政复议法》第18条的规定是："依照本法第十五条第二款的规定接受行政复议申请的县级地方人民政府，对依照本法第十五条第一款的规定属于其他行政复议机关受理的行政复议申请，应当自接到该行政复议申请之日起七日内，转送有关行政复议机关，并告知申请人。接受转送的行政复议机关应当依照本法第十七条的规定办理。"

② 《行政复议法》第29条的规定是："申请人在申请行政复议时可以一并提出行政赔偿请求，行政复议机关对符合国家赔偿法的有关规定应当给予赔偿的，在决定撤销、变更具体行政行为或者确认具体行政行为违法时，应当同时决定被申请人依法给予赔偿。""申请人在申请行政复议时没有提出行政赔偿请求的，行政复议机关在依法决定撤销或者变更罚款，撤销违法集资、没收财物、征收财物、摊派费用以及财产的查封、扣押、冻结等具体行政行为时，应当同时责令被申请人返还财产，解除对财产的查封、扣押、冻结措施，或者赔偿相应的价款。"

一、行政复议申请人

(一) 行政复议申请人及其资格

行政复议申请人是认为行政主体的具体行政行为侵害其合法权益,以自己的名义向行政复议机关提出申请,要求对该具体行政行为进行复查并依法作出裁决的公民、法人或其他组织。根据《行政复议法》第10条第1款"依照本法申请行政复议的公民、法人或者其他组织是申请人"的规定,行政复议申请人应当具备以下条件:

第一,复议申请人是作为行政管理相对人的公民、法人或其他组织。

第二,复议申请人必须是认为具体行政行为侵犯其合法权益的人,即申请人与被申请复议的具体行政行为有法律上的利害关系。

第三,申请人必须是以自己的名义申请行政复议的相对人。

此外,根据《行政复议法实施条例》第6条至第8条的规定,在确定申请人时应特别注意下列特殊情况:

第一,合伙企业申请行政复议的,应当以核准登记的企业为申请人,由执行合伙事务的合伙人代表该企业参加行政复议;其他合伙组织申请行政复议的,由合伙人共同申请行政复议。其他不具备法人资格的组织申请行政复议的,由该组织的主要负责人代表该组织参加行政复议;没有主要负责人的,由共同推选的其他成员代表该组织参加行政复议。

第二,股份制企业的股东大会、股东代表大会、董事会认为行政机关作出的具体行政行为侵犯企业合法权益的,可以以企业的名义申请行政复议。

第三,同一行政复议案件申请人超过5人的,推选1至5名代表参加行政复议。

(二) 行政申请人资格转移

根据《行政复议法》第10条第2款的规定,申请人资格的转移有三种情况:

第一,有权申请行政复议的公民死亡,其近亲属可以申请行政复议。

第二,有权申请复议的公民为无民事行为能力或者限制民事行为能力人,其法定代理人可以代为申请复议。

第三,有权申请复议的法人或者其他组织终止,承受其权利的法人或其他组织可以申请复议。

二、行政复议被申请人

(一) 复议被申请人及其资格

复议被申请人是复议申请人的对称,是指申请人认为具体行政行为侵犯其合法权益而申请复议,由复议机关通知参加复议的行政主体,即指作出被申请复议的具体行政行为的行政主体。根据《行政复议法》第10条第4款的规定:"公民、法人或者其他组织对行政机关的具体行政行为不服申请行政复议的,作出具体行政行为的行政机关是被申请人。"行政复议被申请人必须具备下列条件:

第一,被申请人必须是行政主体。

第二,被申请人必须是作出了被申请行政复议的具体行政行为的行政主体。

第三,被申请人必须是被复议机关通知参加复议的行政主体。

(二) 复议被申请人的确认

根据《行政复议法》第 10 条，《行政复议法实施条例》第 11 条、12 条、13 条、14 条的规定，被申请人的方式有如下几种：

第一，申请人对行政机关作出的具体行政行为不服申请行政复议的，作出该具体行政行为的行政机关是被申请人。

第二，行政机关与法律、法规授权的组织以共同的名义作出具体行政行为的，行政机关和法律、法规授权的组织为共同被申请人。

第三，行政机关与其他组织以共同名义作出具体行政行为的，行政机关为被申请人。

第四，下级行政机关依照法律、法规、规章规定，经上级行政机关批准作出具体行政行为的，批准机关为被申请人。

第五，行政机关设立的派出机构、内设机构或者其他组织，未经法律法规授权，对外以自己名义作出具体行政行为的，该行政机关为被申请人。

三、行政复议第三人

(一) 行政复议第三人的概念

行政复议第三人是指同申请行政复议的具体行政行为有利害关系，通过申请或者由复议机关通知参加复议的申请人与被申请人以外的公民、法人或者其他组织。根据《行政复议法》第 10 条第 3 款、《行政复议法实施条例》第 9 条的规定，第三人应当符合三个基本条件：

第一，第三人必须与被复议的具体行政行为有利害关系。

第二，第三人是为了自己的利益而参加行政复议活动。

第三，第三人参加的是已经开始，但尚未结束的行政复议。

第四，第三人参加行政复议有两种途径：①行政复议机构通知参加：复议机构认为申请人以外的公民、法人或者其他组织与被审查的具体行政行为有利害关系的，可以通知其作为第三人参加行政复议。②第三人申请参加：申请人以外的公民、法人或者其他组织与被审查的具体行政行为有利害关系的，可以向行政复议机构申请作为第三人参加行政复议。

另外，第三人不参加行政复议，不影响行政复议案件的审理。

(二) 行政复议第三人的种类

行政复议第三人，从法律、法规的规定来看，包括以下几种：

第一，在治安、食品安全、药品监管等行政处罚复议案件中，受处罚人不服行政处罚而申请复议，受害人作为第三人；或受害人不服行政机关处理决定而申请复议，受处罚人作为第三人参加复议。

第二，在食品安全、药品监管等行政复议案件中，同申请人所受的具体行政行为的处理有利害关系的另一方公民、法人或其他组织。

第三，不服行政裁决、行政确权的复议案件中被裁决、确权的民事纠纷的一方当事人是复议申请人，另一方当事人可以作为第三人参加复议。

第四，行政机关因越权处罚被申请复议时，被越权的行政机关可以作为第三人参加复议。

第五，两个或两个以上的行政机关基于同一事实，针对相同的行政相对人作出互相矛盾的具体行政行为，行政相对人申请复议，作出具体行政行为的其他行政机关可作为第三人参加复议，因为同一个具体行政行为的复议结果将会影响到其他行政机关作出的具体行政行为的效力。

四、行政复议代理人

行政复议代理人是指行政复议中根据法律的规定或者行政复议机关指定，或者接受当事人法定代理人的委托，以被代理人的名义在代理权范围内代理当事人进行复议的人。在行政复议中，当事人既可以亲自参加复议，也可以委托复议代理人进行复议。

作为行政复议代理人，具有以下几个特征：

第一，行政复议代理人只能以被代理人的名义参加到行政复议当中，而不能直接以自己的名义进行行政复议活动。

第二，行政复议代理人只能在代理权限范围内进行活动，其在代理权限范围内进行活动的法律后果，包括对被代理人有利的以及不利的法律后果，都由被代理人承担；但如果代理活动超出了代理权限范围，对超出代理范围的部分，应当由代理人自己承担相应的法律责任。

第三，行政复议代理人原则上只能从事一般性的代理活动，如提交有关文书材料、查阅有关资料、提供答辩意见等等，对于撤回行政复议申请等重大事项，应当有被代理人的特别授权，否则不能擅自作出决定。

行政复议代理人分为以下几种类型：

第一，法定代理人是指根据行政复议法的规定，代替无民事行为能力或者限制民事行为能力的公民进行复议的人。按照有关法律制度的规定，法定代理人一般为被代理人的父母（包括养父母）、配偶、子女（包括养子女）、监护人等。

第二，指定代理人是根据行政复议机关的指定，代理无民事行为能力或限制民事行为能力的当事人进行复议的人，通常适用于无民事行为能力或限制民事行为能力的当事人没有法定代理人，或者虽有法定代理人，但法定代理人不能行使代理权时，为保证复议顺利进行，由复议机关指定代理人。

第三，委托代理人是指受申请人和被申请人、法定代表人、法定代理人的委托代为复议的人。律师、申请复议的公民的近亲属、法人或者其他组织的内部工作人员、被申请人的内部的工作人员，均可担任委托代理人。根据《行政复议法实施条例》第10条的规定，申请人、第三人可以委托1~2名代理人参加行政复议。申请人、第三人委托代理人的，应当向行政复议机构提交授权委托书。授权委托书应当载明委托事项、权限和期限。公民在特殊情况下无法书面委托的，可以口头委托。口头委托的，行政复议机构应当核实并记录在卷。申请人、第三人解除或者变更委托的，应当书面报告行政复议机构。

第三十三章 行政复议的程序与裁决

第一节 申请与受理

一、行政复议申请

行政复议申请是指公民、法人或其他组织认为行政机关的具体行政行为侵害了自己的合法权益，依法向行政复议机关提出请求，要求对被申请复议具体行政行为进行审查并作出决定的行为。行政复议遵循"不告不理"的原则，复议机关不能主动复议。因此，行政复议程序的开始以相对人申请为前提。

（一）申请行政复议的条件

申请行政复议必须具备以下条件：①申请人适格；②有明确的被申请人；③有具体的复议请求和事实根据；④属于复议范围和受理复议机关管辖；⑤法律、法规规定的其他条件。

（二）行政复议申请的提出

1. 申请形式

申请形式分为口头申请和书面申请两种。《行政复议法》第11条，《行政复议法实施条例》第18条、第20条规定，申请人书面申请行政复议的，可以采取当面递交、邮寄或者传真等方式提出行政复议申请。有条件的行政复议机构可以接受以电子邮件形式提出的行政复议申请。申请人口头申请行政复议的，行政复议机构应当依照本条例第19条规定的事项，当场制作行政复议申请笔录交申请人核对或者向申请人宣读，并由申请人签字确认。

2. 申请书内容

《行政复议法实施条例》第19条规定，申请人书面申请行政复议的，应当在行政复议申请书中载明下列事项：①申请人的基本情况，包括：公民的姓名、性别、年龄、身份证号码、工作单位、住所、邮政编码，法人或者其他组织的名称、住所、邮政编码和法定代表人或者主要负责人的姓名、职务；②被申请人的名称；③行政复议请求、申请行政复议的主要事实和理由；④申请人的签名或者盖章；⑤申请行政复议的日期。

3. 证明材料

《行政复议法实施条例》第21条规定，有下列情形之一的，申请人应当提供证明材料：①认为被申请人不履行法定职责的，提供曾经要求被申请人履行法定职责而被申请人未履行的证明材料；②申请行政复议时一并提出行政赔偿请求的，提供受具体行政行为侵害而造成损害的证明材料；③法律、法规规定需要申请人提供证据材料的其他情形。

4. 变更被申请人

《行政复议法实施条例》第22条规定，申请人提出行政复议申请时错列被申请人的，行政复议机构应当告知申请人变更被申请人。

（三）申请行政复议的期限

《行政复议法》第9条规定，公民、法人或其他组织不服行政机关的具体行政行为，应当在知道该具体行政行为作出之日起60日内申请行政复议，但是法律规定的申请期限超过60日的除外。因不可抗力或者其他正当理由耽误法定申请期限的，申请期限自障碍消除之日起继续计算。

《行政复议法实施条例》第15条、第16条、第17条对行政复议期限作了进一步的规定。

1. 具体起算之日的规定

《行政复议法》第9条第1款规定的行政复议申请期限的计算，依照下列规定办理：①当场作出具体行政行为的，自具体行政行为作出之日起计算；②载明具体行政行为的法律文书直接送达的，自受送达人签收之日起计算；③载明具体行政行为的法律文书邮寄送达的，自受送达人在邮件签收单上签收之日起计算；没有邮件签收单的，自受送达人在送达回执上签名之日起计算；④具体行政行为依法通过公告形式告知受送达人的，自公告规定的期限届满之日起计算；⑤行政机关作出具体行政行为时未告知公民、法人或者其他组织，事后补充告知的，自该公民、法人或者其他组织收到行政机关补充告知的通知之日起计算；⑥被申请人能够证明公民、法人或者其他组织知道具体行政行为的，自证据材料证明其知道具体行政行为之日起计算。

2. 法律文书的送达规定

行政机关作出具体行政行为，依法应当向有关公民、法人或者其他组织送达法律文书而未送达的，视为该公民、法人或者其他组织不知道该具体行政行为。

3. 行政不作为起算日的规定

公民、法人或者其他组织依照行政复议法第6条第8项、第9项、第10项的规定，申请行政机关履行法定职责，行政机关未履行的，行政复议申请期限依照下列规定计算：①有履行期限规定的，自履行期限届满之日起计算；②没有履行期限规定的，自行政机关收到申请满60日起计算。

公民、法人或者其他组织在紧急情况下请求行政机关履行保护人身权、财产权的法定职责，行政机关不履行的，行政复议申请期限不受前款规定的限制。

4. 行政机关告知义务

行政机关作出的具体行政行为对公民、法人或者其他组织的权利、义务可能产生不利影响的，应当告知其申请行政复议的权利、行政复议机关和行政复议申请期限。

二、受 理

行政复议的受理是指行政复议申请人提出复议申请后，行政复议机关经审查认为符合条件而决定立案的活动。申请人的申请行为与行政复议机关的受理行为结合，标志着复议申请的成立和复议程序的开始。

(一) 审 查

审查的范围包括：①审查是否符合申请的条件；②审查是否超过法定的申请时效；③审查是否重复申请；④审查是否已起诉。审查的范围还包括复议申请书是否符合格式要求，如果不符合，可要求申请人补正。

根据《行政复议法》第17条的规定，行政复议机关收到行政复议申请后，应当在5日内进行审查，对不符合本法规定的行政复议申请，决定不予受理，并书面告知申请人；对符合本法规定，但是不属于本机关受理的行政复议申请，应当告知申请人向有关行政复议机关提出。行政复议申请自行政复议机关负责法制工作的机构收到之日起即为受理。

《行政复议法实施条例》第29条规定，行政复议申请材料不齐全或者表述不清楚的，行政复议机构可以自收到该行政复议申请之日起5日内书面通知申请人补正。补正通知应当载明需要补正的事项和合理的补正期限。无正当理由逾期不补正的，视为申请人放弃行政复议申请。补正申请材料所用时间不计入行政复议审理期限。

(二) 受理的条件

根据《行政复议法》第17条的规定，经复议机关审查，认为符合立案条件的，应当立案受理；凡是不符合法定条件的，应当裁定不予受理。受理复议申请既是复议机关的职权，也是其职责，必须严格依法履行。《行政复议法实施条例》第28条进一步规定，行政复议申请符合下列规定的，应当予以受理：①有明确的申请人和符合规定的被申请人；②申请人与具体行政行为有利害关系；③有具体的行政复议请求和理由；④在法定申请期限内提出；⑤属于行政复议法规定的行政复议范围；⑥属于收到行政复议申请的行政复议机构的职责范围；⑦其他行政复议机关尚未受理同一行政复议申请，人民法院尚未受理同一主体就同一事实提起的行政诉讼。

对行政复议机关不予受理裁决的救济有两种救济方式：①上级机关责令受理或直接受理。《行政复议法》第20条规定，公民、法人或者其他组织依法提出行政复议申请，行政复议机关无正当理由不予受理的，上级行政机关应当责令其受理；必要时，上级行政机关也可以直接受理。《行政复议法实施条例》第31条规定，依照《行政复议法》第20条的规定，上级行政机关认为行政复议机关不予受理行政复议申请的理由不成立的，可以先行督促其受理；经督促仍不受理的，应当责令其限期受理，必要时也可以直接受理；认为行政复议申请不符合法定受理条件的，应当告知申请人。②向人民法院提起诉讼。《行政复议法》第19条规定，对于复议机关决定不予受理或受理后超过复议期限不作答复的，公民、法人或其他组织可以在收到不予受理决定书之日起或者行政复议期满之日起15日内，依法向人民法院起诉。

另外，需注意的是，根据《行政复议法实施条例》第30条的规定，申请人就同一事项向两个或者两个以上有权受理的行政机关申请行政复议的，由最先收到行政复议申请的行政机关受理；同时收到行政复议申请的，由收到行政复议申请的行政机关在10日内协商确定；协商不成的，由其共同上一级行政机关在10日内指定受理机关。协商确定或者指定受理机关所用时间不计入行政复议审理期限。

第二节　审理与裁决

一、审理的程序与内容

（一）审理机构和人员

行政复议案件一般由复议机关中负责法制工作的机构具体审理（法制办公室、法制处、法制科等）。《行政复议法实施条例》第32条规定，行政复议机构审理行政复议案件，应当由2名以上行政复议人员参加。

（二）被申请人的答辩和举证

《行政复议法》第23条规定，行政复议机关应当自受理之日起7日内将复议申请书副本或复议申请笔录复印件发送至被申请人，被申请人应当在收到复议申请书副本或复议申请笔录复印件之日起10日内，向复议机关提交作出具体行政行为的有关材料或证据，并提交答辩书。逾期不提出答辩的，不影响复议的进行。

作出具体行政行为的行政机关负有证明其行为合法和适当的举证责任。《行政复议法实施条例》第46条规定，被申请人未依照《行政复议法》第23条的规定提出书面答复、提交当初作出具体行政行为的证据、依据和其他有关材料的，视为该具体行政行为没有证据、依据，行政复议机关应当决定撤销该具体行政行为。

（三）审理方式

《行政复议法》第22条规定，行政复议原则上采取书面审查的办法，但是申请人提出要求或者行政复议机关负责法制工作的机构认为有必要时，可以向有关组织和人员调查情况，听取申请人、被申请人和第三人的意见。《行政复议法实施条例》第33条进一步规定，行政复议机构认为必要时，可以实地调查核实证据；对重大、复杂的案件，申请人提出要求或者行政复议机构认为必要时，可以采取听证的方式审理。《行政复议法实施条例》第34条规定，行政复议人员向有关组织和人员调查取证时，可以查阅、复制、调取有关文件和资料，向有关人员进行询问。调查取证时，行政复议人员不得少于2人，并应当向当事人或者有关人员出示证件。被调查单位和人员应当配合行政复议人员的工作，不得拒绝或者阻挠。需要现场勘验的，现场勘验所用时间不计入行政复议审理期限。

（四）撤回复议申请

《行政复议法》第25条规定，行政复议决定作出前，申请人要求撤回行政复议申请的，经说明理由，可以撤回；撤回行政复议申请的，行政复议终止。《行政复议法实施条例》第38条进一步规定，申请人在行政复议决定作出前自愿撤回行政复议申请的，经行政复议机构同意，可以撤回。申请人撤回行政复议申请的，不得再以同一事实和理由提出行政复议申请。但是，申请人能够证明撤回行政复议申请违背其真实意思表示的除外。

二、行政复议审理的依据

审理依据即复议机关审查、判断被申请复议的具体行政行为的标准和尺度。在我国，法律、行政法规、地方性法规、自治条例和单行条例、规章、上级和本级行政机关制定的规范性文件均可作为行政机关作出具体行政行为的依据，也可以是行政复议机关在审理案件时所适用的依据。行政复议与行政诉讼的显著不同之一，就是复议机关在对被申请具体行政行为进行审查的同时，还可以对作为该具体行为依据的有关规定进行一并附带审查，作出相应处理。有关规定是指国务院有关部门的规定、县级以上地方各级政府及其工作部门的规定、乡镇人民政府的规定等。一并则意味着有关规定必须是原具体行政行为的依据，且被申请人在行政程序中作出该具体行政行为时引用的规定，申请人可以要求复议机关对其进行审查。

复议机关对具体行政行为依据的附带处理，分为依申请处理和依职权处理两种情况：

第一，依申请处理。根据《行政复议法》第26条的规定，申请人在申请行政复议时，一并提出对本法第7条所列有关规定的审查申请的，行政复议机关对该规定有权处理的，应当在30日内依法处理；无权处理的，应当在7日内按照法定程序转送有权处理的行政机关依法处理，有权处理的行政机关应当在60日内依法处理。处理期间，中止对具体行政行为的审查。有权处理是指依据法律规定或领导关系、监督关系，有权依法撤销或改变有关规范性文件，包括：行政机关对自己发布的规定有权处理；上级人民政府对下级人民政府发布的规定有权处理；有领导权的上级人民政府工作部门对下级人民政府工作部门发布的规定有权处理；各级人民政府对本级政府工作部门中不受上级机关垂直领导的行政机关发布的规定有权处理等。

第二，依职权的处理。根据《行政复议法》第27条的规定，行政复议机关在对被申请人作出的具体行政行为进行审查时，认为其依据不合法，本机关有权处理的，应当在30日内依法处理；无权处理的，应当在7日内按照法定程序转送有权处理的国家机关依法处理。处理期间，中止对具体行政行为的审查。

三、行政复议审理的特殊规则

（一）复议期间不停止具体行政行为的执行

复议期间不停止具体行政行为的执行原则是基于行政机关依其职权所作出的具体行政行为，是代表国家作出的。行政复议开始后，行政机关为实现行政目的，是否执行具体行政行为属于行政机关的权限范围和职责范围。其强制力和执行力表现为，在违法或不当的具体行政行为被撤销或变更以前，并不因管理相对人申请行政复议而影响其执行。这是维持一定的社会秩序、保障行政管理的效能、实现全社会的共同利益、维护国家行政权应有的尊严所必需的。但有下列情形之一的，可以暂停执行：

第一，申请人认为需要停止执行的。

第二，行政复议机关认为需要停止执行的。

第三，申请人申请停止执行，行政复议机关认为其要求合理，决定停止执行。

第四，法律规定停止执行度下的暂缓执行。例如，《治安管理处罚法》规定的拘留处罚担保制度下的暂缓执行。

（二）行政复议证据规则

1. 举证责任的分担

（1）被申请人举证责任

行政复议案件的审理实行被申请人对具体行政行为负举证责任的举证规则，即被申请人要在行政复议机关要求的时限内提供作出具体行政行为所依据的事实和规范性文件，不能提供的，就面临着具体行政行为被复议机关撤销或确认为违法或不当的后果。

（2）申请人举证

有下列情形之一的，申请人应当提供证明材料：

第一，认为被申请人不履行法定职责的，提供曾经要求被申请人履行法定职责而被申请人未履行的证明材料。

第二，申请行政复议时一并提出行政赔偿请求的，提供受具体行政行为侵害而造成损害的证明材料。

第三，法律、法规规定需要申请人提供证据材料的其他情形。

2. 证明要求

行政复议的证明要求集中在被申请的具体行政行为的合法性和适当性上。

3. 证据的收集

根据《行政复议法》第24条的规定，在行政复议过程中，被申请人不得自行向申请人和其他有关组织或个人收集证据。根据"先取证、后裁决"的原则，行政机关在作出具体行政行为以前必须收集足够的证据，作出具体行政行为以后，不能再收集证据，否则复议机关不予采纳。《行政复议法》第23条规定，申请人、第三人可以查阅被申请人提出的书面答复，作出具体行政行为的证据、依据和其他有关材料，除涉及国家秘密、商业秘密或者个人隐私外，行政复议机关不得拒绝。

（三）行政复议期间被申请人改变原具体行政行为的处理规则

《行政复议法实施条例》第39条规定："行政复议期间被申请人改变原具体行政行为的，不影响行政复议案件的审理。但是，申请人依法撤回行政复议申请的除外。"对此应当注意三点：

第一，行政复议期间，被申请人可以改变原来的具体行政行为，行政复议机关继续审理原具体行政行为。

第二，被申请人改变原来的具体行政行为，申请人撤回行政复议申请的，行政复议机关可以终止行政复议，不再进行审理。

第三，申请人对被申请人改变后的具体行政行为不服的，可以申请新的行政复议。

（四）行政复议和解规则

《行政复议法》中没有关于行政和解制度的规定。随着行政复议实践的发展，为了有效化解行政纠纷，平衡利益，应努力做到案结事了。《行政复议法实施条例》第40条规定："公民、法人或者其他组织对行政机关行使法律、法规规定的自由裁量权作出的具体行政行为不服申请行政复议，申请人与被申请人在行政复议决定作出之前自愿达成和解的，应当向行政复议机构提交书面和解协议；和解内容不损害社会公共利益和他人合法权益的，行政复议机构应当准许。"行政复议和解制度的具体内容包括：

第一，可以和解的具体行政行为是行政机关行使法律规定的自由裁量权作出的裁量性具体行政行为。

第二，行政复议和解必须坚持平等、自愿、合法的原则，不得强制、违法。

第三，行政复议和解协议应当在行政复议决定作出之前达成，在行政复议决定作出之后不得进行和解。

第四，行政复议和解应当签订书面和解协议，不得采用口头的方式达成和解协议。

第五，行政复议和解协议应当向行政复议机构提出，并经过行政复议机构准许。

第六，在行政复议中申请人与被申请人达成和解协议的，行政复议程序终止。

（五）行政复议调解规则

虽然《行政复议法》中没有规定调解制度，但行政复议实践中调解被大量地运用于处理行政争议的过程中，并且取得了良好的效果。为此，《行政复议法实施条例》第50条规定，有下列情形之一的，行政复议机关可以按照自愿、合法的原则进行调解：

第一，公民、法人或者其他组织对行政机关行使法律、法规规定的自由裁量权作出的具体行政行为不服申请行政复议的。

第二，当事人之间的行政赔偿或者行政补偿纠纷。

之所以规定上述两类案件可以调解，主要是因为这两类案件的处理与具体行政行为的合法性判断无关。第一类案件实际上是对具体行政行为合理性的判断，具有一定的裁量空间。第二类案件，由于行政赔偿或行政补偿问题都是在被申请行为合法性已经明确的前提下展开的，不再涉及合法性争议。

当事人经调解达成协议的，行政复议机关应当制作行政复议调解书。调解书应当载明行政复议请求、事实、理由和调解结果，并加盖行政复议机关印章。行政复议调解书经双方当事人签字，即具有法律效力。调解未达成协议或者调解书生效前一方反悔的，行政复议机关应当及时作出行政复议决定。

行政复议和解与调解的区别在于：

第一，和解是行政相对人和作出具体行政行为的机关自行和解；调解是在行政复议机关主持下，对行政相对人和作出具体行政行为的机关之间发生的争议进行有关协调。

第二，适用范围上。行政复议机关可以按照自愿、合法的原则进行调解：①公民、法人或者其他组织对行政机关行使法律、法规规定的自由裁量权作出的具体行政行为不服申请行政复议的；②当事人之间的行政赔偿或者行政补偿纠纷。但行政复议和解制度并非适用于所有行政复议案件，只适用于特定范围的行政复议案件，即公民、法人或者其他组织对行政机关行使法律、法规规定的自由裁量权作出具体行政行为不服而申请行政复议的案件。

第三，其他方面。行政复议申请人与被申请人达成和解必须经行政复议机构准许。达成和解以后，行政复议终止。而行政复议调解，当事人经调解达成协议，由行政复议机关制作行政复议调解书，经双方当事人签字以后生效。

（六）行政复议中止规则

《行政复议法实施条例》第41条规定，行政复议期间有下列情形之一，影响行政复议案件审理的，行政复议中止：

第一，作为申请人的自然人死亡，其近亲属尚未确定是否参加行政复议的。

第二，作为申请人的自然人丧失参加行政复议的能力，尚未确定法定代理人参加行政复议的。

第三，作为申请人的法人或者其他组织终止，尚未确定权利义务承受人的。

第四，作为申请人的自然人下落不明或者被宣告失踪的。

第五，申请人、被申请人因不可抗力，不能参加行政复议的。

第六，案件涉及法律适用问题，需要有权机关作出解释或者确认的。

第七，案件审理需要以其他案件的审理结果为依据，而其他案件尚未审结的。

第八，其他需要中止行政复议的情形。行政复议中止的原因消除后，应当及时恢复行政复议案件的审理。行政复议机构中止、恢复行政复议案件的审理，应当告知有关当事人。

（七）行政复议终止规则

《行政复议法实施条例》第42条规定，行政复议期间有下列情形之一的，行政复议终止：

第一，申请人要求撤回行政复议申请，行政复议机构准予撤回的。

第二，作为申请人的自然人死亡，没有近亲属或者其近亲属放弃行政复议权利的。

第三，作为申请人的法人或者其他组织终止，其权利义务的承受人放弃行政复议权利的。

第四，申请人与被申请人依照和解规定达成和解协议，经行政复议机构准许达成和解的。

第五，申请人对行政拘留或者限制人身自由的行政强制措施不服申请行政复议后，因申请人同一违法行为涉嫌犯罪，该行政拘留或者限制人身自由的行政强制措施变更为刑事拘留的。

此外，对于因作为申请人的自然人死亡，其近亲属尚未确定是否参加行政复议的；作为申请人的自然人丧失参加行政复议的能力，尚未确定法定代理人参加行政复议的；作为申请人的法人或者其他组织终止，尚未确定权利、义务承受人而中止行政复议，满60日行政复议中止的原因仍未消除的，行政复议终止。

（八）禁止不利变更规则

"不利变更禁止"原则，是现代法治为规范复审程序而制定的一项基本原则。之所以不少国家都已通过立法确立该项原则，是因为在公权力和私权利强弱严重不对称的前提下，为保证私主体能够在程序中自由表达以及平等抗辩，有必要赋予私主体某些"程序特权"，以弥补其在实体上所处的绝对劣势。从制度功能上看，"不利变更禁止"原则最直接的作用是，能够解除申请人"不敢告"的思想顾虑，从而确保复议程序不至于形同虚设。行政复议中的禁止不利变更是指行政复议机关在审查具体行政行为合法性和合理性过程中，禁止自己作出或者要求其他行政机关作出对行政复议申请人较原来具体行政行为更为不利的行政复议决定，既不能加重对复议申请人的处罚或者科以更多的义务，也不能减少或者损害行政复议申请人的既得利益权利。《行政复议法实施条例》第51条规定："行政复议机关在申请人的行政复议请求范围内，不得作出对申请人更为不利的行政复议决定。"根据该条规定，我国行政复议禁止不利变更的特点是：

第一,适用对象具有特定性。行政复议不利变更禁止原则仅仅适用于申请行政复议的一方,即认为具体行政行为侵犯其合法权益而提出行政复议申请的公民、法人或者其他组织。如果行政复议的申请人是他人违法行为的受害人,则不适用不利变更禁止原则。

第二,行政复议裁决变更内容的限定性。在行政复议机关作出的维持、撤销、变更、确认违法、责令履行的行政复议决定中,只有变更的行政复议决定有可能将行政复议申请人置于较为不利的境地,其他情况的决定不会给行政复议申请人带来更加不利的后果。

第三节　行政复议决定与执行

一、行政复议决定

(一) 维持决定

维持决定是行政复议机关经过对具体行政行为的审查,认为该具体行政行为认定事实清楚,证据确凿,适用依据正确,程序合法,内容适当,从而作出维持被申请的具体行政行为的决定。维持决定是对申请人、被申请人之间已经形成的行政法律关系的认可,是对被申请人所作的具体行政行为的肯定,同时也是对申请人针对特定具体行政行为提出异议的否定。根据《行政复议法》第28条第1款第1项、《行政复议法实施条例》第43条的规定,维持决定的作出应当符合下列条件:

第一,具体行政行为认定事实清楚、证据确凿。
第二,适用依据正确。
第三,程序合法。
第四,内容适当。

(二) 责令被申请人履行法定职责决定

责令被申请人履行法定职责决定是指行政复议机关责令作为被申请人的行政主体在一定期限内履行法定职责的决定。根据《行政复议法》第28条第1款第2项、《行政复议法实施条例》第44条的规定,责令被申请人履行法定职责决定的适用条件是:

第一,不履行法定职责的主体必须是行政主体。
第二,被申请人是有权作出该具体行政行为的行政主体,即要求作出的具体行政行为在被申请人的职权范围内,行政主体负有作出具体行政行为职责。
第三,被申请人拒不作出或拖延作出该具体行政行为,并且无正当理由。
第四,决定履行具有实际意义。

(三) 撤销、变更和确认违法决定

根据《行政复议法》第28条第1款第3项、《行政复议法实施条例》第45条的规定,行政复议机关经过对具体行政行为的审查,认为该行为具有如下情形之一的,依法作出撤销、变更或确认该行为违法的决定,必要时,可以同时责令被申请人在一定期限内重新作出具体行为的决定:

第一,主要事实不清、证据不足的。

第二，适用依据错误的。
第三，违反法定程序的。
第四，超越或者滥用职权的。
第五，具体行政行为明显不当的。

根据《行政复议法实施条例》第47条的规定，行政复议机关决定变更具体行政行为的，必须具备下列条件之一：

第一，认定事实清楚，证据确凿，程序合法，但是明显不当或者适用依据错误的。

第二，认定事实不清，证据不足，但是经行政复议机关审理查明事实清楚，证据确凿的。

对于违法或不当的具体行政行为，撤销决定、变更决定、确认违法决定三者可以通用，但下列两种情况除外：

第一，只有一般合理性问题的行为，可以撤销或变更，但不能确认违法。
第二，只有程序违法的行为，可以撤销或确认违法，但不得变更。

（四）驳回行政复议申请的决定

根据《行政复议法实施条例》第48条的规定，有下列情形之一的，行政复议机关应当决定驳回行政复议申请：

第一，申请人认为行政机关不履行法定职责申请行政复议，行政复议机关受理后发现该行政机关没有相应法定职责或者在受理前已经履行法定职责的。

第二，受理行政复议申请后，发现该行政复议申请不符合行政复议法和本条例规定的受理条件的，上级行政机关认为行政复议机关驳回行政复议申请的理由不成立的，应当责令其恢复审理。

（五）赔偿决定

根据《行政复议法》第29条的规定，行政复议的赔偿决定包括两种类型：

第一，依申请作出的赔偿决定。申请人在申请行政复议时可以一并提出行政赔偿请求，行政复议机关对符合国家赔偿法的有关规定应当给予赔偿的，在决定撤销、变更具体行政行为或者确认具体行政行为违法时，应当同时决定被申请人依法给予赔偿。

第二，依职权作出的赔偿决定。申请人在申请行政复议时没有提出行政赔偿请求的，行政复议机关在依法决定撤销或者变更罚款，撤销违法集资、没收财物、征收财物、摊派费用以及对财产的查封、扣押、冻结等具体行政行为时，应当同时责令被申请人返还财产，解除对财产的查封、扣押、冻结措施，或者赔偿相应的价款。

作出赔偿决定时，要注意：

第一，可以单独作出这种决定，也可以同其他决定一并作出。
第二，行政赔偿可以调解。

二、行政复议的期限和履行

根据《行政复议法》第31条的规定，行政复议机关应当自受理复议申请之日起60日内作出复议决定，但是法律规定的行政复议期限少于60日的除外。情况复杂，不能在规定期限内作出行政复议决定的，经行政复议机关的负责人批准，可以适当延长，并告知申请人和被申请人，但是延长期限最多不得超过30日。行政复议机关作出行政复议决定，应当制作行政复议决定书，并加盖印章。行政复议决定书一经送达，即发生法律效力。凡复议机关逾期未作出复议决定的，申请人可以在复议期满之日起15日内，向人民法院提起行政诉讼。终局性的行政复议决定书一旦生效，当事人必须立即履行，不得再向人民法院提起行政诉讼。除此之外，申请人对复议决定不服的，可以在收到复议决定书之日起15日内或者法律规定的其他期限内，向人民法院提起行政诉讼。

三、不履行行政复议决定的处理

（一）被申请的行政机关不履行的处理

根据《行政复议法》第32条的规定，被申请人应当履行行政复议决定。被申请人不履行或者无正当理由拖延履行行政复议决定的，行政复议机关或者有关上级行政机关应当责令其限期履行。

（二）申请人、第三人不履行的处理

根据《行政复议法》第33条的规定，申请人逾期不起诉又不履行行政复议决定的，或者不履行最终裁决的行政复议决定的，按照下列规定分别处理：

第一，维持具体行政行为的行政复议决定，由作出具体行政行为的行政机关依法强制执行，或者申请人民法院强制执行。

第二，变更具体行政行为的行政复议决定，由行政复议机关依法强制执行，或者申请人民法院强制执行。

四、行政复议指导与监督

为了加大对行政复议工作的指导监督力度，保证行政复议工作的顺利开展，《行政复议法实施条例》专门规定了行政复议指导和监督的内容。

（一）目标责任制与工作检查

县级以上地方各级人民政府应当建立健全行政复议工作责任制，将行政复议工作纳入本级政府目标责任制。县级以上地方各级人民政府应当按照职责权限，通过定期组织检查、抽查等方式，对所属工作部门和下级人民政府行政复议工作进行检查，并及时向有关方面反馈检查结果。

（二）行政复议意见书和行政复议建议书

行政复议期间，行政复议机关发现被申请人或者其他下级行政机关的相关行政行为违法或者需要做好善后工作的，可以制作行政复议意见书。有关机关应当自收到行政复议意见书之日起60日内将纠正相关行政违法行为或者做好善后工作的情况通报行政复议机构。行政复议期间，行政复议机构发现法律、法规、规章实施中带有普遍性的问题，可以制作行政复议建议书，向有关机关提出完善制度和改进行政执法的建议。

（三）复议报告和备案制

县级以上各级人民政府行政复议机构应当定期向本级人民政府提交行政复议工作状况分析报告。下级行政复议机关应当及时将重大行政复议决定报上级行政复议机关备案。

第三十四章　行政诉讼基本原理

第一节　行政诉讼概述

一、行政诉讼的概念

行政诉讼源于法国的行政法院制度。在法国，行政诉讼是指行政法院根据当事人的申请，对行政行为的合法性进行审查。在英美法系国家，所有案件都由普通法院审理，对行政行为的审查称为司法审查。在我国，行政诉讼是指应公民、法人或者其他组织的请求，通过审查行政行为合法性的方式，解决特定范围内行政争议的活动。它作为现代民主国家普遍设立的一项重要法律制度，与解决民事案件的民事诉讼和解决刑事案件的刑事诉讼并称三大诉讼制度。

我国行政诉讼具有以下特征：

第一，行政诉讼是法院通过审判方式进行的一种司法活动。行政诉讼被称为司法活动，是因为解决行政争议的方式和途径不止司法一种，有行政复议机关的复议活动，也有行政申诉处理活动，还有权力机关的监督处理活动。行政诉讼专指法院动用诉讼程序解决行政争议的活动。我国法院组织只设立一套人民法院系统，在人民法院内部设立行政审判庭，受理和审理行政案件，并不另设行政法院。

第二，行政诉讼是通过审查行政行为合法性的方式解决行政争议的活动。行政诉讼以审查行政行为为核心内容。人民法院审理的行政案件只限于就行政主体的具体行政行为的合法性发生的争议。就抽象行政行为以及具体行政行为的合理性发生的争议，不能通过行政诉讼的方式解决。① 另外，行政诉讼的审理形式及裁判形式都不同于一般的民事诉讼和刑事诉讼，独具特色。如行政诉讼案件不适用调解；被告对具体行政行为合法性负举证责任；行政诉讼的裁判以撤销、维持判决为主要形式等。

第三，行政诉讼是解决特定范围内行政争议的活动。行政争议是行政机关行使职权实施公务活动时引发的纠纷。此类争议形式多样，种类繁多，既有行政机关与行政机关、行政机关与公务人员之间的内部争议，也有行政机关与公民、法人或者其他组织之间的外部争议；既有因行政机关实施抽象行政行为引发的争议，也有行政机关实施具体行政行为引发的争议；既有行政机关实施法律行为引起的争议，也有行政机关实施事实行为引起的争议。并非所有的行政争议都能够通过法院的诉讼活动得到解决，法院解决的行政争议是特

---

① 张正钊主编：《行政法与行政诉讼法》，中国人民大学出版社2004年第2版，第358页。

定范围内的争议。按照《行政诉讼法》的规定，法院只解决行政机关实施具体行政行为时与公民、法人或者其他组织发生的争议。

第四，行政诉讼当事人地位具有特殊性。行政诉讼的原告恒定为作为行政管理相对一方的公民、法人和其他组织；行政诉讼的被告恒定为作为行政主体的行政机关和法律、法规授权的组织。当行政机关与法律、法规授权的组织不是作为行政主体，而是作为管理相对人时，行政机关也可以成为行政诉讼原告。行政诉讼当事人的恒定是由行政管理活动的特点决定的。因为在我国，行政机关享有国家法律赋予的命令权、强制权等，行政机关完全可通过自身享有的这些权力迫使当事人服从行政命令，履行行政义务，行政机关无须通过向法院起诉的方式达到行政目标。作为行政管理相对一方的公民、法人或者其他组织则不然，他们有义务服从行政管理，不得直接与行政机关相对抗。这是保障行政机关实施管理，行使权力，维护社会秩序和公共利益的重要前提。如果公民、法人或者其他组织认为行政机关的行政行为侵犯其权益，可以通过行政复议或行政诉讼等方式寻求救济，请求法院审查行政行为的合法性并作裁判。另外，行政诉讼当事人的权利义务具有特定性。行政诉讼原告享有起诉权、撤诉权，而被告不享有起诉权和反诉权，同时对具体行政行为合法性承担举证责任。

二、行政诉讼案件的构成要件

根据我国《行政诉讼法》的有关规定，行政诉讼案件的构成应当具备以下五个要件：

第一，原告是认为行政机关及法律、法规授权组织作出的具体行政行为侵犯其合法权益的公民、法人或者其他组织。我国《行政诉讼法》还规定了原告资格转移的两种情况：一是有权提起行政诉讼的公民死亡，其近亲属可以提起诉讼；二是有关提起行政诉讼的法人或者其他组织终止，承受起权利的法人或者其他组织也可以提起诉讼。行使行政职权的行政机关或者法律、法规授权的组织不能充当原告。

第二，被告是作出被原告认为侵犯其合法权益的具体行政行为的行政机关及法律、法规授权组织。作为行政机关及法律、法规授权的组织以自己的名义应诉，并受人民法院裁判的约束。

第三，原告提起行政诉讼必须是针对法律、法规规定属于法院受案范围内及属于受诉法院管辖的行政争议，并不是所有的具体行政行为都包括在行政诉讼范围之内。

第四，原告必须是在法定期限内起诉。

第五，法律、法规规定起诉前必须经过行政复议的，已进行了行政复议；自行选择行政复议的，复议机关已作出复议决定或者逾期未作出复议决定。

三、行政诉讼与行政复议

公民、法人或其他组织对行政机关的具体行政行为不服，可以先向上一级行政机关或者法律、法规规定的行政机关申请复议，对复议不服的，再向人民法院提起诉讼，也可以直接向人民法院提起诉讼。法律、法规规定应当先向行政机关申请复议，对复议不服再向人民法院起诉的，应按照法律、法规规定先申请行政复议。

行政诉讼和行政复议都是不服具体行政行为的公民、法人和其他组织提出的，都有对其合法权益保护的救济功能。我国解决行政争议的两种途径：一种是通过行政复议在行政系统内部解决，一种则是通过行政诉讼以司法途径解决。但两者又有着区别，行政复议是一种行政系统内部的救济途径，属于行政监督的一种类型；而行政诉讼是一种司法救济途径，属于司法监督的一种类型。

行政复议是行政机关内部的监督制度，是在行政诉讼之前进行的。而行政诉讼是司法救济，由人民法院作出诉讼裁判，是最终的解决办法，也被称作"司法最终救济"原则。① 两者比较而言：

第一，在效力上看，行政诉讼优于行政复议。行政复议机关根据行政复议申请人的申请对具体行政行为进行审查，行使的只是行政复议权，而不能替代司法机关对行政争议行使高效力的司法裁判。

第二，依赖行政复议机关处理行政争议，存在其自身难以完全克服的不足。因为行政复议机关和被申请人都是行政机关，容易陷入先入为主的境地，从而影响对事实的正确判断和对法律、法规的正确理解。在某种情况下，行政机关由于与被申请人存在密切关系，或者因行政争议本身存在牵连关系，出于包庇牵就被申请人的错误思想出发，可能出现有错不纠的现象。因此，规定行政复议决定原则上要接受人民法院的司法审查，这体现了法律对保护复议申请人诉权的价值取向，也体现了国家重视权力之间的制约机制，将行政权充分置于司法监督之下，有利于促使行政复议机关依法公正处理行政复议案件，也有利于监督被申请人依法行使职权。

四、行政诉讼与其他救济的关系

行政诉讼与民事诉讼、刑事诉讼构成现代国家的三大诉讼制度。这三大诉讼制度的目的和作用是相同的：从实体目标来看，它们都以维护社会秩序，保障经济稳定快速发展为己任；而在程序的价值取向上，三大诉讼制度也无不将公正奉为宗旨。因此，三大诉讼在本质上是相同的且同为国家司法制度的组成部分。在三大诉讼制度中，行政诉讼与民事诉讼的联系较为密切。这是因为行政诉讼除遵循行政诉讼法所规定的程序和司法解释外，可在上述规则没有规定的情况下，参照适用民事诉讼的规定。

五、行政诉讼与民事诉讼的区别

行政诉讼和民事诉讼是两种性质不同的法律制度。从历史的发展而言，由于行政诉讼制度的建立大都晚于民事诉讼，大多数国家的行政诉讼制度是从民事诉讼中分离出来的。由于刑事案件的性质与民事案件的性质比较接近，因而在行政诉讼刚开始时，自然要借用一些在民事诉讼制度中已被证明行之有效的制度和方法，如辩论原则、回避制度等。我国的行政诉讼在一段时间内也适用民事诉讼法的规定。从一定意义上说，我国的行政诉讼也是从民事诉讼中分离出来的。所以有人说，行政诉讼与民事诉讼有一定的亲缘关系。行政诉讼尽管与民事诉讼关系密切，然而二者毕竟性质不同，在诉讼主体地位、争讼原因、法律关系、调整对象诸多方面亦有不同，其区别主要表现在以下几个方面：

第一，案件性质不同。民事诉讼所要解决的是平等民事主体之间的民事纠纷，而行政诉讼所要解决的是行政争议，即行政机关或法律、法规授予行政权的组织与被管理方——

---

① 刘恒主编：《行政法与行政诉讼法学》，西安交通大学出版社2005年版，第227页。

相对人之间发生的争议。前者发生在普通人之间，后者发生在行政管理方与被管理方之间。

第二，诉讼目的不同。民事诉讼的目的在于保证人民法院查明事实，确认民事权利义务关系，维护当事人的合法权益；行政诉讼的目的除了保证人民法院查明事实，维护公民、法人或其他组织的合法权益外，还在于维护和监督行政主体依法行使职权。

第三，诉讼主体不同。民事法律关系的双方当事人都可以提起民事诉讼，一方起诉，另一方也可以反诉；行政诉讼是"民告官"的诉讼，被管理方可以提起诉讼，而行政主体方只能作被告，既没有起诉权，也没有反诉权。

第四，前置条件不同。民事诉讼没有前置条件，而行政诉讼之前往往须经行政复议程序，即所谓行政复议前置或先置。

第五，诉讼时效不同。民事诉讼是要确认所争议的民事权利义务关系，其诉讼时效相对较长，而行政诉讼要审查具体行政行为的合法性，为及早使行政法律关系确定下来，行政诉讼的诉讼时效相对较短。

第六，举证责任不同。民事诉讼由主张权利的一方负举证责任，而行政诉讼中对具体行政行为合法性的举证责任是由行政主体承担的。

第七，赔偿方式不同。民事诉讼中的赔偿属于民事赔偿，由公民或法人承担赔偿责任，而行政诉讼中的赔偿属于行政赔偿，是国家赔偿的一种，由国家承担赔偿责任。

六、行政诉讼与刑事诉讼制度的区别

行政诉讼与刑事诉讼存在着某些重要的联系，这种联系主要体现了两种诉讼必不可少的配合关系。如人民法院在审理行政案件中认为行政机关工作人员有犯罪行为的，在依据行政诉讼审理案件的同时，要将有关行政机关工作人员犯罪的材料移交有关的司法机关按刑事诉讼程序处理。在这种情况下，行政机关的具体行政行为和行政工作人员的犯罪行为，分别作为两种诉讼案件，适用不同的诉讼程序。同样，人民法院在审理行政案件中认为受具体行政行为处理的行政诉讼参加人其行为构成犯罪的，要在行政案件审结后，或者先中止行政诉讼，将有关的犯罪材料移交有关的司法机关按刑事诉讼程序处理。同样，人民法院在审理行政案件中，或审结行政案件后，有关当事人就行政案件中的问题又提起刑事自诉，从而又引起刑事诉讼程序和行政诉讼程序的适用，这也是行政诉讼和刑事诉讼协调配合关系的体现。

尽管如此，作为规定行政诉讼程序的法律和作为规定刑事诉讼程序的法律，在诸多方面都有着明显的区别：

第一，两者承担的任务不同。刑事诉讼的任务是准确、及时地查明犯罪事实，正确适用法律，惩罚犯罪分子，保护无辜；行政诉讼的任务是保证人民法院正确及时地审理行政案件，保护公民、法人和其他组织的合法权益，维护和监督行政主体依法行使行政权力。

第二，两种诉讼审理的案件性质不同。刑事诉讼审判刑事案件，被告是犯罪嫌疑人，所要解决的是被告是否犯罪以及应否科以刑罚的问题；行政诉讼要解决的是行政争议，即要解决被告行政主体的行为是否违法的问题。

第三，起诉主体不同。刑事诉讼由人民检察院代表国家提起公诉或者在自诉案件中由自诉人提起自诉；行政诉讼由行政管理的相对方提起诉讼。

第四，诉讼主体地位不同。在刑事诉讼中，人民检察院既是公诉人又是履行法律监督职能的国家机关，与犯罪嫌疑人——被告的诉讼法律地位根本不同；而行政诉讼中的原、被告，虽然在行政管理关系中是管理者与被管理者的关系，但在行政诉讼中，诉讼法律地位平等。

第五，适用的法律不同。刑事诉讼要追究被告的刑事责任，适用的实体法是用于定罪量刑的刑事法律规范，而行政诉讼要衡量具体行政行为是否合法，适用的实体法是行政法律规范；刑事诉讼和行政诉讼所适用的程序法也根本不同，如刑事诉讼程序中的侦查程序是行政诉讼所没有的，刑事诉讼的证据规则与行政诉讼中的证据规则也非常不同，受到侵害的人在诉讼程序中存在地位的区别等等。

第六，执行方式不同。刑事诉讼的判决或裁定，由专门的国家机关执行，而行政诉讼的判决或裁定，多依靠当事人的自觉履行；无故拖延、拒绝履行的，由另一方当事人申请人民法院强制执行，或者由有权机关依法强制执行。

七、我国行政诉讼的发展

中华人民共和国成立初期，中国人民政治协商会议于1949年9月通过《中国人民政治协商会议共同纲领》，第19条规定："人民和人民团体有权向人民监察机关或人民司法机关控告任何国家机关和任何公务人员的违法失职行为。"据此，1949年12月20日通过的《最高人民法院试行组织条例》规定，最高人民法院内设行政审判庭。同时，也有单行法律、法规开始规定行政诉讼制度，如1950年的《土地改革法》第31条规定，当事人对政府评定成分结论不服，可以向县人民法院申诉。但是，我国长期以来并未建立起行政诉讼制度。

1982年3月通过的《民事诉讼法（试行）》第3条第2款规定："法律规定由人民法院审理的行政案件，适用本法规定。"这为我国行政诉讼制度的建立提供了程序方面的准用规范。自1982年至1988年，我国已有130多个法律、法规采取了个别规定的方式，规定了法院应受理的个别行政案件。1983年，我国在人民法院内设经济审判庭，开始受理包括经济行政案件在内的经济案件。最高人民法院作出了一些司法解释，如《关于开展专利审判工作的几个问题的通知》、《关于人民法院审理经济行政案件不应进行调解的通知》等。

1986年9月5日第六届全国人民代表大会常务委员会第十七次会议通过了中华人民共和国成立后的第二部《治安管理处罚条例》，于1987年1月1日起施行。该条例第39条和第40条确立了治安行政诉讼制度。如果说经济行政案件勉强可以由经济审判庭审理，则治安行政案件已无法由人民法院中任何审判庭审理。基于这一需要，1986年11月湖南省汨罗县人民法院成立了全国第一个行政审判庭。随后，全国各地各级人民法院陆续设立了行政审判庭，专门审理行政案件。

随着越来越多的法律、法规以列举的方式规定人民法院的受案范围，行政案件随之增多，行政案件的特殊性日益明显。在总结外国行政诉讼制度经验，特别是我国行政审判实践经验的基础上，全国人民代表大会经过广泛征求各方面意见，于1989年4月4日通过《行政诉讼法》，这是我国成立以来的第一部行政诉讼法典，并于1990年10月1日起施行。《行政诉讼法》的制定和实施标志着我国社会主义行政诉讼制度最终得以确立并走向成熟,是社会主义中国民主法治建设中的一件具有里程碑意义的大事。诚如有的学者所指出的,在中华民族近两千年的成文法历史中,在我国法律现代化的进程中,该法的颁行意味着"一场静悄悄的革命"的开始。①

第二节 行政诉讼法

一、行政诉讼法的概念

行政诉讼法的概念有广义和狭义之分。狭义的行政诉讼法又称"形式意义的行政诉讼法",仅指行政诉讼法典,在我国即指 1990 年 10 月 1 日起生效的《行政诉讼法》。

广义的行政诉讼法又称"实质意义上的行政诉讼法",既包括行政诉讼法典,也包括民事诉讼及其他法律、法规中适用于行政诉讼的原则制度和一些具体规定,各种单行法律法规中有关起诉期限,是否适用行政复议前置等规定以及最高人民法院有关行政诉讼的司法解释,也是各级法院在审判工作中必须遵守的法律依据,因而也属于实质意义上的行政诉讼法范畴。

简单地说,行政诉讼法就是国家规定的关于行政诉讼的法律规范的总称。

行政诉讼法有以下几个方面的含义:

第一,行政诉讼法是规定行政诉讼活动程序的法律规范。行政诉讼是法院在当事人及其他诉讼参与人参加下解决行政争议的活动,法院、当事人及诉讼参与人实施诉讼行为,发生诉讼关系的步骤、方法、形式、顺序、时限,均要由法律明确规定。行政诉讼法就是规定上述程序的法律规范。

第二,行政诉讼法调整的对象是诉讼行为和诉讼关系。诉讼行为是指行政诉讼中法院、当事人及其他诉讼参与人在诉讼过程中实施的各种行为,如起诉、答辩、送达、裁判、妨碍诉讼、拒不执行判决等。行政诉讼法调整诉讼行为的基本方式是创设行为模式,明确规定各个诉讼主体实施行为的条件、标准及法律后果。诉讼关系是指行政诉讼过程中各方诉讼主体之间形成的特定的诉讼事实与后果之间的关系。

第三,行政诉讼法的主要内容是规定行政诉讼主体的权利与义务。行政诉讼法规定法院、诉讼当事人及其他诉讼参与人在诉讼活动中的职责、权利和义务。如人民法院享有行政争议案件的主管权与管辖权,对于符合法定条件的行政案件,法院不仅有受理的权力,也有必须受理的职责。法院享有主持案件审理、指挥庭审的权力,法官遇有与案件有利害关系情形时,也有回避的义务。当事人有起诉的权利,也有接受终审裁判、执行法院裁判的义务。

第四,行政诉讼法是有关行政诉讼的法律规范的总和。行政诉讼法有广义、狭义之分。狭义的行政诉讼法也称形式意义上的行政诉讼法典,专指我国 1989 年 4 月 4 日由七届人民代表大会二次会议通过的《行政诉讼法》。广义的行政诉讼法也称实质意义的行政诉讼法,除行政诉讼法典外,还包括一切有关行政诉讼的法律规范,它们分散在各种法

---

① 袁曙宏、李洪雷:《完善我国的行政制度》,见载罗豪才主编《行政法论丛》第 4 卷,法律出版社 2001 年版。

律、法规及立法、司法解释中。

二、行政诉讼法的渊源

行政诉讼法的渊源是指行政诉讼法的具体表现形式。在我国，广义即实质意义上的行政诉讼法的渊源主要包括以下几个方面。

（一）宪法

宪法作为国家根本大法，是进行行政诉讼立法和司法时起指导作用的法律规范。宪法的规定尤其是关于公民基本权利和自由、关于人民法院审判制度及诉讼活动原则的规定等，都对行政诉讼法具有指导和规范意义，是广义行政诉讼法的重要渊源。

（二）行政诉讼法

《行政诉讼法》比较完整、集中地对行政诉讼的各项具体制度作了规定，是公民、法人或者其他组织提起行政诉讼，人民法院审理行政案件的主要依据，是广义行政诉讼法中最基本、最主要的渊源。

（三）人民法院组织法、人民检察院组织法

人民法院组织法中关于审判组织和审判程序的原则规定，以及人民检察院组织法中关于审判监督的有关规定，都是广义行政诉讼法的渊源。

（四）单行法律、法规

有些单行的法律、法规也规定了某一具体行政行为是否具有可诉性及有关起诉期限等问题。如《治安管理处罚法》规定了受处罚人享有提起行政诉讼的权利以及起诉期限和条件等，《税收征收管理法》规定了起诉不停止具体行政行为执行、行政复议前置、起诉期限等内容，这些规定也是广义行政诉讼法的渊源。

（五）正式有效的法律解释

正式有效的法律解释主要指《最高人民法院关于执行〈中华人民共和国行政诉讼法〉若干问题的解释》、《最高人民法院关于行政诉讼证据若干问题的规定》、《最高人民法院关于行政案件管辖若干问题的规定》、《最高人民法院关于行政诉讼撤诉若干问题的规定》，以及有权机关对涉及行政诉讼问题所作的其他解释。这些正式有效的法律解释同样是广义行政诉讼法的渊源。

（六）民事诉讼的有关规定

因为《行政诉讼法》的规定比较简单，《民事诉讼法》规定比较具体，所以许多内容在《行政诉讼法》当中没有规定，而在《民事诉讼法》中作了详细的规定。人民法院在审理行政案件时，仅仅依据《行政诉讼法》的规定是不够的，还要去参照《民事诉讼法》当中的规定。《最高法院解释》第97条规定："人民法院审理行政案件，除依照行政诉讼法和本解释外，可以参照民事诉讼的有关规定。"但是，适用民事诉讼法律规范只有在《行政诉讼法》和《最高法院解释》对某一问题未作规定，而民事诉讼法律规范又不与行政诉讼的基本原则冲突时，民事诉讼法律规范才能作为广义行政诉讼法的渊源。

（七）国际条约

我国法院在审理涉外行政诉讼案件时，还要适用一些我国缔结参加或认可的涉及行政

诉讼问题的国际条约。《行政诉讼法》第 72 条规定："中华人民共和国缔结或者参加的国际条约同本法有不同规定的，适用该国际条约的规定。中华人民共和国声明保留的条款除外。"国际条约也是广义行政诉讼法的渊源。

三、行政诉讼法的效力范围

行政诉讼法的效力范围是指行政诉讼法的适用范围，具体包括行政诉讼法的空间效力、时间效力、对人的效力和对事的效力。

（一）空间效力

空间效力是指行政诉讼法适用的地域范围。我国行政诉讼法适用于我国国家主权所及一切空间领域，包括我国的领土、领空、领海以及领土延伸的所有空间。也就是说，凡在我国进行行政诉讼活动，均应适用我国行政诉讼法。

但有两点例外，一是在我国香港、澳门特别行政区，不适用大陆地区的行政诉讼法；二是有关行政诉讼的地方性法规和自治条例、单行条例只能在本行政区域内适用。

（二）时间效力

时间效力是指行政诉讼法适用的时间范围，具体包括行政诉讼法的生效、失效的起止时间以及行政诉讼法对该法生效前发生的行政案件的溯及力。我国《行政诉讼法》第 75 条规定，本法从 1990 年 10 月 1 日起施行。该日期即为《行政诉讼法》的生效日期。同时，我国行政诉讼法不具有溯及既往的效力。

（三）对人的效力

对人的效力是指行政诉讼法对哪些人有拘束力，对哪些人没有拘束力。我国行政诉讼法采用属地原则确定对人的效力。凡在我国领域内进行行政诉讼的，无论当事人为我国公民、法人，还是外国公民、外国组织或无国籍人，均适用我国行政诉讼法。但是，我国参加或缔结的国际条约对外国公民的权利作了特殊规定的，适用该规定。外交代表享有民事管辖豁免和行政管辖豁免，据此，除非派遣国政府明确表示放弃豁免或者外交人员从事与公务无关的活动，行政诉讼法对其没有约束力。

（四）对事的效力

对事的效力是指行政诉讼法对行政案件的适用范围，即解决哪些纠纷适用行政诉讼法的规定，其实质是指人民法院受理行政案件的范围。

四、行政诉讼法的功能

我国《行政诉讼法》第 1 条规定："为保证人民法院正确、及时审理行政案件，保护公民、法人和其他组织的合法权益，维护和监督行政机关依法行使行政职权，根据宪法制定本法。"由此表明，我国行政诉讼法的功能包括三个方面。

（一）保证人民法院正确、及时审理行政案件

正确审理行政案件是指人民法院在查明事实的基础上，正确地适用法律，作出正确裁判。为了保证人民法院正确审理行政案件，《行政诉讼法》主要从人民法院独立行使行政审判权、审判原则、证据制度、行政诉讼强制措施、审判依据、两审终审制及审判监督程

序等方面作出规定。

及时审理行政案件是指人民法院在法律规定的期限内审理行政案件。为了防止行政案件久拖不决，《行政诉讼法》作了一系列的期限规定，如申请复议期限、起诉期限、受理期限、审理期限等。这一系列法定期限之间又是相互衔接的。

（二）保障公民、法人和其他组织的合法权益

我国行政诉讼法最根本的目的就是保护公民、法人和其他组织的合法权益，这是我国国家本质的体现。我国是人民民主专政的国家，人民是国家的主人，行政机关应该服务于人民，因此公民、法人和其他组织认为行政机关或者行政机关工作人员的具体行政行为侵犯其合法权益，有权依法向人民法院提起诉讼。行政诉讼法就是保护公民和其他组织，对于侵犯其合法权益的具体行政行为采用司法程序予以救济的制度。行政诉讼法主要从以下几方面保障公民、法人和其他组织的合法权益：

第一，明确规定了人民法院的受案范围。《行政诉讼法》第11条具体规定了人民法院的受案范围，亦即公民、法人和其他组织受到司法保护的范围。这一规定与该法制定以前的状况相比较，大大扩大了司法保护的范围。

第二，用专章规定了行政机关的行政侵权赔偿责任，对申请赔偿的程序、赔偿责任以及赔偿费用的来源等，都作了明确规定。

第三，规定了公民、法人和其他组织在诉讼中的权利。如人民法院作出裁定不受理起诉或驳回起诉，原告对裁定不服的，可以向上一级人民法院提出，对人民法院作出的第一审判决不服，可在法定期限内向上一级人民法院提出上诉；人民法院判决被告重新作出具体行政行为的，被告不得以同一事实和理由作出与原具体行政行为基本相同的具体行政行为，等等。

（三）维护和监督行政机关依法行使行政职权

人民法院审理行政案件时，一方面要维护行政机关依法行使行政职权，以利于提高政府工作效率，从而保护人民的整体利益；另一方面要对行政机关违法行使职权的行为行使监督，促使行政机关依法行政。

第一，维护行政机关依法行使行政职权。人民法院经过审理，认为行政机关的具体行政行为是合法的和公正的，应判决维持、驳回原告的起诉。这就维护了行政机关的威信，保证了行政效率，稳定了行政秩序。

第二，监督行政机关依法行使行政职权。行政机关及其工作人员由于种种原因，其具体行政行为侵害了公民、法人或者其他组织的合法权益，由人民法院经过审理，根据不同情况，判决撤销、变更行政处理决定或者强制行政机关履行义务，起到司法权监督行政权的作用。

行政诉讼对我国社会的影响是渐进式的、潜移默化式的，但意义深远。其功能还体现在文化价值、宪政价值以及行政诉讼对市场经济的保障，包括对经济自治权的保障和对市场经济秩序的维护。①

---

① 应松年、薛刚凌：《行政诉讼十年——行政诉讼的成就、价值、问题与完善》，见张步洪编著《中国行政法学前沿问题报告》，第182页。

五、行政诉讼法的基本原则

行政诉讼基本原则的含义，学界主要有以下几种观点：①行政诉讼基本原则是指行政诉讼法所规定的，贯穿于行政诉讼的主要过程，对行政诉讼活动起规范作用的基本行为准则。[①] ②行政诉讼基本原则是指由宪法和法律规定的，反映行政诉讼的基本特点，对行政诉讼具有普遍指导意义，体现并反映行政诉讼的客观规律和法律的精神实质的基本准则。[②] ③行政诉讼基本原则是指行政诉讼法规定的，贯穿于行政诉讼的主要过程或主要阶段，对行政诉讼活动起支配作用的基本行为准则。[③]

根据以上分析，本书认为行政诉讼基本原则是指反映行政诉讼基本特点、一般规律与精神实质，贯穿于行政诉讼整个过程或主要阶段，对行政诉讼活动具有普遍指导意义的基本行为准则。

行政诉讼法的基本原则包括一般性原则和特有原则。

（一）一般性原则

一般性原则是指宪法和法律规定的，在开展行政诉讼、民事诉讼和刑事诉讼中都必须遵守的共同性行为准则，包括：①法院依法独立行使审判权原则；②以事实为根据，以法律为准绳原则；③当事人法律地位平等原则；④辩论原则；⑤合议、回避、公开审判原则；⑥两审终审制原则；⑦使用本民族语言文字进行诉讼原则；⑧人民检察院实行法律监督原则。

（二）特有原则

特有原则是行政诉讼特有的不同于民事诉讼、刑事诉讼的特殊原则，包括以下几个方面：

1. 选择复议原则

选择复议原则是指在法律、法规没有明确规定必须经过复议的情况下，相对方对行政处理决定不服时，既可以先向上一级行政机关或法律规定的特定机关申请复议，对复议决定不服，再向人民法院起诉，也可以不经复议直接向人民法院起诉。简言之，在我国，复议不是进行行政诉讼的必经程序，是否经过复议，由相对方自己选择。把复议作为行政诉讼的必经阶段，即复议前置原则，是一些国家行政诉讼的一项基本原则。

2. 审查具体行政行为合法性原则

行政主体作出的能够直接或者间接引起行政法律效果的行为，称为"行政行为"。依据行政行为所实施的对象、产生的效力和适用的范围的不同，可以将其分为"抽象行政行为"和"具体行政行为"。抽象行政行为是指行政机关在行政管理活动中，依法制定、发布的对不特定的行政管理相对方具有法律约束力的规范性文件。具体行政行为是指行政机关和行政机关工作人员及法律、法规授权的组织、行政机关委托的组织或个人在行政管理活动中，依法行使行政职权，针对特定的公民、法人或者其他组织，就特定的具体事项作出的有关该公民、法人或者其他组织权利义务的单方行为。其特点正好与抽象行政行为

---

① 刘恒主编：《行政法与行政诉讼法学》，西安交通大学出版社2005年版，第233页。
② 杨建顺、李元起主编：《行政法与行政诉讼法教学参考书》，中国人民大学出版社2003年版，第537页。
③ 张正钊主编：《行政法与行政诉讼法》，中国人民大学出版社2004年第2版，第363页。

相反，只对特定和具体事项或特定人有效，不具有普遍约束力，同时只对已经发生的行为或事件作出。

3. 具体行政行为不因诉讼而停止执行原则

《行政诉讼法》第 44 条规定："诉讼期间，不停止具体行政行为的执行。"此与民事诉讼完全不同。其根据是，具体行政行为是行政机关代表国家依据有关法律、法规的规定作出的，一旦作出即应推定其为合法，亦即行政机关的具体行政行为具有先定力。因而，即使相对方认为具体行政行为违法并向人民法院起诉，要求撤销或者改变违法具体行政行为，但在人民法院代表国家依据有关法律、法规作出生效判决之前，具体行政行为仍然被推定为合法有效，要求得到执行。同时，实行这一原则也有利于保证国家行政管理活动的正常进行。否则，只要相对方提起诉讼，具体行政行为便停止执行，行政机关的管理活动也就无法正常进行，国家的、社会的、集体的及公民、法人或者其他组织的合法权益就有可能受到损害。

行政诉讼法同时也考虑到在某些特殊情况下，具体行政行为应当停止执行，否则将可能造成不必要的损失。《行政诉讼法》第 44 条规定，在以下三种情形下，具体行政行为要停止执行：

第一，被告认为需要停止执行的。

第二，原告申请停止执行，人民法院认为该具体行政行为的执行将会造成难以弥补的损失，并且停止执行不损害社会公共利益，裁定停止执行的。

第三，法律、法规规定停止执行的。此外，在诉讼过程中，行政机关申请人民法院强制执行被诉具体行政行为的，人民法院不予执行。

4. 不适用调解原则

不适用调解原则是指人民法院审理行政案件，既不能把调解作为诉讼过程中的一个必经阶段，也不能把调解作为结案的一种方式。人民法院审理行政案件之所以不能适用调解原则，其根本原因在于，法院审理行政案件是对具体行政行为的合法性进行审查。行政机关作出具体行政行为，是其行使法定职权的表现，而对于这种法定职权，行政机关不得放弃或者让步，否则即构成失职。因此，行政机关作出的具体行政行为或者是合法，或者是违法，没有第三种可能。在行政诉讼中如适用调解，会造成行政机关法定职权的性质与调解的前提之间互为矛盾。

《行政诉讼法》第 67 条规定："赔偿诉讼可以适用调解。"这是因为，赔偿诉讼无非涉及两个问题：一是是否造成了损害；二是损害的程度如何。相应地，法院审理这种行政侵权赔偿案件也是解决两个问题：一是是否赔偿；二是赔偿的数额。而这两个问题均不涉及行政机关的法定职权，仅在于对损害事实的认定及相应的赔偿。因此，双方可以通过协商，本着互谅互让的原则，解决行政赔偿责任问题。

5. 变更权有限原则

司法变更权是指人民法院对被诉具体行政行为经过审理后改变该具体行政行为的权力。司法变更权涉及司法权与行政权的关系问题。因此，各国在规定法院所享有的变更权时都极为慎重。

《行政诉讼法》既考虑到最大限度地保护相对方合法权益的需要及保障司法权有效性，又考虑到法定的权力分配关系，规定"行政处罚显失公正的，可以判决变更。"因此，人民法院的司法变更权仅限于在行政处罚显失公正的情形下才可以行使。

第三节 行政诉讼法律关系

一、行政诉讼法律关系的概念和特征

行政诉讼法律关系是指由行政诉讼法律规范所调整的，在行政诉讼中形成的人民法院与行政诉讼参与人之间的权利义务关系。行政诉讼法律关系的这一概念包括以下几层含义：

第一，行政诉讼法律关系是在行政诉讼中形成的一种程序性法律关系，是一种独立的、具有自身特点的诉讼法律关系。

第二，行政诉讼法律关系作为一种程序性的法律关系，是为解决行政实体和程序法律的争议服务的，它的形成要以行政实体和程序法律关系的存在为基础和前提。行政诉讼法律关系的主体往往仍然是原行政实体法律关系的主体，行政诉讼法律关系主体之间的诉讼权利、义务所指向的对象仍然是原行政实体和程序法律关系。

第三，行政诉讼法律关系是由行政诉讼法律规范规定的，是行政诉讼法律规范对行政诉讼中人民法院与一切诉讼参与人之间法律地位的确立和具体体现。

第四，行政诉讼法律关系是人民法院与一切诉讼参与人之间的权利、义务关系，它明确了人民法院与原告、被告、第三人，诉讼代理人及证人、鉴定人、翻译人相互之间应有的诉讼权利和义务，使他们能在行政诉讼中相互正确地行使权利和履行义务，保证行政诉讼活动的正常进行。

准确把握行政诉讼法律关系的概念，必须理清楚在行政诉讼过程中人民法院与诉讼参与人之间、诉讼参与人相互之间的行政诉讼权利与义务关系。首先应掌握行政诉讼法律关系的几个基本特征：

第一，行政诉讼法是行政诉讼法律关系产生的前提和基础。法律关系的产生必须基于法律的规定。行政诉讼法规定了权利和义务，法院和诉讼参与人按法律规定进行诉讼行为，从而形成具体诉讼中的权利、义务关系。它的产生、发展和消灭都必须以行政诉讼法的存在为前提。与一般的社会关系相比，它已带有国家的法律意志性，表明了行政诉讼法律关系与行政诉讼法紧密相关。

第二，行政诉讼法律关系是在行政诉讼过程中所形成的权利、义务关系。有了行政诉讼法，并不必然形成行政诉讼法律关系，具体行政诉讼法律关系只能发生在解决行政纠纷的行政诉讼过程中。换言之，离开了行政诉讼过程，也就无法存在行政诉讼法律关系。[①]因而可以说，行政诉讼法律关系与行政诉讼活动紧密相关。

第三，行政诉讼法律关系是行政诉讼主体之间的法律关系。这里强调的重点是主体之间的关系，包括法院、当事人和其他诉讼参与人之间的关系，而不是人与物之间的关系。

第四，诉讼权利和诉讼义务是行政诉讼法律关系的内容。任何法律关系都是该法律关

---

① 刘恒主编：《行政法与行政诉讼法学》，西安交通大学出版社2005年版，第231页。

系中的主体的权利和义务的体现。行政诉讼法律关系也不例外，它是以规定法院、检察院在诉讼中的职权与职责、诉讼参与人在诉讼中的权利和义务为主要内容的。行政诉讼法律关系与诉讼权利、义务内容之间紧密相关。

二、行政诉讼法律关系的要素

法律关系是法律在调整人们行为的过程中形成的特殊的权利和义务关系。或者说，法律关系是指被法律规范所调整的权利与义务关系。法律关系是以法律为前提而产生的社会关系，没有法律的规定，就不可能形成相应的法律关系。法律关系是以国家强制力作为保障的社会关系，当法律关系受到破坏时，国家会动用强制力进行矫正或恢复。法律关系由三要素构成，即法律关系的主体、法律关系的客体和法律关系的内容。

就行政关系与行政诉讼法律关系的关系来说，凡是涉及权利、义务的行政关系，都应当通过法律加以规范，这是行政法的一个基本要求。当然，行政关系不可能也不必要都转化成行政诉讼法律关系。在现代行政管理过程中，因行政指导、行政建议、行政咨询等形成的行政关系，固然产生于行政活动过程中，但由于其不具有权利、义务内容，故不宜上升为行政诉讼法律关系。

（一）行政诉讼法律关系的主体

行政诉讼法律关系主体是指在行政诉讼中享有一定诉讼权利，承担一定为或者不为义务的诉讼参与人。行政诉讼中各诉讼参与人在诉讼中所起的作用是不同的，他们的诉讼权利和诉讼义务也有差异。因此，他们的诉讼地位也不同。行政诉讼法律关系的主体包括：

1. 人民法院

人民法院在诉讼过程中拥有审理权、裁判权和指挥权，其诉讼行为对于诉讼程序的发生、变更和消灭起着决定性的作用。人民法院是诉讼法律关系中的特殊主体，也是诉讼主体。

2. 诉讼参加人

当事人以及与当事人诉讼地位相同的人，都是诉讼参加人。这些人包括当事人（原告和被告）、法定代表人、共同诉讼人、第三人和诉讼代理人（法定代理人、指定代理人、委托代理人）。他们在诉讼中的权利义务虽然不完全相同，但是他们参加诉讼都是为了维护自己的合法权益或者保护依法受自己保护的合法权益。除了诉讼代理人以外，他们同诉讼结果有着直接的利害关系，其行为对诉讼程序的发生、变更或者消灭产生直接影响。所以，他们既是诉讼法律关系的主体，也是诉讼主体。法律上的利害关系，也能使诉讼程序变更或者消灭，如有权申请回避，因满足原告的诉讼请求而使其撤诉等，但却不能使诉讼程序发生，即不能起诉和反诉。

3. 诉讼参与人

在某些特定情况下，诉讼参与人泛指参加行政诉讼的除人民法院以外的所有人，即包括诉讼参加人在内。在一般情况下，诉讼参与人仅指证人、鉴定人、翻译人员、勘验人等。在行政诉讼中，诉讼参与人与诉讼参加人的地位和作用有很大不同。诉讼参与人与诉讼结果没有法律上的利害关系，只是证明案件事实真相或者被聘请进行鉴定、翻译、勘验工作。他们参与诉讼是协助人民法院和当事人查明案情，使审判活动得以顺利进行。他们没有诉讼上的请求权，因而他们的行为对于诉讼程序的发生、变更和消灭不产生什么影响，他们只能根据人民法院的要求为一定的诉讼行为。为了发挥他们的作用，必须让他们享有某些诉讼权利，承担一定的诉讼义务，所以他们虽然不是诉讼主体，但也是诉讼法律关系的主体。

(二) 行政诉讼法律关系的内容

行政诉讼法律关系的内容是指行政诉讼法律关系主体在行政诉讼中享有的权利和承担的义务。行政诉讼权利是指由行政诉讼法律规范规定的行政诉讼法律关系主体在行政诉讼中可以实施的行为或要求他人实施某种行为的可能性和法律保障。行政诉讼法律关系主体的义务是指行政诉讼法律规范所规定的行政诉讼法律关系主体在行政诉讼中必须实施某种行为或不得实施某种行为的必要性和法律强制性。行政诉讼中的人民法院享有国家赋予的审判权，依法决定是否受理案件，组成合议庭审理，有权向有关行政机关或组织与公民调取证据，指挥法庭调查和辩论，依法作出判决。人民法院的这种诉讼权利同时也是一种诉讼义务，不得随意放弃与滥用。人民法院违反诉讼义务，也要承担相应的法律责任。

行政诉讼参加人在行政诉讼中享有不同的权利，承担相应的义务，如原告和被告都有权申请回避、委托代理人等，同时有义务听从法庭指挥、服从法律判决等。诉讼参与人在行政诉讼中的义务与民事诉讼参与人的诉讼义务相同，即享有作证、鉴定、翻译、勘验的权利，承担协助人民法院查明案情的义务。如果违反这种义务，如提供虚假证言、作虚伪鉴定和翻译等，则要受到相应的处罚，如罚款、拘留，情节严重构成犯罪的，还要追究刑事责任。

(三) 行政诉讼法律关系的客体

行政诉讼法律关系的客体是指行政诉讼法律关系主体之间的权利义务共同指向的对象。人民法院与当事人之间的诉讼权利与义务所指向的对象，是确定案件事实真相，解决因行政管理而产生的争议。当事人有权要求人民法院查明案情，保护其合法权益，或者维护行政管理的正常进行。当事人也有义务提供事实和证据，以证实其诉讼请求或者其行政行为的合法性与适当性。人民法院有权利义务通过审判活动就双方当事人争议的案件的事实和实体权利的请求进行审查，依法作出公正判决。

由于行政诉讼法律关系是由多重法律关系组成的复合体，行政诉讼法律关系主体的身份、地位的不同，参加诉讼的目的不同，所以享有的权利义务也不相同。因此，行政诉讼法律关系各主体之间权利义务所指向的对象也不相同。这包括两种情况：

第一，人民法院与证人、鉴定人、翻译人员之间的诉讼权利义务所指向的对象，也是为了查明案件事实真相。这些诉讼参与人与案件结果虽然没有法律上的利害关系，但他们依法参与诉讼，目的是为了帮助人民法院查明案件事实，为此，人民法院有权要求证人如实提供证言，鉴定人如实作出正确鉴定结论，翻译人员真实地进行翻译，勘验人认真进行勘验。这些人有义务履行职责，实事求是地作证、鉴定、翻译和勘验。总之，所有行政诉讼法律关系的主体参与行政诉讼，其共同的任务都是为了查明案件事实真相，这就是他们权利义务所共同指向的对象。

第二，人民法院与当事人之间诉讼法律关系的客体，同人民法院与证人、鉴定人等诉讼参与人之间的诉讼法律关系的客体存在着有机的联系。两者之间有时是一致的、重合的，有时则不一致，后者可能只是前者的有机组成部分。

三、行政诉讼法律关系的发生、变更和消灭

（一）行政诉讼法律关系发生、变更和消灭的定义

行政诉讼是行政诉讼法律关系主体相互作用的过程，行政诉讼法律关系主体间的作用随着主体行为的不同以及客观事实的变化而不断变化，行政诉讼法律关系也随之变化。这种变化包括行政诉讼法律关系主体、客体以及权利义务关系的发生、变更和消灭。行政诉讼法律关系发生是指在行政诉讼法律关系主体之间形成某种权利义务关系；它的变更是指行政诉讼法律关系的主体、客体、内容的改变；它的消灭则指行政诉讼法律关系主体间权利义务关系的终止。

（二）引起行政诉讼法律关系发生、变更和消灭的原因

必须有一定的法律事实，才能引起行政诉讼法律关系的发生、变更和消灭。行政诉讼法律关系的产生是以具体的法律规范的存在为条件的，没有法律当然不会有法律关系，但是，法律不可能自动形成具体的法律关系，只有当法律规范的某种情况，即这种与法律规范中假定部分相适应的情况出现时，才能适用该法律规范，从而引起法律关系的发生、变更与消灭。这种与法律规范假定部分相适应的情况，就称为法律事实。法律事实又分为法律事件和法律行为。

1. 法律事件

法律事件是指由于人的意志之外的原因导致法律关系发生、变更或消灭的事实。如自然灾害、意外伤害、死亡等，都会引起诉讼法律关系的变化或消灭。

2. 法律行为

法律行为是指人们实施的能产生法律效果的行为。在这里是指行政诉讼行为。行政诉讼行为是指法院和诉讼参加人、其他诉讼参与人等，在诉讼活动中进行的能引起行政诉讼法律关系发生、变更或消灭的行为。如原告起诉、被告答辩、举证、质证、撤诉、法院立案、开庭通知、判决等。

在行政诉讼中，行政诉讼法律关系的主体不同，权利义务就不同，其诉讼行为必然各不相同。人民法院的诉讼行为是其行使国家审判职能并产生一定法律后果的审判活动。人民法院的诉讼行为可以分为两种：一是准备行为，如进行庭审审查等为作出正式决定、裁判以前的必要的准备工作，即为决定行为作准备的行为；二是决定行为，如作出决定、裁定和判决的行为。

行政诉讼当事人的行为具有法定性，必须依法行使。如符合原告资格的当事人可以起诉，适当的被告应当应诉。没有法律规定或不按法定要求去作为或不作为，将会产生一定的法律后果，如原告不在法定期限内起诉就将失去起诉权；被告拒不应诉不影响法院对案件的审理，法院可以缺席判决等。当事人的诉讼行为又可以分为任意性和非任意性两类。对任意性行为法律规范使用的语言是"可以"，如原告可以起诉、申请撤诉、上诉。任意性行为可以实施，也可以不实施，是否实施由当事人自己决定。非任意性行为则是当事人必须实施的行为，如果不实施，人民法院可以强制其实施，或者可能产生对其不利的结果。法律规范对非任意性行为使用的语言是"应当"，如适当的被告应当答辩、举证。对专门性问题需要鉴定的，应当由法定鉴定部门进行鉴定。此外，法律行为具有期限性。期

限性是指要求当事人在一定期限内完成诉讼行为,一旦过期当事人就失去了实施这一行为的权利。如原告的起诉、上诉等。

诉讼参与人的行为具有法定性、非任意性、期限性,同时具有辅助性。证人的行为不能由别人代理,证人不能被更换。鉴定人、翻译人员的行为要忠实、准确、科学。

第三十五章 行政诉讼受案范围

第一节 行政诉讼受案范围概述

一、行政诉讼受案范围的概念

行政诉讼受案范围是指人民法院受理行政诉讼案件的范围。在行政管理过程中,行政机关的行政行为是多种多样的,这直接导致行政机关与行政相对人之间发生的行政争议也是多种多样的。从世界各国行政诉讼制度的基本情况来看,并不是行政机关所有行政行为都可以被起诉,由此对那些可以被起诉至法院、由法院通过行政诉讼程序进行裁决的行政案件划定了范围,这一部分行政案件就是行政诉讼的受案范围。这一范围也同时决定着人民法院对行政行为的监督范围、行政相对人的诉权范围以及人民法院有权调整的行政法律关系的范围。

世界上几乎所有国家对于行政诉讼受案范围都有规定,如美国将该问题称为"司法审查的可得性",法国称为"行政法院的审判权范围"。不管表述如何,其实质内容都是一样的,即法院不可能解决所有的公法争议,也无力审查所有的行政行为。[1] 可见,行政诉讼受案范围是行政诉讼法最为重要的内容之一,是行政诉讼区别于刑事诉讼和民事诉讼的重要特征。它除了解决法院可以受理哪些行政案件的问题,还具有以下几个方面的意义:

第一,行政诉讼受案范围是法院对行政机关行政活动实施司法审查的权限范围。行政诉讼是法院监督、审查行政机关行政职权活动的法律制度,如果法律规定某一类行政争议只能由行政机关解决,则法院无权解决该种争议,进而无法发挥监督审查职能。因此,人民法院受理行政案件的范围直接影响着它对行政职权活动监督和审查的职权范围。

第二,行政诉讼受案范围实际上是对行政相对人诉权范围的界定。我国宪法和法律规定行政相对人在认为自己合法权益受到来自行政机关的侵犯时,有权向人民法院提起行政诉讼。只有明确了行政诉讼受案范围,才能对行政相对人起到一种确定的指引作用,保障他们能及时有效的行使诉权。

第三,行政诉讼受案范围决定着人民法院与权力机关、行政机关在处理解决行政案件上的职能分工。由于行政权和司法权的区分,使得一部分行政权力游离于法院监督的范围之外,要靠其他途径进行监督。明确了行政诉讼的受案范围,即明确了人民法院在受理行

---

[1] 马怀德主编:《行政诉讼法学》,北京大学出版社2008年版,第40页。

政案件上的职责范围,它便于人民法院及时、正确的受理案件,有效防止司法资源的浪费,提高人民法院办案效率。

二、制约行政诉讼受案范围的因素

制约行政诉讼受案范围的因素是指立法者在确定行政诉讼受案范围时需要考虑的因素。从应然状态出发,人们希望法院可以提供无漏洞的司法保护,以防止行政行为对行政相对人权益的侵害。但在现实生活中,司法审查不可能做到无微不至,也没有这个必要,世界各国事实上也都或多或少地将一部分行政争议排除在受案范围之外。一般来说,制约行政诉讼受案范围的因素包括以下几个方面。[①]

(一) 行政机关行使职权状况以及自我约束状况

完善的制度通常是以不完善的背景为前提的,问题越严重、越尖锐,暴露得越充分,制度才能变得越完善。所以,如果一个国家的行政机关行使职权的状况良好或者自我约束机制比较完善,行政诉讼就不可能成为一种普遍的社会需求,行政诉讼的受案范围也就不可能扩大。

(二) 法院解决行政争议的能力

法院解决行政争议的能力越差,则行政诉讼受案范围就会越小;能力越强,范围才会越大。如果一国的行政诉讼制度仅仅旨在维护行政法律秩序,就倾向于缩小行政诉讼范围;如果一国的行政诉讼制度旨在维护行政法律秩序和切实解决行政争议,就倾向于扩大行政诉讼范围。

(三) 公民权利意识和主体意识发展程度

拥有行政权力的机关接受监督的意识总是弱于其扩张权利的意识,接受监督意识只有在存在外在压力的情况下才有可能形成。对公民权利的救济只有在公民意识到其权利应当获得救济时才有可能出现。因此,公民权利意识和自主意识的发展程度就会客观地制约着行政诉讼受案范围。

(四) 国家的权力架构及运作机制

在行政权强势的国家,很多行政争议司法机关无权插手;而在立法权强势的国家,立法机关倾向于授予司法机关更多的权力监督行政机关依法行政,以保障国家意志得以贯彻执行。可见,国家的权力架构及运作机制也是制约行政诉讼受案范围的重要因素。

三、我国确定行政诉讼受案范围的原则和方式

(一) 确定行政诉讼受案范围的原则

我国行政诉讼的受案范围遵循了以下原则:

第一,充分保护行政相对人合法权益原则。行政诉讼制度是为行政相对人提供救济的途径,即当行政机关在行使行政职权时侵犯公民、法人或其他组织的合法权益,则受害人有权提起行政诉讼来维护自身合法权益。因此,在条件允许的情况下应该尽可能的扩宽行

---

① 姜明安主编:《行政法与行政诉讼法》,北京大学出版社、高等教育出版社2011年版,第417页。

政诉讼受案范围，最大限度地保护行政相对人的合法权益。

第二，正确处理审判权和行政权关系原则。人民法院对行政案件应当依法进行审理，但不要对行政机关在法律、法规规定范围内的行政行为进行干预，不要代替行政机关行使行政权力，以保障行政机关依法有效地进行行政管理。要通过行政复议和行政申诉等方式解决一部分行政争议，使人民法院和行政机关对各自的受案范围有一个合理的分工。

第三，立足现实，逐步扩大原则。确定行政诉讼受案范围，需要考虑必要性和可行性。从必要性说，应当尽量扩大人民法院的受案范围。这符合我国建设高度民主、法制完备、富有效率、充满活力的社会主义政治体制长远目标，但这是需要经过长期努力才能实现的。从可行性说，行政诉讼受案范围应当随着改革的步伐逐步扩大。由于我国是一个经历了长期封建制度的国家，目前"官贵民贱"、"民不告官"的思想影响还很深，无论对于老百姓、行政机关还是人民法院，都需要一个观念转变的过程，一个逐步适应的过程。

(二) 确定行政诉讼受案范围的方式

受案范围需要通过一定的方式表达出来，方式越科学，受案范围的划定就越准确。世界各国确定行政诉讼受案范围的方式并不完全相同。有的国家采用判例的方式，如英、美、法等国；有的国家采用制定法的方式，大多数大陆法系国家都是这样的。其中，以制定法方式来确定行政诉讼受案范围又有不同的方式，大体有概括式、列举式和混合式三种方式。

第一，概括式是由单一的行政诉讼法典对行政案件受案范围作出概括的规定。这种方式，从形式上看，范围显得宽泛，大都笼统规定，行政管理相对一方，认为其合法权益受到行政机关不法侵害时，都有权向人民法院起诉。其优点在于简单、全面，缺点在于难以掌握。

第二，列举式是指法院受理的行政案件，以列举的方式规定。其包括肯定的列举和否定的列举两种。肯定的列举是由单行法律逐个列举可以起诉的行政案件，只要是符合肯定列举的行政案件，法院都必须受理。否定的列举又称为排除式，对不属于行政诉讼受案范围的案件，逐一列举，凡是符合否定式列举条件的案件，法院将不予受理。列举式的优点是具体细致，但存在分散、复杂、列举不全、不足等缺点。

第三，混合式，又称结合式，是指法院对受理行政案件的范围。法院采取概括式规定和列举式规定相结合的方式，各取所长，避免不足，是法律规定行政诉讼范围的一种较新的方式。

我国行政诉讼制度在确定受案方式上采取混合的方式，具体说来：

第一，以概括的方式确立行政诉讼受案的基本界限，即我国《行政诉讼法》第2条的规定："公民、法人或者其他组织认为行政机关和行政机关工作人员的具体行政行为侵犯其合法权益，有权向人民法院提起诉讼。"最高人民法院《关于执行〈中华人民共和国行政诉讼法〉若干问题的解释》（以下简称《若干问题的解释》）中就上述规定作出了有关行政诉讼受案范围的解释："公民、法人或其他组织对具有国家行政职权的机关和组织及其工作人员的行政行为不服，依法提起诉讼的，属于人民法院行政诉讼的受案范围。"

第二，以肯定的方式列举了应该受案的一系列具体行政案件，即《行政诉讼法》第11条第1项至第8项的规定。同时，《行政诉讼法》第11条第2款还以概括的方式对今后可能纳入行政诉讼受案范围的行政案件作了补充。

第三，以否定列举的方式对不属于行政诉讼受案范围的事项作了排除规定，即《行政诉讼法》第 12 条对四种不予受理事项的规定。此外，《若干问题的解释》第 1 条第 2 款也列举了六种不可诉的行为。

第二节 我国行政诉讼受案范围

我国《行政诉讼法》第 2 条规定："公民、法人或者其他组织认为行政机关和行政机关工作人员的具体行政行为侵犯其合法权益，有权向人民法院提起诉讼。"据此，由行政机关和行政机关工作人员的具体行政行为所引起、公民等一方认为侵犯了自己合法权益的行政案件，是我国行政诉讼法的基本受案范围。《行政诉讼法》第 11 条对这些具体行政行为进行了列举，以下分别阐述。

一、对行政机关行政处罚不服的案件

行政处罚是指行政机关根据其职权对违反行政管理秩序但尚未构成犯罪的公民、法人或者其他组织予以的惩处。《行政诉讼法》第 11 条第 1 款第 1 项规定，人民法院受理公民、法人或者其他组织对拘留、罚款、吊销许可证和执照、责令停产停业、没收财物等行政处罚不服提起的诉讼。此项是以列举加概括的方式加以规定的，"等"说明列举并未穷尽，是一种概括，所以只要是行政处罚，即使未被列入该条规定中，法院也应该受理。

二、对行政机关行政强制措施不服的案件

行政强制措施是指行政机关为了查明情况或有效控制违法、危害状态，根据需要依法对有关对象的人身或财物进行暂时性限制的强制措施。《行政诉讼法》第 11 条第 1 款第 2 项规定，人民法院受理公民、法人或者其他组织对限制人身自由或者对财产的查封、扣押、冻结等行政强制措施不服提起的诉讼。

三、认为行政机关侵犯法定经营自主权的案件

经营自主权是指个人或者企业依法对自身的机构、人员、财产、原材料供应、生产、销售等各方面事物自主管理经营的权利。在我国，享有经营自主权的主体范围非常广泛，包括国有企业、集体企业、合资企业、外资企业、私营企业和各种个体经营户、承包户等所有的企业和经济组织。根据《全民所有制工业企业转换经营机制条例》、《集体所有制企业条例》等的规定，国有企业的经营自主权具体包括：生产经营决定权，产品定价、销售权，物资采购权，资产处置权，投资决策权，留用资本支配权，联营兼并权，劳动用工权，内部人事管理权，工资奖金分配权，内部机构设置权，拒绝摊派权等。其他非国有企业因所有制方面的原因，其法定经营自主权的范围更为广泛。例如，私营企业在经营活动中对其财产就有完全的处分权和收益权，而国有企业则不能具有这种权利。总之，根据《行政诉讼法》第 11 条第 1 款第 3 项的规定，各种企业、经济组织和个体经营者凡是认为行政机关侵犯属于自己的法定经营自主权，都可以提起行政诉讼。

四、认为符合法定条件申请行政机关颁发许可证和执照，行政机关拒绝颁发或者不予答复的案件

许可证和执照是行政主体应相对人的申请核发的允许其享有某种资格、从事某种活动的法律凭证。许可证和执照是行政许可的主要表现形式，对于符合法定许可条件的公民、法人或者其他组织来讲，如果行政机关推诿或拒绝认可，就剥夺、限制了公民、法人或者其他组织应当享有的合法权益，是侵犯公民、法人或者其他组织人身权和财产权的一种表现。《行政诉讼法》第11条第1款第4项规定，人民法院受理公民、法人或者其他组织认为符合法定条件申请行政机关颁发许可证和执照，行政机关拒绝颁发或不予答复提起的诉讼。

对于此类案件的形成有三个需要注意的地方：①颁发有关证照对行政机关来说是一种依申请的行政行为，从法定程序上说，必须有相对人一方先提出申请；②行政机关对于相对人要求颁发证照的申请予以拒绝或者不予答复，拒绝是指行政机关明确表示不同意或者不予办理，不予答复是指行政机关予以推诿、拖延或者不予理睬；③对于许可证和执照的范围应当作广义的理解，即不应以名称为限，凡是实质内容上属于须行政机关许可而享有人身权利、财产权利和其他社会权利的各种证照、文件乃至口头形式的凭证，都在此范围之列，受《行政诉讼法》的保护。

五、认为行政机关不履行保护人身权和财产权法定职责的案件

根据我国宪法确立的"一切国家机关及其工作人员必须全心全意为人民服务"的宗旨和有关法律、法规的规定，我国许多行政机关都具有保护公民、法人或者其他组织人身权、财产权的法定职责。如果行政机关不履行该职责，造成公民、法人或者其他组织人身、财产方面的损失，则是行政机关的失职行为。《行政诉讼法》第11条第1款第5项规定，人民法院受理公民、法人或者其他组织因申请行政机关履行保护人身权、财产权的法定职责，行政机关拒绝履行或不予答复而提起的诉讼。

这类案件形成的一般条件是：

第一，公民向行政机关提出了保护申请，申请的作用在于使行政机关知晓情况，以便履行保护职责。但有两种例外情况：一是行政机关已经通过其他途径获知有关情况；二是行政机关负有主动保护职责，如街上的巡警发现有歹徒行凶就必须上前制止，无须等被害人提出申请。

第二，接到申请的行政机关负有法定职责。正常情况下，行政机关工作人员负有法定职责不难理解，然而工作时间之外，对于行政机关工作人员来说是否还负有法定职责？我们认为，行政机关工作人员在工作时间内和工作时间外具有不同的身份：在工作时间内他们是代表行政机关进行行政管理的国家工作人员，在工作时间之外则是普通公民而不能再代表国家行政机关。当然，这也存在例外，对于某些具有应付紧急情况法定职责的行政机关及其因职业特点随时处于待命上岗状态的工作人员，如公安民警等，则不在此列。

第三，行政机关对公民、法人或者其他组织的申请拒绝或者不予答复。在公民面临侵害而申请保护的情况下，行政机关拒绝或者不予及时答复的，都构成不履行法定职责。

六、认为行政机关没有依法发给抚恤金的案件

抚恤金分为广义和狭义两种。从狭义上讲，抚恤金是国家规定对某些伤残人员或死亡人员遗属为慰抚和保障生活而发放的专项费用，主要分为两种：一种是伤残抚恤金，发放对象是革命残废军人、因公致残的职工及其他人员；另一种是遗属抚恤金，发放对象是革命烈士、牺牲人员或其他死亡人员的遗属。从广义上讲，国家对公民发放的社会福利保障费用，如福利金、救济金等，也具有抚恤金的性质。《行政诉讼法》第11条第1款第6项规定，人民法院受理公民认为行政机关没有依法发给抚恤金的案件。该案件通常表现为：对依法应当发放的，行政机关没有发放；对应按法定数额发放的，行政机关作了扣减；应按期发放的，行政机关无故拖欠等。

七、认为行政机关违法要求履行义务的案件

行政机关在行政管理活动中依法有权要求公民、法人或者其他组织履行义务，但必须严格依法进行，即必须是法律、法规规定的义务，而且须按法律、法规规定的程序进行，否则就是违法要求履行义务。通常包括财务上的义务和行为上的义务，如"三乱"，即乱收费、乱摊派以及乱罚款。这都在一定程度上涉及公民、法人或者其他组织的人身权和财产权。《行政诉讼法》第11条第1款第7项规定，人民法院受理公民、法人或者其他组织认为行政机关违法要求履行义务而提起的诉讼。

"违法要求履行义务"主要表现在三个方面：①行政相对人不负有某种法定义务，但行政机关要求其履行义务；②行政相对人已经依法履行了某种法定义务，但行政机关仍然重复要求其履行义务；③行政机关在要求行政相对人履行义务时违反法定程序。

八、认为行政机关侵犯其他人身权、财产权的案件

根据《行政诉讼法》第11条第1款第8项的规定，人民法院受理公民、法人或者其他组织认为行政机关侵犯其他人身权、财产权而提起的诉讼。该项属于概括式规定，是对上述七种案件之外的其他涉及人身权、财产权的具体行政行为引起的行政案件的概括，在立法技术上是对上述七种案件的列举性规定的补充。

从司法解释和学界的通说来看，这类行政案件主要包括：

第一，行政裁决案件。行政裁决是指行政机关对平等主体之间发生的与公共行政密切相关的民事纠纷作出的具有法律效力的处理。典型案件如征收补偿裁决、商标权和专利权的权属裁决。

第二，行政确认案件。最常见的如婚姻登记案件、不动产产权登记案件等。

第三，行政行为侵犯公民公平竞争权的案件。《若干问题的解释》第13条第1项规定，"公平竞争权"是"利害关系"的一种情形。这实际上是从原告资格的角度扩大了"权利标准"的范围。行政机关在对具有相互竞争关系的公民实施行政许可时，他方公民认为自己具有同等或更优越的条件却未能取得成功的，可以以其公平竞争权受到侵害为由提起行政诉讼。

此外，还有行政合同案件、行政奖励、行政许可、行政监督检查、国际贸易行政案件、反倾销行政案件、反补贴行政案件等，凡是公民、法人或者其他组织认为行政机关这

些具体行政行为侵犯自己人身权、财产权的，都可以提起行政诉讼。

九、法律、法规规定可以起诉的其他行政案件

根据《行政诉讼法》第11条第2款的规定，人民法院受理法律、法规规定可以提起诉讼的其他行政案件。这是一条兜底性条款，这里所指的"法律、法规"是指《行政诉讼法》以外的其他各种法律、行政法规、地方性法规，以及自治条例和单行条例等；既包括《行政诉讼法》制定实施以前就颁布并仍然有效的法律、法规，也包括《行政诉讼法》制定实施以后颁布的法律、法规，还包括将来可能会颁布的有关法律文件。这是从立法技术层面为行政诉讼受案范围的逐步扩大预留空间。

十、人民法院不受理的案件范围

《行政诉讼法》第11条以概括和列举的方式确定了部分行政诉讼的受案范围。由于社会是不断向前发展的，因此第11条的内容不可能面面俱到，将行政诉讼的受案范围完全涵盖进去。为了弥补这一不足，需要明确划定人民法院不予受理的事项，对行政诉讼不受案的界限加以明确限定，便可以使不属于这类限定之外的一切具体行政行为都有可能进入行政诉讼的受案范围之列，这样就便于保护公民、法人或者其他组织的诉讼权利。

根据《行政诉讼法》第12条和《若干问题的解释》第1条的规定，人民法院不得受理下列几类事项。

（一）国家行为

《行政诉讼法》第12条第1项规定，国防、外交等国家行为不属于行政诉讼的受案范围。根据《若干问题的解释》第2条的规定，国家行为是指国务院、中央军事委员会、国防部、外交部等根据宪法和法律的授权，以国家的名义实施的有关国防和外交事务的行为，以及经宪法和法律授权的国家机关宣布紧急状态、实施戒严和总动员等行为。所以，国家行为可以概括为特定的国家机关，根据宪法和法律的授权，以国家名义实施的全局性、重大性行为。

国家行为分为对内国家行为和对外国家行为，对内国家行为主要包括：为保卫国家政权生存，控制政局，防止国家、民族分裂、抗救巨大自然灾害等采取的总动员、宣布戒严以及其他紧急性措施等；对外国家行为主要包括国防和外交两大类。国家行为一般具有整体性和紧急性，都是为维护国家和民族的整体利益才实施的，即使这种行为会影响某些公民、法人或者其他组织的利益，但在此情况下，公民、法人或者其他组织的个别利益要服从国家的整体利益。因此，我国《行政诉讼法》将国家行为排除在可诉范围外。

（二）抽象行政行为

《行政诉讼法》第12条第2项规定，行政法规、规章或者行政机关制定、发布的具有普遍约束力的决定、命令不属于行政诉讼的受案范围。这里所称的"具有普遍约束力的决定、命令"是指行政机关针对不特定对象发布的能反复适用的除行政法规和行政规章以外的行政规范性文件。依照我国宪法和有关组织法的规定以及我国人民代表大会的政治制度，确认行政机关抽象行政行为是否正确合法并予以撤销、改变的权力，只能是属于国家权力机关或上级行政机关，而法院并无权对其进行审查、撤销和改变。况且抽象行政

行为涉及不特定相对人，有时甚至涉及一个或几个地区乃至全国的公民，其争议不适于通过诉讼途径解决。① 当然，行政诉讼不受理对抽象行政行为提起的诉讼，并不意味着公民、法人或者其他组织受到违法抽象行政行为侵害时就无法得到救济，他们仍然可以向权力机关和上级行政机关提出申请，要求对抽象行政行为的合法性进行审查，以解决抽象行政行为违法的问题。

（三）行政机关对其工作人员的奖惩、任免等决定

《行政诉讼法》第12条第3项规定，行政机关对行政机关内部工作人员的奖惩、任免等决定不属于行政诉讼受案范围。"奖惩、任免等决定"包括行政机关作出的涉及该行政机关工作人员权利义务的各类规定，如公务员工资的升降、福利待遇、住房分配等决定。这些决定涉及的是行政机关内部的人事管理关系，属于内部人事管理活动，不应该由法院予以干预。

对于这个问题不应该作扩张解释。前面提到过，行政机关工作人员在工作时间内和工作时间外是具有不同身份的人，如果行政机关内部决定涉及的权利义务是行政机关公务员的权利义务，则不能通过行政诉讼的方式解决；但如果涉及的权利义务是行政机关工作人员作为普通公民所具有的权利义务，则仍应该通过行政诉讼来解决。

（四）法律规定由行政机关最终裁决的具体行政行为

《行政诉讼法》第12条第4项规定，法律规定有行政机关最终裁决的具体行政行为不属于行政诉讼的受案范围。这里所指的"法律"，根据《若干问题的解释》的规定，仅限于全国人民代表大会及其常务委员会制定、通过的规范性文件。也就是说，只有国家最高权力机关才能决定是否授予行政机关对行政案件的最终裁决权。

我国目前只有极少几部法律根据实际需要作出规定，授予了行政机关最终裁决权。

第一，《行政复议法》规定了两种情况。《行政复议法》第14条规定，对省、自治区、直辖市人民政府的具体行政行为不服的，向作出该具体行政行为的国务院部门或者省、自治区、直辖市人民政府申请行政复议。对行政复议决定不服的，可以向人民法院提起行政诉讼，也可以向国务院申请裁决，国务院作出的裁决为最终裁决。《行政复议法》第30条第2款规定，根据国务院或者省、自治区、直辖市人民政府对行政区划的勘定、调整或者征用土地的决定，省、自治区、直辖市人民政府确认土地、矿藏、水流、森林、山岭、草原、荒地、滩涂、海域等自然资源的所有权或者使用权的行政复议决定为最终裁决。

第二，《出入境管理法》第39条第2款规定，受公安机关罚款或者拘留处罚的外国人，对处罚不服的，在接到通知之日起15日内，可以向上一级公安机关提出申诉，由上一级公安机关作出最后的裁决，也可以直接向当地人民法院提起诉讼。《中国公民出境入

---

① 姜明安著：《行政诉讼法学》，北京大学出版社1993年版，第70页。

境管理法》第 15 条也有类似规定。①

（五）公安、国家安全等机关依照刑事诉讼法的明确授权实施的行为

在我国，公安和国家安全等国家机关有着双重职权身份，它们既是实施刑事案件侦查等刑事司法活动的机关，又是从事公安、国家安全等方面管理的行政机关，因而，既可以对刑事犯罪嫌疑人实施刑事侦查措施等刑事司法行为，又可以对一般违反行政法的相对人实施行政处罚、行政强制等具体行政行为。根据我国《行政诉讼法》的规定，我国行政诉讼目前只针对行政行为，而且《若干问题的解释》第 1 条第 2 款第 2 项也有专门规定："公安、国家安全等机关依照刑事诉讼法的明确授权实施的行为不属于行政诉讼的受案范围。"因而公安、国家安全等机关的刑事司法行为尚不在行政诉讼受案范围之内。

关于刑事司法行为，需要从以下几个方面进行判断：

第一，主体因素。实施刑事司法行为的主体只能是公安、国家安全、海关、军队保卫部门、监狱等具有侦查职能的机关，并且通常由其内部专门负责刑事侦查的机构和工作人员实施。

第二，时间因素。刑事司法行为必须是在刑事立案之后在侦查犯罪过程中实施的，在立案之前实施的行为一般应当认为是行政行为。

第三，法律依据。刑事司法行为必须在《刑事诉讼法》的明确授权范围之内。上述主体在《刑事诉讼法》授权范围外实施的行为均不属于刑事司法行为。

第四，对象因素。刑事司法行为是为了查明犯罪事实而针对犯罪嫌疑人以及证人实施的刑事强制措施。如果公安、国家安全等机关对与侦查犯罪行为无关的公民采取强制措施的，是对刑事诉讼法授权范围的超越，则不属于刑事司法行为。

（六）行政机关的调解行为以及仲裁行为

行政调解是指行政机关劝导发生民事争议的当事人自愿达成协议的一种行政活动。行政调解针对的是当事人之间发生的民事权益争议，没有强制性，行政调解的最终结果是争议当事人自愿达成调解协议，因而行政调解对当事人也没有必然的约束力。基于此行政调解行为不具有可诉性，不属于人民法院行政诉讼的受案范围。

仲裁是法律规定的中立机构对平等主体之间的民事纠纷，依照一定的程序作出具有法律约束力的判定。仲裁是一种准司法行为，主要特点有仲裁机构具有相对独立性、仲裁程序由法律规定、仲裁文书具有法律效力等。《仲裁法》颁布实施以后，除了劳动争议仲裁属于行政仲裁以外，其他仲裁都不再列入行政仲裁的范围。而根据《劳动法》第 79 条和最高人民法院的司法解释的规定，当事人对劳动争议仲裁不服的，可以向人民法院提起民事诉讼，也同样可以起到保护公民、法人或者其他组织合法权益的作用。因此，行政机关的仲裁行为被排除在行政诉讼受案范围之外。

---

① 这里需要特别指出，2012 年 6 月 30 日第十一届全国人民代表大会常务委员会第二十七次会议通过的《中华人民共和国出境入境管理法》取消了原《公民出境入境管理法》和《外国人入境出境管理法》关于终局裁决的规定，因此自 2013 年 7 月 1 日起原有不得提起行政诉讼的规定取消。但《中华人民共和国出境入境管理法》第 81 条规定："外国人从事与停留居留事由不相符的活动，或者有其他违反中国法律、法规规定，不适宜在中国境内继续停留居留情形的，可以处限期出境。""外国人违反本法规定，情节严重，尚不构成犯罪的，公安部可以处驱逐出境。公安部的处罚决定为最终决定。""被驱逐出境的外国人，自被驱逐出境之日起十年内不准入境。"可见，该法又将对外国人的驱逐出境作为了一种新的具有终局效力的行政处罚行为，不能提起行政诉讼。

(七) 不具有强制力的行政指导行为

行政指导行为是行政机关以倡导、示范、建议、咨询等方式，引导公民自愿配合而达到行政管理目的的行为，属于非权力行政方式。其特点是自愿性、灵活性、简便性和经济性。行政相对人对于行政机关的行政指导行为可以遵从，也可以不响应，完全取决于行政相对人自己的意愿，行政相对人对行政指导不响应也不会承担任何法律后果，所以我国行政诉讼未将其列入行政诉讼受案范围。但在实践中，有时行政机关以"指导"之名行"强迫"之实，该行为就不再是行政指导行为，此时相对人是可以向人民法院提起行政诉讼的。

(八) 驳回当事人对行政行为提起申诉的重复处理行为

重复处理行为是指行政主体以原已存在的行政行为为基础，并为实现或加强原行政行为所设定的权利义务关系而再次实施的行为。根据《若干问题的解释》第1条第2款第5项规定，公民、法人或者其他组织对"驳回当事人对行政行为提起申诉的重复处理行为"不服提起诉讼的，不属于人民法院行政诉讼的受案范围。据此可知，并非对所有的重复处理行为，行政相对人不服的都被排除在人民法院行政诉讼的受案范围之外，而只限定为"驳回当事人对行政行为提起申诉的重复处理行为"，才不能提起行政诉讼。这里还需要注意的问题是，引起重复处理行为的条件是当事人提出了申诉，并且这里的申诉行为不是申请复议行为，而是指当事人在超过复议申请期限和起诉期限的情况下，对已生效的行政行为不服而向有关行政机关提出的申诉。

(九) 行政机关对公民、法人或者其他组织权利义务不产生实际影响的行为

实际影响，即指因行政机关的行政行为而使相关公民、法人或者其他组织的权利、义务发生了现实的变化，如权利的限制、减少或者增加；义务的免除、减少或者增加等。这种影响既包括有利影响，也包括不利影响，而公民、法人或者其他组织对行政机关提起行政诉讼的条件之一，就是"认为"行政机关的具体行政行为侵犯了其合法权益。这是一个主观条件，至于这一被诉的具体行政行为是否真的侵犯其合法权益，还有待于人民法院的最后判决。所以说，行政机关具体行政行为对相对人的权利义务产生了实际影响，无论是有利影响还是不利影响，只要行政相对人"认为"是不利影响就可以提起行政诉讼；相反，行政机关具体行政行为没有对相对人的权利义务产生实际影响，该行为就不能作为起诉的对象，不能被纳入人民法院的行政诉讼受案范围。

不产生实际影响的行政行为是指行政主体在行使行政职权、履行行政职责的过程中，其行为没有使相关的公民、法人或者其他组织的权利义务发生现实变动的行为。一般有以下几种情况：

第一，行政主体的行为处于内部准备阶段，并未形成外部具体行政行为，如行政处罚决定作出后还没有送达给当事人，这一阶段相当于处罚决定尚未生效，对当事人的权利义务并不产生实际影响。

第二，行政主体在行政相对人提起行政诉讼之前及时主动地收回已送达的具体行政行为而使之无效。

第三，行政主体的行政行为涉及公共利益而非个人的特定利益。

第三十六章 行政诉讼管辖

第一节 行政诉讼管辖概述

一、行政诉讼管辖的概念

行政诉讼管辖是指关于不同级别和地方的人民法院之间受理第一审行政案件的权限分工，是涉及行政审判的组织体制、公民诉权保护、宪政分权体制等基本问题的重要诉讼法律制度，它所要"解决的是公民、法人或者其他组织认为属于法院受案范围的具体行政行为侵犯了自己的合法权益时，向哪一级哪一个法院起诉的问题"[①]。

我们认为，行政诉讼管辖是指人民法院受理第一审行政案件的分工和权限问题，即公民、法人或者其他组织认为自己的合法权益受到具体行政行为侵害或受到具体行政行为实际侵害时，可以向哪一级哪一个法院起诉的问题。

确定行政诉讼管辖具有五个方面的意义：

第一，它可以明确指示公民、法人或者其他组织，当有行政争议时可以向哪一级别、哪一地方的人民法院提起行政诉讼。

第二，它有利于公民、法人或者其他组织维护自身的合法权益。

第三，它可加强公民对于行政权力的监督，真正实现依法行政。

第四，它还可以避免人民法院之间相互推诿或重复受理案件情形的出现，便于公民对人民法院工作的监督。

第五，它还有利于人民法院排除各种干扰，真正实现司法独立。

二、确定行政诉讼管辖的因素和原则

确定行政诉讼管辖，应当综合考虑和遵循以下因素和原则：

第一，法院的实际情况。在确定行政诉讼的管辖时，要考虑的因素是法院的设置情况和审判能力，如审判层级、审判级别、法官的素质等，还要考虑法院的审判能力，防止案件过分集中于某一些法院而使其他法院无案可审，避免法院之间工作负担的轻重悬殊。

第二，便于当事人进行诉讼。在确定行政诉讼的管辖时，应充分考虑当事人，当事人便于进行诉讼，尤其需要考虑的是作为行政相对人的原告的便利。因为原告是行政诉讼的发起者，没有原告的起诉，就不会有行政诉讼。如果管辖制度设计不合理，不便于原告行

[①] 参见张正钊、胡锦光主编《行政法与行政诉讼法》，中国人民大学出版社2009年第4版，第293页。

使诉权,必然对原告的起诉产生直接影响。[①]《行政诉讼法》规定,在确定级别管辖时,第一审行政案件一般由基层人民法院管辖。对限制人身自由的强制措施不服提起的诉讼,由被告所在地或原告所在地人民法院管辖,便是体现了利于当事人进行诉讼这一原则。

第三,行政争议的内容。在确定行政诉讼的管辖时,也要考虑行政争议内容的情况,主要包括是否涉及专门知识、人身权、财产权或者是知识产权,涉及的是动产还是不动产。如果涉及知识产权,则应当考虑由具有相应能力的法院进行管辖。

第四,确定性和灵活性相结合原则。在确定行政诉讼管辖时,应当确定、具体,这样既有利于行政相对人更好地行使诉权,也有利于法院的实际操作。但是,应当保留适当的灵活性,以应对纷繁复杂的实际情况。

第五,便于人民法院的公正审判。《行政诉讼法》在确定行政诉讼管辖时,为了避免和减少审判权被干扰的情形,在一定程度上提高了某些行政案件的审判级别,保证了人民法院审判的公正性和权威性。

三、行政诉讼管辖与主管的关系

行政诉讼管辖与行政诉讼主管是两个不同的概念。二者的关系表现在:主管是管辖的前提,管辖是主管的体现。[②] 只有确定了主管的内容,才有必要进一步确定管辖;只有确定了管辖,才能确保主管得到落实。《行政诉讼法》第 2 条规定:"公民、法人或者其他组织认为行政机关和行政机关工作人员的具体行政行为侵犯其合法权益,有权依照本法向人民法院提起诉讼。"第 3 条规定:"人民法院依法对行政案件独立行使审判权,不受行政机关、社会团体和个人的干涉。人民法院设行政审判庭,审理行政案件",这是法律对人民法院主管行政案件审理权限的具体规定,也即主管。

四、行政诉讼管辖的种类

根据不同的标准,行政诉讼的管辖可以分成不同的种类。

(一)级别管辖与地域管辖

以审判级别和地域为标准,可将人民法院对于行政案件的管辖权划分为级别管辖和地域管辖。

级别管辖所要解决的是上下级法院之间受理第一审行政案件的管辖权限分工。在我国,人民法院系统在设置上分为基层人民法院、中级人民法院、高级人民法院和最高级人民法院四个层级。我国《行政诉讼法》根据涉案被告的级别高低、案件的性质、案件影响力的大小、案件的复杂程度等因素,分别对基层人民法院、中级人民法院、高级人民法院、最高级人民法院的管辖权限范围进行了明确的规定。《行政诉讼法》第 13 条至第 16 条就是对行政诉讼级别管辖的规定。如第 13 条规定:"基层人民法院管辖第一审行政案件。"第 14 条规定:"中级人民法院管辖下列第一审行政案件:(一)确认发明专利权的案件、海关处理的案件;(二)对国务院各部门或者省、自治区、直辖市人民政府所作的具体行政行为提起诉讼的案件;(三)本辖区内重大、复杂的案件。"第 15 条规定:"高

---

① 参见杨临宏著《行政诉讼法:原理与制度》,云南大学出版社 2011 年版,第 149 页。
② 参见罗文燕、田信桥主编《行政法与行政诉讼法》,浙江大学出版社 2007 年版,第 287 页。

级人民法院管辖本辖区内重大、复杂的第一审行政案件。"第 16 条规定:"最高人民法院管辖全国范围内重大、复杂的第一审行政案件。"

地域管辖是根据地区对同级法院之间受理第一审行政案件的管辖权限作的分工。《行政诉讼法》第 17 条至第 19 条是对行政诉讼地域管辖的规定。第 17 条规定:"行政案件由最初作出具体行政行为的行政机关所在地人民法院管辖。经复议的案件,复议机关改变原具体行政行为的,也可以由复议机关所在地人民法院管辖。"第 18 条规定:"对限制人身自由的行政强制措施不服提起的诉讼,由被告所在地或者原告所在地人民法院管辖。"第 19 条规定:"因不动产提起的行政诉讼,由不动产所在地人民法院管辖。"

以上划分,其标准是诉讼当事人或诉讼标的物与法院辖区的关系。①

(二) 法定管辖与裁定管辖

以行政诉讼的管辖权是否有明确的法律依据为标准,行政诉讼管辖可以分为法定管辖和裁定管辖。

法定管辖是有明确的法律规定的第一审行政诉讼的管辖。法定管辖又根据人民法院对行政争议案件纵横管辖关系的不同,分为级别管辖和地域管辖。《行政诉讼法》第 13 条至第 19 条是对行政诉讼法定管辖的规定。

裁定管辖是指法律没有明确规定行政案件由特定的法院管辖,而是依据法定的原则由人民法院裁定或决定管辖法院的管辖。裁定管辖包括移送管辖、指定管辖和管辖权的转移几种情形。在我国,《行政诉讼法》第 20 条至第 23 条是对行政诉讼裁定管辖的规定。如第 20 条规定:"两个以上人民法院都有管辖权的案件,原告可以选择其中一个人民法院提起诉讼。原告向两个以上有管辖权的人民法院提起诉讼的,由最先收到起诉状的人民法院管辖。"第 21 条规定:"人民法院发现受理的案件不属于自己管辖时,应当移送有管辖权的人民法院。受移送的人民法院不得自行移送。"第 22 条规定:"有管辖权的人民法院由于特殊原因不能行使管辖权的,由上级人民法院指定管辖。人民法院对管辖权发生争议,由争议双方协商解决。协商不成的,报它们的共同上级人民法院指定管辖。"第 23 条规定:"上级人民法院有权审判下级人民法院管辖的第一审行政案件,也可以把自己管辖的第一审行政案件移交下级人民法院审判。下级人民法院对其管辖的第一审行政案件,认为需要由上级人民法院审判的,可以报请上级人民法院决定。"

(三) 专属管辖、任意管辖与共同管辖

以行政案件的管辖权法律是否作了强制性规定及享有管辖权的人民法院的数量为标准,行政诉讼管辖可分为专属管辖、任意管辖与共同管辖。

专属管辖是指法律明确规定某一类行政案件只能由某一类特定的唯一的人民法院管辖,其他人民法院不能受理,原告也不能选择管辖法院的情形。《行政诉讼法》第 19 条规定:"因不动产提起的行政诉讼,由不动产所在地人民法院管辖。"

任意管辖是指法律明确规定某一类行政案件可以由两个以上的人民法院管辖,原告也有权选择由任一个有管辖权的法院管辖。《行政诉讼法》第 17 条规定:"对限制人身自由的行政强制措施不服提起的诉讼,由被告所在地或者原告所在地人民法院管辖。"

---

① 参见马怀德主编《行政法与行政诉讼法》,中国政法大学出版社 2007 年版,第 314 页。

共同管辖是指两个或两个以上的人民法院对于同一行政案件都具有管辖权。在共同管辖案件中，行政诉讼原告有选择管辖法院的权利，通过原告的选择最终确定该行政案件的实际管辖权，接到起诉的人民法院必须依法受理案件，不得拒绝受理。

（四）合并管辖

合并管辖，又称牵连管辖或者连带管辖，是指对于某一案件有管辖权的法院，虽然对于其他案件本来没有管辖权，但由于有管辖权的案件与另一案件有牵连关系，从而获得另一案件的管辖权。①

第二节 我国行政诉讼管辖

一、我国行政诉讼的级别管辖

（一）级别管辖的概念

级别管辖是指在人民法院系统内部，确定上下级人民法院之间在受理第一审行政案件时的分工和权限。从我国人民法院系统的设置来看，享有行政诉讼案件管辖权的人民法院有四级，分别是基层人民法院、中级人民法院、高级人民法院和最高人民法院。行政诉讼案件的级别管辖是从纵向上加以考虑的，所要解决的是哪些案件应该由哪一级人民法院受理。

《行政诉讼法》关于我国行政诉讼级别管辖的规定主要是考虑涉案被告的级别高低、案件的性质、案件影响力的大小、案件的复杂程度等因素。《行政诉讼法》第14条第2项规定的，"对国务院各部门或者省、自治区、直辖市人民政府所作的具体行政行为提起诉讼的案件"属于中级人民法院管辖的第一审行政案件，主要是从涉案被告的级别高低来确定管辖的。《行政诉讼法》第14条第1项规定的，"确认发明专利权的案件、海关处理的案件"属于中级人民法院管辖的第一审行政案件，主要是从案件的性质来确定管辖的。《行政诉讼法》第15条规定："高级人民法院管辖本辖区内重大、复杂的第一审行政案件。"第16条规定："最高人民法院管辖全国范围内重大、复杂的第一审行政案件。"由此可知，行政诉讼的级别管辖主要是从案件的影响力大小和复杂程度来确定。

（二）级别管辖的具体规定

1. 基层人民法院的管辖

《行政诉讼法》第13条规定，基层人民法院管辖第一审行政案件。这并不表示基层人民法院对于任何第一审行政案件都具有管辖权，而应当理解为除由最高人民法院、高级人民法院、中级人民法院管辖的第一审行政案件外，其余的第一审行政案件，统一由基层人民法院进行管辖。

如此规定的理由是基层人民法院是我国人民法院系统的基层单位，一般设在县或市辖区的行政区域内，其数量最多，在地域上离当事人最近，由其主要管辖第一审行政案件，

---

① 参见杨临宏著《行政诉讼法：原理与制度》，云南大学出版社2011年版，第149页。

既便于当事人参加诉讼,又便于人民法院办案。① 并且,基层人民法院所在地,通常都是行政案件的发生地或行政案件当事人所在地,由基层人民法院管辖,能够明白无误地向公众展示行政诉讼的程序,能够起到法制宣传教育的作用。

2. 中级人民法院的管辖

根据《行政诉讼法》第14条的规定,中级人民法院审理的第一审行政案件包括:

第一,确认发明专利权的案件、海关处理的案件。法律规定这两类案件由中级人民法院审理,理由是:①被诉行政机关设置上的特殊性。国家专利局专利复审委员会、海关的设置与一般行政机关不同。一般行政机关是按行政区划来设置的,而国家专利局专利复审委员会只在国家专利局内设立;海关需要在某些地市设立,而且实行垂直领导,只对海关总署负责。由于上述两类机关设置上的特殊性,所以由中级人民法院管辖比较合适。②从案件本身来看,这两类案件都具有较强的专业性、技术性,对基层人民法院来说,审理这些案件有着一定的难度,相比之下中级人民法院的审判力量相对强一些,由中级人民法院审理将保证办案质量。②

第二,对国务院各部门或各省、自治区、直辖市人民政府所作的具体行政行为不服提起诉讼的案件。此类案件中被告的级别一般很高,其掌握的权力资源较丰富,其所作的具体行政行为的影响力很大,其所作出的行为所涉及的事项一般都是较为重大、复杂的事项,对行政相对人的权益影响较大。因而,《行政诉讼法》将此类案件规定为由中级人民法院管辖。虽然按照行政诉讼被告的级别来确定行政诉讼的管辖,有违反法律面前人人平等之嫌,但是,从行政案件审判的特殊性、审理结果的公正性要求以及行政诉讼制度设立的目的来看,必要地提高审级是合理的。

第三,本辖区内重大、复杂的案件。这一规定可以理解为兜底条款,凡是辖区内影响较重大、较复杂的案件统一由中级人民法院管辖。根据《最高人民法院关于执行〈中华人民共和国行政诉讼法〉若干问题的解释》(以下简称《行政诉讼法解释》)第8条的规定:"有下列情形之一的,属于行政诉讼法第十四条第(三)项规定的'本辖区内重大、复杂的案件':(一)被告为县级以上人民政府,且基层人民法院不适宜审理的案件;(二)社会影响重大的共同诉讼、集团诉讼案件;(三)重大涉外或者涉及香港特别行政区、澳门特别行政区、台湾地区的案件;(四)其他重大、复杂案件。"

涉外行政案件是指案件的法律依据、当事人、执行涉及其他国家。这里的"当事人"主要是指作为原告或第三人的外国人、无国籍人或外国组织。"执行"主要是指裁判的执行需要外国法院承认。"法律依据"主要是指涉外文书送达、调查取证的法律适用。

此外,根据最高人民法院有关的司法解释规定,国际贸易、反倾销、反补贴等行政案件的第一审管辖权都为中级以上人民法院享有。

经过复议的案件,复议机关是国务院有关部门或者省级人民政府的案件,也属于由中级以上人民法院管辖。

3. 高级人民法院的管辖

《行政诉讼法》第15条规定,高级人民法院管辖本辖区内重大、复杂的第一审行政

---

① 皮纯协主编:《行政法与行政诉讼法教程》,中央广播电视大学出版社2000年版,第249页。
② 胡建淼主编:《行政法与行政诉讼法》,清华大学出版社2008年版,第432页。

案件。这类案件专指在一个省、自治区、直辖市内，案情重大、涉及面广、有重大影响的案件。

高级人民法院一般只能管辖本行政区域内重大、复杂的第一审行政案件，这是由其性质和主要任务决定的。高级人民法院是其所属辖区内基层人民法院、中级人民法院的上级人民法院，负责指导和监督基层人民法院和中级人民法院的工作，对于当事人不服基层人民法院、中级人民法院第一审判决或裁定而提起的上诉，高级人民法院获得第二审管辖权。因此，《行政诉讼法》没有规定其过多地管辖第一审行政案件。

4. 最高人民法院的管辖

《行政诉讼法》第16条规定，最高人民法院管辖全国范围内重大、复杂的第一审行政案件。

最高人民法院是我国的最高审判机关，其主要任务是对全国地方各级人民法院的审判工作实行监督和指导，享有司法解释权，审理不服各高级人民法院判决、裁定而提起的上诉、抗诉案件。重要的是，由于我国实行两审终审制，如果最高人民法院受理第一审行政案件，其所作的裁判均为终审裁判，必然剥夺当事人的上诉权，[①] 因此最高人民法院一般不受理第一审行政案件。

二、我国行政诉讼的地域管辖

（一）地域管辖的概念

地域管辖又称"区域管辖"、"土地管辖"、"属地管辖"，是指同级人民法院受理第一审行政案件的权限和分工。这是从横向的角度对行政诉讼案件进行管辖权的划分。地域管辖与级别管辖的联系在于只有先确定级别管辖，才能确定地域管辖。级别管辖是地域管辖的前提和基础，地域管辖是对级别管辖的具体落实。

（二）地域管辖的具体规定

1. 一般地域管辖

一般地域管辖，又称"普通地域管辖"，是指按照最初作出具体行政行为的机关所在地来确定管辖法院的制度，即人们通常所说的"原告就被告"。一般地域管辖主要考虑便于双方当事人进行行政诉讼。

《行政诉讼法》第17条对此作了明确规定："行政案件由最初作出具体行政行为的行政机关所在地人民法院管辖。经复议的案件，复议机关改变原具体行政行为的，也可以由复议机关所在地人民法院管辖。"可见，我国行政诉讼一般地域管辖具有以下两层含义：

第一，没有经过行政复议的案件，或者虽然经过行政复议，但复议机关维持原具体行政行为的行政案件，由作出具体行政行为的行政机关所在地人民法院管辖。

第二，经过行政复议的行政案件，复议机关改变原具体行政行为的，可以由复议机关所在地的人民法院管辖，也可以由最初作出行政行为的行政机关所在地人民法院管辖。根据最高人民法院《行政诉讼法解释》第7条规定，"改变原具体行政行为"是指行政复议机关的下列几种行为之一：①改变原具体行政行为所认定的主要事实和证据的；②改变原

---

① 参见杨临宏著《行政诉讼法：原理与制度》，云南大学出版社2011年版，第149页。

具体行政行为所适用的规范依据且对定性产生影响的；③撤销、部分撤销或者改变原具体行政行为处理结果的。

2. 特殊地域管辖

特殊地域管辖是指根据行政案件的特殊性或者行政案件标的物所在地来确定管辖法院的管辖方式。特殊地域管辖在适用上具有法定的优先性。特殊地域管辖是一般地域管辖的例外，它不是简单地按照被告所在地来确定管辖法院的，而是以法律的特别规定来确定管辖法院。根据《行政诉讼法》的规定，特殊地域管辖分为两种，即共同管辖与专属管辖。

（1）共同管辖

共同管辖是指两个或两个以上的人民法院对行政案件都有管辖权。此种情形下，原告只能在有管辖权的法院中选择一个管辖法院，如果原告向两个以上有管辖权的人民法院提起诉讼，由最先收到起诉状的人民法院管辖。

①法定的共同管辖。

第一，《行政诉讼法》第17条规定，经过复议的案件，复议机关改变具体行政行为的，最初作出具体行政行为的行政机关所在地的人民法院和复议机关所在地的人民法院都有管辖权。

第二，《行政诉讼法》第18条规定，对限制人身自由的行政强制措施不服而提起的诉讼，由被告所在地或原告所在地法院管辖。

②实践中的共同管辖。

第一，行政案件中存在多个被告而引起的共同管辖。常见的是多个行政机关共同作出一个行政行为，而且这些行政机关又不都在同一个辖区内，那么这些行政机关所在地的人民法院对该行政案件都具有管辖权。

第二，因诉讼标的而引起的共同管辖。① 若不动产处于两个或两个以上的人民法院的辖区内，则各该人民法院对此类行政案件都具有管辖权。

（2）专属管辖

专属管辖是指法律强制规定特定的行政案件只能由特定的人民法院管辖，其他法院无权管辖。专属管辖具有明显的排他性。

《行政诉讼法》第19条规定的"因不动产提起的行政诉讼，由不动产所在地人民法院管辖"，即是典型的专属管辖。法律规定不动产行政诉讼由不动产所在地法院管辖，是便于人民法院就近调查、取证，从而及时作出审判，就近执行。

三、我国行政诉讼的裁定管辖

如前所述，裁定管辖是指法律没有明确规定行政案件由特定的法院管辖，而是依据法定的原则由人民法院裁定或决定管辖法院的管辖。裁定管辖包括移送管辖、指定管辖和管辖权转移几种情形。

（一）移送管辖

移送管辖是指人民法院在受理行政案件并且经审查以后，发现本法院对该行政案件没

---

① 胡建淼主编：《行政法与行政诉讼法》，清华大学出版社2008年版，第437页。

有管辖权,将行政案件移送给有管辖权的人民法院进行审理的一种管辖方式。移送管辖实质上是人民法院受理行政案件并且审查后发现错误时采取的一种补救措施。

该种管辖方式的法律依据是《行政诉讼法》第21条的规定,人民法院发现受理的案件不属于自己管辖时,应当移送有管辖权的人民法院。受移送的人民法院不得自行移送。

可见,移送管辖必须具备以下几个条件:

第一,移送的行政案件必须已经被受理。

第二,移送的人民法院认为自己对该行政案件无管辖权。

第三,移送的法院只能将行政案件移送给其认为对此案有管辖权的人民法院。

第四,受移送的人民法院必须接受该行政案件,不得拒收或再将案件移送给其他人民法院。如果受移送的人民法院认为自己对此行政案件没有管辖权,则只能通过报请与移送案件的人民法院共同的上一级人民法院通过指定管辖来解决。

(二) 指定管辖

指定管辖是指上级人民法院以裁定的方式指定某一个下级人民法院对特定行政案件进行管辖的一种管辖方式。指定管辖的意义在于,使本来没有管辖权的人民法院因此而获得管辖权,或者使产生管辖权争议的法院获得管辖权,保证行政案件能够得到及时处理,保证行政相对人的合法权益。

该种管辖方式的法律依据是《行政诉讼法》第22条的规定,有管辖权的人民法院由于特殊原因不能行使管辖权的,由上级人民法院指定管辖。人民法院对管辖权发生争议,由争议双方协商解决。协商不成的,报它们的共同上级人民法院指定管辖。

可见,指定管辖主要包括以下两种情形:

第一,有管辖权的人民法院有特殊原因不能行使管辖权。"特殊原因"包括事实上的原因(如地震、泥石流、火山爆发等自然灾害,暴动、意外事故等)和法律上的原因(如由有管辖权的人民法院审判可能会使案件的审判结果缺乏公正性)。

第二,人民法院之间对管辖权发生争议,又协商不成,由其共同的上级人民法院指定管辖。管辖权争议主要有两种情况:①两个以上的人民法院对同一行政案件都主张自己享有管辖权。②两个以上的人民法院对同一行政案件都主张自己不享有管辖权。

(三) 管辖权转移

1. 管辖权转移的概念

管辖权的转移是指经上级人民法院的同意或决定,将某个行政案件的管辖权由下级人民法院移交给上级人民法院,或者上级人民法院将自己的行政案件交由下级人民法院受理的一种管辖方式。

该种管辖方式的法律依据是《行政诉讼法》第23条的规定,"上级人民法院有权审判下级人民法院管辖的第一审行政案件,也可以把自己管辖的第一审行政案件移交下级人民法院审判。下级人民法院对其管辖的第一审行政案件,认为需要由上级人民法院审判的,可以报请上级人民法院决定"。

可见,管辖权转移必须具备以下条件:

第一,人民法院已经受理该行政案件,并且对该行政案件的管辖权没有争议。

第二,转移案件的人民法院和接受转移案件的人民法院之间是上下级关系。

第三，管辖权的转移须经上级人民法院的同意或决定。没有上级法院的同意或决定，管辖权的转移不可能实现。

2. 管辖权转移与移送管辖的区别

管辖权转移与移送管辖存在实质上的区别：

第一，管辖权转移转移的是案件的管辖权，而不是案件本身；移送管辖移送的是案件，而不是案件的管辖权。

第二，管辖权转移可以因上级人民法院的决定而发生转移，也可以因下级人民法院报请上级人民法院并经上级人民法院同意而转移；移送管辖中移送法院通过裁定将案件移送给其认为有管辖权的人民法院，而不需要经过受移送人民法院的同意。

第三，管辖权转移发生在下级人民法院之间；移送管辖既可以发生在上下级人民法院之间，也可以发生在同级人民法院之间，还可以发生在没有上下级关系的异地人民法院之间。

第四，管辖权转移的作用是将级别管辖在上下级人民法院之间进行调整；移送管辖的作用是纠正人民法院错误行使管辖权。

四、我国行政诉讼的管辖权异议

（一）管辖权异议的概念

管辖权异议是指行政诉讼的当事人在人民法院受理案件后，在法定的时间内，向受理该行政案件的人民法院提出受案法院没有管辖权的异议，并且认为应由其他有管辖权的人民法院受理的情形。提出管辖权异议的一般为行政诉讼的被告或者第三人。

管辖权的异议是我国民事诉讼中的一项基本的法律制度，在民事诉讼法中有明确的规定。该制度亦被借用到了行政诉讼领域，虽然《行政诉讼法》中没有明确规定行政诉讼管辖权异议制度，但是在《行政诉讼法解释》中却有关于行政诉讼管辖权异议制度的规定。该解释第10条规定："当事人提出管辖异议，应当在接到人民法院应诉通知之日起10日内以书面形式提出。对当事人提出的管辖异议，人民法院应当进行审查。异议成立的，裁定将案件移送有管辖权的人民法院；异议不成立的，裁定驳回。"建立行政诉讼管辖权异议制度是为了保证人民法院能够公正地审理行政案件，排除行政干预，监督行政机关依法行政，保护行政相对人的合法权益。

（二）管辖权异议的条件

1. 管辖权异议的主体

提出行政诉讼管辖权异议的主体是行政诉讼的当事人，即通常所说的行政诉讼原告、被告、第三人。除此之外，其他任何人不能提出管辖权异议。由于行政案件的管辖很多情况下是由于原告的起诉而确定的，所以原告一般不会对行政诉讼管辖权提出异议。

2. 管辖权异议的提出形式

异议当事人必须以书面形式向受理行政案件的人民法院提出管辖权异议，以其他形式对管辖权提出异议的，不产生法律效果。

3. 管辖权异议的受理法院

管辖权异议只能向受理案件的人民法院提出，向其他人民法院提出的，不产生管辖权异议的法律效果。

4. 管辖权异议的提出时间

当事人应在接到应诉通知之日起 10 日内提出管辖权异议。

（三）管辖权异议的处理

对当事人提出的管辖异议，人民法院应当进行审查。《行政诉讼法解释》第 10 条规定："对当事人提出的管辖异议，人民法院应当进行审查。异议成立的，裁定将案件移送有管辖权的人民法院；异议不成立的，裁定驳回。"可见，人民法院对当事人提出的管辖权异议的处理主要包括以下几种情形：

第一，管辖权异议成立的，受理案件的人民法院应当以裁定的方式将该行政案件移送有管辖权的人民法院。

第二，管辖权异议不成立的，受理案件的人民法院应当以裁定的方式将该异议驳回。

第三，对于被驳回的管辖权异议的裁定，当事人在法定期间内可以向上一级人民法院提起上诉。上诉法院对于该上诉必须在法定期间内作出最终裁定。当事人在接到最终裁定后，应当到裁定所确定的管辖法院参加诉讼。

第三十七章 行政诉讼参加人

第一节 行政诉讼参加人概述

一、行政诉讼参加人的概念

行政诉讼参加人是指参加行政诉讼活动,享有诉讼权利,承担诉讼义务,对行政诉讼程序能够产生重大影响的人。根据《行政诉讼法》的规定,行政诉讼参加人具体包括原告、被告、第三人、共同诉讼人和诉讼代理人。

行政诉讼参与人比行政诉讼参加人内容更广泛,除了包括行政诉讼参加人之外,还包括证人、鉴定人、勘验人、翻译人员等。

二、行政诉讼当事人

(一)行政诉讼当事人的概念

行政诉讼当事人是指因具体行政行为发生争议,依照行政诉讼法的规定,以自己的名义提起行政诉讼,并受人民法院裁判拘束的行政相对人和行政主体。行政诉讼的当事人有广义和狭义两种不同的分类。广义上的当事人指原告、被告、第三人和共同诉讼人;狭义上的当事人指原告和被告。当事人在不同的诉讼程序中有不同的称谓,在一审程序中,称原告、被告和第三人;在二审程序中,称上诉人和被上诉人。

(二)行政诉讼当事人的特征

第一,以自己的名义进行诉讼。当事人参加诉讼的目的是为了维护自己的利益,不以自己名义提起行政诉讼的,不是当事人。

第二,受人民法院裁判拘束。人民法院的裁判就是对当事人之间的行政纠纷进行的裁处,因此对当事人均具有拘束力。

第三,当事人参加行政诉讼的目的是为了保护自己的合法权益不受侵害。

第四,当事人须与正在审理的具体行政行为有法律上的利害关系。

(三)行政诉讼当事人的诉讼权利能力

行政诉讼当事人的诉讼权利能力是指行政诉讼当事人能够享有行政诉讼权利和承担行政诉讼义务的资格。

公民的诉讼权利能力始于出生,终于死亡;法人和行政机关的诉讼权利能力,始于依法成立时,终于依法解散、撤销、宣告破产时;其他组织的诉讼权利能力始于主管机关许可或批准成立之时，终于解散、撤销之日。

（四）行政诉讼当事人的诉讼行为能力

行政诉讼当事人的诉讼行为能力是指行政诉讼当事人以自己的行为行使诉讼权利和履行诉讼义务的资格。在行政法理论上，公民的行政诉讼行为能力分为无行为能力、限制行为能力和完全行为能力。

公民从18周岁时起具有完全的行政诉讼行为能力；未满18周岁或虽已满18周岁但是患有精神病的公民无行政诉讼行为能力；年满16周岁，并且能够以自己的劳动收入为主要生活来源的，视为完全行政行为能力人。法人、行政机关、其他组织的行政诉讼行为能力始于依法成立时，终于依法被撤销、解散或宣告破产时。

（五）当事人的行政诉讼权利

当事人的行政诉讼权利包括：

第一，原告的起诉权、放弃、变更或者增加诉讼请求权、承认对方诉讼请求权、上诉权、申请执行权。

第二，使用本民族语言文字进行诉讼的权利。

第三，被告的应诉、答辩的权利。

第四，委托代理人进行诉讼的权利。

第五，申请相关人员回避的权利。

第六，查阅、摘抄、复制本案庭审材料及有关法律文书的权利。

第七，经人民法院许可，向证人、鉴定人和勘验人员发问的权利。

第八，申请财产保全措施的权利。

第九，申请证据保全的权利。

第十，当事人对于已经生效的裁判，认为有错误的，有权提出申诉。

第十一，原告有请求国家赔偿的权利。

第十二，原告可以申请人民法院裁定在诉讼中停止具体行政行为执行的权利。

第十三，原告有权申请现行给付。

（六）当事人的行政诉讼义务

当事人的行政诉讼义务包括：

第一，依法行使诉讼权利，不得滥用诉讼权利损害他人的利益。

第二，遵守法庭纪律，不妨碍诉讼的正常进行。

第三，自觉履行由人民法院作出的发生法律效力的判决、裁定和调解书确定的义务。

第四，被告行政机关在诉讼过程中，不得自行向原告和证人收集证据。

第二节 行政诉讼原告

一、行政诉讼原告的概念

(一) 行政诉讼原告的概述

《行政诉讼法》第 24 条规定:"依照本法提起诉讼的公民、法人或其他组织是原告。"《行政诉讼法解释》第 12 条规定:"与其他具体行政行为有法律上利害关系的公民,法人或其他组织对该行为不服的,可以依法提起行政诉讼。"行政诉讼的原告是指认为具体行政行为侵犯其合法权益,而以自己的名义向人民法院提起行政诉讼,请求人民法院对争议的具体行政行为进行审判的公民、法人或其他组织。

(二) 原告的特征

1. 行政诉讼原告是公民、法人或其他组织

公民包括中国公民、外国公民、无国籍人和国籍不明的人。外国公民和外国组织根据对等原则,可以向我国法院提起行政诉讼。行政机关在行政管理中,不享有原告资格。但是,如果行政机关作为其他行政机关的管理对象时,其也可获得行政诉讼原告资格。

2. 行政诉讼原告须与具体行政行为有利害关系

行政诉讼原告提起诉讼的目的是为了维护自己的合法权益。这是行政诉讼原告与行政诉讼代理人、证人的区别所在。《行政诉讼法解释》第 12 条规定:"与具体行政行为有法律上利害关系的公民、法人或其他组织对该行为不服的,可以依法提起行政诉讼。""法律上的利害关系"可以理解为该具体行政行为"对相对人的权利义务产生实际影响"。

在特定情况下,公民、法人或者其他组织即使不是行政行为直接明示的相对人,只要其权益受到行政行为实质影响的,也可以成为原告。[1]

3. 行政诉讼原告是行政诉讼程序的启动者

行政诉讼原告能够启动行政诉讼程序,这是它能区别于其他行政诉讼参加人的一个重要特征。其他行政诉讼参加人能够参加到行政诉讼中的前提,正是行政诉讼原告提起的诉讼。

4. 行政诉讼原告是认为具体行政行为侵犯其合法权益的公民、法人或其他组织

根据《行政诉讼法》的相关规定,合法权益主要包括人身权、财产权。人身权、财产权之外的权益受到具体行政行为侵害时行政相对人可否提起行政诉讼,主要依赖于相关单行法律、法规或者司法解释是否有明确的规定,如果没有规定,则行政相对人就不能针对侵害这些权益的具体行政行为提起行政诉讼。

---

[1] 马怀德主编:《行政法与行政诉讼法》,中国政法大学出版社 2007 年版,第 328 页。

二、行政诉讼原告资格的认定

（一）受害人的原告资格

《行政诉讼法解释》第13条第3款规定，"有下列情形之一的，公民、法人或者其他组织可以提起行政诉讼……（三）要求主管行政机关依法追究加害人法律责任的"，而主管行政机关没有追究加害人法律责任的，行政相对人可以对行政机关的不作为提起行政诉讼。

（二）相邻权人、公平竞争权人的原告资格

《行政诉讼法解释》第13条第1款规定："有下列情形之一的，公民、法人或者其他组织可以提起行政诉讼：（一）被诉的具体行政行为涉及其相邻权或者公平竞争权的。"拥有相邻权的一方，认为行政机关的批准行为侵害其相邻权益的，可以提起行政诉讼。

从上述规定看，司法解释是肯定公平竞争权人原告资格的。学术界通说认为，处于竞争中的人是否具备行政诉讼的原告资格，关键取决于三个条件：一是原告是否遭受了特别的人身或者财产损害；二是看争议案件是否存在真正意义上的竞争，以及行政行为是否会损害合法的竞争，造成违法竞争的局面；三是看有无很强的政策和政治因素。如果行政行为是基于政策和政治考虑作出的，那么即使竞争权利或者经济利益受到损害，也不宜通过行政诉讼的方式取得救济。①

（三）合伙组织的原告资格

《行政诉讼法解释》第14条第1款规定："合伙企业向人民法院提起诉讼的，应当以核准登记的字号为原告，由执行合伙企业事务的合伙人作诉讼代表人；其他合伙组织提起诉讼的，合伙人为共同原告。"

（四）联营、合资、合作企业的原告资格

《行政诉讼法解释》第15条规定："联营企业、中外合资或者合作企业的联营、合资、合作各方，认为联营、合资、合作企业权益或者自己一方合法权益受具体行政行为侵害的，均可以自己的名义提起诉讼。"

（五）农村集体土地使用权人的原告资格

《行政诉讼法解释》第16条规定："农村土地承包人等土地使用权人对行政机关处分其使用的农村集体所有土地的行为不服，可以自己的名义提起诉讼。"

（六）非国有企业原告资格

《行政诉讼法解释》第17条规定："非国有企业被行政机关注销、撤销、合并、强令兼并、出售、分立或者改变企业隶属关系的，该企业或者其法定代表人可以提起诉讼。"

（七）股份制企业的原告资格

《行政诉讼法解释》第18条规定："股份企业的股东大会、股东代表大会、董事会等认为行政机关作出的具体行政行为侵犯企业经营自主权的，可以企业名义提起诉讼。"

---

① 马怀德主编：《行政法与行政诉讼法》，中国政法大学出版社2007年版，第323页。

三、行政诉讼原告资格的转移

行政诉讼原告资格转移是指有权起诉的自然人、组织发生死亡或终止，他们的原告资格依法自然转移给有利害关系的特定自然人或组织的情形。[①]

原告资格转移的条件：

第一，有原告资格的主体在法律上不复存在。《行政诉讼法》第 24 条第 2 款规定，有权提起诉讼的公民死亡，近亲属可以提起诉讼。亦即近亲属享有原告资格，有权以自己的名义提起行政诉讼。《行政诉讼法》第 24 条第 3 款规定，有权提起诉讼的法人或者其他组织终止，承受其权利的法人或者其他组织可以提起诉讼。

第二，有原告资格的主体死亡或终止时，尚未超过法定的诉讼保护期限。

第三，原告资格转移发生在与原告有特定利害关系的主体之间。

第三节 行政诉讼被告

一、行政诉讼被告的概念

行政诉讼被告是指其所实施的具体行政行为被认为侵犯行政诉讼原告的合法权益，依据《行政诉讼法》由有管辖权的人民法院通知其参加行政诉讼的行政主体。作为行政诉讼被告的行政主体包括行政机关或者法律、法规、规章授权的组织。

行政诉讼被告的特征如下：

第一，行政诉讼被告是具有行政职权的行政机关或者法律、法规、规章授权的组织，而不是个人。

第二，行政诉讼被告是作出被诉具体行政行为、承担相应法律责任的行政主体。

第三，行政诉讼被告是由人民法院通知其参加行政诉讼的行政主体。原告的起诉与人民法院通知被告应诉这两个方面结合起来，行政诉讼才能成立。没有原告的指控，人民法院不能正确确定被告；没有人民法院的审查确定，原告可能误告。因为，仅有原告指控不能正确确定被告。[②] 最高人民法院在《若干问题的解释》第 23 条中明确规定："原告所起诉的被告不适格，人民法院告知变更被告；原告不变更的，裁定驳回起诉。""应当追加被告而原告不同意追加的，人民法院应当通知其以第三人的身份参加诉讼。"

第四，行政诉讼被告在诉讼中无权提起反诉。

第五，行政诉讼中，被告负有举证责任。行政诉讼中，被告应当提供其作出具体行政行为的事实和法律依据。而原告只对下列事项承担举证责任：①证明起诉符合法定条件，但被告认为原告起诉超过起诉期限的除外；②在起诉被告不作为的案件中，证明其提出申请的事实；③在一并提起的行政赔偿诉讼中，证明因受被诉行为侵害而造成损失的事实；④其他应当由原告承担举证责任的事项。很明显，行政诉讼中被告承担主要的证明责任，

---

① 应松年主编：《行政诉讼法学》，中国政法大学出版社 1999 年版，第 20 页。
② 杨临宏著：《行政诉讼法：原理与制度》，云南大学出版社 2011 年版，第 180 页。

这与其在行政诉讼中的特殊地位是分不开的。

第六，行政诉讼不适用调解，也就是说，被告无权放弃某些法定的权利。

二、行政诉讼被告资格的认定

结合《行政诉讼法》第25条和《行政诉讼法解释》的相关规定，在认定行政诉讼被告人的资格时要注意如下情况。

（一）行政诉讼原告直接向人民法院提起行政诉讼的被告认定问题

在这种情况下，以作出具体行政行为的行政机关为被告。

（二）复议案件的被告认定问题

第一，复议机关维持原具体行政行为的，以作出原具体行政行为的行政机关为被告。

第二，复议机关改变原具体行政行为，复议机关是被告。此处所说的"改变"，根据《行政诉讼法解释》第7条的规定是指下列情况之一：①改变原具体行政行为所认定的主要事实和证据的；②改变原具体行政行为所适用的规范依据且对定性产生影响的；③撤销、部分撤销或者变更原具体行政行为处理结果的。

第三，复议机关在法定期间内不作出复议决定，当事人对原具体行政行为不服提起行政诉讼的，应当以作出原具体行政行为的行政机关为被告。

第四，复议机关在法定期间内不作出复议决定，当事人对复议机关的不作为不服提起行政诉讼的，应当以复议机关为被告。

（三）由被授权组织所作出的具体行政行为的被告认定问题

根据《行政诉讼法》第25条第4款的规定，由法律、法规授权组织所作出的具体行政行为，该组织是被告。

（四）由受委托组织所作出的具体行政行为的被告认定问题

《行政诉讼法解释》第21条规定："行政机关在没有法律、法规或者规章规定的情况下，授权其内设机构、派出机构或者其他组织行使行政职权的，应当视为委托。当事人不服提起诉讼的，应当以该行政机关为被告。"

（五）共同行政行为的被告认定问题

两个以上的行政机关作出同一具体行政行为的，为共同被告。

（六）经批准的具体行政行为的被告认定问题

《行政诉讼法解释》第19条规定："当事人不服经上级行政机关批准的具体行政行为，向人民法院提起诉讼的，应当以在对外发生法律效力的文书上署名的机关为被告。"

（七）被撤销行政机关作出具体行政行为的被告认定问题

根据《行政诉讼法》第5条第5款的规定："行政机关被撤销的，继续行使其职权的行政机关是被告。"

第四节　行政诉讼第三人

一、行政诉讼第三人的概念

行政诉讼第三人是指与被提起行政诉讼的具体行政行为有利害关系而通过申请或者由人民法院通知的形式参加诉讼的行政相对人。

行政诉讼第三人制度的法律依据是《行政诉讼法》第27条的规定："同提起诉讼的具体行政行为有利害关系的其他公民、法人或者其他组织，可以作为第三人申请参加诉讼，或者由人民法院通知参加诉讼。"尽管行政诉讼是因原被告之间的利益冲突所引发的，但并不能因此断定该冲突所涉及的利益仅仅限于原被告，在诉讼中有时会出现涉及第三方利益的情况。这里需要注意的是，"同提起诉讼的具体行政行为有利害关系"是指与被诉的具体行政行为有法律上的权利义务关系。

行政诉讼第三人的特征：

第一，行政诉讼第三人是与被诉的具体行政行为有直接或间接利害关系的人。

第二，行政诉讼第三人具有独立的诉讼地位。行政诉讼第三人参加诉讼的目的是保护自己的合法权益，因此其地位是独立的，其既不依附原告也不依附被告，可以提出自己的诉讼请求。

需要注意的是，行政诉讼的第三人与民事诉讼的第三人不同。在民事诉讼中，第三人分为有独立请求权的第三人和无独立请求权的第三人。而在行政诉讼中，由于原告和被告之间是因行政法律关系发生争议，第三人不可能对诉讼标的有独立的请求权。

第三，行政诉讼第三人可以主动申请参加诉讼或由人民法院通知其参加诉讼。

第四，行政诉讼第三人参加诉讼的时间是在诉讼已经开始之后，尚未审结之前。

二、行政诉讼第三人的认定

行政诉讼设立第三人制度是法院为了查明案情和法律争议事实，保护行政相对人的合法权益。结合《行政诉讼法》、《行政诉讼法解释》的规定，下列情况均涉及第三人的认定：

第一，在行政确权和行政裁决案件中主张权利的人。公民、法人或者其他组织之间的民事权益纠纷，可以由行政机关进行裁决、确认，对于行政机关的裁决、确认结果，一方当事人不服向法院起诉，另一方当事人可以作为行政诉讼第三人参加诉讼。

第二，行政处罚案件中的被处罚人、共同被处罚人或者受害人。在行政处罚案件中，加害人不服行政处罚决定起诉的，受害人则可以作为第三人参加诉讼；反之亦然。在同一个行政处罚案件中，行政机关对两个以上的加害人处罚时，如果其中有的被处罚人向人民法院起诉，而其他的被处罚人没有起诉的，可以作为行政诉讼第三人参加诉讼。

第三，在行政复议案件中，行政复议机关维持原具体行政行为，若行政相对人对行政复议决定不服提起行政诉讼的，行政复议机关应当作为行政诉讼第三人参加诉讼。

第四，在共同行政行为中，原告不愿意追加作为被告的行政主体，在行政诉讼中应当作为行政诉讼第三人参加诉讼。

第五，上级行政机关批准下级行政机关决定的具体行政行为，上级行政机关应当作为行政诉讼第三人参加诉讼。

第六，在行政许可案件中，相对人认为行政机关对他人的行政许可侵害自己的合法权益，对行政许可行为提起行政诉讼的，取得行政许可的一方可以作为行政诉讼第三人参加诉讼。

第七，越权行政行为引发的行政诉讼中，被越权的行政主体可以作为行政诉讼第三人。

第八，两个以上行政机关作出相互矛盾的具体行政行为，非被告的行政机关可以作为行政诉讼第三人。①

第五节 行政诉讼共同诉讼人

一、行政诉讼共同诉讼人的概念

《行政诉讼法》第26条规定："当事人一方或者双方为二人以上，因同一具体行政行为发生的行政案件，或者因同样的具体行政行为发生的行政案件、人民法院认为可以合并审理的，为共同诉讼。"可见，行政诉讼共同诉讼是指行政诉讼当事人一方或者双方为两人以上，因同一个具体行政行为，或者因同样的具体行政行为而引发并且人民法院认为可以合并审理的诉讼。原告为两人以上的称为共同原告，被告为两人以上的称为共同被告。

行政诉讼共同诉讼制度的设计意义重大，其目的是人民法院通过合并审理，一方面，简化行政诉讼程序，节约诉讼成本；另一方面，通过合并审理能够有效防止人民法院在同一事件上作出相互矛盾的裁决。②

行政诉讼共同诉讼的条件：

第一，当事人双方之中至少有一方是两人以上的主体。

第二，行政诉讼共同诉讼的诉讼标的须为同一个具体行政行为或为同样的具体行政行为。

第三，案件必须属于同一个人民法院管辖。

第四，受案的人民法院决定合并审理。

二、行政诉讼共同诉讼的分类

行政诉讼共同诉讼可以分为必要共同诉讼和普通共同诉讼两种。

（一）必要共同诉讼

1. 必要共同诉讼的概念

必要共同诉讼是指当事人一方或双方为两人或两人以上，诉讼标的是同一具体行政行

---

① 马怀德主编：《行政法与行政诉讼法》，中国政法大学出版社2007年版，第343页。
② 杨临宏著：《行政诉讼法：原理与制度》，云南大学出版社2011年版，第190页。

为的诉讼，人民法院应当合并审理的诉讼。

2. 必要共同诉讼的特征

第一，诉讼标的同一。必要共同诉讼是由同一具体行政行为所引起的。

第二，当事人具有独立的诉讼地位。必要共同诉讼人都是独立的，具有独立的诉讼法律地位，其中任何一个人的行为对其他共同诉讼人都没有约束力。分别以自己的名义参加诉讼，可以提出自己的诉讼请求，并对自己的行为承担责任。

3. 必要共同诉讼产生的具体情形

第一，两个以上的相对人共同违法，被同一行政主体的处罚决定分别处罚，所有受到处罚的行政相对人都不服该处罚决定而分别提起行政诉讼的。

第二，作为法人或组织的行政相对人实施了违法行为，行政机关对该行政相对人及其法定代表人、直接责任人员同时在一份行政处罚决定书中给予处罚，被处罚的单位和个人都不服而提起行政诉讼的。

第三，两个以上的行政机关针对同一或若干行政相对人作出共同行政决定，行政相对人对此行政决定不服而向人民法院提起诉讼的。

(二) 普通共同诉讼

1. 普通共同诉讼的概念

普通共同诉讼是指当事人一方或双方为两人以上，因同样的具体行政行为引起的行政诉讼案件，人民法院决定合并审理的行政诉讼。

2. 普通共同诉讼的特征

第一，诉讼标的同类。普通共同诉讼是由同一类的具体行政行为引起的，并非由同一个具体行政行为所引起，这是普通共同诉讼区别于必要共同诉讼的地方。

第二，普通共同诉讼可以分开审理，也可以合并审理。实际上，普通共同诉讼只是几个案件合并在一起审理，每个案件的诉讼标的之间没有法律上的必然联系，审理上是可以分开的。

这里需要特别注意的是，普通共同诉讼并不是必须要合并，关键在于能否达到并案审理简化诉讼的目的。换言之，人民法院可以合并审理，也可以不合并审理。①

3. 普通共同诉讼产生的情形

第一，在行政诉讼过程中，被告对原告作出新的具体行政行为，原告对新的具体行政行为不服向人民法院提起行政诉讼的。

第二，行政机关就同一事实分别对若干行政相对人作出具体行政行为，行政相对人不服分别向同一人民法院提起行政诉讼的。

第三，两个以上行政机关分别依据不同的法律、法规对同一事实作出具体行政行为，行政相对人不服分别向同一人民法院提起行政诉讼的。

---

① 杨临宏著：《行政诉讼法：原理与制度》，云南大学出版社 2011 年版，第 193 页。

第六节 行政诉讼代理人

一、行政诉讼代理人的概念

行政诉讼代理人是指以当事人的名义,在代理权限范围以内,代理当事人进行诉讼活动由当事人承受法律后果的诉讼参与人。行政诉讼代理制度设立的目的是协助当事人进行诉讼活动,实现诉讼权利和履行诉讼义务。

行政诉讼代理人的法律特征如下:

第一,行政诉讼代理人是以当事人的名义进行诉讼的。行政诉讼代理人不能以自己的名义进行诉讼,否则,就不是代理人而是当事人了。

第二,行政诉讼代理人只能在代理权限范围以内进行诉讼活动,否则对当事人不产生法律效力。

第三,行政诉讼代理人代理活动的法律后果归属于当事人。

第四,行政诉讼代理人进行诉讼活动的法律依据是法律的规定、人民法院的指定或当事人的委托。

第五,行政诉讼代理人必须具有诉讼行为能力。

第六,行政诉讼代理人参加行政诉讼的目的是为了维护被代理人的合法权益,因此,行政诉讼代理人不能同时代理双方当事人。

二、行政诉讼代理人的种类

根据《行政诉讼法》的规定,按照行政诉讼代理人代理权发生的依据不同,行政诉讼代理人可以分为行政诉讼法定代理人、行政诉讼指定代理人和行政诉讼委托代理人。

(一) 行政诉讼法定代理人

行政诉讼法定代理人是指依据法律的规定而直接取得行政诉讼代理权,代理无诉讼行为能力人进行行政诉讼的人。《行政诉讼法》第28条规定:"没有诉讼行为能力的公民,由其法定代理人代为诉讼。法定代理人互相推诿代理责任的,由人民法院指定其中一人代为诉讼。"一般情况下,行政诉讼法定代理人是由无诉讼行为能力人的近亲属担任的。如果被代理人的近亲属死亡或因其他原因不能行使代理权的,则由其所在单位或其住所地的居民委员会、村民委员会作为法定代理人。

(二) 行政诉讼指定代理人

根据《行政诉讼法》第28条的规定:"没有诉讼行为能力的公民,由其法定代理人代为诉讼。法定代理人互相推诿代理责任的,由人民法院指定其中一人代为诉讼。"法定代理人之间出现互相推诿代理责任的,人民法院从法定代理人中指定其中的一人作为代理人。受法院指定的代理人,对人民法院的指定不服的,可以提起诉讼。

(三) 行政诉讼委托代理人

行政诉讼委托代理人是指受当事人或当事人的法定代理人的委托,并以当事人的名义进行诉讼活动,由当事人承受诉讼结果的诉讼代理人。《行政诉讼法》第 29 条第 1 款规定:"当事人、法定代理人,可以委托一至二人代为诉讼。"委托代理人的代理权来自于当事人的授权。代理人和被代理人之间应该订立行政诉讼委托代理合同,出具授权委托书。

三、行政诉讼委托代理中的律师的权利义务

律师成为行政诉讼委托代理人的法律依据是《行政诉讼法》第 29 条第 2 款的规定:"律师、社会团体、提起诉讼的公民的近亲属或者所在单位推荐的人,以及经人民法院许可的其他公民,可以受委托为诉讼代理人。"

(一) 律师在行政诉讼委托代理中的地位

律师在行政诉讼中是受当事人的委托,为了当事人的利益而参加诉讼的,具有相对独立的诉讼主体资格,不完全依附于当事人。

(二) 律师在行政诉讼委托代理中的权利

《行政诉讼法》第 30 条规定:"代理诉讼的律师,可以依照规定查阅本案有关材料,可以向有关组织和公民调查,收集证据。对涉及国家秘密和个人隐私的材料,应当依照法律规定保密。经人民法院许可,当事人和其他诉讼代理人可以查阅本案庭审材料,但涉及国家秘密和个人隐私的除外。"据此,律师在行政诉讼委托代理中应当具有下列权利:

第一,调查取证权。

第二,查阅、复制与本案相关的材料和法律文书的权利。

第三,出庭参加诉讼的权利。

第四,解除委托的权利。

(三) 律师在行政诉讼委托代理中的义务

律师在行政诉讼委托代理中的义务包括:

第一,忠实于法律,忠实于当事人。

第二,保守由于代理案件所知悉的当事人的商业秘密、个人隐私。

第三,不得双方代理。

第四,不得乱收费。

第五,不得提供虚假证据、教唆他人作伪证。

第六,不得扰乱法庭秩序。

第七,不得私自会见审理案件的法官。

第八,作为被告的律师不得自行单独向行政相对人收集证据。

第三十八章 行政诉讼证据

第一节 行政诉讼证据概述

"打官司就是打证据。"诉讼活动,从原告起诉、被告应诉,到法庭审理,再到案件裁决,核心问题都是围绕证据展开的。通常认为,证据是诉讼中用以证明争议案件事实的客观材料,并具有真实性、合法性和关联性三个特征。

一、行政诉讼证据的概念

诉讼活动根据解决争议性质的不同,分为民事诉讼、刑事诉讼和行政诉讼三种。在不同类型的诉讼程序中,对证据的运用和要求有着较大不同。

关于行政诉讼证据的概念,理论界的观点并不一致。[①] 我们认为,行政诉讼证据是指在行政诉讼过程中,当事人提交的或者人民法院收集的用以证明被诉具体行政行为是否合法和人民法院据以处理案件的事实材料。

行政诉讼证据的来源可能是原告、被告或者第三人提交,也可能是人民法院根据当事人的申请或者依职权主动调取,其中由被告提交的在行政程序中收集的证据是行政诉讼证据的主要来源。其证明对象主要是被诉具体行政行为的合法性,人民法院也需要根据相关证据对案件的程序问题等作出处理。

二、行政诉讼证据的种类

根据《行政诉讼法》第31条的规定,行政诉讼证据包括如下几种:①书证;②物证;③视听资料;④证人证言;⑤当事人的陈述;⑥鉴定结论;⑦勘验笔录、现场笔录。《最高人民法院关于行政诉讼证据若干问题的规定》(以下简称《行政诉讼证据规定》)中针对各类证据的特点,分别规定了不同证据的提供要求。[②]

其中,现场笔录是行政诉讼特有的不同于民事诉讼的证据种类,它是指行政主体及其工作人员在执行职务中,在实施具体行政行为时,对现场某些事项当场所作的书面记录。[③] 根据《行政诉讼证据规定》第15条的规定,行政机关作为被告向人民法院提供的现场笔录,应当载明时间、地点和事件等内容,并由执法人员和当事人签名。当事人拒绝

---

① 杨临宏著:《行政诉讼法:原理与制度》,云南大学出版社2011年版,第198-199页。
② 参见《最高人民法院关于行政诉讼证据若干问题的规定》第10~15条的规定。
③ 应松年主编:《行政法与行政诉讼法学》,法律出版社2009年版,第501页。

签名或者不能签名的,应当注明原因。有其他人在现场的,可由其他人签名。法律、法规和规章对现场笔录的制作形式另有规定的,从其规定。

第二节 我国行政诉讼证据制度

一、举证责任制度

在我国,举证责任一词首先由《行政诉讼法》引入法律之中,其意指由法律预先规定,在行政案件的真实情况难以确定的情况下,由一方当事人提供证据予以证明,如提供不出证明相应事实情况的证据则承担败诉风险及不利后果的制度。①

（一）行政诉讼举证责任的分配

举证责任的分配是证据制度中十分重要的问题,关系到对当事人权益的保护和诉讼公平正义的实现。

《行政诉讼法》第32条规定:"被告对作出的具体行政行为负有举证责任,应当提供作出该具体行政行为的证据和所依据的规范性文件。"由此确立了行政诉讼中由被告承担主要举证责任的基本原则,包含以下基本内容:

第一,被告承担主要举证责任而并非全部举证责任。在行政诉讼中,被告对自己作出的具体行政行为的合法性承担举证责任,并不意味着被告对一切事实都承担举证责任,在某些情况下,需要原告对某些事实和事项承担举证责任。比如《若干解释》第27条和《行政诉讼证据规定》第4条、第5条即规定了原告对如下事项承担举证责任:①向人民法院起诉时,应当提供其符合起诉条件的相应的证据材料。② ②在起诉被告不作为的案件中,原告应当提供其在行政程序中曾经提出申请的证据材料。③ ③在行政赔偿诉讼中,原告应当对被诉具体行政行为造成损害的事实提供证据。

第二,被告的举证责任,是被告在行政程序中应当遵循的"先取证、后裁决"规则的自然延伸,并受其制约。

"先取证、后裁决"是行政机关在作出具体行政行为过程中必须遵循的基本规则,它要求行政机关在作出具体行政行为之前,应当先认真调查、收集证据,通过充分的证据清楚的认定事实,在此基础上正确适用法律,才能作出合法、正确的行政行为。根据该规则,行政机关的具体行政行为应当建立在行为之前的证据基础上,一旦具体行政行为作出,就推定其所依据的证据和规范性文件已经完备、充分。

因此,具体行政行为作出之后的调查收集的证据,不能作为认定具体行政行为合法的根据。我国行政诉讼要求被告向法院提供的证据应当是被告在行政程序中已经收集、用来并据以作出被诉具体行政行为的证据。在诉讼过程中,被告及其诉讼代理人不得自行向原

---

① 姜明安主编:《行政法与行政诉讼法》,北京大学出版社、高等教育出版社2007年版,第522－523页。
② 被告认为原告起诉超过起诉期限的,由被告承担举证责任。
③ 但有下列情形的除外:（一）被告应当依职权主动履行法定职责的;（二）原告因被告受理申请的登记制度不完备等正当事由不能提供相关证据材料并能够作出合理说明的。

告和证人收集证据。下列证据被明确规定不能作为认定具体行政行为合法的根据：①被告及其诉讼代理人在作出具体行政行为后或者在诉讼程序中自行收集的证据。②原告或者第三人在诉讼程序中提供的、被告在行政程序中未作为具体行政行为依据的证据。③复议机关在复议程序中收集和补充的证据，或者作出原具体行政行为的行政机关在复议程序中未向复议机关提交的证据。①

作为例外，《行政诉讼证据规定》第2条规定："原告或者第三人提出其在行政程序中没有提出的反驳理由或者证据的，经人民法院准许，被告可以在第一审程序中补充相应的证据。"

第三，对具体行政行为的举证责任只能由被告承担，不能被替代或者转移。具体行政行为由被告作出，被告应当对自己的行为承担举证责任，人民法院和其他当事人均不能替代被告举证。《行政诉讼证据规定》第6条规定"原告可以提供证明被诉具体行政行为违法的证据。原告提供的证据不成立的，不免除被告对被诉具体行政行为合法性的举证责任。"第23条第2款规定："人民法院不得为证明被诉具体行政行为的合法性，调取被告在作出具体行政行为时未收集的证据。"并规定原告或者第三人在诉讼程序中提供的、被告在行政程序中未作为具体行政行为依据的证据，以及复议机关在复议程序中收集和补充的证据，不能认定具体行政行为合法的根据。

（二）举证期限

《行政诉讼法》第43条规定了被告的举证期限，《行政诉讼证据规定》对当事人的举证期限作出了不同规定。

1. 被告的举证期限

根据规定，被告对作出的具体行政行为负有举证责任，应当在收到起诉状副本之日起10日内，提供据以作出被诉具体行政行为的全部证据和所依据的规范性文件。被告不提供或者无正当理由逾期提供证据的，视为被诉具体行政行为没有相应的证据。被告因不可抗力或者客观上不能控制的其他正当事由，不能在前款规定的期限内提供证据的，应当在收到起诉状副本之日起10日内向人民法院提出延期提供证据的书面申请。人民法院准许延期提供的，被告应当在正当事由消除后10日内提供证据。逾期提供的，视为被诉具体行政行为没有相应的证据。

被告在行政诉讼中提供的证据，应当是在行政程序中已经收集的证据，是现成的。这一较短的举证期限已经足以让其完成举证，是合理的。

2. 原告和第三人的举证期限

《行政诉讼证据规定》第7条规定："原告或者第三人应当在开庭审理前或者人民法院指定的交换证据之日提供证据。因正当事由申请延期提供证据的，经人民法院准许，可以在法庭调查中提供。逾期提供证据的，视为放弃举证权利。原告或者第三人在第一审程序中无正当事由未提供而在第二审程序中提供的证据，人民法院不予接纳。"

二、证明标准制度

证明标准是指为了实现法定证明义务，避免不利己的裁判，负有证明责任的当事人履

---

① 参见《若干解释》第30条、第31条，《行政诉讼证据规定》第60条、第61条。

行证明义务必须达到法律所要求的程度。① 它是衡量证据的证明程度的标准,既是衡量当事人举证是否满足举证要求的尺度,又是法官据以认定案件事实和对法官认定事实是否妥当进行评判的标准。

普遍认为,民事案件和刑事案件的证明标准应当采取不同的态度,刑事案件适用严格证明标准或者称为"排除合理怀疑"的证明标准,民事案件适用优势的证明标准,即根据证据效力占优势的证据认定案件事实。②

我国《行政诉讼法》和《行政诉讼证据规定》等司法解释均没有就证明标准问题作出规定,学界形成较为主流的观点认为,行政案件应当以明显优势证明标准为原则,以优势证明标准和严格证明标准为补充。③ 考虑到法律程序的价值取向、举证责任的差异以及行政案件的性质及对当事人权益影响的大小等因素,一般行政案件的证明要求低于刑事诉讼、高于民事诉讼,应当适用介于二者之间的明显优势证明标准;对拘留、劳动教养、收容教育、责令停产停业、吊销营业执照等严重影响相对人权益的行政案件,适用严格证明标准,即排除合理怀疑标准;对于处理民事争议的行政裁决案件、类似民事案件的非行政行为案件以及对相对人的权益影响不大的适用简易程序作出的具体行政行为案件等,适用优势证明标准。

三、人民法院取证制度

在实行诉讼当事人主义的英美法系国家,证据主要由当事人提供;在大陆法系国家,一定程度上实行诉讼职权主义,除当事人举证外,法院可依职权取证。我国行政诉讼法规定了人民法院可以依职权或者依申请取证。

(一)人民法院依职权调取证据

《行政诉讼证据规定》第22条规定:"根据行政诉讼法第三十四条第二款的规定,有下列情形之一的,人民法院有权向有关行政机关以及其他组织、公民调取证据:(一)涉及国家利益、公共利益或者他人合法权益的事实认定的;(二)涉及依职权追加当事人、中止诉讼、终结诉讼、回避等程序性事项的。"

(二)人民法院依申请调取证据

根据《行政诉讼证据规定》第23条、第24条的规定,原告或者第三人不能自行收集,但能够提供确切线索的,可以举证期限内提交申请书,申请人民法院调取下列证据材料:①由国家有关部门保存而须由人民法院调取的证据材料;②涉及国家秘密、商业秘密、个人隐私的证据材料;③确因客观原因不能自行收集的其他证据材料。但是,人民法院不得为证明被诉具体行政行为的合法性,调取被告在作出具体行政行为时未收集的证据。

人民法院对当事人调取证据的申请,经审查符合调取证据条件的,应当及时决定调取;不符合调取证据条件的,应当向当事人或者其诉讼代理人送达通知书,说明不准许调

---

① 杨临宏著:《行政诉讼法:原理与制度》,云南大学出版社2011年版,第214-215页。
② 有的学者认为,从我国民事诉讼法和刑事诉讼法的现行立法来看,我国实行的正是这种二元制的证明标准。参见姜明安主编《行政法与行政诉讼法》,北京大学出版社、高等教育出版社2007年版,第537页。
③ 姜明安主编:《行政法与行政诉讼法》,北京大学出版社、高等教育出版社2007年版,第538页。

取的理由。当事人及其诉讼代理人可以在收到通知书之日起3日内向受理申请的人民法院书面申请复议一次。人民法院应当在收到复议申请之日起5日内作出答复。人民法院根据当事人申请，经调取未能取得相应证据的，应当告知申请人并说明原因。

（三）人民法院勘验现场

《行政诉讼证据规定》第33条、第34条规定了人民法院可以依当事人申请或者依职权勘验现场。勘验现场时，勘验人必须出示人民法院的证件，并邀请当地基层组织或者当事人所在单位派人参加。当事人或其成年亲属应当到场，拒不到场的，不影响勘验的进行，但应当在勘验笔录中说明情况。审判人员应当制作勘验笔录，记载勘验的时间、地点、勘验人、在场人、勘验的经过和结果，由勘验人、当事人、在场人签名。勘验现场时绘制的现场图，应当注明绘制的时间、方位、绘制人姓名和身份等内容。当事人对勘验结论有异议的，可以在举证期限内申请重新勘验，是否准许由人民法院决定。

四、质证制度

（一）质证概述

质证是指法庭审理过程中，在法庭的主持下，由当事人对当庭出示的证据，围绕其真实性、合法性、关联性及证明力等问题进行的对质、辨认、解释和核实的证明活动，[1] 是通过庭审将证据材料转化为定案证据继而认定法律事实的重要环节。

原则上，一切证据均应当在法庭上出示，并经庭审质证，才能作为定案的依据，即使人民法院调取的证据也是如此。质证活动一般在开庭审理时进行，不过，当事人在庭前证据交换时可以对证据发表意见，对其中没有争议并记录在卷的证据，经庭审人员在庭审中说明后，可以作为认定案件事实的依据。

当事人应当围绕证据的关联性、合法性和真实性，针对证据有无证明效力以及证明效力大小，进行质证。在质证过程中，经法庭准许，当事人及其代理人可以就证据问题互相发问，也可以向证人、鉴定人或者勘验人发问。对被诉具体行政行为涉及的专门性问题，当事人可以向法庭申请由专业人员出庭进行说明，法庭也可以通知专业人员出庭说明。必要时，法庭可以组织专业人员进行对质，专业人员可以对鉴定人进行询问。

（二）质证的基本方法

1. 对书证、物证和视听资料的质证

根据规定，对书证、物证和视听资料进行质证时，当事人应当出示证据的原件或者原物。但有当事人出示原件或者原物确有困难的，经法庭准许可以出示复制件或者复制品；原件或者原物已不存在的，可以出示证明复制件、复制品与原件、原物一致的其他证据。视听资料应当向法庭出示原始载体，并应当庭播放或者显示，由当事人进行质证。

2. 对证人证言的质证

根据规定，凡是知道案件事实的人，都有出庭作证的义务。一般而言，证人均应当出庭作证，并接受当事人的言辞询问。当事人可以在举证期限内或者在庭审过程中向法院申请证人出庭作证，是否准许，由法院决定。必要时，原告或者第三人可以要求相关行政执

---

[1] 杨临宏著：《行政诉讼法：原理与制度》，云南大学出版社2011年版，第221页。

法人员作为证据出庭作证。①

在特殊情况下,证人出庭作证不可能或者不方便的,经人民法院准许,当事人可以提交符合下列要求的书面证言:①写明证人的姓名、年龄、性别、职业、住址等基本情况;②有证人的签名,不能签名的,应当以盖章等方式证明;③注明出具日期;④附有居民身份证复印件等证明证人身份的文件。

3. 对鉴定结论的质证

对鉴定结论质证时,当事人可以要求鉴定人出庭接受询问,鉴定人应当出庭。鉴定人因正当事由不能出庭的,经法庭准许,可以不出庭,由当事人对其书面鉴定结论进行质证。当事人申请出庭的专业人员,可以对鉴定人进行询问,必要时,法庭可以组织专业人员进行对质。

五、非法证据排除制度

法庭审核认定证据,其内容是对证据是否具备真实性、关联性和合法性作出确认。基于行政机关在运用公权力的过程中极易对相对人的权益造成非法侵害的特点,行政诉讼中对证据合法性的要求要高于民事诉讼,在证据规定中确立了非法证据排除制度,即对不符合法定形式、取得程序不符合法律要求的证据予以排除,具体包括如下情形:①严重违反法定程序收集的证据材料;②以偷拍、偷录、窃听等手段获取侵害他人合法权益的证据材料;③以利诱、欺诈、胁迫、暴力等不正当手段获取的证据材料;④当事人无正当事由超出举证期限提供的证据材料;⑤以违反法律禁止性规定或者侵犯他人合法权益的方法取得的证据,不能作为认定案件事实的依据;⑥在中华人民共和国领域以外或者在中华人民共和国香港特别行政区、澳门特别行政区和台湾地区形成的未办理法定证明手续的证据材料等。②

六、证据证明效力认证制度

证据的证明效力表明了证据与待证事实之间的联系紧密程度,证明效力的高低决定了通过证据来认定事实的可能性大小。

(一)司法认知

司法认知是指在审判过程中,当事人无须举证,法院以宣告的形式直接认定某一事实的真实性的诉讼证明方式。根据规定,下列事实法庭可以直接认定:①众所周知的事实;②自然规律及定理;③按照法律规定推定的事实;④已经依法证明的事实;⑤根据日常生活经验法则推定的事实。对于①、②、④、⑤项,当事人有相反证据足以推翻的除外。

(二)自认和认可规则

自认是指在诉讼中当事人一方就对方当事人主张的不利于己方的事实承认为真实的陈述或者表示。认可是指一方当事人对对方提供证据作出的无异议的明确表示。

根据规定,在庭审中,一方当事人或者其代理人在代理权限范围内对另一方当事人陈

---

① 包括如下情形:①对现场笔录的合法性或者真实性有异议的;②对扣押财产的品种或者数量有异议的;③对检验的物品取样或者保管有异议的;④对行政执法人员的身份的合法性有异议的;⑤需要出庭作证的其他情形。

② 《行政证据规定》第57条、第58条。

述的案件事实明确表示认可的，人民法院可以对该事实予以认定。但有相反证据足以推翻的除外。不过，在行政赔偿诉讼中，人民法院主持调解时当事人为达成调解协议而对案件事实的认可，不得在其后的诉讼中作为对其不利的证据。在不受外力影响的情况下，一方当事人提供的证据，对方当事人明确表示认可的，可以认定该证据的证明效力。①

（三）补强证据规则

补强证据规则是指某些证据不能单独作为认定案件事实的根据，需要结合其他证据补强其证明力。《行政诉讼证据规定》第71条规定了不能单独作为定案依据、需要补强的证据：①未成年人所作的与其年龄和智力状况不相适应的证言；②与一方当事人有亲属关系或者其他密切关系的证人所作的对该当事人有利的证言，或者与一方当事人有不利关系的证人所作的对该当事人不利的证言；③应当出庭作证而无正当理由不出庭作证的证人证言；④难以识别是否经过修改的视听资料；⑤无法与原件、原物核对的复制件或者复制品；⑥经一方当事人或者他人改动，对方当事人不予认可的证据材料；⑦其他不能单独作为定案依据的证据材料。

（四）证明效力优势规则

该规则解决用以证明同一事实的数个证据证明效力大小的问题。《行政诉讼证据规定》第63条规定，证明同一事实的数个证据，其证明效力一般可以按照下列情形分别认定：①国家机关以及其他职能部门依职权制作的公文文书优于其他书证；②鉴定结论、现场笔录、勘验笔录、档案材料以及经过公证或者登记的书证优于其他书证、视听资料和证人证言；③原件、原物优于复制件、复制品；④法定鉴定部门的鉴定结论优于其他鉴定部门的鉴定结论；⑤法庭主持勘验所制作的勘验笔录优于其他部门主持勘验所制作的勘验笔录；⑥原始证据优于传来证据；⑦其他证人证言优于与当事人有亲属关系或者其他密切关系的证人提供的对该当事人有利的证言；⑧出庭作证的证人证言优于未出庭作证的证人证言；⑨数个种类不同、内容一致的证据优于一个孤立的证据。

---

① 《行政诉讼证据规定》第65条、第66条、第67条。

第三十九章 行政诉讼程序

第一节 行政诉讼程序概述

起诉和受理分别是利害关系人和人民法院的诉讼行为,二者的结合启动了行政诉讼程序。

一、起 诉

(一)起诉的概念和类型

1. 起诉的概念

行政诉讼的起诉,是指公民、法人或者其他组织认为行政机关或者授权的组织的具体行政行为侵犯其合法权益,依法请求人民法院行使国家行政审判权力给予司法救济的诉讼行为。起诉是利害关系人单方面针对行政主体的具体行政行为行使法律赋予的起诉权利的行为。

2. 起诉的类型

一是自由选择型。《行政诉讼法》第37条第1款规定,除了法律、法规的特别规定外,公民、法人或者其他组织可以先申请行政复议,对复议不服的,再向人民法院提起诉讼;也可以直接向人民法院提起诉讼。也就是说,由起诉人选择,可申请复议,也可直接起诉;如果选择先行复议,对复议决定不服后还可起诉。有的法律、法规对此作了明确规定,有的法律、法规规定了"可以"提起诉讼而没有规定复议,还有的法律、法规对诉讼和复议都没有作规定,这些都属于利害关系人可以自主进行选择的情形。行政复议程序的优点是简易、快捷,可以同时进行合法性和合理性的审查,处理方式灵活、多样;其缺点是由于复议属于行政主体的内部监督范畴,利害关系人往往对其是否能够公正处理心存疑虑,因此,法律将选择权赋予了利害关系人。如现行《治安管理处罚法》规定,对处罚不服的须先行复议才可诉讼。

二是复议最终裁决型。复议最终裁决型是指按照有关法律的规定,利害关系人不服具体行政行为,可以自行选择:如果选择行政复议的,行政复议即为最终裁决,就不能再向人民法院起诉;也可以直接向人民法院起诉。也就是说,由起诉人选择,可申请复议,也可直接起诉;如果选择先行复议的,复议决定则是终局的,不可再起诉。如现行《行政复议法》、《公民出境入境管理法》和《外国人入境出境管理法》中就有这种规定。

三是复议前置型。复议前置型是指法律、法规明确规定必须经过复议程序才能向人民法院提起诉讼;未经行政复议程序就不得提起行政诉讼。在我国现行法律、法规中,复议前置程序的适用范围已经相当有限，成了一种特别规定。例如，《行政复议法》第30条第1款规定，认为具体行政行为侵犯了其已经依法取得的土地、矿产等自然资源的所有权或者使用权的，应当先申请行政复议，对行政复议不服的，可以依法提起行政诉讼。

（二）起诉的条件

为了防止利害关系人滥用起诉权和监督法院的受理工作，《行政诉讼法》第41条对起诉设定了以下条件：第一，原告是认为具体行政行为侵犯其合法权益的利害关系人；第二，有明确的被告；第三，有具体的诉讼请求和事实根据；第四，属于人民法院受案范围和受诉人民法院管辖。这里需要指出的是，只要"认为"存在侵犯行为则可以提起诉讼。因为，起诉权是公民的法定权利，无须经过准许，可以在意思自治的范围内由公民自由行使。是否客观上存在侵犯的事实，在未经审查起诉和审理案件前是无法准确判断的，因此，只要利害关系人在主观上认为存在侵犯，就有权提起诉讼。《行政诉讼法》在这里规定的"原告"，实际上还属于"起诉人"，在案件经过法院审查起诉决定受理后，才正式成为原告。

二、受　理

（一）受理的概念

受理是指人民法院对起诉进行审查后，经认为符合起诉条件的，决定立案审理的行为。对于起诉，法院都必须接受。法院接受后，应当在7日内立案或者作出裁定不予受理。原告对裁定不服的，可以在接到裁定书之日起10日内提起上诉。受理包括审查起诉和决定是否立案两个环节。

（二）审查起诉

起诉条件与受理条件应当是一致的。审查起诉主要从起诉的实质要件和法定的形式要件两个方面进行审查。

在实质要件方面，除了要审查是否符合法定起诉的条件外，还要重点审查两点：一是是否属于复议前置的案件。如果属于复议前置的案件，就必须经过行政复议或者复议机关不受理复议申请或者复议机关在法定期限内不作复议决定以后才能起诉；二是是否在法定期限内起诉。利害关系人不服复议决定的，提起诉讼的期限是在收到复议决定书之日起10日内；复议机关逾期不作决定，提起诉讼的期限是在复议期满之日起15日内（法律另有规定的除外）。利害关系人直接向人民法院提起诉讼的，应当在知道作出具体行政行为之日起3个月内提出（法律另有规定的除外）。利害关系人因不可抗力或者其他特殊情况耽误法定期限的，在障碍消除后的10日内，可以申请延长期限；是否准许延期，由人民法院决定。

在形式要件方面，审查两点：一是是否依法收取了诉讼费用；二是是否递交了起诉状。利害关系人应当向法院递交起诉状，并且按照被告人数提交副本。其书写起诉状确有困难的，可以口头起诉，由法院记入笔录，并告知对方当事人。法院应当组成合议庭对起诉进行审查。至于是由行政审判庭还是由立案庭组成合议庭进行审查，由于没有明确规定，因此可以由法院自行决定。

(三) 对起诉的处理

经过审查，对起诉主要有两种处理方式：决定受理；裁定不予受理。决定受理后则进行立案，并及时通知当事人；不予受理则作出不予受理裁定书，送达起诉人。

另外，还有三种特殊处理方式：一是先予受理。为了保障利害关系人的诉讼权利，如果在 7 日内不能作出是否受理的决定，则应当先予受理；受理后经审查不符合起诉条件的，裁定驳回起诉。这主要适用于某些疑难案件，由于需要进行内部请示和研究或者需要送请有关机关作出解释，可能在 7 日内无法作出准确的判断，故先予受理后再进行审查。二是越级起诉。受诉人民法院既不立案，又不作出裁定的，起诉人可以向上一级人民法院申诉或者起诉。上一级人民法院认为符合受理条件的，应予受理；受理后可以移交或者指定下级人民法院审理，也可以自行审理。三是要求限期补正。由于起诉状内容欠缺，人民法院责令原告补正的，作出是否受理决定的期限，从收到补正材料之日起计算。起诉人按期补正后，经审查，符合受理条件的，从人民法院收到补正材料之日起 7 日内立案；起诉人无法补正或者逾期不补正的，则在 7 日内作出不予受理的裁定。①

(四) 受理的法律后果

起诉一经受理，在实体法上，诉讼时效中断。从中断之日起，诉讼时效的期间重新开始计算。在程序法上，则导致了法院管辖恒定、当事人恒定和禁止重复起诉的法律后果：法院取得了对该案件进行审判的权力和通过审理解决行政争议的义务；起诉与应诉的双方分别取得原告与被告的诉讼地位，各自依法享有诉讼权利，承担诉讼义务；原告不得自行就同一案件再另行起诉；被告不得再向原告和证人自行收集证据。

第二节　第一审程序

第一审程序是相对于第二审程序和审判监督程序而言的。由于《行政诉讼法》没有规定简易程序，因此第一审程序是一种普通程序。第一审程序是人民法院依照法定管辖权限，对案件进行的初次审理。

一、审判组织形式和审理方式

(一) 组成合议庭

人民法院审理行政案件一律实行合议制。合议庭由审判员组成，或者由审判员、陪审员组成。合议庭的成员应当是 3 人以上的单数。行政诉讼案件不得采用独任审判。

(二) 审理方式

第一审行政案件一律实行开庭审理，不得进行书面审理。开庭审理以公开审理为主要形式；不公开审理案件包括涉及国家秘密、个人隐私和法律另有规定的案件。审理行政案件不适用调解；行政赔偿诉讼和附带民事诉讼是行政诉讼的特殊形式，可以适用调解。

---

① 最高人民法院《关于贯彻执行〈中华人民共和国行政诉讼法〉若干问题的解释》，2000 年 3 月 8 日，法释 [2000] 8 号。

二、审理前的准备

审理前的准备主要有：①送达起诉状、答辩状副本；②初步审查诉讼文书和证据材料，可以要求当事人提供或者补充证据，有权进行必要的调查取证；③准备并研究审理本案所需要依据的法律文件；④决定诉讼的合并与分离；⑤决定是否裁定停止执行具体行政行为；⑥决定是否进行诉讼保全或者先予执行（先行给付）。起诉状副本在立案之日起5日内发送被告，通知被告应诉；被告应当在收到起诉状副本之日起10日内向法院提交答辩状；法院在收到答辩状之日起5日内，将答辩状副本发送原告。被告不提供答辩状的，不影响案件的审理。

在这个过程中，还要确定举证期限和组织当事人进行证据交换，更换和追加当事人、通知必要的当事人参加诉讼，审查有无不公开审理的法定情形，处理管辖异议等。当事人提出管辖异议应当在接到人民法院的应诉通知书之日起10日内以书面形式提出，逾期不提出管辖异议的，视为无异议。人民法院对异议进行审查后，认为成立的，裁定将案件移送有管辖权的人民法院；认为异议不成立的，裁定驳回。

三、开庭审理

（一）开庭准备

首先召开合议庭准备会议，研究确定案件能否开庭审理，是否公开审理，开庭的日期、时间、地点，应当传唤、通知的当事人和其他诉讼参与人，开庭应当注意的重点或者主要问题，合议庭在开庭审理过程中的分工等。然后依法进行传唤、通知和公告。

在开庭当日，书记员当场查点出庭人员、宣布法庭纪律。书记员主要负责核实当事人和其他诉讼参与人员是否到庭；核实当事人和其他诉讼参与人员的身份；查明诉讼代理人的代理权限；宣布法庭纪律和当事人的诉讼权利义务；宣布全体起立，请审判长及其他合议庭成员入席；向审判长报告以上出庭和准备情况。

（二）审理开始

合议庭进入法庭后，首先由审判长宣布开庭，然后依次进行下列事项：宣布案由、开庭方式以及开庭审理的法律依据；宣布合议庭组成人员和书记员名单；询问当事人是否申请回避；当事人申请回避有合法理由的，合议庭应当宣布休庭，并根据有关法律规定对回避申请作出处理；当事人申请回避明显没有理由的，属于故意拖延诉讼的，直接驳回；宣布开庭的注意事项。

（三）法庭调查

法庭调查通常按照以下顺序进行：①当事人陈述。顺序为：原告陈述诉讼请求和理由；被告简要陈述答辩理由；被告不作为的，陈述不作为理由；有第三人参加诉讼的，当事人陈述诉讼主张。②告知证人出庭作证和如实作证的义务，证人作证。③出示书证、物证和视听资料。④鉴定结论。⑤宣读勘验笔录。

审判长或者其他合议庭成员根据《行政诉讼法》的有关规定和起诉、答辩的内容，归纳法庭审查的问题；审前已经确定争议焦点和法庭审理重点的，不再归纳。

法庭调查过程中，有的法院可能会采取以下方式：①要求被告提供行政行为作出时向上级机关报送的请示、内部讨论笔录以及结案报告来验证行政行为是否合法；②要求被告提供全部的原始证据，由法院审查、选择证据；③要求被告提供证明其行政行为不合法的材料；④将被告在庭前准备程序中提交的证据看做完成了举证责任，不再要求被告陈述；⑤法官代替被告宣读行政处理决定书或者提示被告还有证据应当予以宣读；⑥不要求被告提交相关资料，而是向被告借阅相关资料而后返还等。这些行为都是非常不妥的，应当予以避免和纠正。①

（四）法庭辩论

法庭辩论的顺序是：原告及诉讼代理人发言；被告及诉讼代理人发言；第三人及诉讼代理人发言；双方互相辩论。

（五）合议庭评议

法庭辩论结束后，合议庭休庭，由合议庭全体成员对本案进行评议。评议不对外公开，采用少数服从多数的原则。评议应当制作笔录，对不同意见也必须如实记入笔录，评议笔录由合议庭全体成员及书记员签名。

（六）公开宣判

合议庭评议后，审判长应宣布继续开庭并宣读判决；判决不能当庭宣判的，审判长应当宣布另定日期宣判。

四、诉讼阻却

诉讼阻却是指由于某种特定的原因，使诉讼中断或者不能正常进行审理和裁判。主要情形如下：

（一）延期审理

延期审理即法院在开庭审理之前或者审理过程中，由于特殊情况，以致无法按预定的时间开庭审理和裁判。

（二）延长审限

人民法院应当在立案之日起3个月内作出第一审判决。鉴定、处理管辖异议及中止诉讼的时间不计算在内。

延长审限都是由于特殊情况而需要；基层人民法院申请延长审理期限，应当直接报请高级人民法院批准同时报中级人民法院备案；高级人民法院审理一审案件需要延长的，由最高人民法院批准。

（三）撤　诉

撤诉是指原告在人民法院对案件宣告判决或者裁定以前申请撤回起诉或者法院根据原告的行为推定其放弃诉讼的行为。撤诉分为三种情况：①原告申请撤诉。在法院对案件最终作出宣告判决或者裁定以前，原告申请撤诉的，经法院审查同意后，可准许。②被告改变原具体行政行为，原告同意后撤诉。这种撤诉也要经过法院审查准许。③视为撤诉。原告经两次合法传唤无正当理由拒不到庭，或者虽到庭但未经法庭同意就中途退庭的，法院

---

① 江必新、梁凤云著：《行政诉讼法理论与实务》，北京大学出版社2011年版，第786页。

可以按撤诉处理。原告申请撤诉或者法院视为撤诉的，经法院准许，终结诉讼。原告申请撤诉不被准许的，诉讼继续；如果原告拒不到庭，法院可以缺席判决。撤诉虽然是原告的权利，但是，是否能够实现取决于法院。因此，撤诉并不是一种完全的诉权，并非可以由原告自由处分。

（四）缺席判决

缺席判决是在法院开庭审理过程中，在当事人一方或者双方未到庭陈述、辩论的情况下，合议庭经过审理所作出的判决。主要是指被告有以上拒不到庭或者中途退庭行为，或者原告有以上行为，而法院不允许撤诉，则可以缺席判决。

（五）诉讼中止

中止诉讼又称为诉讼中断，是指在诉讼进行过程中，由于出现了特殊情况而使诉讼无法继续须暂时停止的诉讼制度。特殊情况主要是指：①原告死亡，须等待其近亲属表明是否参加诉讼的；②原告丧失诉讼行为能力，尚未确定法定代理人的；③作为一方当事人的行政机关、法人或者其他组织终止，尚未确定权利义务承受人的；④一方当事人因不可抗力的事由不能参加诉讼的；⑤案件涉及法律适用问题，需要送请有权机关作出解释或者确认的；⑥案件的审判须以相关民事、刑事或者其他行政案件的审理结果为依据，而相关案件尚未审结的；⑦其他应当中止诉讼的情形。中止诉讼的原因消除后，恢复诉讼。中止诉讼的时间不计入审理期限当中。人民法院和当事人在中止诉讼期间应当停止一切与案件有关的活动，但是需要采取强制措施的除外。

（六）诉讼终结

一般情况下，行政诉讼案件因法院作出裁判而终结，但是，在审理过程中出现了法定事由时亦应终结诉讼程序。终结诉讼是指在诉讼过程中，因发生法定情形，使得诉讼无法继续或者继续进行已经没有必要而结束诉讼程序的制度。法定情形主要有：原告死亡，没有近亲属或者近亲属放弃诉讼权利的；作为原告的法人或者其他组织终止后，其权利义务的承受人放弃诉讼权利的；原告申请撤诉法院准许或者视为申请撤诉的。因上述前三种中止诉讼情形满90日仍无人继续诉讼的，裁定终结诉讼，但有特殊情况的除外。

（七）被告改变被诉具体行政行为

在行政诉讼过程中，当被告发现自己被诉的具体行政行为违法或者不当时，可以予以改变并作出新的具体行政行为。新的具体行政行为生效的条件是：原告同意并向法院申请撤诉；法院裁定准予撤诉。在第二审程序中，一律不允许因改变而准许撤诉。

（八）案件移送

案件移送是指人民法院在审理行政诉讼案件过程中，将自己审理的案件或者案件材料全部或者部分移送给有关部门处理的措施。其主要是针对不属于自己管辖的案件、可能进行行政处分的案件以及构成犯罪的案件。在移送相关材料的同时，如果对行政责任或者刑事责任的追究不影响本案审理的，应当继续审理；如果影响本案审理的，则应当中止诉讼。

第三节 第二审程序

第二审程序由于是根据当事人的上诉而发生的,故又称为上诉审程序;由于我国实行两审终审制,故还可以称为终审程序。

一、上诉的提起

行政诉讼的第二审程序是指第一审法院作出裁判后,诉讼当事人不服,在法定期限内提请上一级法院对案件重新进行审理并作出裁判的程序。条件如下:

第一,上诉人必须适格。第一审程序中的原告、被告和第三人及其法定代理人和经授权的委托代理人,有权提出上诉。

第二,上诉人所不服的一审判决、裁定必须是法律明文规定可以上诉的判决、裁定,包括第一审尚未发生法律效力的判决和对不予受理、驳回起诉、管辖权异议所作出的裁定。

第三,上诉必须在法定期限内提出。对判决不服的上诉期为15日;对裁定不服的上诉期为10日。逾期不提出上诉,判决或者裁定发生法律效力。

第四,上诉必须递交符合法律要求的上诉状。当事人提出上诉,既可以通过原审人民法院提出,也可以直接向第二审人民法院提出。当事人直接向第二审人民法院上诉的,第二审人民法院应当在5日内将上诉状移交原审人民法院。

二、上诉的受理

第二审人民法院收到上诉状后,经过审查,如果认为符合法定条件,即诉讼主体合格,未超过法定上诉期限,应当予以受理;如果认为不符合法定条件,应当裁定不予受理。

上诉一经受理案件即进入第二审程序,被诉行政机关不得改变原具体行政行为。

三、上诉案件的审理

第二审人民法院审理行政案件可以实行书面审理。书面审理的核心是法律审理,最重要的适用条件是事实清楚。人民法院实行书面审理,不允许独任审判,而必须由合议庭审理;同时,合议庭必须审阅全部案卷材料。

在两种情形下必须进行开庭审理:①当事人对原审人民法院认定的事实有争议的;②第二审人民法院认为原审人民法院认定事实不清楚的。

二审法院审理行政案件要进行全面审查,既要对原审人民法院的裁判是否合法进行审查,又要对被诉具体行政行为的合法性进行审查;不受上诉范围的限制。

四、上诉案件的裁判

上诉案件应当在2个月内作出终审判决。鉴定、处理管辖异议及中止诉讼的时间不计算在内(与第一审相同)。有特殊情况需要延长的,由高级人民法院批准;高级人民法院审理上诉案件需要延长的由最高人民法院批准。

第四节 审判监督程序

审判监督程序不是一种必经程序，而是一种监督程序。

一、审判监督程序概述

（一）审判监督程序

行政诉讼审判监督程序是指人民法院发现已经发生法律效力的判决、裁定违反法律、法规规定，依法对案件再次进行审理的程序。

（二）审判监督程序的类型

审判监督程序包括再审程序和提审程序。再审程序是指人民法院为了纠正已经发生法律效力的判决、裁定的错误，依照审判监督程序对案件再次进行审判的活动。分为本院进行的自行再审和上级法院的指令再审。提审程序是指上级人民法院为了纠正下级人民法院已经发生法律效力的判决、裁定的错误，依照审判监督程序对案件直接进行审判的活动。

二、审判监督程序的提起

（一）提起的条件

第一，具备法定理由。即发现已经发生法律效力的判决、裁定，违反法律、法规规定，确有错误，认为需要再审。通常是指：原判决、裁定认定的事实主要证据不足；原判决、裁定适用法律、法规确有错误；违反法定程序，可能影响案件正确裁判；其他违反法律、法规的情形。特定情况下，行政赔偿调解书也可以成为提起审判监督程序的对象。

第二，主体具有审判监督权。分为三种：一是自身提起再审。人民法院院长对本院已经发生法律效力的判决、裁定，发现违反法律、法规规定，认为需要再审的，有权提请审判委员会决定是否再审。二是上级提审或者指令再审。最高人民法院对地方各级人民法院，上级人民法院对下级人民法院均有审判监督权，对确有错误的人民法院已经发生法律效力的判决、裁定，均可以提审或者指令再审。三是检察机关抗诉。人民检察院作为国家的法律监督机关，有权对确有错误的人民法院已经发生法律效力的判决、裁定按照法定程序提起抗诉。对于人民检察院的抗诉，人民法院必须提审或指令下级人民法院再审。

（二）再审的启动

再审除了可以由人民法院自行启动和人民检察院通过抗诉启动外，当事人也可以通过申请再审予以启动。当事人申请再审，应当在判决、裁定发生法律效力后 2 年内提出；当事人对已经发生法律效力的行政赔偿调解书，提出证据证明调解违反自愿原则或调解协议的内容违反法律规定的，可以在 2 年内申请再审，但判决裁定不停止执行。对当事人的申诉，人民法院应当充分重视，经审查，符合再审条件的，应当立案并及时通知各方当事人；不符合再审条件的，予以驳回。

三、再审案件的审理

(一) 裁定中止原裁判的执行

再审案件,应当裁定中止原判决的执行,裁定由院长署名,加盖人民法院印章。

(二) 重新组成合议庭

人民法院审理再审案件,应当另行组成合议庭。原合议庭成员应当自行回避,不再参与该案件的审理。

(三) 分别适用第一审程序、第二审程序

人民法院按照审判监督程序再审的案件,发生法律效力的判决、裁定是由第一审人民法院作出的,无论是自行再审还是指令再审,都按照第一审程序审理,所作的判决、裁定,当事人可以上诉;发生法律效力的判决、裁定是由第二审人民法院作出的,按照第二审程序审理,无论是自行再审还是指令再审,所作的判决、裁定是发生法律效力的终审裁判,当事人不服不得上诉;上级人民法院按照审判监督程序提审的,按照第二审程序审理,所作的判决、裁定是发生法律效力的终审裁判,当事人不服不得上诉。

四、对再审案件的处理

第一,人民法院对经过再审案件的审理,认为原生效判决、裁定确有错误,在撤销原生效判决或者裁定的同时,有两种处理办法:一是对生效判决、裁定的内容作出相应裁判。二是裁定撤销生效判决或者裁定,发回作出生效判决、裁定的人民法院重新审判。

第二,裁定发回重审的情形:审理本案的审判人员、书记员应当回避而未回避的;依法应当开庭审理而未经开庭即作出判决的;未经合法传唤当事人而缺席判决的;对与本案有关的诉讼请求未予以裁判的;其他违反法定程序可能影响案件正确审判的。

第三,人民法院审理再审案件的,对原审法院不予受理或者驳回起诉错误的,应当作出如下处理:如果第二审人民法院维持第一审人民法院不予受理或者驳回起诉的裁定错误的,再审法院应当撤销第一审、第二审人民法院裁定,指令第一审人民法院审理。

第四,再审案件按照第一审程序审理的,应当在3个月内作出裁判;再审案件按照第二审程序审理的,应当在2个月内作出裁判。

第四十章 行政诉讼审查标准

第一节 行政诉讼审查标准概述

一、行政诉讼审查标准的概念

对于行政诉讼审查标准的概念,还未形成统一的认识,概括起来,主要有以下几种观点:

第一种观点认为,司法审查标准是人民法院在审查具体行政行为时判断其是否合法或合理的尺度、准则。①

第二种观点认为,司法审查的标准是指人民法院在审查具体行政行为时判断其是否合法的尺度。②

第三种观点认为,行政诉讼审查标准是指人民法院针对不同行政行为进行审查和判断并作出裁判结论时,所应遵循的各类准则的统称。③

根据以上观点可以看出,尽管学者们的观点有一定差异,但这些定义的实质内容是基本相同的,都认同行政诉讼审查标准是人民法院针对被诉的行政行为进行审查判断并作出裁判时所应遵循的标准,只是对于标准的理解有所不同而已。有的学者只认可合法性作为唯一的审查标准,有的学者认为合法性与合理性都是审查标准,而有的学者则认为这种标准属于各类准则的统称。结合我国行政诉讼的立法和实际情况,我们采用第一种观点。

二、国外行政诉讼审查标准

(一)美国的司法审查标准

美国行政诉讼的司法审查标准有以下几个:

第一,专断、任性、滥用自有裁量权。

第二,违反宪法的权力、权利、特权或者特免。

第三,超越法定职权或者没有职权。

第四,违反法定程序。

---

① 罗豪才主编:《行政法学》,北京大学出版社1996年版,第422页。
② 胡建淼主编:《行政法教程》,法律出版社1996年版,第390页。
③ 解志勇:《论行政诉讼审查标准》,中国政法大学博士论文2003年,第3页

第五，事实认定不清或者证据不充分的。

美国行政诉讼司法审查标准，体现了美国法院对法律问题与事实问题的审查采取了不同的审查标准，在审查中，既重视对行政行为的实体审查，也重视程序性审查；既重视对行政行为的合法性审查，也重视合理性审查。①

（二）英国的司法审查标准

英国并不直接使用司法审查标准的概念，行政诉讼中司法审查还是依据英国行政法所确立的自然公正原则和越权无效原则进行。

自然公正要求任何人不得作为自己案件的法官以及当行政权力的行使可能使别人受到不利影响时，应当听取对方意见。而越权无效则包含：违反管辖条件；违反法定程序、行政行为不合理；不相关的考虑；不适当的动机；违反自然正义原则以及案卷表面错误，即案卷记载表现的错误也视为越权。②

（三）法国的司法审查标准

法国行政诉讼的核心在于审查行政行为是否越权，即是否无权限、是否存在形式上的瑕疵、是否滥用权力和是否违法。

无权限指的是行政机关本身没有相应职权；形式上的瑕疵则指行政行为违反了程序上或形式上的法律要求；滥用权力则强调行政职权的行使违背了立法授权的目的；而违法则指行政行为违反了宪法、法律、法规以及司法裁决。③

（四）德国的司法审查标准

德国行政诉讼的司法审查标准一般称为"行政行为的控制理由"，主要包括：无权限；超越管辖权；实体瑕疵，即行政行为内容上存在法律缺陷（行政行为与法律相抵触、根据无效法律作出以及无法律依据）、事实缺陷（没有事实依据、事实认定错误、强迫当事人实施无法实施的行为）、违背善良道德、行政行为的内容不清楚、错误方法（行政行为存在欺诈、胁迫等）；违反程序与形式；超越自由裁量权。滥用自由裁量权。④

三、行政诉讼审查标准的意义

行政诉讼审查标准作为司法机关审查行政行为是否合法与合理依据，直接影响着被诉行政行为的合法性、公正性与权威性，从而明确了司法权对行政权的监督和制约，对于推进我国法治进程意义重大。同时，行政诉讼审查标准制约着行政诉讼的受案范围，决定了行政诉讼的审理对象、审理范围、审理方式和审核标准、判决的种类和范围，从总体上"体现了司法权与行政权的分配——法院能够审查行政行为的深度，并具体的将审查的范围或强度表现在具体的规则之中，为法院的审查提供相对具体可行的准则"⑤。

---

① 王学栋：《中美行政行为司法审查标准的比较与反思》，载《河北法学》2004年第11期。
② 姜明安主编：《外国行政法教程》，中国政法大学出版社2004年版，第158-160页。
③ 姜明安著：《行政诉讼法》，法律出版社2007年第2版，第18-19页。
④ 姜明安主编：《外国行政法教程》，中国政法大学出版社2004年版，第132-135页。
⑤ 杨临宏著：《行政诉讼法：原理与制度》，云南大学出版社2011年版，第275页。

第二节　我国行政诉讼审查标准

一、我国现行的行政诉讼审查标准概述

我国现行的行政诉讼审查标准以合法性审查为基本原则，以合理性审查为例外。行政诉讼审查标准包含以下内容：

第一，行政诉讼针对被告作出具体行政行为进行审查。行政诉讼并不审查行政主体作出的抽象行政行为、行政相对人的相关行为的合法与合理，只审查行政主体就特定行政管理事项所作出的具体处理行为。

第二，行政诉讼原则上只审查具体行政行为的合法性。通常认为，合理性问题常发生于行政自由裁量权领域，法律难以将其具体化或量化。同时，考虑到国家权力平衡的需要，司法权与行政权应保持彼此的独立。因此，行政诉讼原则上只审查具体行政行为的合法性，而不审查其是否合理。

第三，行政诉讼以审查具体行政行为合理性为例外。我国行政诉讼法第54条第4项规定："行政处罚显失公正的，可以判决变更。"针对显失公正的行政处罚行为和行政机关滥用职权的行为，行政诉讼亦可以进行审查。

（一）合法性审查

行政行为合法包括实体合法和程序合法，合法性审查的核心在于判断一个行政行为需要满足哪些条件才能被确认为是合法有效。根据《行政诉讼法》第54条的规定，合法性审查包括以下标准：

1. 证据是否充分

对证据的审查，目的在于判断被告据以作出行政行为所依据的事实是否清晰。判断证据是否充分主要从审查行政主体的取证程序以及证据本身的证明能力方面着手。其中，对取证程序的审查主要从证据的获取时间、证据来源、证据形式进行，从而排除非法证据。而对证据证明能力的审查则主要考虑：①证据的证明内容是否真实；②证据证明的事实是否与本案有关联；③证据之间的证明方向是一致的，不存在相互矛盾，并且能够排除其他可能性而形成案件事实的唯一性。

2. 适用法律是否正确

适用法律正确是指被诉具体行政行为正确适用了相应的法律、法规。人民法院审理行政案件，依据法律、行政法规、地方性法规、自治条例和单行条例，参照规章。首先，行政行为所适用的法律、法规和规章应该合法有效；其次，已确认的法律事实正是所依据的法律、法规应该调整的对象，即法律依据和法律事实之间存在正当的关系。

3. 行政程序是否合法

行政程序的履行要以法律、法规对被告设定了相应的程序义务为前提，同时还涉及被告履行程序义务的事实依据。不同的具体行政行为，其行政程序不同。

我国没有专门的行政程序法，对行政程序的规定，主要体现在部门法律、法规和规章中。所以，审查具体行政行为的行政程序是否合法，就要根据具体行政行为的性质和特

点，审查其应该执行的程序。

4. 具体行政行为是否存在越权行为

具体行政行为应该由具有管辖权的行政机关作出，即由具有事务管辖、地域管辖以及级别管辖的行政主体作出，作出的具体行政行为没有超出法律、法规明确授予的权限范围。

具体行政行为的作出是否符合该行政主体法定职权范围，是否存在超越职权范围的情况，是具体行政行为合法性的重要条件。行政主体的职权分工，是由法律、法规明确规定的。无行政职权，则无权作出具体行政行为，各行政主体只能在法律、法规明确规定的职权范围内作出具体行政行为，否则就不符合合法性的要求。

5. 是否不履行法定职责

不履行法定职责是指行政主体明确拒绝履行，或者超过法定履行期限而未履行法定职责的情况。

（二）合理性审查

合理性审查要解决的是行政自由裁量行为是否正当，即是否符合法律授权要求。因为再为详尽的法律规范也不可能对行政主体行使职权作出事无巨细的规定，因此，合法性审查虽然不可或缺，但不充分，必须对具体行政行为的正当性进行审查。我国《行政诉讼法》第54条第4项规定："行政处罚显失公正的，判决变更。"针对其他情形下如何判决，最高人民法院《关于执行〈行政诉讼法〉若干问题的解释》第56条规定："被诉具体行政行为合法但存在合理性问题的，人民法院应当驳回原告的诉讼请求"。可见，在行政诉讼阶段，人民法院只对显失公正的行政处罚行为和行政机关滥用职权的行为拥有合理性审查权。

1. 是否滥用职权

滥用职权是指行政主体具备实施行政行为的权力，并且其行为形式上也合法，然而行政机关的行为被认定是不正当的。行政主体虽然在其权限范围内行使职权，并且其作出的行政行为从形式上是合法的，但只要其行使权力行为，满足以下条件之一的，都属于滥用职权：

第一，违背法律、法规授予其该职权的目的和宗旨。例如行政机关为了小集团利益或者个人利益，从而出现以权谋私、故意刁难、报复行政相对人。

第二，未考虑应当考虑的因素，考虑了不相关的因素。

第三，不一致的解释和反复无常。前者指行政主体在适用法律规范时进行随意的解释，甚至出现相互矛盾和抵触。后者则指行政主体经常改变自己的主张和行为，任意为之。

2. 行政处罚是否显失公正

行政处罚显失公正是指行政处罚虽然在形式上不违法，但处罚结果明显不公正，损害了公民、法人或者其他组织的合法权益。关于显失公正的标准，并没统一的认识。一般认为，显失公正包括以下情形：行政处罚畸轻畸重、行政机关作出的行政处罚与被处罚人的违法行为应受到的行政处罚相差过于悬殊；行政机关在作出行政处罚时同样情况不同对待或者不同情况同等对待；行政处罚时考虑了不应当考虑的因素或者遗漏了应当考虑的因素；对相同的违法行为在行政处罚时反复无常等。

第三节 行政诉讼审查标准的完善

一、我国行政诉讼审查标准存在的缺陷

（一）"合理性标准"的不足

从行政诉讼审查标准的界定可以看出，理论界对于是否存在"合理性"审查标准是存在不同意见的。随着《行政诉讼法》以及《关于执行〈行政诉讼法〉若干问题的解释》的颁布实施，司法审查包含"合理性"标准已经逐渐成为一种共识。虽然该标准已经得以确立，但其本身还存在诸多缺陷。

第一，合理性标准法律地位虚化。这种情况的产生源于《行政诉讼法》第5条"人民法院审理行政案件，对具体行政行为是否合法进行审查"的规定，作为行政诉讼基本原则的合法性审查，容易造成法院只对具体行政行为进行合法性审查的误解，使得合理性标准的法律地位呈现虚化状态。

第二，合理性标准适用范围狭窄。如前所述，我国行政诉讼只适用于行政处罚显失公正以及行政主体滥用职权的情形。在行政权不断扩充的今天，将合理性审查限定在一定范围内虽有其合理的因素，但必然产生司法权对相对人权益保障的不足。

第三，合理性标准不明确。行政诉讼法虽然规定了"滥用职权"和"显失公正"两大标准，但对于其具体构成条件缺乏明确的立法解释或司法解释；学者们的解释虽然各具特色，但对于司法实践的指导价值无疑是不足的。正因为如此，法院在进行行政审判时也较少依据合理性标准作出撤销判决。

（二）"程序审查"的不足

对于行政程序的司法审查集中于"是否违反法定程序"，体现了行政诉讼法实体与程序并重的立法思想。程序价值的实现依赖于具体的制度设计。由于"法定程序"制度设计上的不足，导致程序审查的范围过窄，不能充分保护相对人的合法权益。行政诉讼判决必须依据法律、法规，参照规章，而规章以下规范性文件在行政诉讼中不具有法律地位，连参照都谈不上，更不能作为依据。因此，违反行政规章及规章以下规范性文件规定的行政程序，不属于违反法定程序。

二、完善我国行政诉讼审查标准的建议

（一）完善合理性审查标准

考虑到行政权的不断扩张趋势以及合法性审查对于行政自由裁量控制的无力，我国应在坚持合法性审查标准的基础之上，进一步确立合理性审查标准。合理性审查标准不应当作为合法性审查标准的一个例外，而应当与合法性审查标准一样作为行政行为审查的基本标准。有学者进一步提出，合理性审查标准应当扩张到行政处罚意外的其他行政行为，如行政许可、行政强制等，并且，违反合理性审查标准的具体表现也不应局限于显失公正的

情形。① 同时，司法解释应当进一步明确滥用职权以及显失公正的具体标准，让这些标准在司法实践中更具操作性。

当然，合理性标准的确立并不意味着司法权对行政权的全面干预，也不意味着司法机关可以对行政自由裁量权进行无限度的审查，其最终只需要实现司法权对行政权的实际制约即可。

（二）明确"法定程序"中"法定"的内涵

违反"法定程序"中的"法定"，除了法律、法规对程序的规定，还应当包括合法有效的规章中与法律、法规未抵触的程序性规定。同时，对于规范性文件中的程序性规定，其制定属于行政机关行使职权的表现，并成为行政系统的自我约束性规定，行政机关必须遵守。在其未与上位法产生冲突的前提下，法院也不应在行政诉讼中进行干涉。

---

① 杨小君著：《行政诉讼问题研究与制度改革》，中国人民公安大学出版社2007年版，第401-402页。

第四十一章 行政诉讼裁判

第一节 行政诉讼判决

一、行政诉讼判决的概念

行政诉讼判决是指人民法院依据《行政诉讼法》的规定依法行使审判权，根据所查清的事实，依据法律、法规对行政案件的实体问题作出的结论性决定。行政诉讼判决是人民法院行使国家审判权的体现，展现了法院在案件结果处理方面的权力和对当事人权利救济的程度。在理解行政诉讼判决时，可以从以下几个方面着手：

第一，行政诉讼判决是人民法院行使国家审判权的具体体现。行政判决一经作出，非因法定机关依据法定程序不得改变或废止。

第二，行政诉讼判决是人民法院对原告诉讼请求的回应。对于人民法院的诉讼请求，人民法院应当根据自身审判职权，给予答复。

第三，行政诉讼判决是人民法院对行政争议案件的实体处理结果。一方面，行政诉讼判决是人民法院在查明案件事实的基础上，依据法律对行政争议作出的结论性意见，体现了判决的本质特点；另一方面，为了解决具体行政行为合法性而产生的程序性问题，人民法院往往不是用判决而是通过裁决来处理。

二、行政诉讼法判决书的内容

第一审判决书的内容包括：人民法院的名称、判决书的类别；原告的姓名（名称）、性别和其他人身情况以及诉讼代理人的姓名与职务，被告的名称，法定代理人的姓名与职务以及诉讼代理人的姓名与职务；法庭组成人员的姓名；案由及其诉讼事实与理由；判决认定的事实、理由及适用的法律；判决结果（包括诉讼费的承担）；上诉期限和上诉审判法院。

第二审判决书的内容包括：第二审人民法院的名称、判决书的类别；上诉人的姓名（名称）、性别和其他人身情况，法定代理人的姓名、职务以及诉讼代理人的姓名与职务，被上诉人的姓名（名称）、性别和其他人身情况，法定代理人的职务以及诉讼代理人的姓名与职务；法庭组成人员的姓名；上诉理由及事实；第一审人民法院认定的事实、理由及适用的法律；第二审人民法院认定的事实、理由及适用的法律；判决结果。

再审判决书的内容随再审程序所适用的具体程序不同而不同，如以第一审程序再审则符合第一审判决书的内容，如以第二程序再审则符合第二审判决书的内容。

判决书均应由审判人员、书记员签名,并加盖人民法院印章,方能生效。

三、行政诉讼的一审判决

行政诉讼第一审判决,是人民法院在第一审程序中所作出的判决,是人民法院对案件的第一次判定。根据我国"两审终审"的司法制度,当事人对一审判决不服,有权上诉至上一级人民法院。根据《行政诉讼法》的规定,行政诉讼一审判决分为维持判决、撤销判决、履行判决、变更判决,而确认判决和驳回诉讼请求判决是最高人民法院《若干问题的解释》所增加的判决形式。

(一) 维持判决

维持判决是指人民法院通过审理,认定具体行政行为合法有效,从而作出否定原告对被诉具体行政行为的指控,维持被诉具体行政行为的判决。维持判决是人民法院对原告诉请的否定和对被告具体行政行为的肯定。根据行政诉讼法的规定,人民法院作出维持判决必须同时满足以下三个条件:①证据确凿。即具体行政行为所依据的证据确实、充分,能够证明具体行政行为所认定事实客观存在。②适用法律、法规正确。即被诉具体行政行为所适用的法律、法规及相应条款正确无误。③符合法定程序。被告作出的具体行政行为符合法定的行政程序要求。

从法律规定和逻辑上分析,维持判决确认的是被诉具体行政行为完全合法,因此,除了以上条件,还应当满足不存在超越职权、滥用职权和显失公正的情形。

(二) 撤销判决

撤销判决是指人民法院经过对案件的审查,认定被诉具体行政行为部分或者全部违法,从而部分或全部撤销被诉行政行为,并可以责令被告重新作出具体行政行为的判决。撤销判决是人民法院对被诉具体行政行为效力的部分或全部的否定,是通过支持原告全部或部分诉讼主张从而实现对原告权益的保障,因而撤销判决在行政诉讼中占有重要地位。

根据《行政诉讼法》的规定,撤销判决可分为三种具体形式:全部撤销,适用于整个具体行政行为全部违法或具体行政行为部分违法,但具体行政行为不可分;部分撤销,适用于具体行政行为部分违法、部分合法,且具体行政行为可分,人民法院只判决撤销违法部分;判决撤销并责令被告重新作出具体行政行为,适用于违法具体行政行为撤销后尚需被告对具体行政行为所涉及事项作出处理的情形。

具体行政行为具备下列情形之一的,人民法院可以作出撤销判决:

第一,主要证据不足。即被诉具体行政行为所认定的事实缺乏必要的证据予以证明。主要证据不足表明行政机关在没有查清案件情况或在没有充分证据证明的情况下就作出了具体行政行为,具体行政行为缺乏事实基础,人民法院有权予以撤销。

第二,适用法律、法规错误。指具体行政行为错误地适用了法律、法规或者法律、法规的条款。

第三,违反法定程序。指行政机关在实施具体行政行为时违反了法律规定的程序,未遵循相应的步骤、顺序、方式和时间等要求。需要注意的是,只要具体行政行为违反程序,不管实体决定正确与否,都构成撤销该具体行政行为的理由。

第四,超越职权。指行政机关实施的具体行政行为超越了法律、法规授予的权力边界，实施了无权实施的具体行政行为。越权无效是行政法上的一项基本原则，要求行政主体必须在自己的法定职责内活动，超越法定职权的行政行为都是无效的。实践中，超越职权主要有以下几种情形：行政机关行使了宪法、法律没有授予任何国家机关的权限，或者行使了法律授予其他国家机关的权力；超越了行政机关行使权力的地域范围；超过法定时间行使权力；超越了法律、法规规定的数额规定等。

第五，滥用职权。背离法律、法规立法目的，滥用职权实际上属于权力的不正当行使，应当由法院依法予以撤销。

对于撤销判决方式的使用需要注意以下几个问题：

第一，具体行政行为只要具备上述五种形式之一即构成人民法院的撤销理由，每个理由各自独立。

第二，复议决定维持原具体行政行为的，人民法院判决撤销原具体行政行为，复议决定自然无效。

第三，如果判决撤销违法的被诉具体行政行为，将会给国家利益、公共利益或他人利益造成损失的，人民法院在判决撤销的同时，可以分别采取以下方式处理：①判决被告重新作出具体行政行为。②责令被诉行政机关采取相应的补救措施。③向被告及有关机关提出司法建议。④发现违法犯罪行为的，建议有权机关进行处理。对于人民法院判决被告重新作出具体行政行为的，被告不得以同一的事实和理由作出与原行政行为基本相同的具体行政行为。

（三）履行判决

履行判决是指人民法院在案件审理后认定被告负有法定职责，且无正当理由而未履行，责令被告在一定期限内履行法定职责的判决。人民法院作出履行判决必须同时满足以下条件：①被告负有履行某项义务的法定职责。这是人民法院作出履行判决的前提。②被告没有履行该法定职责，包括不履行和拖延履行两种。原告已经向依法负有法定职责的被告提出了相应申请，要求其作出相应的具体行政行为，但被告未履行或拖延履行。③被告没有履行法定职责无正当理由。正当理由仅限于法律、法规规定或认可的理由。④判令被告履行法定职责仍有实际意义。根据最高人民法院《若干问题的解释》第57条的规定，被告不履行法定职责，但判决责令履行法定职责已无实际意义的，人民法院应当作出确认被诉具体行政行为违法或无效的判决，而不适用履行判决。原告因被告不履行法定职责所造成的损失可据此请求行政机关赔偿。

（四）变更判决

变更判决，又称自为判决，是指人民法院经审理，认定行政处罚行为显失公正，运用国家审判权直接改变行政处罚行为的判决。变更判决与撤销判决最大的区别是，变更判决直接确定了当事人的权利和义务。根据《宪法》的规定，人民法院与行政机关行使不同的权力，相互之间不能互相侵越，故行政诉讼中人民法院对具体行政行为进行监督和审查的核心是具体行政行为的合法与否。为了消除僵化理解司法权与行政权的相互独立，所以行政诉讼法明确了在行政处罚显失公正的情况下，人民法院可以对具体行政行为的合理性进行审查。但人民法院行使司法变更权必须满足一定的限制条件：

第一，变更判决只能针对行政处罚行为作出，对于其他具体行政行为人民法院无权行使司法变更权。这是人民法院适用变更判决的范围限制。

第二，行政处罚显失公正。人民法院并非能对所有违法的行政处罚行为都有权变更，其只能对显失公正的行政处罚行为适用变更判决。

人民法院对行政处罚行为作出变更判决，原则上只能减轻不能加重。这主要是为了保护公民、法人或者其他组织的诉权，消除公民、法人或者其他组织在起诉时面临可能被加重处罚的种种顾虑而作出的规定。不过，在利害关系人同为原告的情况下，根据最高人民法院《若干问题的解释》第55条的规定，人民法院如果认为行政机关对起诉的被处罚人的处罚过轻，可以作出加重其处罚的变更判决，但无论何种情况，不得对行政机关未予以处罚的人直接给予行政处罚。

（五）驳回原告诉讼请求判决

驳回原告诉讼请求判决是指人民法院经审理认为原告的诉讼请求依法不能成立，直接作出否定原告诉讼请求的一种判决形式，与撤销判决具有一定的相似性。它主要适用于下列情形：

第一，原告诉被告不作为的理由不能成立的。在原告诉被告不作为的行政案件中，被告不构成行政不作为，即原告诉被告不作为的理由不能成立时，人民法院既不能作出履行判决，也不宜作出维持判决，在此情况下人民法院应当判决驳回原告的诉讼请求。

第二，被诉具体行政行为合法但不合理。一般而言，被诉具体行政行为合法，人民法院应当作出维持判决，但如果具体行政行为存在合理性问题，人民法院判决维持具体行政行为则有纵容不合理具体行政行为之嫌。人民法院使用驳回原告的诉讼请求判决，既可以避免使用维持判决的不足，也可以达到行政诉讼的目的。

第三，被诉具体行政行为合法，但因法律、政策变化需要变更或废止的。被诉具体行政行为虽然合法，但随着法律或政策的变化，被诉具体行政行为需要变更或者废止的，也不宜作出维持判决。因为一旦人民法院判决维持该具体行政行为，会给行政机关将来变更或废止该具体行政行为带来困难。

第四，其他情形。除上述三种情形外，人民法院在审理行政案件中发现不能或不适宜作出其他类型的判决，而原告的诉讼请求又不能成立的，人民法院可以作出驳回原告诉讼请求的判决。例如，最高人民法院在《关于审理行政赔偿案件若干问题的规定》第33条中规定，被告的具体行政行为违法但尚未对原告合法权益造成损害的，或者原告请求没有事实根据或法律依据的，人民法院应当判决驳回原告的赔偿请求。

（六）确认判决

确认判决是指人民法院通过对被诉具体行政行为的审查，确认被诉具体行政行为合法有效或者违法无效的一种判决形式。人民法院认为被诉具体行政行为合法，但不宜判决维持或者驳回诉讼请求的，可以作出确认其合法或者有效的判决。有下列情形之一的，人民法院应当作出确认具体行政行为违法或者无效的判决：

第一，被告不履行法定职责，但判决责令履行法定职责已无实际意义的。被告不履行法定职责，通常应判决被告履行法定义务，如果判令被告履行法定职责已为时过晚，不能实现对原告权益的救济，在此情况下，人民法院应当作出认定被诉具体行政行为违法的确认判决。

第二，被诉具体行政行为违法，但不具有可撤销内容的。被诉具体行政行为违法，人民法院可以作出撤销判决，但在被诉具体行政行为不具有可撤销内容时，人民法院就只能作出确认违法判决。例如，行政机关作出具体行政行为时，不制作、不送达决定书，而该具体行政行为又属违法行为，即可适用此判决形式。

第三，被诉具体行政行为依法不成立或无效的。被诉具体行政行为不成立是指被诉具体行政行为的作出不符合行政行为成立条件，不能产生法律效力。被诉具体行政行为无效是指被诉具体行政行为存在重大违法情形或依法不可能成立，自始不具有法律效力。由于被诉具体行政行为依法不能成立或其本身自始无效，人民法院无从撤销，而应作出确认其无效的判决。

第四，被诉具体行政行为违法，但撤销将给国家利益和公共利益带来重大损失的。通常，人民法院应当撤销违法的被诉具体行政行为，以保护原告的合法权益，但如果撤销该具体行政行为将会给国家利益和公共利益带来重大损失，从维护国家利益和公共利益大局出发，人民法院不应作出撤销判决，而作出确认违法判决。不过，为保护当事人的合法权益，人民法院应同时判令被诉行政机关采取相应的补救措施。如果给当事人造成损害，人民法院还应依法判决被诉行政机关承担赔偿责任。

四、行政诉讼的二审判决

二审判决是人民法院在第二审程序中就上诉案件作出的判决，亦称终审判决，当事人对其不能提出上诉。第二审人民法院运用第二审程序对上诉案件进行审理后，可以作出两种类型的判决，即驳回上诉，维持原判和依法改判。

（一）驳回上诉，维持原判

所谓驳回上诉，维持原判，是指二审人民法院通过对上诉案件的审理，确认一审判决认定事实清楚，适用法律、法规正确，从而作出驳回上诉人上诉，维持一审判决的判决。维持原判必须同时具备两个条件：①原判决认定事实清楚，即一审判决认定的事实清楚并有确凿的证据支撑；②适用法律、法规正确，即一审法院适用法律、法规完全正确。

（二）改 判

改判是指第二审人民法院直接改正第一审判决的错误内容的判决。改判适用于两种情形：①原判决认定事实清楚，但适用法律、法规错误，第二审人民法院应在正确适用法律、法规后，依法更正一审判决的内容；②原判决认定事实不清、证据不足或者由于违反法定程序可能影响案件正确判决的，第二审人民法院可以在查清事实后改判。一般情况下，一审判决认定事实不清，第二审人民法院应裁定撤销原判，发回原审人民法院重审。不过，第二审法院也可以在查清事实后，依法对一审判决作出改判。

第二审人民法院在对第一审人民法院的判决进行改判时，必然会涉及对被诉具体行政行为的认定。第二审人民法院在改变一审判决时，应当一并对被诉具体行政行为的合法性作出判决，依法判决维持、撤销或者变更被诉具体行政行为。

五、行政诉讼的再审裁判

再审裁判是人民法院按照审判监督程序所作出的裁判。再审裁判既可以采用判决形式，也可以采用裁定形式。由于再审裁判涉及的问题相对复杂，我们一并对人民法院所作出的再审判决和再审裁定进行分析。

（一）继续执行原判决

人民法院经过再审审理认为原审判决认定事实和适用法律均无不当时，人民法院应当裁定撤销原中止执行的裁定，继续执行原判决。

（二）原判决确有错误的不同处理

人民法院经过再审审理认为原审判决、裁定确有错误的，应当分不同情况进行处理：

第一，原审人民法院审理案件时违反法定程序可能影响案件正确裁决的，人民法院应当作出裁定将案件发回作出生效裁判的人民法院重新审理。程序违法主要包括：①审理本案的审判人员、书记员应当回避而未回避的；②依法应当开庭审理而未经开庭即作出判决的；③未经合法传唤当事人而缺席判决的；④遗漏必须参加诉讼的当事人的。第五，对与本案有关的诉讼请求未予裁判的。

第二，人民法院经过再审审理，如果认为第二审人民法院维持第一审人民法院不予受理或者驳回起诉裁定错误的，再审人民法院应当撤销第一审、第二审人民法院裁定，指令第一审人民法院受理。

第三，除上述两种情况外，再审人民法院认为原审判决、裁定确有错误时，在撤销原生效裁决或者裁定的同时，可以对生效判决、裁定的内容作出相应裁判，也可以裁定撤销生效判决、裁定，发回作出生效判决、裁定的人民法院重新审判。

再审判决、裁定的效力取决于再审人民法院按照哪一种程序审理，如果按照第一审程序审理，再审人民法院所作的判决、裁定，当事人可以上诉；如果按照第二审程序审理，所作出的判决、裁定是发生法律效力的判决、裁定，当事人不得上诉。

第二节 行政诉讼裁定

一、行政诉讼裁定的概念和特征

行政诉讼裁定是指人民法院在审理行政案件过程或者执行案件过程中，就程序问题所作出的判定。

行政诉讼的裁定和行政诉讼判决一样，都是人民法院行使国家行政审判权的体现，具有权威性和法律效力。但二者有许多区别，正是这些区别体现了行政诉讼的裁定的特点：

第一，适用对象不同。行政诉讼的判决解决的是行政案件的实体问题，而行政诉讼的裁定解决的是行政案件审理过程或者是案件执行过程中的程序问题。

第二，适用的阶段不同。行政诉讼的判决一般是在行政案件审理的最后阶段作出的，而行政诉讼的裁定在行政诉讼的任何阶段都可能作出。

第三，数量不同。通常一个法院在一个审理程序中只能作出一个判决，而人民法院在一个审理程序中可能作出多个裁定。

第四，法律依据不同。行政诉讼判决依据的是行政实体法和行政程序法，而行政诉讼裁定依据的是行政诉讼法。

第五，形式不同。行政诉讼判决是要式行为，必须采用书面形式，而行政诉讼裁定则既可以是书面形式,也可以是口头形式。

第六,对当事人的效力不同。当事人对一审判决不服均可以提出上诉,而当事人对第一审程序中的行政裁定并非都可以提出上诉,只能对部分裁定有权提出上诉。

二、行政诉讼裁定的适用范围及法律效力

行政诉讼中的裁定主要适用于下列事项:①不予受理;②驳回起诉;③管辖异议;④终结诉讼;⑤中止诉讼;⑥移送或者指定管辖;⑦诉讼期间停止具体行政行为的执行或者驳回停止执行的申请;⑧财产保全;⑨先予执行;⑩准许或者不准许撤诉;⑪补正裁判文书中的笔误;⑫中止或者终结执行;⑬提审、指令再审或者发回重审;⑭准许或者不准许执行行政机关的具体行政行为;⑮其他需要裁定的事项。

行政诉讼裁定的法律效力有两种情况:①对一审法院作出的不予受理裁定、驳回起诉裁定和管辖权异议裁定,当事人可以在一审法院作出裁定之日起10日内向上一级人民法院提出上诉,逾期不提出上诉的,一审人民法院的裁定即发生法律效力;②对于除以上三类裁定之外的其他所有裁定,当事人无权提出上诉,一经宣布或者送达,即发生法律效力。

第三节 行政诉讼决定

一、行政诉讼决定的概念

行政诉讼决定是指人民法院为了保证行政诉讼的顺利进行,依法对行政诉讼中的某些特殊事项所作的处理。

行政诉讼决定的特点有:①决定所解决的问题是发生在行政诉讼中的某些特殊事项,这些事项往往具有紧迫性,它既不同于行政诉讼判决解决的是实体问题,也不同于行政诉讼裁定解决的是程序问题;②行政诉讼决定的作用在于保证诉讼程序的正常和顺利进行,或者为案件的正常审理提供必要的条件。

二、行政诉讼决定的适用范围及效力

(一)行政诉讼决定的适用范围

依据行政诉讼法的规定,人民法院行政诉讼中的决定主要有:

第一,有关回避事项的决定。人民法院对于是否回避的决定以口头或者书面方式作出,申请人对决定不服,可以申请人民法院复议一次,但不停止执行。

第二,对妨害行政诉讼的行为采取强制措施的决定。人民法院作出训诫、责令具结悔过强制措施的,通常由审判长当庭作出口头决定,并记入笔录;对采取罚款、拘留强制措施的,应由合议庭作出书面决定,并报院长批准,当事人不服的,可以申请复议。

第三,审判委员会对已生效的行政案件的裁判认为应当再审的决定。对人民法院已发生法律效力的裁判,发现违反法律需要再审的,由院长提交审判委员会讨论决定是否再审。审判委员会决定再审的,该行政案件应进行再审。

第四,有关诉讼期限事项的决定。公民、法人或者其他组织因不可抗力或者其他特殊情况耽误法定期限的,在障碍消除后的10日内,可以申请延长期限,由人民法院决定。对于下级人民法院需要延长审理期限的申请,高级人民法院和最高人民法院作出是否延长的决定。此外,如诉讼费用的减免、强制执行措施的采取等事项,都可适用决定。

第五,有关执行事项的决定。行政机关不履行生效判决、裁定的,人民法院可以自期满之日起,对该行政机关按日处以50~1000元的罚款决定。

第六,审判委员会讨论事项的决定。依照法定程序提交审判委员会讨论的事项,审判委员会应当作出决定。

(二) 行政诉讼决定的效力

在行政诉讼中。无论何种性质的决定,一经宣布或送达,即发生法律效力,义务人必须履行相关义务。对决定不服,不得提出上诉。法律规定当事人可以申请复议的,当事人有权申请复议,但复议期间不停止决定的执行。

第四十二章 行政诉讼裁判执行

第一节 行政诉讼裁判执行概述

一、行政诉讼裁判执行的含义

行政诉讼裁判执行是指行政案件当事人逾期拒不履行人民法院生效的行政案件的法律文书（包括行政判决书、行政裁定书、行政赔偿判决书和行政赔偿调解书），人民法院和有关行政机关运用国家强制力量，依法采取强制措施促使当事人履行义务，从而使生效法律文书所确定的义务得以实现的活动。人民法院和有权的行政机关依法采取强制措施，是行政诉讼的最后一个环节，它对于实现行政诉讼法的任务，保护当事人的合法权益，具有重要意义。

二、行政诉讼裁判执行的特征

从上述概念可知，与其他诉讼执行相比，行政诉讼裁判执行有以下特征：

第一，主体特定即对已经生效的人民法院的裁判，可以进行强制执行的组织是人民法院或有权行政机关。强制执行的主体既包括人民法院，也包括有行政强制执行权的行政机关。这是行政诉讼执行与民事诉讼执行的重要区别之处，不同于民事诉讼中的强制执行。法院作为执行组织，适用于两种情况：①经过诉讼程序审理与裁判，是对法院裁判文书的执行；②只经过行政程序，并由没有强制执行权的行政机关申请法院强制执行。行政机关作为执行组织，也同样因程序不同分为两类：①行政机关在行政程序中作出处理决定，并依法在行政程序中强制执行（这类强制执行不是本章研究的内容）；②经过法院诉讼的裁判文书，由有行政强制执行权的行政机关依法强制执行。

第二，执行申请人或被申请人的特殊性即执行申请人或被申请执行人一方是行政机关。这是由行政案件的性质决定的，因为行政法律关系和由此延伸到行政诉讼法律关系中的行政机关必然是一方当事人。不过，当强制执行的主体是有强制执行权的行政机关时，申请强制者即为执行机关，二者融合为一体。

第三，执行的依据特殊性即是已生效的行政裁判法律文书。法律文书包括行政判决书、行政裁定书、行政赔偿判决书和行政赔偿调解书。

第四，强制执行的目的特定性即是实现已生效的法律文书所确定的义务。

第五，执行的强制性即行政诉讼中的执行是强制性的。

三、行政诉讼裁判执行的作用

行政诉讼裁判执行是行政诉讼制度的重要组成部分,它对保障我国行政诉讼制度的发展,维护当事人的合法权益具有十分重要的意义。① 具体有以下作用:

第一,行政诉讼裁判执行当事人合法权益得以实现的保障。行政诉讼经过审理纠纷作出裁决后,仅仅为当事人实现权利提供了可能性,只有当事人自觉履行行政诉讼裁判,或者当事人不履行行政诉讼裁判而通过强制执行以后,这种可能性才能变为现实性。因而行政诉讼裁判是当事人合法权益得以实现的保障最终的程序。

第二,行政诉讼裁判执行是迫使当事人履行义务的有效保证。一般来说,绝大多数行政纠纷的当事人在行政诉讼裁决作出后能够自觉履行义务,但也有少数人拒不履行义务。在这种情况下,只有通过带有强制力的行政诉讼裁决执行程序,才能确保当事人履行行政诉讼裁决确定的义务。

第三,行政诉讼裁判执行是为了维护法律的权威与尊严。行政诉讼裁判书具有法律效力,可以由当事人申请法院强制执行。如果没有一定的强制力,行政诉讼裁判制度的各项优势和特点就难以发挥出来,行政诉讼裁判制度及相关法律就难以生存和发展。因此,行政诉讼裁判执行对行政诉讼裁判制度具有十分重要的意义,可以维护法律的权威与尊严。

四、行政诉讼裁判执行相关制度

(一)行政诉讼裁判执行的原则

1. 诉讼地位平等原则

第一,当事人双方都受法院裁判的约束,均须履行裁判确定的权利和义务,且都只能提出裁判确认的权利范围内的请求,无一例外。

第二,对于拒绝履行义务的当事人,无论是原告方还是被告方,都有权申请法院强制执行,而无论是原告的申请还是被告的申请,法院都应依职权采取强制措施促使义务人履行义务或达到与义务实现同等的状态。

第三,对于拒不履行义务的,都必须承担相应的法律后果。

2. 依法执行原则

强制执行以强制手段为特征,对被执行人的权利与义务的影响直接而严厉,因此必须严格按照法律的规定进行。

第一,在执行组织方面,只能是人民法院和部分有执行权的行政机关,其他任何机关都不能成为行政诉讼执行的组织。

第二,在执行程序上,必须在法定的期限里、用法定的措施、按照法定程序执行。

第三,在执行的范围上,只能就司法文书确定的财产或人身等进行执行,决不允许超出上述范围强制执行。

---

① 王宝明著:《行政法与行政诉讼法》,中国城市出版社2005年版,第365页。

（二）行政诉讼裁判执行对象与执行范围

1. 行政诉讼裁判执行对象

执行对象是指生效的裁判所确定的，并由执行机关的执行行为所指向的客体。这种对象首先以生效的裁判文书为基础，如退还罚款；其次受申请人申请所提出的要求制约。行政诉讼执行的对象有时是特定的，如退还所扣车辆，这不能以其他物体代替；而有些对象则是不特定的，如划拨款项等。执行的对象大致分有三类：物、行为和人身。

2. 行政诉讼裁判执行范围

执行范围就是执行对象的具体界限，即执行对象的范围。它要解决哪些物可以执行，哪些必须由被执行人保留，对行为或人身的执行又有些什么样的范围限制等问题。在理论与实践中，主要涉及的是对物的执行范围。为此，执行范围有以下几项限制：

第一，只有属于被执行人本人所有的财产才能成为执行的对象，其他无论什么关系人的财产都不能纳入被执行的范围。

第二，如果被执行人是公民，依照法律规定，还应当保留被执行人以及由其抚养的家属的生活必需费用和生活必需品。

第三，被执行人是法人或组织的，如果该法人或组织未宣告破产或未被撤销的，其必要的生产工作设备、厂房、用房等都不应纳入执行范围，从而保证该法人组织的存在与生产、经营。

第四，被执行人如果是行政机关，从法律规定来看，除了可供执行的款项以外，其他物是不能纳入执行范围的。

（三）非诉行政行为的执行

《行政诉讼法》规定，公民、法人或其他组织对具体行政行为在法定期限内不提起诉讼又不履行的，行政机关可以申请法院强制执行，或者依法强制执行。[①] 可见，并非所有的行政机关都有权申请法院强制执行：法律、行政法规、地方性法规规定应当由行政机关依法强制执行的，行政机关不得申请法院强制执行；法律、行政法规、地方性法规规定可以由行政机关依法强制执行，也可以申请法院强制执行的，行政机关有权申请法院强制执行；依照法律规定，没有强制执行权的行政机关，就行政行为申请法院强制执行的，法院应予执行；行政机关依法部分享有强制执行权、部分没有强制执行权的，行政机关对没有强制执行权的部分申请法院执行的，属于法院应予执行的范围。

第二节 我国行政诉讼裁判执行制度

一、行政诉讼裁判执行主体

行政诉讼裁判执行的主体是指执行过程中享有权利或负有义务的机关、组织或个人。如在由行政机关执行时就是行政法律关系的主体。在由法院执行时，行政诉讼裁判执行主

---

① 胡建淼、金伟峰主编：《行政法与行政诉讼法》，高等教育出版社2010版，第530页。

体包括执行机关、执行当事人、执行参与人和执行异议人。

（一）执行机关

执行机关，也称执行组织，是指拥有行政诉讼执行权，主持执行程序，采取强制执行措施的主体。我国行政案件的执行机关除作为审判机关的人民法院外。在人民法院维持被诉具体行政行为，而且根据法律、法规的规定享有自行强制执行该具体行政行为的权力时，作为一方当事人的行政机关可以自行执行生效行政裁决所维持的具体行政行为，成为执行机关。此种做法有助于提高行政效率，减轻法院的执行压力。执行组织在执行程序中居主导者地位，主持着整个执行过程，在法律上对执行负责。负责审查执行申请，决定执行立案，决定选择执行措施，制订执行方案，组织执行措施的实施，接受案外人的异议并进行审查，依法决定执行的中止、终结并宣布执行完毕等。

（二）执行当事人

执行当事人是指行政诉讼执行中的执行申请人和被申请执行人。执行当事人由第一审程序中的原告与被告转化而来，是执行案件权利与义务争议的主体。一般情况下，行政诉讼执行由人民法院负责执行，执行当事人就是行政诉讼的当事人，但在依照法律、法规规定，享有强制执行权的行政机关作为行政诉讼执行的执行机关时，该行政机关作为行政诉讼一方当事人，同时又作为执行机关，因此，行政机关具有双重身份。

（三）执行参与人

执行参与人是指除执行当事人以外的其他参与执行过程的单位或个人。他们因情况不同，各自承担的义务内容也不尽一致。主要义务有：因占有执行标的物而承担的交付、划拨该标的物的义务等。从形式上看，有三类参与人：

第一，因占有执行标的物而被涉及的主体，如存款的银行。

第二，因与被执行人有管理、监护等关系而被通知到场和建议进行处理的组织或人员，如未成年人的成年家属、上一级行政机关等。

第三，因属于被执行财产所在地的基层管理组织而被要求到场的组织，如村委会、街道办事处等。在这三类主体中，只有第一类主体才是执行参与人，其他两类主体虽然也与执行活动有一定联系，但终究不是法律上的参与人。

（四）执行异议人

执行异议人，也称案外异议人，是指没有参与执行程序，但对执行标的主张权利，提出不同意见的个人或者组织。法律规定，案外异议人对执行标的提出确有理由的异议的，法院应当中止执行。案外异议人的特征是：

第一，案外异议人既可能是审判程序中的当事人，也可能不是当事人，但绝不是执行申请人，也不是被申请人。

第二，案外异议人与执行案件的联系是其对执行的标的提出权利主张，比如主张对执行标的的所有权、抵押权或其他物权等。案外异议人是一个很特殊的主体。①其提出的异议经审查确有理由，也就是其主张成立，执行程序被中止时，异议人的地位实际上就相当于当事人的地位；②在对异议进行相应的处理后，异议人与执行案件将再没有任何关系。

执行异议人提出异议时一般应采用书面形式，说明异议的理由并提供有关证据；执行人员应当及时审查异议理由，并作必要的调查核实。如果异议确有理由和事实根据，报请院长批准后中止执行；如果异议理由不成立的，驳回异议申请，继续执行程序。

二、行政诉讼裁判执行根据

行政诉讼裁判执行根据是指执行申请人申请执行或者执行机关依职权直接采取执行措施所依据的法律文书。它是执行工作得以开始和进行的前提和基础，存在执行根据是开始行政诉讼执行的必要条件。行政诉讼执行的依据包括行政判决书、行政裁定书、行政赔偿判决书和行政赔偿调解书。上述法律文书必须同时具备三个条件，才能作为执行根据：①据以执行的法律文书必须已经发生法律效力，没有生效的法律文书不能作为强制执行的根据。②该法律文书必须具有可供执行的内容，通常包括物的给付、特定行为的执行和对人身的强制行为等。如果法律文书中不具有可强制执行内容的，不能作为执行根据。③法律文书中可执行事项具体明确。

三、行政诉讼裁判执行期限

行政诉讼裁判执行期限是指对已经生效的法律文书到法院申请执行的时间。[①] 依现行法律的相关规定在执行程序中，因申请人的不同申请的期限方面有所差异。在行政诉讼裁判执行中，申请人是公民的，申请执行生效的行政判决书、行政裁决书、行政赔偿判决书和行政赔偿调解书的期限为1年；申请人是行政机关、法人或者其他组织的，申请执行生效的行政判决书、行政裁决书、行政赔偿判决书和行政赔偿调解书的期限为180天。申请执行的期限从法律文书规定的履行期间最后一日起计算；法律文书中没有规定履行期限的，从该法律文书送达当事人之日起计算。逾期申请的，除有正当理由外，人民法院不予受理。

四、行政诉讼裁判执行管辖

行政诉讼裁判执行管辖，即执行案件的管辖，是指根据法律的有关规定，在人民法院系统内部，划分各级人民法院和同级人民法院之间强制执行案件的分工和权限。确定执行案件的管辖具有十分重要的意义：①它有利于权利人行使申请权，使权利人的权利得以实现；②它有利于人民法院内部的工作均衡和协调；③它有利于上级人民法院对于下级人民法院的工作进行指导和监督；④它有利于维护国家主权。根据法律的有关规定，行政诉讼裁判执行一般由第一审人民法院负责执行。[②] 如果第一审人民法院认为情况特殊需要由第二审人民法院执行的，可以报请第二审人民法院执行；第二审人民法院可以决定由其执行，也可以决定由第一审人民法院执行。[③]

五、行政诉讼裁判执行程序

行政诉讼裁判执行程序，是一个由诸多阶段组成的并连续发展的过程，其逻辑顺序是提起、审查、准备、实施、阻却、完毕、补救等。

---

① 王宝明著：《行政法与行政诉讼法》，中国城市出版社2005年版，第371页。
② 参见《行政诉讼法》第65条第1、2款。
③ 参见《行政诉讼法》第66条与有关司法解释基层人民法院认为应当有中级人民法院执行的，可以报请中级人民法院决定。

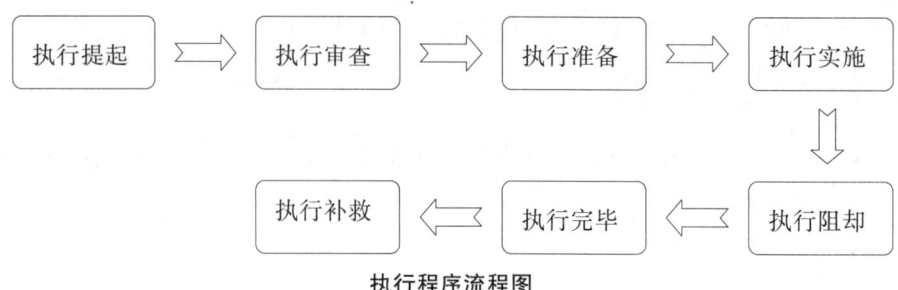

执行程序流程图

(一)行政诉讼裁判执行提起

行政诉讼裁判执行提起是引起执行程序发生的阶段,既可以由申请人的申请而提起,也可以由执行机关依职权决定。行政诉讼裁判申请执行是执行提起的主要形式。如果法院的裁判法律文书已生效,而义务人仍拒不履行,胜诉一方的权利人有权向人民法院提出执行申请。行政诉讼裁判移交执行,也叫移送执行,是指由案件审判机构(行政庭)直接将案件移交执行机构(执行庭)的执行。这是依职权执行的形式,它无需等待权利人申请,而由法院依据职权主动采取,启动执行程序。

(二)行政诉讼裁判执行审查

行政诉讼裁判执行审查是执行机构在接到执行申请或移交执行书后,在法定的期限以内,对有关文书、材料进行审查,对案情进行了解,并决定是否立案执行的过程。只有经审查并立案的,执行程序才能发展与继续。审查由执行机构负责。执行员在接到申请书或移交执行书后,应当在10日以内了解案情,审查以下主要内容:申请人资格是否适当;执行的文书、材料是否齐备;行政诉讼裁判执行根据是否生效;申请是否逾越期限,以及逾期理由是否成立;执行文书的内容是否正确、合法;执行文书、材料的要求是否一致,有关文号等形式条件是否完备;其他需要审查的事项等。

(三)行政诉讼裁判执行准备

经决定立案执行的,行政诉讼裁判执行机构在实施执行以前,仍有一些准备事项。①要深入了解案情,尤其是了解被执行人拒不履行义务的原因,其是否有履行能力及其财产状况等。②在接到申请或移交执行书后10日内,还应通知被执行人在指定的期限以内自动履行,并告诫如逾期仍不履行的,即行强制执行。同时,还要对被申请人进行说服教育,并主动与被执行人所在单位或上级部门、基层组织取得联系,以求得他们的协助,促使义务人自动履行义务。③要制订强制执行的方案,决定所要采取的执行措施,确定执行的时间、地点、划分执行范围、明确执行对象,并办理好有关执行措施的批准手续,通知执行参与人及有关人员到场。

(四)行政诉讼裁判执行实施

行政诉讼裁判执行实施,即执行实现的阶段。这个阶段要求:运用强制措施,迅速实施,切实实现法律文书所规定的义务内容,保护当事人的合法权益。

(五)行政诉讼裁判执行阻却

略。

（六）行政诉讼裁判执行完毕

行政诉讼裁判执行完毕是指执行机关采取执行措施，实现根据执行确定的义务，从而完结执行程序。执行完毕是执行案件在内容和程序上的终结，当事人权利得以实现，执行案件结束。应结清执行交付的各种手续、费用等，从而告知程序完毕。如果执行有错误，通过执行回转予以补救。

（七）行政诉讼裁判执行补救

略。

六、行政诉讼裁判执行措施

（一）行政诉讼裁判执行措施的概念

行政诉讼裁判执行措施是指执行机关运用国家强制力，强制被执行人完成所承担的义务的法律手段和方法。[①] 执行措施的采用直接涉及对被执行人人身、财产的限制和处分，关系到被执行人的切身利益，影响很大，因此执行措施的采取必须按照法律的明确规定进行。行政诉讼裁判执行措施，因对行政机关的执行和对公民、法人或者其他组织的执行而不同。这些执行手段与方法，是源于法律的明确规定，不能由执行机关任意创造。现在有关法律对执行措施的规定主要表现在三种法律规范上：①《行政诉讼法》，如该法第60条规定的措施对行政机关适用；②《民事诉讼法》，这些措施对公民、法人、其他组织适用；③单行的行政实体法规范，如《海关法》允许海关对被扣留、抵押的货物、物品、运输工具变价抵缴，《治安管理处罚法》规定公安机关有强制拘留的手段等等。在行政机关作为执行机关时，行政机关必须严格按照单行法律、法规规定的执行措施执行。具体的执行措施必须根据单行行政法律、法规规定确定。

（二）行政诉讼裁判执行措施的种类及其适用范围

执行措施的方法不同可具体分为：

1. 冻　结

冻结是由法院作出，由法院向银行等机构发出协助执行通知书。依据现行的司法解释，冻结的最长期限一般为6个月，逾期自行解冻，[②] 但也有例外规定为2个月的。[③]

2. 划　拨

划拨对公民、法人及其他组织和行政机关均可以适用。

3. 扣留、提取

扣留、提取是对劳动收入直接从发放或存放处扣留与提取的执行措施。

4. 查封、扣押、拍卖、变卖和收购

执行机关采用查封、扣押、拍卖、变卖和收购，如果被执行人是公民的，应当通知被执行人或其他的成年家属到场，其工作单位和房屋、土地所在地的基层组织也应当派人参

---

① 王宝明著：《行政法与行政诉讼法》，中国城市出版社2005年版，第368页。
② 应松年主编：《行政诉讼法》，中国政法大学出版社2007年版，第293页。
③ 如违反外汇管理处罚实施细则里就规定为2个月。

加;如果是组织或法人的,则应当通知组织或法人的法定代表人或主要负责人到场。①

5. 强制交付

强制交付是以强制方法实际交付特定物给申请人的措施。

6. 强制迁出或强制退出

强制迁出或强制迁出是对被占用的房屋、土地和空间可以强令迁出或退出。

7. 强行拆除

强行拆除是对建筑物及其附属物予以拆除的一种执行措施。

8. 强行销毁

强行销毁是将物品予以损毁,使其丧失使用价值与功能的方法,如用火焚烧、用机器破碎等。

9. 罚　款

罚款是由法院作出的,按规定每日可罚款50~100元。一旦义务人开始履行,处罚立即停止。

10. 司法建议

司法建议是由法院涵致义务人的上一级行政机关、人事或监察机关,建议对拒不履行义务一事依权限进行必要处理,从而促使义务机关履行义务的一种措施。②

七、行政诉讼裁判执行阻却

行政诉讼裁判执行阻却是指在执行过程中,因发生法定事由,使执行不能继续或继续进行已无必要,因而执行程序中断的现象。简言之,就是执行过程被阻却,没有进行到底,没有完成执行任务。行政诉讼裁判执行阻却包括行政诉讼裁判执行中止、行政诉讼裁判执行终结和行政诉讼裁判执行和解。

(一) 行政诉讼裁判执行中止

行政诉讼裁判执行中止是指在执行过程中,因法定事由出现,暂时中断执行,待事由消失后,执行程序继续进行。现行法律所规定的执行中止的事由有:①申请人表示可以延期执行的;②案外人对执行标的确有提出异议的理由;③作为一方当事人的公民死亡,需要等待继承人继承权利或承担义务的;④法院认为应当中止执行的其他情形。

(二) 行政诉讼裁判执行终结

行政诉讼裁判执行终结是指在执行过程中,因法定事由出现,使执行已无必要或不可能继续进行,因而结束执行程序的。它与中止不同,中止是暂时中断,以后还要继续执行,而终结则是执行结束,以后也不再恢复或继续,程序终了。现行法律所规定的执行终结的事由有:①申请人撤销执行申请的;②据以执行的法律文书被合法地撤销;③作为被执行人的公民死亡,无遗产可供执行,又无义务承担人的;④追索抚恤金案件的权利人死亡的;⑤法院认为应当终结执行的其他情形。

执行终结的,法院需要制作终结执行裁定书,载明终结之理由、法律根据,并送达当

---

① 应松年主编:《行政诉讼法》,中国政法大学出版社2007年版,第294页。
② 应松年主编:《行政诉讼法》,中国政法大学出版社2007年版,第294页。

事人，当事人对于终结执行裁定不得上诉。

（三）行政诉讼裁判执行和解

行政诉讼裁判执行和解是指在执行过程中，申请人与被申请人就赔偿内容，自愿协商达成协议，从而结束赔偿内容的执行。行政诉讼裁判执行和解是当事人双方的自行和解，而不是由法院主持进行的。

八、行政诉讼裁判执行补救

行政诉讼裁判执行补救是指在执行程序结束后，因法定事由出现而需对已执行事项采取措施，予以补救。执行补救包括行政诉讼裁判执行回转和行政诉讼再执行。[①]

（一）行政诉讼裁判执行回转

行政诉讼裁判执行回转是指在执行结束后，因法定事由的出现而将已执行的对象恢复到执行前的状态，即回转。这实际上是在实事求是地纠正错误。现行法律规定的执行回转的事由有：①已经执行完毕的法律文书被有权法院依审判监督程序予以撤销；②第一审法院先行给付的裁定执行完毕后，该第一审判决被上诉法院撤销，从而使第一审的先行给付裁定失去合法的基础与效力；③执行人员违法执行的。

（二）行政诉讼裁判再执行

行政诉讼裁判再执行是指在执行程序结束后，对未执行的内容再次执行。在再执行情况下，原执行的内容尚未完成，但程序上被终结，由于新的事由出现，原来终结的执行须再予执行。现行法律规定再执行的事由有：①发现新的情况；②因被执行人以违法手段威胁，使申请执行人撤销申请而终结执行的，事后申请人提出，如确属理由正当，应予再执行；③其他应当再执行的情形。

---

① 应松年主编：《行政诉讼法》，中国政法大学出版社2007年版，第299页。

第四十三章 涉外行政诉讼

第一节 涉外行政诉讼概述

一、涉外行政诉讼的概念

涉外行政诉讼是我国行政诉讼的一个重要组成部分。它是指外国人、无国籍人、外国组织不服我国行政机关作出的处理决定,按照我国行政诉讼法的规定向人民法院起诉,人民法院依照行政诉讼法进行审理的一种活动。简言之,涉外行政诉讼是指行政诉讼中的原告人不具有我国国籍(外国人、无国籍人和外国组织)而提起的行政诉讼。由此可见,涉外行政诉讼与非涉外行政诉讼的最大区别就在于涉外行政诉讼的原告人不具有我国国籍。

根据《中华人民共和国国籍法》和相关条约的规定,法律上不具有我国国籍的人包括三类,即外国人、无国籍人、外国组织。

二、涉外行政诉讼的特征

与非涉外行政诉讼、涉外民事诉讼、涉外刑事诉讼相比,涉外行政诉讼具有如下几个方面的特征。

(一) 原告人的涉外性

原告人的涉外性是涉外行政诉讼的最主要特征。根据《行政诉讼法》的规定,涉外行政诉讼的原告必须是外国人、无国籍人或者外国组织。由于涉外行政诉讼的客体——具体行政行为是由我国的行政机关所作的,发生在我国境内,因此被告人和诉讼客体都不具有涉外的因素。

(二) 诉讼原则的特殊性

由于涉外行政诉讼的原告人是外国人、无国籍人以及外国组织,所以诉讼过程中必须考虑既要维护原告人的合法权益,又要考虑维护国家的主权和国家的利益,因此,涉外行政诉讼中除遵守非涉外行政诉讼的原则外,还要遵守国家主权原则、同等对待原则和对等原则。

(三) 诉讼规则的特殊性

由于涉外行政诉讼的原告人具有涉外性,这就决定了进行行政诉讼时要遵守一些不同于非涉外行政诉讼的规则。如涉外诉讼只能委托我国的律师作为代理人、送达期限和方式有专门的规定，等等。

三、涉外行政诉讼的类型

根据我国现有立法和司法实践，涉外行政诉讼的类型主要包括如下几类。

（一）涉外贸易行政诉讼案件

涉外贸易行政诉讼案件是指我国政府在管理对外贸易过程中，因行使对外贸易的行政管理权，针对外国人、无国籍人或外国组织作出具体行政行为时，外方相对人不服而提起行政诉讼的案件。根据 WTO 规则，对外贸易有关的行政行为司法审查是确保 WTO 规则在各成员方有效实施的一项重要制度。我国在加入 WTO 的法律文件中承诺，对与 WTO 有关的货物贸易、服务贸易和知识产权的行政行为，应当为受到影响的企业提供司法审查的机会。根据最高人民法院于 2002 年 8 月 27 日公布，自 2002 年 10 月 1 日起施行的《关于审理国际贸易行政案件若干问题的规定》第 1 条的规定，国际贸易行政案件包括："（一）有关国际货物贸易的行政案件；（二）有关国际服务贸易的行政案件；（三）与国际贸易有关的知识产权行政案件；（四）其他国际贸易行政案件。"自然人、法人或者其他组织认为中华人民共和国具有国家行政职权的机关和组织及其工作人员作出的有关国际贸易的具体行政行为侵犯其合法权益的，可以依照行政诉讼法以及其他有关法律、法规的规定，向人民法院提起行政诉讼。

第一审国际贸易行政案件由具有管辖权的中级以上人民法院管辖。人民法院行政审判庭依法审理国际贸易行政案件。

人民法院审理国际贸易行政案件所适用的法律、行政法规的具体条文存在两种以上的合理解释，其中有一种解释与中华人民共和国缔结或者参加的国际条约有关规定相一致的，应当选择与国际条约有关规定相一致的解释，但中华人民共和国声明保留的条款除外。

（二）反倾销行政诉讼案件

倾销是指一国（地区）的生产商或出口商以低于其国内市场价格或低于成本的价格将其商品挤进另一国（地区）市场的行为。受到倾销商品损害的进口国为此采取的控制措施称为反倾销。最高人民法院于 2002 年 9 月 11 日公布了《关于审理反倾销行政案件应用法律若干问题的规定》，并于 2003 年 1 月 1 日起实施。根据该规定，反倾销行政诉讼案件包括："（一）有关倾销及倾销幅度、损害及损害程度的终裁决定；（二）有关是否征收反倾销税的决定以及追溯征收、退税、对新出口经营者征税的决定；（三）有关保留、修改或者取消反倾销税以及价格承诺的复审决定；（四）依照法律、行政法规规定可以起诉的其他反倾销行政行为。"

与反倾销行政行为具有法律上利害关系的个人或者组织为利害关系人，[①] 可以依照行政诉讼法及其他有关法律、行政法规的规定，向人民法院提起行政诉讼。反倾销行政案件的被告，应当是作出相应被诉反倾销行政行为的国务院主管部门。与被诉反倾销具体行政

[①] 指向国务院主管部门提出反倾销调查书面申请的申请人，有关出口经营者和进口经营者及其他具有法律上利害关系的自然人、法人或者其他组织。

行为具有法律上利害关系的其他国务院主管部门,可以作为第三人参加诉讼。第一审反倾销行政案件由下列人民法院管辖:"(一)被告所在地高级人民法院指定的中级人民法院;(二)被告所在地高级人民法院。"

(三) 反补贴行政诉讼案件

出口商品在生产、运输、买卖过程中接受的来自政府或同业协会直接或间接的补助、奖金称为补贴。其中,向国内出口商提供的以支持其扩大出口的补贴称为出口补贴,向国内出口商品生产者提供的以提高其增值性产品生产和出口能力的补贴称为国内补贴或生产补贴。《补贴与反补贴措施协议》规定,对于其他成员造成负面影响的补贴措施,其他成员可采取两种措施予以补救:①向世界贸易组织争端解决机构提出援用争端解决程序的要求;②启动征收反补贴税调查程序,并在经过了规定的程序后征收反补贴税。但《补贴与反补贴措施协议》还规定,一成员的相关产业只有在确实因另一成员的补贴措施而受到损害的情况下,才可以启用反补贴程序。在其他情况下,唯一的补救方式是通过争端解决程序。

最高人民法院于2002年9月11日公布了《关于审理反补贴行政案件应用法律若干问题的规定》,并于2003年1月1日起实施。根据该规定,与反补贴行政行为具有法律上利害关系的个人或者组织为利害关系人,① 可以依照行政诉讼法及其他有关法律、行政法规的规定,向人民法院提起行政诉讼。人民法院依法受理对下列反补贴行政行为提起的行政诉讼:"(一)有关补贴及补贴金额、损害及损害程度的终裁决定;(二)有关是否征收反补贴税以及追溯征收的决定;(三)有关保留、修改或者取消反补贴税以及承诺的复审决定;(四)依照法律、行政法规规定可以起诉的其他反补贴行政行为。"

反补贴行政案件的被告,应当是作出相应被诉反补贴行政行为的国务院主管部门。与被诉反补贴行政行为具有法律上利害关系的其他国务院主管部门,可以作为第三人参加诉讼。

第一审反补贴行政案件由下列人民法院管辖:"(一)被告所在地高级人民法院指定的中级人民法院;(二)被告所在地高级人民法院。"

(四) 涉外知识产权行政案件

涉外知识产权行政案件主要包括专利权涉外行政案件和商标涉外行政案件两大类。专利权涉外行政案件常见的有不服专利复审委员会专利权无效宣告请求决定的案件、不服专利复审委员会维持驳回申请复审决定的案件等。商标涉外行政案件常见的有不服国务院工商行政管理部门商标评审委员会作出的复审决定或者裁定的案件,不服工商行政管理部门作出的有关商标的具体行政行为的案件等。②

(五) 外国人入境出境行政诉讼案件

随着我国对外开放程度的加大,外国人、无国籍人出入我国的次数和频度不断增加,发生争议的几率也在增加。根据《外国人入境出境管理法》的规定,外国人出境行政诉

---

① 指向国务院主管机关提出反补贴调查书面申请的申请人,有关出口经营者和进口经营者及其他具有法律上利害关系的自然人、法人或者其他组织。

② 马怀德主编:《行政诉讼法学》,中国人民大学出版社2009年版,第261页。

讼案件主要有两类：第一类是外国人在中国境内居住引发的行政诉讼案件；第二类是入境出境处罚或强制措施引发的行政诉讼案件。根据《外国人入境出境管理法》第29条的规定，对非法入境、出境的外国人，在中国境内非法居留或者停留的，未持有效旅行证件前往不对外国人开放的地区旅行的，伪造、涂改、冒用、转让入境、出境证件的，以上情形公安机关可以处以警告、罚款或者10日以下拘留处罚；情节严重，构成犯罪的，依法追究刑事责任。被处罚的外国人对处罚决定不服可以提起行政诉讼。

（六）其他涉外行政诉讼案件

除上述四类涉外行政案件外，还有其他涉外行政案件，如外国人缴纳所得税的行政诉讼案件、外国人违反治安管理处罚的行政诉讼案件、外国人违反卫生法律法规的强制措施的行政诉讼案件等。

第二节 涉外行政诉讼的原则

涉外行政诉讼的原则，是贯穿于涉外行政诉讼的全过程，反映涉外行政诉讼的基本特征和规律，对涉外行政诉讼具有普遍指导意义的基本行为规则。

一、国家主权原则

国家主权是指一个国家独立自主处理自己内外事务，管理自己国家的最高权力。国家主权原则在行政诉讼领域表现为，人民法院审理涉外行政案件，必须维护国家主权，外国人、无国籍人、外国组织因对我国行政机关作出的具体行政行为不服而提起的行政诉讼，只能由人民法院审理。具体表现在：①涉外行政诉讼案件的审判权统一由人民法院行使，其他任何机关不得行使；②涉外行政诉讼案件必须适用《行政诉讼法》的规定；③涉外行政诉讼案件必须使用我国通用的语言文字；④涉外行政诉讼案件只能委托我国的律师出庭应诉。

二、适用我国行政诉讼法原则

《行政诉讼法》第70条规定："外国人、无国籍人、外国组织在中华人民共和国进行行政诉讼，适用本法。法律另有规定的除外。"这就明确规定了涉外行政诉讼适用我国行政诉讼法的原则。我国独立行使审判权，不受任何干涉、不容许任何外国人、无国籍人、外国组织在我国领域内享有特权，这是涉外行政诉讼中维护国家主权的重要原则。如《治安管理处罚法》第4条规定："在中华人民共和国领域内发生的违反治安管理行为，除法律有特别规定的外，适用本法。在中华人民共和国船舶和航空器内发生的违反治安管理行为，除法律有特别规定的外，适用本法。"

三、诉讼权利平等原则

诉讼权利平等原则，又称为诉讼权利同等原则，是国民待遇原则在行政诉讼领域的具体体现。诉讼权利平等原则是指在涉外行政诉讼中，外国人、无国籍人、外国组织在我国进行行政诉讼时，可以享有与我国公民、组织在诉讼中所享有的同样的诉讼权利，承担同样的诉讼义务。《行政诉讼法》第71条第1款规定:"外国人、无国籍人、外国组织在中华人民共和国进行行政诉讼,同中华人民共和国公民、组织有同等的诉讼权利和义务。"

根据国际条约和国际惯例,诉讼实践中在贯彻该项原则时要注意两点:①平等原则并不是无条件的,平等原则要受对等原则的限制;②只适用于行政诉讼上的权利和义务,而不适用于实体法上的权利和义务。我国公民与外国人在我国法律上实体权利是否同等取决于实体法的具体规定。①

四、对等原则

对等原则是指在涉外行政诉讼中,如果外国法院对我国公民、组织的诉讼权利加以限制,则我国人民法院对该公民、组织在我国进行行政诉讼权利也要作相应的限制。《行政诉讼法》第71条第2款规定:"外国法院对中华人民共和国公民、组织的行政诉讼权利加以限制的,人民法院对该国公民、组织的行政诉讼权利实行对等原则。"最高人民法院《关于审理国际贸易行政案件若干问题的规定》第10条规定:"外国人、无国籍人、外国组织在中华人民共和国进行国际贸易行政诉讼,同中华人民共和国公民、组织有同等诉讼权利和义务,但有行政诉讼法第71条第2款规定的情形的,适用对等原则。"

对等原则是国家主权原则的延伸,是平等原则的补充。其具体含义包括:①对等原则在涉外行政诉讼中主要适用于对诉讼权利的限制;②外国对我国公民、组织在该国进行行政诉讼的权利进行限制的,无论采取何种形式,我国人民法院都应当给予相应的限制。

五、适用有关国际条约原则

国际条约是国际相互交往的一种最普遍、最重要的法律形式,它是确定缔约国或者参加国之间相互权利和义务关系的一种国际书面协议。国际条约一经生效,缔约国或者参加国都要受该国际条约的约束。《行政诉讼法》第72条规定:"中华人民共和国缔结或者参加的国际条约同本法有不同规定的,适用该国际条约的规定。中华人民共和国声明保留的条款除外。"凡中华人民共和国缔结或者参加的国际条约,都是以国家的名义承认的,我国确认其效力。但我国立法上采取的是国内法确认国际条约的方式,在国内法的某些规定与国际条约的内容出现不一致的情况时,我们有信守国际条约的义务,承认其效力,适用该国际条约的规定。至于我国缔结或者参加国际条约时,明确声明保留的条款,是我国未承认和接受的条款,对此我国没有信守的义务,在处理涉外行政案件时不予适用。

第三节 涉外行政诉讼的特殊规定

一、涉外行政诉讼案件的管辖

《行政诉讼法》没有专门关于涉外行政诉讼管辖的规定,最高人民法院在《若干问题的解释》第8条和《关于行政案件管辖若干问题的规定》第1条都规定,重大涉外行政

---

① 马怀德主编:《行政诉讼法学》,中国人民大学出版社2009年版,第263页。

诉讼案件，由中级人民法院管辖。此外，最高人民法院《关于审理国际贸易行政案件若干问题的规定》第5条明确规定："第一审国际贸易行政案件由具有管辖权的中级以上人民法院管辖。"最高人民法院《关于审理反倾销行政案件应用法律若干问题的规定》第5条、《关于审理反补贴行政案件应用法律若干问题的规定》第5条也分别明确规定，第一审反倾销行政诉讼案件、反补贴行政诉讼案件由被告所在地高级人民法院指定的中级人民法院或被告所在地高级人民法院管辖。

二、涉外行政诉讼案件的代理制度

律师制度是一个国家司法制度的组成部分。一国司法制度只能在本国领域内行使，不能延伸于国外。《行政诉讼法》第73条规定："外国人、无国籍人、外国组织在中华人民共和国进行行政诉讼，委托律师代理诉讼的，应当委托中华人民共和国律师机构的律师。"这就从立法上禁止外国律师制度延伸到我国，是维护国家主权的表现。

外国人、无国籍人、外国组织在我国人民法院进行行政诉讼，可以亲自出庭，也可以委托他人代理。如果需要委托律师代理诉讼时，只能委托我国的律师，不能委托外国律师。如果外国当事人已经委托了外国律师，受委托的该律师可以作为法律顾问，作为我国律师的助手，协助我国律师进行工作，而不能出席法庭进行行政诉讼活动。

外国人、无国籍人、外国组织委托我国律师代理诉讼，必须有授权委托书。如不在我国境内居住，可以寄送委托书，并附有所在国的公证机关证明，经我国驻该国使馆和领事馆的认可，委托我国律师代理诉讼方能生效。

三、涉外行政诉讼案件的证据制度

最高人民法院《行政诉讼证据规定》第16条第1款规定："当事人向人民法院提供的在中华人民共和国领域外形成的证据，应当说明来源，经所在国公证机关证明，并经中华人民共和国驻该国使领馆认证，或者履行中华人民共和国与证据所在国订立的有关条约中规定的证明手续。"第57条第5项规定，"中华人民共和国领域外或者在中华人民共和国香港特别行政区、澳门特别行政区和台湾地区形成的未办理法定证明手续的证据材料"，不能作为定案的依据。这些规定，就是我国涉外行政诉讼与非涉外行政诉讼在证据制度方面的区别。

第四十四章 行政补偿

第一节 行政补偿概述

一、行政补偿的含义

行政补偿是指国家行政机关（含法律、法规授权组织）及其工作人员基于社会公共利益的需要，合法行使公权力的行为致使特定公民、法人或其他组织的合法权益遭受损害时，对遭此损害的相对人给予合理补偿的一种制度。[①]

二、行政补偿的特征

根据行政补偿的概念，其具有下述特征：

第一，行政补偿必须以合法的行政行为给特定的公民、法人或组织造成了损害为前提。违法的行政行为不会产生补偿问题，只产生行政赔偿责任的后果，同时，国家行政主体及其工作人员的民事行为也不会导致行政补偿。只有行政主体为实现公共利益，合法行使职权的行为给特定的公民、法人或组织的合法权益造成特别损失时，才会引起行政补偿。

第二，行政补偿的主体是国家，而补偿义务机关是国家行政机关或其他行政主体。任何个人均不负有以自己的名义和财产给付行政补偿的义务，且不发生行政追偿问题。[②] 因为应补偿的行政行为是行政主体因国家公共利益需要而作出的，所以补偿的主体应为国家。但直接向国家要求补偿不免太抽象，只能由具体的行政主体作为补偿义务机关。

第三，行政补偿以无义务的特定人为对象。根据公平负担原理，每个公民都必须公平地向国家履行一定的义务。如服兵役、依法纳税等，是所有的公民应尽的义务，这是一种公平的负担，无需给予补偿。只有在合法行政行为使无义务的特定人因公共利益蒙受额外或特别损害时，为了平衡和协调私益和公益，国家才对特定人的特别损害进行补偿。

第四，行政补偿以损害事实为基础，其目的在于对特定人的特别损失予以补偿。没有实际损失的存在，行政补偿无以发生。

第五，损害事实与合法的行政行为之间存在因果关系。如果损害不是由合法的行政行为引起的，那么补偿也无必要。

[①] 行政补偿可以从行为和制度两个角度来理解，本章主要从制度的层面来阐述。
[②] 姜明安主编：《行政法与行政诉讼法》，北京大学出版社、高等教育出版社2005年版，第713-714页。

第六,行政补偿采用合理补偿的数额标准。行政补偿一般以直接现实的损失为限,一般往往小于实际损失。①

三、行政补偿的理论依据

行政补偿责任的前提是合法行政行为造成特定相对人合法权益的损失。既然是合法的行政行为,为什么国家还要对这种损失承担行政补偿责任呢?这是一个行政法学理论界长期争论的问题,主要的观点有以下几种:

第一,特别牺牲学说。这种学说首先是在德国提出的,其主要的思想角度是作为行政主体的相对人,在行政主体实施行政行为的过程当中,如果行政主体基于公共利益而作出的一些征收和征用的行为,造成了特定的行政相对人,包括公民、法人和其他组织利益的损害,那么这些行政相对人作为社会主体的成员就多承担了其他社会主体成员没有承担的责任,对他们造成了特别的牺牲。从法律角度和社会角度上来讲,这是不公平的,只有给予这些受损失的特定的行政相对人一定的补偿,才能够达到公平正义的要求。

第二,平等负担学说。权利和义务是统一的,没有无义务的权利,也没有无权利的义务。行政主体作为国家行政活动的实施者,其实施行政行为的出发点和角度是管理国家事务和社会公共事务,造福于民。如果国家的一些诸如征收、征用、选用的一些合法行政行为造成了特定主体的损失,作为这种损失就应该由全社会的成员一起来分摊,但这从现实角度是绝对不可能实现的,那么国家就可以通过税收收入由国家来给予受到损失的行政相对人进行补偿,这样就达到了全社会成员的共同承担,实现了权利和义务的统一。

第三,结果责任学说。这种学说的主要意思是说,不管行政主体的行政行为是合法还是违法,也不管其主观的动机是有意还是过失导致,只要出现特定主体行政相对人的损失,并且这种损失在社会认同方面不能被接受,是不被允许的,那么国家就必须承担基于这种行政行为所带来的损失的赔偿责任。

第四,恩惠学说。这种理论的产生有着其特定的环境,在民主和现代的国家已经非常少见。它主张:国家的统治权是不容置疑的,社会的公共利益相对于社会个体的利益有着优先性和优越性,在公共利益方面可以牺牲个人的利益,国家没有对其实施的行政行为造成损失进行补偿的必要,至于国家对于造成行政相对人损失所进行补偿的现象,完全是出于国家道德方面的考虑所施与的恩惠。

第五,人权保障说。人权作为现在一个流行的词语,越来越深入地渗透到社会生活尤其是法律生活的各个领域。这种学说认为,人权是一个国家民主的主要标志,保障人权也是国家的重要目标和任务,既然在法律领域内,当公民的行为造成了公民、法人和其他组织的损失的时候,国家有责任追究侵权人的责任并保障受害的公民、法人和其他组织得到侵权人的补偿或者赔偿,那么当国家的行为造成公民、法人或其他组织损害的时候,这种责任更是责无旁贷。

纵观以上各种学说,我国以人权保障论和公共负担平等说作为行政补偿制度的理论基础更具有说服力。因为,从行政补偿的渊源来看,它是作为财产权的一个保障制度产生和存在的。人权保障原则强调的是对于公民基本权利的尊重和保护,即使是合法的行政行

---

① 杨临宏著:《行政法:原理与制度》,云南大学出版社2010年版,第693页。

为，如果侵犯了公民的合法权益并造成了损失，就必须予以补偿。但是，由于该原则适用范围太广，必须结合公共负担平等原则才能充分完整地阐明行政补偿的法理基础。因为公共负担平等原则除了能有力地说明因国家公共利益需要合法行政行为给行政相对人造成的特殊损失不能完全由该相对人个人承受，而应由公众分担（应由国家予以补偿）外，还能说明正是由于受损失者本人作为公众一分子也应分担其中一部分损失，所以行政补偿通常不是全额补偿。[①]

第二节　行政补偿制度

一、行政补偿的范围和方式

行政补偿的范围是指国家承担补偿责任的范围，即国家对行政机关及其工作人员的哪些合法行为造成的损失予以补偿。根据这一界定，行政补偿至少应当包括这样几项内容：对哪些行为造成的损失负责；对行为造成的哪些损失负责；对损失如何承担责任。因我国并没有关于行政补偿的系统立法，所以行政补偿制度主要是通过散见于各种单行法律、法规中的条款来体现。下面将以我国已有行政补偿方面的规定为基础，来阐述行政补偿的范围。

从当前的行政补偿立法来看，对行政补偿范围的规定主要如下。

（一）行政补偿行为范围的规定

1. 征收行为

征收行为是我国引起行政补偿的最主要原因，学术界与实务界对此均无争议。现行立法对征收行为的规定主要包含以下三类：

第一，对土地等不动产所有权的征用。相关法律制度主要体现在《土地管理法》及《土地管理法实施条例》当中。例如，《土地管理法》第 2 条规定："任何单位和个人不得侵占、买卖或者以其他形式非法转让土地。土地使用权可以依法转让。国家为了公共利益的需要，可以依法对土地实行征收或者征用并给予补偿。"另外，《城市房地产管理法》、《城市房屋拆迁条例》等法律、法规也有相关规定。对其他不动产如对草原、水面、滩涂、林地等所有权的征收，《草原法》、《渔业法》等均对其补偿问题作出了规定。

第二，对公民私有财产的征收。《宪法》第 13 条规定："公民的合法的私有财产不受侵犯。国家依照法律规定保护公民的私有财产权和继承权。国家为了公共利益的需要，可以依照法律规定对公民的私有财产实行征收或者征用并给予补偿。"

第三，对其他非国有财产的征收。《中外合资经营企业法》、《外资企业法》等法律规定，国家在特殊情况下，根据公共利益的需要，可以依照法律程序对中外合资经营企业、外资企业、台湾同胞投资者的投资、华侨和香港澳门同胞投资企业实行征收，并给予相应的补偿。我国同许多国家签订的一系列双边投资保护协定也都规定了国有化和征收补偿条

[①] 姜明安主编：《行政法与行政诉讼法》，北京大学出版社、高等教育出版社 2005 年版，第 728 页。

款，这些条款规定，为了公共利益，可以依照法律程序对外资企业实行国有化和征收，但必须无差别地给予公正补偿。

2. 征用行为

征用行为是引起我国行政补偿的另一个重要原因。与征收不同的是，征用一般不转移财产的所有权归属，同时劳务等无形财产也可以作为征用的对象。2004年宪法修正案明确了征用这一法律概念后，其在行政补偿领域内的影响日益扩大。

第一，对土地、草原、林地和滩涂等不动产的征用。《土地管理法》、《森林法》、《草原法》和《渔业法》等一系列法律都在各自领域规定了补偿问题。例如，《草原法》第38条规定："进行矿藏开采和工程建设，应当不占或者少占草原；确需征收、征用或者使用草原的，必须经省级以上人民政府草原行政主管部门审核同意后，依照有关土地管理的法律、行政法规办理建设用地审批手续。"

第二，对公民私有财产的征用。如《水法》第39条规定："在汛情紧急的情况下，防汛指挥机构有权在其管辖范围内调用所需的物资、设备和人员，事后应当及时归还或者给与适当补偿。"

第三，紧急情况下的征用。紧急情况下的征用主要包括防洪征用、军事征用、消防征用、警察公务征用等。以警察公务征用为例，《人民警察法》第13条第2款规定："公安机关因侦查犯罪的需要，必要时，按照国家有关规定，可以优先使用机关、团体、企业事业组织和个人的交通工具、通信工具、场地和建筑物，用后应当及时归还，并支付适当费用；造成损失的，应当赔偿。"这里的赔偿，即可作为补偿理解。

3. 公权力附随效果

我国的立法并未明确规定对此类行为进行补偿，但在一些法律、法规中还是体现了这样的精神。如《野生动物保护法》第14条规定："因保护国家和地方重点保护野生动物，造成农作物或者其他损失的，由当地政府给予补偿。补偿办法由省、自治区、直辖市政府制定。"

4. 行政许可的变更行为

《行政许可法》第8条第2款规定："行政许可所依据的法律、法规、规章修改或者废止，或者准予行政许可所依据的客观情况发生重大变化的，为了公共利益的需要，行政机关可以依法变更或者撤回已经生效的行政许可。由此给公民、法人或者其他组织造成财产损失的，行政机关应当依法给予补偿。"

（二）行政补偿损失范围的规定

行政补偿的损失范围是与公民损失最密切相关的内容，对权益范围的规定，直接决定了公民的损失在多大程度上得以弥补。目前立法对权益范围的规定主要体现在以下两个方面：

1. 补偿原则的规定

我国立法并没有确定统一的行政补偿原则，各种规定散见于单行法、行政法规中。总结而言，主要有下述四类：

第一，完全补偿原则。如《大中型水利水电工程建设征地补偿和移民安置条例》规定，水利水电工程建设征地补偿和移民安置应当与库区建设、资源开发、水地保持、经济发展相结合，逐步使移民生活达到或者超过原有水平。这实际上确立了完全补偿原则。

第二，适当补偿原则。如《土地管理法》第 65 条规定："收回农民集体所有的土地的，对土地使用权人应当给予适当补偿。"《国防法》第 48 条规定："国家根据动员需要，可以依法征收、征用组织和个人的设备设施、交通工具和其他物资。县级以上人民政府对被征收、征用者因征用所造成的直接经济损失，按照国家有关规定给予适当补偿。"

第三，合理补偿原则。如《矿产资源法》第 36 条规定："国务院和国务院有关主管部门批准开办的矿山企业矿区范围内已有的集体矿山企业，应当关闭或者到指定的其他地点开采，由矿山建设单位给予合理的补偿。"

第四，相应补偿原则。如《戒严法》第 17 条规定："……在使用完毕或者戒严解除后应当及时归还；因征用造成损坏的，由县级以上人民政府按照国家有关规定给予相应补偿。"

2. 权益损失的规定

根据损失的性质，损失分为物质损失和精神损失。按损失程度，物质损失又可分为直接损失和间接损失。我国目前的行政补偿立法只承认了对直接损失予以补偿，较为典型的有《土地管理法》第 48 条之规定："……征收耕地的补偿费用包括土地补偿费、安置补助费以及地上附着物和青苗的补偿费。"《国防法》第 48 条之规定："……县级以上人民政府对被征用者因征用所造成的直接损失，按照国家有关规定给予适当补偿。"第 55 条之规定："公民和组织因国防建设和军事活动在经济上受到直接损失的，可以依照国家有关规定取得补偿。"可以说，目前立法对于损失范围采取的是一种狭义理解，仅仅认可了部分与公权力行为紧密相关的经济损失，而对于国外普遍承认的租金损失、营业损失等直接损失则避而不谈，至于精神损失就更是只字未提了，这造成了现时对公民权益损失只承认却不补偿或补偿不力的尴尬局面。

（三）行政补偿的方式

从我国行政补偿的实践看，行政补偿的方式有直接补偿与间接补偿两种。其中，直接补偿的方式包括：①金钱补偿；②返还财产；③恢复原状。与行政赔偿一样，行政主体在运用直接补偿方式时应以金钱补偿为主，但能够返还财产或恢复原状的，应该返还财产或恢复原状。间接补偿的方式多种多样，常见的有以下几种：①在人、财、物的调配上给予优惠；②减、免税收；③授予某种能给受损失人带来利益的特许权；④在晋级晋职、增加工资、安排就业、分配住房和解决农转非的户口指标等问题上给予照顾；⑤在经济项目立项上优先考虑或审批等。

二、行政补偿的主体和根据

（一）行政补偿的主体

任何行政行为，都由行政主体以自己的名义作出。因此，行政行为的效果当然应归于行政主体。所以，从形式意义上说，行政补偿责任主体是行政主体。但是，从行政行为的目的而言，行政主体进行土地征收、国家强制收购等合法行政行为造成特定相对人合法权益的损失，不是为了国家公共利益，就是为了第三者的利益。因此，从补偿资金的经费来源上看，行政补偿的实质主体可以是国家，也可以是因合法行政行为受益的第三人。国家作为行政补偿实质主体的条件是合法行政行为造成的损失是为了国家利益，由国库支付该种补偿是国家承担行政补偿责任的体现。第三人作为行政补偿实质主体的条件是：造成相对人合法权益损失的合法行政行为虽然最终目的是为了国家利益，但客观上却使第三人获得了特殊的利益。不管行政补偿的实质主体如何，都不能否认国家是行政补偿的主体，因为在第三人作为补偿的实质主体的情况下，虽然补偿的资金来源于第三人，但补偿的关系仍然发生在国家与因合法行政行为受到损失的相对人之间。

（二）行政补偿的根据

行政补偿的根据所要解决的问题是：国家对因合法行政行为受到损失的特定相对人给予行政补偿是否必须有明确的立法依据。从我国当前行政补偿的立法和实践来看，行政补偿一般以有明文法律依据为前提。目前，这些依据分散在各种各样的法律、法规之中。

三、行政补偿的标准和程序

（一）行政补偿的标准

行政补偿的标准要解决的是补偿数额的确定问题。我国目前没有关于行政补偿计算标准的统一规定，一般都只规定了"合理"、"适当"、"相应"的补偿原则，这就使行政补偿在实际操作中随意性较大，受损失的相对人的权益难以得到公平的保障。因此，从立法的角度来看，以后的立法应当对行政补偿的标准作尽可能具体的规定。

我国2004年修改通过的《中华人民共和国土地管理法》第47条规定了征用土地的补偿范围、补偿标准和补偿方式。该条规定，征收土地的，按照被征收土地的原用途给予补偿。征收耕地的补偿费用包括土地补偿费、安置补助费以及地上附着物和青苗的补偿费。征收耕地的土地补偿费，为该耕地被征收前三年平均年产值的6~10倍。征收耕地的安置补助费，按照需要安置的农业人口数计算。需要安置的农业人口数，按照被征收的耕地数量除以征地前被征收单位平均每人占有耕地的数量计算。每一个需要安置的农业人口的安置补助费标准，为该耕地被征收前三年平均年产值的4~6倍。但是，每公顷被征收耕地的安置补助费，最高不得超过被征收前三年平均年产值的15倍。征收其他土地的土地补偿费和安置补助费标准，由省、自治区、直辖市参照征收耕地的土地补偿费和安置补助费的标准规定。被征收土地上的附着物和青苗的补偿标准，由省、自治区、直辖市规定。征收城市郊区的菜地，用地单位应当按照国家有关规定缴纳新菜地开发建设基金。依照该条第2款的规定，支付土地补偿费和安置补助费，尚不能使需要安置的农民保持原有生活水平的，经省、自治区、直辖市人民政府批准，可以增加安置补助费。但是，土地补偿费和安置补助费的总和不得超过土地被征收前三年平均年产值的30倍。该条第7款还规定，国务院根据社会、经济发展水平，在特殊情况下，可以提高征收耕地的土地补偿费和安置补助费的标准。

从以上规定可以看出，我国行政征用土地补偿的计算标准具有以下特点：①被征用土地的补偿费用分别由中央和省两级分别规定补偿标准，地方在规定补偿标准方面有一定的自主权；②补偿标准相对不固定，但都规定了补偿的上限；③确定了补偿标准随着社会的发展而逐步提高的原则。

对于其他无法律明确规定的行政补偿，在确定行政补偿的标准时，也应当以受损失相对人的现实损失为限，尽可能使其损失得以弥补。

(二) 行政补偿的程序

行政补偿的程序是指因合法行政行为受到损失者获得补偿的方式、方法、步骤等。其既包括从补偿主体获得补偿的程序，也包括行政系统内部的行政补偿救济程序，还包括行政补偿的司法救济程序。

从我国当前行政补偿的立法实际来看，目前尚无关于行政补偿程序的具体法律规定。但从行政补偿系行政主体合法行政行为给特定相对人的合法权益造成损害后，由行政主体依法向受损失相对人进行补偿的角度来看，行政补偿实质为具体行政行为。所以，可以借鉴具体行政行为的有关规定来确定行政补偿的程序。

1. 行政机关主动补偿程序

行政机关在合法行政行为作出以前或作出以后，如果该具体行政行为可能或已经给相对人的合法权益造成损害，且法律、法规明确规定了该情形应予以行政补偿的话，行政机关依法应当主动对可能或者已给受到损害的相对人进行补偿。补偿时应遵循以下程序：①发出补偿通知，通知中应该包括补偿的事由、依据、计算标准与方式等，还应告知被补偿人陈述意见的权利和时限；②充分听取被补偿人的陈述意见，并对该意见进行答复；③与被补偿人达成补偿协议，或单方作出补偿决定，且在补偿决定中告知被补偿人对该决定享有提起行政复议或行政诉讼的权利及行使这些权利的时效。

2. 应申请补偿程序

合法行政行为作出以前或作出以后，如果该行政行为可能或已经给相对人的合法权益造成损害，且法律、法规明确规定了该情形应予以行政补偿，而行政机关又没有主动启动补偿程序的话，被补偿人可以提出补偿申请，要求行政机关进行补偿。申请补偿时可遵循以下程序：①向行政机关提出补偿申请，申请中应该包括申请的事由、依据、计算标准与方式等；②行政机关接到申请后，对申请进行审查；③行政机关对申请审查后，作出补偿或不补偿的决定，并在决定中告知申请人对该决定享有提起行政复议或行政诉讼的权利及行使这些权利的时效；④申请人如对该决定不服，依法提出行政复议或行政诉讼。

3. 行政补偿复议程序

被补偿人或申请行政补偿的申请人如对行政机关主动作出的补偿决定或不予补偿的决定不服的，可以提出行政复议。行政复议程序可以遵循我国行政复议的相关规定。

4. 行政补偿诉讼程序

行政补偿从行为的角度看，属于具体行政行为，依据行政诉讼法的规定可以提起行政诉讼。所以，当被补偿人对行政机关的补偿或不补偿的决定不服或对补偿的复议结果不服时，可以依法提起行政诉讼。行政诉讼程序可以遵循我国行政诉讼的相关规定。

第四十五章 行政赔偿

第一节 行政赔偿概述

一、行政赔偿的含义

行政赔偿是指行政机关及其工作人员在行使职权过程中违法侵犯公民、法人或其他组织的合法权益并造成损害，国家对此承担的赔偿责任。

第一，行政赔偿是国家的赔偿责任。行政赔偿的责任主体是国家，而不是行政机关及其工作人员。实践中，侵权行为是由行政机关及其工作人员实施的，但是，对此承担赔偿责任的主体不是行政机关，也不是行政机关工作人员，而是国家。这是由国家与行政机关及其工作人员之间的法律关系所决定的。行政机关及其工作人员与国家之间存在委托代理关系，虽然行政机关实施行政管理活动时往往以自己的名义进行，行政机关工作人员实施行政管理活动时也都以所属行政机关的名义进行，但是在法律上都是代表国家实施的，无论是合法还是违法，其法律后果都归属于国家。国家作为赔偿主体的主要表现是赔偿费用由国库支出。

第二，行政赔偿是国家对行政侵权行为所承担的赔偿责任。作为一种法律主体，国家可能承担的赔偿责任是多种多样的，包括民事赔偿责任、国际法上的赔偿责任、司法赔偿责任、立法赔偿责任、军事赔偿责任、公共设施设置和管理中的赔偿责任等。一方面，特定的赔偿责任是与特定的侵权行为相对应的，而行政赔偿仅仅是国家对行政管理过程中的侵权行为承担的赔偿责任。这一特性使行政赔偿与其他赔偿，如司法赔偿、民事赔偿等区别开来。另一方面，行政管理过程中的侵权行为形式很多，既可能是违法行使职权所实施的侵权行为，如具体行政行为，也可能是利用执行职务机会实施的侵权行为，如顺手牵羊的行为，还可能是表面上与行政职务相关、实则无关的侵权行为，如大吃大喝的行为。这些侵权行为都引起赔偿责任，但不一定都引起国家赔偿责任。只有与行政职权密切相关的侵权行为，才能构成行政侵权行为，才能引起国家的赔偿责任。

第三，国家赔偿是国家对行政机关及其工作人员的侵权行为承担的赔偿责任。对行政机关及其工作人员应当作广义的理解。行政机关不仅包括中央及地方各级人民政府及其下设的工作部门，即国家行政机关，而且包括法律法规授权的组织、委托的行政机关、共同实施侵权行为的行政机关。工作人员不仅包括具有公务员身份的工作人员，而且包括受行政机关委托执行公务的一般公民，包括接受行政机关指使实施违法行为的公民。在认定"工作人员"时，重要的不是公务员的身份，而是实施侵权行为的公民与有关的行政机关是否存在实际上的公务关系。由于国家行政机关工作人员和国家之间存在着职务委托关系，行政机关及其工作人员在行使职权过程中侵权的，或以执行职务为名侵权的，应当视为国家的侵权行为。国家赔偿法将实施侵权行为的行政机关或者工作人员所在的行政机关确定为赔偿义务机关，办理具体的赔偿事务，如收集证据、出庭应诉、与受害人和解以及支付赔偿金等工作等。这样规定有利于督促行政机关及其工作人员认真履行法定职责，便于受害人行使赔偿请求权。

第四，行政赔偿是国家对其合法权益受到行政侵权行为损害的公民、法人或者其他组织承担的赔偿责任。公民、法人和其他组织不局限于具体行政行为所指向的对象，凡是合法权益受行政机关及工作人员的行为侵害的人都可能成为行政赔偿的请求权人。国家赔偿针对的损害是对公民、法人或者其他组织合法权益的侵害。合法权益是公民、法人或者其他组织依法享有的财产权和人身权，只有合法权益受到侵犯的，国家才承担赔偿责任。违法的权益，如赌博获得的收入、偷盗来的财产等，不受法律保护，对违法权益的侵害，公民、法人或者其他组织不能要求赔偿。

1994年5月12日，八届全国人民代表大会常务委员会第七次会议通过《中华人民共和国国家赔偿法》，并于1995年1月1日起实施。正式标志着我国国家赔偿制度的全面建立。

2010年4月29日，全国人民代表大会常务委员会第十四次会议通过《国家赔偿法》修改决定，自2010年12月1日起施行。《全国人民代表大会常务委员会关于修改〈中华人民共和国国家赔偿法〉的决定》已由中华人民共和国第十一届全国人民代表大会常务委员会第十四次会议于2010年4月29日通过，现予公布，自2010年12月1日起施行。

二、行政赔偿的归责原则及构成要件

（一）行政赔偿的归责原则

行政赔偿的原则是为了解决在什么情况下国家对损害后果承担赔偿责任的问题。因此，也将其称之为"归责原则"。迄今为止，关于侵权赔偿责任的归责原则大致有以下几种：过错责任原则、无过错责任原则和违法责任原则。

1. 过错责任原则

过错责任原则是行政机关及其工作人员行使职权时，因过错给受害人的合法权益造成损失的，国家才承担赔偿责任。这里的过错与法学上对过错的一般解释是一样的，即过错是指当事人实施行为时的心理状态。在这样的归责原则下，只有行为人主观上有过错，国家才对其行为造成的损害后果承担赔偿责任。

2. 无过失责任原则

无过失责任原则，也称"严格责任原则"或"危险责任原则"，是指不论行政机关及其工作人员是否有过失，只要其行使职权的行为侵犯了相对人的合法权益，国家就应当承担赔偿责任。这是一种基于结果的国家责任，在具体的适用中，应当由法律为其界定严格的适用条件。

3. 违法责任原则

违法责任原则是指行政机关及其工作人员违法行使职权侵犯了相对人的合法权益造成损害时，国家应当承担赔偿责任。这一原则以职务违法行为作为归责的标准，不考虑行为人主观是否有过错。我国目前的《国家赔偿法》采取的就是违法责任原则。

我国行政赔偿制度采取的归责原则，一般理解为"违法原则"。该原则需从以下几方面理解：

第一，违法归责原则中的"法"是广义的法。其既包括实体法，也包括程序法；既包括法律、法规和其他具有普遍约束力的规范性文件，也包括法的基本原则和精神。之所以对违法原则作广义理解，是因为国家机关及其工作人员的职权十分广泛，受到多层次多角度法律规范的约束，违反任何层次的规范，都应当视为违法。国家机关及其工作人员的管理活动中，除了各类法律行为之外，还存在大量的事实行为。对于事实行为，法律不可能规定详尽统一的行为标准，由于不符合某种标准的事实行为造成他人损害的，国家不能以该行为没有违反法律为由拒绝承担赔偿责任。此外，在国家管理的很多领域，目前尚无明确的法律规范作为行使权力的依据。法律精神和基本原则是判断职权行为的主要标准，如果以具体的法律规范作为依据或标准，必然造成很多实际受害人无法取得国家赔偿的结果，这显然是不公平的。而且还应当看到，国外没有一个国家对国家赔偿法中的违法概念作狭义解释，相反都不同程度地作了扩张解释。很显然，传统意义上的违法归责原则仅指违反严格意义上的法律规范，这种理解失之过窄。为了更为有效地保护国家侵权案件受害人的合法权益，防止国家机关或国家机关工作人员规避法律、滥用职权，应当对违法归责原则中的"违法"作广义理解。违法除指违反严格意义上的法规外，还包括违反诚信原则、公序良俗原则、尊重人权原则、权力不得滥用原则、合理注意原则等。这种理解有利于解决诸如公务人员打骂当事人等侵权行为造成的损害赔偿问题。虽然公务人员的行为并非法律预先规定禁止的，但违反了尊重人权原则，因而国家对此类行为造成的损害应当给予赔偿。

第二，违法既包括积极的作为违法，也包括消极的不作为违法。作为违法是指侵权主体以积极的作为方式表现出来的违法情形。例如，司法机关的错判、错捕、错拘行为，行政机关的违法处罚、违法采取强制措施等行为均是作为违法。不作为违法是指侵权主体拒绝履行或拖延履行其承担的职责和义务的违法情形。必须注意的是，认定不作为违法应当以法定的或职责确定的义务存在为前提。也就是说，如果国家机关或国家机关工作人员没有履行法定的或本身职责确定的义务，其不作为行为给受害人造成了损害，那么，国家应当对此承担赔偿责任。如果法律赋予国家机关或国家机关工作人员在特定情况下作为或不作为的自由裁量权，除非国家机关或国家机关工作人员的不作为行为已经达到令正常人不能容忍的地步，否则，国家对此不承担赔偿责任。不作为违法还包括不当延误，即疏忽、怠惰、无故迟缓。如果法律明确规定了作为的期限或时限，未在该时限内作为即构成违法不作为，但如果法律没有规定作为的时限，就必须考虑为此设定一个合理期限。通常应当考虑公务活动的难易程度、处理此类公务的惯用时间、当时的客观环境及是否存在不可抗力等因素的干扰和阻碍，等等。

第三，违法归责原则既包括法律行为违法，也包括事实行为违法。法律行为违法容易理解，在此不作叙述；事实行为违法是指国家机关及其工作人员违法实施的不直接产生法律效果的行为。例如，政府机关提供咨询、实施指导、发布信息等都是事实行为。由于政府提供错误的指导或信息而遭受损害的，虽然政府的行为可能不是严格意义上的法律行为，而是一项事实行为，但政府仍然应当对此承担赔偿责任。

(二) 行政赔偿责任的构成要件

行政赔偿责任是国家对行政机关及其工作人员违法行使职权造成的损害给予赔偿的一项法律责任。国家承担行政赔偿责任须符合下列条件：

第一，损害必须是由行政机关或行政机关工作人员的行为造成的。

第二，国家负责赔偿的损害必须是行政机关或行政机关工作人员行使职权时造成的。

第三，损害必须是违法行为造成的。

第四，损害必须是已经产生或必定产生的，不是想象的；是直接的，不是间接的。

第五，相对人所受损害与违法行为有直接的因果关系。

第二节　行政赔偿制度

一、我国行政赔偿的范围

根据《中华人民共和国国家赔偿法》的规定，行政赔偿的范围如下：

(一) 对侵犯人身权的行政赔偿

人身权包括人身自由权、人格权和身份权。人格权指生命健康权、姓名权、肖像权、名誉权等；身份权指荣誉权和婚姻自主权等。《国家赔偿法》规定行政机关侵犯公民人身自由权、身体健康权和生命权的，受害人有权要求赔偿，国家承担赔偿责任。具体包括：

第一，违法拘留或违法采取限制人身自由的行政强制措施的行为。①违法拘留；②违法采取限制人身自由的行政强制措施。

第二，非法拘禁或者以其他方式非法剥夺公民人身自由的行为。①非法拘禁是指行政机关及其工作人员超越职权以拘禁或者其他强制方法非法剥夺公民人身自由的行为；②行政机关或工作人员以其他方法非法剥夺公民人身自由的行为。

第三，以殴打等暴力行为或者唆使他人以殴打等暴力行为造成公民身体伤害或者死亡的。

第四，违法使用武器、警械。武器、警械是指枪支、警棍、警绳、手铐和其他警械。行政机关工作人员违反法律规定使用武器、警械造成他人身体伤害或残废死亡的，国家应当赔偿。

第五，造成公民身体伤害或者死亡的其他违法行为。除上述四类行为外，行政机关及其工作人员行使职权时的其他违法行为造成公民身体伤害或者死亡的，国家也应当承担赔偿责任。

(二) 对侵犯财产权的行政赔偿

财产权包括公民个人财产所有权、继承权、债权、土地使用权和承包经营权、采矿权、宅基地使用权、担保权、租赁权、专利权和著作权等。对法人而言，财产权包括不动产和动产所有权、土地使用权、采矿权、专利权、商标权、租赁权等。按照《国家赔偿法》的规定，行政机关或其工作人员违法行使职权给公民、法人或其他组织的合法权益造成损失的，国家应当予以赔偿。具体如下：

第一，违法实施罚款、吊销许可证和执照、责令停产停业、没收财物等行政处罚侵犯财产权的。

第二，违法对财产采取查封、扣押、冻结等行政强制措施的。

第三，违反国家规定征收财物、摊派费用。

第四，造成财产损害的其他违法行为。

（三）国家不予赔偿的情形

《国家赔偿法》规定国家不承担赔偿责任的情形主要有：

第一，不可抗力。根据《国家赔偿法》第2条规定的违法原则，确定国家是否承担赔偿责任的最终的原因是行政机关及其工作人员在行使职权过程中实施的行为是否违法，而不是不可抗力。故国家对不可抗力不承担赔偿责任。

第二，行政机关工作人员实施的与行使职权无关的个人行为。

第三，因公民、法人或其他组织自己的行为致使损害发生的。

第四，法律规定的其他情形。这里的"法律"应该指全国人民代表大会及其常务委员会通过的法律。

二、行政赔偿的请求人和赔偿义务机关

（一）行政赔偿请求人

行政赔偿请求人是指其合法权益因行政机关及其工作人员违法执行职务而遭受损害，有权请求国家予以赔偿的公民、法人或者其他组织。

行政赔偿中，有权提出赔偿请求的人有以下几种：

第一，受到行政侵权的公民、法人或者其他组织。

第二，受害人死亡的，其继承人和其他有扶养关系的亲属也可以成为赔偿请求人。

第三，受害的法人或其他组织终止，承受其权利的法人或其他组织有权要求赔偿。

但下列情形不发生赔偿请求权转移：

第一，法人或其他组织被行政机关吊销许可证或执照，但该法人或组织仍有权以自己的名义提出赔偿请求，不发生请求权转移。

第二，法人或其他组织破产，也不发生赔偿请求权转移。破产程序尚未终结时，破产企业仍有权就此前的行政侵权损害取得国家赔偿。

第三，法人或其他组织被主管行政机关决定撤销，也不发生赔偿请求权转移。

与行政赔偿案件处理结果有法律上的利害关系的其他公民、法人或者其他组织有权作为第三人参加行政赔偿诉讼。

（二）行政赔偿义务机关

行政赔偿义务机关是指代表国家具体履行赔偿义务的组织。行政赔偿义务机关有以下几种：

第一，行政机关为赔偿义务机关。行政机关或行政机关工作人员在行使职权时侵犯公民、法人或其他组织的合法权益造成损害的，该行政机关或工作人员所在的行政机关为赔偿义务机关。

第二，共同行政赔偿义务机关。

第三，法律、法规授权的组织为赔偿义务机关。

第四，委托行政时的赔偿义务机关。

第五，行政赔偿义务机关被撤销后的责任承担。行政赔偿义务机关被撤销一般有两种情形：①受害人提出赔偿请求，赔偿义务机关尚未作出最终裁决时，该赔偿义务机关被撤销；②受害人已向法院提起行政赔偿诉讼后，赔偿义务机关被撤销。第一种情形，由继续行使其职权的行政机关为赔偿义务机关；第二种情形，涉及变更赔偿诉讼被告问题，受害人应以赔偿义务机关被撤销后继续行使职权的行政机关为赔偿诉讼被告，如果没有继续行使职权的行政机关，则应以撤销赔偿义务机关的行政机关为赔偿诉讼被告。

第六，经行政复议后的赔偿义务机关。经复议的案件，由最初作出具体行政行为的行政机关为赔偿义务机关。但是，复议机关的复议决定加重损害的，复议机关对加重的部分履行赔偿义务。

三、行政赔偿的方式和计算标准

（一）行政赔偿方式

行政赔偿方式是指国家承担行政赔偿责任的具体形式。行政赔偿是对侵权损害的救济，行政赔偿采用什么方式，依据什么标准，直接影响到救济的质量，影响到受害人权益，因而需要合理设计。我国《国家赔偿法》第32条规定，国家赔偿以支付赔偿金为主要方式。能够返还财产或者恢复原状的，予以返还财产或者恢复原状。由此可见，我国行政赔偿立法采取的是以金钱赔偿为主，以返还财产或者恢复原状为辅的赔偿方式。这一赔偿方式实际上包含着三种具体的赔偿方法，即金钱赔偿、返还财产、恢复原状。

第一，金钱赔偿。金钱赔偿是以货币形式支付赔偿金额。它是行政赔偿的主要方式。

第二，返还财产。返还财产是行政机关将违法占有或控制的受害人的财产返还给受害人的赔偿方式。

第三，恢复原状。恢复原状是公民、法人或者其他组织的财产因国家行政机关及其工作人员的违法分割或毁损而遭到破坏后，若有可能恢复的，应当由赔偿义务机关负责修复，以恢复财产原状的一种赔偿方式。恢复原状的条件主要有：①需要有受害人的请求；②侵权前的原本状态的资料齐备；③侵权后能够恢复到原本状态的；④采用恢复原状的方式进行赔偿，是符合法律规定的，并且不会造成违法的后果。

（二）行政赔偿计算标准

行政赔偿计算标准是国家行政赔偿立法确立的，根据损害程度确定赔偿金额的准则，是行政侵权的受害人获得实际赔偿的重要前提。

我国国家赔偿法对不同类型的损害规定了不同的赔偿标准。

第一，侵犯公民人身自由的赔偿计算标准。《国家赔偿法》第33条规定，侵犯公民人身自由的，每日的赔偿金按照国家上年度职工日平均工资计算。据此，对侵犯公民人身自由的赔偿，具体标准是按日支付赔偿金。每日的赔偿金按照国家上年度职工日平均工资计算，即公民应得的赔偿金等于该公民因行政机关及其工作人员行使职权时违法拘留、拘禁的天数乘以上年度职工日平均工资，对受害者给予一次性赔偿。国家上年度职工日平均工资数额，应当按职工年平均工资除以全年法定工作日数的方法计算。年平均工资以国家统计局公布的数字为准。

第二，侵犯公民生命健康权的赔偿计算标准。根据《国家赔偿法》第34条的规定，侵犯公民生命健康权的，赔偿金按照规定计算，并且从造成身体伤害、致残和造成死亡三个方面分别规定了赔偿标准。①造成身体伤害的，应当支付医疗费、护理费，以及赔偿因误工减少的收入。减少的收入每日的赔偿金按照国家上年度职工日平均工资计算，最高额为国家上年度职工年平均工资的5倍。②造成部分或者全部丧失劳动能力的，应当支付医疗费、护理费、残疾生活辅助具费、康复费等因残疾而增加的必要支出和继续治疗所必需的费用，以及残疾赔偿金。残疾赔偿金根据丧失劳动能力的程度，按照国家规定的伤残等级确定，最高不超过国家上年度职工年平均工资的20倍。造成全部丧失劳动能力的，对其扶养的无劳动能力的人，还应当支付生活费。③造成死亡的，应当支付死亡赔偿金、丧葬费，总额为国家上年度职工年平均工资的20倍。对死者生前扶养的无劳动能力的人，还应当支付生活费。

第三，侵犯财产权的计算标准。根据《国家赔偿法》第36条的规定，侵犯公民、法人和其他组织的财产权造成损害的，按照不同情形分别处理。①处罚款、罚金、追缴、没收财产或者违法征收、征用财产的，返还财产。②查封、扣押、冻结财产的，解除对财产的查封、扣押、冻结，造成财产损坏或者灭失的，依照本条第③项、第④项的规定赔偿。③应当返还的财产损坏的，能够恢复原状的恢复原状，不能恢复原状的，按照损害程度给付相应的赔偿金。④应当返还的财产灭失的，给付相应的赔偿金。⑤财产已经拍卖或者变卖的，给付拍卖或者变卖所得的价款；变卖的价款明显低于财产价值的，应当支付相应的赔偿金。⑥吊销许可证和执照、责令停产停业的，赔偿停产停业期间必要的经常性费用开支。⑦返还执行的罚款或者罚金、追缴或者没收的金钱，解除冻结的存款或者汇款的，应当支付银行同期存款利息。⑧对财产权造成其他损害的，按照直接损失给予赔偿。

（三）关于精神损害的赔偿

1. 关于精神损害赔偿的一般规定

精神损害是指对人身造成的精神痛苦，包括精神上的悲伤、失望等。精神损害多由于侵犯人身而产生，但也不排除侵犯财产权造成的精神损害。《国家赔偿法》第35条规定，有本法第3条或者第17条规定情形之一，致人精神损害的，应当在侵权行为影响的范围内，为受害人消除影响，恢复名誉，赔礼道歉；造成严重后果的，应当支付相应的精神损害抚慰金。

2. 消除影响、恢复名誉和赔礼道歉的适用

消除影响、恢复名誉和赔礼道歉，在行政赔偿领域主要适用于下列行为：

第一，违法拘留或违法采取限制人身自由的行政强制措施的。

第二，非法拘禁或者以其他方法非法剥夺公民人身自由的。

适用消除影响、恢复名誉和赔礼道歉等方式时，应注意以下几点：

第一，消除影响、恢复名誉和赔礼道歉的范围与侵权行为的范围要相适应。侵权行为在多大范围内侵害了受害人的名誉权、荣誉权，在多大范围内造成了不良影响，赔偿义务机关就应在多大范围内为其消除影响、恢复名誉。

第二，消除影响、恢复名誉、赔礼道歉不可以单独适用，而只能合并适用。国家既要赔偿损失，还要为受害人恢复名誉、消除影响、赔礼道歉，以防止国家行政机关以这些方

式代替物质损害赔偿。

第三，消除影响、恢复名誉、赔礼道歉所需费用由国家承担。消除影响、恢复名誉可能需要通过公告、登报、广播、电视等手段实现，因此需要一定费用。此项费用应由国家承担，而不应由受害人承担。

第三节 行政赔偿程序

一、行政赔偿程序概述

行政赔偿程序是指受害人依法取得国家赔偿权利、行政机关或者人民法院依法办理行政赔偿事务应当遵守的方式、步骤、顺序、时限等手续的总称。

行政赔偿程序的意义表现在：

第一，保障受害人依法取得和行使行政赔偿请求权。

第二，规范国家机关受理和处理赔偿请求的手续、及时确认和履行赔偿责任。

二、单独提出赔偿请求的程序

（一）单独提出赔偿请求程序的含义

根据《行政诉讼法》和《国家赔偿法》的规定，受害人单独提出赔偿请求的，应当首先向赔偿义务机关提出，赔偿义务机关拒绝受理赔偿请求、在法定期限内不作出决定的，受害人可以提起行政诉讼。与一并提出赔偿请求的程序相比较，单独提出赔偿请求程序的特点是赔偿义务机关的先行处理程序。先行处理程序是指赔偿请求人请求损害赔偿时，先向有关的赔偿义务机关提出赔偿请求，双方就有关赔偿的范围、方式、金额等事项进行自愿协商或由赔偿义务机关决定，从而解决赔偿争议的程序。其意义表现在：

第一，为赔偿义务机关自我纠正错误提供机会，体现了对赔偿义务机关的尊重，同时也有利于加强行政机关的内部监督。

第二，有利于迅速解决赔偿争议，减少受害人的诉累。先行处理程序手续简便、及时，从根本上有利于减少赔偿义务机关和受害人的支出。

（二）行政赔偿义务机关的先行处理程序

行政赔偿义务机关在受理和处理受害人单独提出赔偿请求时，办如下手续：

第一，确认加害行为的违法性。从国家赔偿法的规定和实践经验来看，受害人单独提出赔偿请求的，必须以加害行为的违法性得到确认为前提。

确认加害行为违法性的途径有：①赔偿义务机关自己确认。实施侵权行为的行政机关书面承认其行为的违法性。②通过行政复议确认。行政复议机关的撤销决定、履行法定职责的决定是确认加害行为违法性的直接根据。③通过行政诉讼确认。人民法院的撤销判决、履行判决和确认判决都是确认加害行为违法性的根据。

第二，受害人提出赔偿请求。受害人提出赔偿请求应当递交申请书。申请书应具备以下事项：①受害人的姓名、性别、年龄、工作单位和住所。请求权人是法人或其他组织的，应写明法人或其他组织的名称、住所和法定代表人或者主要负责人的姓名、职务。如果有代理人的，应写明代理人的姓名、性别、年龄、职业、住所或居所。②具体的要求、事实根据和理由。赔偿请求包括赔偿的范围、方式等，如请求赔偿的金额或恢复原状的内容等，要求必须要明确、具体。事实根据是指受害人遭受损害的时间、地点、客体、范围等。理由是指损害形成的原因，如有关行政机关及其工作人员的违法行为与损害结果的因果关系等。③申请的年、月、日。④有关的附件。包括行政复议机关的复议决定书、法院的判决书等文件、医疗证明、证人、照片等有关证据材料或者证据线索。

赔偿请求人书写申请书确有困难的，可以委托他人代书，也可以口头申请，由赔偿义务机关笔录。请求赔偿申请书，应由请求人和代理人签名或盖章后向赔偿义务机关提出。对于共同赔偿义务机关，受害人可以向任何一个赔偿义务机关提出，被请求的赔偿义务机关应当先予赔偿。共同赔偿义务机关先予赔偿，并不是由该赔偿义务机关承担全部赔偿责任，而免除其他赔偿义务机关的赔偿责任。共同赔偿义务机关应当共同承担行政侵权造成的损害。某一赔偿义务机关先予赔偿之后，可要求其他赔偿义务机关承担赔偿责任。受害人可以同时提出一个或者数个赔偿请求。数个赔偿请求相互之间应当具有一定的联系，同时提出，一并解决，可以综合考虑各种因素，合理解决赔偿争议。受害人也可以提出具体的赔偿数额。

第三，赔偿义务机关受理赔偿请求，制作行政赔偿决定书。赔偿义务机关接到赔偿请求申请后，应当对本案事实进行调查。调查的事项包括：①公民、法人或者其他组织是否遭受实际损害。②公民、法人或其他组织所受到的损害与已确认的违法行为有无因果关系。③受害人自己是否具有过错。④是否存在第三人的过错。赔偿义务机关应当全面审查、核实相关的证据材料，可以责令赔偿请求人补充有关证据材料。查明上述事实之后，赔偿义务机关应当决定对公民、法人或其他组织赔偿的具体方式及标准。

赔偿义务机关对赔偿案件处理的法定期间为2个月。即赔偿义务机关在收到赔偿请求人赔偿申请书之日起2个月内要作出是否赔偿的决定。如果决定不予赔偿或逾期不作决定，请求人可向人民法院提起诉讼。

（三）对行政事实行为单独提出赔偿请求的程序问题

根据行政诉讼法和行政复议法，对具体行政行为违法性的确认，可以通过行政复议与行政诉讼程序进行；对事实行为的违法性的确认，法律没有明确规定的，不能通过行政复议和行政诉讼程序进行。例如，对殴打等暴力行为，不能单独通过行政复议或者行政诉讼的形式予以确认。

受害人应当首先请求赔偿义务机关确认事实行为的违法性；如果赔偿义务机关拒绝，受害人可以直接请求人民法院判决确认加害行为的违法性和赔偿义务机关的赔偿责任。理由是：①这符合国家赔偿法的规定。加害行为的违法性是赔偿责任的构成要件之一，赔偿义务机关拒绝确认加害行为的违法性，实际上就等于拒绝赔偿。根据国家赔偿法规定，赔偿义务机关在受理受害人的请求之后2个月内不予赔偿的，受害人可以向人民法院起诉。②这符合行政诉讼法的规定。在赔偿义务机关拒绝确认事实行为违法性的情况下，人民法院直接受理受害人的赔偿请求，作出确认和赔偿判决符合行政诉讼法的规定。

三、一并提出赔偿请求的程序

（一）行政复议程序

一并提出赔偿请求的程序分为行政复议程序和行政赔偿诉讼程序。《国家赔偿法》第9条规定，赔偿请求人要求赔偿应当先向赔偿义务机关提出，也可以在申请行政复议和提起行政诉讼时一并提出。对此，《行政复议法》第29条规定，申请人在申请行政复议时可以一并提出行政赔偿请求，行政复议机关对符合国家赔偿法的有关规定应当给予赔偿的，在决定撤销、变更具体行政行为或者确认具体行政行为违法时，应当同时决定被申请人依法给予赔偿。申请人在申请行政复议时没有提出行政赔偿请求的，行政复议机关在依法决定撤销或者变更罚款，撤销违法集资、没收财物、征收财物、摊派费用以及对财产的查封、扣押、冻结等具体行政行为时，应当同时责令被申请人返还财产，解除对财产的查封、扣押、冻结措施，或者赔偿相应的价款。这是受害人一并提出赔偿请求的法律依据。

行政复议申请人往往是受害人，必须是其合法权益受到具体行政行为违法侵害的公民、法人或其他组织。申请人申请复议应递交申请书，在申请复议的理由和要求中一并提出赔偿请求，并写明违法的行为与损害结果的因果关系、损害程度、具体赔偿要求等。行政复议的被申请人是赔偿义务机关。

在行政复议中，应一并提出赔偿请求的受理和审理适用行政复议程序。根据《行政复议法》规定的行政复议程序，行政复议机关对违法的具体行政行为进行审查并作出裁决。在赔偿处理中，行政复议机关可以适用调解，以调解书的形式解决赔偿争议，也可以作出赔偿的裁决。

根据《行政复议法》第29条的规定，如果被申请人依法应当承担赔偿责任，即使申请人没有提出申请，行政复议机关也应当决定予以赔偿。行政复议机关在决定撤销变更具体行政行为或者确认具体行政行为违法的同时，应当作出赔偿决定。

行政复议机关应当在收到复议申请书之日起60日内作出复议决定，申请人对行政复议机关作出的包括赔偿裁决在内的复议决定不服的，可以在收到决定书之日起15日内，向人民法院提起行政诉讼。

（二）行政赔偿诉讼程序

行政赔偿诉讼程序是指人民法院受理和裁判行政赔偿请求的程序，它是一种特殊的行政诉讼。受害人可以在提起行政诉讼时一并提出赔偿要求，即提起行政赔偿诉讼，也可以在行政复议机关作出决定或者赔偿义务机关作出决定之后，向法院提起行政赔偿诉讼。根据《行政诉讼法》和《国家赔偿法》的规定，我国行政赔偿诉讼适用行政诉讼程序，属于行政诉讼中的一个特殊类别。

1. 行政赔偿诉讼的起诉条件

根据《行政诉讼法》第41条、第67条和《国家赔偿法》第9条、第13条的规定，行政赔偿请求人提起行政赔偿诉讼应当具备如下条件：

第一，原告是行政侵权行为的受害人。作为受害人的公民死亡的，其法定继承人或遗嘱继承人可以作为原告提起诉讼；作为受害人的法人或其他组织终止的，承受其权利的法人或者其他组织可以作为原告提起诉讼。

第二，有明确的被告。行政赔偿诉讼的被告是执行行政职权违法，侵犯公民、法人或其他组织的合法权益，并造成损害的行政机关及其法律、法规授权的组织。

第三，有具体的诉讼请求和相应的事实根据。原告提起赔偿诉讼，必须有明确具体的诉讼请求，提供有关证据材料。

第四，属于人民法院受案范围及受诉人民法院管辖。行政赔偿争议必须属于《国家赔偿法》规定的赔偿范围，否则，人民法院不予受理。赔偿诉讼必须向有管辖权的人民法院提出。行政赔偿诉讼管辖适用行政诉讼法关于管辖的规定。

第五，原告单独提出赔偿请求的，必须经过赔偿义务机关的先行处理，这是提起行政赔偿诉讼的前提条件。

第六，在法律规定的时效内起诉。《国家赔偿法》的规定，当事人提出赔偿请求的时效为2年，从侵害行为被确认为违法之日起计算。对赔偿义务机关逾期不予赔偿或对赔偿数额有异议的，应当在赔偿义务机关处理期限届满后的3个月内向人民法院提起诉讼。一并请求赔偿的时效按照行政诉讼的规定进行。

2. 行政赔偿诉讼的审判组织

行政赔偿诉讼的审判组织适用《行政诉讼法》的规定，一律实行合议制。

3. 举证责任的分配

行政诉讼中被告行政机关负举证责任。对此，行政赔偿诉讼不能完全适用。最高人民法院《最高人民法院关于执行〈中华人民共和国行政诉讼法〉若干问题的解释》第27条和《最高人民法院关于行政诉讼证据若干问题的规定》第5条都明确规定，在行政赔偿诉讼中，原告应当对被诉具体行政行为造成损害的事实提供证据，被告有权提供不予赔偿或者减少赔偿额方面的证据。

4. 行政赔偿诉讼的审理方式

《行政诉讼法》第67条第3款规定，赔偿诉讼可以适用调解。这是行政赔偿诉讼与行政诉讼在审理方式上的区别。行政赔偿诉讼适用调解，就是人民法院可以在双方当事人之间作协商、调和工作，促使双方相互谅解，以达成赔偿协议。

受害人和赔偿义务机关达成协议，应当制作行政赔偿调解书。行政赔偿调解书应当写明赔偿请求、案件事实和调解结果，应由审判人员、书记员署名，加盖人民法院印章，送达双方当事人。调解书由双方当事人签收后，即具有法律效力。

5. 行政赔偿诉讼中的先予执行

先予执行是指在特定的给付案件中，人民法院在作出判决之前，因原告生活困难，裁定义务人先行给付一定款项或特定物，并立即交付执行的措施。在行政赔偿诉讼中，有可能出现因行政机关违法侵权造成损害，致使受害人无法维持生活的情况，适用先予执行，能够及时地保障当事人的合法权益。

6. 行政赔偿诉讼裁判的执行

我国行政赔偿诉讼的执行适用《行政诉讼法》第65条的规定，对赔偿义务机关采取特殊的执行措施，包括划拨、罚款、司法建议和追究刑事责任。

第四十六章 信访制度

第一节 信访制度概述

一、信访的概念和特征

(一) 信访的含义①

"信访"和"信访工作"不是一个历史名词,而是中国共产党在建国以后的工作经验中提出来的一个专用名词。

按照信访学者的研究,"信访"一词是"写信"和"访问"的统称,是人们普遍进行社会交往的一种形式。"信访"一词可作广义和狭义两种理解。从广义上说,"信访"是社会成员通过写信和访问的形式所进行的社会交往活动。从狭义上说,信访一词是信访工作所涉及的一个专用名词,它不是泛指普通社会成员之间的社交活动,而是指社会成员为了反映他们的某种愿望和要求,用写信和来访等形式,同社会组织管理者之间进行交流的特殊社会交往活动,这种特殊的社会交往活动体现着社会成员与"社会组织管理者"之间的关系。②

在社会主义国家里,信访主要是指群众通过写信和来访等形式,向各级党委和政府、企事业单位、人民团体及其领导人,反映个人或集体的愿望和要求,提出批评和建议的社会政治交往活动。这既是行使宪法赋予公民提出批评建议的权利,也是群众参与国家管理的一种形式。

综上所述,信访是社会成员及组织同管理者之间的社会政治交往活动。《信访条例》第2条规定,本法所称的信访,是指公民、法人或者其他组织采用书信、电子邮件、传真、电话、走访等形式,向各级人民政府、县级以上人民政府部门反映情况,提出建议、意见或者投诉请求,依法由有关行政机关处理的活动。采用前款规定的形式,反映情况,提出建议、意见或者投诉请求的公民、法人或者其他组织,称信访人。

(二) 信访的构成要素

信访活动涉及信访人、信访处理人、信访形式、信访内容、信访结果等五个方面的基本要素。一是信访人。信访人是指上述定义中提到的"公民、法人或其他组织"。二是信

---

① 李娜:《党群关系视角下信访制度研究》,2010年中共中央党校博士论文。
② 王显堂、陈鸿滨著:《信访学概论》,辽宁大学出版社1987年版,第1页。

访处理人。信访处理人是指专门设立的信访工作机构及负责处理信访事项的部门。其中,信访机构负责受理、交办、转送、协调、督办信访程序性事项;涉及实质性事项则由有权处理的行政机关负责解决。按照通常程序的处理,人民群众通过信访渠道向党和政府输入诉求后,先由信访工作机构进行程序性处理,进行转送之后有权机关输出决策或行动,并由信访工作机构予以督办。由此可见,信访机构的工作只是信访工作的一部分,大量的信访工作最终依靠有权的行政机关完成。三是信访形式。信访形式主要包括的是书信、电子邮件、传真、电话、走访形式,因此信访机构要公开以上信访渠道。同时,通过信访形式和渠道的划分,可以明确信访人采用的是有序上访形式或是非正常上访。四是信访内容。信访内容是指信访人提出诉求的具体内容。主要包括三类:信访人提出的批评建议及意见;信访人要求解决实际问题等信访事项;信访人对应经诉讼程序办理而未办理或虽已办理但对处理结果不服而通过信访渠道继续投诉的活动等。五是信访结果。信访结果是指信访机构对信访事项的处理结果,同时包括有权机关对信访人提出的信访事项是否经过实质性处理的最终结果。

（三）信访的特征

信访在实际操作上简单易行,逐渐成为人们社会政治生活中必不可少的部分。而在民主制度的框架下,信访活动从一个侧面反映了公民依法参与国家事务管理和社会事务管理的民主政治本质。

信访的特征可以概括为以下四点:一是信访活动的广泛性和包容性。信访主体包括自然人主体和法人主体,两者都可以通过合法有序的信访渠道,向信访机关反映情况,提出意见和建议,表达愿望和诉求。信访活动基础的广泛性和包容性保证了信访制度的合法性。二是信访内容的政治性和直接性。按照《信访条例》的规定,信访的主要内容涉及个人权利,这些内容既包括政治诉求,也包括涉及公民的民生诉求。信访内容的政治性和直接性保证信访制度的民主本质。三是信访活动的宪法特点和相对独立性。信访权利直接来源于宪法规定,而作为一种特殊的权利救济制度,信访也区别于其他行政职能部门而独立存在。信访活动的宪法特点和相对独立性是信访制度正义性的集中体现。四是信访的行政补充性。信访是作为相对独立的部门和特殊的行政救济制度而存在的,相对于司法活动而言充当补充角色。但在实际操作层面,信访与行政诉讼和行政复议相比较,仍然具有相对的优势。信访的行政补充性是信访制度的重要特征。

二、信访的功能定位

信访是反映意见、建议和诉求的渠道,它具有政治参与和权利救济的功能。在政治参与功能方面,主要体现为它首先是信访主体的一种社会政治行为,其次是一种互动的政治交往方式。

第一,从信访行为所指的目标来看,信访主体是为了满足某种需要,实现某种目的。当然从缘由上看,信访既是信访主体自发的行为,也可能是一种政治动员下展开的信访行为。前者称为自主式信访,后者则是动员式信访。

第二,从信访的主体来看,信访主要是普通公民,也包括党员、政府工作人员以公民的身份带有个人性的或集体性的信访行为。随着信访制度的发展,目前信访主体具有专业化的倾向,某些地方尤其是北京等地,社会上出现了所谓的"信访专业户",专门从事信访代理人的工作，但是更多的是某些地方信访工作机构在信访制度的改革中，特意推出的信访代理人制度。

第三，从信访的交流方式来看，信访是社会成员与公共权力机关及其负责人之间进行直接沟通的方式。因此，信访的表达方式其实是一种简单而初级的表达方式。信访机构本身是一个通过程序性事项的处理，主要发挥利益综合、政治沟通和政治协调等功能。

第四，信访所涉及的内容众多，包括请求、申诉、揭发、控告、询问、建议、批评、表扬等方面的内容。现在信访工作中一般把内容分为五类：求决类、揭发控告类、意见建议类、申诉类和其他类；也可按涉及的领域来分类，包括政治、经济、文化、教育、卫生以及公民个人。

第二节　我国的信访制度

我国现行的《信访条例》于 2005 年 1 月 5 日国务院第七十六次常务会议通过，自 2005 年 5 月 1 日施行，包括总则、信访渠道、信访事项的提出、信访事项的受理、信访事项的办理和督办、法律责任共计 6 章，在全国各省、自治区和直辖市中共有 13 个地方性法律、法规对信访问题进行了专门性和具体性规定。

一、信访的原则和要求

（一）信访原则

《信访条例》第 4 条规定，信访工作基本原则是坚持属地管理、分级负责，谁主管谁负责，依法及时就地解决问题与疏导教育相结合的原则。

（二）信访的工作要求

《信访条例》第 3 条规定，各级政府和县级以上政府的工作部门应当倾听人民群众的意见、建议和要求，接受人民群众的监督，努力为人民群众服务。第 4 条规定，应当畅通信访渠道，为信访提供便利条件，不得打击和报复信访人。这是信访的基本工作要求，具体是指在依法行政背景下"切实解决人民群众通过信访举报反映的问题，保障信访人、举报人的权利和人身安全"。

信访的具体工作要求。各级政府和工作部门应当建立统一领导、部门协调，统筹兼顾、标本兼治、各负其责、齐抓共管的信访工作格局，通过联席会议、建立排查调处机制、建立信访督查工作制度等方式，及时化解矛盾和纠纷。各级人民政府的工作部门负责人应当针对信访问题批阅重要信件、接待重要来访、听取信访工作汇报，研究解决信访工作中的突出矛盾。

二、信访机构的设立与信访责任工作制

（一）信访机构的类型

信访机构设立有两类：一类是县级以上政府信访机构的设立，另一类是政府工作部门指定专门负责信访的机构或信访负责人。

(二) 信访机构的主要职责

信访机构的主要职责是：①受理、交办、转送信访人提出的信访事项；②承办上级和本级人民政府交由处理的信访事项；③协调处理重要信访事项；④督促检查信访事项的处理；⑤研究、分析信访情况，开展调查研究，及时向本级人民政府提出完善政策和改进工作的建议；⑥对本级人民政府其他工作部门和下级人民政府信访工作机构的信访工作进行指导。

三、信访渠道与方式

(一) 信访渠道

各级政府及县级以上政府工作部门应当向社会公布信访工作机构的通信地址、电子信箱、投诉电话、信访接待的时间和地点、查询信访事项处理进展及结果的方式等相关事项，而信访人可以通过通信地址、电子信箱、投诉电话、当面方式信访及查询信访事项的进展和结果。

(二) 行政机关负责人信访接待日制度

设区的市级、县级政府及其工作部门，乡、镇人民政府都设立此项制度，由行政机关负责人协调处理信访事项，信访人可以在公布的接待日和接待地点向有关行政机关负责人当面反映信访事项。

(三) 信访处理程序公开

各级政府及县级以上政府工作部门应当在其信访接待场所或者网站按照《政府信息公开条例》公布与信访工作有关的法律、法规、规章、信访事项的处理程序，以及其他为信访人提供便利的相关事项。

(四) 信访信息系统的建立

随着电子政务的广泛应用和根据政府信息公开的要求，为了给上访和下访提供便利途径，全国建立了信访信息系统，实现全国互联互通或者利用政务信息网，做到行政公开。

(五) 投诉请求办理情况的查询

信访工作机构或者有关工作部门及时将信访人的投诉请求输入信访信息系统，信访人可以持行政机关出具的投诉请求受理凭证到当地人民政府的信访工作机构或者有关工作部门的接待场所查询其所提出的投诉请求的办理情况。各省、自治区、直辖市人民政府可以本地区实际规定此项查询的具体实施办法和步骤。

四、信访事项的提出

信访指向事项主要针对的职务行为，目的是反映情况和提出批评建议。指向的对象与行政主体有所不同，既包括行政机关、法律法规授权组织，也包括提供公共服务的社会行政主体、社会团体或组织中由国家行政机关任命和派出的人员，同时还包含基层自治组织及其成员。

信访人对各级权力机关、人民法院、人民检察院职权范围内的信访事项，应分别向上述单位提出，即涉诉信访和行政信访向不同机构提出。

信访事项在受理期限内不得重复上访,信访人同时应保证信访事项的真实性。对以走访形式提出信访事项的,可到信访机关提出,并且推选不得超过3人的代表提出,不得通过公开聚集闹事的方式"以闹取胜",同时信访机关做好集体上访的疏导工作,防止群体性事件发生并建立处理预案。

根据《最高人民法院关于信访人对信访机关就行政信访事项作出的行政处理决定不服的提起诉讼》(2005)行立他字第4号的批复,该类行政决定对信访人没有强制力,人民法院对此类行政诉讼不受理,同时对处理信访事项的行政机关依据《信访条例》作出的处理意见、复查意见、复核意见和不再受理决定不能通过诉讼途径解决,这表示对信访结果不服的信访人需要通过行政程序来反映及申诉。

五、信访事项的受理

(一)非信访事项的处理

不能通过信访处理程序的信访事项,信访机构无权解决,应当分别向权力机关和司法机关提出。

(二)信访事项的转送和处理

行政信访事项由信访机关或部门转送有权处理的行政机关,情况重大及紧急的,及时提出建议报请本级人民政府决定。对于越级信访,按照信访原则直接转送有权处理的行政机关,同时抄送下级信访工作机构。

为了保证信访信息的畅通,县级信访工作机构要定期向下一级信访工作机构通报转送的情况,而下级机构则定期向上级信访工作机构报告信访事项的处理情况。对于转送事项中需要反馈办理结果的,可以直接交由有权处理的行政机关办理,发挥信访工作机构的权力,要求在指定期限内反馈结果,提交办结报告。

信访工作机构将信访事项转送有权处理的行政机关之后,对诱发信访和对信访人产生实质影响的是有权机关的处理结果,因此有权机关接到信访事项之后的15日之内应当决定是否受理并且按照要求通报给信访机构,发挥信访表达诉求的作用。

(三)向非信访机构提出信访事项的处理

如果信访人未向信访工作机构提出信访事项,而向其他行政机关提出的,其他行政机关应当予以登记,如果属于本机关职权范围内直接根据信访处理程序处理,如果不属于职权范围内也不能直接拒绝,同时应当告知信访人向有权机关提出。有权机关在收到信访事项后能够直接答复的应当场书面答复,不能答复的则在15日内书面告知信访人。行政机关之间应当相互通报信访事项的受理情况。

(四)信访机构及其工作人员的保密义务

行政机关及其工作人员不得将信访人的检举、揭发材料及有关情况透露或者转给被检举、揭发的人员或者单位。

(五)共同受理

涉及两个或者两个以上行政机关的信访事项,由所涉及的行政机关协商受理;受理有争议的,由其共同的上一级行政机关决定受理机关。

（六）行政机关变更时信访的受理

应当对信访事项作出处理的行政机关分立、合并、撤销的，由继续行使其职权的行政机关受理；职责不清的，由本级人民政府或者其指定的机关受理。

（七）紧急信访事项的处理

公民、法人或者其他组织发现可能造成社会影响的重大、紧急信访事项和信访信息时，可以就近向有关行政机关报告。地方各级人民政府接到报告后，应当立即报告上一级人民政府，必要时通报有关主管部门。县级以上地方人民政府部门接到报告后，应当立即报告本级人民政府和上一级主管部门，必要时通报有关主管部门。行政机关对重大、紧急信访事项和信访信息不得隐瞒、谎报、缓报，或者授意他人隐瞒、谎报、缓报。

（八）重大信访信息的控制

对于可能造成社会影响的重大、紧急信访事项和信访信息，有关行政机关应当在职责范围内依法及时采取措施，防止不良影响的产生、扩大，尤其是突发性事件和群体性事件的发生。

六、信访事项的办理和督办

（一）信访机构工作人员的职责

行政机关及其工作人员办理信访事项，应当遵循恪尽职守、秉公办事，查明事实、分清责任，宣传法制、教育疏导的原则和要求，及时妥善处理，不得推诿、敷衍、拖延。有关行政机关对信访人反映的情况，提出的建议、意见，有利于行政机关改进工作、促进国民经济和社会发展的，应当认真研究论证并积极采纳。

（二）回　避

行政机关工作人员与信访事项或者信访人有直接利害关系的，应当回避。

（三）信访事项的具体处理程序

对信访事项有权处理的行政机关办理信访事项，应当听取信访人陈述事实和理由，必要时可以要求信访人、有关组织和人员说明情况；需要进一步核实有关情况的，可以向其他组织和人员调查。

（四）听　证

对重大、复杂、疑难的信访事项，可以举行听证。听证应当公开举行，通过质询、辩论、评议、合议等方式，查明事实，分清责任。复查和复核机关经过听证的复核意见可以依法向社会公示。听证所需时间不计算在复核期限内。

（五）信访处理结果

信访事项有权处理的行政机关经调查核实，分别作出以下处理，并书面答复信访人：①请求事实清楚，符合法律、法规、规章或者其他有关规定的，予以支持；②请求事由合理但缺乏法律依据的，应当对信访人做好解释工作；③请求缺乏事实根据或者不符合法律、法规、规章或者其他有关规定的，不予支持。有权处理的行政机关作出支持信访请求意见的，应当督促有关机关或者单位执行。

(六）信访办结期限

信访事项应当自受理之日起 60 日内办结；情况复杂的，经本行政机关负责人批准，可以适当延长办理期限，但延长期限不得超过 30 日，并告知信访人延期理由。

（七）信访事项的复查与复核

信访人对行政机关作出的信访事项处理意见不服的，可以自收到书面答复之日起 30 日内请求原办理行政机关的上一级行政机关复查。收到复查请求的行政机关应当自收到复查请求之日起 30 日内提出复查意见，并予以书面答复。信访人对复查意见不服的，可以自收到书面答复之日起 30 日内向复查机关的上一级行政机关请求复核。收到复核请求的行政机关应当自收到复核请求之日起 30 日内提出复核意见。

信访人对复查和复核意见不服，仍然以同一事实和理由提出投诉请求的，各级人民政府信访工作机构和其他行政机关不再受理。

（八）信访建议

1. 改进建议

信访工作机构发现有关行政机关无正当理由，未按规定的办理期限办结信访事项，未按规定反馈信访事项办理结果，未按规定程序办理信访事项，办理信访事项推诿、敷衍、拖延，不执行信访处理意见的，应当及时督办，并提出改进建议。

2. 信访人建议

信访工作机构对于信访人反映的有关政策性问题，应当及时向本级人民政府报告，并提出完善政策、解决问题的建议。

3. 信访处分建议

信访工作机构对在信访工作中不履行相关职责造成严重后果的行政机关工作人员，可以向有关行政机关提出给予行政处分的建议。

（九）信访分析报告

信访工作机构受理信访事项的数据统计、信访事项涉及领域以及被投诉较多的机关，信访事项转送、督办情况以及各部门采纳改进建议的情况、提出的政策性建议及其被采纳情况等事项，信访工作机构应当向本级人民政府定期提交信访情况分析报告。

七、法律责任

（一）侵犯信访人合法权益时承担的法律责任

责任承担情形有以下几种：超越或者滥用职权；行政机关应当作为而不作为；适用法律、法规错误或者违反法定程序；拒不执行有权处理的行政机关作出的支持信访请求意见。

（二）行政处分

信访失职行为主要有以下几种：信访工作机构对收到的信访事项未按照信访处理程序办理；对信访事项有权处理的行政机关在办理信访事项过程中未按照办结要求或未在法定期限内办结信访事项；行政机关工作人员违反保密义务和未履行信访工作职责；行政机关工作人员在处理信访事项过程中，作风粗暴，激化矛盾并造成严重后果。

(三) 对不作为行为的行政处分

不作为的情形主要有：对收到的信访事项不按规定登记；对属于其法定职权范围的信访事项不予受理；行政机关未在规定期限内书面告知信访人是否受理信访事项；违反保密义务、打击报复信访人，隐瞒、谎报、缓报重大紧急信访事项；将信访人的检举、揭发材料或者有关情况透露、转给被检举、揭发的人员或者单位；行政机关及其工作人员对可能造成社会影响的重大、紧急信访事项和信访信息，隐瞒、谎报、缓报，或者授意他人隐瞒、谎报、缓报；违反公共秩序及信访秩序；捏造信访事项、诬告他人。

后 记

本书编写情况：杨临宏（第一章、第二十八章、第四十三章）、于强（第二章、第三章）、李宾华（第四章、第二十章）、陈晓宁（第五章、第七章）、华袁媛（第六章）、马冬莲（第八章、第九章）、张志兵（第十章）、高崇慧（第十一章、第十二章）、纳瑛（第十三章、第三十章）、韩震（第十四章、第十五章）、黄晓群（第十六章、第十七章）、何芳（第十八章、第二十一章）、邓博、吴燕怡（第十九章）、卿娜（第二十二章）、周梁云（第二十三章）、穆美琼（第二十四章）、刘华（第二十五章、第二十九章）、孙秀华（第二十六章、第二十七章）、樊帅（第三十一章）、陈颖（第三十二章、第三十三章）、姜昕（第三十四章、第三十五章）、张树兴（第三十六章、第三十七章）、朱素明（第三十八章）、周云（第三十九章）、杨得志（第四十章、第四十一章）、刘红春（第四十二章）、向勇（第四十四章）、李扬（第四十五章）、段庆华（第四十六章）。

本书由杨临宏担任主编，负责提出写作框架、撰写部分书稿和修改定稿；黄晓群、杨得志担任副主编，负责撰写部分书稿，参与修改定稿；邓博除撰写部分书稿外，还负责作者之间的联系、参与书稿的修改工作，在此深表谢意！

在写作过程中，作者查阅并参考了大量的学术资料，但只就直接引用的部分作了注释，未编列参考文献。由于作者水平所限，书中错漏之处定然存在，恳请各位学界先进批评指正！